# Philipp Jakob Spener Schriften

Herausgegeben
von
Erich Beyreuther

Band XII.1

Korrespondenz

Theologische Bedencken
II. Theil
(S. I-VIII, 1-503)

1999
Georg Olms Verlag
Hildesheim · Zürich · New York

# Philipp Jakob Spener

# Theologische Bedencken

## und andere Brieffliche Antworten

## 3. Capitel

### Pflichten gegen GOtt / die Obern / den nechsten und sich selbs

1999
Georg Olms Verlag
Hildesheim · Zürich · New York

Band XI.1 enthält ein Vorwort von Erich Beyreuther, Band XIV.1
ein Nachwort von Dietrich Blaufuß.

Dem Nachdruck liegt das Exemplar der
Universitäts- und Landesbibliothek Sachsen-Anhalt
in Halle (Saale) zugrunde.
Signatur: AB B 824 (2)

Der Nachdruck ist verkleinert.
Die fehlerhafte Paginierung wurde beibehalten.
Die Titelseite des Originals ist zweifarbig
(rot und schwarz) gedruckt.

Die Deutsche Bibliothek - CIP-Einheitsaufnahme

**Spener, Philipp Jakob:**
Schriften / Philipp Jakob Spener. Hrsg. von Erich Beyreuther.
Nachdr. - Hildesheim; Zürich; New York: Olms
Bis Bd. 2 mit Untergliederung Abt. 1, Frankfurter Zeit
Bd. 12. Theologische Bedencken und andere brieffliche
Antworten. - Theil 2. (1701)
Teilbd. 1. - Nachdr. der Ausg. Halle 1701. - 1999
ISBN 3-487-10837-2
ISBN 3-487-10834-8 (Bd. 11 - 14)

♾ ISO 9706
Nachdruck der Ausgabe Halle 1701
Printed in Germany
Gedruckt auf säurefreiem, alterungsbeständigem Papier
Herstellung: WS-Druckerei, Bodenheim
ISBN 3-487-10837-2

# Philipp Jacob Speners / D.
# Theologische
# Bedencken,

### Und andere
## Brieffliche Antworten
### auff geistliche /
#### sonderlich zur erbauung gerichtete materien
##### zu unterschiedenen zeiten auffgesetzet /
##### und auff langwihriges anhalten Christlicher freunde
###### in einige ordnung gebracht /
###### und heraus gegeben.

## Anderer Theil.
## Worinnen sonderlich die pflichten gegen GOtt / die
### Obern / den nechsten und sich selbs / auch ehe=sachen / so dann
#### auffmunterung = und trost=schreiben enthalten.
### Mit Königl. Polnischer und Preuß. auch Churfl. Sächs. und Brand. Freyheit

HALLE / in Verlegung des Waysen=Hauses / 1701.

Ir Friederich der Dritte / von Gottes Gnaden / Marggraff zu Brandenburg / des Heil. Römischen Reichs Ertz-Cämmerer und Chur-Fürst / in Preußen / zu Magdeburg / Cleve / Jülich / Berge / Stettin / Pommern / der Caßuben und Wenden / auch in Schlesien zu Croßen Hertzog / Burggraff zu Nürnberg / Fürst zu Halberstadt / Minden und Camin / Graff zu Hohenzollern / der Marck und Ravensberg / Herr zu Ravenstein / und der Lande Lauenburg und Bütow.rc.

Bekennen hiermit für Uns / Unsere Erben und Nachkommen / Margraffen und Chur-Fürsten zu Brandenburg / als Hertzogen zu Magdeburg / auch sonsten gegen Jedermänniglichen; Nachdem Uns der Ehrwürdige und Hochgelahrte Unser lieber Getreuer Ehr M. August Hermann Francke / Prof. Ordinar. Theol. & Philosoph. bey Unserer Friedrichs-Universität zu Halle / wie auch Director des Wäysen-Hauses und Pastor zu Glaucha / unterthänigst zuvernehmen gegeben / daß / ob Wir wohl dem Wäysen-Hause zu Glaucha an Halle eine absonderliche Druckerey und Buch-Handlung zuhalten / unter andern Gnädigst con-

concediret / und verstattet / dennoch einige Buchführer so
so wohl anderwerts / als absonderlich in unsern Landen mit
dem Nachdrucken derjenigen Bücher und Schrifften / die so
wohl itzt als zukünfftig von dem Wäysen = Hause möchten
verleget werden / gar sehr droheten ; Mit gantz gehorsam-
ster Bitte / Wir wollten Gnädigst geruhen / das Wäysen-
-Hauß gegen solche Nachdrucker mit einem General-Privile-
gio, welches bey jeder aufzulegenden Schrifft forne an zu
drucken / dahin Gnädigst zuversehen / daß diejenigen Schrifft-
ten / welche Er entweder selbst zum Nutzen des Wäysen-
Hauses heraus geben / oder cum concessione des Autoris
drucken laßen möchte / oder auch sonsten / da ein gewisses
Buch (welches nicht mehr vorhanden / auch von einem andern noch nicht unter die Preße genommen worden / und zu
nützlicher Erbauung wieder auffzulegen nöthig wäre) durch
Verlag des Wäysen = Hauses gedruckt würde / in allen Unsern
Landen weder heimlich noch öffentlich nachzudrucken verbothen
und verwehret werden möchte; Und Wir dann dieses sein
unterthänigstes Bitten der Billigkeit gemäß und zum Auffnehmen des Wäysen = Hauses dienlich zu seyn befinden; Als
haben Wir solchem an Uns gebrachten gehorsamsten Suchen in Gnaden Raum und statt gegeben. Thun demnach
dasselbe als der Chur=Fürst und Landes=Herr / privilegiren
und begnadigen obgemeldetes Wäysen = Hauß zu Glaucha
an Hall / dergestalt und also / daß / so wohl des gedachten
Professoris Ehrn M. Franckens heraus gegebene / und noch
künfftig heraus kommende Bücher / Predigten und Schrifft-
ten / als auch alle andere Scripta und Bücher / die von des
Wäy=

Wäysen = Hauses Mitteln bereits verleget / oder demsel=
ben noch ins künfftige zuverlegen gegeben werden möch=
ten / alleine aus des Wäysen = Hauses Buchladen / so wohl
an Buchführer / als andere zuverhandeln / zu distrahiren /
oder gegen nützliche und zum besten des Buchladens dien=
liche Sortimenten zuverwechseln / verstattet und zuge=
laßen / hingegen aber Männiglichen nur erwehnte des
Wäysen = Hauses Verlags = Bücher und Schrifften in die=
ser Unser Chur = und Marck Brandenburg / in Dersel=
ben incorporirten / auch andern Unsern Landen und Pro=
vincien weder nachzudrucken noch da solches von andern
auser Unserm Gebiethe geschehe / die gedruckte Exempla=
ria in solche unsere Lande einzuführen / daselbst zu distra=
hiren / heimlich oder öffentlich zuverkauffen / und loß zu=
schlagen / bey confiscation der Exemplarien / und Ein tau=
send Thlr. Geld Straffe / halb Unserm Fisco, und die
andere Helffte dem Wäysen = Hause / nebst denen Exem=
plarien zuerlegen hiermit verbothen / und nicht zugelaßen
seyn solle; Aus habender Macht von Obrigkeit und Lan=
des = Fürstl. Hoheit wegen / Krafft dieses Unsers offenen
Brieffs / allermaßen wie vorstehet ; Wir und Unsere
Nachkommen / Marggraffen und Chur = Fürsten zu
Brandenburg / als Hertzogen zu Magdeburg rc. wollen
auch mehr erwehntes Wäysen = Hauß zu Glaucha an
Halle / und deßen Directorem dabey jederzeit Gnädiglich
schützen / handhaben und erhalten / auch alle Buchfüh=
rer und Buchdrucker ernstlich gewarnet haben / sich an
sol=

solchem Werck nicht zuverſündigen / oder aus Neid und Mißgunſt mit übelen Reden und unchriſtlichem bezeugen / bey Vermeidung hoher Straffe zuvergreiffen ; Geſtalt Wir dann allen Unſern Regierungen / und Gerichts-Obrigkeiten / in allen Unſern Chur-Fürſten-und Hertzogthümern / Graff-Herrſchafften und Landen / über dieſem Unſerm Privilegio generali gebührend zu halten / und diejenige / ſo dawider handeln / mit vorerwehnter Straffe unnachläßig anzuſehen / hiemit Gnädigſt anbefehlen ; Getreulich ſonder Gefehrde ; Jedoch Uns an Unſern / und ſonſt jedermänniglichen an ſeinen Rechten ohne Schaden ; Uhrkundlich unter Unſer eigenhändigen Unterſchrifft und anhangendem Chur-Fürſtlichem Lehen-Siegel / gegeben zu Potſtam / den 23. Maji 1699.

## Friedrich.

P. v. Fuchs.

# Dem Christlichen leser

Wünsche das liecht von oben in allen ihm nöthigen stücken die wahrheit und göttlichen willen zuerkennen / auch die krafft denselben zuthun / von dem
Himmlischen Vater durch wirckung des H. Geistes um JEsu CHristi willen!

Ch bin in der guten hoffnung
gestanden / als vorige meß den ersten theil der Theologischen bedencken und briefflicher antworten herausgegeben / daß mit der hülffe Gottes auff ietzige meß der rest auch heraus kommen könte: Wann ich aber
meinen ordenlichen beruffs-arbeiten etwas abzubrechen
billich bedencken trage / die zunehmende jahr eine lang-
samkeit in allem bey mir verursachen / und hingegen die
zusammensuchung der copien aus allerhand meinen papie-
ren / auch durchsehung derselben / um sie von den fehlern
der copisten / da mir manchmal schwehr worden meinen
eigenen von ihnen verkehrten sinn wiederum zu errathen /
mehrere zeit / als von anfang vermuthet hatte / erfordert
haben / war mirs unmüglich damit fertig zuwerden: weswegen diesesmahl nur 3 capitel / nemlich III. IV. und V.
in GOttes nahmen heraus gebe. In dero erstem die jenige bedencken und antworten stehen / welche die Christliche pflichten gegen GOtt / gegen die Ober und untere /
gegen

gegen die nechste insgemein / und endlich eines jeden gegen sich selbs angehen; das andere (oder IV.) faßet die ehesachen in sich; endlich das dritte die paraenetica und paracletica, das ist vermahnung= oder auffmunterung=und trost=schreiben. Also bleiben vor den dritten und letzten theil noch übrig theils die jenige materien/welche den zustand unsrer zeiten und kirche betreffen/sonderlich worinnen ich etwas mit zuthun und zuleiden gehabt / theils welche in denen vorigen capiteln/weil sie mir in dero einrichtung noch nicht unter die hände gekommen / ihren platz haben sollen / und also als paralipomena angeführet werden/oder auch von denen nicht wol sagen konte / wohin sie am formlichsten zuzuiehen wären. Zu welcher ausfertigung die nechste zeit nach GOttes fügung anzuwenden haben werde.

Was im übrigen bey dem ersten theil wegen unterschiedlicher dinge/die bey dem gebrauch dieses wercks zu bemercken nöthig erinnert worden/soll hiermit so viel als auch hier wiederholet angesehen werden/als welches alles mit gleichem recht auch diesen theil mit angehet/wie auch der dritte theil darnach zurichten ist.

Der HErr HErr / als ein GOtt der wahrheit / in deßen nahmen auch diese arbeit heraus gehet/segne sie mildiglich bey denen/die sie lesen/wo ich in so mancherley schwehren und verworrenen sachen aus menschlicher schwachheit etwa angestoßen und gefehlet hätte / sehe er diese in gnaden an / laße aber auch keinen im vertrauen darauff etwas zu thun/was ihm nicht wahrhafftig gefället/verleitet werden/hingegen die von mir vorgetragene wahrheit kräfftig in die hertzen zur erkäntnüs/gehorsam/und vielen früchten eintringen durch JEsum Christum/ das ewige liecht vom liecht. Amen. Berlin. den 4. Mart. 1701.

Philipp Jacob Spener / D.

# In JEsu nahmen. Amen.
## Das dritte Capitel.
### ARTIC. I.
## Von den pflichten/ darinnen mans unmittelbahr
mit GOtt nach der ersten taffel zuthun hat.

### SECTIO

1. Wie man sich GOtt in dem gebet vorbilden möge.
2. Von einem gelübde des fastens einer person/ die davon schaden litte.
3. Von verbindlichkeit der gelübde/ sonderlich des fastens.
4. Von einem nicht mit gnugsamen bedacht gethanen gelübde.
5. Ob und wie einen eyd zu thun erlaubt seye.
6. Ein casus betreffend einen nicht völlig gehaltenen eyd.
7. Von einem schwängerungs=casu. Was bey sorge eines meineydes richter und prediger zuthun haben.
8. Enthaltung von poetischen gedichten von den Heidnischen Göttern.
9. Von dem sabbath/ dessen ursprung und stäten fortsetzung.
10. Von verbindlichkeit der sabbaths=feyer.
11. Noch von der sabbaths=feyer.
12. Von holtz=fuhren am sontag.
13. Vom Separatismo.
14. Von der gefahr der vornehmenden trennung der frommen.
15. Wie einigen trennungen/ die zu besorgen oder ansetzen/ vorzukommen oder zu begegnen seye.
16. Von absonderlichen eigenmächtig=anstellenden communionen.
17. Nochmal von freyheit absonderliche communionen anzustellen/ und der dem ministerio nothwendig zukommenden auffsicht.
18. Ob um der hauß=andacht willen der öffentliche gottesdienst zu versäumen

A

men

men; von der vierdten bitte/und auch schluß des Vater unsers. Ob Ananias und Sapphira Ap. Gesch. 5. verdammt worden?

19. Von der obern gewalt über besondere zusammenkünfften zur erbauung/
in den umständen.

20. Von verbindlichkeit obrigkeitlicher verbote in solcher materie.

21. Auffmunterung aus der hoffnung künfftiger besserer zeiten. Collegia biblica und Christliche übungen mit den zuhörern. Gewöhnliche widersetzung gegen das gute.

22. Von lesung der schrifft.

23. Etliche fragen von bestraffung eines predigers. Vorbitte für die krancke.
Bleiben bey der communion/sontags-mahlzeiten/ und dergleichen materien zur sontags-feyer gehörig.

24. Vom gebrauch des H. Abendmahls und dessen nothwendigkeit/ mit widerlegung der entschuldigungen.

25. Vom offtmaligen gebrauch des H. Abendmahls.

26. Nochmals von offtmaliger niessung des H. Abendmahls.

27. Von der freyheit ohne privat-beicht und absolution zum H. Abendmahl
zu gehen. Was deswegen in Berlin vorgegangen/ mit anhängung einer in der sache gehaltenen predigt.

28. Vom auffschlagen der sprüche in der kirchen.

29. An eine adeliche weibs-person/ sich mit Jesuiten nicht in disputat einzulassen.

30. Von dem kirchen-bauen.

## SECTIO I.

# Wie man sich Gott in dem gebet vorbilden möge.

Je vorgelegte frage anlangend/ fasse meine meinung in etzliche sätze. 1. Es bleibet ausgemacht/
nicht allein/ daß GOtt ein Geist seye/ und also
keine gestalt habe/ sondern daß auch der mensch/
wo er sich von GOtt in seiner schwachheit einen
leiblichen concept machet/ doch daran gedencken
muß/ daß GOtt ein geistliches wesen seye/ von
dem kein wahres bild gemachet werden könte;
hingegen wer sich GOtt wahrhafftig so einbilden wolte/ als einen alten mann/ daß er solche ge-
stalt nicht so wol als eine repræsentation einer göttlichen offenbarung/ als
seine eigene gestalt/ achtete/ der würde anbeten/ was nicht Gott ist. 2. Die
voll-

vollkommenſte art zu GOtt zu beten iſt diejenige/ wo ſich die ſeele von Gott/
den ſie anbetet/ gantz keinen leiblichen concept machet/ ſondern wie ſie weiß/
daß er ein Geiſt iſt/ daher kein bild haben kan/ alſo auch gantz in ſich von allem
bild abſtrahiret. Es wird dieſe art etwas ſchwehr/ weil unſere ſeele ſich immer an bilder gewehnet/ ſie iſt aber nicht unmüglich. 3. Nechſt dem/ wo einer ſein gemüth nicht ſo gantz abſtrahiren könte/ daß alle bilder wegblieben/
weil gleichwol unter allen cörpern keiner iſt/ der ſubtiler wäre/ und einem
geiſtlichen weſen näher käme/ als das liecht/ hingegen Gott ſichſelbſt ein liecht
nennen läſſet/ 1. Joh. 1/ 5. und ſeine reinigkeit unter dem nahmen des uns
bekandten liechtes uns vorſtellet/ ſo hielte noch am beſten/ wo man ſich GOtt
vorſtellet unter der geſtalt eines unendlichen und an allen orten durchſtrah-
lenden liechtes. 4. Was andere bilder anlanget/ achte ich/ daß auffs wenigſte mit groſſer behutſamkeit verfahren werden müſſe. Zwahr was CHRI-
STUM betrifft/ weil derſelbe zugleich wahrhafftiger menſch iſt/ ſo hat das
bild/ daß wir uns von ihm in der ſeele machen/ da wir ihn uns vorſtellen als
gecreutziget/ oder in anderer menſchlicher figur/ keine falſchheit in ſich/ und iſt
alſo ohne fehler; GOtt den Vater aber/ oder den H. Geiſt/ als einen alten
mann und eine taube/ wegen der in ſolchen geſtalten geſchehenen offenbah-
rungen vorzubilden/ möchte zwahr an gantz einfältigen/ jedoch/ daß ſie wü-
ſten/ daß es dennoch keine eigentliche bilder wären/ geduldet werden: an andern aber/ die eine mehrere erkäntnüß haben/ wolte ich ſolches nicht gerne ſe-
hen/ ſondern lieber wünſchen/ daß ſie davon gantz abſtrahirten. 5. Daher
ich vor das bequemſte achte/ wo man je eine eigentliche geſtalt haben will/
man ſtelle ſich allezeit das bild Chriſti vor/ nicht allein wo man ſein gebet zu
ſolcher perſon beſonders richtet/ ſondern auch wo man den Vater und den H.
Geiſt anbeten will/ denn der HErr ſagt ſelbſt Joh. 14/ 9. 10. Wer mich
ſiehet/ der ſiehet den Vater; und glaubeſtu nicht/ daß ich im Vater/
und der Vater in mir iſt? Alſo wiſſen wir/ daß in der menſchlichen natur
nicht allein die gantze fülle der Gottheit leibhafftig und perſönlich woh-
net/ Col. 2/ 9. ſondern/ daß auch der Vater in ihm iſt/ und auſſer ihm nicht
geſucht werden kan. Nicht weniger iſt der Heil. Geiſt derjenige/ mit dem der
HErr ohne maaß geſalbet worden/ und der ſein eigner Geiſt iſt; Alſo will ich
am liebſten in allem gebet meinen Heyland mir vorſtellen/ nicht allein als
denjenigen/ der mir das recht/ und den zugang zu dem Vater zuwege ge-
bracht/ und ich deßwegen nie anders als durch ihn zu denſelben kommen
darff: ſondern auch als denjenigen/ indem ich den Vater und den Heil. Geiſt
finde/ die ſich alſo in gewiſſer maaß in Chriſto unſern augen ſichtbahr darſtel-
len/ wie die ſeele in ihrem leib/ daher wo ich mir den menſchen einbilden will/

ich

ich mir nur die gestalt des leibes bilde/ und doch die seele mit begreiffe/ die in solchem leibe wohnet/ und unmittelbar nicht gesehen werden kan. Diese art der vorstellung finde ich/daß sie ohne scrupul gebraucht werden kan/ja in dem gebet/ weil wir den Vater nie anders als in Christo uns vorstellen/ unsern glauben und vertrauen destomehr auffmuntern mag/ daher ich sie recommendire/ selbs gebrauche/ und weiß/ daß sie auch andern Christlichen hertzen zu ihrer andacht dienlich befunden worden ist. Der HErr aber gebe uns selbst/ so offt wir vor sein angesicht uns darstellen/ den Geist der gnaden und des gebets/ so wird auch dieser unsere phantasie mehr und mehr von demjenigen reinigen/ was der heiligkeit dessen/ zu dem wir beten/ möchte entgegen seyn/ auch wird der liebste Vater diejenige/ so ihn in seinem Sohn im Geist und in der wahrheit anruffen/ ihm gefällig seyn lassen/ und uns aller solcher unserer bitte gewehren. 1693.

## SECTIO II.
### Von einem gelübde des fastens einer person/ die davon schaden litte.

#### Species facti.

EJne ledige weibs-person/ so mit schwehren anfechtungen geplaget/ thut ein gelübde/ so ihr GOtt helffen würde/ zur danckbarkeit wöchentlich 2. abendmahlzeiten zu fasten: Ihrer mutter schwester erinnert sie/ und widerspricht wegen bekandter blödigkeit ihres leibes. Gott erbarmt sich ihr/ sie fängt an das gelübde zu halten/ findet aber davon sonderlich/ nachdem sie geheyrathet/ wo sie schwanger ist/ grosse beschwehrde und nachtheil ihrer gesundheit. Ihr wird gerathen/ das genus voti zu mutiren/ da gibt sie eine ansehnliche summe an die arme; aber das gewissen wird noch nicht ruhig/ und stehet auff einer seiten die gefahr der gesundheit/ auff der andern religio voti. Fragt sich was ihr zu rathen?

#### Antwort.

JN vorgelegtem fall wegen des gelübdes/ setze ich dieses zum voraus/ daß die gelobende person dasselbe in einfalt ihres hertzens gethan/ und damit ihre hertzliche danckbarkeit gegen GOtt/ der ihr gebet erhöret/ bezeugen wollen. Da ist nun 1. die gute intention des hertzens an ihr zu loben/ und ohne allen zweiffel GOtt gefällig/ weil es ein gelübd/ so aus gläubiger seelen gekommen/ gute ursach und zweck hat/ über eine sache gehet/ welche an sich selbs, nicht böse/ und daß ihr solches zu halten so beschwerlich fallen würde/

de/nicht bekant war.   2. Die sache die gelobet/ nemlich wochentliche doppele enthaltung einer abendmahlzeit/ist eine mittel-sache/das ist/an sich selbst weder böß noch gut. 1.Cor.8/8.    Die speise fördert uns vor GOTT nicht.    Essen wir / so werden wir darum nicht besser seyn / Essen wir nicht / so werden wir darum nicht weniger seyn.    3. Aber gleichwol sind die ursachen/ warum das fasten angestellt wird/ als nemlich die züchtigung seines fleisches/ demüthige bezeugung seiner über die sünde habende reue/und beförderung hertzlicher andacht/ an sich selbst gut/ und um desselben wird die sache selbs/ nemlich das fasten/ vor gut gehalten/ und in der schrifft gelobet.   4. Gleichwol sind die jetzo angeführte stücke so bewandt/ daß sie nicht bloß an das fasten gebunden/ sondern durch tägliches ordinari fasten/ das ist/ stätiges mäßiges halten/ das fleisch eben so wohl gezähmet Rom.13/ 14. auff andere weise die reue angezeiget / und die andacht befördert werden mag.   5. Ist das fasten ein solches mittel / das an sich selbsten nicht bey allen noch zu allen zeiten nützlich ist / theils zwahr weil bey gewissen personen oder in gewissen zuständen solches der leibes-gesundheit mag schädlich seyn/ die wir aber nach vermögen nach göttlicher ordnung zu erhalten verbunden sind ; theils aber/ weil bey einigen / welche von blöder constitution und bey deren gantz lährer magen allerhand dünste / mehr als sonsten / in den kopff auffsteigen macht / die andacht etwa mehr gehindert als gefördert wird/und solche leute/wo sie etwas weniges zu sich genommen/ viel freyer in dem gemüth/ und also tüchtiger zu betrachtungen / gebet und allerhand gottseligen übungen sich befinden/ als wo sie gantz nüchtern bleiben / und die daher entstehende ungelegenheiten des leibes auch das gemüth und die gedancken mehr beunruhigen.   6. Wann wir insgemein lehren / daß die gelübde nicht gültig sind/ welche von unmüglichen dingen gethan werden/ ist die meinung nicht nur von bloß unmüglichen/ sondern auch den jenigen/ welche ohne daraus fliessende andere sünde nicht könte gehalten werden. Solche sachen sind zwahr physice, nicht aber moraliter, müglich / und also die darüber thuende gelübde unbündig : wie unsere allgemeine lehre über den päbstischen geboten ausweiset.

Voraus gesetzt dieser dinge / so wäre meine einfältige meinung diese. 1. Es hat diese weibs-person zum allerfördristen zu erkennen / daß eine sündliche schwachheit mit untergelauffen / indem sie dergleichen sache GOtt gelobet / über welches sie sich nicht genugsam geprüffet / obs ihr auch zu halten müglich seye / oder auch sich nicht mit andern verständigern davon beredet/ und dero raths gepflogen / was sie vor müglich halten.   Ist ein exempel eines menschlichen fehlers / welches sich offt zuträget / daß da wirs am besten im sinne haben / wir etwa in einem umstand anstossen / und also das jenige/

was

was sonsten an sich selbsts gut gewesen/ mit sünde beflecken. Wie nun in
allen solchen dingen es geschehen solle/ also hat diese Person/ ( welches vielleicht schon mag geschehen seyn) solches ihr übersehen/ und durch unvorsichtigkeit begangenen fehler/ zu erkennen/ und sich vor ihrem GOtt deßwegen
bußfertig zu demüthigen. Welches ihr nachmal eine ziemliche erleichterung ihres gewissens geben wird. 2. Der widerspruch ihrer mutter schwester ist auch nicht von geringer consideration. Wäre dieselbige/ ( so ich nicht
weiß/ als dem die umstände der person nicht bekandt sind) allerdings als
Mutter bey ihr gewesen/ das ist/ sie in ihrer sorge damal gestanden/ so gehets so viel kräfftiger an/ nach 4. Mos. 30. 4. und folg. Wäre aber solches
nicht/ so ist gleichwol eine person/ welche nicht nur an jahren älter/ sondern
dergleichen mütterlichen respect gegen der gelobenden hat/ wohl befugt/ aus
besserer ihrer erkäntnüß das gelübde nicht so wol auffzuheben als zu corri-
giren. Daher halte ich 3. die person an dessen gelübdes art und weise/ worinnen sie gefehlet/ und warum ihre wase widersprochen/ nicht mehr gebunden:
wohl aber dazu gehalten/ daß sie das gelübde erfülle/ so fern sie darinnen
nicht gefehlet/ und demselben nicht hat widersprochen werden sollen. 4. Wolte ich nicht gerne bloß bey den geschehenen almosen beruhen. Dann ob
schon dasselbige freylich auch ein Gottgefälliges werck der danckbarkeit ist/ so
ist doch einstheils dasselbe nicht so eigentlich dem zweck des gelübdes gemäß/
welcher ohne zweiffel wird gewesen seyn/ sich allezeit bey solchem fasten der
von GOtt erwiesenen gutthat danckbarlich zu erinnern/ dazu das einmalige almosen geben nicht bequem; andern theils gehet es allerdings von der
sache ab/ die gelobet worden/ und kommt in ein gantz ander genus voti. Da
auffs wenigste ein zartes gewissen/ wie aus allem erhellet/ das bey dieser
person seye/ sonderlich das den anfechtungen leicht unterworffen/ sich nicht
so wohl tranquilliren kan. 5. Hielte ich rathsam zu seyn/ daß sie so nahe bey
dem gethanen gelübde bliebe/ als geschehen kan: und also dasselbe zwahr
nicht hielte in dem rigore der enthaltung aller speisen/ weil solches ihrer leibs-
constitution und etwa so offt sie gesegnetes leibes/ der frucht schädlich möchte seyn/ und daher ohne sünde nicht gehalten werden könte; auffs wenigste
bey einmal sich auch aus andern ursachen ereignenden zufällen das zarte
gewissen sich dadurch verletzet achten/ und die schuld dem fasten zuschreiben
möchte; Aber daß sie es auff diese weise hielte: weil GOtt dem HErrn das
fasten nicht um sein selbs/ sondern um der ihm gefälligen geistlichen übungen willen/ deren mittel es allein ist/ gefället/ so mag sie wochentlich zweymal
des abends sich des ordentlichen und zu völliger sättigung oder auch lust geschehenden nacht-essens enthalten/ und hingegen allein mit weniger/ und dafern es eine Person ist/ die sonsten sich köstlich zu halten pflegt/ und die die

mittel

mittel dazu hat / geringerer speise und tranck der noth der natur gnug thun/
daß sie oder ihre frucht dessen kein schaden haben mag ; so dann einige stunden / so viel sie es haben kan/ sich allein halten/ in solcher absonderung ( die etwa bequemer darzu / als die gegenwart anderer leute ) oder auch bey andern
so wol sich allezeit ihres ausgestandenen elends als göttlicher ihr erwiese-
ner gnad danckbarlich erinnern / beten / lesen und mit andern bußfertigen
übungen / dazu wir täglich materi gnug haben / solche zeit zubringen. Dazu
wird sie auff solche weise viel geschickter sich befinden / als wo sie entweder
einerseits sich wie gewöhnlich/ gesättiget/ oder ander seits von dem fasten in-
commodiret / oder doch in forcht einiger gefahr besorgte zu seyn. Und wie
diese wercke eigentlich die jenige sind/ um derer willen unserem GOtt das fasten ohne dasselb aber das blosse fasten gar nicht gefället / Esa. 58. also wird
auch solches vor GOtt bey der person/ welche zu andern fasten nicht geschickt/
ein wahrhafftiges fasten seyn. Ihr gewissen wird sich hierdurch am kräfftigsten stillen/ und hingegen GOtt ihr durch die früchten dieses fastens sehen
lassen/ daß ihm nicht nur solches gefalle/ sondern/ daß er auch solche ihre heilige übungen/ dazu sie durch das geloben sich vor andern mehr verbunden/ also segnen/ daß sie wie sonsten in ihrem Christenthum mehr zunehmen/ also
auch die krafft des geistes und seine würckungen so viel herrlicher bey sich spü-
ren wird.　　Welches ich auch solcher ob wohl nach dem fleisch unbekanter/
aber in Christo geliebter mitschwester von unserem treuen GOTT und
heyland hertzlich wünsche und bitte/ Amen.

## SECTIO III.
### Von verbindlichkeit der gelübde / sonderlich des fastens.

JCh komme auff das anliegen wegen eines gethanen gelübdes/ und fasse
um so viel gründlicher und deutlicher die sache zu heben meine meinung
in einige sätze. 1. Wir Christen haben ein einiges haupt-gelübde/ so
wir in unsrer tauff vor GOtt dem HErrn thun/ und mehrmals in erneuerung unsers bundes mit GOtt/ ja billig in täglichem vorsatz wiederhohlen:
dieses gelübde verbindet uns zu lauter solchen dingen/ dazu wir von GOtt
ohne das verbunden sind/ und also ist es nur eine bezeugung unserer obligenden pflicht/ davon wir niemals befreyet werden können/ oder auch solches un-
zu verlangen haben. 2. Was aber die absonderlich also genannte gelübde ü-
ber dinge/ welche an sich selbsten sonsten frey sind/ und zu thun oder lassen aus
gewissen ursachen/ sonderlich auff lebens lang angenommen werden/ bin ich
nicht in abrede/ daß sie nicht leicht rathe/ indem der nutze/ welchen man davon
hoffen

hoffen kan/ gemeiniglich gering/ oder doch auch ohne gelübde/ durch einen
nicht gleich verbindlichen vorsatz was er durch jenes suchet erhalten werden
kan/ die beschwehrde aber und zuweilen hindernüß so daher entstehet/ meistentheils grösser als jener ist/ daß ich sorge/ es sollen wol/ auch unter Christlichen personen/ so etwas gelobet haben/ mehr gefunden werden/ welche zu
seiner zeit wolten/ das gelübde nicht gethan zu haben/ als welche ohne einige
reue immer einerley wohlgefallen an der gelobten sache behalten/ und wo sie
es nicht gethan hätten/ ihr gelübde allezeit noch zu thun bereit wären. Woraus also nur allerley stricke des gewissens/ zweiffel und beängstigung/ dahero
ordentlich mehr hindernüß des rechtschaffenen Gottesdienstes und Christenthums ( da man doch eine beforderung suchet) zu erfolgen pfleget/ welches
ich gleichwohl lieber vermieden/ und damit verschonet zu werden sehen wolte.
3. Indessen kan ich doch auch nicht sagen/ daß dergleichen freywillige gelübde
an sich selbs unrecht/ oder sündlich wären: so wol weil GOtt in dem A. T.
über die gelübde einige verordnungen gemacht/ und ihrer hin und wieder als
einer sache so ihm gefällig/ gedencket/als auch weil an sich selbs in einer solchen
freywilligen verbindung nichts sträffliches gezeiget werden kan/ indem was
ich dieses mal zu thun oder zu lassen macht habe/ und weiß/ daß solches
GOtt nicht entgegen ist/ das darff ich ( wo sonsten keine ursach einen unterscheid machet) auch zu andern malen thun oder unterlassen/ und mich dazu
verbinden. So ist auch nicht ohn/ daß zuweilen solche verbindung durch
ein gelüb/ daß man seinen etwa unbeständigen sinn dadurch befestiget/ einigen nutzen bey etlichen leuten haben mag. Ich achtete aber die jenige allezeit die sicherste/ welche etwa von etwas gewisses nur einmahl zu thun/ oder
doch nur auff eine gewisse zeit/ nach dero uns aus dem/ wie wir uns dabey be-
funden/wiederum frey bleibet/solches auffs neue fort zu setzen/ oder es damit
zu schliessen/ geleistet werden: indem bey denselben das gewissen weniger anstoß findet/ als bey den jenigen/ so auff das gantze leben übernommen werden/
welche/nachdem dem Menschen so vielerley änderungen auffstossen/ gar leicht
scrupul und gefahr erwecken: So dörffte man auch in allen solchen gelübden
niemal auff nichts anders sehen (wie ohne das die einbildung eines verdienstes oder insgesamt in eusserlichen dingen eine heiligkeit zu suchen/ unrecht
seyn/ und gar alles verderben würde) als daß sie ein hülffs-mittel des jenigen wären/worzu wir ohne das alle insgesamt verbunden sind. 4. Wo aber
einmal ein formlich gelüb/ und also mit anruffung göttlichen nahmens geschehen ist/wird die sache ziemlich schwer/ und hat man wol acht zu geben/ daß
man sich nicht versündige. Zwahr/ wo etwas gelobet worden wäre/ so an
sich unrecht/ oder nunmehr von dem menschen ohne übertretung göttlichen
gebots nicht gehalten werden könte/ so fället von selbsten alle verbindlichkeit

des

des gelübdes dahin / weil sich niemand aus freyem willen zu etwas verbinden könte / was göttlichem willen entgegen ist : auff welchem grunde es
zum theil beruhet / daß die jenige / so in dem Pabsthum das gelübd der ledigen keuschheit gethan/ und ohne sünde solches nicht halten können/ mit gutem
gewissen sich davon loß machen mögen.  Wiewol solches dabey erfordert
wird / daß solche leute ihre unbedachtsamkeit vor GOTT etwas gelobt und
sich nicht zur gnüge geprüffet zu haben/ billich mit buß und demuth erstlich zu
erkennen haben / ehe sie sich der befreyung davon getrösten mögen.  5. Wo
sich aber dergleichen nicht befindet / sondern ein gelübd ist zwahr dem menschen beschwehrlich / er kans aber ohne sünde gleichwol halten / so traute ich
einen Christen davon nicht loß zu sprechen/ sondern halte davor, die ehrerbietung gegen seinen GOtt erfordere dieses / daß er / was er einmal demselben
zugesaget/ also lang zu halten willig seye / als ihm müglich ist / und derselbige
ihn nicht selbs davon loß spricht.  Wir haben Gottes austrücklichen befehl in dem A. T. 4. Mos. 30/3.  Wenn jemand dem HErrn ein gelübde thut / oder einen eyd schwehret / daß er seine seele verbindet / der
soll sein Wort nicht schwächen / sondern alles thun / wie es zu seinem
munde ist ausgegangen.  Und 5. Mos. 23/ 21. u. f.  Wenn du dem
HErrn deinem GOTT ein gelübde thust / so solt du es nicht verzie-
hen zu halten.    Denn der HErr dein GOtt wirds von dir fordern/
und wird dir sünde seyn.  Wann du das geloben unterwegen lässest/
so ist dirs keine sünde.    Aber was zu deinen lippen ausgegangen ist/
solt du halten / und darnach thun / wie du dem HErrn deinem GOtt
freywillig gelobet hast / das du mit deinem munde geredet hast.
Diese verordnungen aber haben wir nicht anzusehen/ als wären sie allein
stücke des levitischen gesetzes/ so uns Christen nicht verbünden: indem sie vielmehr eine pflicht sind der natürlichen gerechtigkeit.  Dann diejenige gerechtigkeit und wahrheit/ welche von mir fordert/ daß ich meinem nechsten/
dem ich etwas zugesagt habe/ das versprochene halte/ erfordert nicht weniger
von mir/ daß ich GOtt das angelobte halte : und wie sich mein nechster darüber beschwehret / und es als einen mangel der wahrheit/ der liebe und so er
sonderlich vornehmer ist / des respects, annimmet / wo ich mit der leistung zurück bleibe/ ja so viel höher er gegen mir ist / solche unterlassung zu so viel mehrerem schimpff sich anziehet; eben also streitets auch wider die ehrerbietung
gegen GOTT so wol/ als wider die wahrheit/ wo ich mir die freyheit nehmen wolte / das jenige zu schwächen / was ich meinem GOTT gelobet
habe / gegen welchen ich gleichwol alles unterlassen solle / was nur den
geringsten schein einer verachtung gewinnen möchte.  Weßwegen ich auch

B                                    nicht

nicht sehe / wie unsre christliche freyheit uns dieser verbindung loß mache:
Denn es hat uns zwahr freylich unser liebste heyland / wie von dem mosaischen knechtischen gesetz / also von aller dienstbaren beobachtung eusserlicher
dinge frey gemacht / daher sich ein Christ / so in dem glauben stehet / kein gewissen über etwas dessen / so zum munde eingehet / oder sonsten den leib berühret / machet / sondern getrost durch hin / nemlich durch alle menschliche dem gewissen auffgelegte ordnungen / reisset : aber der HErr hat uns von der pflicht
der wahrheit und der ehrerbietung gegen sich nicht frey gemacht / sondern diese
ist eher genauer als vorher. Ja wie niemand sagen wird / daß ich aus der
freyheit / die ich in Christo habe / frey seye von den jenigen zusagen / welche ich
meinem nächsten gethan habe / und er also ein recht gegen mich daraus erhalten hat / so sehe ich nicht / wie die zusagen gegen GOtt weniger verbindlich
seyn / und um solcher befreyung willen ohne sünde hindan gesetzt werden könten : und hingegen / wie ich den nahmen nicht zu haben / daß ich meinen worten gegen den nechsten keine krafft gegeben hätte / das eusserste / und meine
grösste ungelegenheit thue / so muß mir auch die beschwehrde / so ich von dem
gelübde habe ( immer zu reden von dem jenigen / in dero haltung keine sünde
stecket) zu vermeiden nicht so lieb seyn / deßwegen mich von demselben mit verletzung der wahrheit loß zu würcken.   6. Wo ich nun auff die hypothesin
gehe / so finde zwahr so bald einigen fehler bey diesem gelübde / daß dasselbe
nicht mit gnugsamen bedacht und prüffung der krüfften geschehen seye / wie
wir gleichwol in allen dingen / was wir mit GOtt vorhaben / zusehen sollen
bedächtlich zu seyn / und an die worte Salomons zu gedencken Pred. 5/1.
Sey nicht schnell mit deinem munde / und laß dein Hertz nicht eilen etwas zu reden vor GOTT.   Deßwegen nachdem bisher durch die erfahrung solcher fehler sich gnugsam offenbahret hat / und alle bisherige scrupel
durch solche übereilung veranlasst worden sind / billich seyn wird / sich hertzlich
vor GOtt zu demüthigen / und diesen fehler / dadurch man sich selbs in nicht
wenige verunruhigung gesetzet habe / abzubitten.   7. Indessen finde doch
nicht / daß damit das band auffgelöset seye / sondern es bleibet aus obenangeführten ursachen also lang noch fest / als es ohne andere sünde gehalten werden kan : Daher ich auch die änderung desselben in eine andere art auff mich
zu nehmen nicht getraute / noch eine ruhe des hertzens dabey versprechen könte.   8. Weil uns aber gleichwol von GOTT die erhaltung so unserer gesundheit / als auch bequemlichkeit zur andacht also anbefohlen ist / daß wir wider solche nichts zu thun befugt sind / sondern uns alles zur sünde wird / wo
wir selbs unsre gesundheit schwächen / und uns zu geistlichen übungen / oder
auch andern von ihm uns befohlenen dingen / ungeschickt machen / so wäre
dieses wohl die einige ursach / so denselben etlicher massen von dem gelübde be-

freyen

freyen möchte. 9. Wann dann befunden worden / daß durch das fasten sonderlich des freytags/ wegen der mehrern amts-verrichtungen / die natur nicht ohne dero wahrhafftigen nachtheil und schwächung / abgemattet werde/ so fället das gelübde/ was den umstand des tages ( darauff ohne das nicht hauptsächlich wird gesehen seyn worden) anlangt / dahin / und kan damit nicht fortgefahren werden : indem GOtt nicht gefallen kan / womit wir an uns seine creatur verderbten/ und uns zu anderem seinem dienst untüchtig machten. 10. Wo aber befunden wird/ daß an einigem andern wochentage/ da die wenigste ermüdende verrichtungen wären/ das fasten ohne nachtheil der gesundheit und verstöhrung der andacht angestellet werden könte/ so würde durch solche verlegung dem gelübde in der sache selbs ein gnüge geschehen / und sich das gewissen damit beruhigen. 11. Wo aber letzlich sich ergeben solte/ daß alles solche fasten nicht ohne schaden der nöthigen leibeskräfften und mit stäter hinderung der andern geistlichen übungen zu werck gerichtet werde/ so wäre mein rath / gleichwol bey dem ersten gelübde so nahe zu bleiben/ als ohne andere verletzung des gewissens geschehen könte / und wolte ich vorschlagen/ an statt des einen tages/ sich zwey tag zu wehlen/ da ich die ordinarie mahlzeit aussetzte / oder nicht nach sonst gewöhnlicher nothdurfft ässe/ sondern etwa allein auff meinem cabinet mir von speiß und tranck nur so viel reichen liesse / was die eusserste nothdurfft der stärckung der natur erforderte/ und hingegen die gewöhnliche zeit des speisens über/ allein mit geistlichen übungen und andacht zubrächte. Dieses achtete ich vor das sicherste / und von dem man künfftig die wenigste unruhe des gewissens zu sorgen hätte: dann also bliebe man bey dem gelübde/ dessen rigor die schwachheit der natur nicht zu gibt / und uns also gewisser massen davon befreyet / annoch am nechsten/ und möchte den durch die erste entschliessung dazu vorgehabten zweck am kräfftigsten dardurch erlangen. Wie dieses nun meine in der forcht des HErrn gefaste einfältige gedancken sind / die ich zur prüfung meines geliebten bruders eigenem gewissen überlasse/ ob und wie fern er sich überzeuget finden möchte/ also ruffe ich schließlich den himmlischen Vater demüthigst an/ daß er nach seiner väterlichen güte und treue gegen seine kinder / welche wider seinen willen nicht gern thun wolten / ihm denselben zu völliger beruhigung des gewissens zu erkennen geben / und uns selbs allezeit mit seinem geist führen/ also auch sonderlich in dieser sache das hertz durch seine gnade vest machen wolle.

## SECTIO IV.
### Von einem nicht mit genugsamen bedacht gethanen gelübde.

B 2

Was

WAs die überschickte frage von dem gelübde anlangt / so schicke erstlich hierbey eine antwort / die ich von der materie vor diesem an einen andern guten freund gethan / daraus meine meinung von dieser sache abzunehmen seyn wird. Auff den Special-Casum aber zu kommen : 1.So halte dieses votum quæstionis, so viel ich noch sehe oder begreiffen kan / nicht wohl und mit gebührender vorsichtigkeit gethan. Denn ich kaum verstehe/ wie ein mensch ohne verletzung seiner gesundheit des tages immerfort nur einmal speisen / in der woche aber zweymal gantz fasten könte. Daher weiln wir nicht Herren unsers leibes sind / sondern derselbe so wol als unsere seele Christi eigen ist/ deswegen von uns also muß gepfleget werden / daß er tüchtig bleibe zu verrichtung desjenigen/worzu ihn GOtt verordnet hat/und die zu GOttes ehr begirige seele durch und in ihm wircken muß; so stehet uns nicht frey / aus einiger ursach / und also auch nicht per modum voti , demselben also zuzusetzen/ daß er darnach zu seinen verrichtungen geschwächet / und also auch die fertigkeit der seele / die allezeit von der leibes beschaffenheit etwas mit leidet/ mehr gehindert als gefördert werde. Daher 2. wird nöthig seyn/ daß die person zum fördersten einen verständigen christlichen Medicum consulire / der ihrer constitution wohl wissend seye / oder sie ihm solche nach aller nothdurfft deutlich vorstelle/ und alsdenn von demselben vernehme / ob er ohne verletzung und schwächung seiner gesundheit diese rationem victus gebrauche/ sonderlich aber/ ob er nicht zu sorgen haben möchte/ daß auffs wenigste in das künfftige seiner gesundheit davon schade zu befahren wäre. Wie ich mich entsinne / als ich in zeit meiner studiorum einmal ein jahr absque voto continuiret/ die woche alleine eine mahlzeit (den sambstag) gantz auszusetzen/ und also biß abends zu fasten/ein verständiger und meiner constitution kündiger Medicus darnach bezeuget / daß meiner gesundheit solchen schaden gethan hätte/ welchen/ wenn es möglich/ lieber mit geld abkauffen solte. Daher auch jetzt/da ich ex ratione valetudinis und einige zeit zur arbeit zu gewinnen/ wöchentlich 2. abend ordinarie (wiewol ich mich auch nicht als an etwas nöthiges daran binde) nicht zu tische gehe/ mir gleichwol eine suppe / brodt und trunck auff mein losament reichen lasse/ und nicht gantz faste ; alles aber sine voto. 3. Wo nun der Medicus , welches ich schwehrlich gedencken kan/ aussprechen solte/ daß damit der gesundheit nicht geschadet würde/oder doch/ daß noch biß auff eine gewisse zeit ohne sorge künfftig davon fühlenden ungemachs damit continuiret werden könne/ so bliebe das votum in seinem vigore, und würde eine muthwillige brechung desselbigen (ein anders ist von unbedachtsamer überschreitung) sonderlich da sie mehrmal wiederhohlet würde/eine solche sünde seyn/die den menschen in Gottes ungnade setzte/wie andere wissentliche sonderlich beharrliche sünden. Indem die gelübde wegen göttlichen

lichen befehls nicht ohne verletzung göttlicher ehre und entheiligung seines nahmens können gebrochen werden. 4. Mos. 30/ 3. 5. Mos. 23/. 21. 22. 23. Pred. 5/ 3. 4. Conf. Ap. Geschicht 5/ 4.　Wo dann auff diese weise dagegen gehandelt worden/ ist es mit demühtiger Buß zuerkennen.

4. Es wird auch in solchem fall dennoch das jenige ausgenommen/ wo der mensch/ so das votum gethan/ und dasselbe sonsten zu andern zeiten halten könne und gehalten hat/ entweder in eine schwachheit verfiele/ oder in dergleichen stand käme/ da er es nicht ohne schaden halten könte/ daß nemlich auch alsdenn das votum nicht gültig bliebe/ sondern was jetzo folget/ auch darauff gezogen werde.　Nemlich 5. wenn der Medicus solte gewissenhafft urtheilen/ daß entweder bereits in dem gegenwärtigen ohne schwächung der gesundheit und bald daher entstehenden schadens solches votum nicht gehalten werden könte/ oder doch von jetziger so vieler abstinenz/ auff das künfftige nachtheil zu sorgen wäre/ so hat die person/ so das gelübde gethan/ zum allerförderstem ihre unbedachtsamkeit hertzlich zu erkennen/ daß sie in einer solchen sache/ da mans mit GOtt selbsten zu thun hat/ ohne vorhergehende reiffe deliberation, untersuchung der müglichkeit/ und etwa einziehung christlichen raths/ ein solches geschlossen/ und ein gelübd gethan/ so ihr nun zu halten unmüglich/ daher durch ihre unachtsamkeit den nahmen des HErrn einiger massen entheiliget habe: da sie wissen und bedencken sollen/ mit was sonderbahrem vorbedacht in dergleichen sachen vor GOtt zu handeln wäre.　Sie hat sich also deßwegen vor Gott zu demühtigen/ ihn um gnädige vergebung zu bitten/ und wo das gewissen sich je nicht so bald zu frieden geben will/ ein gewisses denckmal sich zu machen/ daß man sich auch solcher sünde vor dem HErrn sein lebetag erinnere/ und stäts in wahrer busse derselben bleibe.　6. Hingegen hat man alsdenn die haltung des voti von solcher zeit an auffzuheben/ weil es nicht ohne sünde gehalten werden könte/ indem die wissentliche schwächung der gesundheit in diesem fall eine art des selbstmords wäre/ und wir also bey unserm gewissen verbunden sind/ alles das jenige/ was in unserm willen stehet/ zu vermeiden/ wodurch das leben abgekürtzet/ die gesundheit geschwächet/ und wir also GOtt und dem nechsten länger oder ungehinderter zu dienen gehindert würden.　Also würde sich der jenige/ der dennoch wissentlich wider seine gesundheit darinnen handeln wolte/ sothaner schwehrer sünde schuldig machen/ und die verantwortung alles dessen auff sich laden/ was er sonsten noch gutes ausrichten können/ und sich darzu untüchtig gemacht hat. 7. Jedennoch ist er damit noch nicht des gantzen voti frey/ sondern er hat von dem Medico (dessen judicium hierinnen als in einer sache/ die seiner profession ist/ dem gewissen ein gnügen thun kan) zuerlernen/ wie viel er seines voti ins-

B 3

künff-

künfftige ohne verletzung seiner gesundheit zu halten vermöge/ und alsdenn
daſſelbe ſich auffs neue entweder voto, oder welches ich allezeit præferire/und
an ein eigenlich votum aus erkäntnüß unſerer ſchwachheit nicht gern komme/
auffs wenigſte mit feſtem vorſatz vorzunehmen; jedoch mit dieſer austrücklichen condition (damit allem neuen ſcrupel/ der ſich erheben möchte/vorgebeu-
get werde) ſo lange damit zu continuiren/ als die geſundheit jedesmal nach
eines verſtändigen und gewiſſenhafften Medici erkäntnüß/ ertragen würde
können; hingegen dero anfangende ſchwächung vor ein zeichen/daß der HErr
auch ſolches nicht weiter von ihm haben wolle/anzunehmen. 8. Wie ich nun
dieſes nothwendig achte/ indem des vorigen gelübdes gültigkeit nur wegen
der gefahr der geſundheit dahin fället/ und alſo auch die frey ꝫeit davon nicht
weiter zu ziehen iſt/ alſo halte auch davor/ daß dem gewiſſen am beſten gerathen werde/ wo in allem auffs wenigſte am nechſten bey dem voto geblieben
würde/und alſo die perſon die jenige mahlzeiten/die ihr von dem Medico ferner nothwendig geachtet würden/ nicht nur deſto ſparſamer/ und allein zu-
euſſerſter nothdurfft/ ſondern gar abgeſondert von andern hielte: daß ſie alſo
nicht zu der ordinari mahlzeit käme/ wo nicht nur leicht ein mehrer exceſs vorgehen mag/ ſondern auffs wenigſte andere converſation und geſpräch das gemüth diſtrahiret/ vielmehr ſich ihre geringe portion allein geben lieſſe/die zeit
ihres eſſens mit andächtiger betrachtung/ ſonderlich der urſachen/ warum
ſie das votum gethan/ſo dann ihrer ſchwachheit und anderer erbaulichen din-
ge/ zubrächte/ und auch einige zeit ihrer übrigen arbeit dadurch gewönne.
Wie nun dieſes dem vorigen voto am nechſten kommet/ ja ſolche art etwa vermuthlich ihrer ſeelen mehr erbauung geben kan/ als die vorige haltung/ wo
die der mahlzeit übergangene zeit an andere weniger erbauliche dinge gewendet werden/ alſo hoffe ich/ werde ihr gewiſſen dadurch vor GOtt gnung tran-
quilliret werden/ daß nemlich derſelbe nicht in zorn zurechnen werde/ was
zwahr aus der intention ihm zu dienen/ aber; unbedachtſam/ gelobet
worden/ und nun auch allein aus der intention wider den offenbahren
ſeinen befehl/ ſich ſelbs nicht ſchaden zu thun/ nicht zu ſündigen unterlaſſen/
und doch ſeine gnädige vergebung voriger leichtſinnigkeit demüthig gebeten
werde. 9. Solte das gewiſſen (wie ich weiß/ daß ſolches in dergleichen materie ſich offte nicht leichte zur ruhe geben will/ und daher/ wie obgemeldt/
nicht gern durch gelübde/ da man noch frey iſt/ demſelben einen ſtrick ange-
worffen zu werden ſehe) ſich noch nicht gantz befriedigen/ wolte ſchließlich ra-
then/ neben dem vorigen/ was jetzt an hand gegeben/ gleichſam zur erſetzung
was man nachlaſſen müſſen/ etwas anders gutes ſich vorzunehmen/ und ſich
darzu auff thunliche art zu verbinden/ davon unſre ſeele und der nechſte mehr

                                                        er

erbauung hat/ etwa von gewissen übungen der andacht oder gottseligkeit/ oder was sonsten dergleichen dienlich gefunden werden mag. Dieses wäre meine christliche meinung/ so ich den gründen göttliches worts nicht ungemäß zu seyn mich versichert halte/ dabey den gütigen himmlischen Vater hertzlich anruffe/ er wolle die person selbs durch diesen unterricht/ oder andern christlichen rath/ seines willens versichern/ und ihr zeigen/ wie sie ihm am besten gefällig seyn möge: auch alles solches durch seine gnade in ihr schaffen zu beförderung ihrer seelen heil. Amen. 1686.

## SECTIO V.

# Ob und wie einen eyd zu thun erlaubt seye.

## Matth. 5.

DAs hertzliche vertrauen eines recht Christlichen gemüthes/ so aus dem an mich gethanen klahr erhellet/ machet mich so viel getroster/ denselben ohne in der welt gebräuchlichen titul anzureden/ ob wol nach dem mir dessen person und weltliche condition nicht völlig bekant/ ich auch darinnen die sonst nach der welt lauff gewöhnliche gebühr nicht gnug in acht nehmen können. Ich bedancke und freue mich des gegen mich christlichen bezeugenden vertrauens/ so vielmehr aus einer solchen statt/ da sonsten mein armer nahme von vielen als eines boßhafftigen verworffen zu werden verlautet/ und also nicht hätte gedencken sollen/ daß jemand nach meinem rath verlangen tragen würde. Aber gelobet seye der HErr/ der gleich wie mich bißher gewürdiget um der wahrheit seines Sohns willen einige schmach zu leiden/ also derjenigen hertzen nichts destoweniger mit rechtschaffener liebe verbindet/ die in einem geist/ den sie von ihme haben/ ihren wandel führen. Er kennet die seinen/ und gibt sie auch sich unter einander etwa zu erkennen. Die sache selbs belangend/ so will erstlich meine einfältige gedancken in thesi von dem Ort Matth. 5. zu seinem fernern nachsinnen und beurtheilung vorlegen/ nachmal was mein wolmeinender rath in hypothesi seyn würde/ beyfügen. Das erste belangend/ bekenne gern/ daß mir selbs solcher Ort nicht nur einmal viele gedancken gemacht/ und ich ihn wol für den schwersten in der gantzen sonsten so einfältigen berg-predigt unsers lieben heylandes halte: So erkenne auch/ daß in dieses und anderer befehl des HErrn erklärung sehr behutsam zu gehen seye/ aus des HErrn eigener betrohung/ wer eines seiner geringsten gebote werde auflösen und die leute also lehren/ der werde der kleinest seyn im himmelreich. Was unterschiedlicher lehrer auslegungen seyen/ ist auch nicht der ort hie auszuführen/ noch dienet zur beruhigung des gewissens. Wo ich aber einfältig bey dem text bleibe/ möchte ich

ich sagen/ es rede der HErr allein von den eidschwuren/ die geschehen bey dem
himmel/ erde/ Jerusalem/ eigenem haupt und dergleichen: Und also wo göttlicher nahme nicht deutlich mit drinnen begriffen wird. Theils weil sich nicht
geziemen will/ bey andern als bey GOtt selbs zu schwehren/ theils weil eben
dieses die sünde der jüden war/ welche viele solcher schwüre/ wie zu sehen
Matth. 23. nicht verbindtlich hielten/ und also damit andere betrogen/ und
weil der nahme des HErrn nicht deutlich ausgedrucket wäre/ gantz leichtsin-
nig dieselbe offters brauchten: Dargegen will Christus auch diese eben so wol
verboten haben; hingegen schreibet er vor mit ja und nein zu frieden zu seyn/
und also den göttlichen nahmen nicht in dem gemeinen leben mit unnöthigem
gebrauch zu entheiligen. Wo nun diese auslegung stehet/ so mögen die worte den eidschwüren bey GOtt selbs nicht entgegen gesetzet werden; solche
auslegung aber scheinet in dem deutlichen buchstaben gegründet/ und also
das allerdings nicht bloß zu nehmen/ sondern mit den folgenden zusammen
zu setzen seyn. Ich sage euch/ daß ihr allerdings nicht schweren solt/ weder bey dem himmel noch erde u. s. f. Solte aber diese auslegung nicht
wollen angenommen werden/ sondern wie Jacob. 5/ 12. dazu setzet/ noch mit
keinem andern eyd/ solches auch dieses orts mit gemeinet werden/ so wer-
wir doch nach reifflicher erwegung nimmermehr sagen können/ daß allerdings
einiger eid nicht von Christen möchte gebraucht werden. 1. Weil Paulus
offtmal sich der eidlichen betheurung gebraucht/ als Rom. 1/ 9. 2 Cor. 1/
23. 11/ 31. Phil. 1/ 8. 1. Thess. 2/ 5. 10. Wo er theils über solche dinge
schweret/ die in seiner seele waren/ und mit nichts anders erwiesen werden
konten/ theils die auch eusserliche dinge betraffen; wo man sagen möchte/ daß
nicht die allereusserste noth des eids/ nachdeme auch anderer erweiß statt ge-
habt/ vorhanden gewesen seye: als was mit ihm zu Damasco vorgegangen
wäre. 2. So hat ja Christus selbs mit seinem Amen Amen/ oder Warlich warlich/ einen eid oder betheurung/ die dem eid gleich gültig/ auffs wenigste mehr als ja und nein wäre/ gebraucht. Nun wolte ich nicht zweiffeln/
daß alle auslegung der worte Christi dem gewissen sicher genug seyen/ die sich
auff das exempel Christi selbs/ so dann seiner von dem H. Geist über den verstand der wort ihres HErren erleuchteter Apostel begründen. 3. Finden
wir nicht nur die exempel der Heiligen/ so in dem A. T. eide gethan/ da einige
excipiren möchten/ es wäre eben solches den alten erlaubt gewesenes hiervon Christo auffgehoben: Sondern wir finden/ daß von dem N. T. geweissa-
get worden Es. 65/ 16. Jer. 12/ 16. daß GOtt auch alsdann mit schwehren
werde gedienet werden. 4. Wird der ort Hebr. 6. nicht gantz aus der acht
zu lassen seyn. Daß aber unser liebe Lutherus solche epistel nicht vor Pau-
linisch

linisch.erkennen wollen/ præjudiciret dero würde und gültigkeit nichts ; von dero auch jetzo unsere kirche einmüthig sich versichert hält/ und wahrhafftig die hoheit der göttlichen darinnen enthaltenen geheimnüssen und übrige kennzeichen der göttlichen bücher/ wo wohl acht gegeben/ darinnen gnugsam erkant werden wird. 5. Ist wohl zu mercken/ daß der eyd an und vor sich selbs/ und ohne die mißbräuch genommen/ der liebe weder Gottes/ noch des nechsten entgegen stehe: Nun aber hat der HErr alle gebotte in die liebe verfasset. Vielmehr sind die rechte eidschwühre eine herrliche übung/ brüderlicher gebotener liebe: wie dann es gleichwie eine ehre göttlichen nahmens ist/ wo wir einen rechtmässigen eid thuende/ GOtt zu zeugen der wahrheit anruffen/ und also seine gerechtigkeit und wahrheit preisen; also mag auch damit offters dem nechsten eine sehr nützliche liebe erwiesen werden. Daher abermal/ welche erklärung mit dem allgemeinen zweck aller gebote Christi überein kommt/ von deroselben meinung nicht fremd zu achten ist. 6. Mag auch einem christlichen gemüthe zu seiner versicherung in dergleichen sonsten zweiffelhafftig scheinenden orten dienlich seyn/ wo es weiß/ wie die liebe erste Christen/ so dem alter der heil. Apostel am nechsten gewesen/ des HErrn wort verstanden und insgemein belebet haben. Nun finden wir/ daß die liebe leute gleichwol in gantz wichtigen sachen eyd abgeleget/ obwol sich der jenigen entschlagen haben/ welche einiges abgöttisches oder leichtfertiges in sich hätten. Gleichwol werden auch einige väter auff die art reden/ wie die worte Christi und Jacobi bloß dahin lauten : so uns aber dieses zeigen möchte/ daß so wol eine als andere nicht schlechterdings von jeglichen eydschwühren/ wie dieselbe auch seyn möchten/ zu verstehen seyen. Wann also verhoffentlich erwiesen/ daß diese worte unseres theuren heylandes nicht ohne einige restriction verstanden werden möchten/weil ja derselbe selbs/und Paulus sein treuer nachfolger nicht allezeit schlecht dahin bey Ja und Nein geblieben sind. So ist ferner in der Furcht des HErren zu untersuchen/ wo wir die rechte limitation/und also meinung des HErren finden mögen. Meine einfältige gedancken hievon/ die ich seiner und anderer gottseeliger hertzen erwegung und beurtheilung willig überlasse/ gehen dahin; Es seyen die eyde nicht bloß dahin verboten/ sondern allein die jenige / so man eigenen willens thut: wie es sich auch mit andern dingen/ davon der HErr Matth. 5. handelt/ verhält. Massen wir auch nicht macht haben zu zörnen/ den nechsten einen narren zu heissen und dergleichen/ für uns selbs und aus eigenem trieb unsers verderbten rachgierigen hertzens/ als welches allezeit böse ist/ und doch nicht gewehret wird/ daß GOtt in uns zörne/ und ein heiliger eiffer für Gottes ehre unser gemüth gegen unsern nechsten/ nicht denselben zu hassen/ sondern dem übel in ihm zu widerstehen/ bewege; Auch harte empfindliche wort zur

C

straffe

straffe und besserung gegen die hartnäckige gebraucht werden / nicht aus
fleischlicher bitterkeit / sondern göttlichem reinen eiffer / der / wie er in den
exempeln etwas rar ist / also an sich selbs gleichwol so gar nicht zu verwerffen/
daß er vielmehr lob verdienet / welches wir leicht erweisen. Dann unser
theure erlöser / so seine lehre selbs allen belebet / erzürnet sich Marc. 3/5. er
ergrimmet in dem geist / Joh. 11/33. 38. Seine worte waren offt so
hart / als immermehr andere scheltwort seyn möchten / gegen diejenige / die er
doch aus liebe bessern wolte. Ferner: Paulus ergrimmet zu Athen in dem
geist. Act. 17/16. Strafft seine Galater mit empfindlichen worten: er läst
seine Epheser zürnen / aber mit grosser behutsamkeit / daß sie nicht sündigten ;
Eph. 4/26. Ob er wol v. 31. solte scheinen allen zorn zu verbieten. Jaco-
bus will haben der mensch solle zu dem zorn langsam seyn c. 1/19. nicht daß er
niemal zu zürnen hätte / aber daß er mit grossem bedacht zürne / und es nicht
ein bloß menschlicher zorn werde / welcher nicht thut / was vor GOtt recht ist.
Wie dann also / ob es schon scheinen möchte / daß von Christo und den Aposteln etliche mal aller zorn verboten würde / gleichwol derselbe nicht anders
unrecht ist / als wo der mensch aus sich selbs / um sein selbs willen / und wider
die liebe zürnet / nicht aber wo der zorn eine wahrhafftige frucht einer hertzlichen liebe Gottes und des nechsten ist. Item / wie in der erklärung des sechsten gebots unser liebe heyland verbeut die gelüst eines weibes / nemlich ausser göttlicher ordnung / und gegen diejenige / die mir GOtt nicht gegeben hat/
nicht aber gegen diejenige / welche Gottes ordnung mir auch zu leiblicher
liebe (obwol diese weder das einige / noch vornehmste in dem ehestand
ist / und selbs in ihren schrancken gehalten werden solle / daß sie nicht in eine
unkeusche viehische brunst ausbreche/) gegeben : also halte ich das sicherste/
daß wir sagen / die eyde oder das schwehren seye verboten / wo es aus eigner
wahl und bewegung / aus absicht auff sich / daß wir eben haben wollen / daß
uns geglaubet werde / oder damit einiges zeitliches erhalten wollen / geschiehet. Daher wolte ich wegen geld-sachen nicht schwehren / sondern lieber das
meinige verliehren / als welcherley dinge ich nicht so viel werth achte / daß der
heil. nahme Gottes darüber geführet werde. Hingegen achte diejenige eyde
für erlaubt und recht / wo wir zu göttlicher ehre und liebe des nechsten schwehren / dasie nicht unsere / sondern der liebe werck sind / und mir also von GOtt
in der liebe befohlen. Was also die eydschwühre anlangt / welche zu thun mir
nicht frey stehet / sondern mir autoritate der obrigkeit / als dienerin Gottes/
zu dem zweck der verwaltung ihres göttlichen Amts der gerechtigkeit gehörig / aufferleget werden / zum exempel in sachen / wo der cursus justitiæ mein
zeugnüß / und zwar dasselbe beeydigt / erfordert / da mirs nicht frey stehet / ob
ich der obrigkeit dasjenige / worinnen sie meines zeugnüsses zu verrichtung

ihres

ihres Ampts nöthig hat/ abstatten wolle; also auch wo ein homagium erfordert wird/ so eines von den banden ist/ damit die policey aneinander hafftet/
und die liebe auch dessen erhaltung uns anbefihl t/ und was dergleichen fälle
mehr sind/ die achte ich mit freudigem gewissen geschehen zu können; als welche weder wider die heiligkeit göttlichen nahmens/ noch wider die liebe des
nechsten streiten; in dem/ was diese anlangt/ dieselbe so viel klährer vor augen
liget/ so vielmehreren offters dadurch liebe erzeiget/ hingegen die menschliche
gesellschafft sehr zerrüttet/ und also wider die liebe gesündiget werden würde/
wo wir alle eyde auffheben: was aber jene betrifft/ so ists göttlicher heiligkeit
nicht entgegen/ dazu gebraucht zu werden/ was dero ordnung in der obrigkeit ist/ und wobey göttlicher nahme nicht ohne innerliche und eusserliche veneration geführet wird. Wie nun dergleichen eyde von der obrigkeit auffer-
legt/ in göttlicher ordnung geschehen/ und also wo sie sonsten keinen fehler ha-
ben/ daß man mit bösem gemüth/ oder über ungewissen sachen dieselbe ablegen
wolte/ recht und christlich sind/ also achte nicht weniger/ daß es fälle gebe/ wo
auch ohne erfordern der obrigkeit/ die augenscheinliche ehre Gottes und liebe
des nechsten zuweilen dieselbe erlaubt und nöthig mache. Nachdem diese
thesis nach der gnade so mir gegeben/ mag expediret seyn/ so wirds jetzo 2.
nöthig seyn/ in hypothesi, ob er wider die vorgeschriebene ordnung nicht gesündigt zu haben/ mit einem eyd behaupten dörffe/ zu erwegen/ was in diesem
fall zu thun. Da setze ich nun diese alternativam: Daß mein vielgeliebter
Herr entweder durch obige remonstration in seinem gewissen versichert/ daß
er ohne überschreitung der gebote Christi solchen eyd thun könne oder nicht.
Ist jenes/ wie ich etwa hoffen will/ so bedarffs nichts weiteres/ sondern so stehen der gehorsam Gottes und der obrigkeit in ihrer subordination/ und hindert keine den andern. Solte aber das hertz noch nicht beruhiget seyn/ so können wir auch dubia conscientia nichts thun/ sondern müste das jenige unterlassen werden/ was uns das gewissen nicht zugibet: Wäre aber auff mittel
zu gedencken/ wie etwa die sache declinirt werden möchte/ wo fern die gedachte ordnung viele und solche articul haben solte/ die leicht und unvermerckt
überschritten werden möchten/ bey der vorforderung zu bekennen/ ob man
sich wohl nichts bewust seye/ daß man gegen die ordnungen gesündigt/ weil
solches doch auch unwissend geschehen seyn möchte/ wolte man in causa dubia
lieber eine dictirende straff bezahlen/ als das jenige mit einem eyd behaup-
ten/ was man zwahr gewiß bey sich halte/ aber doch eine formido oppositi da-
seye; oder wo etwa ein ander weg gefunden werden möchte/ wie die necessi-
tas jurandi, aber ohne andern schwuhr gebendes ärgernüß/ gleich ob würden
die eyde allerdings verworffen/ decliniret werden möchte. Bey allem ist
auch GOtt hertzlich anzuruffen um seinen heil. geist/ der unsere hertzen seines

willens

willens verſichern wolle ; wobey Paulus Rom. 12. 'ein ander herrliches
mittel vorſchlägt / nemlich ſich ſelbs GOtt zum opffer dar zu geben / ſich der
welt nicht gleich zu ſtellen / ſondern durch verneuerung unſers ſinnes verän-
dern / ſo werden wir je mehr und mehr prüffen / und mit gewißheit erkennen/
welches da ſeye der gute / der wolgefällige und der vollkommene Gottes wille. Laſſet uns alſo unſerm heyland treu werden in den jenigen ſtücken erſtlich/
die ohne einige ungewißheit und zweiffel ſind / ſo wird er unſere hertzen auch
mehr und mehr befeſtigen in dem übrigen / ſo erſtlich uns noch nicht ſo gewiß
vorgekommen. Wer da hat / und ſolches ſeinem HErren zu ehren braucht/
dem wird gegeben. Er der HErr verleihe uns allen ſolche gnade/ſtärcke und
bekräfftige in uns das angefangene gute / und heilige uns in ſeiner wahrheit/
ſein wort iſt die warheit.

## SECTIO VI.

# Ein caſus betreffend einen nicht völlig gehaltenen eyd.

Aus der communicirten ſpecie facti, ſo ich in der furcht des HERRN
durchleſen / ziehe ich folgende ſätze:

1. Die genandte Lucilia, welche in einer ſache zwiſchen Cajo und Sem-
pronia, die zu einer fiſcaliſchen inquiſition gediehen / zum eyd angeſtrenget
worden / alles zu entdecken / was ihr davon bewuſt wäre / oder ſie noch hin-
führo davon erfahren würde; nachdem aber nach der zeit etwas unter Caji
ſachen gefunden / ſo ſie rechtswegen nach entdecken ſollen / auch ſolches dem
judici hinterbringen wollen/aber immer durch Caji, dem es ſonſten hätte ſchaden werden/ gute worte davon abgehalten worden/bis er geſtorben/ und nun
res nicht mehr integra , noch ſie die ſache im geringſten mehr beweiſen kan/
kan von der ſünde nicht loß geſprochen werden.
Indem nicht allein 1. die heiligkeit göttlichen nahmens / der in dem eyd angeruffen wird/ allerdings erfordert / daß dieſer unverbrüchlich gehalten werde :
da hingegen jede deſſen brechung denſelben ſchändlich entheiliget / und daher
GOtt nicht vergebens denjenigen drohet / die ſich auff ſolche weiſe an ihm
vergreiffen : ſondern 2. der bruch des eydes iſt ſo viel ſchwehrer / weil er in einer gerichtlichen ſachen geſchehen / und aber nach 2. Chron. 19/ 6. das gericht GOTT gehalten wird / der allezeit dabey iſt ; daher alle ſünden
in dem gericht begangen / ſonderlich welche den lauff der gerechtigkeit hem-
men / und verurſachen können/ daß aus mangel gnugſamen berichts/ der richter ein unrechtes urtheil ſprechen mag / deſto ſchwehrer ſind: darzu kommt 3.

Daß

daß Caji gegenpart / zu dessen vortheil der Petronellæ aussage hat dienen sollen/dardurch kan um etwas / was derselben rechts wegen gebühret/gebracht worden seyn: da sie also vor GOTT angesehen wird/als eine person/ die andere um das ihrige gebracht/ und dessen schuldig ist.

II. Indessen finden sich auch einige ursachen / die ob wol Luciliam ihrer schuld nicht befreyen/gleichwol dieselbige etwa geringer/ als sonsten freveler meineyd seyn würde/ machen: indem nicht abzusehen/ wie sie einer vorsetzlichen boßheit/ durch ihren meineyd das gericht und Caji gegentheil zu geführen/ überzeuget werden könne/wie es seyn würde/wenn sie damal/ als sie beeyndiget worden / etwas wissentlich falsches ausgesagt / oder wissentlich die wahrheit verschwiegen hätte; sondern es wird præsupponiret / daß sie zeit abgelegten zeugnüsses nach ihrem gewissen geredet: als sie auch nach der zeit etwas erfahren/ da ihr gewissen sie erinnert/ daß sie solches zu entdecken schuldig seye/ erhellet / daß sie auch damal den entschluß nicht gemacht/ es gar zu verschweigen/ vielmehr meldet facti species, daß sie es dem richter oder doch ihrem beicht-vater eröffnen wollen/daran sie aber von Cajo(die art wie es geschehen/ wird nicht ausführlich ausgetruckt/) gehindert worden: daher nicht allein die meiste schuld auff Cajum, der wissentlich seine ungerechte sache muß durchgetrieben/ und auch diese wahrheit zu unterdrucken gesucht haben/ fället / sondern bey Lucilia scheinet meistens die schuld nicht so wol darauff zu kommen/ daß sie ihrem eyd niemal ein gnügen zu thun fest beschlossen/ als daß sie aus ursachen/ die sie besser wissen muß / wie fern dieselbe ihre schuld mehr beschwehren oder erleichtern/ solche allzulang verschoben/ biß ihr durch Caji todt es nunmehro zuthun/unmüglich wird worden seyn.

III. Was nun anlangt/wie der person gewissen am besten zu rathen seye/ fasse ich meine gedancken also. 1. Es ist derselben ihre sünde nicht gering zu machen oder nur auszureden/ sondern da sie GOtt in ihrer seele selbs gleichsam lebendig gemacht/ dessen führung nachzugehen/ und ihr zu zeigen/ wie sie allerdings göttliche heiligkeit gröblich angetastet/ und den zorn dessen/ dessen nahmen sie mißgebrauchet/ auff sich geladen habe/ daher sie weder die sünde entschuldigen/ noch sich über das leiden/ das sie deswegen ausstehet/ beschwehren/ sondern sich mit aller gedult unter die schwehre hand GOttes/ die sie ewiglich zu trucken wohl verschuldet hätte/ demüthigen/ und allein die barmhertzigkeit/ die auch dem grössesten sünder wiederfahren seye/ anflehen solle. 2. Sie ist auch ferner auff ihr voriges leben zu führen/ wie dasselbe vor GOtt geführet worden. Indem dieses unter die heilige wege der weißheit GOttes gehöret/ daß derselbe zuweilen einige/ deren hertz nicht rechtschaffen/ sondern heuchlerisch vor ihm gewesen/ und ohne daß sie jemal wahrhafftig zu ihm bekehret/in einem rechtschaffenen wesen/das in Christo Jesu ist/

ge-

gestanden wären/ sich dannoch wegen ihres ehrbaren leben und fleisses in dem
eusserlichen gottesdienst für gute Christen gehalten hätten/ und also immer
sicher dahin gegangen wären/ in grobe und greißliche sünde hat fallen lassen/
daß sie dadurch der tücke ihres hertzens gewahr würden/ und zu wahrer buß
kämen. Wie mir vor mehrern jahren das exempel eines mannes bekant wor=
den/ der/ da er vorhin ein leben zu anderer gutem exempel geführet/ und sich
selbs für fromm geachtet/ nachmal aber in einen offentlichen ehebruch gera=
then/ hingegen selbs darnach bekennet/ weil ihm sein in heucheley betrieg=
liches hertz durch solchen groben ausbruch erst recht bekant worden/daß solche
göttliche verhängnüß über ihn/ ihm zur wolthat worden/und er sonsten in sei=
ner sicherheit ewig würde verlohren gegangen seyn; da hingegen nachmal sei=
ne buß und dero früchte in dem gantzen leben ernstlich und auffrichtig gewe=
sen sind. Also wird der beicht=vater wohl thun / die person treulich auff ihren
vorigen zustand zu führen / ob sie nicht finden werde / daß sie auch vor began=
genem diesem fall niemal rechtschaffen vor GOTT gestanden/ noch jemal
den hertzlichen vorsatz gefaßt/ und in demselben das leben geführet habe/ daß
ihrs in allem allein um GOtt und seinen willen/nicht aber um sich und um die
welt zu thun gewesen wäre/ dabey sie aber wegen der eusserlichen ehrbarkeit/
sich doch GOttes kind geglaubet zu seyn. Ich halte mich versichert/ weil
dieses der zustand der allermeisten menschen/ nur daß sie es nicht glauben/ es
werde mit solcher person nicht wol anders gestanden seyn. Wann nun/ wie
ich hoffe/ihr gewissen sie dessen überzeugen wird/so wird nicht allein ihre reue/
die nun über das gantze leben gehet/ desto gründlicher und heilsamer werden/
sondern wenn sie auch diese wolthat GOttes erkennet/ daß dieser der in ihr
vorhin gesteckten eben so gefährliche/ aber ihr verborgen gebliebenen boßheit
diesen ausbruch gelassen/ damit sie zu bußfertiger erkäntnüß ihrer selbs kä=
me/ und erst auff den rechten weg der seligkeit/ auff dem zu seyn sie sich vorhin
fälschlich eingebildet / einträte / ihre gesamte sünde ihr nicht mehr allein leid
werden wegen der verdienten straff / sondern daß sie einen so gütigen Vater/
der auch in ihrer sünde gütig gegen sie gewesen/ beleidiget habe. 3. In sol=
chem stand wird der trost des Evangelii so viel eher an ihr hertz/ wo es nun=
mehr des gantzen lebens wegen zerknirschet worden/anschlagen/ weil sie nicht
allein durch das göttliche wort/ und die so viele exempel / die auch von den
schwehresten sündern darinnen angeführet werden/ versichert werden kan/
daß göttliche barmhertzigkeit unendlich grösser als alle unsre sünden seyn/son=
dern an sich bereits das exempel erfähret/ wie dieselbe sie nicht in voriger si=
cherheit habe hingerissen/ wo sie verlohren gegangen seyn möchte/ sondern
das gifft ihres schwehren falles zu einer artzeney einer heilsamen buß mache.
Von dem trost/ der in diesem der seelen stand gefasset wird/ halte mich gewiß/

daß

daß er nachmal beständig bleiben werde. 4. Weil aber zu wahrer buß auch gehöret/ daß man seinen fehler beßere/ so hat sie/ wofern damit der gerechtigkeit und denjenigen/ die ihres stillschweigens halber haben schaden leiden müssen/ noch wieder geholffen werden könte/ solches gern zu thun. Ob aber solches müglich/ oder nicht/ weiß ich nicht/ auch kans keiner urtheilen/ der nicht so wol die jura verstehet/ als auch die gantze bewandnüß des processes, auch dessen ausschlag/ so dann was Lucilia noch anzeigen könte/ weißt/ um daraus zu schliessen/ 1. Ob dasjenige/ was Lucilia angibet/ also bewandt/ daß es ohne fernern beweiß/ von dem judice angenommen werden könte. 2. So dann/ ob es von solcher wichtigkeit/ daß dadurch der gegen Cajum untergelegene theil könte wieder zu seinem recht gelangen. Daher achte ich nöthig/ daß an einen christlichen und verständigen Juristen alles/ was zur erörterung dieser frage erfordert wird/ unter verborgenem nahmen/ und durch die dritte/ vierdte hand/ gesandt/ und dessen meinung erfordert werde. Findet nun der mann/ daß damit die verletzte gerechtigkeit wiederum zurechte gesetzt/ und denen/ die schaden leiden haben müssen/ dadurch geholffen werden könte/ so ist Lucilia annoch schuldig/ und erfordert es die wahre buß von ihr/ daß sie die anzeige noch thue/ ob sie wol vor ihre person schaden und einigen schimpff darüber leiden müßte. Erkennet aber ein der materie verständiger/ daß zu der zurechtbringung der gantzen sache solches angeben nicht gnugsam/ entweder weil mehr erweiß nöthig/ als sie auffbringen kan/ oder res judicata dannoch durch solches angeben nicht auffgehoben werden darff/ so ist sie nicht schuldig/ ohne daß jemand davon mercklichen nutzen hätte/ sich ihres verbrechens wegen zu melden/ und damit in gefahr und schimpff zu setzen/ sondern hat sich allein vor GOtt so vielmehr zu demüthigen/ und für diejenige/ die ihrenwegen nachtheil gelidten/ desto hertzlicher zu beten/ daß GOtt ihnen denselben/ weil es in ihrem vermögen nicht stehet/ ersetzen wolte/ hingegen von dessen güte sich auch in solcher ihrer buß der gewissen vergebung zu getrösten. 5. Wie nun in solcher bewandnüß ein christlicher prediger sie der göttlichen gnade getrost versichern/ und darauff absolviren kan/ also hat sie auch mit glauben solches anzunehmen/ GOtt aber inbrünstig anzuruffen/ daß er diesen trost lebendig in ihrer seele versiegeln wolle. Solte es aber geschehen/ daß die empfindlichkeit solches trostes lange ausbliebe/ hingegen die anfechtung fortwährete/ darzu vieles thun kan/ daß die eine weil angehaltene gewissens-angst auch die natur angegriffen/ und einen morbum hypochondriacum erreget haben mag/ bey welchem eine fröliche fühlung sehr schwehr wird: so kan man sie doch mit wahrheit versichern/ daß sie auch solchen zustand nicht für ein zeugnüß einer göttlichen ungnade zu halten/ sondern zu glauben habe/ der himmlische Vater finde ihr solchen zustand so viel seeliger/ dadurch wegen

Thihrer begangenen/ obwol nun vergebenen sünden in so vielmehr demuth und niedrigkeit stets gehalten/ auch für andern sünden und welt-lüsten desto kräfftiger verwahret zu werden: damit sie auch zu frieden seyn/ und solches leiden als ein hülffs-mittel ihrer fernerer heiligung mit kindlichem gehorsam auffnehmen solle. Insgesamt aber ist sie zu vermahnen/ daß sie dieser sünde wegen/ die ihr der Vater um Christi willen vergeben/ schuldig seye/ ihr gantzes leben/ noch vor andern/ in desto mehr sorgfalt und behutsamkeit zuzubringen/ sich vor allen sünden zu hüten/ und den nahmen GOttes/ den sie mit gewisser art eines meineyds entheiliget/ hingegen so vielmehr auf allerley art zu heiligen: worzu ihr die nöthige göttliche gnade/ denjenigen aber/ die mit ihr umzugehen haben werden/ die erforderte christliche weißheit mit ihr recht zu verfahren/ von grund der seelen anwünsche um Christi willen. Amen.

## SECTIO VII.

## Von einem schwängerungs-casu. Was bey sorge eines meineydes der Richter und Prediger zu thun haben.

DEn vorgelegten schwangerungs-casum anlangend/ so sind auff vorgelegte fragen meine gedancken folgende: 1. daß freylich dahin zu trachten/ und darauff zu tringen/ daß der streitigen sache ein ende gemacht werde. Wie aber solches geschehen müsse/ kan ich nicht gewiß definiren/ sondern gehöret vor die rechts-gelehrte/ so die personen abgehöret/ oder dero völlige bekantnüß umständlich vor sich haben. Die sache aber wird dahinaus-kommen/ nachdem die stuprata Sempronium der schwängerung beschuldiget/ ob sie einige zimliche indicia vorbringen könne/ oder sich dergleichen aus seinem eignen bekäntnuß hervor thun/ daß er damit starck graviret würde. Geschehe dergleichen nichts/ so möchte Sempronio kein eyd aufferleget werden/ als wozu in den rechten zimliche indicia erfordert werden/ damit nicht ein ehrlicher mann um jeder blossen anschuldigung willen zu einem eyd genöthiget werden dörffe: sondern in solchem fall müsse er bloß dahin von der klage absolviret werden/ weil gegentheil gantz nichts zu erweisen/ oder ihn nur mit starcken indiciis zu graviren vermöchte. Ists aber/ daß einige gnugsame indicia vorhanden/ welche der stupratæ vorgeben bestärcken/ so kan die sache nicht also gelassen/ sondern muß beklagten der reinigungs-eyd aufferleget werden/ und gegentheil sich damit vergnügen. Was 2. die andre frage betrifft/ ob wol stuprata stets einwirfft/ der beschuldigte werde falsch schwehren/ hindert doch solches nicht/ daß die obrigkeit ihm/ dafern er mit gnugsa-

men

men indiciis graviret ist/und also die aufftragung des eydes statt hat/den eyd nicht solte aufflegen können / sie hätte dann selbs wichtige anzeigungen / daß er falsch schwehren würde/ wider ihn; oder es wolte jene (actrix)selbs gar desistiren/und ihn also gantz loßlassen.    Denn was ihr vorgeben betrifft / mag solches/wenn keine andere indicia und sorgen des meineydes vorhanden sind/ welche ihn nicht zuliessen zu einem eyd zu kommen/den Richter davon nicht abhalten/ daß er nicht/ was das recht erfodert/ ihm zuerkenne : indem sonsten allezeit jede parthey/ gegen welcher der gegentheil zum Juramento verstattet werden solle / denselben mit ihrem beharrlichen vorgeben/ er werde falsch schwehren/ abhalten/ und also den lauff des rechten eludiren könte.   Daher in ermangelung andrer und kräfftiger gründe wider den beschuldigten/ der Klägerinn protestation gegen ihn/ gar nicht geachtet wird.   Ob dann schon freylich müglich/ daß ein meineyd begangen werden könte/ würde doch alsdenn dessen schuld nicht den Richter/welcher/als der in die hertz zu sehen nicht vermag/ an die regeln des rechten verbunden ist/ sondern den meineydigen allein/ der zwahr vorhin vor dem meineyd desto ernstlicher zu warnen/ treffen. So ists mit unsern menschlichen leben so bewandt/ daß unmöglich den bösen alle rencke ihrer boßheit außzuüben/ könne vorgebeuget werden/sondern uns gnug seyn muß/ auch vor GOtt solches gnug gehalten wird/da wir an demjenigen/ wenn einige ihre seelen muthwillig dahin geben wollen/ nicht schuld sind/ sondern alle uns mügliche mittel versucht haben/ dadurch wir nach bestem unsern wissen eine sünde zu verhüten gehofft. 3. Wenn Sempronius entweder sich loßgeschworen hätte/ oder in ermangelung der gegen ihn nöthigen indiciorum ungeschworen loßgesprochen werden müste/ so könte dessen beicht-vater nichts weiter mit ihm anfangen/ ob er wol zimlichen verdacht auff ihn zu haben meinte/ als daß er ihn/ ehe er ihn admittirte/ nochmal ernstlich erinnerte/ und ihm sonderlich zeigte/ daß ihm die sünde seines meineyds/ oder vor GOtt in der obrigkeit zu präjudiz der geschwächten person/fälschlich geläugnete mißhandlung/ nicht vergeben werden könte/ wo er nicht mit auffrichtiger bekäntnüß solcher seiner übertretung/ welche er GOtt in der ordnung/ worinnen er ihn geläugnet/ zu rettung dessen ehr/ und zur gnugthuung für die beleidigte/ wiedrum ablegen müste/ die sünde gleichsam retractirte/ sondern weil er vorsetzlich in einer sünde gegen GOtt/ die obrigkeit und die geschwächte immer stehen blieben/ und also in der that unbußfertig seye/ seye alle absolution an ihm vergebens/ und binde ihn in gewisser maaß nur desto mehr/ weil er dasjenige fordre und annehme/ was ihm sein hertz sagen solte/ das ihm nicht zustehe.   Wenn er denn nichts destoweniger auff seiner unschuld beharret/ so mag der Prediger ohne ferner bedencken ihn zulassen. Dann wo er dannoch schuldig wäre/ und also das wort der versöhnung und die ana-

D                    den-

den mittel nur zu seinem gericht nehme/ so würde doch der Prediger/ welcher als ein mensch die hertzen nicht unmittelbar prüfete/ vor GOtt ohne schuld seyn; dieser aber/ der leichtfertige mensch allein tragen/ und gewiß/ wie dergleichen exempel zu finden/ dasselbe zu seiner zeit schwehrer als er gesorgt/ erfahren. Jedoch/ so viel mehr als der Prediger noch zimliche ursach an dem menschen zu haben meinet/ so viel mehr mag er auch seine absolution (die ohne das alle/ so fern sie von menschen kommet/ dem verstand nach conditionata ist/ wo nemlich der beichtende auch in dem hertzen so seye/ wie er sich mit dem munde als bußfertig darstellet) dermassen clausuliren/ daß dem menschen/ da er redlich ist/ an seinem trost nichts abgehe/ aber auch/ wo er GOtt und den Prediger zubetriegen gesucht/ sein hertz und gewissen aus derselben wenig trostes zu stärckung seiner sicherheit lasse. Womit der Prediger sein gewissen allerdings retten kan. Der HErr gebe auch hierinn/ und in allem die nöthige klugheit der gerechten/ und wende alles künfftige ärgernüß kräfftig ab. 1688.

## SECTIO VIII.

### Enthaltung von poetischen gedichten von den heidnischen göttern.

ICh finde die geschickte emblemata alle ingeniös und sinnreich/ jedoch hat mich das erste/ deß durch die lantze von oben her regierten löwen/ am meisten contentiret. Was die übrige anlanget/ läugne ich nicht/ daß ich bedencken habe über den poetischen gedichten/ dafern sie zu göttlichen dingen angewendet werden/ wann etwas die heidnische götter/ in denen der teuffel geehrt worden/ betreffend/ eingeführet wird; und trauete ich sie in nichts anzuführen/ das einigerley massen zu ihrer ehre dienen möchte. Wie ich vor dem in meiner jugend von einem frommen anweiser (Herr Georg Sigismund Vorbergern/ nachmal Cämmerern zu Budißin/) in poeticis gewehnt worden bin/ nimmermehr in einigem carmine solche götter nahmen/ es wäre dann/ daß es zu dero schande gereichete/ zu gedencken. Weil wir den nahmen der Baalim aus unserm munde thun sollen. Hose 2/ 17. Man achtet zwahr insgemein/ es könte kein Carmen eine rechte poetische zierde ohne solche dinge haben/ aber gedachter Herr Vorberger zeigte mit seinem exempel/ daß die allerschönste und eben so wol sinnreichste Carmina möchten gemacht werden/ ohne einige vermischung dieser aus der GOtt widrigen abgötterey hergenommenen gedichten. Daher getraute ich mich nimmer der Minervæ oder einiger der genannten götter gabe mich zu bezeichnung der göttlichen weißheit oder leitung zu bedienen/ sorgende ich möchte dieselbe verunehren/ da ich sie dem jeni

jenigen vergliche/ was aus des satans (der die abgötterey der Heyden ein-
gegeben hat) eingebung seinen ursprung her genommen hat. Ein anders ists
mit den poetischen dingen/ die entweder wahrhaffte/ oder doch vermuthliche
historien zum grunde haben/ oder physica ænigmata sind/ und aus der natur
und dero verborgenheiten hergenommen werden. Wie ich mich seither erin-
nert/ welches in dem Herm. Hugone gesehen haben werde/ und sich etwa auff
dieses DEO Duce reimte/ das bild des Labyrinthi, darinnen einer gehet/ der
durch einen faden oder seyl von oben her geleitet wird/ da andere vor ihm und
nach ihm in die gräben fallen. Welches einigerley massen auch aus der historie des Thesei und Ariadner herkommet. 1681.

## SECTIO IX.
# Von dem sabbath/ dessen ursprung und steter
## fortsetzung.

### Die 1. Frage.

Ob zuerweisen/ daß der siebende tag der welt/ an welchem GOtt
nach vollbrachtem werck der schöpffung geruhet 1. Mos. 2/3. von
denen ersten menschen gleich anfangs mit celebriret/ und die
feyer desselben continua & recta serie biß auffs gesetz 2. Mos. 20/
8. u. f. beybehalten?

ES hanget diese frage an einer andern vorhergehenden/ nemlich ob 1.
Mos. 2. so bald nach der schöpffung GOtt den siebenden tag zum ruhe-
tag verordnet/ oder denselben erst in der wüsten 2. Mos. 16/ 23. einge-
setzt/ und darauff 2. Mos. 20/8. solche einsetzung auch den zehen geboten einverleibet habe? dann wäre dieses letztere/ so würde von voriger zeit vergeblich gefragt/ und könte niemand eine noch nicht geschehene einsetzung observi-
ret haben: ist aber das erste/ so ist auch kein zweiffel/ ob wol der wenigste theil
der menschen auch solchem gebot möchte nachgekommen seyn/ daß doch/ was
die gottsfürchtige anlanget/ dieselbe zu keiner zeit solche göttliche satzung
werden gar hindan gesetzet haben. Also kommts alles auff die frage an/ wann
der sabbath erstmal von GOtt eingesetzet worden.

Es ist aber diese frage so bewandt/ daß die lehrer sich nicht wohl drüber
vergleichen können/ und ist sonderlich in Niederland in der ersten helffte dieses jahrhunderts mit zimlicher hefftigkeit darüber gestritten worden/ da einer seits Franc. Gomarus die meinung behauptete/ daß der sabbath erst in der
wüsten eingesetzet worden/ anderseits Anton. Walæus und der berühmte An-

D 2 dr.

dr. Rivetus die einsetzung in das paradieß verwiesen / welche denn in unterschiedlichen schrifften untereinander die sache disputiret haben.

Unter solchen beyden meinungen aber achte ich diejenige / welche gedachter massen von Riveto auch vertheidiget worden / für die wahrhafftigste / der
schrifft gemässeste und sicherste; wie sie auch von den meisten beliebet worden. Wie dann unter den alten derselben beygepflichtet Philo, Chrysosto-
mus, Theodoretus, Augustinus, auch wo er recht verstanden wird ( da man
sonsten ihn auff die gegenseit ziehen will / ) Tertullianus. Unter den Reformirten halten es damit ohne die angeführte Walæum und Rivetum mehrere
von denselben selbs benannte / als Ulr. Zwinglius, Joh. Calvinus, Theodo-
rus Beza, Petrus Martyr, Henr. Bullingerus, Hieron. Zanchius, Zach. Ursinus,
Rud. Gvalterus, Bened. Aretius, Bonav. Bertramus, Ant. Faius, Franc. Junius,
Dav. Paræus, Wilh. Zepperus, Joh. Henr. Alstedius, Martinius, Lamb. Danæus, Rud. Hospinianus, Joh. Simlerus, Aug. Marloratus, Fequernequinus,
und andere : aus der Römischen kirchen stehen davor August. Sterutius Eugu-
binus, Gilb. Genebrardus, Jac. Salianus, Corn. a Lapide, Catharinus, Emanuel
Sà, Fr. Ribera. Was unsere kirche anlanget / stehet zum förderstein unser D.
Lutherus selbs / der also hiervon schreibet T. 9. Alt. f. 38. a. Moses sagt /
daß GOtt den sabbath gesegnet / und ihn geheiliget habe. Solches
hat er an keiner andern creatur gethan / den himmel und erden oder
einige andere creatur hat er ihm nicht geheiliget / ohn allein den siebenden tag hat er ihm geheiliget. Dieses gehöret sonderlich dahin / daß wir
daraus verstehen lernen / daß der siebende tag fürnemlich dem gottesdienst gebühret und zugeeignet werden solle. Dann heilig heißt / das von
allen andern creaturen abgesondert und Gott zugeeignet ist; und heiligen heist zum heil. gebrauch oder gottesdienst erwehlen und absondern /
wie diese art zu reden Moses offt brauchet / als wenn er von heiligen ge-
fässen redet. Folget derohalben aus diesem text / daß wenn Adam gleich
in seiner unschuld gestanden und blieben wäre / so hätte er doch den siebenden tag heilig gehabt. / das ist / hätte darinnen seine nachkommen
gelehret von GOttes willen und gottesdienst / hätte GOtt gelobet /
gedancket / geopffert etc. Die andern tage hätte er das land gebauet /
des viehes gewartet etc. Ja er hat auch nach dem fall diesen siebenden
tag heilig gehalten / das ist / hat an selben tage seine kinder gelehret / wie
da zeiget das opffer seiner söhne Cain und Abel. Derhalben ist der
sabbath vom anfang der welt zum gottesdienst verordnet. Und also
hätte menschliche natur / wo sie in ihrer unschuld und erbgerechtigkeit
ge-

geblieben wäre / Gottes ehre und wolthat gerühmet / und hätten die
menschen am sabbath mit einander geredet von der unaussprechlichen
gütigkeit Gottes ihres schöpffers / hätten geopffert / gebetet / ꝛc. dann
diß alles bedeut und schleuſt in sich das wort heiligen. Nach diesem
unserm vornehmsten lehrer haben gleiches mit ihm gehalten / als viel mir
wissend iſt / die berühmteste und meiste unsrer Theologorum, aus denen allein anführe D. Martin. Chemnitium, D. Joh. Gerhardum, D. Wolfg. Franzi-
um, D. Luc. Osiandrum, die Weimarische Bibel / Henr. Buntingium, D. Joh.
Conr. Dannhauerum, D. Joh. Ad. Osiandrum, &c. Weil es aber in einer
theologischen frage mit der autorität andrer lehrer nicht gnug iſt / haben wir
auch die gründe unsrer meynung aus der schrifft dar zu thun.

So iſt nun 1. der erste grund in dem text 1. Moſ. 2 / 2. 3. der also lautet :
Und also vollendete GOTT am siebenden tage seine wercke / die er
machte / und ruhete am siebenden tag / und heiliget ihn / darum / daß
er an demselben geruhet hatte von allen seinen wercken / die er machte.
damit zu vergleichen iſt / was im 2. Moſ. 20 / 11. als die ursach der sabbaths-
feyer angeführet wird: Dann in sechs tagen hat der HERR himmel
und erden gemacht / und das meer / und alles / was darinnen iſt / und
ruhete am siebenden tag. Darum segnet der HErr den Sabbath /
und heiliget ihn. Und nochmal 2. Moſ. 31 / 17. Dann in sechs tagen
machte der HERR himmel und erden / aber am siebenden tage ruhete
er / und erquickte sich. Aus diesen sprüchen iſt zu mercken 1. daß öhne widerspruch in denselben gehandelt werde von dem siebenden tag der welt und
dero schöpffung / als welcher den sechs schöpffungs-tagen entgegen und nach
ihnen gesetzet wird. 2. Wird darvon gesagt / der HERR habe geruhet /
das iſt / auffgehöret zu thun / was er die vorige tage gethan / nemlich jeden tag
etwas neues erschaffen hatte : indem von der steten erhaltung aller creaturen / er auch damal nicht kan abgelassen und geruhet haben. 3. Es heisset
aber auch / er habe solchen tag gesegnet und geheiliget. Das segnen kan
nicht anders verstanden werden / als daß GOTT der HERR solchem tag
eine sonderbahre würde beygeleget habe / welches in nichts anders wohl bestehen kan / als in dessen absonderung von den übrigen tagen / von denen er einen
unterscheid und vorzug haben solte ; welches durch das heiligen sonderlich
verstanden wird ; in dem heiligen eigenlich heisset / etwas absondern / sonderlich aber von dem gemeinen und weltlichen gebrauch abziehen / und zu einem
göttlichen widmen. Welches / daß es die meinung seye dieser heiligung /
auch daraus erhellet / weil in dem dritten gebot austrücklich die sechs tage

von

von dem siebenden unterschieden werden/ mit diesem unterscheid/ daß jene zu
des menschen eignen wercken/ darinnen ers mit diesem irrdischen und zeitli=
chen leben zu thun hat/ überlassen werden; der siebende aber von denselben
frey bleiben solle.     Welches recht die bedeutung des Worts heiligen aus=
drucket.     Daher 4. kan es nicht ein heiligen und segnen seyn/ das gleichsam
bey GOTT bleibe/ und auff ihn terminirte: wie dann kein tüchtiger ver=
stand möchte gezeiget werden/ wie GOTT dem HERRN selbs ein tag
heiliger oder gesegneter werde/ sondern es muß die absicht seyn auff die men=
schen/ daß der tag ihnen heiliger und gesegneter seyn/ das ist/ sie denselben von
dem gemeinen gebrauch absondern/ und daran eines kräfftigen segens in dem
geistlichen von GOTT geniessen solten.     5. Dieses heiligen und segnen ist
geschehen an dem tag/ da der HERR geruhet hat/ daher auch der effect da=
von billich so bald hat folgen sollen/ nemlich daß gleich damal Adam und Eva
darzu verbunden würden/ so bald den anfang zu machen/ und samt ihren
nachkommen solchen tag GOTT dem HERRN zu heiligen: daher folget/
daß dann damal die einsetzung solcher feyer geschehen seye.

Welche nun dieser meynung widersprechen/ und vorgeben/ daß allererst
2. Mos. 16. die einsetzung in der wüsten geschehen seye/ haben gegen diese stel=
le nichts einzuwenden/ als daß was hie stehet/ per προόληψιν hieher gesetzt
seye/ und daß Moses bey der historia von der ruhe nach der schöpffung/ nur die
gelegenheit her genommen habe/ des jenigen zugleich meldung zu thun/ was
GOTT so lang darnach zu dessen gedächtnüß verordnet habe.     Aber 1. ob
wol nicht zu leugnen stehet/ daß hin und wieder in der schrifft sich exempel
finden/ wo etwas nicht eben in der ordnung erzehlet wird/ als es geschehen
ist/ so würde es doch allzuhart seyn/ von dieser stelle ohne die nachtrücklichste
ursach/ welche doch hie nicht gezeiget werden kan/ es vorzugeben: indem der
heilige Geist diese dinge nacheinander erzehlet/ Gott vollendete und ruhete/
und segnete/ und heiligte; welche folge dieser göttlichen handlungen/ ohne
dem text gewalt zu thun/ niemand wol anders ansehen kan/ als daß sie zu ei=
ner zeit nacheinander geschehen/ nicht aber die 2 letzte mehr als 2000 jahr nach
den ersten erfolget seyen/ welches nach der andern meynung seyn müste/ aber
keine gnugsame ursach angezeiget werden kan/ von der einfalt der wort der=
massen abzugehen.     Denn 2. was anlangt/ daß man sagen will/ es könne das
segnen und heiligen nicht von dem siebenden tage gesprochen werden/ sondern
es seye allein wahr von dem siebenden tag/ da das manna nicht gefallen/ und
also auch nicht gesammlet werden sollen/ worinnen dessen tages heiligen
und segnen bestehe/ ist es ein vergebenes einwenden/ dann jenem ersten tag ists
ja segens und heiligens gnug/ daß GOTT denselben zum ruhe=tag verord=
net habe: hingegen kan der segen des siebenden tages/ da das manna nicht
                                                                                   fiel/

fiel / so groß nicht gehalten / sondern der segen des sechsten tages müste ihm vielmehr vorgezogen werden / da das manna in doppelter maaß gefallen. 3. Wann es aber heist / daß der sabbath nicht könne vorhin gewesen seyn/ weil ihn GOTT 2. Mos. 31/ 13. u. f. zum zeichen seines bundes mit den Israeliten gemacht/ und also dem gesetz denselbigen gegeben/ einverleibet hat; ist es eine ungültige folge / indem etwas / das bereits vorhin gewesen/ zu einem neuen gebrauch kan angewendet werden: von dem regenbogen ist kaum zu zweiffeln/ wo man dessen natürliche ursachen ansiehet/ daß er vor der sündfluth bereits gewesen / jedoch bekam er nach derselben ein sonderbahres amt zum zeichen zu dienen 1. Mos. 9. die beschneidung war dem Abraham verordnet 1. Mos. 17. jedoch wurde auch dieselbe in das levitische gesetz mit einverleibet 3. Mos. 12/ 3. Also waren die opffer bald von anfang der welt im gebrauch / und machten doch nachmal ein wichtiges stück des mosaischen gottesdienstes. Also kans wohl seyn / ob GOTT schon den sabbath zu erst allen menschen eingesetzt und befohlen hat / daß er doch nachmal / als unter allen völckern dessen wahrer gebrauch in abgang kommen / denselben absonderlich den Israeliten wieder anbefohlen / und ihn zum absonderlichen zeugnüß seines bundes mit dem volck/ machen wollen. 4. Einen mehrern schein möchte es haben/ wo man sagt/ daß die ersten eltern/ denen vor dem fall keine mühsame arbeit auffgelegt gewesen / keines ruhe-tags bedürfft hätten: dann es hätten gleichwol die menschen vor dem fall / ob sie wol mit GOTT immerfort viel genauer / als jetzo von uns geschehen kan / umgegangen wären / darneben ihre zu diesem leben abziehlende verrichtungen gehabt / wie ihnen denn der garten Eden / ob wol ohne beschwerliche mühe / zu bauen anvertrauet gewesen / da ist dann der göttlichen weißheit allerdings gem. ß / daß er ihnen einen tag verordnet/ da sie auch von solchen wercken abgewandt/ es mit keinen irrdischen/ sondern nur mit ihrem GOTT und himmlischen dingen lauterlich zu thun gehabt hätten / sonderlich/ daß wo das menschliche geschlecht vermehret worden/ die allgemeine versammlungen zu Gottes lob an demselben angestellet hätten werden sollen.

2. Ich achte/ es könne auch mit gutem fug angeführet werden / daß nicht allein vor dem gesetz 2. Mos. 20. bereits c. 16. des sabbaths meldung v. 23. u. f. geschihet/ und er also auffs wenigste nicht erst auff dem berg Sinai eingeführet worden/ sondern Moses auch also darvon redet/ als von einer bekandten sache: das ists/ das der HERR gesagt hat/ morgen ist der sabbath/ der heilige ruhe-tag des HERRN; welche worte der mann Gottes nicht wohl hätte gebrauchen können / wo niemand unter dem volck vorhin etwas darvon gewust hätte. So viel mag zwahr wohl zugegeben werden/

daß

daß sonderlich aus der tyrannischen dienstbarkeit der Egyptier solche feyer bey den jüden aus noth unterlassen werden müssen / und also bey vielen / und den meisten eine lange zeit möchte in vergeß gekommen seyn / daß es GOtt für dienstam gefunden / durch dieses wunderwerck bey dem manna / die gedächtnüß desselben / auch vor gebung des gesetzes / zu erneuern / indem das volck / da es seiner meinung nach am sechsten tag nicht mehr gesamlet hatte als die andre tage / gleichwol jeglicher zwey Gomor in dem maaß fand.    Daher auch unser Lutherus T. 3. Alt. f. 635. a. über diese stelle also schreibet: Aus diesem siehest du / daß der sabbath gewesen seye / ehe denn das gesetz Mosis kommen ist / und ist auch wohl von der welt anfang gewesen / sonderlich / daß die frommen / die den wahrhafftigen gottesdienst gehabt / an diesem tag zusammen kommen sind / und GOTT angeruffen haben. Und obwol die meiste der jüden / die einsetzung des sabbaths erst in die wüste setzen / behauptet doch der gelehrteste unter ihnen / Menasse Ben Israel probl. 8. de creat. daß bereits Abraham und andre Patriarchen denselben gefeyret hätten / mit anführung aus Schemoth Rabba, daß Mose den Israeliten in ihrer schwehren dienstbarkeit einen tag der wochen zur ruhe ausgebeten / und darauff den siebenden tag darzu genommen habe.

3.   Hierzu kommt die stelle Hebr. 4 / 3. u. f. da zwahr nicht ohne ist / daß mehrere aus derselben etwas zu erweisen / sich nicht getrauen ; aber Rivetus behauptet auch dieses sein argument gegen Gomarum, und D. Dannhauer meinet darinnen eine krafft zu seyn / wie es auch D. Calovius nicht verwirfft. Es bestehet aber die macht des schlusses darinnen / weil der Apostel einer dreyfachen ruhe Gottes gedencke / nemlich der ersten / da er geruhet habe nach der schöpffung ; der andern / da er das volck durch den Josuam in Chanaan eingeführet ; so dann der dritten / die dem volck Gottes noch bevorstehe : hingegen GOTT drohe / daß die ungläubige nicht würden in seine ruhe eingehen. Diese könne nun nicht verstanden werden von der ersten und andern art der ruhe / so müste es verstanden werden von der dritten.    Daß es von der ersten nicht verstanden werden könte / erhelle daher / weil dieselbe schon vorher gewesen / und zwahr / da die werck von anbegin der welt waren gemacht. Wie auch die ruhe Gottes heisset in den andern beyden arten / worinnen GOTT nicht so wol für sich selbs ruhet / als der der ruhe nicht bedarff / und in ihm selbs keine änderung statt findet ; als in dem verstand / daß er die menschen in die ruhe setzet / nemlich durch Josuam das volck in die ruhige besitzung von Chanaan eingeführet hat / und durch JEsum seine gläubige in die ewige ruhe einführen werde / so müste auch die erste ruhe Gottes nicht denselben so wol / als die menschen angehen.

4. Es

4. Es bemercken auch einige dieses/( wie dann D. **Dannhauer** es auch anführet) daß Noah 1. Mos. 8/ 10. 11. 12. von sieben tagen zu sieben tagen die tauben aus dem kasten/ um zu forschen/ ob das gewässer auffgehöret hätte/ ausfliegen lassen. Da gedachter Lehrer also schreibet: Cur septimo die emissa columba? nisi quia is dies, quo cultui divino intra arcam vacabant, videbatur magis ominosus. Auffs wenigste lässet sich daraus abnehmen/ daß bereits damal die theilung der zeit in wochen oder sieben tage habe zugeschehen gepflegt; wo anders her/ als aus dem unterscheid des einen von den andern sechs tagen?

5. Wie auch in andern stücken die wahrheit heiliger schrifft und vieler darinn erzählter geschichten aus demjenigen/ was man bey den heiden findet/ bekräfftiget werden kan/ ja auch in dieser fabeln vieles stecket/ so aus der göttlichen wahrheit entsprungen/ und nachmal nur in mißbrauch und mißdeutung gezogen worden/ aber jener fußstapffen eben darinnen gezeigt werden können: also mag auch dieses/ daß bey sehr vielen heidnischen völckern ein siebender tag gefeyret/ so dann meistens ohne jahr und monat die zeit auch in sieben tag oder wochen abgetheilet zu werden gepfleget hat / ( welche gewohnheit Salmasius aus Georg. Syncelli Chronolog. erweiset noch vor der abtheilung in jahr und monat gewesen zu seyn) ein zeugnüß der älte des sabbaths seyn. Also gedencket Clem. Alex. L. 5. Stromat. daß auch die Griechen den siebenden tag heilig gehalten. Euseb. L. 13. Evang. præparat. erweiset aus Platone, Homero, Callimacho und Solone die heiligkeit des siebenden tages. Sonderlich Philo L. 2. de vita Mosis schreibet: Nostrum jus omnes admonet officii: Barbaros, Græcos, continentis æque ac insularum incolas, Occidentales & Orientales, Europæos atque Asiaticos, totum orbem habitabilem usque ad extremos terminos. Quis enim sacrum illum diem per singulas septimanas recurrentem, non honorat? Dergleichen bezeuget auch Josephus L. 2. contra Apion. Also weiset Tertull. Apol. c. 16. und L. 1. ad gentes c. 13. die heiden auff ihre gewohnheit/ da sie auff den sonnabend/ als den tag Saturni sich gute tag zu machen/ und müssig zu gehen gepfleget: wie dann auch aus andern stellen zu sehen ist/ daß sie sich der geschäfften solches tages entschlagen/ ja auff diesen aberglauben gerathen sind/ daß / was solchen tag vorgenommen werde/ unglücklich seye. Was anlangt die art nach wochen zu zählen/ gedencket der gelehrte Frantzos Petr. Dan. Huetius demonstr. Evang. p. 227. Per hebdomadas discreta fuerunt Ægyptiis temporum spatia, nec non & Indis, & Gallis, & Germanis, & Britannis, & ipsis etiam Americanis: & Græcis quoque. Insignis est locus R. Gedaliæ in Cat. Cabalæ, quo in confesso apud Ethnicos ait, universum orbem Sabbathum celebrare. Wiederum p. 235. Sabbatha peculiari aliquo cultu Romanis fuisse observata, ex Ovidio,

E

Sene-

Seneca, Vulcatio Gallicano & veteribus calendariis manifestum est: sed magis etiam ex Dione, qui numerandorum per hebdomadas dierum modum sua ætate apud omnes homines, præsertim verò apud Romanos, usitatum fuisse, tradit. So führet er dergleichen auch von den Mexicanern in America an p. 150. Was nun als eine fast allgemeine gewohnheit bey allen völckern gewesen/ weiset uns billich auff eine allgemeine ursach: Nun möchte man zwahr die sieben zahl der planeten anführen; es würde aber dieselbe auffs wenigste dem siebenden tag oder dem sonnabend/ vor den übrigen tagen keine sonderbahre würde machen/ sondern vielmehr dieselbe bey dem sonntag angetroffen worden seyn. Also muß es vielmehr daher gekommen seyn/ nachdem GOtt den sabbath eingesetzet/ daß die Patriarchen in ihren familien denselben fortgepflantzet und geführet haben: daher auch die söhne Noä solche gewohnheit behalten/ und dero nachkommen sie auch von ihnen gehabt/ und immer den ihrigen wiederum hinterlassen haben; bis sie bey theils/ wie ander gutes/ gar erloschen ist/ theils sich allerley aberglauben mit untergemischet hat. Da gleichwol auch diese dunckle fußstapffen einigerley massen auff den ersten ursprung uns leiten können.

Man möchte zwahr einwenden/ es hätten die heiden solche gewohnheit nicht so wol von ihren voreltern (da man also auff den Noam/ den allgemeinen Stam-vater aller noch übrigen menschen kommen müste/) empfangen/ als vielmehr von den Jüden entlehnet; daher der sabbath nicht nothwendig älter/ als das Sinaitische gesetz seyn müste. Nun wolte ich nicht allerdings widersprechen/ daß nicht sonderlich benachbarte völcker vieles von den Juden entlehnet haben/ wie dergleichen exempel von mehrern jüdischen satzungen gezeigt werden kan. Diese gewohnheit aber der sieben tage/ und des siebenden tages feyer/ kommt mir zu allgemein vor/ nachdem sie sich auch bey völckern findet/ die von den Juden weit entfernet/ und mit ihnen keine gemeinschafft gehabt haben/ als daß sie nur allein von diesem volck/ welches ohne das bey den meisten veracht und für ein greuel gehalten worden/ solte abgesehen seyn. Daß daher es viel glaubwürdiger/ daß von Noah alle seine nachkömmlinge solche empfangen/ und zum theil behalten haben.

Hieraus wird zur gnüge erhellen/ daß die meinung von dem ursprung des sabbaths aus dem Paradieß/ so wol dem deutlichen buchstaben der schrifft am gemässesten seye/ als auch durch andre gründe beglaubet werden könne.

## Die 2. Frage.

Ob die Juden von dar an bis auff die heutige in sothaner ordnung ungehindert aller zerrüttung fortgefahren/ & sic citra dubitationem versichert seyn können / daß sie obigen des HErrn

HErrn ruhe=tag annoch begehen / nemlich jedweden siebenden
tag von dem ersten siebenden welt=tage zu rechnen.

DJe frage muß mit einem unzweiffelichem ja beantwortet werden/ so gar/
daß ich auch keine ziemlich scheinbahre rationem dubitandi antreffe.
Die vornehmste möchte seyn/ daß in der zeit der sündfluth ein fehler in der
rechnung/da Noah in dem kasten auff dem wasser geschwebet/ so dann in den
jahren der Egyptischen dienstbarkeit/ hätte vorgehen können. Es ist aber
einstheils solche sorge vergebens / indem Noah in dem kasten so gar alle mo=
nats=tage/wie zu sehen 1. Mos. 7/11. 8/ 4. 5. 13. 14. auffgezeichnet hat/ und
in Egypten bey einem solchen zahlreichen volck ein verstoß in der rechnung der
tage nicht einmal gedacht werden kan. Andern theils ob man auch in der vo=
rigen zeit die müglichkeit eines fehlers zu gestehen wolte/ wäre gleichwol der=
selbe 2. Mos. 16/22. u. f. da GOtt durch ein sonderbahres wunder solchen
siebenden tag wiederum bezeichnet/ und dem volck anbefohlen hat/ zur gnü=
ge ersetzet worden/ und also unwidersprechlich gewiß/ daß der jenige tag/ an
dem das manna erstmals ausgeblieben/ und die ursach von GOTT durch
Mosen angedeutet worden/ ein siebender von dem ersten siebenden tag ohne
einigen fehl/ den wir von GOTT nicht gedencken können/ gewesen.

Von solcher zeit an/ da gedachter massen der tag selbs von GOTT
durch das wunderwerck bezeichnet worden/ welches auch 40 jahr aneinan=
der gewähret/ konte bis auff jetzige zeit unmüglich ein irrthum in der rech=
nung vorgehen. Dann es wurde der sabbath von dem gantzen volck nicht
nur so lang sie in der wüsten waren/ sondern auch die gantze zeit über/ als sie
das land Chanaan innen gehabt/ und ihr so reich als gottesdienst darinnen
erhalten haben/ ohne einige unterbrechung gefeyret/ daß es zu einem solchen
irrthum nicht zu kommen vermochte. Ob sie nun wol nachmal in der Ba=
bylonischen gefängnüß mehrere jahre zugebracht/ konte doch auch daher kein
solcher verstoß der zeit geschehen/ daß der tag verrücket worden ; wie eben=
falls nachdem sie wiederum in ihr land eingeführet/ und so stadt als tempel
wieder auffgebaut/ auch der völlige gottesdienst auffs neue angerichtet wor=
den/ alles in seiner ordnung geblieben ist : nachdem ohne das die Priester sol=
cher zeit/ je weniger sie des rechtschaffenen und innerlichen in dem gottes=
dienst achteten/ oder denselben verstunden/ so vielmehr alle ihre sorgfalt und
fleiß auff das eusserliche wendeten. Daß ich nicht sehe/ wie die müglichkeit ei=
ner verrückung auch nur eingebildet werde könte/ bis auff die zukunfft Christi.

Nachdem aber auch die Christliche religion auffgekommen/konte solches
noch so viel weniger geschehen: indem die Christen erstlich beide tage/ den er=
sten und siebenden/ mit einander feyerten ( daher beide tage von einigen der
alten/ brüder genennet wurden/ solche gewohnheit auch noch heute zu tage

in der

in der Abiſſiniſchen Kirchen im ſchwang iſt) nachmal aber bey dem erſten oder ſo genannten ſonntag allein blieben/ der noch heut zu tag im gebrauch iſt. Ob nun wol die Juden nun über 1600 jahr land und tempel verlohren/ daher auch das wenigſte ihres gottesdienſts mehr übrig haben/ ſind ſie doch allezeit auff nichts mehr als auff die beſchneidung und ſabbath bis auff dieſe ſtunde verpicht geblieben/daß ſie den rechten tag nimmer weder vergeſſen/noch umge-ſetzet haben: welches wir auch daraus verſichert wiſſen/weil wir Chriſten von ihnen in keinem lande nirgend unterſchieden ſind/ ſondern aller orten unſre wochen-tage mit den ihrigen ohne den geringſten verſtoß übereinſtimmen/ nur daß wir den erſten / ſie den letzten tag feyren.

Daher ob wol ſo groſſer ſtreit von der anzahl der jahre von anfang der welt bis hieher unter den gelahrten geführet wird/ der bis daher noch nicht geendiget werden können: ob ſchon D. Waßmuth durch ſeinen calculum ſol-ches unfehlbar gewiß zu machen/ ſich unternommen hat ; ſo bleibet doch unwiderſprechlich / daß die wochentage-ordnung ohne änderung fort ge-währet/ und daran auch mit dem geringſten ſchein nicht gezweiffelt werden möge ꝛc.  1696.

## SECTIO X.
## Von der verbindlichkeit der ſabbaths-feyer.

Was den Sabbath anlangt/ ſo iſts an dem/ daß ſolche controvers, ſo wol von verbindlichkeit des ſabbaths in dem N. T. an ſich ſelbs/ als auch der art deſſen feyer/ in dieſem ſeculo nicht allein unter den Reformirten/ ſondern auch den unſrigen viel diſputiret worden/ alſo/ daß ſich unſre berühmte Theologi ziemlich zweyen/ wie auch einige offentliche ſchriff-ten davon/ vor dem tag ligen.　Welche urſach mich beweget/ daß ich lieber ſehe / daß von ſothaner controvers nicht viel offentlich diſputiret werde; als deſſen folge ich geſehen/ gemeiniglich geweſen zu ſeyn/ daß die menſchen ſich nur daraus eine ihren ſeelen und erbauung nachtheilige freyheit zu nehmen pflegen.　Bin hingegen verſichert / wo man die leute nur dahin bereden könte / eine zeitlang GOTT zu ehren den ſabbath recht heilig-lich zu zubringen/ daß die eigne erfahrung ſolche heiligung ihnen auffs herr-lichſte recommendiren/ und den gütigen rath des himmliſchen Vaters / ſo zu unſrer eigenen ſeelen beſten ſolche ruhe uns gegönnet/ dermaſſen zu erkennen geben würde / daß es vieles ſubtilen diſputirens nicht mehr bey denen/ wel-chen es um das geiſtliche zu thun iſt/nöthig ſeyn würde. Indeſſen geb ich gern zu/ daß die obligatio ſabbathi nicht ſeye legis naturalis, wohl aber moralis po-ſitivæ, wie unſer D. Dañhauerus zu reden pflegte. Alſo laſſe ich des vorgelegten
Syllo-

Syllogismi conclusion passiren / und unterschreibe ihr selbs. Wann aber
das argument also formiret würde: was den ceremonial-gesetzen weichet / ist auch nicht moral; die feyr des sabbaths weichet den ceremonial-gesetzen / daher ist sie nicht moral; so leugne ich den minorem, wo das
weichen in seinem eigentlichen verstand gebraucht wird / nemlich daß dessen
obligation selbs auffgehoben werde; ob wol einiges weichen in dem verstand
möchte zugegeben werden / da des einen gebotes werck einem andern in gewisser maaß vorgezogen wird / in welchem verstand hingegen der erste satz falsch
seyn würde. Die sache aber besser zu verstehen / wird vornemlich nöthig seyn /
daß wir bedencken / worinnen die moralität des sabbaths bestehe; da ich sie
nicht eigentlich setze in der ruhe des leibs / oder der unterlassung der leiblichen
arbeiten an und vor sich selbs / sondern in dem: Nachdem der mensch in diesem
jetzigen leben nicht allezeit unmittelbar mit GOtt und geistlichen dingen umgehen kan / sondern durch die irrdische geschäffte daran nicht wenig gehindert
wird (sonderlich da diese nach dem fall gar zur straff und mehrer beschwehrte
worden sind) daß GOtt dem menschen einen tag dazu verordnet hat / da er
als viel müglich ist / allein mit göttlichen und geistlichen dingen umgehe / und
sich also göttlichen wirckungen zu seiner heiligung freyer darstelle. Dieses halte ich in dem N. T. das hauptwerck der sabbat-feyer / und ist desselben art am
gemässesten. Was aber betrifft die eusserliche unterlassung der arbeit / welche in dem A. T. nach solches Testaments art so viel eigentlicher mit ir das gebot an und vor sich selbs gehöret / sehe ich jetzt nur an als ein mittel / an jenem
vornehmsten / was geboten wird / weniger gehindert zu werden. Nun alle
exempel / die angeführt werden / heben das hauptwerck des sabbaths / und die
beschäfftigung des gemüths mit göttlichen dingen und betrachtungen / nicht
auf; also weichet dieses gebot andern nicht / sondern sie lassen nur einige eusserlichen wercken neben sich platz / dero unterlassung etlicher massen das gebotene
in dem A. T. nach dessen Testaments art war / aber uns in dem N. T. nicht e-
ben verbindet / und also nicht zu der moralität des tags oder gebots gehöret:
wie dann nichts ungereimtes ist / zu statuiren / daß GOtt sonderlich in solches
gebot zu demjenigen / was eigentlich moral ist / und allezeit aus der ersten
einsetzung verbindlich gewesen / in dem eigentlichen so genannten alten Testament oder Levitischen dienst einige weitere determinationes hinzu gesetzt / so
deswegen nicht moral worden sind / und also als etwas ceremoniales andern
verrichtungen hat weichen können. Also wo ich die sache auff diesen fuß setze /
daß der wahre zweck und inhalt des gebotes seye / die absonderung eines tags
unter sieben zu geistlichen verrichtungen / dem dienst GOttes und unsrer seelen heiligung / die also nach sich ziehet die unterlassung der ordenlichen wo-
chen-und irrdischen geschäfften / nicht als das hauptwerck / sondern nur als ein

E 3                                                        mit-

mittel deſſelben/ davon deswegen allezeit nicht mehr erfordert wird/als ſo
viel jene heiligung bedarff/ſo fället die gantze kraft des arguments weg/indem
die arbeit der Prieſter bey den opffern/und die beſchneidung/mit zu den geiſtlichen verrichtungen gehören/ und dieſelbe nicht ſtöhren. Was aber die noth-
wercke anlanget/als das ausrauffen der ähren bey den jüngern/ die ziehung
des ochſen aus einem brunnen/ ſtöhren auch dieſelbe das haupt-werck nicht/
ob ſie wol die ruhe etzlicher maſſen unterbrechen. Wie alſo das gebet und die
predigt göttlichen worts ohne zweiffel zu den moral-wercken gehören/ und
doch niemand ſagen wird/wo zum exempel eine gantze gemeinde in ſolcher heiligen handlung begriffen wäre/ oder jemand in dem gebet vor GOtt läge/
und geſchähe indeſſen ein groſſes unglück/ das ſchleunige rettung bedörffte/
daß man nicht auch ſolche heilige wercke unterbrechen und zu jenem liebes-
werck ſchreiten dörffte. Alſo dörfften wir doch nicht ſagen/ daß der dienſt
GOttes an ſich dem liebes-dienſt des nechſten weiche: ſondern GOtt hat alle ſeine gebot alſo weißlich in einander gegattet/ daß dero wercke neben einander ſtehen/und allezeit getrachtet werden ſolle/dem einen alſo abzuwarten/
daß das andere nicht gar auffgehoben werde. Solches aber heißt nicht eigenlich ein **weichen**/ dadurch des einen verbindlichkeit auffhörte/ indem nur
beider gehorſam klüglich zuſammen geſezt wird. Hiemit hoffe ich einer ſee-
le/ dero es bloß um die erkäntnuß göttlichen willens/und wie göttlicher zweck
am beſten zu erhalten ſeye/ zu thun iſt/ zu ihrer beruhigung gnug zu geſchehen: ob aber leuten/ welche gern in allem widerſprechen/ jemal mit etwas
gnug geſchehe/ſtehet dahin. Der HErr gebe uns ſelbs das liecht/ zu prüfen/
welches in allem uns nöthigem ſeye der gute/ der wolgefällige und der vollkommene wille GOttes und denſelben treulich zu vollbringen. 1690.

SECTIO XI.

# Von der ſabbaths-feyr.

BEtreffend die ſabbaths-feyr/expedire ich mich mit wenigen.

1. Die feyer gehet nicht nur auff etliche wenige ſtunden/ vor- oder
nachmittag/ ſondern es wird der tag gemeldet/ und alſo erfordern wir
mit recht einen gantzen tag: ſo ſind alſo die abend-ſtunden nicht ausgeſchloſ-
ſen/ um ſo vielmehr/ weil dafern in denſelben das gemüth in weltliche und
fleiſchliche ergötzungen gezogen/ dadurch alles gutes/ ſo etwa durch betrachtung göttlichen worts des tages war gewircket/wiederum ausgelöſchet
wird.

2. Ich erkenne uns in dem N. T. an die feyer des ſabbaths nicht weni-
ger/ ſondern wegen mehrer wolthaten und reicheren gnaden-maaſſes/ eher
mehr/als die in dem A. T. verbunden; aber mit inachtnehmung des unter-
ſcheids

scheids der beiden Testamenter. In dem A. T. wo alles mehr eusserlich war/
gehörte die unterlassung des eusserlichen und der arbeit/ mehr an sich selbs zu
dem gebot: nachdem aber die art des gottesdiensts in dem N. T. mehr in
dem innerlichen bestehet; so ist unsre heiligung des sabbaths vornemlich zu
suchen in der innerlichen ruhe der seelen/ und daß man dieselbe zu göttlichen
wirckungen überlasse/ dazu die eusserliche ruhe nicht anders gehöret/ als weil
sie ein mittel ist jener innerlichen ruhe/ die sonsten durch eusserliche arbeit
auch verstöhret würde.

3. Daher nach art des N. T. ists der heiligung des sabbaths vielmehr
zuwider/ wo man die abend-stunden mit eiteler welt-freude/balleten/tantzen/
schlitten-fahren und dergleichen zubringet/ als wo man an seine beruffs-ge-
schäffte auch wohl in schwerer arbeit gienge/ daher die sünde auch schwerer
ist.    Dann bey der leiblichen arbeit wäre noch eher müglich/ diejenige gedancken fest zu setzen/ darinnen ich in GOtt ruhete/ und er in mir wirckete/ als bey
dergleichen weltlicher lust nicht geschehen kan.    Ja ich sorge/ die paar stunden solcher fleischlichen ergötzlichkeit setzen die seele mehr aus ihrer ruhe in
GOtt/ als ob man den gantzen tag mit arbeit zugebracht/ und dabey noch
an GOTES wort unter derselben gedacht hätte: und können also das kleine füncklein/ welches etwa durch das wort des HERREN frühe wäre angezündet worden/ allerdings auff einmal auslöschen.    Daher bey mir Au-
gustini regel gilt/ es seye sontags besser ackern als tantzen/ und also auch
andern weltlichen ergötzungen anhangen.    Ich halte aber dafür/ eine seele/
welche einmal erfahren/ worinnen die frucht der sontags-feyer bestehe/ und
also die krafft des göttlichen worts/ wo man recht damit umgehet/ geschmä-
cket hat/ wird selbs leicht hievon urtheilen/ und bedarff nicht weitläufftig davon überzeuget zu werden.

## SECTIO XII.
### Von holtz-fuhren an dem sontag.

WHe auff die vorgelegte frage/ wegen verstattung der holtz-fuhren auff
den sontag/ mit grund antworten kan/ ist nöthig/ zum allerforderesten
die gantze materie von der heiligung des sabbaths etwas einzusehen.

1. Finde ich derjenigen meinung nicht gnug gegründet zu seyn/ welche
aus Rom. 14/5. Gal. 4/10. Col. 2/16. behaupten wollen/ daß in dem
N. T. nun gar kein sonderbahrer sabbath mehr geboten seye/ sondern nach
Jes. 66/23. ein sabbath nach dem andern gehalten/ oder vielmehr alle tage bey den Christen zu sabbathern oder heiligen ruhe-tagen gemacht werden
sol-

solten; nachdem der alte sabbath nur um der groben Juden willen/ die allezeit zu solcher heiligen innerlichen ruhe nicht tüchtig waren/ eingesetzt worden
wäre/ aber mit anderm schatten=werck habe auffgehaben;werden sollen.
Zwahr ist in solcher meinung viele wahrheit/ und es freylich an dem/ daß bey
einem Christen ein stäter sabbath in seiner seelen solle gehalten werden/ als
fern solcher in derjenigen ruhe bestehen muß/ daß die seele ablasse von allem
dienst der sünden/ der welt eitelkeit und allen fleisches=wercken; so dann/ daß
sie sich den göttlichen wirckungen stets gelassen darstelle/ und dieselbe nicht
bey sich verstöhre. Dieses ist der geistliche sabbath/ der in dem Rig. Catech. q. 86. also beschrieben wird: Daß der mensch in wahrer glaubens-
krafft auffhöret von seinen sündlichen wercken/vernunfft/willen/lust/
begierden; lässet GOtt sein werck in und mit ihm haben/ so daß nichts
in seinem hertzen geschehe/ es thue und wircke es dann GOtt selber:
dazu Jes.56/2. (er hält seine hand/daß er kein arges thue) und Jes.58/
13. angeführet wird. Aus diesem sabbath soll der mensch nie schreiten/das ist/
er hat nie macht/ seinen eigenen (dem göttlichen entgegen stehenden) willen zu thun/ oder dem fleisch zu dienen/ noch auch göttlichen wirckungen zu
widerstehen. Also ist dieses freylich ein stetswährender sabbath/ und nicht
auff einen einigen siebenden tag einzuschrencken. Aber es ist dieses nicht allein der in dem dritten gebot gebotene sabbath/ noch kan dieses dritte gebot/
als ein stück des moral-gesetzes gantz abgeschafft zu seyn vorgegeben werden;
sondern es muß ein gewisser sabbath/welchen bereits GOtt in dem paradieß/
da der mensch auch den steten geistlichen sabbath gehalten hätte/ eingesetzt/
1.Mos. 2/ 2. 3. deswegen auch noch in dem N.T.behalten werden.

2. Indessen ist ein zimlicher unterschied unter diesem dritten gebot/ und
allen übrigen geboten: einmal zwahr/ indem das jenige/ was darinnen verboten wird/ nemlich die arbeit des siebenden tages/ nichts an sich selbs unrechtes und sündliches ist/ wie alle übrige sünden/ die in den andern geboten
verboten werden; sondern etwas/ das aus dem blossen verbot GOttes erst
zur sünde wird/ daher da auch in keinem fall der noth jemal ohne sünde abgötterey getrieben/der nahme GOttes entheiliget/die Eltern eigenlich veruneh-
ret/ eigenwilliger todtschlag vollbracht/ die ehe gebrochen/ gestohlen/ gelogen
und nach dem bösen gelüstet werden kan; weil es lauter dinge sind/ die an sich
selbs böse;So konte hingegen auch selbs in dem Alt. Testam. wie Christi lehr
Matth.12/ 3. u.f. u. Luc. 14/ 5. zeiget/ an dem sabbath im fall der noth einige arbeit ohne sünde verrichtet werden. Nechst dem ist auch darinnen der
unterscheid/ daß dieses einige gebot zum theil mit unter die schatten=werck
und bilder auff das N.T. Col. 2/ 16. 17. gesetzet wird/ und es GOtt vor andern

dern zum zeichen seines alten bundes mit den Israeliten 2. Mos. 31/ 13. u. f.
Ezech. 20/ 12. verordnet hat. Daher nicht allein das vorbild auff das künff=
tige/ nachdem der leib selbs gekommen/ in dem N.T. auffhöret/ sondern alles
dasjenige/ was über den in dem menschlichen leben nothwendigen sabbath/
als worinnen die krafft des gebots stehet/ und davon bald folgen solle/ in dem
A.T. von unterschiedlichen satzungen hinzugethan/ und die strenge desselben
sehr geschärfft worden ist/ uns in dem N.T. eigenlich nicht mehr angehet,
Sonderlich müssen wir wohl anmercke/ daß das verbot der eusserlichen arbeit
der art des A.T. welches mit eusserlichen dingen grossen theils umgieng/ al=
lerdings gemäß/ und also wahrhafftig ein stück des gesetzes selbs gewesen. Da
hingegen das N.T. mit dem eusserlichen nicht anders/ als wie es zu dem inner=
lichen führet/ oder dessen übung ist/ oder auch hingegen daran hindert/ um=
gehet/ dasselbe auszuschliessen/ oder zuerfordern.

3. Indessen muß das haupt=werck in dem dritten gebot auch in dem N.
T. allerdings bleiben. Wir können aber dasselbe sonderlich finden/ wo wir
auff den unterscheid der gebot der ersten taffel sehen: da gehet nun das erste
gebot damit um/ daß unsre seele mit allen ihren kräfften/ in erkäntnüß/ liebe/
furcht und vertrauen GOtt allein gewidmet werde: das andere damit/ daß
solcher innerliche erste dienst in der erkäntnüß/ liebe/ furcht und vertrauen
GOttes sich heraus lasse in allem dem/ worinnen göttlicher nahme/ und wie
sich der HErr uns offenbahret hat/ von uns geheiliget und recht gebraucht
werden möge. Ausser diesen beiden stücken erfordert auch göttliche ehre noth=
wendig einstheils/ daß die menschen nicht nur einzeln und jeglicher für sich
selbs GOtt dienen/ ihn loben und preisen/ sondern daß dergleichen auch in ei=
ner gemeinde geschehe/ welcher dienst GOtt so viel besser gefält/ und einer
durch den andern auffgemuntert wird; darzu aber müssen versammlungen
geschehen: andern theils erfordert sie auch jetzo nach dem fall/ weil der mensch/
was das erste gebot von ihm fordert/ die erkäntnüß/ liebe/ furcht und ver=
trauen GOttes nicht hat/ noch dieselbe nach dem andern gebot aus sich selbs
üben kan/ sondern sie erst von GOtt in ihm gewircket werden müssen/ fer=
ner sie GOtt durch sein wort wircken will/ daher mit deselben umzugehen/
solches zu hören/ zu lesen und zu betrachten ist/ hingegen der mensch wegen
nach dem fall aufferlegter schwehrer eusserlicher arbeit und schweiß seines an=
gesichts 1. Mos. 3/ 19. nun unmüglich alle zeit zu solchen geistlichen wercken/
darinnen an seiner heiligung absonderlich gearbeitet wird/ anwenden kan/
ja deren allermeisten wegen dero armuth oder dienstbarkeit wenig darzu ü=
brig bleibet/ daß dann eine gewisse zeit seye/ welche den weltlichen und leibl.
verrichtungen sofern entzogen werde/ damit der mensch dieselbe ungehindert

zu denjenigen wercken/ durch die die heiligung in ihm gefördert werden/ und
er unmittelbar Gott dienen solle/anwenden könne. Welche zeit dann die göttl.
weißheit auff den siebenden tag bestimmet hat.    Dessen bedörffen nun glaubige hertzen/ und welche auch in dem eusserlichen ihrer zeit meister seyn/ sofern
nicht; (wie zwahr auch anderer gebote/ nach 1. Tim. 1/ 9.) indem sie in sich
selbs eine solche begierde nach dem geistlichen haben/ daß sie vielmehr sich mit
einem siebenden tage nicht vergnügen/ sondern lieber aus freyem trieb mehrere zeit/ und wie sie solches vermögen/ zu solchem zweck und gebrauch anwenden.    Es bedürffen aber solches gebots/ theils die noch keine rechtschaffene Christen sondern gantz rohe sind/ daß sie auffs wenigste durch gesetze an
solche ort und versammlungen getrieben werden/ wo sie dasjenige hören müs-
sen/ wodurch der H. Geist in ihnen/ da sie ihn nicht hindern/ geistlich gutes
auch wircken will und kan/ ja allezeit in einigen wircket; zu welcher gelegenheit die meiste ohne dieses gebot und einigen zwang desselben nicht kommen
würden: ja es bedürffen auch böse an orten/ der christlichen religion eusserlich zugethan sind/ eines dergleichen gebots/ so sie auch von demjenigen solchen tag abhält/ das andre sonsten in ihrer ruhe irre machte: theils bedürf-
fens auch schwache/ daß es ihnen eine handleitung werde/ zu der gelegenheit
der erbauung zu kommen/ darzu sie sonst etwa/ ob wol aus nachläßigkeit/
nicht kämen: theils bedörffens diejenige/ die entweder in hauß-diensten sind/
oder sonsten andern zur arbeit verbunden leben/ und wo nicht göttliches gebot ihnen eine solche zeit frey machte/ schwehrlich etwas freyheit zu ihrer erbauung erlangen würden/ daß gleichwol eine dergleichen ihnen durch dieses
gebot werden muß.    Also ist dasjenige/ was eigenlich geboten wird/ an sich
selbs eine wolthat.    Weil aber auch nicht allein ein jeglicher vor sich eine zeit
nöthig hat zu seiner erbauung/ sondern zu dem zweck des gebots eine öffentliche versammlung erfordert wird/ so ist auch allerdings ein gewisser tag nö-
thig/ darnach sich alle richten/ und könte der zweck durchaus nicht erhalten
werden/ wann jeglicher allemal nach seiner gelegenheit einen tag zur feyer
wehlen wolte.

4. Wie nun also das wahre gebotene in diesem gebot bestehet in der
handlung göttlichen worts und der gnaden-mittel zu mehrer heili-
gung/ auch GOttes gemeinschafftlichen dienst/ welches lauter solche
dinge/ die an sich gut und nöthig sind/ und dero muthwillige unterlassung an
sich selbs sünde ist: (welcher art alles andere in den zehen geboten gebotene uñ
verbotene ist) so ist nun zuerwegen/ was von der arbeit selbs und dero verbot
zu halten seye. Da gestehe nun/ daß in dem A. T. nach art solches Testaments
die

die arbeit ein eigenlich stück solches gebotes oder vielmehr verbots gewesen/
so ich nun in dem N.T. nach dessen art/ welche alle eusserliche satzungen aus-
schliesset/ davor nicht erkennen kan/ sondern sie allein verboten achte/ weil und
sofern sie an jener gebotenen heiligung/ in der begehung des öffentlichen got-
tesdiensts/ und handlung göttl. worts hinderlich ist: daher auch ausser der lei-
bes-arbeit alles übrige für noch mehr verboten halte/ was gedachter wahrer
heiligung noch mehr entgegen stehet; als alle eitele welt-freude und spiele/ die
die geistliche gemüths-ruhe noch mehr stöhren/ wie nicht weniger alles weltliche studiren/ sorgen/ und womit der verstand und die gedancken mehr umgehen müssen; als neben welchen die innerliche heiligung des sabbaths mehr als
durch grobe arbeit gehindert wird.    Hingegen halte davor/ daß es gelegenheit geben könte/ wann man zur öffentlichen versammlung nicht kommen kön-
te/ und sich also mit der privat-andacht vergnügen müßte/ daß solche leute/
welche in dem geistlichen bereits so geübt wären/ daß sie einige eusserliche
wercke daran gantz nicht hinderten/ ohne sünde auch dergleichen an solchem
tag zum theil verrichten könten/ und doch durch die geistliche innerliche übungen dem gebot gnug thäten.    Wiewol so bald dergleichen in gegenwart solcher leute geschehe/ die eine der art freyheit nicht fassen könten/ sondern sich
daran stossen/ übel davon urtheilen/ oder wol gar mit verletzung ihres gewissens dergleichen nachthun würden/ es auch zur sünde um des ärgernüsses
willen werden würde/ daher sichs niemand gebrauchen möchte/ sondern man
so wol das böse/ als dessen schein zu meiden verbunden ist.

5. So viel aber folget daraus/ daß in jedem nothfall/ den auch die liebe
machen kan/ die arbeit solchen tag/ sonderlich wo sie an dem öffentlichen gottesdienst nicht hindert/ erlaubt zu achten sey.    Wie zwahr insgemein alle
unsre Lehrer von dem nothfall bey diesem gebot zu handeln/ und denselben
auszunehmen pflegen. Zu solchem nothfall nun/ zehle ich auch das gebot der Obern und Herrschafften/ daß es diejenige/ so unter dero bothmäßigkeit stehen/
von der sünde frey mache.    Daher wir in der ersten kirchen nicht sehen/ daß
sich jemalen die heidnische obrigkeiten oder auch herrschafften über ihre
christliche unterthanen oder gesinde/ deren immer viele waren/ beschwehret
haben/ daß sie ihnen jemal ihren dienst/ außgenommen wo sie sie zum heidnischen gottesdienst treiben wolten/ versagt hätten: welches sonsten eine
haupt-klage gegen das gesamte Christenthum würde gegeben haben/ als
welches die regimente und haußhaltung zerrüttete/ und den gemeinen diensten so viele zeit entzöge. Ich entsinne mich aber nicht einen buchstaben je gesehen zu haben/ daß sich die Heiden darüber beschwehret: daraus aber folgen muß/ daß die christliche knechte und mägde/ ob sie wol/ wo sie es haben
können/ die versammlungen zu besuchen nicht werden säumig gewesen seyn/

doch

doch die übrige zeit auch des sontags ihre gewöhnliche dienste verrichtet/ und nur an dem innerlichen dienst sich begnüget haben werden: welches sie dannoch/ wo die arbeit an sich selbs solchen tag eine sünde wäre/ so wenig würden haben thun/ oder darinnen den Herrschafften gehorchen können/ als sie auff dero befehl nicht den götzen opffern/ lästern/ ehebrechen/ stehlen oder dergleichen thun dorfften. Daher wie solches gebot der obern also ansehen müssen/ daß es von seiten der untergebenen einen nothfall mache/ und verursache/ daß was sonsten sünde seyn würde/ ihnen nicht sünde seye. Daher ich auch davor halte/ wo Christliche seelen auch noch zu unser zeit das unglück haben/ daß sie bey solchen Herrschafften stehen/ die sie nicht nur auch sonsten an der übrigen sontags-feyer hindern/ sondern vornemlich sie auch zu sonst unnöthigen arbeiten mit bereitung grosser panquet und dergleichen mißbrauchen/ ob sie wol/ da sie freyes zustandes sind/ weil sie erkennen/ daß ihnen auffs wenigste viel nachtheil dadurch geschehe/ sich dergleichen dienste/ ohneracht des leiblichen mehreren nutzens/ auff zimliche art am liebsten erlassen/ und mit andern verwechseln/ auch als lang sie darinnen verharren müsten/ ihre wehmuth darüber bezeugen/ und davor bitten sollen; daß sie dannoch auff den befehl der Herrschafft dasjenige thun müssen/ worinnen sie sonsten ausser solches gehorsams sündigen würden/ sie aber alsdann darinnen nicht sündigen. Daraus der grosse unterscheid unter der sontags-arbeit und andern sünden/ als stehlen/ huren/ liegen u. s. f. erhellet; da dieser andern keines(weil sie nemlich in ihrer natur sünde sind) auff der Herrschafft befehl zu thun erlaubt ist.

Vorausgesetzt nun dessen/ formire die frage also :

Ob ein auffseher der holtz-fuhren/ wo die höhere Herrschafft solche auch sontags zu der vermeinten nothdurfft nach hofe zuverrichten fordert/ solche anordnen und verstatten könne/ oder sich also widersetzen müsse/ daß er diesen mißbrauch geändert zu werden verlange/ auch lieber seinen dienst/ da er dieses nicht erhielte/ resigniren/ oder denselben in gefahr der ursach wegen setzen solte?

DArauf zu antworten mercke ich folgendes:1.Die Herrschafft oder bey wem die gantze anordnung stehet/ und der sie also ändern kan/ versündiget sich mit befehl solcher holtz-fuhren. Indem 1.durch dieselbe die leute /so damit umgehen/ wo nicht gar auch von dem öffentlichen gottesdienst abgehalten/ oder ihn zu versäumen veranlasset/ auffs wenigste/ weil es insgemein unwissende leute sind/ die ihnen nicht selbs helffen/ noch ohne eusserliche andacht die innerliche übungen anstellen können/ um die frucht des sabbaths/ die ihnen

GOTT

GOTT durch seine ordnung gegönnet/ gebracht/ hingegen zu sünden/ wie bald folgen wird/ angetrieben werden/ dero schuld auff die Obern fället. 2. Wird dadurch nicht wenig ärgernüß gegeben/ nicht allein durch veranlassung widriger urtheile/ sondern auch/ daß durch solches exempel auch andere sich zu weiterer und noch offenbahrer entheiligung des sabbaths verleiten lassen: damit vollends alle sonsten so nützliche/ und deßwegen aus liebe von GOTT anbefohlne sabbaths-feyer zu grossem schaden des Christenthums leicht hinfället. Welches ärgernüß abermal diejenige/ so es verhüten sollen/ nicht wenig vor GOTT beschwehret.

2. Was die leute selbs anlanget/ erinnere mich dabey/ daß in einigen alten griegischen exemplaren des N. T. nach Luc. 6/5. etwas folget/ das wir in den gemeinen exemplaren nicht haben/ und zu teutsch also lautet: Denselbigen tag sahe JESUS einen am sabbath arbeiten/ und sprach zu ihm: Mensch/ so du zwahr weissest/ was du thust/ bist du selig/ wo du es aber nicht weissest/ bist du verflucht/ und ein übertreter des gesetzes. Also mag ich sagen/ wo sie sich recht fassen/ können sie die arbeit ohne sünde thun: wo sie nemlich erkennen/ daß es an sich selbs nicht sünde seye/ dieser hindernüß eines mehrern guten gern frey wären/ indessen ihren gehorsam in dem eusserlichen leisten/ innerlich aber so viel ihnen müglich ist/ mit geistlichen guten gedancken umgehen/ und auch die übrige tages-zeit desto fleissiger dem sabbath gemäß zubringen. Ich sorge aber/ die meiste werden sich in solchem werck wahrhafftig versündigen; entweder da sie wider ihr gewissen und dessen widerspruch solches thun/ also ihrer eignen meinung nach den menschen mehr gehorchen als GOTT/ daher sorglich auch in andern wahrhafftig sündlichen sachen denselben nicht weniger gehorsam zu werden willig sind: oder da sie insgesamt des sabbaths nicht achten/ und also auch ohne gebot denselben immer ohne viel bedencken entheiligen.

3. Auff den jenigen aber zu kommen/ der die auffsicht auff die sache/ aber noch unter höherer verordnnug/ hat/ so glaube demselben zuzukommen 1. Daß er den obern/ und in welcher hand die änderung stehet/ diesen mißbrauch/ und was vor sünde/ daher auch fluch/ darauff stehe/ beweglich vorstelle/ und dessen abschaffung/ mit anweisung/ wie es am besten geschehen könte/ suche: dabey er leicht zeigen kan/ daß er des seinigen darin nichts verlange/ sondern alles allein aus trieb des gewissens thue. 2. Würde aber damit nichts erlanget/ (welches gleichwol von Christlicher Herrschafft billich zu hoffen ist) so würde nöthig seyn/ die jenige/ welche die arbeit zu verrichten haben/ davon zu unterrichten/ wie sie bey solchen umständen des befehls von ihrer Herrschafft gehorsam leisten dürfften/ aber desto emsiger und sorgfältiger die übrige zeit

des

des sonntags zum so offentlichen als absonderlichen gottesdienst anzuwenden hätten/ausser dergleichen nothfall aber des gehorsams/ sich der sonntags-
arbeit entschlagen solten.    Wo nun dieses geschehen 3. achte ich/ daß ein solcher auffseher sein gewissen zur gnüge durch gethane erinnerung und bezeugung seines mißfallens gerettet habe/ und da es bey der obern befehl bleibet/
die er davon abzuhalten nicht vermag/ an denen aber alles/ was sündlich ist
in der sache/ liget/ mag er die anstalten geschehen lassen/ und so viel auff ihn
kommet/solche mit ordnen/ weil in solchem gedachter massen von denjenigen/
über die er die auffsicht hat/nicht gesündiget wird.    Daher 4. der grosse unterscheid zu mercken ist unter andern sünden/ welche in einer an sich selbs bösen handlung bestehen/daran alle sündigen/ welche einiger massen mit zu thun
haben/und unter dergleichen sonntags-arbeit/ die in dem N. T. nicht anders
verboten/ als sofern sie eine hindernüß eines gebotenen guten ist / dessen
schuld auff denjenigen allein fället/ von dem solche hindernüß eigenlich her-
kommet/ demjenigen aber der gehindert wird/ nicht anklebet.    Deßwegen
5. weder nöthig noch nützlich ist/ um solcher ursach willen das amt zu resigni-
ren/ oder durch beharrlichen widerstand sich in dessen gefahr zu setzen/ und damit der gelegenheit vieles andern guten sich zu berauben.

    Der HERR aber gebe uns sein liecht selbs/in allen dingen seinen willen
zu erkennen/ und neige unsre hertzen dahin/denselben zu vollbringen/ hingegen
steure er auch allen ärgernussen. Insgesamt bringe er unser aller seelen zu dem
geistlichen beständigen sabbath/ und innerlichen ruhe/ so wird sichs selbs
leicht geben/ wie man auch den eusserlichen sabbath recht GOtt gefällig feyren möge/ bis es komme zu jenem ewigen sabbath/ Amen!

## SECTIO XIII.

## Vom Separatismo.

ICh freue mich / daß mein werther freund mehr und mehr erkennet / wie
einmal der Separatismus gefährlicher seye/ als die begierde sich der gemeinschafft der allgemeinen ärgernüssen zu entziehen/demselben erstlich
einen stattlichen schein machet/und wohl gute gemüther leicht einnimmet. Wie
den ich für meine person stäts bey den gedancken bleibe/ die ich in meinem tractätlein unter dem titul / der klagen über das verdorbene Christenthum
gebrauch und mißbrauch / vorgestellt / und alle trennung hertzlich wider-
rathen/ hingegen wie wir zwahr des bösen uns nicht selbs mit schuldig zu
machen/ aber dasselbe/ was wir nicht zu ändern vermögen/ mit gedult lieber
zu ertragen/ als davon zu fliehen haben/ hoffentlich mit gnugsamen grunde
dargethan habe: also hoffe ich/ es werde diese wahrheit immer ihrer mehrern
in die augen leuchten/ und sonderlich unterschiedliche gute seelen/ welche auff
sol-

solchem wege ihr heyl gesucht/wo sie sehen/ wie wenig beförderung sie zu dem=
selben/ wohl aber noch mehr hindernüß ( des daher bey andern entstehenden
ärgernüsses nicht zu gedencken) darauff finden / durch ihre erfahrung und
etwa anderer christlichen leute zuspruch sich wieder dahin bringen lassen/ mit
ihrer mutter gebrechen und elend mehr gedult zu haben/ als diejenige/ dero
wir viel lieber/ ob wir noch etwas helffen könten/ beystehen solten/ aus unge=
dult zu verlassen. Ich erkenne auch/ wohl bemerckt zu seyn/ daß bey den so
hefftigen Richtern sich offt mehr fehler/ wo dieselbe recht vor GOtt angese=
hen werden/ finden/ als bey denen/ so sich von ihnen richten lassen müssen.
Und wie können die jenige den grössern gemeinden mit fug so hoch auffmutzen/
daß manches in vieler unordnung bey denselben hergehe/ die in weniger an=
zahl sich vielweniger mit einander betragen/ oder ihre dinge in einer ordnung
halten können? Also trage ich lieber gedult mit einer gantzen kirchen/ als mit
einem und andern sonderling / wo leicht so viel eigensinn sich finden kan/
als er an jenen vielen unziemliches zu bemercken meinet: und warte drauff/
bis der HERR selbs die scheidung vornehmen und seine kirche reinigen
wird/ da gewißlich seiner weißheit glücklich von statten gehen muß/ was un=
sre thorheit ohne ihn und aus eigner wahl nicht anders als unglücklich ver=
suchet. So ist mir auch lieb/ daß derselbe die wahrheit der lehr der Aug=
spurgischen Confession nochmal erkennet/ und dabey bleibet/ die einmal
dem wort GOttes unter allen andern am gemässesten erfunden werden wird/
wer dieselbe und übrige mit solchem unpartheyisch conferiren will. Der
HErr heilige uns alle mehr und mehr in seiner wahrheit/ sein wort ist und
bleibet die wahrheit. 1688.

## SECTIO XIV.

# Von der gefahr der vornehmenden trennung/ der Frommen.

MJr war lieb / was mein tractätlein wegen der separation anlangt/
daß vernehme/ daß wir gantz einer meinung seyen. Ich bleibe ein=
mal dabey/ daß zwahr das elend und verderben der kirchen groß
und kaum genug zu beschreiben/ aber daß solches mittel der trennung/ ob es
wol bey einigen/ welche es auch hertzlich gut meinen/ einen ziemlichen schein
hat/ doch das rechte mittel nicht seye/ ja vielmehr eine solche artzney/ welche
gefährlicher/ als die kranckheit selbs/ und recht das jenige/ dardurch vollends
unsre evangelische kirche zu grund gerichtet werden könte. Ach der HErr
bringe doch solche liebe leute die damit umgehen/ ( dero wir hier auch haben)
durch seinen gnaden=zug wieder zurücke auff die richtige bahn/ daß sie viel=
mehr

mehr uns helffen in dem beſſern der jenigen/ die ſie verlaſſen/ als ſich nicht
nur demjenigen guten entziehen/ ſo ſie noch mit ihrer frömmigkeit bey an=
dern ausrichten könten/ ſondern ſich auff einmal zu allem ſolchen untüchtig
machen/ja auch anderer chriſtlicher hertzen arbeit mit ſchwehrem verdacht be=
laden / und ſehr hindern. Er gebe aber auch uns übrigen die nöthige
weißheit und vorſichtigkeit/ wie wir hierinnen uns unverweißlich und zu
gemeinem nutzen am beſten halten mögen/ niemand auff ein oder andere ſeit
zu ärgern/ wozu gewiß eine mehr als gemeine und menſchliche klugheit gehö=
ret; weßwegen wir den HErren darum demütig anzuflehen haben/ daß er
ſich unſer aller hertzlich erbarme. Ich bekenne/ es iſt mir dieſes eines von
meinen hertzlichſten anligen/ und gröſter betrübnuß/ ja gewiſſens=angſt/ daß
ich in ſolcher ſache meiſtens mir nicht genug zu rathen weiß/ wie ich mich dar=
innen zu verhalten/ damit ich weder das gute/ ſo noch in ſolchen leuten übrig
iſt ( wie dann gemeiniglich dieſelbe in dem übrigen nicht nur/ was die euſſer=
liche moral-tugenden nach der andern taffel anlangt/ ſich ohne tadel aufffüh=
ren/ ſondern in dem genauern umgang mit ihnen ſich wahrhafftig offenbah=
ret eine innerliche demuth und niedrigkeit gegen GOtt/ eine innigliche lie=
be gegen ihn/ ſtäte ehrerbietung vor ſeinem angeſicht/ vor dem ſie wandeln/
vertrauen auff Chriſtum und andere dergleichen tugenden/ die aus dem geiſt
entſpringen; wo ſie auch in ſolchem allem der heucheley zubeſchuldigen allzu=
ſchwehr und unverantwortlich fället/da man ſiehet/ wie ſie in der welt davon
nichts haben noch hoffen können/ ſondern nur allein ſich an allem leiblichen
und euſſerlichen hindern) allerdings ſchlage/untertrucke/ und ſie noch weiter
wegtreibe/ da ſie in ihrem gewiſſen der ärgernüſſen/ die ſie ſehen/ nicht aber
auch zugleich der unbilligkeit ihres mittels/ welches ſie dagegen ergreiffen/
überzeuget ſind/ ( als an deren letzten ſie die præconcepta opinio allzuſtarck
hindert) das verfahren gegen ſich für lauter verletzung der liebe/und alſo des
haupt-gebots Chriſti/ anſehen/ und folglich ſich noch mehr darüber ärgern
und zu ſeufftzen bewogen werden; noch auff der andern ſeite etwas deſſen ver=
ſäumen möge/ was zu ihrer zurechtbringung und anderer verwahrung dienl
ſeyn mag.Da ſtehe ich alſo immer zwiſchen thür und angel/daß ich weder einer
noch anderſeits GOtt erzürnen möchte/ und deſſen gericht auff mich laden/
welches in ſolchen ſachen ſo leicht geſchehen kan: daher mir dieſes wohl faſt die
zarteſte und delicateſte materie iſt/ wo es am leichteſten vorſehen werden kan.
Da hingegen was ſolche anlangt/ die offenbahrere feinde der wahrheit ſind/
bey ihnen oder ihrentwegen bey weitem ſo viel ſorge nicht iſt. Ich finde offt/
wo ich alles überdacht/ keine hülffe noch rath/ mich aus ſolchem gewiſſens=
zweiffel zu retten/ als das gebet zu GOtt/ daß er mich ſelbs hierinn ſo führen
wolle/ wie es ſeinem H. willen gemäß iſt/und nicht zugeben/daß ich aus man=

gel

gel der nöthigen weißheit meiner seelen und andern schade; so dann die hoffnung/ daß der HErr mich nicht mehr/so lange in der gefahr stecken lassen werde: da ich es also endlich ihm befehle / und in demuth meinen mangel vor seinen heiligen augen erkenne. Es wird im übrigen M. H. Hn. Schw. seiter wissend worden seyn/ daß seiter annoch gegen end der meß/ hier ein discurs gedruckt worden / da eine solche trennung so starck behauptet / als in meinem tractätlein bestritten wird/mögen auch wohl darinnen solche particularia seyn/ die eigenlich auff meine person gemeinet / jedoch das vernehme/ es gehe die sache selbs eigenlich gegen Hr. Erasmi Francisci gegen-strahl. Es hat aber Herr Holtzhausen unser Collega solchen discurs in druck widerleget/und weiß ich nicht/ was ferner folgen wird. Ach HERR heilige uns in deiner wahrheit/ dein wort ist die wahrheit! dieses lasset uns unaufhörlich vor dem HERRN beten/ bis er uns erhöre/ welches er nach seiner wahrheit thun/ und so viel hertzlicher wir beten/ seine hülffe so viel mehr beschleunigen wird. 1684.

## SECTIO XV.
### Wie einigen trennungen/ die zu besorgen oder ansetzen/vorzukommen/oder zu begegnen seye.

ICh halte es für ein stück göttlichen gerichts über die kirche/ daß er wegen des undancks vor die offenbahrung des Evangelii (sonderlich weil wir insgemein uns an der buchstäblichen erkäntnüß/ und bekäntnüß der wahren lehr/ vergnügen/ hingegen die krafft nicht eindringen lassen/ noch die wahre früchten der gottseeligkeit bringen wollen) nicht allein unsern offentlichen feinden/ dem Römischen Babel/ je länger je mehr gewalt gibet/ uns wieder unter sein joch zu zwingen/ und damit das maaß seiner sünden zu erfüllen/ sondern darzu verhänget/ daß auch von den besten seelen/ und denen es wahrhafftig ein ernst um GOtt ist/ in einen exceß des eiffers gerathen/ und auff trennungen verfallen; wodurch geschihet/ daß nicht allein der gebrauch ihrer gaben/ der sonsten der kirchen nutzen hätte können/ meistens verlohren gehet/ sondern noch schwehrer ärgernüß entstehet: der gerechte GOTT aber uns/ wo wir die sache recht erwegen/ damit seinen zorn zu erkennen gibet/ daß wir wahrnehmen/ wie die mittel zur besserung angesehen/ offt nicht allein die gewünschte frucht nicht bringen müssen/ sondern einen widrigen effect nach sich ziehen. Daher diesem übel nicht anders gerathen werden kan/als daß wir erst den erzörnten GOtt durch wahre buß zu versühnen suchen. Es ist aber eine versuchung/die nicht erst dißmal anfängt/sondern fast allezeit/ wo mit mehrer krafft auff das rechtschaffne wesen in Christo getrie-

trieben wird / dieselbe sich einfindet / die frömste am ersten derselben unter=
worffen sind / wie ich solches bereits vor etlich und 20 jahren erfahren / und
darüber den tractat von der klagen über das verdorbene Christenthum rech=
ten gebrauch und mißbrauch noch in Franckfurt herausgegeben habe / dessen
lesung zu dieser zeit vielleicht wieder desto dienlicher seyn möchte.  Die ge=
legenheit ist allemal diese: wenn leute die art des wahren Christenthums er=
kannt / und in dessen übung eingetreten sind / daß sie einen so viel mehrern
greuel an allem üppigen welt=wesen fassen/ und fordern/ daß jedermann / wie
es auch an sich recht ist / nach den reglen Christi sich recht anschicken solle.
Sehen sie aber / daß es insgemein nirgend fort will / sondern der rohe hauff
in seinem sündlichen thun fort fährt / und sich doch aus dem eusserlichen got=
tesdienst der seligkeit getröstet / sonderlich aber / wann sie auch gewahr wer=
den / daß Prediger entweder selbs nicht mit gottseligem wandel den gemein=
den vorleuchten / oder doch nicht allen eiffer nach vermögen gebrauchen / dem
übel zu steuren; so entbrennet alsdann bey ihnen ein eiffer / der an sich erst
göttlich ist / aber gemeiniglich/ weil es ihnen noch an der gedult mangelt/ auch
frembdes feuer aus der natur sich mit einmischet ; daher da sie daran recht
thun/ sich desto forgfältiger von allem dem/ was böse ist / abzuziehen/ und der
welt nicht gleich zu stellen / so schläget es darnach.dahin weiter aus / sich auch
von der gemeinschafft des noch guten / wegen der bösen / die es mißbrauchen/
abzureissen / entweder mit öffentlicher trennung und anstellung sonderer ge=
meinden / wie es mit der gesellschafft des berühmten Johan von Labadie er=
gangen; oder daß sie eintzel in der stille vor sich bleiben. Wo nun mit hefftig=
keit und ohne gebührende vorsichtigkeit in sie getrungen wird / so wird das
übel immer ärger/ das hingegen durch gedult/ langmuth und christliche klug=
heit erst gemindert / und letzlich in Gottes segen wieder auffgehoben werden
kan.  Die vornehmste mittel sind nechst dem hertzlichen gebet / um abwen=
dung des wolverdienten zorns über unser kirche / und um verleihung der zu
der sache nöthigen klugheit/ fleissige beobachtung von seiten der beiden Ober=
stände / der ihnen hierin obligenden pflichten.  Da liget nun das meiste an
dem predigamt/ und zwahr 1. daß sich alle dessen glieder desto ernstlicher be=
fleissigen/ nicht allein vor offenbahren lastern / der trunckenheit/ prachts/ gei=
tzes / faulheit/ leichtfertigkeit und dergleichen / sondern auch allem schein des
bösen sich zu hüten/ und sich also dar zustellen/ daß man in ihrem gantzen wan=
del sehe/ wie sie der welt abgestorben/ nicht sich in ihrem amt/ sondern lauter=
lich Gottes ehre / der kirchen erbauung und ihre seligkeit suchen / damit also
jene gute leute / die sich sonsten zu erst an uns stossen / wann sie uns rechte
vorbilder der heerden sehen / uns auch für wahre diener Christi erkennen/
und ein vertrauen zu uns gewinnen: Hingegen müssen wir selbs / wo einige
unsers

unsers standes sträfflich leben/ sie nicht vertheidigen/ sondern unsern eiffer auch gegen sie geziehmend richten. Nechst diesem 2. muß man suchen/ solchen leuten offentlich und absonderlich/ wo man gelegenheit hat/ die gefahr und schaden ihres weges/ wo sie darinnen fortfahren/zu zeigen/ auffs gründlichste als es seyn kan/ aber auch freundlich/ damit sie sehen/ daß man das gute an ihnen wahrhafftig liebe/ und lobe/ und nur verlange/ daß die frucht nicht von ihnen selbs verdorben werde. Hingegen eine einige hefftige und mit bittren worten angefüllte predigt/ kan alles noch ärger/ und die wunde gleichsam unheilsam machen: dann damit/ weil sie wissen/ daß der anfang ihres eiffers göttlich ist/ und in die gedancken gerathen/ man verwerffe auch das gute an ihnen/ werden sie immer dadurch weiter fortgetrieben/ da man sie mit aller kunst vielmehr zu sich wieder zu locken hat. Daher ist ein grosser unterscheid unter andern lastern/ gegen die man auch mit der schärffe verfahren muß/ und diesem abweichen; dann dorten ist eine bosheit in dem willen/ hier bleibt der wille allezeit/ GOtt allein und auffs eiffrigste zu dienen/ der fehler aber kommt her aus irrthum des verstandes/ da sie sichs für sünde halten/ in der eusserlichen gemeinschafft deren/ die sie nicht für wahre Christen achten/ auch der gnaden-güter sich zugebrauchen. Diesen irrthum nun zu benehmen/ thut bündige vorstellung der wahrheit/ mit liebe und gedult vermischet/ das vornehmste/ weil solche art zu handlen ein vertrauen in den seelen erhält/ dessen gäntzliche auffhebung aber die gemüther untüchtig machet/ etwas an ihnen auszurichten. Also wo sie sich von uns entfernen wollen/ sollen wir sie mit liebe und sanfftmuth suchen/ deßwegen ihnen freundlich nachgehen/ damit sie allezeit versichert bleiben/ man hasse das gute an ihnen nicht/ sondern wolle es lieber selbs befordern. Mit dieser langmuth ist immer anzuhalten und zu erwarten/ bis sie sich endlich/ das wol mehrere jahre währen kan/ erholen/ und widerkehren. Die weltliche Obrigkeit hat auch ihr amt dabey/ und solte billich in guter eintracht mit dem predigampt der gefahr suchen zu begegnen; am meisten aber sich hüten/ daß sie keine gewaltsame mittel gegen solche leute/ als lange sie nicht dinge anfangen/ die auch die weltliche und bürgerliche ruhe stöhren/ zu gebrauchen/ oder sich wo ein predigamt in einen fleischlichen eiffer verfiele/ und zu eusserlicher gewalt sie anreitzen wolte/ dahin bewegen zu lassen. Indem die gewalt nur mehr schaden thut/ dann die da gewalt leiden müssen/ und glauben/ sie leiden um des HErrn willen/ werden in ihrer meinung nur mehr bekrässtiget; und solle sich in Engelland dieses an den Quackern gezeiget haben/ nemlich/ daß so lang man sie eusserlich verfolgt/ mit gefängnüß und andern straffen/ sind eben dadurch und das exempel ihrer Gedult immer desto mehrere zu ihnen getreten: als aber jenes verfahren gegen sie auffgehöret/ hat auch der wachs-

thum

thum ihrer secte auffgehöret. Sonderlich aber hat eine Obrigkeit samt
dem predigamt sich wohl zu hüten/ daß sie/ was noch andre anlangt/ die einen
sonderbaren eiffer zur übung der gottseligkeit haben/ dieselbe verwehren/
damit sie nicht auff gleiche abwege gerathen/ welches nicht allein dardurch
leicht geschihet/ wo man diejenige/ die sich zu trennen angefangen/ hart hält/
und also bey diesen ein mitleiden gegen sie erwecket/ sondern auch/ wo sie einige christliche übungen unter sich haben/ solche ihnen verbieten wolte: dann
dieses kan rechtschaffne seelen also ärgern/ daß sie desto eher zu den andern
fallen/ wenn sie gewahr werden/ daß man ihnen/ was sie vor sich heylsam ge-
funden/ nehmen wolte/ und daraus schliessen/ man seye dem guten selbs entgegen. Vielmehr solle man an solchen orten dergleichen übungen desto mehr
befordern/ und das predigamt selbs die auffsicht auff sich nehmen/ daß alles
in richtiger ordnung bleibe. Dieses ist alsdann das mittel/ das nicht
allein/ die noch auff richtigen weg geblieben/ darauff erhalten/ sondern auch
andre desto eher wiederum zurück gezogen und gewonnen werden. Es haben auch beide obre stände dahin zu trachten/ daß das gemeine volck auff
keinerley maß sich an den absondernden vergreiffe/ noch in einen haß gegen
sie gesetzet werde/ sondern daß sie lernen das gute an ihnen noch lieben/ und
mit ihren abwegen mitleiden zu tragen: da sonsten/ wo jene jedermanns
spött oder raub seyn müssen/ solches sie nur desto mehr verhärtet/ da hingegen
liebe herbey zeucht. Unser liebste Heyland sehe selbs seine arme kirche in gnaden an/ lasse ihm ihr elend zu hertzen gehen/ mildre seine gerichte/ steure aller
eusserlichen gewalt der feinde und innerlichen ärgernüssen von falscher lehr/
irrthum/ gottlosigkeit oder unordnung/ gebe den auch guter meinung abwei-
chenden ihre abwege und dero gefahr zu erkennen um sie zurück zu führen/
erfülle die hertzen aller Prediger und Regenten/ wie mit eiffer vor die erhaltung der wahrheit und beforderung der gottseligkeit/ also auch göttlicher
klugheit/ in diesen gefährlichen zeiten den vor augen habenden zweck besser
massen zu erreichen/ erhalte indessen alle die seinige durch seines heiligen
Geistes liecht auff richtiger bahn/ und erscheine endlich selbs/ alle steine in
seinem reich zu heben/ welche menschlicher krafft zu heben zu schwehr worden
sind/ um seiner selbs ehre willen. 1700.

## SECTIO XVI.

# Von absonderlichen eigenmächtig
### anstellenden Communionen.

## Frage.

Ob es recht und Christi ordnung gemäß seye/ wo an einem ort/ da
eine

eine Evangelische gemeinde und predigamt ist/ sich einige Chri-
sten/ so von dem predigamt nicht ausgeschlossen sind/ unterstehen wolten/ einer allein/ oder etzliche unter sich/ heimlich und
ohne wissen oder billigung der übrigen gemeinde und predigamts das abendmahl des HErrn zu halten?

ES ist in formirung dieser frage bereits ein und anders ausgeschlossen/
wovon die frage nicht ist: als 1. Ob in einem eussersten nothfall nicht
möchte erlaubt seyn/ daß ein ander als Prediger einem mitbruder das
H. abendmahl reichte/ oder einer sich selbs dasselbige nehme.　Dann ob wol
nicht gleicher nothfall bey diesem Sacrament sich ordenlich findet/ wie bey
der H. tauff ( da wir lieber die tauff auch durch einen andern als beruffenen
Prediger administriren lassen/ ehe wir ein kind/ welches das recht zu dem
göttlichen bund hat/ ohne das ordentliche mittel desselben/ das bey ihm durch
kein anderes wieder ersetzet werden kan/ hinsterben lassen wolten) indem die
erwachsene ihres glaubens stärkung/ so sie in dem H. abendmahl suchen/ auch
aus dem göttlichen wort und der geistlichen niessung herhaben können: so
wolte doch nicht so hart seyn/ allen nothfall auszuschliessen/ wie auch ohne
zweiffel aus solcher absicht der tapffre Theologus, N. Hunnius Epit. Cred. c.
25. §. 625. nur also redet/ daß andern zum predigamt nicht verordneten das A-
bendmahl zu handeln nicht leichtlichen zugestattet.　Woraus abzunehmen/
daß er gleichwol einige fälle muß für erlaubt geachtet haben.　Ich entsinne
mich dabey meines S. Præceptoris, Herr D. Dannhauers/ wie derselbe einige mal auch davon redete/ und einen solchen fall setzete/ wo einige christliche freunde auff einer reise in Italien oder sonst an einigen ort/ da keine Evangelische gemeinde vorhanden/ sich befänden/ und einer unter denselbigen
geriethe bey einer kranckheit oder sonsten/ in die anfechtung/ daß er ohne das
H. abendmahl sich göttlicher gnade nicht gnug versichern und selig werden
könte; da er bey solchem fall haben wolte/ daß man einen solchen menschen
zwahr so viel müglich/ an die geistliche niessung/ und sich damit zu vergnügen/
weisen solte; wo er aber sich damit in solcher anfechtung nicht befriedigen
könte/ liesse er zu/ daß ein ander gefährte ihm solches Sacrament wohl reichen
möchte; dabey er die ursach anführte/ es wäre die geistliche niessung als unsre tägliche speise/ die Sacramentliche aber/ für eine artzeney anzusehen/ wie
es dann in dem natürlichen bey einem menschen dahin kommen könte/ daß es
ihm nicht gnug wäre an der speise/ sondern auch die artzeney zuweilen erfordert würde/ so könte eine seele auch in den stand gerathen/ daß sie nebs der
täglichen speise/ auch diese himmlische artzeney nöthig hätte.　Ich finde auch
in den Consiliis D. Bidenbachii dec. 3. consf. 5. die antwort D. Tilem. Heshusii

G 3　　　　　　　　DA er

da er den fall setzet/ wann etliche Christen an dem ort sind/ da überall
kein bestellter Seelsorger ist/ wenn etliche Christen um der wahrheit
willen gefangen ligen/ oder in gefährlichkeit wären auff dem meer/ o-
der wenn etliche Christen unter den Türcken sässen/ oder im Papst-
thum/ da keine rechte pfarrer sind/ wenn etliche Christen unter den
Calvinisten/ oder Schwenckfeldianern oder Adiaphoristen oder Ma-
joristen/sässen/von denen/ als von falschen Lehrern sie sich nach GOttes befehl müßten absondern/oder wenn etliche Christen unter solchen
pfarrern und kirchen-dienern sässen/ die öffentliche tyranney übeten/
und die rechte bekenner der wahrheit grausamlich verfolgeten/ damit
sie denn auch gnugsamlich an tag geben/ daß sie nicht gliedmassen der
wahren kirchen wären/ und derhalben gottselige Christen schuldig/
sich ihrer gemeinschafft zuenthalten/ auff daß sie ihre tyranney nicht
stärcken/ und die unschuldige Christen nicht helffen verdammen.
In diesen fällen nun zeigt er/ daß alsdann eine einzele privat-person und
glaubige Christen wohl befugt wären/ auch das H. nachtmahl JEsu Christi
auszuspenden. Da er nachmals auch die worte braucht: Was der ganzen
kirchen zustehet/ und eines jeden Christen ist/ das mag auch ein jeder
Christ im fall der noth nach GOTTES wort in gemeinem geist aller
glaubigen/ austheilen und verrichten;Dann der ganzen Christenheit
wille ist allezeit/ daß durch die Sacramente von Christo eingesetzt/ allen betrübten trost erzeiget/und allen bußfertigen die sünden nach dem
Evangelio auffgelöset werden. Nachmal folget auch das judicium D.
Joh. Galli, der p. 391. also spricht: Wann dann die tauff und absolution
eines layen kräfftig ist in dem eussersten nothfall/ als obgemeldt/war-
um solte nicht gleichfals auch die ausspendung des hochwürdigen a-
bendmahls kräfftig seyn/ so die im nothfall durch einen layen geschicht:
sintemal zwischen diesen stücken/nemlich dem tauffen oder absolviren/
und dem nachtmahl-reichen kein unterscheid ist. Also haben wir von dem
nothfall die zeugnüß unsrer Lehrer: wiewol ich nicht in abrede bin/ daß ich
auch in denselben sehr behutsam zu sein nöthig achte/ und denen in verfolgung stehenden und ihrer Prediger beraubten gemeinden nicht leicht rathen
wolte/ sich solcher freyheit zugebrauchen/ als wodurch sie ihre gefahr noch
vielmehr vergrössern möchten.

2. Es wird auch gleich in der frage ausgeschlossen ein anderer/ aber mit
dem vorigen etwas verwandter fall: ob diejenige/ welche unbilliger weise
von

von einem sich seiner gewalt mißbrauchendem predigamt/ausgeschlossen und nicht zur communion gelassen werden wollen/ alsdann macht haben/ dasjenige/ was ihnen rechtswegen gebühret/ und Christus nicht versagen will/ ihnen selbs zu nehmen? auff welche wir bereits gesehen/ daß D. Tilem. Heshusius nicht weniger mit ja antworte. Da aber wiederum wohl zubeobachten/ daß solche unbillich ausgeschlossene lang zu warten/ und alle christliche mittel wiederum auffgenommen zu werden vorher zu versuchen/ oder auch/ wo keine andre hindernüß/ was ihnen eines orts versagt wird/ anderwertlich zu suchen/ hingegen sich so lange mit den ordinari mitteln zu vergnügen haben/ ehe sie auff dieses extremum sich begeben.

Also bleibet allein die frage von solchen orten/ wo ein predigamt sich findet/ welches die Sacramenta administriret/ und sich nicht weigert/ diejenige fromme Christen/ so daselbs wohnen/ zu der communion zuzulassen/ ob nemlich dannoch ohne solches predigamt und hinterrücks desselben/ also auch ohne billigung der gesamten gemeinde/ vielmehr mit besorgtem deroselben/ wo sie es wissen solte/ mißfallen/ einige unter sich die communion halten mögen? Hierauff finde ich nicht anders als mit nein zu antworten: die ursachen solcher antwort sind: 1. weil eine solche heimliche und ohne das predigamt haltende communion ermanglet göttlicher einsetzung und befehls. Als der HErr JEsus das H. Sacrament erstmals einsetzte/ so sehen wir den billich an/ als den obersten Propheten/ Lehrmeister und HErren seiner gemeinde/ der was er einsetzen wolte/ selbs administrirte/ und solches in gegenwart aller seiner jünger.

2. Es hat auch solche heimliche communion kein exempel in der Heil. Schrifft. Es will zwahr dagegen angeführet werden/ was stehet Apost. Gesch. 2/ 42. Sie blieben aber beständig in der Apostel lehre/ und in der gemeinschafft/ und im brodtbrechen/ und im gebet: wiederum v. 46. Und sie waren täglich und stäts bey einander einmüthig im tempel/ und brachen das brodt hin und her in häusern. Es ist aber hiedurch noch nicht erwiesen/ was in einer so wichtigen sache erwiesen werden solte. 1. Möchte noch gar in zweiffel gezogen werden/ ob hie durch die redens-art des brodtbrechens von dem H. abendmahl gehandelt würde/ oder nicht vielmehr von gemeinen mahlzeiten: daß nemlich die erste Christen/ um stäts beysammen zu seyn/ und sich untereinander immer zu ermuntern/ täglich in starcken versamlungen mit einander gespeiset haben/ welcherley liebes-mahl auch darnach in andern gemeinden lange zeit sind beybehalten worden: in der gemeinde zu Jerusalem aber war noch so viel nothwendiger/ daß sie insgemein mit einander speiseten/ nachdem die glaubige auch in dem leib-

lichen

lichen ihre güter gemein hatten/ daraus also nicht anders als gemeine taffeln gehalten werden konten. Es möchte auch solchen verstand bestärcken/ daß v. 47. gleich dabey stehet: nahmen die speise (also war nicht nur brodt und wein verhanden/ so zu dem Sacramentlichen mahl gehöret/ sondern auch andere speise/ welche jenes nicht angehet) und lobeten GOTT mit freuden und einfältigem hertzen.     Daher noch nicht zur gnüge hieraus erwiesen wäre/ daß hie von dem Sacrament geredet würde.     Aber 2. ich will die erklährung gern paßiren laffen/ weil ich weiß/ daß die alte Christen ihre agapas und liebes-mahl mit dem Sacrament der verkündigung des todes ihres Heylands gern zusammen zu halten pflegten. Indessen ist auch dadurch noch lange nicht erwiesen/ was erwiesen werden solte.     Dann davon die frage nicht ist/ ob man das H. abendmahl in häusern halten dörffe/ wie wirs ja selbs noch bey krancken und unvermöglichen/ auch zuweilen aus andern christlichen ursachen/ andern darinn helffen: ja niemand nur in zweiffel ziehet/ daß an einem ort/ da eine gemeine keine öffentliche kirche hat/ wie übrige stücke des öffentlichen Gottesdienstes/ also auch die communion/ in häusern nicht nur dörffen/ sondern müssen verrichtet werden; in dem nicht der ort sondern die versammlung anzusehen ist.     Also hatten die ersten Christen zu Jerusalem zwahr den tempel/ welchen sie noch besuchten/ und diejenige stücke des Gottesdienstes in demselben verrichteten/ welche sie noch mit den Juden gemein haben konten/ als lange diese sie bey sich lidten.     Aber zu denjenigen stücken/ die ihnen nunmehr aus der lehr des HErrn JEsu oblagen/ und des N. Test. dienste waren/ hatten sie keinen platz in dem tempel/ noch eine andere besondere stelle: daher sie von dem HErrn JEsu zu predigen/ zu tauffen und das H. abendmahl zu halten/ privat-häuser brauchen mußten: daher es unmüglich anders seyn kan/ als daß in der ersten kirchen das H. abendmahl in den häusern hat müssen gehalten werden.     Aber 3. müssen wir solche häuser ansehen/ daß ob sie wol auch zu weltlichem gebrauch/ geschäfften und wohnung der Christen angewendet wurden/ sie dannoch darneben den gebrauch hatten/ an die stelle unsrer jetzigen kirchen ihnen damal zu dienen: also predigten sie daselbs/ sangen/ beteten/ und thäten alles was in die versammlungen gehöret. Ferner obwol bey einer solchen starcken gemeine/ als die zu Jerusalem war/ welche in so kurtzer zeit in mehrere tausend angewachsen ist/ ein hauß dieselbe zu fassen/ nicht genug seyn konte/ so werden sie wol bald da/ bald dort/ auf einmal an mehrern orten/ wie sich die gelegenheit ergeben/ zusammengekommen seyn/ und ihren Gottesdienst gepfleget haben.     Wie nun also auch die predigten und öffentlicher vortrag göttlichen worts in den privat-häusern geschehen/ diese aber von den Aposteln/ und welche dieselbe ohne zweiffel auch nach und nach zu eltesten der gemeine verordnet haben/ gehalten wurden/ so waren

dann

dann die liebes=mahl / und auch das H. abendmahl etwas / so auff jenes zu
folgen pflegte / und geschahe demnach darinnen nichts/ als unter anordnung
und auffsicht der lieben Apostel / die deswegen sich bey der vermehrung der
versammlungen auch ausgetheilet haben werden / aller orten zu thun / was
die ordnung des HErrn vermochte: daher Lucas auch diese dinge zusammen
setzt: sie waren beständig in der Apostel lehr/ und in der gemeinschafft/
und im brodtbrechen: also hörten sie der Apostel lehr mit andacht an/ dar=
auff auch das brodtbrechen folgte/ solche versammlungen aber in allem von
den Aposteln/ als den ordenlichen Lehrern regieret und angerichtet wurden.
Also erhellet / daß aus diesem ort für die heimliche communion das wenigste
erwiesen werde/ man thue dann aus dem text dar/ daß sie die communion ge=
halten haben in den häussern ohne die Apostel/ uñ ohne derselben anordnung/
welches zu erweisen unmüglich fället.    Sehen wir hingegen was 1. Cor. 11/
von Paulo gelehret wird/ so finden wir klahr den unterschied/ unter den gemei=
nen häussern und der gemeinde v. 22. **habt ihr nicht häusser / da ihr essen
und trincken möget?** oder verachtet ihr die gemeinde GOTTES?
wo die privat=häusser / und die gemeinde/ und also der ort/ da die versamm=
lung zugeschehen pflegte/ ob es wol auch an sich ein privat=hauß mag gewesen
seyn/ unterschieden werden/ und nur von diesem gedacht wird/ daß sie daselbs
das H. abendmahl zu halten pflegten/ ohne die geringste fuß-spuhr einer an=
dern heimlichen/ nach eines jeden beliebten angestellten communion.

3. Wir finden auch das wenigste nicht in der historie der alten und er=
sten kirchen / ( die gleichwol / was sonderlich dergleichen dinge anlangt / den
sinn ihres Heylands/ welcher bey den anstalten seines dienstes gewesen/ am
besten verstanden und bewahret haben wird ) daß dergleichen geheime com=
munionen wären im gebrauch gewesen.    Dann wo Serapionis exempel aus
Euseb. 6. H. E. 44. angeführt werden wolte/ so schicket sichs doch nicht auff
diesen fall/ sondern zeiget allein/ daß wo einer nicht zu der versammlung und
den ältesten kommen können/ ihm wohl die communion nach hausse gesandt
worden seye.    Ja es mag vielmehr/ wo die sache recht angesehen wird/ die=
ses exempel das gegentheil erweisen.    Dann wo sich die glaubige nicht an ih=
re ältesten verbunden gehalten hätten/ solte Serapion lieber mit dem nechsten
besten Christen/ den er zu sich bekommen können/ solches H. Sacrament ce=
lebriret/ als es von dem ältesten der gemeinde/ der doch nicht zu ihm zu kom=
men vermochte/ bitlich gesuchet haben.    Nun ist dieses ein grosses præjudiz
wider diese art der communion/ daß die erste kirche/ bevor auch noch der An=
tichrist in derselben hervorzubrechen/ angehoben hat / von derselben nichts
gewust/ noch sie eingeführet / da man doch sagen möchte/ daß in den schweh=

ren verfolgungs-zeiten solcher gebrauch am nöthigsten hätte scheinen mögen.

4. Also ferner was unsre Evangelische kirche anlangt/ ist bekannt/ daß dieser art communionen darinnen niemals eingeführet oder gebraucht worden sind; denn was Lutheri worte anlangt/ solle darnach davon gehandelt werden. Wem nun GOtt die gnade gethan/ solcher kirchen glied zu heissen/ hat von deroselben ordnung ohne die eusserste noth und trang des gewissens/ in einer sache/ daraus unfehlbar schwehre zerrüttung entstehen würde/ nicht abzuweichen. Nemo pacificus contra Ecclesiam. Und ob wir der kirchen als der Mutter gegen unsren himmlischen Vater keinen gehorsam schuldig sind/ so erfordert gleichwol die ihr schuldige ehrerbietung und gehorsam/ daß wir uns deroselben bequemen in allem/ worinnen sie nichts wider den willen des Vaters von uns fordert.

5. Wir sehen auch billich das H. abendmahl an/ wie eine der vornehmern absichten desselben ist/ daß es ein so mittel/ als zeugnüß der vereinigung der glaubigen/ wie mit Christo/ also unter sich selbs/ seye: davon es heisset 1. Cor. 10/ 17. ein brodt ists/ so sind wir viele ein leib/ dieweil wir alle eines brods theilhafftig sind. Und c.12/13. Wir sind alle zu einem geist geträncket. Daher ists allerdings der art solches Sacraments gemäß/ daß es allein gehalten werde in der versammlung der gemeinde/oder doch/wo auch ein nothfall ist/auffs wenigste mit einer subordination derselbigen/ also daß sie in diesen und jenen actum mit ihrer verordnung willige. Hingegen sind diejenige communionen derselben art nicht/ welche ausser derselben verordnung/ und vielmehr mit ihrem der übrigen gemeinde mißfallen/ gehalten werden sollen.

6. Sonderlich sehen wir/ daß einmal des HErrn JEsu ernster wille und göttlicher rath seye/ ob er wol alle seine gnaden-güter der gantzen kirchen und gemeinde geschencket hat/ daß doch/ unordnung zu verhüten/ welche unmüglich anders verhütet werden könte/ in derselben allein gewisse personen verordnet werden/ welche das gantze geistliche wesen einrichten und regieren; Eph. 4/ 11.12. Er hat etliche zu Aposteln gesetzt/etliche aber zu Propheten/ etliche zu Evangelisten/ etliche zu Hirten und Lehrern/daß die heilige zugerichtet werden zum wercke des amts/ dadurch der leib Christi erbauet werde. Dergleichen auch 1. Cor. 12/28. gemeldet wird: Also hat Paulus und andere Apostel oder Apostolische männer/ so bald sie gemeinden gepflantzet hatten/ ältesten/Bischöffe und Hirten bey einer jeden verordnet/als zu sehen Tit.1/5.welche der H.Geist durch sie setzte;Ap.Gesch. 20/28. Was aber derselben amt war/ davon sagt Paulus: (dann das Apostel

stel= und übrige hirten=amt/ ob sie wol auch viel unterschied haben/ kommen
doch in dem haupt=werck überein) 1. Corint. 4/ 1. dafür halte uns jeder=
mann/ nemlich für Christus diener und haußhalter über GOttes ge=
heimnüß.    Wie ihnen also die predigt des Evangelii anvertrauet ist/ dero
sich kein anderer zu ihrem præjudiz anmassen solle/ also auch die austheilung
der H. Sacramenten.    Nicht zwahr/ daß sie in solchem werck eigenmächtig
verfahren möchten/  dann wie sie GOttes diener darinnen sind/  so sind sie
auch zugleich darinnen der kirchen diener/ die ihnen als die hauß=mutter die
auffsicht und sorge der geistlichen haußhaltung anvertrauet hat/  daß sie in
derselben nach der ordnung GOttes verfahren sollen/ aber in zweiffelhafften
fällen die kirche selbs darüber zu hören haben.  Hingegen ist der zuhörer amt
Hebr. 13/ 17. daß sie gehorchen ihren Lehrern/  und ihnen folgen:
daher sich von denselben in der sache ihres heils regieren lassen/mit dieser eini=
gen ausnahm/ daß sie ihnen darinnen nicht gehorchen/ wo sie sie von göttli=
cher ordnung auff sich selbs und eigne autorität führen wolten/ Sonsten ists
billich/ daß sie ihnen nicht in das amt greiffen/noch dasjenige/ was der HErr
und seine braut die kirche/ihnen anvertrauet hat/ zu sich ziehen.   Es ist auch
die weißheit solcher ordnung/ die Christus in der kirchen angestellet hat/ so
offenbar/ daß sie jeder/ wer nur acht geben will/ erkennen muß. Und gedencke
man selbs/ was in der kirche vor eine verwirrung und entheiligung aller hei=
ligen ordnungen erfolgen würde/ wo allerdings keine Vorsteher/die doch das
gantze geistliche wesen zuregiren hätten/sich fänden.Und wie verständige leute
das regiment eines tyrannen/ wie ungerecht es auch ist/noch leidlicher halten/
als den zustand eines orts/da gar keine obrigkeit wäre/uñ jeglicher nach seinem
willen leben möchte;also erfahren wir zwahr mit betrübnüß/ wie viel schaden
uñ unordnung in der kirchen entstehe/wo das predigamt nicht so bewandt ist/
wie es seyn solle/ und also die/welche Regierer seyn solten/ weder den willen
des HErrn recht verstehen/noch denselben treulich zu werck zu richten beflissen
sind/ sondern wol gar sich ihrer gewalt mißbrauchen : aber ich sorge/ das
elend würde noch grösser seyn/ wo gar keine vorsteher wären/ und jeglicher
allein nach seinem gutdüncken mit göttlichen dingen umginge.    Daß aber
absonderlich zu dieser gewalt des predigamts die verwaltung des heiligen
abendmahls gehöre/ ist nicht allein die allgemeine ursach/ weil auch dieses
Sacrament ein siegel der gnaden/ der predigt/und des amts der versöh=
nung/so sie tragen/2. Cor 5/19. ist; sondern auch absonderlich/ weil obge=
dachter massen in demselben die vereinigung der gemeinde stehet/ daher der=
jenige/ welcher noch ein glied der gemeinde ist/ zu demselben Sacrament das
recht hat/ hingegen kein anderer darzu verstattet werden solte: deswegen
                                                    H 2                     wel=

welcher von der gemeinde gesondert wird / sich solcher gemeinschafft enthalten muß / also daß die excommunication hauptsächlich darinnen bestehet / wer von diesem mahl ausgeschlossen wird. Wann nun dieses werck einer solchen wichtigkeit / und der gantzen gemeinde so hoch dran gelegen ist / daß sie zwahr wol einige / die sie nicht für brüder hält / annoch in der gemeinschafft des gehörs göttlichen worts / auch eben des gebets / leidet / nicht aber an diesem tische dultet / so gehöret der gantzen gemeinde vor allem die auffsicht auf die verwaltung dieses Sacraments ; welche auffsicht sie ordenlicher weise durch das predigamt übet / aber sich auch billich über dasselbe die ober-macht und auffsicht / damit es sich der gewalt nicht mißbrauche / vorbehält. Hingegen will sichs nicht thun lassen / daß einiger mensch in solcher sache für sich selbs etwas vornehme. Dabey zu mercken ist / daß alle diese göttliche ordnungen angesehen werden müssen / nicht wie sie etwa wircklich in einem mißbrauch in dem verderbten stand der kirche stehen : wo ich gern bekenne / daß die frucht dieser auffsicht heut zutage sehr gering seye / und den zweck Christi nicht erreiche ; sondern in ihrem zustand / wie sie eingesetzt sind / und wie sichs damit verhalten solte : daher was auch in diesem stand der göttlichen ordnung würde abbruch thun können / solches muß der absicht des HErrn auch entgegen seyn. Nun wo die geheime communionen solten für recht gehalten werden / würde darmit das vornehmste der krafft der excommunication der ärgerlichen ( wo sie auch recht gebraucht worden wäre / ) dahin fallen / und sich ein solcher excommunicirter / wenig darumzu bekümmern haben / ober zu der communion der übrigen gelassen würde / indem er des Sacraments entweder vor sich allein / oder wo er jemand anders dazu bereden würde / so offt er nur wolte / theilhafftig werden könte. Da aber jeder leicht begreifft / was vor unordnung dieses nach sich ziehen würde ; daher auch das jenige / daraus solches von sich selbs entstehet / die göttliche ordnung nicht seyn muß.

Wie nun 7. auch noch dieses hinzu setze / daß dergleichen heimliche communionen nicht recht / und sonderlich zu dieser gegenwärtigen zeit nicht einzuführen seyn / wegen fast unzählicher ärgernüssen / dero die vornehmste etwa erzehlen solle. 1. Würden solche leute / so bald dergleichen kund würde / eine trennung verursachen / und weil sie eine sonderbare communion des Sacraments / so der gantzen kirchen zu kommet / anstelleten / damit ihre sonderung von den übrigen bezeugen / und daher auch selbs ausgestossen zu werden veranlassen. Nun ist die trennung in der kirchen eines der grössesten übel als gefunden werden kan / nachdem sie der einigkeit derselben / die der leib Christi ist / und ein stück seiner ehre in jener bestehet / schnurstracks entgegen / hinwider unzählicher anderer sünden / die / wo jene einreißt / nicht

gnug

gnug weiter verhütet werden können / ursach ist. Daher die gläubige allezeit sich so lang gelitten haben / auch in der gemeinschafft der verderbten
kirchen verharret sind / als lange man sie noch hat dulden wollen / und sie
nicht gar wircklich zu sünden genöthiget. Wir sehen so gar / als die Apostel und erste Christen sich nothwendig in gewisser maaß von den übrigen
Juden trennen musten / weil sie in einen neuen bund durch Christum gesetzt
worden / welcher den andern alten auffhube / und dergleichen von ihnen forderte / was sie in den jüdischen versamlungen nicht verrichten konten / daß
sie dannoch in denjenigen dingen / worin sie noch mit der jüdischen kirchen
gemeinschafft haben konten / sich nicht trenneten / sondern sich noch zu ihr
hielten / wie wir Apost. Gesch. 3 / 1. und hin und wieder in demselbigen buch /
sehen. Wo man gewiß dencken solte / es hätte solche besuchung und gemeinschafft des jüdischen diensts / der nun seine verfaßte krafft verlohren hatte /
kaum ohne gemeinschafft der sünden geschehen können / und doch muß es der
Geist Gottes in den Aposteln anders erkannt haben / der sie dahin geführet /
aber uns eben damit gezeiget hat / wie sorgfältig alle trennung / als lang es
müglich ist / zu verhüten seye. So wissen wir / in was vor dienstbarkeit unsre voreltern in dem Pabstthum sich unter der Römischen Clerisey befunden /
und dannoch waren sie bey der angehenden Reformation willig / noch alle
last zu tragen / und in ihrer kirchen offentlichen gemeinschafft zu bleiben / wo
nur dem gewissen nicht zwang angethan / uñ die nöthigste predigt des wahren
Evangelii ihnen gestattet würde. Also meideten sie die trennung von jenen /
als lange es müglich war / bis sie selbs ausgestossen wurden. Daher unsre
Theologi insgemein unsre voreltern von dem schismate und trennung vornehmlich damit entschuldigen / weil sie sich nicht selbs getrennet / sondern
durch bann-strahlen und eusserliche gewalt ausgestossen worden seyen.
Nachdem nun auch an solchen orten / wo unser predigamt am verderbesten
seyn möchte / (wo sich eine solche kirche befände) dasselbe auffs wenigste diejenige / so wahre kinder Gottes sind / ob wol sonsten trucken und plagen
möchte / und sie von demselben wenig erbauung für sich genössen / doch nicht
sünde zu thun nöthigen wird / (wie mich auffs wenigste dergleichen exempel
zu erinnern nicht wüste /) so müsten jene sich in allem gedulden und leiden /
und auffs sorgfältigste das jenige zu verhüten trachten / wodurch sie gewiß
denselben ihre ausstossung abnöthigen / und also eine trennung verursachen /
damit aber offt gewisse etwas der schuld der daraus entstehenden sünden
auff sich laden würden. Und solches hat man zu dieser zeit so viel mehr zu
verhüten / da ohne das bisher allem fleiß die gottseligkeit ernstlich zu befördern mit grossem schein offters vorgeworffen worden / es zielte alles endlich
auff eine trennung hinaus / welches man zu seiner zeit schon sehen würde:

da aber

da aber solchen lästerungen christliche leute / als der sachen besser kündig/ allezeit aus ihrem gewissen getrost widersprochen haben / daß dergleichen nicht gesuchet oder intendiret würde. Auff den erfolg aber einer solchen den andern gleichsam abgenöthigten trennung / würden so wol diese für lügner/ welche alles nur zu verbergen gesucht / gehalten werden / als hingegen die lästerungen zu niederschlagung alles guten / mit grossem schein triumphiren. So viel bekenne ich gern / daß die boßheit der fleischlichen in dem so genannten geistlichen stand durch Gottes verhängnüß endlich wol dahin wachsen möchte / daß sie wircklich an einigen orten die fromme ausstossen / und eine trennung machen : wo wir aber ihnen dazu durch dergleichen gefährliche dinge nicht ursach geben / und nur von ihrer ungerechtigkeit leiden müssen / so leiden wir alsdann vor GOTT mit gutem gewissen / und vor allen unpartheyischen mit gutem zeugnüß der unschuld / und trifft die gute sache deßwegen kein vorwurff / wo man gleichsam aus einem Egypten mit gewalt ausgetrieben würde. Dessen man dann zu erwarten/ nicht aber selbs das ungemach der kirche zu befördern hat.

2. Hierzu kommet / wo die sache auskommen solte / daß alle religionen insgesamt/ (dann keine solche heimliche communionen billiget) auff diejenige loß stürmen würden/ die dergleichen thun/ ja nicht allein auff diese / sondern weil es heisset/ es seyen Pietisten/ die es thäten/ auff alle/ die wegen treibung der thätlichen gottseligkeit unter solchem nahmen der welt verhaßt gemacht worden sind. Ja es wird die welt sich freuen/ nunmehr/ was sie lange vergebens gesuchet/ eine ursach gefunden zu haben/ diejenige des betrugs zu beschuldigen/ die sich bißher gestellet / ob wären sie mit mund und hertzen unsrer Evangelischen kirchen und ihrer lehr zugethan / und nun in so wichtigem stück nicht allein von derselben/ sondern auch allen andern religionen der Christenheit/ abwichen. Wie viel dieses niederschlagen / und wie manche gute hertzen/ so auff gutem wege bereits gestanden / es zurück treiben/ andre aber die auch nahe bey dem reich GOttes gewesen / abhalten / und unzählige ärgernüssen erwecken würde/ ist kaum auszudencken. Zwahr ist die sache GOttes und dessen wahrheit wol wehrt/ ihrentwillen auch alle verfolgung mit freuden auszustehen/ so dann wo sich jemand an dem Evangelio ärgert/ muß es um der ursach willen zu treiben nicht unterlassen werden: aber alles solches gehet allein die verfolgungen und ärgernüssen an/ über die unzweiffenliche göttliche wahrheit/ und diejenige dinge/ welche unmüglich mit gutem gewissen unterlassen werden können; da aber/ wie jenes noch im zweiffel stehet/ auffs wenigste solche communion auch von denen/ die sie verlangen möchten/ schwehrlich für bloß nothwendig wird ausgegeben werden.

3. Ich setze hiezu billich / daß noch viel ander böses daraus entstehen
wird/

wird/ indem nicht wol zu zweifflen/ daß alle/ so sich etwa einmal darzu auch
ziehen lassen/ (wie es dann eine sache ist/ die sehr scheinbar kan beygebracht/
uñ ein seiner mehrern stärckung begieriger mensch leicht darzu bewogen werden) in ihren seelen nicht eben so fest stehen werden/ daß nicht vielen künfftig
ein schwehrer scrupel über die sache entstehe/ und ihnen das gewissen als über
einen schwehren mißbrauch des H. Sacraments auffwache; wo ihnen alsdann so bald nicht wird zu helffen/ hingegen wo sie rath bey ohne das widrigen Predigern suchen/ denselben die angenehmste gelegenheit seyn/ den fleiß
der gottseligkeit insgesamt verdächtig zu machen/ und solche leut von vorigem gutem weg allerdings abzuziehen. Hinwieder da die sache ausbräche/
und alsdann/ wie es nicht anders seyn kan/ darüber schwehres leyden sich erheben würde/ sorge ich/ daß die wenigste/ so sich in der ersten andachts-hitze
dazu verstanden/ so fest seyn werden/ daß sie alles dasjenige auszustehen
vermöchten/ was ihnen vor leiden deswegen auffstossen mag. Wie auff vielerley weise alsdenn das gewissen mag verkehret werden/ kan man leicht nachdencken.

4. Es ist auch nicht aus der acht zu lassen/ daß durch dergleichen begin-
nen/ selbs unter denen/ welche sonsten für das studium der wahren pietät ge-
standen/ und ihre hertzen in dem HErrn mit einander vereinbaret haben/ ü-
ber dieses würde streit und mißverstand entstehen; wie mich dann versichere/
daß derjenigen allezeit mehr/ als weniger seyn werden/ welche dergleichen
communionen für einen schwehren mißbrauch halten/ als ihn billigen werden. Ob sie dann wol/ als lang alles in der stille bleibet/ und in der kirchen
noch kein lermen oder ärgernüß davon entstehet/ auch hoffnung ist/ daß solche
mitbrüder sich von ihren gedancken wieder abbringen lassen möchten/ mit ihnen gedult haben/ und ihre schwachheit/ daß sie nach dergleichen verlangen getragen/ zu tragen wissen werden; so wird doch/ da solche dinge
ausbrächen/ und die kirche verunruhigten/ deroselben noth auch erfordern
wird/ daß jeder sich in solcher sache declariren müsse/ unmöglich anders geschehen können/ als daß diejenige/ so eine solche neuerung unrecht erkennen/ wider diejenige offenbarlich stehen müsten/ die das gefährliche werck belieben/
welche zerrüttung der sonsten zu einem zweck treulich zusammensetzender gemüther nicht wenig allen lauff des guten hemmen/ und daher manchen frommen viele tausend seufftzen/ die den verursachenden nicht gut sind/ austru-
cken/ dem teuffel aber ein lachen und freude erwecken würde.

Wo zwahr die gedachte geheime communion GOttes ausdrücklicher
befehl wäre/ bin ich nicht in abrede/ daß alles dieses/ was ich aus derselben
zu folgen vorgestellet habe/ nicht zuwegen brächte/ daß man sie unterlassen
dörffte/ ob wol auch alsdann eine vorsichtigkeit würde billich erfordert wer-
den/

den / wie man dero übung also einrichtete und mäßigte / daß so viel müglich/
die meiste ungemache ausblieben. ( nachdem es gleichwol heißt / præcepta affirmativa obligant semper , sed non ad semper , daher einige auch ins gemein
befohlene dinge dann und wann / da und dort / mehrers unheyl zu verhüten/
unterlassen / oder doch etwas davon ausgesetzt werden dörffen.) Ich hoffe
aber auffs wenigste nicht/ daß jemand dergleichen befohlen zu seyn/ vorgeben
werde/( wie dann dergleichen befehl unmüglich gezeiget werden könte ) sondern man begnügte sich allein etwa damit / daß sothaner gebrauch erlaubt
seye / und also kinder Gottes ihres rechts nach ihrem gutbefinden unverhindert jemands/ geniessen dörfften.    Wann es dann nun auch also wäre / und
daß die sache göttlicher ordnung nicht zu wider/ erwiesen werden könte / achte
ich doch / daß wegen überzehlter ärgernüssen und böser folgen / auch der bewandnüß der jetzigen zeiten / die jenige Christen / so sich dergleichen frey zu
seyn glauben / gleichwol lieber sich des gebrauchs ihrer freyheit begeben/
als zu so vieler zerrüttung und unheyl / da es nicht um leibliches leiden / sondern die anlaß vieler von allerley leuten begehender sünden / zu thun ist / gelegenheit geben solten/ und wo sie rechtschaffene liebe haben / der übrigen mit
sothaner unterlassung schonen würden. Wir wissen und gestehen alle / daß
nechst dem glauben die liebe die vornehmste Meisterin des gantzen lebens seye/
daher kein kind GOttes seinen nutzen mit eines andern schaden suchet / oder
auch suchen dörffte. Phil. 2/ 4.    Ein jeglicher sehe nicht auff das seine/
sondern auff das/ das des andern ist. 1. Cor. 10/24. Niemand suche was
sein ist/   sondern ein jeglicher was des andern ist. v. 33. ich suche nicht
was mir/ sondern was vielen frommet/ daß sie selig werden. So gehet
auch diese regel nicht allein das zeitliche oder leibliche/ sondern auch das geist-
liche/ und in gewisser maaß das ewige an.    Unser liebste Heyland JEsus/ das
höchste muster der liebe / enteussert sich aus liebe zu uns/ seiner Gott-förmig-
keit/ ja eine zeitlang des innerlichen trostes und fühlung der sonsten von seiner Gottheit in seine gesegnete menschheit abfliessenden göttlichen freude: also gehöret auch uns zu / nach seinem exempel das leben für die brüder zu
lassen 1. Joh. 3/ 16.   mit begriff auch der empfindlichkeit oder mehrern genusses der geistlichen gnade/ etwas in diesem um des nechsten willen zurück
zu setzen.    Also da Paulus verlangen hatte/ und es ihm an seiner seelen nützlicher fande/ bald abzuscheiden und bey Christo zu seyn Phil. 1/ 23. ziehet er
dennoch den nutzen/ welchen die gemeinden noch von ihm nöthig hatten / aus
liebe/ dem verlangen des ehendern genusses der völligen heiligkeit und seligkeit vor seine person / vor : und ist also zu frieden / noch länger in
dem fleisch / über dessen last/ wegen der einwohnenden sünde/ er doch klaget

Rom.

Rom. 7/ 24. zu wohnen/ damit andre erbauung von ihm hätten. Ja es
kommt bey ihm zu dem grad Rom. 9/ 3. daß er gewündschet verbannet
zu seyn von Christo/ für seine brüder. Diese nachfolge muthe ich
zwahr niemand zu/ sondern allein fordert die liebe von denjenigen/ die sich
zu der geheimen communion berechtiget zu seyn glauben/ und davon eine
überzeugung zu haben vorgeben möchten/ daß sie dasjenige/ wovon sie mehrere geistliche stärckung hoffen/ aber ihnen remonstriret wird/ daß dadurch
viele andre/ auffs wenigste von denen für schwach gehaltenen seelen schwehr
verletzet/ und in gefährliche versuchung geführet werden würden/ um dieser
zu schohnen/ unterlassen. Da dann wohl dabey zu mercken ist 1. daß nicht
geredet werde von einer unterlassung aller mittel ihrer seligkeit/ oder stärckung ihres glaubens/ sondern allein eines einigen und zwahr nur in gewissen umständen: vornehmlich das/ wo es bey der einigen offentlichen communion bliebe/ sie nicht sehen/ daß sie so offt wie bey der andern dazu kommen könten. Auff dieses wirds endlich/ wo man die sache gnug überleget/
alles ankommen. Also bleibet solchen seelen 2. die stäte handlung göttlichen worts/ so doch die ordenliche speise des glaubens ist/ allerdings frey/
und mögen sie von demselben gedencken und reden tag und nacht/ Ps. 1/2.
3. Es bleibet ihnen frey in stätem gebet vor GOtt zu bleiben/ und auch mit
diesem eymer immerfort aus dem abgrund göttlicher güte und den gnaden-
schätzen ihres JEsu/ was den innern menschen stärcket/ zu schöpffen. 4. Niemand darff ihnen wehren/ oder solle es doch nicht thun/ daß nicht jeglicher
allein/ oder mit einem oder andern freunde/ täglich das leiden und todt seines heylands mit betrachtung/ gebet/ gesang und danck sagung verkündige/
und in dem glauben täglich des leibes und blutes desselben geniesse. 5. Sie
sind auch nicht verbunden/ allein an der virtheljährigen communion zu han-
gen/ sondern es kan ihnen auch ein mehrmaliger offentlicher zugang dazu
nicht verwehret werden: und sind endlich die exempel derjenigen nicht so gar
unerhört/ die ordenlich alle monat/ und noch wol öffter/ zu dem Sacrament
gegangen sind/ dero mir in Straßburg und Franckfurt bekannt worden.
Daher ich nicht sehe/ wie ein Prediger ihnen dasselbe/ nemlich zum offtersten
zu communiciren/ leicht versagen möchte. Ja es sollen sich einige finden/ die
auch jeden sonntag willig jeden zulassen würden/ ob ich wol nicht zweiffle/
daß einige andere dessen möchten bedenckens haben/ so aber vielen davon
durch liebreiche remonstration auch benommen werden möchte. 6. Ob
dann solche seelen bezeugen möchten/ sie verlangten diese seelen-speise noch
offters/ auch in der woche/ und so offt sie einen hunger derselben empfänden/
so gebe ich ihnen zu bedencken/ ob dieser einige umstand der mehrmaligen

J　　　　　　　　　　　　　wie-

wiederholung so gewichtig seye / das stehen der liebe gegen andre zu über=
wiegen.   Zwahr möchte man sagen / man bedörffte in diesen so gefährlichen
zeiten so viel mehrere stärckung / als des teuffels gewalt und grimm zunim=
met; weil dann nun die gläubige ihn überwinden sollen durch des lam=
mes blut / Offenb. Joh. 12/11. so seye nöthig/daß sie desselben öffters theil=
hafftig werden.   Aber wie freylich ein mittel / ja das offenbahrste dessen ist
die sacramentliche geniessung / die ich also nicht ausschliesse / so ist sie es doch
nicht allein / ja in gewisser maß ist noch nöthiger die geistliche niessung in dem
glauben / die ohne das auch zu der sacramentlichen kommen muß / und in
dero wir auch des leibes und blutes des HErrn nach Joh. 6. auff geistliche
art theilhafftig werden. Wie dann Christus vorgestellet ist zu einem
gnaden = stuhl durch den glauben in seinem blut / Rom. 3/ 25.
Da wir sehen/daß sich der glaube an das blut JEsu hält/und es also allezeit
ergreifft / daher sich auch ausser dem Sacrament zu eigen macht. Weßwe=
gen solche liebe leute sich auch mit dieser täglichen gemeinschafft sofern ver=
gnügen lassen sollen.   Ja wird es heissen / es ist das Sacrament nicht verge=
bens eingesetzt / so muß also die sacramentliche niessung etwas noch weiteres
haben/ als die geistliche.   Nun / dieses gestehe ich auch zu / und sehe die ein=
als die speise / die andre als eine artzeney an / davon auch bereits anregung
geschehen ; daher verlange ich nicht / daß solche seelen sich des Sacraments
gar enthalten sollen / daran sie freylich ihrer stärckung schaden thun würden=
vielmehr sollen sie auch zu dem eusserlichen abendmahl sich nach ihrem ha=
benden hunger so offt einfinden / als es ihnen bey ihrem verlangen werden
mag. Aber dieses sage allein / da sie dieses Sacrament nicht eben so offt ha=
ben können / als sie begehrten / daß die tägliche glaubens=niessung sie die
übrige zeit wohl vergnügen könne / daß sie zu einer solchen eigenmächtigen
communion zu schreiten nicht ursach haben.   Vielmehr 7. haben sie aus der
güte ihres liebsten JESU sich zu versichern / wo sie sich aus einer liebe ande=
rer zu schonen / und nicht dergleichen anstoß / welcher viel sünde veranlassen
würde/ zu setzen / der ihnen nach ihren gedancken gegönnten freyheit begeben /
das ist/sie nicht gebrauchen / daß derselbe ihre geistliche niessung desto kräff=
tiger segnen / und sie endlich erfahren werden / daß ihnen in der that nichts
von geistlicher krafft / die sie aus jenem mittel sonsten gehofft / abgehen sol=
te. Also haben sie sich allezeit die regel Pauli vorzustellen : 1. Cor. 10/23.
Ich habe es zwahr alles macht / aber es frommet nicht alles.   Ich
habe es alles macht / aber es bessert nicht alles.   Dann ob wol der
liebe Apostel solche anführet aus gelegenheit der mittel=Dinge / dörffen wir
dannoch nicht gedencken/ daß dieselbe sich nicht weiter erstrecke: sondern wie
sie

sie ihren grund hat in der liebe / so erstrecket sie sich so weit als die liebe / und gibt demnach maaß in allem / was nicht bloß von GOtt geboten ist / dann dessen gebot und gehorsam gehet über das übrige gesetz der liebe des nech- sten. Hingegen was in unsrer macht stehet / und also nicht schlechter dings geboten ist / es seyen nun eigentlich so genannte mittel-dinge / die an sich gut sind / über dieselbe hat die absicht des nutzen deß nechsten viele macht / und dörffen wir deren nimmermehr mit beyden augen nur auff uns selbs / auch was das geistliche angehet / sondern müssen immer mit dem einen aug zu- gleich auff den nechsten sehen. Und da wird es heissen / daß GOTT wolgefallen habe an barmhertzigkeit und nicht am opffer / Matth. 9/13. Hingegen hätten solche leut / die ohne schohnen ihres nechsten / ihres davor gehaltenen rechtens um ihrer mehreren stärckung willen sich gebrauchen würden / weil sie damit die verantwortung der daraus entstehenden hinder- nüß des guten / in der fleissigen treibung der predigt der busse und des glau- bens / ( die ja am allernöthigsten sind ) , lästerung des studii der gottseligkeit / ( dem man solche neuerung zuschreiben würde ) und wahrer pflegung dessel- ben / verletzung der gewissen der schwachen / die über eine solche sache nachmal zu leiden die kräfften nicht haben würden / anstoß anderer schwachen / welche da sie diese freyheit nicht fassen könten / alles andre gute desto mehr in ver- dacht ziehen möchten / trennung der jenigen / welche sonsten treulich zu einem zweck der erbauung gearbeitet / und von dero zusammensetzung in dem werck des HErrn / aus dessen segen gewiß mehr geistliche kräfften als aus einem solchen ausserordenlichen mittel / zu erwarten wäre / und übriger ärgernissen / vor Gottes gericht auff sich ziehen / ja unzehliche seufftzen auch wahrhafftig christlicher hertzen / denen es um den schaden Josephs ein ernst ist / ihnen selbs auffladen würden / sehr zu sorgen / daß der liebste Vater / der ihnen so wol des nechsten als eigne seele anbefohlen hat / weil sie die liebe hindan setzen / auch sothanes mittels ( da es sonsten erlaubt gewesen wäre ) sonderlich zu jetzigen zeiten / dero umstände den gebrauch noch so vielmehr mißrathen / krafft ihnen vielmehr entziehen / und mit seinem segen von ihnen weichen / als sie wahr- hafftig davon nutzen schöpffen lassen würde.

Hiemit hoffe also mit gnugsamen grund dargethan zu haben / daß der- gleichen geheime communion / von dero die frage lautet / anzustellen / Christi ordnung nicht gemäß seye / daraus auch noch forne gezeiget habe als zum überfluß / ob auch dieselbe an sich nicht unrecht wäre / daß sie dannoch wegen dessen / was daraus entstehet / unterlassen werden müste / und daher auch di- jenige / die sonsten den gebrauch derselben kindern Gottes frey zu stehen ge- dencken / sich solcher freyheit / sonderlich zu dieser zeit / zubegeben aus liebe verbunden seyen. Diesem mag nun unterschiedliches entgegen gehalten

J 2                                                                          wer-

werden. 1. Daß es ein stück des geistlichen priesterthums seye/ welches allen Christen aus 1.Petr. 2/8. zukomme: wie dann unser theure Lutherus T. 2. Alt. f. 504. den gebrauch des H. abendmahls/ und insonderheit das segnen und reichen des heiligen brods und weins/ als ein stück solches priesterthums allen gemein macht/ und damit gegen die päbstische streitet/ denen er vorwirfft/ sie haben nichts/ das sie widersetzen mögen/ ohn allein die Väter/ concilia und den langen brauch samt der menge.   Da er aber sich durch dieses nicht abschrecken lassen will/ das recht allen zu zugestehen. Hierauff ist nun unterschiedliches zu mercken. 1. Bin nicht in abrede/ daß nicht so klar ausgemacht seye/ ob eben dieses recht eigenlich zu dem geistlichen priesterthum nach der schrifft gehöre/ und nicht vielmehr dieses allein in opffren aller arten/ gebet und verkündigung der gnade Gottes bestehe: auffs wenigste möchte es gegen einen schärffern widersprecher etwas schwehr zu behaupten hergehen. Aber 2. ich will der sache hier nicht widersprechen/ sondern will gern dieses recht/ so allerdings den Christen zustehet/ unter dem nahmen des priesterthums mit begreiffen ; indessen folget daraus nichts mehrers/ als daß die macht an sich selbs bereits einem jeglichen Christen aus seinem Christenthum zukomme.   Hierauff siehet Lutherus allein/ und zeiget/ daß zu solcher handlung keine besondere weihe/ wie die Papisten vorgaben/ und davon er sagt/ daß sothane Priester sich entsetzen und verwundern über ihre hohe würdigkeit und gewalt/ die sie haben/ wegen der verwandlung des brods/ welche macht weder die jungfrau und Mutter Gottes/ die sie doch hoch erheben/ noch die Engel hätten/ gehörig seye: womit den Papisten gnug widersprochen war.   So läugne ich also eben so wol dieses nicht/ sondern gestehe/ daß die gewalt an sich selbs allen Christen zukomme.   Will man aber sagen / so dörfften sie sich auch alle derselbigen gebrauchen/ so gestehe ich 3. diese folge nicht / sondern distinguire mit allem fug unter dem recht selbs/ und unter dessen gebrauch. Worinnen ich auch nicht meinen eigenen willen rede / sondern Luthero selbs nachfolge/ da er nach erzählten allgemeinen priester-ämptern spricht: f. 509. a. b. Diß alles haben wir allein von gemeinen rechten und macht aller Christen gesagt/ dann dieweil allen Christen alle ding gemein sollen seyn/ die wir bisher erzählet haben/ das wir auch bewährt und beweiset haben/ so will nicht gebühren einem der sich von ihm selbs wolt herfür thun/ und ihm allein zueignen/ das unser aller ist. Unterwinde dich dieses rechten/ und lege es auch an brauch so fern/ wo kein ander ist/ der auch ein solch recht empfangen hat. Das erfordert aber

der

der gemeinschafft recht / daß einer oder als viel der gemeine gefallen / erwehlet und auffgenommen werden / welche an statt und im nahmen aller derer / so eben dasselbige recht haben / verbringen diese ämter öffentlich / auff daß nicht eine scheußliche unordnung geschehe in dem volck GOTTES / und aus der kirchen werde ein Babylon / in welcher alle dinge ehrbarlich und ordenlich sollen zugehen / wie der Apostel gelehret hat. Es ist zweyerley / daß einer ein gemein recht durch der gemeine befehl ausrichte / oder daß einer sich desselbigen rechten in der noth gebrauche. In einer gemein / da jedem das recht frey ist / solle sich desselbigen niemand annehmen / ohne der gantzen gemeine willen und erwehlung; aber in der noth brauche sich desselbigen ein jeder / wer da will. Aus welchem allerdings erhellet / daß diese distinction in des lieben mannes sinn gewesen. Damit man aber nicht sagen möchte / daß es dann nur ein spiel wäre / einem ein recht zu sprechen / und dessen übung nicht verstatten; so ist 4. zu wissen / und aus Lutheri worten zu sehen / daß es freylich auch einige mal zur übung kommen könne / nemlich in dem nothfall / da ausser demselben die kirche selbs die übung durch ihre wahl auff gewisse personen eingeschrencket hat: droben aber haben wir auch den nothfall selbs zugestanden. Dabey aber zu wissen / daß unter dem nothfall in der tauff und bey diesem Sacrament ein grosser unterscheid seye: indem sich jener an einem ort / wo gleichwol ein Prediger ist / offt begibet / weil es um die administration der tauff in dieser stund oder augenblick / da man den Prediger nicht haben kan / zu thun ist; die versäumnüß aber / das kind / das ohne dasselbe auch kein ander ordenliches mittel hat / allerdings des Sacraments entsetzen würde / welche noth leicht die ordnung bricht / auch ausser derselben die macht zu tauffen von keinem gebraucht werden solle. Dieser aber / nemlich bey dem Sacrament des leibes und blutes des HErrn / an solchen orten sich nicht wohl begeben kan / nicht allein / weil nebs dem Sacrament noch andre gnaden-mittel zur geistlichen stärckung an dessen stelle vorhanden sind / sondern was man zu jeder zeit nicht haben kan / zu einer andern gesuchet werden muß. Indessen wird nicht vergebens einem ein recht beygeleget / ob es wol selten zu dessen übung kommen möchte. 5. Wann die ordnung angeführet wird / welche im wege stehe / daß sich nicht jede Christen ihrer macht gebrauchen dörfften / ob wol der liebe Lutherus den ort 1. Cor. 14 / 40. dazu anführet / muß doch solche ordnung nicht nur so angesehen werden / wie einige nur decori ergo, oder um eusserlichen wolstands willen / eingeführet werden / als etwa die ordnung der ceremonien seyn möchte / oder da es umstände des Gottesdienstes beträffe / aus welcher gelegenheit Paulus die

wor-

worte gebraucht / welcherley ordnungen aber leicht dispensiret werden können; sondern es heisset eine ORDNUNG / die dem rath CHristi allerdings gemäß und nothwendig ist: eine ordnung der art / wie das predigamt das recht
der öffentlichen predigt allein im nahmen der gesamten gemeinde führet / so
doch eine einsetzung Christi zugleich ist / Eph. 4/11. Dessen anhang wir billich die administration der Sacramenten ansehen. Also sehen wir / daß das
allgemeine Priester-recht diese geheime communionen nicht bewähre.

2. Mag eingewendet werden / daß GOtt dergleichen communion nicht
austrücklich verbothen / da aber nach unserer Theologorum lehr / wo kein
verboth ist / die gewissen nicht beschwehret werden sollen. Ich antworte a-
ber mit gutem fug: daß in diesen dingen / so göttlicher einsetzung seynd / etwas
zuverwerffen nicht nothwendig seye / daß es verbothen / sondern in den umständen / so etwas wichtiges in sich fassen / schon dieses / solche nicht anzunehmen / gnug seye / daß die sache nicht geboten. Wie dann niemand sich leicht
unterstehen wird / auch nur vorzugeben / daß ein gebot des HErrn für diese sache vorhanden seye: so ist oben angezeiget / wie allerdings die göttliche ordnung bey einem solchen Sacrament / so eine gemeinschafft der kirchen andeutet / und ein theil derselben ist / der geheimen und ohne der andern wissen und
willen geschehenden communion vielmehr entgegen stehe / als favorisire. Wie
wir dann einmal dem weisesten und gütigsten Heyland / so alle seine ordnung
mit göttlicher klugheit eingerichtet / nicht zuzutrauen haben / daß er dergleichen freyheit / welche zu allen zeiten leicht eine gelegenheit des mißbrauchs
aus sich selbs mitbringen könte / in seiner kirche eingeführet haben solte; daher auch aus diesem de voluntate legislatoris zu præsumiren ist / wo er sonst
denselben in diesem punct nicht deutlich ausgetrucket hätte. So ist ferner o-
ben gezeigt / was die pflicht der liebe erfordere / wann ja sonsten insgemein
eine freyheit gegeben wäre.

3. Es könte ferner die verwehrung dieses gebrauchs angesehen werden /
als ein papistischer gewissens-zwang / der nichts vor sich habe / als wie in o-
ben angeführtem Lutherus T. II. Alt. f. 504. b. spricht / die Väter / die concilia und den langen brauch / darzu auch ihren allerstärcksten articul
des glaubens / der also heißt / unser sind viel / und wir haltens also /
darum muß es gewißlich wahr seyn. Daher mans vergleichen möchte
mit der päpstischen verbietung des lesens der schrifft / und entziehung des
weins im Sacrament / welche dinge wir alle als einen tyrannischen zwang
verwerffen. Aber wer die sorgfalt derer / so die kirche und das Sacrament
iu der rechten ordnung gern haben wolten / einer solchen päpstischen gewiß-
sens-herrschafft beschuldigte / würde sich damit versündigen. Dann man ver-

sagt

sagt damit kindern GOttes nichts/ das ihnen göttliche ordnung jemals ge=
geben: dann daß der gebrauch der priesterlichen allen Christen zukommen=
den ämtern ordenlicher weise an das predigamt gewiesen/ ist nicht bloß der
kirchen wolgefallen/ sondern selbs eine göttliche ordnung. Also ist ein gro=
ser unterscheid unter einem alten gebrauch/ welcher gleichwol seinen guten
grund in göttlicher ordnung und zur absicht der kirchen ordenlichere verfas=
sung hat; und einem andern/ der allein auff die erhöhung des so=genandten
geistlichen standes zielet/ und der gemeinde etwas dessen ent=
zeucht/ dessen ermanglung ihr schaden thut. Diese letztere haben allein
eine päpstische art/ nicht aber die erste. Nun gehöret die abhaltung der heim=
lichen communionen nicht zu den letzten/ sondern ersten: dann ob man wol die=
ses Sacrament an das predigamt verbindet/ da es also das ansehen haben
möchte/ es seye um dessen eigenes interesse zu thun/ so ist doch dieses nicht/
sondern die erhaltung der nöthigen ordnung der kirchen selbs erfordert sol=
ches/ und wird also den zuhörern verwehret/ was ihnen nicht wahrhafftig
nutzen/ sondern in dem gebrauch nur anlaß vieles mißbrauchs seyn würde:
hingegen wird die innerliche macht und würde allen gleich zugesprochen/ und
also der so grosse unterscheid unter so genandten layen und geistlichen/ darin=
nen der grund des Pabstthums stehet auffgehaben/ nachdem diese zu ihren
verrichtungen vor jenen nichts anders als ihren beruff haben. Also ist auch
ein grosser unterscheid unter der verwehrung dergleichen geheimen commu=
nionen/ und hingegen der päpstischen verbietung der schrifft/ so dann raub
des kelchs: indem dieser die gantze gemeinde von der gemeinschafft des bluts
Christi/ welches der HErr doch allen verordnet hat/ ausschleußt; jene aber
wiederum dieselbe von demjenigen abhält/ was ihnen der HErr/ und dazu
fein im gegensatz des predigamts/ als dessen vortrag ihrem examini und prü=
fung solle unterworffen seyn/ austrücklich anbefohlen hat; dergleichen be=
fehl wir nicht finden/ jemal den Christen im gegensatz der Prediger/ oder mit
dero ausschliessung/ von der communion gegeben zu seyn.

4. Einen grossen schein hats/ was unser liebe Lutherus T.3. Alt.f.468.b.
schreibet: Die dritte weise/ die rechte art der Evangelischen ordnung/
müßte nicht so öffentlich auff dem platz geschehen unter allerley volck/
sondern diejenige/ so mit ernst Christen wollen seyn/ und das Evan=
gelium mit hand und mund bekennen/ müßten mit nahmen sich ein=
zeichnen/ und etwa in einem hause allein sich versamlen/ zum gebet/
zu lesen/ zu tauffen/ das Sacrament zu empfahen/ und andre christ=
liche wercke zu üben. So bekenne davon/ daß der liebe mann/ wie einige
ihn entschuldigen wollen/ nicht bloß unbedachtsam diese wort in die feder flies=
sen

sen lassen/ sondern noch 3. jahr darnach T.4.Alt.f.465.b. wiederholet hat. Jndessen sehe noch nicht/ wie diese stelle dasjenige darthue/ wozu sie angeführet
wird.1.Wird damit allerdings nicht jeden Christen macht gegeben/unter sich
frey die communion zu halten/ sondern Lutherus redet von einer sondern ge-
meinde/die er/und also ein Prediger/ anordnen wolte/wie er darnach spricht:
Aber ich kan und mag noch nicht eine solche gemeine oder versamlung
ordnen oder anrichten; Also solte auch solche gemeinde in einer gewissen
ordnung/ und demnach unter der regirung einiger Prediger/ stehen/ da nicht
einem jeglichen frey stünde zu thun/ was er wolte; sondern es gehörte darzu
die auffsicht der Vorsteher: und wäre diese gemeinde von jeder andern absonderlichen gemeinde/die sich nemlich in dieses oder jenes kirch-spiel und kirche sammlen/ alleine darinnen unterschieden/ daß zu diesen ein jeder einwohner solches orts/bloß aus dem/weil er ein einwohner ist/recht hat/als ein
glied sich einzufinden/ in jene aber/ als die etwas neues wäre/ niemand ohne
gewisse conditiones, nemlich in allen dem christlichen ordnungen/ so bey andern wieder so sehr in abgang gekommen/ sich zu bequemen/ auffgenommen
würde: daher müßten sie/ nemlich erstlich/ allein in einem hause zusammen
kommen/nicht daß der liebe mann einen eckel vor den öffentlichen kirchen ge-
habt/ sondern weil die andre gemeinden/ da man nicht einen jeglichen unter
ihnen mit einnehmen würde/ ihre kirchen einer solchen neuen gemeinde nicht
einräumen würden. Also ists allerdings ein ander sache/ davon Lutherus
redet/ und von welcher unsre frage handelt; und zwahr ist der unterscheid in
dem haupt-werck/ nach dem Lutherus keine eigenmächtige communion mit
ausschliessung der Vorsteher damit noch billiget. 2. Den Vorschlag des
lieben mannes aber selbs betreffende/ habe ich bereits vor 16. jahren desselben in einem send-schreiben an einen ausländischen Theologum p.74.meldung
gethan/ auch bekannt/ daß ich in solchem fall ein schisma oder trennung be-
sorgte/ so ich in der kirchen auff alle mügliche weise verhütet zu werden nöthig
achtete: daher nur verlangt/ daß da der theure Lehrer so weit gegangen
wäre/ auffs wenigste so viel von seinem vorschlag möchte beliebet werden/als
noch davon ohne sorge der trennung behalten werden könte. So ists nun an
dem/ daß des lieben mannes absicht wol herrlich gut gewesen/ als der nach
dem er gemercket/ daß den fast verwildeten gemeinden überhaupt schwehr
mehr zu helffen seye/ weil der bösen und ruchlosen allzuviele wären/ auff diesen weg gedacht/ daß eine neue gemeinde gesammlet würde/ zu dero sich allgemach auch aus der andern diejenige samleten/die der HErr nach und nach rüh-
rete/ ob dero gutes exempel so viel fruchtete/ daß endlich die andre insgesamt
auch gewonnen/ und auff diese art gebessert würden. So hoffe ich/ es werden seine gedancken auch nicht gewesen seyn/ ein eigentlich schisma an einem
ort

ort anzuheben/ sondern wie an einem ort/ wo die zahl der zuhörer zunimmet/
auch etwa neue gemeinden angeleget werden / daß diese auch dergleichen/ ob
wol durch eine freywillige auswahl aus den andern/ angeordnet würde/ die
aber deswegen die andre gemeinden nicht verwerffen hätten müssen/ als wären jene keine Christen. Es möchte auch solches damals so viel weniger auffsehens gemacht haben / weil in dem Papstthum/ daraus sie erst gingen/ der
brüderschafften/die auch gewisse Gottesdienste/ aber unter der auffsicht der
geistlichen/ hatten/ sehr viele waren/ mit denen eine solche ausgewehlte freye
gemeinde eine gleichheit etlicher massen gehabt hätte. Es hätte aber auch
eine ane...or...ung seyn/ und nichts bloß aus etlicher gutachten und belieben geschehen sollen: da denn der theure mann alles das jenige auch in acht genommen haben würde/ was vor einwilligung auch anderer zu dergleichen anstalten gehöret. Ich vor meine person wolte mit Luthero gleiches wünschen/ wo
es mit belieben derer / welche dazu zu reden haben/ geschehen könte/ daß sonderlich an grössern orten dergleichen besondere gemeinden angeordnet würden / aber gleichwol auch mit verhütung der trennung / als welcher schaden
ich grösser zu seyn sorgte/ als von der anstalt selbs nutzen hoffte; indessen/ sonderlich bey jetziger der zeiten und gemüther bewandnuß/ diese bedingung fast
unmüglich halte. So sehen wir auch/ daß der liebe mann/ da er gleichwol
noch 20 jahr nach diesem seinem vorschlag gelebet/ und eine solche autorität
gehabt/ daß er mehr als nach ihm einiger etwas grosses hätte sollen haben
durchtreiben können/ dennoch seinen eigenen vorschlag zu wercke zu richten/
sich nicht unterstanden hat: ohne zweiffel/ weil er so viel schwehrigkeiten und
gefahr dabey gesehen/ daß ers zu thun billich angestanden.

5. Es wird auch noch eine andre stelle aus Luthero angeführet/ ( Groß-
Catech. f. 225.) da der liebe Vater die wört unsers Heylands/so offt als ihrs
thut / also glossiret: ich setze auch ein oster-fest oder abendmahl/ das ihr
nicht eben diesen abend des jahrs einmal/ sondern offt sollet geniessen/
wenn und wo ihr wollet/ nach eines jeglichen gelegenheit und noth-
durfft/ an keinen ort oder bestimmte zeit angebunden. Da scheinet es
nun/ weil die offtere niessung befohlen wird/ auch keine bestimmte zeit oder ort
solle in acht genommen werden / es werde damit den geheimen communionen das wort geredet. Es folget aber auch dieses nicht/ sondern allein wird
erfordert/ daß es offt geschehen solle/ welches Lutherus hie sonderlich der
päpstischen einmaligen oster-communion entgegen setzet/ da er wiedrum sagt:
wiewol der Papst hernach solches umkehret/ und wieder ein Juden-
fest daraus gemacht hat. So gehet auch der gegensatz gegen das jüdische
passah/ so allein auff einen gewissen tag/ und nachdem der HErr solchen ort
er-

erwehlet/ zu Jerusalem/ gehalten werden dorffte.　Also dörffen wir freylich nach eines jeglichen gelegenheit und nothdurfft ohne verbindung an zeit oder ort/die H. communion halten/nur daß es in der offentlichen gemeinde(ausser dem nothfall) und mit zuziehung dero Vorsteher geschehe.　So wird auch in den grössern gemeinden dazu gelegenheit gnug gegeben/ wo die öffentliche communion alle sontag/ ja einiger orten wol auch auff einen wochen-tag/ gehalten wird: da dann niemand der mehrmalige zugang zu solchem tisch/wann er ihn seiner seelen dienſam findet/verweigert wird/ oder werden solle.

6. Endlich möchte auch darauff getrieben werden/ daß die gegenwärtige schwachheit der Christen eine mehrmalige stärckung aus dem Leisch und blut des HErren bedörffe/auff die schwehre bald einbrechende gerichte recht kräfftig getröstet zu werden.　Nun ist die gefahr unserer zeiten nicht zu leugnen/ sondern offenbar gnug/ daher auch die stärckung uns freylich noth thut; wie aber die haupt-stärckung in dem göttlichen wort/ in dem wir durch den glauben auch das blut JEsu Christi finden/ bestehet/ so bin nicht in abrede/ daß auch die offtermalige würdige niessung des H. abendmahls ein grosses beyzutragen vermag/ daher sie jeglicher auch so offt ers haben kan/ und sich etwa darzu getrieben findet/gebrauchen mag; nur daß es in der ordnung geschehe/welche die gemeinschafft der kirche mit sich bringet.　Wo wir auch auff die schwachheit der meisten Christen sehen/ will uns dieselbe dergleichen geheime communionen mehr mißrathen/als daß sie uns dazu treiben solte/ wie oben gezeiget worden/ was vor anstoß schwache auff unterschiedliche weise davon leiden würden.

Aus allem achte zur gnüge zu erhellen/ daß nichts so erhebliches von dergleichen privat-communionen der Christen unter sich insgeheim vorgebracht/ so nicht so bald kräfftig gnug widerlegt werden könte/daher der obige behauptete satz annoch fest stehet.

Der HErr JESus/ der GOtt der liebe und der wahrheit/ gebe allen seinen jüngern in diesem und allen andern anligen seinen willen mit völliger überzeugung der gewissen zuerkennen/ und lehre uns denselben in gehorsam und liebe zu vollbringen: er steure hingegen allen ärgernüssen/ und lasse nicht immer neue entstehen! Endlich sehe er selbs mit gnaden drein/ und bessere die öffentliche anstalten also/ daß keiner seines heils begieriger einige weitere geheime-verlangen dörffte/ damit wir in der that sehen/ er habe der seinigen nicht vergessen/ und ihn ewig darüber preisen/ Amen. 1693.

SECTIO

## SECTIO XVII.

# Nochmals von freyheit absonderliche communionen anzustellen / und der dem Ministerio nothwendig zukommenden auffsicht.

Was die beyden fragen betrifft / darauff in der furcht des HErrn zu antworten / so kan ich 1. nicht anders sagen / als daß jure divino die auffsicht und direction der communion dem ordentlichen Ministerio zukomme / und also ohne dessen willen und wissen sich niemand der administration anzumassen habe. Ich procedire darinnen also: Es wird wol 1. unter uns ausgemacht seyn / daß die institutio Ministerii an sich juris divini seye; daher ob wol alle jura / so dasselbige übet / radicaliter der gantzen kirchen zukommen / woraus auch entstehet / daß wo die noth die gemeine ordnung auffhebet / das recht auff jegliche glieder wiederum zurück fället / so ist doch deroselben ordentliches exercitium nicht humano arbitrio, sondern divina ordinatione auff das Ministerium devolviret / wie dann auch das Ministerium nicht wäre / was es ist / wenn die membra der gemeinde die übung ihrer jurium ohne dasselbige frey behielten / daher hingegen sie nicht anders angesehen werden können / als welche auff solche übung in die hände des Presbyterii gleichsam verzieg thun haben müssen. 2. Dem Ministerio kommt also alles dasjenige in geistlichen dingen zu / was nicht singula membra für ihre person allein angehet / sondern entweder unmittelbar oder mittelbar die gesamte gemeinde betrifft. Zu jenen stücken gehöret die öffentliche predigt / die anstalt des öffentlichen Gottesdienstes / die auffsicht auff die gantze gemeinde: zu diesen aber / gehöret die administration der H. Sacramenten / welche die vincula der gemeinde sind / und daher diese allezeit durch ihre verordnete / die einrichtung und obsicht behalten muß. Nachdem die tauffe der eingang in die gemeinschafft der kirchen ist / im H. abendmahl aber nebens dem nutzen / welchen jeglicher für seine person daraus zu erwarten hat / allezeit eine erneurung des bandes / mit welchem der HErr seine Christen verbunden haben will / geschihet (sihe 1. Cor. 10 / 7.) 3. Daher ligt der gemeinde allezeit ein grosses daran / wie mit den Sacramenten umgegangen werde / und hat also kein glied die macht / ohne direction des Ministerii oder Presbyterii sich oder andern desselben theilhafftig zu machen. 4. Dazu auch kommet / daß wegen der allzuviel aus der freygebung der communion / nicht nur vermuthlich / sondern fast unvermeidlich / folgender grossen [un]ordnung und inconvenientien sich unmüglich mit der weißheit unsers Heylandes vergleichen liesse / daß er die inspection und direction der Sacramen-

ten

ten nicht folte dem Presbyterio, dem insgesamt die regirung der gemeinde
und der geistlichen dinge zukommet/ anbefohlen/ sondern allen frey gegeben
haben.   Daher 5. nachdem diese inspectio von dem Presbyterio unabsonder-
lich/ so ist sie nicht weniger juris divini, als die institutio des Presbyterii selbs.
So bleibet ein grosser unterscheid unter Sanctioribus Ecclesiasticis, die nach
der kirchen gutbefinden über diejenigen dinge/ so in der kirchenmacht stehen/
gemacht worden/ und unter demjenig n/ ohne welches eine der vornehmsten
einsetzungen Christi/ nemlich das predigamt und dessen regirung/ dasjenige
verliehren würde/ was ihm nöthig/ und durch dessen entziehung seine regirung guten theils unfruchtbar würde/daher nicht anders als nach göttlichem
willen an jener einsetzung hengen muß.   In dem ersten/kan die kirche ändern
nach ihrem wolgefallen/ und wie sie es zu jeden zeiten am erbaulichsten fin-
det/ wie sie auch über dasjenige/ was jedesmal vor ehrlich und ordentlich gehalten werden solle/  decerniret; aber in dem andern stehet ihr nicht zu/  etwas nachzugeben/ wodurch die göttliche ordnung selbs geschwächet würde/
wie sie auch insgemein darzu verbunden ist/ daß sie nach vermögen alles ehrlich und ordentlich hergehen zu lassen/trachte.  Es wird also dieses argument
geben:  Was dem Presbyterio dermassen zukommt/ daß ohne dasselb-
bige die solchem anvertraute regirung der gantzen gemeinde ihren
zweck nicht erreichen kan/ sondern allzusehr geschwächet wird/ solches
ist juris divini: ( denn da das Presbyterium selbs aus diesem herkommt/ so
muß dasjenige gleicher natur seyn/was in dessen innerstes gleichsam einfleußt)
Nun komt die auffsicht und anordnung der H. communion dem Presbyterio dermassen zu/ daß ohne dieselbige die solchem anvertraute regirung der gantzen gemeinde ihren zweck nicht erreichen kan/sondern allzusehr geschwächet wird:Ergo so ist dieselbige juris divini.   Der Minor
ist bereits in vorigem erwiesen; wie dann mir fast nicht begreifflich ist/ wie
im übrigen auch des Presbyterii auffsicht ihren völligen zweck erreichen könte/
wo in diesem stück/ und was das Sacrament angehet/  so das sonderbareste
band der gemeinschafft der kirchen-glieder ist/ ohne seine auffsicht jeder nach
seinem düncken thun dörffte.   Ist aber solche auffsicht juris divini, so streitet
die selbs anmassende freyheit der glieder/ was diese sache betrifft / contra jus
divinum: nur daß man zu unterscheiden hat/ daß einige dinge bloß und in
ihrer natur nach oder wider göttliches recht gehen/ die nemlich in sich selbs
böse oder gut sind/andere hingegen können juris divini seyn/nachdem sie allein
von andern göttlichen einsetzungen gleichsam nach sich gezogen/ und von denselben erfordert werden; da denn das gegentheil als mit dem jure divino strei-
tend/angesehen werden muß. Die der ersten art wider jus divinum sind/ mögen

gen in dem nothfall nicht recht werden / weil alles was in sich böse ist / nicht
gut werden kan: aber bey der andern art / macht der nothfall etwas erlaubt;
also da in dieser hypothesi das predigamt nach göttlichem rath eingesetzet
ist / die kirche in ordnung zu erhalten / wo die ordnung nicht mehr platz hat /
sondern die noth dieselbe ausschliesset / so wird das jenige recht / was nur um
der ordnung willen / ob wol nach göttlichem willen / unrecht gewesen / so es
ausser der noth vorgenommen wäre.

Weilen dann die auffsicht auff die Sacramenten / wie andere kirchliche
verrichtungen / dem Ministerio nach angedeutetem und in solchem verstand /
jure divino zukommet / so war es nicht vonnöthen / daß die angemaste privat-
administration ulla Ecclesiastica sanctione absonderlich verboten würde;
noch hat man die unterlassung des verbots für eine billigung anzusehen /
indem sie demjenigen entgegen stehet / was alle kirchen-ordnungen præsup-
poniren / ja eben darinnen begreiffen / wenn sie den Predigern die predigt des
worts und administration der Sacramenten / als gleichsam die haupt-theile
ihres amts / zuschreiben. Und ist das jenige / daß eine solche privat-admi-
nistration nirgends expresse verboten wird / eine anzeige / daß solche von
allen / so die kirchen-ordnungen verfasset / so absurd und unziemlich gehalten
worden seye / daß sie nicht geglaubt nöthig zu seyn / verboten zu werden / oder
daß jemal einem dergleichen vorzunehmen / in die gedancken kommen
möchte.

2. Die andere frage anlangend / ob sie wol / nachdem die erste mit gründung der nöthigen inspection des Ministerii auff das jus divinum, nicht aber
positivum, beantwortet worden / vor sich selbs dahin fället / kan ich sie auch
nicht anders beantworten / als daß in einer solchen Communion / weil wider
die ordnung / welche GOtt in seiner kirche bey dem Presbyterio haben will /
gethan wird / auch eo ipso gesündiget werde. Welche sünde so viel schwehrer
oder geringer ist / als derjenige / so sie verrichtete / von der göttlichen ordnung /
die das werck an die auffseher der kirchen verweiset / versichert / oder der gefahr des Schismatis und anderer dergleichen / erinnert ist / oder hingegen von
solcher freyheit in dem gewissen einige überzeugung zu haben / geglaubet hat.
Wie nun das erste die sünde auch vor GOTT schwehrer machte / so hätte
die kirche auch über ihr recht gegen einen solchen so vielmehr zu eiffern: wo
aber das letzte wäre / wie der himmlische Vater den seinigen vieles zu gut hält /
wo sie aus guter meinung unwissend fehlen / also hat auch die kirche als eine
gütige Mutter / mit solchen kindern gedult zu tragen / und das geschehene
leicht zu übersehen / nur daß sie nachmal auff dero erinnerung sich wieder in
die ordnung schicken.

Dieses sind meine christliche gedancken von dieser materie, so ich auch
K 3
andern

andern Gottliebenden und der kirchen ruhe suchenden brüdern einzuleuchten/
das vertrauen trage. Den HErrn HErrn aber / dessen gnade allein die hertzen gewiß machen kan/demüthigst anruffe/ daß Er uns alle seines willens versichern/denselbigen zu thun/ krafft und trieb geben/ hingegen alles ärgernüß gnädiglich abwenden wolle.

## SECTIO XVIII.

### Ob um der hauß-andacht willen der offentliche Gottesdienst zu versäumen. Von der vierdten bitte/und auch schluß des Vater unsers. Ob Ananias und Sapphira Apost. Gesch. 5. verdammet worden?

JCh komme auff die vorgetragene scrupul und fragen 1. Ob wegen der täglichen predigten / die mit denen haußgenossen nützliche lesung zu unterlassen / oder vielmehr jene hindan zu setzen seyen? Hierauff antworte ich / daß wir alle verbunden seyen/ die offenliche versammlungen und predigten gern zu besuchen/ ( wohin der angeführte ort Hebr. 10/ 25. weiset) damit wir uns keinerley weise von der gemeinde trennen. Solche besuchung aber/ ist sonderlich nothwendig auff den lieben sonntag/und ob wol dessen nicht einiger/dennoch vornehmster zweck/daß der Gottesdienst solchen tag von der gantzen versammlung verrichtet werde. Damit ist zwahr nicht auffgehoben/ daß man auch die woche gleich wie zu hause/ also auch in der kirchen mit göttlichem wort;umgehe / und also diejenige/ deren übriger zustand und beruff ihnen solche musse lässet / sich mehrmal dabey einfinden / so wol um eigener erbauung / als auch anderer guten exempels willen. Indessen ists nicht dahin gemeinet / gleich ob jeder Christ / der GOtt hertzlich dienen will/ täglich sich dahin befleissen müste / daß er keine predigt versäume/ als wozu GOtt unser gewissen nirgend verbunden hat. Vielmehr werden deßwegen an grossen orten täglich predigten gehalten/ nicht als wolte man jedermann zu solchen täglichen predigten verbinden/ sondern daß sich die leute jeder nach seiner gelegenheit eintheilen/ dieser den einen/ der andere einen andern tag/ die kirche zu besuchen. Ob nun wol insgemein der offenliche Gottesdienst dem absonderlichen billich vorgezogen zu werden verdienet/ so kan doch manchmal eine nützliche geistliche übung zu hause mir und andern meinigen so erbaulich seyn/ daß ich dieselbe einer predigt um solche zeit gehalten/ mit gutem gewissen vorziehen darff. Da also / wie ich nicht zweiffle/ derselbe die übung des lesens mit seinem hauß von guter frucht findet/ können gantz wol einige tage in der woche außgesetzet

wer-

werden / nicht in die predigt zu kommen / sondern dieselbe zu der mehrern erbauung seines hauses anzuwenden. Wann auch gesagt wird/daß der glaube
aus der predigt komme / müssen wir nicht bloß allein an die jenige predigt
gedencken / welche von der cantzel geschiehet / sondern alles lesen und hören
des göttlichen worts gehöret zu solcher predigt / und wird mit darunter verstanden / ob wol jene offentliche predigt die allgemeinste art und mittel ist.

2. Wird gefraget / von dem verstand der vierdten bitte des Vater unsers
Da ich / wie ich mich unterschiedlich in meinen schrifften erkläret habe / dabey
bleibe / daß durch das tägliche brod die leibliche nahrung / wie unser Catechismus es erkläret/ gemeinet werde : halte es auch für billich / weil wir nicht
läugnen können / daß wir der zeitlichen nahrung von GOtt bedörffen / daß
wir GOtt auch die ehre thun / ihn darum anzuruffen / und ihm auch darum
zu dancken; wie ich es dann für einen hochmuth und verachtung Gottes ach-
tete/wissen/ daß man etwas von GOtt nöthig habe/ und das er uns zu geben
willig seye / und ihn darum nicht bittlich ersuchen wollen.    Daher ich davor
halte / die auch das leibliche aus der vierdten bitte ausgeschlossen wissen
wollen / werden dennoch nicht verlangen / daß man GOTT nicht um das
leibliche / auff kindliche art anzuruffen schuldig seye / sondern ich glaube viel-
mehr/daß sie die sache wol zugeben / aber in dem Vater unser diese bitte nicht
enthalten zu seyn / sondern dasselbe allein die geistliche / und also vornehmste
güter zu begreiffen/achten werden.    Was dann solche bitte selbs betrifft/
ist nicht ohn/ daß die meiste alte Lehrer es also verstehen / daß nicht das leibliche / sondern himmlische brod gemeinet seye / wie auch unser liebe Lutherus
selbs Tom. I. Altenb. f. 89. solche erklärung gebraucht hat.    Der gantze streit
kommt her über ein griechisch wort/ dessen verstand etwas zweiffelhafftig ist/
in dem es heissen kan / ein überwesentlich brod/ (so wäre es also nichts leibliches) oder auch ein tägliches oder morgendes brod ( in welchem verstand
es auff das leibliche seine absicht hat. ) Wie nun die gelehrte über solche deu-
tung nicht einig sind / also entstehet daher solche unterschiedliche erklärung:
daher einige gar am liebsten alle beide arten / das geistliche und leibliche brod
zugleich in der bitte verstehen wollen/ da mirs hingegen fast schwehr vorkom-
met/solche unterschiedliche dinge in einem wort zubegreiffen.    Ich aber bleibe am liebsten bey der allergemeinsten erklärung von dem zeitlichen / nicht/
daß ich an dem zeitlichen mehr/ als an dem geistlichen gelegen zu seyn achtete/
sondern weil ich am liebsten das Vater unser für dasjenige gebet / welches
alle unsre nothdurfft ins gesammt in sich begreifft / halte / und aber in den
andern bitten wohl gelegenheit finde / da das geistliche/ oder seelen-brod mit
drunter verstanden werden kan; als in der andern und dritten bitte / nicht
aber

aber finde ich eine andre bitte / wo ich das leibliche brod mit begreiffen könte. Indeſſen laſſe ich den andern ihre gedancken / nur daß gleichwol auch des irrdiſchen / deſſen wir von GOtt bedürffen / nicht allezeit vergeſſen / und GOtt / die ihm daraus gehörige ehre nicht entzogen werde. Was auch den ſchluß des Vater unſers anlanget / ſo bey Luca nicht zu finden / ſo iſt zu mercken / daß Chriſtus das Vater unſer zu zweyen malen vorgeſprochen / in der bergpredigt Matth. 6. und nachmal allein ſeinen jüngern Luc. 11. da er das letzte mal den vorigen ſchluß nicht wiederholet: indem er nicht ein eigenlich ſtück des gebets / als gebets iſt / ſondern ein lob-ſpruch zu ſtärckung des glaubens / der deßwegen nach dem Luca zu weilen ohne ſünde ausgelaſſen werden könte / aber billich ordenlich nach dem Mattheo darzu geſetzt werden ſolte / mit ſolchem lob- und danck-ſpruch GOtt die urſache der erhörung vorzuſtellen / unſer vertrauen mit demſelben zu ſtärcken / und ihm gleich voran für ſeine güte zu dancken. 3. Das exempel Anania und Sapphira Apoſt. Geſch. 5. belangend / finde ich nicht / daß uns die gewißheit dero ſeligkeit oder verdammnuß nöthig ſeye. Dieſe letztere iſt zwahr vielmehr zu ſorgen / indem die wort / welche Petrus von dem / daß ſatanas ſein / des Ananiæ / hertz erfüllet habe / gebrauchet / die eigenliche bosheit in deſſen hertzen ziemlich ſcheinen anzudeuten. Indeſſen wo N. N. nicht eigenlich darauff beharren wollen / mag ihn vielleicht dazu bewogen haben / daß er Ananiam angeſehen / als einen ſonſten warhafftig glaubig geweſten; ( wie dann zu ſolcher zeit / da das Chriſtenthum ſo bald lauter verfolgung und gefahr vor ſich hatte / nicht leicht leute aus bloſſer heucheley dazu getreten ſeyn mögen ) da nun der wahre glaube ſonſten bey ihm geweſen / möchten einige dieſen betrug / da er ſich auff das künfftige einen noth-pfennig zurück behalten wollen / und die ſchwehre der ſünden nicht ſo erkannte / noch etlicher maſſen für eine ſchwachheit / und daß dieſer tod zu dem verderben des fleiſches ( daß aber der geiſt am tag des HErrn JEſu noch ſelig würde / nach der redens-art Pauli 1. Cor. 5/5. ) gemeint geweſen / halten. Aber wie gedacht / die verdammnuß der armen leute mag wol mehrern grund in dem text haben. Der HERR laſſe auffs wenigſte das jenige gericht / das an denen perſonen offentlich verübet worden / noch jetzund jedrem zu einer heiligen furcht dienen. 1690.

### SECTIO XIX.

## Von der obern gewalt über beſondere zuſammenkunfften zur erbauung / in dero umſtänden.

Ob zur andacht und erbauung anſtellende zuſammenkünfften / da ſich wegen zeit oder anderer umſtände / einiger verdacht dazu ſchlä-

schläget/von den Obern in solchen umständen zu halten/ mit
gutem fug ernstlich verboten werden können / auch fromme
Christen solchem verbot sich zu bequemen schuldig/ seyen?

Herauff solte scheinen/ daß man mit nein antworten könte/ weil wir
die ausdrückliche regel haben/ daß man GOtt mehr/ als den menschen
zu gehorchen habe/ und die Apostel Apost.Gesch.4/19. und Cap.5/29.
sich ausdrücklich auff dieselbe beziehende/ deßwegen dem verbot / nicht ut
dem nahmen JEsu zu lehren / nicht folge leisten wolten/ daher es für unrecht
und unbündig erkläret haben.    So ist auch eine ausgemachte sache/ daß
christliche Obrigkeiten die herrschafft über die gewissen sich nicht zu nehmen/
noch das gute zu stöhren/ befugt seyen / sondern sich damit schwerlich versün-
digen/ und GOTT in sein recht greiffen würden.    Wie nun solche gründe
an und für sich selbs richtig sind / wird sich doch im reifferen nachdencken finden / daß auff dieselbe die verneinung unserer frage sich nicht gründen lasse/
welches zu zeigen/ die sache in gewisse säße abzufassen ist.

    I. Was solche dinge anlangt/ die GOTT in seinem wort allen Chri-
sten/ oder diesen und jenen ständen/ als nothwendig befohlen hat / und daher
von keinen/ oder doch nicht denen jenigen/ die der befehl anzehet/ ohne sünde
unterlassen werden können; oder auch hingegen/ die er als sündlich verboten
hat/ über die hat keine Obrigkeit macht/ jene zu verbieten/ diese zu befehlen:
dann wie sie allein ihre gewalt von GOTT hat/ ist ihr dieselbe nicht anders
vertrauet / als mit steter unterwerffung unter ihn/ und also daß ihre befehle
den seinigen niemal zu wider seyn dörffen.    So bald also eine Obrigkeit Gottes geboten sich widerseßet/ und das gegentheil derselben verordnet/ schreitet
sie aus ihrer ordnung / und hat solches zu thun nicht macht / daher auch ihre
befehle nicht verbündlich/ noch die unterthanen ihr zu gehorsamen/ gehalten
sind; vielmehr/ wo sie gehorchten/ und also des höchsten Ober-HErrn deutlichen befehl seines verordneten dieners widrigem gebot nachseßen würden/
sündigten sie schwehrlich/ ja es stecket in solcher sünde eine offenbare abgötte-
rey/ und macht man sich denjenigen selbs zum Gott/ dem man mehr als GOtt
gehorchet.

    Hierher gehöret das exempel der Apostel / indem ihnen der hohe Rath
zu Jerusalem etwas blos nöthiges verbieten wolte/ nemlich von dem HErrn
JESU zu lehren / welches ihnen von GOTT und dem HErrn JESU
selbs/ ausdrücklich geboten war / daher sie auch eher ihr leben in gefahr seßen
musten/ als denen gehorchen.    Also auch dorfften Daniels gesellen dem gebot Nebucadnezars / sein bild anzubeten/ nicht gehorchen / sondern musten
sich lieber in den feurigen offen werffen lassen.    So beruhet darauff der ruhm

L
               aller

aller Märtyrer / wann gläubige/ sich zu! der von den ungläubigen Regenten
anbefohlnen abgötterey nicht verstehen wolten / sondern drüber sich das leben nehmen liessen. Sonderlich sehen wir ein exempel an Daniel c. 6. Dann
als seine feinde hinterlistig ein gebot von dem Könige heraus practisirt hat-
ten/darinnen in 30 tagen etwas von jemand anders/als dem Könige zu beten/
verboten / und also dieser dienst Gottes / den man ihm unaussetzlich schuldig
ist / auff eine weile auffgehaben wurde / konte Daniel nicht gehorsamen / sondern setzte sein gebet fort / und weil er vorhin gewohnet war / sein gebet also
zu verrichten / daß er seinen gewissen ort ( so gar bey offenen fenstern ) hatte/
auch keine zeit hielte / welches er leicht erachten konte / auch andern bekannt
zu seyn / daher aber billich sorgen muste / wo er solches ändern / und allein in
geheim / und daß niemand solches gewahr würde / diese 30 tage sein gebet
verrichten würde / daß solches bey allen das ansehen / er habe dadurch das
ungerechte und dem wahren GOTT schimpffliche verbot des Königes/mit
dem gehorsam gut geheissen / gewinnen / und so wol andre gefangene Juden/
zu sündlicher nachfolge / als die heyden / zur bekräfftigung / daß der Jüden
GOtt / nicht der wahre GOtt wäre/ sich daran ärgern würden / so änderte er
auch nichts an den umständen / und wagte sein leben für den gehorsam seines Gottes/ der ihn zwahr auch mächtig schützte.

II. Es sind aber andre dinge / welche an sich gut / nicht aber als nothwendig von GOtt allen/ oder diesem und jenen geboten sind / sondern allein
unter der gemeinen regel stehen / da GOTT alles von uns haben will / wo
wir etwas guts thun zu können/ sehen ; daher dessen unterlassung sündlich
werden kan. Jac. 4/ 17. Diese stehen bereits unter mehrer gewalt der
Obrigkeit / denn weil derselben die regierung der unterthanen und dero ver-
richtungen/zur gemeinen ruhe/ und was dazu führet/anbefohlen ist/ so stehet
in dero erkäntnuß / von diesem und jenen guten zu urtheilen / ob es zu dem
zweck ihrer regierung diensam/ oder demselben hinderlich/uñ also zu zulassen/
oder zu verbieten seye. Dann weil die meiste præcepta affirmativa zwahr
allezeit verbündlich sind / aber ihre übungen nicht allezeit nöthig / so gar wegen gewisser umstände unziemlich und unrecht werden könten; so sind diejenige gute dinge/ die aber nicht austrücklich auff alle zeiten geboten sind/ der art/
daß sie gut bleiben/ wo sie nicht ein grösseres gutes hindern/ oder etwas böses
nach sich ziehen : aber wo dieses geschehe/ eben dadurch gut zu seyn auffhören
und böse werden würden. Hierüber nun zu erkennen/ kommt der Obrigkeit
aus ihrer allgemeinen sorge für die wohlfahrt der unterthanen zu / daher sie
auch in solchen dingen zu befehlen / zu verbieten und zu zulassen/an sich selbs
macht hat.

III. Es können aber Obrigkeiten sich solcher ihrer macht recht gebrauchen

chen / oder auch mißbrauchen; nicht allein damit / wo sie alles nach eigenem wohlgefallen und ohne genungsame erwegung thun / und allein ihre macht damit zeigen wollen / daß alles bloß bey ihnen stehe; sondern auch / wo sie in ihrem gebieten / verbieten / oder zu lassen des guten / dessen regel die wahre wohlfahrt der gesamten unterthanen seyn solle / dieselben verfehlen / und also für schädlich verbieten / was gleichwol nützlich gewesen wäre. Indessen ob sie wol ihrer seits sich damit versündigen können / sind doch die unterthanen ihnen zu gehorsamen / hingegen die verantwortung des unterbleibenden guten / ihnen zu überlassen / gehalten: wie sie auch / ob die Obrigkeiten ihnen all zu schwehre last auffbürden / dieselbe sich damit an GOTT und ihnen schwehrlich versündigen / sie aber dennoch sich derselben auff jener verantwortung unterwerffen müssen. Und zwahr gründet sich die nothwendigkeit ihres gehorsams darauff / weil alle Christen den austrücklichen befehl / der Obrigkeit auch um des gewissens willen gehorsam zu seyn / von GOtt haben / von dem sie nichts loß spricht / als wann ihr gebot dem göttlichen gerad entgegen stehet. Hingegen das sonst an sich gute nothwendig zu thun / haben sie keinen austrücklichen befehl / sondern ob es dißmal zu thun / oder nicht zu thun seye / gehöret erst eine untersuchung darzu. Ob dann wol ich und andere christliche hertzen davor halten möchten / es wäre besser zu thun / als zu lassen / überwieget doch der ausspruch der Obrigkeit / die es dißmal nicht gut zu seyn / durch ihr verbot erkläret / wegen der von ihrer seiten stehenden göttlichen macht.

IV. Wie dann nun christliche unterthanen schuldig sind / ihrer Obrigkeit verbot zu gehorchen / wo es etwas an sich selbs gutes ( wo zwahr immer nach thes. I. die dinge ausgeschlossen werden / die an sich nothwendig / und als solche / befohlen sind ) zu unterlassen betrifft / wann auch die Obrigkeit selbs drinnen fehlete; so sind sie so vielmehr darzu verbunden / wann diese dergleichen gutes nicht bloß dahin verbietet / sondern dessen übung allein gewisse schrancken setzet / auch in solcher ordnung gleichwie christliche absichten hat / also in der that allein dasjenige davon nimmt und verbietet / was den nutzen mehr schlagen und hindern kan / als befördern würde: als in welchem fall man nicht allein aus gehorsam sich zu bequemen hat / sondern auch der Obrigkeit christliche vorsorge mit hertzlichen danck erkennen solle.

V. Wie die pflichten der Eltern und Herrschafften / ihre kinder und gesinde zu GOtt zu weisen / item bey gelegenheit die GOtt bescheret / an meinem nechsten etwas / das zu seiner besserung dienet / insgemein zu thun / und also in genere die handlungen des geistlichen mit dem nechsten / unter die erste art / der von GOtt allerdings gebotenen und nothwendigen dinge gehören / daher solche schlechter dings dahin zu verbieten / keine Obrigkeit gewalt hat /

L 2

noch

noch ein solches verbot/ das sie thäte/ zum gehorsam verbinden würde/ also gehören hingegen gewisse versammlungen christlicher personen/ die ausdrücklich zur erbauung/lesen/ beten/ singen und dergleichen/ ordenlich angestellet werden/ unter die art des jenigen guten/ das nicht bloß geboten/ und also unter der Obrigkeit gewalt/es zu zulassen/oder zu verbieten/stehet. Zwahr wünschete ich von hertzen/ daß dergleichen übungen/ obwol mit gebührender obsicht der Obrigkeit und des Ministerii, aller orten im schwang gingen/ und würde nicht leicht einiger Obrigkeit rathen/ sie zu verbieten: vielmehr glaube ich/ sie können nicht ohne sünde irgends verboten werden/ es wäre dann sache/ daß einiges orts dieselbe in solchen mißbrauch gerathen wären/ daß demselben nicht anders mehr/ als durch gäntzliche abstellung gesteuret werden könte/ der schade auch grösser/ als der verhoffende nutzen wäre; da dann auff eine zeitlang die noth die abstellung erfordern/ und eben damit erlaubt machen würde. Indessen ob auch eine Obrigkeit sie ohne solche noth abschaffte/ und also darinne sündigte/ so achte ich doch nach thes. 3. die unterthanen schuldig zu gehorchen/ und sich auch des sonsten davon hoffenden nutzens zu begeben/ hingegen zu trachten/ daß sie/ was ihnen an solchen ordenlichen übungen abgehet/ auff andere mügliche und christliche art zu ersetzen.

VI. So vielmehr stehet dann in der Obrigkeit macht/ wo einige dergleichen übungen vorgenommen werden/ und aber wegen zeit/ ort und anderer umstände der personen/ etwas dabey vorgehen möchte/ daß unanständig wäre/ und ärgernüß gebe/ oder doch einen ziemlichen verdacht dessen verursachte/ denselben gewisse schrancken und maaß vorzuschreiben/ wie man sie also anzustellen habe/ damit alles ärgernüß und böser schein/ der sonsten die gantze sache leicht verderben könte/ vermieden bleibe/ auch wo einige sich solcher verordnungen nicht bequemen solten/ sie bey straffe dazu anzuhalten: ja es hat es dieselbe nicht allein macht/ sondern welche christlich gesinnet ist/ wird sich dazu verbunden erkennen/ dergleichen zu thun. Dessen ursachen folgende sind: (1.) Insgemein wird von den Christen in ihrem gantzen wandel vorsichtigkeit erfordert. So bleibets eine allgemeine regel/ Eph. 5/15. 16. So sehet nun zu/ wie ihr fürsichtig wandelt/ nicht als die unweisen/ sondern als die weisen; und schicket euch in die zeit/ dann es ist böse zeit. Es bestehet aber solche vorsichtigkeit sonderlich darinnen/ wie einer seits/ daß wir die gelegenheit des guten nicht unvorsichtig versäumen/also anderseits/daß wir sie auff solche art gebrauchen/wie der meiste nutze daraus zu schöpffen ist/ daher auff alle umstände wohl acht zu geben/ die denselben befördern/ und hindern möchten. (2) Weil wir aber nicht allein auff uns/ sondern auch unsern nechsten acht zu geben haben/ damit derselbe von uns erbauung schöpffe/ hingegen ja kein ärgernüß nehme/ so

gehö-

gehöret hauptsächlich zu der christlichen von allen erforderten vorsichtigkeit/
was wir thun/ also einzurichten/ so viel müglich/ daß der nechste daran von
uns erbauung haben möchte/ hingegen mit aller sorgfalt sein besorgendes ir-
gernüß zu vermeiden. Und zwahr müssen wir darinnen nicht auff unsere gläubige mitbrüder allein sehen/ sondern an die wort Pauli gedencken/1.Cor.10/
32.Seyd nicht ärgerlich/weder den Juden/ noch den Griechen/noch der
gemeinde Gottes. Daher (3) müssen wir uns nicht allein hüten vor dem bö-
sen/ sondern nach 1.Thess.5/22. meiden alle bösen schein/und uns also hal-
ten/daß es redlich zugehe/nicht allein vor dem Herrn/sondern auch vor dé
menschen. 2.Cor.8/21. Daher uns der Apostel lehret Rom.14. wie wir
uns auch der von Christo uns erworbenen freyheit/ was dero gebrauch au-
langet/ begeben müssen/ wo wir sehen/ daß schwache brüder sich sonsten an
uns stossen möchten: wo er auch zeiget/ daß wer solches nicht thue/ wandele
nicht in der liebe/ daher auch sein glaube nicht richtig seyn kan.Deswegen es
eine vermessene rede ist/ wo einige zuweilen sich vernehmen lassen/ wo sie wüsten recht zu etwas zu haben/sehen sie auff niemand/ es möchte sich daran stie-
sen/ wer da wolte; dazu sie sich auch des im guten verstand richtigen spruchs/
mißbrauchen:Thue recht/scheue niemand.Der uns aber ja nicht freyheit/ die
liebe des nechsten/ dessen wir schonen sollen/ aus den augen zu setzen/ geben
muß.  (4) Wie dann nun eine solche vorsichtigkeit in eines Christen gantzen
wandel erfordert wird/so ist dieselbe so viel nothwendiger in geistlichen übungen und verrichtungen/ nicht allein/ weil deroselben wichtigkeit an sich selbs
so viel mehr sorgfalt auff alles acht zugeben/erfordert/sondern/weil sonst das
daher entstehende und veranlassende ärgernüß schwehrer ist/ als in andern
dingen/ auch der nahme GOttes mehr verlästert wird; sonderlich wo leute/
die von der gottseligkeit ohne das die beste meinung nicht haben/ sondern dagegen eingenommen/ etwas an solchen übungen/ die den nahmen der gottseligkeit haben sollen/ sehen/ daran sie etwas unanständiges zu finden meinen:
daraus dann insgemein die schwehrste lästerungen entstehen/ und aus einem
verdacht/ der einen starcken schein hat/ noch immer mehrere gezogen werden.
Wann nun solches geschiehet/ so fället die verantwortung auff diejenige/wel-
che durch ihr unbedachtsames beginnen anlaß dazu gegeben haben/ und können sie den damit zugefügten schaden so leicht nicht wieder ersetzen.  (5) Wie
nun alle rechtschaffene Christen sich einer solchen vorsichtigkeit von selbs
befleissen/ auch/ daß jemehr sie als wahre kinder GOttes von andern angesehen werden/ desto mehr auch von ihnen erfordert werde/ glauben/ und die
dazu nöthige gnade von dem himmlischen Vater sich erbitten müssen/so gehöret aber auch dazu der Obrigkeit amt/ daß sie um solches zugeschehen/ obsicht
                          L 3                                    habe/

habe/ und so wol etwa voran/ wo man einigen mißstand sorgen möchte/ durch gute ordnungen und gesetze dergleichen vorkomme/ als auch/ wann sich etwas verdächtiges ereignen will / so bald/ ehe das ärgernüß starck werde/ der sache durch ernstliches verbot helffe / und alles in dienliche ordnung bringe. Dieses thuende/ erfüllet sie ihre pflicht/ und befordert die geistliche übungen herrlich/ wann sie sie verwahret/ für demjenigen/ was sonst alle ihre frucht niederschlagen könte. (6) Daher rechtschaffene kinder GOttes dergleichen verboten/ nicht allein aus zwang / sondern mit freudiger danksagung für die christliche vorsorge/ gehorsamen/ und da sie die sache selbs behalten / in den umständen sich leicht vorschreiben lassen/ so vielmehr da sie sehen/ daß auch in diesem/ alles auff mehreren wahren nutzen eingerichtet seye. Diesen gehorsam wircket bey ihnen so wol der allgemeine befehl / der Obrigkeit unterthan zu seyn/ als auch in dieser sache die erkäntnüß deroselben treue/ so dann die eigenschafften der wahren weißheit von oben/ die nach Jac. 3/ 17. ihr sagen lässet / das ist/ einen gehorsam weiset/ und sich gern zurecht weisen lässet. (7) Hingegen würde es kein gutes zeichen seyn/ wo jemand dergleichen gebot zu übertreten/ sich würde gelüsten lassen/ indem es gewiß keine frucht des Geistes/ sondern eigensinnes wäre/ der/ wo er noch nicht völlige Herrschafft gewonnen/ doch damit starck ansetzte/ daher wem seine seele lieb ist/ solchen versuchungen selbs mit ernst zu widerstehen/ sich befleißiget. Und darff kein wahrer Christ sorgen/ daß er sündige/ wo er sich seiner freyheit also begebe/ weil der Gottesdienst im Geist und in der wahrheit Joh. 4/ 24. dennoch ohne bestimmung zeit und ort/ wolle geleistet seyn/ und der trieb des Geistes sich nicht binden lasse. Dann der rechte wahre Gottesdienst / der in dem innerlichen geschihet/ ist freylich an zeit und ort nicht gebunden / aber wie der eusserliche zeit und ort bedarff/ so ist selbs des H. Geistes weißheit gemäß/ dieselbe/ wie sie den zweck zu erhalten/ am bequemsten sind/ einzurichten. Also lässet sich der glaube von keiner menschlichen gewalt binden/ sondern eiffert über seine freyheit / aber die liebe lässet sich also binden/ daß sie jedermann allerley/ und niemand anstößig werde 1. Cor. 9. an welchem stück sonderlich die rechtschaffenheit derselben erkant wird.

VII. Wo eine Obrigkeit eine solche christliche verordnung gemacht/ daß alles anstößige und verdächtige abgeschaffet werde / fordert sie nicht allein mit recht den gehorsam / sondern auff genugsame verwarnung/ mag sie auch die widerspenstigen nach ihrer habenden macht mit gewalt zum gehorsam anhalten. Wo sie nun solches thut/ nimmt sie sich keine Herrschafft über die gewissen/ sondern hält über die autorität/ die ihr von GOtt/ das eusserliche in erbauliche ordnung zu bringen/ verliehen ist. Die aber drüber leiden müßten/ würden alsdann nicht um Christi/ oder des guten/ sondern eigensinniger wider-

widerſetzligkeit willen/ die wahren Chriſten unanſtändig/ und daher Moſt unter ſein regiment geworffen wird/leiden/und ſich es ſelbs zuzuſchreiben haben. Dazu es aber billig keiner kommen laſſen ſolle/als dadurch nur das ärgernüß vermehret würde.

Der HErr leite alle ſeine kinder durch den H. Geiſt / und laſſe ihn in ihnen allen ſeyn einen Geiſt der weißheit / der in allem erkenne/ was das beſte ſeye; und der liebe/ in allem zu ſehen/ nicht auff das/ was nur uns/ ſondern vielen frommet. Er regiere auch alle Obrigkeiten/ daß ſie auff alle weiſe ſeine ehre und die mittel der erbauung zu befordern/ ſo verſtehen/ als ſich treulich laſſen angelegen ſeyn/ und alſo ihm alle ihre gewalt ſelbs heiligen. Amen. 1699.

## SECTIO XX.
# Von verbindlichkeit obrigkeitlicher verbote in ſolcher materie.

Ob einer chriſtlichen Obrigkeit verbot/ da ſie gewiſſe zur erbauung und andacht gemeinte zuſammenkünfften um ſolche zeit/ und mit ſolchen umſtänden/ welche böſen verdacht geben könten/ anzuſtellen/ ernſtlich und bey ſtraffe verboten/ von dero unterthanen und bedienten ohne ſünde aus dieſem vorwand übertreten werden könte/daß ſie den trieb des H.Geiſtes folgen müſten/ und bey der auch wider das verbot geſchehenen bewerckſtelligung ihres vorhabens/ wircklich göttliche gnade reicher über ſich verſpühret hätten?

DAs iſt im vorigen reſponſo durch GOttes gnade aus deſſen wort und in demſelben enthaltenen gründen/ hoffentlich zur gnüge dargethan worden/ ſo wol insgemein/ wie weit einer chriſtlichen Obrigkeit macht ſich in dieſen dingen erſtrecke; hingegen was göttliche ordnung von den unterthanen erfordere: als auch abſonderlich/ daß eine Obrigkeit nicht unrecht thue/ wo ſie denen zuſammenkünfften/ die zur andacht angeſehen ſind/ ſolche ſchrancken ſetzet/dadurch der/der göttlichen ehre ſo nachtheilige böſe ſchein davon abgewendet werde/ dahero ihre unterthanen allerdings gewiſſens halben ſich ſolchen verordnungen zubequemen haben/und ohne ſünde ſich dem gehorſam nicht entziehen könten. Von dieſem gehorſam nun ſpricht ſie der doppelte vorwand nicht loß/noch machet ihre widerſetzligkeit GOtt gefällig; wie theils die vortge allgemeine gründe/ ſolches erweiſen/theils jetzt ferner ausgeführet werden ſolle.

I, Was

I. Was nun den einen vorwand anlanget/ daß man insgemein verbunden seye/ nach den worten Pauli Rom. 8/ 14. dem trieb des H.Geistes allezeit zu folgen/ und sich daran nichts hindern zu lassen/ auch sich absonderlich/ ob solcher trieb wahrhafftig von GOtt seye/ wohl geprüfet/ aber die kräfftige bewegung des Geistes zu dem guten vorhaben so viel mächtiger bey sich verspüret habe: so ist von solchem trieb des Heil. Geistes unterschiedliches zu mercken.

(1) Ists allerdings gewiß/ daß der H. Geist/ wie er seine wohn-statt in den hertzen der glaubigen hat/ also auch dieselbe ihrer pflichten erinnere/ und sie zu derselben leistung antreibe: daß demnach/ wer dieses leugnen wolte/ so wol der H. Schrifft widersprechen müßte/ als sich eben damit verrathen würde / daß er noch nichts in den wegen GOttes erfahren hätte. Aber (2) müssen wir auch die art solches triebs recht erkennen lernen/ der nicht anders erkant werden kan/ als daß man den gesamten zustand/ wie es mit uns eine bewandnüß habe/ so lang wir noch in dem fleisch leben/ recht einsihet. Der verhält sich aber also / daß neben unsrer aus der wiedergeburth habenden neuen natur/ auch die alte bey uns übrig ist; so dann die natur allezeit in die wercke der gnaden sich einflicht/ und dieselbe hindert. Daher wie alle unsere wahre göttliche erkäntnüß wahrhafftig eine erleuchtung des H. Geistes ist/ so hindert dennoch unsere natürliche finsternüß nicht allein/ daß wir nicht so völlig erleuchtet werden/ sondern verursachet gar/ daß einige irrthum zuweilen sich mit einmischen/ und zum exempel/ ein kind GOttes in diesem und jenem articul / was das haupt-werck anlanget / die göttliche wahrheit (welches nicht anders/als aus der erleuchtung des Heil. Geistes herkommen kan) erkennet/ und doch in eben demselben/ was neben-umstände betrifft/ unterschiedliches nicht allein nicht weiß/ sondern gar sich unrechte concepten davon machet. Da gleichwol daraus geschihet/ daß dasselbe/ wie es sich gewiß versichern kan/ daß es die wahrheit in göttlichem liecht erkenne/ darneben auch dasjenige in göttlichem liecht zu erkennen meinet/ worinnen sich die natur mit ihrem irrliecht eingemischet hat. Damit höret jenes zwahr nicht auff/ ein göttliches liecht zu seyn/ darum weil sich etwas ungleiches darunter gemischet/ aber darinnen irret der mensch/ wann er deßwegen sich auch dieses für wahrheit einbildet/ davon er aber endlich durch bessern unterricht anders überzeuget werden kan. Wie sichs dann mit dem verstand verhält/ so verhält sichs auch mit dem willen. Da hat der H. Geist nicht allein in der wiedergeburth den willen zu heiligen angefangen/ und in demselben die kräfft und trieb des guten erstmal gewürcket/ sondern er ist auch derjenige/ der immer/ zuweilen mit/ zuweilen ohne eusserliche gelegenheit/ zu dem guten auffs neue die kinder GOttes antreibet. Wie aber die natur darneben auch vorhanden/ so ist sie

diese-

diejenige / die nicht allein auff mancherley art offt solches gute hintertreibet/
sondern sich auch offte also einmischet / daß einige unordnung mit unterläuf-
fet; da alsdann das gute an sich selbs/ des H. Geistes werck bleibet / und der
natur nicht zugemessen werden darff / aber die anklebende unordnung/ worinnen sie auch (zum exempel) in trägheit/ unvorsichtigkeit / übereylung/ oder
dergleichen/) bestehet/ kömmt nicht von dem H. Geist / sondern ist ein fehler/
der seinen ursprung aus der verderbten natur hat / daher auch/ wie die sache
an sich selbs ihr lob verdienet / also derselbe der besserung und cor-
rection unterworffen ist. Daher (3) jeglicher trieb etwas zu thun / so
wol von demjenigen selbs/ bey dem er sich findet / als von andern/ geprüfet
werden muß / ob derselbe/ oder was an ihm/ göttlich/ oder nicht seye; und
zwahr muß solche prüfung nach dem göttlichen geoffenbahrten wort/ als welches uns die regel unsers thuns und lassens / und die anzeige göttlichen willens bleibet/ angestellet werden. Ist also die sache dem göttlichen wort und
dessen regel gemäß/so hat sie das zeugnüß/ des H. Geistes werck an sich selbs
zuseyn: klebet aber etwas von umständen daran/welches der regel göttlichen
worts zuwider ist/ so hat derjenige selbs / der das werck verrichtet / und gewahr wird / worinnen wider das wort gefehlet worden/ seinen fehler zu er-
kennen/ und denselben ja nicht mit dem göttlichen trieb / der zu nichts böses
geschehen kan/ zu entschuldigen; noch haben andere/ die ihn sehen/ um der ursach willen/ weil die sache an sich selbs gut ist/deswegen alles anklebende auch
für göttlich zu erkennen/vielmehr einen gerechten unterscheid unter dem/was
GOttes und des menschen ist/ zu machen.

4. Es gibet zwahr dergleichen triebe/die ausserordenlich sind/woGOtt
die menschen zu werckzeugen gebraucht/ dinge zu thun/ die sie sonst zu thun
nicht macht hätten/ welche handlungen alsdann dem menschlichen urtheil
nicht unterworffen sind. Als da Pinehas 4. Mos. 25/7. 11. in eiffer für
GOtt entbrannte/ und die hurer erstach: da Ehud von GOTT erweckt/
Richt. 3/ 15. den König Eglon entleibt: wo von Simson stehet/ der Geist
des HErrn gerieth über ihn. Dieser trieb hat auch insgemein das an sich/
daß der also getrieben wird/nicht zurück bleiben darff/sondern er muß demselben ohne vieles überlegen folgen/ und leidet mehr/ als daß er selbs würckete.

5. Eine andere bewandtnüß aber hat es mit dem ordentlichen trieb/wie
der H. Geist die glaubige treibt/ daß nemlich bey solchem trieb keine dergleichen gewalt/ und gleichsam dahinreissen ist/ daher das wort/ welches
Rom. 8/14. stehet/ einige lieber durch führen als treiben geben/ dermas-
sen/ daß es in desjenigen/ der also geführet wird / macht und erkäntnüß ste-
het/ demselben trieb zu folgen/ oder nicht/ dahero dann bey spührender zuneigung zu einer sach/ die seele erst zu überlegen hat/ ob vor dieses mal und bey

W                                                                    diesen

diesen umständen die sache zu thun/oder zu lassen besser/folglich GOttes wille/ der stets auff das beste gehet/ auff diese oder jene seite zuerkennen seye: wie es dann die allgemeine regel bleibet Eph. 5/ 15. 17. So sehet nun zu / wie ihr fürsichtiglich (accurat nach der regel) wandelt / nicht als die unweisen / sondern als die weisen. Darum werdet nicht unverständig/ sondern verständig/ was da seye des HErren wille. Also bedarffs nicht nur etwa bloß auff sein hertz/ und den darinne fühlenden trieb/ acht zu geben/ um gleich demselben/ als von dem H. Geist herkommende/ zu folgen; sondern man muß den trieb accurat nach den vorgeschriebenen regeln examiniren und prüfen/ ob es der wille GOttes seye / bey diesen und jenen umständen etwas zu thun: und zu solcher prüfung gehöret die weißheit/dero man nicht bedörffte/ wo jeder trieb zu dem guten/ ohne absicht auff die umstände/bereits gewiß für göttlich zu halten wäre. Daher ist solcher trieb auch anderer gläubiger Christen prüfung/ und in gewisser maaß urtheil unterworffen / und hat sich keiner diesem bloß zu entziehen / und seinem sinne schlecht dahin zu folgen. Vielmehr machte es den trieb sehr verdächtig/ wo uns einkäme/ wir müßten demselben blindlings gehorsamen/auch anderer mitbrüder gutachten/darüber nicht achten/ daß nemlich alsdann derselbe/ wo nicht bloß von dem fleisch komme/ auffs wenigste sich vieles des fleischlichen eigenwillens mit eingemischet habe. Dahin etlicher massen die worte Lutheri gehören über 1. Cor. 14/ 32. Die Geister der Propheten/sind den Propheten unterthan; die also lauten: Etliche meinen / wenn sie den verstand und des Geistes gaben haben / sollen sie niemand weichen noch schweigen / daraus dann Secten und zwiespalt folget. Aber S. Paulus spricht hie/ sie sollen und mögen wol weichen/sintemal die gaben des Geistes in ihrer macht stehen / ihr nicht zu brauchen wider die einigkeit / daß sie nicht sagen dörffen / der Geist treibe und zwinge. Was nun unser theure Lehrer spricht von dem gebrauch der auch ausserordentlichen göttlichen gaben/ daß man denselben wider die einigkeit und mit dero verletzung/ unter dem vorwand des triebs des Geistes/nicht bewerckstelligen solle/das gilt auch dahin/ daß/ wodurch ärgernüß und zerrüttung gestifftet werden würde/ nicht für einen trieb des Geistes gehalten werden müsse.

Wie nun dieses in Thesi die art des göttlichen triebs vorstellet/ so dienet nun die application in hypothesi zu machen/ folgendes: (1) daß man gerne zugebe/daß der trieb zu übungen der andacht/ in betrachtung des göttlichen worts und gebets/ an sich selbs gut/ und eine wirckung des Geistes seye/ auch allezeit/ als lang nicht unordnung in den umständen mit einlauffet/ und die

gute

gute sache verdirbet/ davor erkant und gefolget werden solle. (2) Wo aber
solcher trieb vorhanden ist/hat die glaubige seel auf das/ was sie vor hat/acht
zu geben/ ob es auch an diesem ort/ und zu dieser zeit/ nach göttlichem willen
sich zu thun schicke/oder nicht. (3) Daher weil in voriger beantwortung ge-
zeiget/ daß obrigkeitlicher befehl/ der die geistliche übungen in christliche
schrancken bringet/ hingegen diejenige arten derselben/ die starckem verdacht
unterworffen sind/ und bösen schein auff allerley weise geben/ bey straffe ver-
bietet/ GOtt nicht entgegen/ sondern ihrer sorgfalt vor göttliche ehr und beforderung des guten/ gemäß seye/ so folget/ daß diejenige übungen/ die mit
ungehorsam gegen dergleichen gebote angestellet würden/ sündlich und göttlicher ordnung entgegen seyen. Dieses haben diejenige/ welche dazu sich getrieben achten/billig in der furcht des HErrn zu überlegen gehabt/und sollen
es noch überlegē/da sie es nach der regel göttlichen worts nicht anders zu seyn/
in der wahrheit finden werden. (4) Daher solchem offenbaren göttlichen willen der verspührte trieb nicht mit grund entgegen gesetzt/ noch um desselben
willen der gehorsam versagt werden darff: sondern eben hiedurch/ daß er zu
etwas gehet/ welches unordenlich/ sich verräth/ daß sich eigenwille unvermerckt mit eingeschlichen habe. Welches auch verursacht/ daß dergleichen gebet/ so wider den deutlichen willen Gottes geschehen/und man eine
versuchung Gottes darinnen zu sorgen hat/über etwas eine neue offenbahrung
GOttes zu fordern/ darüber wir seinen willen deutlich aus seinem wort vor
augen ligen haben/ nicht erhörlich gewesen/ noch was darauff bey sich gefühlet worden/ vor göttliche antwort zu halten seye.

    2. Ist noch übrig der andere vorwand/daß als die übungen wider herr-
schafftliches gebot wieder fortgesetzt worden/ sich göttliche gnade so reichlich
bezeuget/ daß sie dergleichen vormalen nicht empfunden/ damit GOtt ihm
solches vorhaben zu gefallen angedeutet/ und sie dennoch darinnen gestärcket
habe. Aber es ist auch dieser nicht genug die unterthanen von dem gehorsam
eines an sich rechtmäßigen verbots/loßzuzehlen. Dann erstlich die richtigkeit und billigkeit des verbots/ ist aus gründen göttlichen worts dermassen
dargethan/und kan uns nicht triegen;daher was noch einigem zweiffel unterworffen ist/ nicht gnug ist/jenes gewiß und festgesetzte/umzustossen.

    3. Die reichlichere göttliche gnade auff die man sich beziehet/ kan in
nichts anders bestehen/ als in einer gewissen innerlichen empfindung/ darein sich leicht etwas natürliches mit einmischen kan. Wie dann gezeiget wor-
den/daß sich in das göttliche liecht in dem verstand/auch einige finsternüß des
irrthums; in den trieb zu dem guten/ auch einige unordnung/ wegen unserer
verderbnüß einmischen kan: so kan sich nicht weniger in unsere empfindung
göttlicher gnade und trostes/ einige menschliche und daher betriegliche be-

we-

wegung einmengen.    Es erhellet/ daß die christliche freunde durch die erste verspürte frucht ihrer andacht und übungen hertzlich mit liebe dazu einge= nommen worden sind/ worinnen ich göttliche wirckung nicht leugne. Da nun solche liebe veranlasset/ daß sie darinnen nicht zu viel zu thun zu können/ sich eingebildet/ und daher nicht gnugsame vorsichtigkeit gebraucht/ damit aber bösen schein gegeben/ und ein solches verbot verursachet haben; so hat dessen erfolg die liebe nicht allein vermehret/ wie solcher affect auch natürlich wach= set gegen dasjenige/ was man uns nehmen will/ sondern hat auch gehindert/ daß sie davor die gerechtigkeit des verbots/und ihres beginnens unordnung/ nicht haben sehen können.    Weil sie dann das ihnen vorstehende leiden/ als ein leiden des HErrn/ ob wol irrig/ angesehen/ hat dieses/ dessen sie sich über= redet/ solchen effect wol haben können/ daß ihre andacht so viel brünstiger worden/ und einen mehrern trost ihnen gelassen hat/ den sie für eine kräfftige= re gnade GOttes ansehen: da doch/ da man ihnen in der andacht nicht alle wirckung GOttes/ der noch mit ihrer schwachheit gedult träget/ absprechen will/ sich gleichwol auch unordenliches feuer mit eingemischet/ welches sie doch von dem göttlichen nicht gnug beflissen gewesen/ zu unterscheiden.

4. Und wie? solte es nicht auch GOttes heiligem rath gemäß seyn/ da sie/ als er ihnen seinen willen in der sache von denjenigen/ deren gewalt über sich/ sie ohne zweiffel zu erkennen haben/zu verstehen gegeben/ damit nicht zu frieden seyn wollen/ sondern eine andere versicherung unmittelbar von ihm verlanget/ also ihn damit in der that versuchet haben/ daß er sie hinwieder= um in versuchung gerathen lassen/ die wirckungen ihres unordenlichen eifers für die seinige anzunehmen?

5. Insgesamt ist die regel dessen/ was wir thun und lassen sollen/ in den dingen/ welche göttliches wort deutlich oder durch klare folge bereits aus= gemacht/dessen einiger ausspruch/der keinem solchen selbs=betrug unterworf= fen ist/ gleich wie unsre empfindungen/ die wir bey uns in diesen und jenen dingen wahrnehmen/ dergleichen irrungen so lange unterworffen sind/ als wir noch in dem fleisch leben/ und sich dessen subtile wirckungen/mit unter die göttliche verbergen können.

Der HErr führe uns alle durch seinen Geist auff richtiger bahn/ die der weg seiner gebote sind/und bewahre uns sonderlich vor dem eigenen Geist/der uns auch unter bestem schein von jenem abführen kan/ um uns nicht selbs in versuchung zustürtzen/sondern unsern wandel unanstößig zu führen/um Chri= sti willen/ Amen. 1699.

SECTIO

## SECTIO XXI.

# Auffmunterung aus der hoffnung künfftiger beßern zeiten.
Collegia Biblica und christliche übungen mit den zuhörern. Gewöhnliche widersetzung gegen das gute.

DAß die hoffnung des künfftigen meinen werthen bruder kräfftig auffrichtet/ hat derselbe gemein mit allen übrigen kindern GOttes/ welche nicht nur die beschwerden der gegenwärtigen zeit des gerichtes/ mit schmertzen fühlen / sondern auch tieffer einsehen/ und sich freylich mit nichts nachdrücklicher / als dem ansehen des künfftigen / zu trösten vermögen. Zwahr ists an dem / daß auch die hoffnung des künfftigen in der ewigkeit/ einem Christen gnug seyn mag: jedoch wo wir auch die verheissungen des jenigen ansehen/ was der himmlische Vater seiner gemeinde noch in dieser zeit bestimmet hat / so munterts eine Gottliebende seele deßwegen so viel kräfftiger auff/wenn sie sonst darüber betrübt/daß von anbegin der welt/bißher das reich des satans stäts die meiste macht in der welt gehabt hat / doch höret und fasset/ daß gleichwol noch eine zeit seyn solle / da auch auff dieser erden/ welche je zu Gottes ehren/ und nicht des satans dienst erschaffen ist / das reich Christi blühen und herrlich seyn werde. Ob dann wol keiner gewiß ist/ daß er um solche zeit noch allhier in der welt seyn werde/ ja unser die meiste schon mögen vor deren anbruch in die ewigkeit übergegangen seyn/ so ists doch wahren Christen/ welche ihre brüder nicht weniger/als sich selbs lieben / und daher / wo sich die ehre ihres Gottes an denselben offenbaret/ ihnen einerley freude an sich selbs seyn lassen/ das hertzlichste vergnügen / wann sie ihnen den seligen zustand der jenigen zeit vorstellen/ wo die erkäntnüß Gottes die erde erfüllen/ und die göttliche weißheit in allen creaturen verborgen/ deren tausenden theil wir jetzo nicht erkennen/ solcher kinder Gottes augen auffs herrlichste einleuchten/ daher einen so viel innigern danck gegen ihren Vater erwecken wird: also / daß wann sie daran gedencken/ entweder solche seligkeit mit zu geniessen / oder doch der jenigen/ welche dazu kommen sollen / brüder zu seyn / nicht anders als eine solche freude in ihnen entstehen kan / welche ihnen alle jetzige beschwehrlichkeiten leicht machet. Uud zwahr solches/desto mehr/ nachdem wir nicht allein der sache selbs in Gottes wort versichert sind / sondern ferner aus unterschiedlichem abnehmen können / daß wir nicht mehr so gar weit von der gesegneten zeit zurücke seyn mögen/ sondern dieselbe uns ziemlich nahe seyn darff/ob wir wol jahr und tag zu bestimmen/uns nicht vermessen sollen. Nun der HERR gebe uns so viel von solchem künfftigen

M 3                                                einzus-

einzusehen/ als uns auffs wenigste zu unserer buß-bereitung und glaubens-
auffmunterung nöthig ist. Im übrigen hat mich von grund der seelen er-
freuet/ daß berichtet worden/ wie GOTT ihres orts gnade gegeben habe
zu einem Collegio und christlichen unterredung/ zu beförderung mehrer erbauung. Der himmlische Vater seye demüthigst gepriesen/ der meinem
werthesten bruder dieses in das hertz gegeben/ und auch der übrigen/ dero autorität zu glücklichem fortgang/ und ihr beytrag zu vermehrung der frucht
nöthig ist/ dazu gelencket hat/ eine solche gottselige übung anzustellen/ welche
in der furcht des HErrn und mit christlicher klugheit geführet/ nicht ohne
nutzen bleiben kan. Er wolle nun ferner mit seiner gnade und segen also bey-
stehen/ daß dieses eine saat seye einer reichern erndte/ und weisen/ wie er/ ob
zwahr in diesen zeiten des gerichts/ dennoch nicht unterlasse/ seiner diener
treue zu vieler frucht zu segnen. Ich erfreue mich insgesamt hertzlich/ daß
hier und dar GOTT unterschiedliche seelen der Lehrer erwecket/ welche/ was
sie mit dem gewöhnlichen öffentlichen predigen nicht gnugsam ausrichten
können/ suchen auff andere mügliche und christliche art zu ersetzen. Der
christliche Herr Winckler in Hamburg/ hat bisher/ wie vorhin zu Wertheim/
also auch seither an jetzigem ort/ nicht wenig gutes durch sein Collegium ausgerichtet. Was Herr Scriverii in dergleichen vorgenommene arbeit gutes schaffe/ höre ich auch rühmen. So hat Herr L. Majus, Prof. Theol. zu
Giessen/ auch neulich ein Collegium über die Epistel an die Römer in teut-
scher sprach/ damit neben den Studiosis, auch bürger dessen geniessen möchten/
intimiret/ wiewol so bald einer seiner Collegen sich darüber bey hoff beschwehret. Wie dann zu bedauren ist/ daß so bald etwas gutes mit ernst
vorgenommen wird/ gemeiniglich diejenige dessen zunahme sich widersetzen/
welche am sorgfältigsten selbs alles gute anstellen/ und bey andern befordern
sollen/ wodurch gewiß nicht wenig unheyl geschiehet. Wie denn auch in
N. N. weil ein christlicher Prediger mehr fleiß zu erbauung seiner gemeinde
mit Catechisiren und sonsten angewendet/ GOtt aber denselben also gesegnet
hat/ daß die früchten bey den zuhörern/ vielen andern in die augen geschienen;
hingegen besorglich anderer unfleiß beschämet haben/ derselbe mit den be-
nachbarten in schwehren streit gezogen/ und gar mit verdacht irriger lehr beleget worden ist/ weil er die lehr von der möglichkeit göttliche gebot/ ob wol
nicht nach des gesetzes strenge und vollkommenlich/ ( wie er selbs bekennet )
jedoch mit redlichem kindlichen hertzen unvollkommen/ aber daß nach der
gnade des Evangelii der himmlische Vater sich denselben gehorsam gefallen
lässet/ zu halten/ also treibet/ wie es der schrifft/ symbolischen büchern und andrer christlicher Theologen schrifften/ allerdings gemäß ist. Indessen stürmet
alles auff ihn zu/ und da der gegentheil/ einer Universität Censur wider ihn/

der

der hingegen die approbation seiner antworten von 4. Universitäten hat erhalten/ solle er nicht besser als ein ketzer geachtet werden/damit man nur eines solchen beschwehrlichen menschen möchte loß werden; doch wird GOtt auch sein werck in der sache haben und schützen. Mich betrübt aber wol hertzlich/ wo ich sehe/ wie man sich streubet/ wo man die möglichkeit eines nicht vollkommenen heiligen/( als daran das anklebende fleisch noch hinderlich ist) jedoch von der welt abgesonderten/ und von herrschenden sünden befreyten gottseligen wandels/ mit ernst treibet: und muß ich immer sorgen/ daß solche leute sich förchten müssen/ob sie ihnen etwa bewust/daß sie sich zu einem rechtschaffenen Christenthum nicht resolviren könten/und daher dergleichen möglich zu seyn/ welches ihre schuld so viel schwehrer machte/ nicht gern zugeben wollen. Ach der HERR erbarme sich seiner kirchen in gnaden/ und lasse sonderlich derselben Hirten in der schuldigen treue mehr zunehmen/hingegen von aller miedlings-art und fleischlichen affecten/ sonderlich wider ihre brüder/gereiniget werden. Was sonsten GOtt vor segen zu unsers Hn. M. Franckens/ so bekannt ist/ Collegiis Biblicis in Leipzig gegeben/ und wie hingegen eben solcher segen und besorglich einiger commilitonum neid/ ihn bey den Hn. Professoribus in verdacht gebracht/ auch grossen lermen ohne seine schuld erwecket/ wird bereits anderwerts her bekannt seyn. In der darüber angestellten inquisition ist er ohne schuld befunden worden/so mich hertzlich erfreuet hat/ doch traue ich nicht zu versichern/ daß er und sein christliches vorhaben ohne nachdrückliches hindernüß bleiben werde. Wie solches die art unsrer zeiten ist/ die wir GOtt klagen/ und seiner hülffe warten müssen/ wann er sie schaffen wird/ daß man getrost lehren möge. 1689.

## SECTIO XXII.

# Von lesung der heiligen schrifft.

ALs die gethane fragen anlanget von lesung der heil. Bibel/so wünsche daß dieselbe zu erst von so gelehrten/als ungelehrten/ gelesen werde ohne commentariis, sondern wie sie uns der heilige Geist vor augen geleget hat/ und aus derselben nach unserer bekänntnüß auch jeder einfältiger/ was zu seinem glauben und leben blosser ding nöthig ist/ fassen und verstehen kan. Es soll aber alsdann solches lesen mit dieser ordnung und absicht geschehen: 1.Daß das neue Testament allezeit vielmehr als das alte gelesen werde/ja daß mans wol 4 oder 5 mal gegen einem einigen mal des alten/ durchzubringen habe. Jedoch ist dieses auch nicht hindan zu setzen/ sondern wir bedörffen es auch; so wol daß wir die historie uns bekannt machen/ Gottes weißheit/ güte und gerechtigkeit in allem/ was von der welt her vorgegangen ist/ sonderlich wie er seine kirche allezeit regieret und erhalten habe/zu

se...

seinem preiß und unsers glaubens stärckung erkennen / die wahrheiten / die
wir in dem neuen Testament lernen / bereits dorten auch / ob wol etwa dunck-
ler / angedeutet sehen / und dadurch befestigt werden / und also die vereinigung
beider Testamenter warnehmen. Der vorzug aber gebühret dem neuen / darinnen die glaubens-lehren und lebens-regeln am verständlichsten und kräfftigsten zu finden. 2. Solle alles lesen billich geschehen mit hertzlicher andacht und gebet / mit achtgebung auff alle worte / und hertzlicher begierde
göttlichen willen aus dem wort gründlich zu lernen / und nachmal sorgfältig
zu thun. 3. Das erste lesen / ja wol etliche malige durchlesen / ist rathsam
also anzustellen / daß man weder gedencke noch sich bemühe / alles was man
lieset / dißmal zu verstehen: sondern nur erstmal zu fassen / was auff das aller-
deutlichste und einfältigste da stehet / daß an dem verstand niemand wol eini-
nigerley massen zweiffeln kan / mit aussetzung aller derjenigen ort / welche einige scrupul und schwerigkeit zu haben scheinen. Was aber dermassen klar
und offenbahr da stehet / hat der leser sich so viel mehr nicht nur in die gedächtnüß / sondern recht in das hertz zu drucken / und GOTT um solche gnade zu
bitten: solche wahrheiten / was den glauben betrifft / bey sich selbs fleissig zu
überlegen / und wie mans zu seiner stärckung gebrauchen könne / zu behertzigen /
sonderlich aber was man vor lebens-regeln erkannt / ungesäumt zu trachten /
in das werck zu setzen. 4. Wo man etliche mal also die schrifft durchge-
bracht / und nur das leichteste zu fassen sich bemühet / auch solches ziemlich in
das hertz gefaßt hat / ( da ich auch versichere / daß man in der zweiten / dritten /
durchlesung von selbs schon mehrere stellen / die das erste mal gar dunckel
geschienen / gründlicher einsehen werde / weil man der art zu reden des Heil.
Geistes stets kundiger und gewohnter wird ) so hätte man denn sein lesen
nun weiter fort zu setzen / daß man je länger je mehr / jeglicher nach dem maaß
das ihm gegeben ist / die heilige schrifft zu verstehen verlange / und allgemach
auch einige schwehrere ort mit verstehen lerne / da mögen alsdann anderer
christlicher leute schrifften auch zum gebrauch kommen / und sollen nicht verachtet werden: da wolte ich denen / die nicht studiret haben / die Weimarische /
oder Osiandri Bibel / oder auch Crameri, wegen der lehren / nicht mißrathen.
Aber wiederum also / daß sie allemal das capitel allein / wie es da stehet / lesen /
und darauff entweder wo sie nicht recht fort kommen können / oder sorgen
den verstand nicht recht zu treffen / in solchen nachschlagen / was sie darinnen
vor nachricht finden; oder daß sie nach jenem lesen / alsdann solche erklührung
auch lesen / und also dasjenige drauß lernen / was sie ohne solcher christlicher
leute anzeige vor sich selbs nicht würden gesehen haben. Allezeit aber was
sie lesen / sich bemühen / nicht nur zu wissen / sondern gleich in das hertz zu fassen /
und sich dadurch in dem glauben und vertrauen zu GOtt / oder in dessen liebe

und

und gehorsam / desto mehr zu stärcken: daher vor / in und nach dem lesen stäts
den Heil. Geist um sein liecht und beystand anzuruffen / so dann was solche
dinge sind / so bald in die übung zu bringen. Diese art wird denen / die nicht
studiret haben / gnug seyn / und das göttliche wort bey ihnen diejenige zwecke
wozu es gegeben / ohnfehlbärlich erhalten / nemlich die befestigung in der
wahrheit und würckung der früchten der gerechtigkeit. 5. Was denjenigen so nicht studiret haben / gesagt ist / gehet eben so wol auff die gelehrte / sonderlich was die allgemeine requisita der lesung angehet mit diesem unterscheid. 1. Daß diese neben ihrem teutschen sich des grund-textes sonderlich
zu brauchen / und ihre gewißheit hauptsächlich auff denselben zu gründen haben. 2. Weil ihnen GOTT mehr gegeben hat / so haben sie auch weiter in
der erkäntnüß zu gehen / oder darnach zu trachten: sonderlich / welche sich dazu bereiten / dermaleins andern das wort der wahrheit selbs für zu tragen;
daher ihnen nicht gnug seyn will / daß sie allein / was zu glauben seye / verstehen / sondern auch von allem aus dem wort gründliche rechenschafft / als viel
nöthig seyn will / zugeben vermögen. Da will es nun freylich auch noth seyn /
zuweile commentarios zu besehen. Ich wüste aber nechst den obigen keinen einigen allgemeinen commentarium einem zu recommendiren / sondern es wird
wol jeder sich fast mehr an die absonderliche commentatores jeder bücher /
welche sich einer mit mehr fleiß zu lesen vorgenommen haben möchte / halten
müssen. Jedoch unter denen / welche allgemeiner gehen in dem N. Testament / recommendire ich gern glossam Flacii , darinnen gewiß viel stattliches
und nützliches sich findet; die harmoniamChemnitio-Lysero-Gerhardianam;
Balduinum in Epistolas; so dann auch in die Epistolas minores Eilh. Lubi-
num, von dem zwahr schad / daß man ihn schwehr bekommen kan. Die kleine
und kurtze paraphrasis oder erklärung D. Seb. Schmiedten über 13 episteln
und den Prediger Salomonis / mag auch nicht ohne nutzen gebraucht werden. Was aber die übrige absonderliche commentarios über jede bücher anlangt / werden dieselben ohne zweiffel ohne das gnug bekannt seyn. Der
HErr gebe allezeit / so offt wir mit seinem Wort umgehen / die gnade seines
Heil. Geistes / der was wir lesen / auch mit lebendigen buchstaben in die hertzen
schreibe / oder es da hineinpflantze / wo es bleibe und viele lebendige früchten
trage. Den mir communicirten auffsatz von christlicher kinder-zucht habe ich
verlangter massen durchgesehen / und mir derselbe wohlgefallen. Dann ob ich
wol meinen mangel gestehen muß / daß ich von schul-arbeit und methodo nicht
genau urtheilen kan / nachdem ich weder active noch passive in öffentlichen
schulen als ein lehrender oder lernender mich befunden / und also keine erfahrung davon habe / was jede arbeit leichter machen oder befördern kan / sondern allein so viel davon weiß / was ich naturali judicio assequire , so hat mir

N doc-

doch die ausführung selbs nach dem zweck/ welcher vor augen ist / eingerich-
tet/ nicht übel gefallen/ sonderlich da die jugend auch rechtschaffen zu dem
griechischen und hebräischen geführet wird/ und hoffe/ es werde die publica-
tion theils an einigen orten gelegenheit geben/ sich der nützlichen vorschläge
zu gebrauchen/ theils andere auffmuntern/ daß sie auch mit den ihrigen lieber
herfürbrechen/ und nach nothwendigkeit der sachen in commune zu consulti-
ren einen näheren anfang machen.    Der HERR segne die arbeit zu vieler
gehofften frucht/ und lasse auch mehr und mehr neben der kirchen/ in den schulen seinen Geist kräfftig würcken/ damit in denselben/ die in der tauff demselben vorgetragene und seinem bund einverleibte seelen/ nicht nur mit nützlicher erkäntnüß der dinge/ die in dem gantzen leben auch sonsten ihren nutzen
und nothdurfft haben/ erfüllet/ sondern fürnehmlich in stärckung des glaubens und pflantzung der gottseligkeit/ das heilige bilde Gottes in ihnen mehr
und mehr erneuret werde/welches wohl der schulen vornehmste absicht ist/und
seyn solle.    Ach daß sie stäts erhalten/ und auch diese schrifft dazu gesegnet
würde! 1690.

## SECTIO XXIII.

## Etliche fragen von bestraffung eines Predigers;
vorbitte für die krancken ; bleiben bey der communion;
sonntags-mahlzeiten und dergleichen materien zur sonntags-
feyer gehörig.

## Die 1. Frage.

Wann ich lese 3.Mos. 19/17. du solt deinen bruder nicht hassen in
deinem hertzen/ sondern du solt deinen nechsten straffen/ auff
daß du nicht seinetwegen schuld tragen müssest: ob wol ein lay/
wenn er in der gemeinde einen Prediger vor ihm im stul sitzen
sehe/ welcher nach gehaltenem Gottesdienst und zwahr unter
dem gesang/ mit denen andern zuhörern/ so neben ihm sitzen
oder gesessen sind/ von krieges-sachen redet/ so gar/ daß die neben und hinter ihm stehende zuhörer alles höreten/ und sich
daran ärgerten/ und der gedachte lay wartete/ bis daß alle leute aus der kirche wären/ ihm dem Prediger derselben stadt/
zwischen den beyden thüren/ da ihn niemand sehen kan/ ein mit
bleyweiß geschriebenes zettulein/ worauff diese wort geschrieben gewesen ( mein Herr Pastor, ich wünsche/ daß sein sohn/ der
jetzo

jetzo geprediget / in dem HErrn ferner zunehmen möge. Es haben sich aber die zuhörer vor und hinden E. Wohl-Ehrw. geärgert / alldieweil dieselbe gehöret / daß sie mit discursen unter dem gantzen gesang sich auffgehalten / und das noch von kriegessachen) überreichete; frage also/wann gedachter lay solches zettulein ihm dem Prediger / der nicht zu derselben gemeinde gehörig / ohne unterschrifft zugestellt / auch einen scrupul zu machen habe / und weil er der Prediger erfahren im nachfragen/ wer er ist/ ob er/ der solches geschrieben/ und sich wohl geprüfet / daß er es nicht gethan / um vor den leuten gesehen zu seyn / schuldig seye/ihn den gedachten Prediger um verzeihung zu bitten; (verstehe expresse darunter / daß er aus liebe zu GOtt und auffrichtigen hertzen solches gethan habe) was davon zu halten/ auch ob man in der schrifft solches factum probiren / und mit dem angezogenen loco seinen christlichen eiffer behaupten könne?

JCh antworte 1. insgemein/ daß ich finde/ wie die materie von der brüderlichen bestraffung eine derjenigen seye / darüber gottselige hertzen nicht nur sich manchen scrupul machen / sondern man ihnen offt kaum eine leichte regel zeigen kan / wie sie sich zu verhalten; nicht ob wäre die sache an sich so schwehr / sondern weil der brüder / ( welche eigentliche brüder / und an denselben die bestraffung gewiß wohl angewendet wäre ) leider so gar wenige auch unter denen / welche solchen nahmen eusserlich tragen/ sich finden/ hingegen unter solchem titel manche hund und säue verborgen ligen / da doch gegen jene vornemlich diese pflicht geübet zu werden nöthig wäre; diesen aber das heiligthum und die perlen solcher bestraffung Matth. 7/ 6. vorzuwerffen/nicht rathsam ist. Daher ich nicht läugne/ daß ich davor halte/es seye ein gottseliger mensch/ der den nechsten gerne in liebe straffe/ wo er vernünfftig vorsiehet/ daß er nichts ausrichten/ und jener nur ärger werden/ und zu trutz das böse desto mehr thun / ihn aber darüber angreiffen werde/ wohl entschuldiget/ wo er solches unterlässet/indem er weder Gottes ehr/noch seines nechsten bestes / zu welchem doppelten ende alle bestraffung gemeinet ist/ damit zu befordern siehet.

2. Auff den besondern fall zu kommen/ so bemercke erstlich/daß der Prediger mit solchem geschwätz sich versündiget. Dann weil der gesang ein nicht geringes stück des Gottesdiensts ist / so haben alle / so es zu thun vermögen/ gerne sich mit der gemeinde in demselben zu vereinigen. Wer es also unterlässet/ unterlässet etwas seiner pflicht / und sündiget also. Die sünd wird

auch

auch so viel schwehrer durch das geschwätz von dingen/welche an solchem ort/ und zu solcher zeit/die zu heiligen verrichtungen gewidmet/sich nicht ziehmen; so dann/weil dadurch auch andre in ihrer andacht gestöret wurden/die sich auch darüber geärgert haben. Zu allem diesem kommt/daß dieser fehler eben deßwegen/weil er an einem Prediger gewest/desto schwehrer zu achten ist/wie insgemein alle derselben sünden/vor denen sie sich hüten können/vor weniger entschuldbar/als andrer leute gebrechen zu halten sind. Also haben wir an ihm eine person/welche gestrafft zu werden verschuldet hat/und dero demnach in diesem stück nicht unrecht geschehen ist.

3. Hierbey ist ferner in acht zu nehmen/daß der zustand der person/weil es ein Prediger seye/sie von der brüderlichen bestraffung nicht befreyet: dann da die bestraffung zwey haupt-ursachen hat/die rettung der göttlichen verletzten ehre; so dann die besserung des nechsten/so haben beyde ursachen auch bey den Predigern platz: dann weil göttliche ehre durch ihre sünden nicht weniger/sondern wol gar mehr als von andern entheiliget wird/verschulden sie darüber auch einen so viel ernstlichern zuspruch. Weil sie auch von ihren sünden gebessert zu werden nöthig haben/ist man ihnen auch das mittel dazu/so in dem bestraffen stehet/schuldig/und wie ein Pfarherr seines amts wegen/wenn er kranck ist/nicht ohne artzney gelassen werden darff; also auch da seine seele geistlicher artzney der sünden wegen nöthig hat/muß sie ihm/ auch wol wider seinen willen/appliciret werden. Und zwahr darff man nicht gedencken/Prediger dörfften von niemand anders/als ihren collegis gestrafft werden/nicht aber von andern/die nicht in dem amt stehen; dann die schrifft/da sie von dem bestraffen des nechsten oder der brüder redet/macht unter den personen keinen unterscheid: so sündiget er auch nicht eigenlich als ein Prediger und aus seinem amt/sondern vielmehr wider sein amt/daher ihm dieses keine freyheit giebet. Wie dann Prediger/ob sie wol sonsten unter der Obrigkeit sind/als unter den gemeinen Landes-vätern/dannoch der Regenten sünden zu straffen befugt sind/so haben auch dero zuhörer gegen sie gleiches recht/oder vielmehr sind ihnen diese gleiche liebe schuldig: massen wir die sache nicht eigenlich als eine straffe/damit einem weh geschehen solle/ sondern vielmehr als eine wohlthat anzusehen haben; nur allein/daß bey Predigern und andern Vorgesetzten/wo sie von den untergebenen bestrafft werden müssen/des amts wegen so vielmehr bescheidenheit zu gebrauchen ist; wie aus der analogie dessen/was Paulus seinen Timotheum lehret/1. Tim. 5/ 1.2. erheilet.

4. Die art zu bestraffen solle allemal also eingerichtet werden/daß der nechste am wenigsten dadurch beschimpffet/sondern allein gebessert werden möge/indem von solcher art das meiste von nutzen zu erwarten ist; dahingegen

gen wo viele beschimpffung ist/ das gemüth gemeiniglich zu zorn erreget/ und also zur besserung unbequemer gemacht wird.

5. Nun auff die sache selbs zu komen/ sehen wir also/ daß der Prediger gefehlet/ der andere hingegen macht gehabt hat/ denselben zustraffen/ und zwar wie in der frage ausdrücklich bedinget wird/ solches aus gotteseligem eiffer gethan; dabey das gute vertrauen gegen einen Pfarrherrn haben sollen/ daß er nicht unter die säu und hunde gehöre/ welcher wuth man wider sich nicht reitzen dörffe/ sondern einen christlichen bruder/ der solche liebe mit gleicher liebe auffnehmen würde. Wir sehen auch/ daß die art des straffens oder erinnerns ungrtäßlich gewesen/ da die worte liebreich lauten/ und nichts bitters in sich haben; so dann eine gelegenheit gesucht worden/ worinnen derselbe am wenigsten beschämet werden könte.    Daher ich nicht wüste/ ob einer der alles genau examiniren wolte/ etwas auch in der art zu tadeln finden möchte/ es wäre denn sache/ daß die person sich nicht so bald kund gegeben: es kan aber auch solcher fehler gantz leicht entschuldiget werden/ indem es gantz guter meinung/ und aus demuth/ mag geschehen seyn; auch dem Pastori nicht dran gelegen seyn solte/ wer ihn über eine sache erinnerte/ worüber ihn sein gewissen so bald selbs erinnern sollen.

6. Hieraus folget/ daß der sogenannte lay nicht schuldig seye/ über diese erinnerung den Pastorem um verzeihung zu bitten/ denn er hat ihm kein leid noch unrecht gethan/ sondern einen liebes-dienst damit zu erzeigen getrachtet/ davor ihm eher christlicher danck/ als einiger verweiß gebührete.

7. Solte aber dergleichen der Prediger mit ernst prætendiren/ wäre mir solches sehr leid/ indem er sich damit/ so doch nicht hoffen solle/ verrathen würde/ daß er die regeln Christi/ zu deren beobachtung er gleichwol alle selbs mit fleiß anzuhalten/ und sie also allermassen zu loben hat/ nicht verstehe/ vielweniger mit dem nachtruck auff dero übung treiben könte/ weil er sie an sich auch nicht üben lassen will. Da gleichwol wir Prediger uns hertzlich drüber zu erfreuen haben/ wo GOtt solche liebe in unsrer zuhörer hertzen gibet/ daß wo sie uns irgend straucheln sehen/ sie uns mit liebe erinnern/ dahingegen die unordentliche ehrerbietung und scheue/ welche viele gegen uns tragen/ und daraus uns nicht/ was ihnen an uns mißfällig ist/ zu sagen getrauen/ auch uns selbs vielen schaden thut/ und uns um den nutzen bringet/ den wir zu unsrer eignen besserung von anderer erinnerung schöpffen solten.    Wie ich etliche mal auff der Cantzel publice darüber geklaget/ daß die Prediger übel dran wären/ daß zwahr jederman in der gemeinde auff unser thun und lassen genau acht zu geben pflege/ selten aber jemand uns in liebe dasjenige sage/ was uns zu anderem verhalten dienlich wäre; indem wir so wenig als andre bey uns/ was uns mangelt/ dermassen gewahr werden/ wie diejenige/ die

um uns sind: daher zugleich die gemeinde mehrmal gebeten/ mir und andern
solchen liebes-dienst zu erzeigen/ und versichert habe/ daß wirs wohl auffnehmen würden. Wiewol ich dennoch bekennen muß/ daß ichs selten dahin bringen können/ jedoch den wenigen/ die zuweilen mit mir geredet/ mich davor
zum danck verbunden gehalten habe. Ja wir solten solches auch deßwegen
mehr wünschen/ weil uns/ wann dieses mehr in schwang käme/ die gelegenheit gegeben würde/ da jetzt manchmal vieles von uns gemurmelt wird/ worinnen uns unrecht geschihet/ wenn es offenhertzig an uns gebracht würde/ so
wol der sachen andere bewandnüß den leuten zu unser rettung zuweisen/ und
also ihnen ihre scrupel zu benehmen/ als auch/ wo wir uns selbs sträfflich fin-
den/ die erinnerung zu unserm besten anzunehmen. Ach was vor ein vortreffliches mittel der besserung der kirchen solte es seyn/ wo diese liebreiche vertraulichkeit unter zuhörern und Predigern gestifftet würde! So der HERR
gebe!

II.

Wenn die predigt am sontag vollendet/ und der Prediger nach dem
allgemeinen gebet die krancken abließet/ welches offtmals eine halbe stunde und drüber währet/ der lay in seinem stuhl/ mit denen/
so bey ihm sitzen/ und die predigt nachgeschrieben haben/ dieselbe
mit ihm repetiren/ ja wenn ein oder ander locus scripturæ versehen im schreiben/ die weiber aber/ deren männer mit auffge-
schrieben/ dieselbige loca im nachschlagen gezeichnet/ und in der
stille/ (jedoch daß die zuhörer/ so vor ihnen sitzen/ nicht gehindert
werden im gebet) dieselbigen anweisen/ damit alles so geprediget/
ordentlich auffgeschrieben/ und hernach zu hause mit den sei-
nigē wieder repetirt werden möge; frage ich also/ ob selbiges wohl
zuläßig? oder ob man schuldig seye für die krancken allein zu bit-
ten/ und solches zu unterlassen? ich meines orts/ meine nicht unrecht zu thun/ daß/ so bald die gedachten krancken abgelesen wer-
den/ jeglicher ein à parte gebet für sie thue/ und wenn das gesche-
hen/ dieses exercitium vor die hand nehme.

Herauff zu antworten/ ist unterschiedliches zu mercken: 1. Daß das gebet für jemand insgemein/ so dann auch für die besondere anligen des
nechsten/ vornemlich aber der im leiden und kranckheit stehenden/ eine solche
christliche pflicht seye/ die aus der liebe des nechsten/ und sonderlich aus der
gemeinschafft der heiligen herfliesset; so wird auch etwas darauff gedeutet
Jac. 5/ 14. denn was damals geschehen mochte von den zu den krancken be-
ruf-

ruffenen älteſten/ geſchihet mit eben dem grunde auch in der gemeinde/ da die
älteſte ſolches verlangen derſelben vortragen. So iſt jeglicher begierig/ daß
auch zu der zeit ſeiner bedürffnüß für ihn abſonderlich/ das iſt/ mit abſonder-
licher richtung des gebets auff ihn/ gebetet werde/ deswegen andern auch von
ſeiner ſeit dergleichen ſchuldig.

2. Daher kan ſich keiner davon ausnehmen/ daß er nicht auch in ſeinem
gebet ſeine gedancken abſonderlich auff diejenige richte/ dero anligen von ſeinem Prediger auff das begehren der nothleidenden ihm vorgetragen/ und er
alſo darum gebeten wird. Ja ich zweiffle nicht daran/ daß jeder für dieſelbe
nicht nur in der kirchen/ ſondern auch zu hauſe zu beten verbunden ſeye.

3. Nachdem aber bey ſolcher menge der krancken/ dero in einer groſſen
gemeinde gedacht wird/ die meiſte kaum von ein und dem andern wiſſen/ als
daß ſie hören/ daß ſolche und ſolche perſonen ſeyen/ die dergleichen anligen ha-
ben/ mag an und vor ſich ſelbs gnug ſeyn/ daß man ſolche alle in ſeinem hertzen in ein gebet einſchlieſſet/ und derſelben/ die dieſes mal ihre noth haben vorſtellen laſſen/ zugleich vor GOtt gedencket.

4. Was das anhören der verleſung ſelbs anlanget/ ſo geſchihet dieſe al-
lein/ theils/ ſolche perſonen etlicher maſſen kund zu machen/ theils/ durch ſolche
anzeigung chriſtliches mitleiden zu erwecken/ damit alsdann das gebet aus
ſo viel eiffrigerem hertzen geſchehe/ dahero auch das anhören allein dieſen
zweck vor ſich hat: hingegen die nothwendigkeit deſſen dahin fället/ wo ſolcher zweck dadurch nicht erhalten werden kan. Nun bey einer ſolchen menge einer groſſen ſtadt/ werden die wenigſten ſeyn/ die daraus die gewiſſe perſonen abmercken können/ für welche gebetet wird; ſo dann ſind die formuln
dermaſſen allgemein abgefaſſet/ daß ich nicht eben ſehe/ wie das mitleiden dadurch ſo ſonderbar erweckt würde/ welches zuweilen geſchihet/ wo ſonderlich
in einer kleinen gemeinde die meiſte einander kennen/ und von den zuſtänden
der mit-Chriſten ohnedas einige wiſſenſchafft haben/ daher alsdenn/ wo etwas von denſelben auch bey der intimation meldung geſchihet/ die erinnerung die gemüther ſtracks zu deſto mehrern mitleiden/ und folglich andacht
für ſie zu beten/ beweget/ daß aber gedachter maſſen bey ſolcher menge nicht
platz hat.

5. Dieſer urſach wegen/ halte ich einen chriſtlichen zuhörer an einem ſolchen groſſen ort/ und wo gedachter maſſen der abſonderliche-zweck der
anhörung nicht platz findet/ nicht verbunden/ daß er eine ſolche mehrere zeit/
da er ſie zur erbauung beſſer anzuwenden wüſte/ gerade mit der zuhörung zubringen müſte; ſondern glaube gnug zu ſeyn/ da er aller derſelben/ dero noth
der gemeinde jetzo vorgetragen werde werden/ anligen in geiſtlich und leiblichem auff einmal vorträget/ daß der Vater der barmhertzigkeit und GOtt
alles

alles trostes/ seinen trost lebendig in ihren seelen versiegeln/ ihr leiden zu deroselben besten richten/ und auch in dem eusserlichen diejenige hülffe ihnen erzeigen wolle/ die er ihnen ersprießlich erkenne. Dieses gebet erreichet den
allgemeinen zweck dieser verlesung/ daß ein solcher nicht nur insgemein für
alle nothleidende/sondern in specie für diejenige/dero jetzt gedacht werde/und
zwar für eben dasselbe anligen/ davon geredet werde/ betet/ob er wol solches
anligen eben nicht völlig weiß/ aber auch aus der verlesung und dero anhörung wenig mehr davon wissen würde. So ists doch ein besonders/ und nicht
nur bloß allgemeines gebet/ daher der absicht der intimation gemäß.

6. Daraus folget/ wo man solche zeit hingegen kan zu einer dergleichen
geistlichen übung/ die zu der erbauung und nützlicher anwendung der predigt diensam ist/ widmen/ daß solches ohne verletzung des gewissens wohl geschehen könne.

7. Solte es aber sich begeben/ daß einige andre sich daran ärgerten/son-
derlich was einfältige und schwache Christen sind/ und ihnen möchte die sache
nicht also beygebracht werden können/ daß sie sich darüber zu ruhe zu geben
vermöchten/ so wissen wir die regel der liebe/ die uns Paulus sonderlich
Rom. 14. und 1.Cor. 8. mit mehrerm vorstellet/ welche von uns fordert/
daß wir uns auch derjenigen dinge/ welche sonsten an sich selbs nicht verbo-
ten/sondern wohl erlaubt sind/ aber den bruder wegen seiner schwachheit ärgern möchten/ eben deswegen enthalten sollen.

### III.

**Wenn man in andern kirchen die gelegenheit solches zu treiben nicht
hat/ sonderlich da die nachbarn nicht mit schreiben/ die böse gedancken zu vertreiben/die Bibel lesen möge oder nicht?**

Diese frage hat ihre beantwortung bereits in dem vorigen: nur daß dieses noch mit hinzu setze/ und auch bey dem vorigen hinzugesetzt haben
will; daß sich ein Christ erstlich prüfen und untersuchen solle/ ob er durch die
anhörung der unterschiedlichen noth und anligen/mehr als insgemein gerüh-
ret/und zu brünstiger andacht getrieben finde; oder ob er/wie aus dieser frage
abzunehmen/ daß einiger ihre klag seyn mag/ seine gedancken bald zerstreuet
zu werden fühle. Wäre jenes erste/ so achte ich ihn verbunden/daß er zuhörte/
und lieber alles andre unterliesse/ weil ihn diese rührung GOttes dazu leite-
te/ und er sein gebet für die krancke/ dazu er an sich verbunden ist/ mit so viel
mehr nachdruck zu thun/dadurch tüchtig würde: wäre aber dieses/so ich gleichwol von den meisten sorge/ bey einer so langen erzehlung allerley anligens;
bleibet nicht allein jene übung aus der vorigen frag wiedrum zu rathen/ sondern auch in entstehung desselben/das Bibel-lesen/damit er sein hertz besser in
der andacht halten würde. Gleichwol ist alles wiedrum mit voriger aus-
nahm-

nahm des falles des ärgernüſſes zu verſtehen/ und auch dieſelbe hie zu wiederhohlen.

## IV.

Unter der communion/ wenn die wort der einſetzung von dem
Diacono abgeſungen/ ob der lay nicht mitſinge/ ſondern in der
ſtille ſolche wort nachſpräche/ und nach verrichtetem gebet wol
möge hinweggehen; oder ob er ſchuldig ſeye/ biß die communion gantz aus ſeye/ zu bleiben?

1. BEy dieſer frage/ da des mitſingens meldung gethan wird/ iſt mir der
kirchen gewohnheit nicht bekant/ ob ſonſten die gemeinde/ oder einige
derſelben/ ſolche mitzuſingen pflegen; indem mir nicht wiſſend iſt/ anders wo
von einer dergleichen gewohnheit gehöret zu haben: auch nicht leugne/ daß
mir dieſelbe etwas unformlich vorkäme/ ſonderlich/ weil ſolche wort die Con-
ſecration in ſich faſſen/ die nicht eigentlich von der gemeinde/ ſondern von dem
Prediger geſchihet.　　Daher nicht davor halte/ daß andre mitzuſingen/ oder
auch ſonſten die wort eigentlich/ wie ſonſten etwas/ was uns der Prediger
vorſpricht/ nachzuſprechen haben: ſondern man hat allein mit hertzlicher andacht denſelben nachzudencken/ und ſich/ was der HErr damals gethan und
geredet/ zu erinnern.

2. Das bleiben bey der communion aber betreffende/ bekenne ich/ daß
zwahr keinen austrücklichen befehl des HEren habe/ daß ich alle glieder der
gemeinde zu dero gegenwart dabey/ obligiren könte; jedoch achte ich/ daß die
gemeinſchafft der heiligen/ und die wir mit unſern mitgliedern/ ſo gerade damals communiciren/ haben/ uns billig dazu antreiben ſolle/ daß wir mit denſelben für ihre würdige communion beten/ und nach derſelben mit ihnen dan-
cken/ auch um die verſiegelung der empfangenen gnade für ſie bitten/ daher
ihr geiſtliches gute damit befördern.　Wie wir etwa in dem fall unſrer eignen
communion ohne zweiffel wünſchen werden/ daß unſrer mitbrüder mehrere
ſeyn mögen/ welche ihre andacht mit der unſrigen vereinigen/und uns die nöthige gnade erbitten helffen; weßwegen wir uns nicht weniger zu gleicher liebe gegen ſie verbunden achten ſollen.

3. Ich gläube auch/ daß das dabeyverbleiben bey der communion/ unſrer eignen andacht ſehr nützlich ſeye/ indem man allezeit dabey nicht nur die
gelegenheit hat/ an die theure wohlthat des heil.abendmahls/ dero wir auch
offt genieſſen/ mit andacht zu gedencken; ſondern vornemlich ſich allemal das
leiden und ſterben unſers Heylands/ zu deſſen gedächtnüß dieſes Sacrament
eingeſetzet iſt/ deſto kräfftiger vorzuſtellen/ und alſo ſamt den communicanten den todt des HErrn dabey zu verkündigen.　　Nun iſt kein articul unſrer

O

chriſt-

christlichen lehr/ welcher unsern glauben kräfftiger stärcket/ als eben der articul von Christi todt/ folglich ist auch keine nützlichere übung/ als dessen betrachtung; ferner aber zu dieser keine bequemere gelegenheit/als bey dem H.
abendmahl.　　Daher ich weiß/ daß einige/ so vorhin eiffrig papistisch gewe-
sen/ aber nachmals zu unsrer wahrheit bekehret worden/ bekant haben/ daß
sie zeit ihrer unwissenheit bey der meß/ ob sie wol sonsten ein aberglaubischer
greuel bey ihnen ist/ offtmal wahrhafftig göttliche kräfftige wirckungen zum
vertrauen auff GOttes gnade/ glauben an den Heyland/ und inbrünstiger
liebe desselben/ in sich gefühlet haben: so sie aber darnach erkanten/ daß sie
nicht aus der krafft der meß selbsten/sondern aus der betrachtung des leidens
und todes JEsu Christi/welche bey der messe anzustellen/ einige anleitungen
in dem Pabstthum gefunden werden/ her entstanden seyen.　　Es mag auch
wol der anfang/ der so vielen und täglichen messen/ wie aller andrer mißbräuche des Pabstthums/ erstlich aus guter absicht gekommen seyn/ daß man
nemlich den leuten so nöthig geachtet hat/ eine stäte erinnerung des leidens
Christi und gelegenheit zu dero betrachtung zu machen/ als sie stäts in den
predigten sonsten zu unterrichten.　　Dahero dann zu solcher bequemligkeit
die tägliche meß/ das ist/ communion/ angestellet worden/ wo auch täglich
einige der gemeinde wahrhafftig werden communiciret/ die andre aber ihre
andacht dabey geübet haben/ so gewißlich eine löbliche sache gewesen/ und geblieben zu seyn/ zu wünschen wäre; biß nach dem der eiffer der communion er-
loschen/ doch die messen beybehalten worden/ aber daß der sie hielte/ allein
communicirte/ so schon der anfang des mißbrauchs war/ und die andre nach
sich gezogen hat.　　Indessen ists doch ein zeugnüß/ wie die alte Christen die
betrachtung des leidens Christi so hoch gehalten/ und dazu demjenigen/wer
täglich gelegenheit verlangte/ dieselbe haben machen wollen.　　Nun da wir
also auffs wenigste bey der sontäglichen communion solche gelegenheit haben
können/hielte ich davor/daß wir sie unserer eignen erbauung wegen nicht versäumen solten: gläube auch schwehrlich/daß wir um solche zeit eine unsrer seelen ersprießlichere übung anstellen könten.　　Solche aber zu befördern/ wolte
rathen/ wenn nicht etwa unter solcher zeit erbauliche lieder gesungen werden/
die man mit singen könte;oder aber/wenn man sich nicht starck gnug findet/für
sich selbs allemal seine betrachtungen über diese wohlthat des leidens Christi
anzustellen/daß man anfangs zwahr einige solche betrachtung versuche/dasie
aber nicht von statten gehen will/in der Bibel von der historie der Paßion/o-
der etwas dahin gehöriges/ oder auch aus gottseligen büchern/ betrachtun-
gen/ andachten und gebet von dieser materie lese/ und trachte seine seele allerdings in solches leiden des HErrn/ und dessen frucht gleichsam einzusencken.
Wer dieses thut/wird gewiß eine geistliche krafft davon empfinden/und sichs
nicht

nicht reuen dörffen laſſen/ wegen folgender ſtärckung ſeines glaubens.  Und
dieſes iſt ein weg zur ſo offtern geiſtlichen nieſſung des leibes und blutes JEſu Chriſti/ als wir mit ſolcher andacht der andern Sacramentlichen nieſſung
beywohnen.

Alle dieſe angeführte nuͤtzen hoffe ich von ſolcher wichtigkeit zu ſeyn/ daß
ſie uns das verbleiben bey der communion angenehm machen ſollen.

### V.

Ob am werck-tage/ wenn die predigt verrichtet/ er ſeinen beruffs-
geſchäfften nachgehend/ die ihn forciren/ ſchuldig ſeye/ für die
krancke mit zu beten/ und alſo der ſegen von dem Prediger mit-
zunehmen; oder ob er wegzugehen macht habe; oder aber wäh-
render zeit in der Bibel leſen mag?

Hierauff erklähre mich dahin: 1. Die geiſtliche verrichtungen ſind nicht
dermaſſen an den ſonntag gebunden/ ob hätten wir die woche damit gar
nicht umzugehen/ vielmehr wo wir unſre ſeele lieben/ werden wir auch in der
woche unſern geſchäfften einige zeit abbrechen/ gleich wie zur privat-andacht/
dero unſre ſeele täglich ſo wol/ als der leib ſeiner nahrung bedarff/ alſo
auch wo es müglich iſt/ zu einigem öffentlichen Gottesdienſt und verſammlung.

2. Indeſſen verbinden uns die ſonſten zu der gemeinen arbeit gewidmete wochen-tage nicht mit gleicher ſtrenge zu dem öffentlichen Gottesdienſt/
wie an dem ſontag/ den wir nach vermögen dem HErrn gantz zu widmen gehalten ſind.

3. Ob alſo wol ſonntags vor geendigtem Gottesdienſt ohne ſonderbare noth ſich aus der verſammlung vor dem ſchluß zu begeben/ nicht ziehmlich
ſeyn will/ auch faſt gewiſſes anderer ärgernüß geben dörffte; halte ich doch/
wo ehrliche geſchäfften des beruffs einen chriſtlichen mann trucken/ daß er
nicht ohne merckliche verſäumung das ende der verſammlung auswarten
kan/ daß er ohne ſünde ſich mit dem gehör göttlichen worts und dem gebet vergnügen könne/ nach dieſem aber ſeinem euſſerlichen beruff nachgehen dörffe.

4. Indeſſen verſtehet ſich doch dabey/ daß er insgeſamt für die krancke/
ſo der gemeinde werden vorgetragen/ ſein gebet vorher thue/ und derſelben
auch zu hauß gedencke.    Was das Bibel-leſen anlangt/ iſt bey der 3. frage
meldung geſchehen.

5. Jedoch rathete ich/ daß ein ſolcher nicht allezeit hinaus gehe/ und
bey andern den böſen ſchein gebe/ als ob er den ſegen gantz verachte: ſondern
zuweilen/ wo ihn die geſchäffte treiben/ ſich ſeiner freyheit gebrauche; zu andernmalen aber/ wo er weniger gehindert iſt/ auch zu anderer erbauung drin-
nen bleibe.									D 2						6. Ob

## VI.

Ob ein Christ/ wenn er am sonntag zu gast gebeten/ wol die vesper-
predigt versäumen/ und zu seinem freunde gehen; oder ob er zu
hause bleiben möge/ sintemal er wohl weiß/ daß er das gepredigte wort/ des vormittags gehöret/ bey ihm nicht wieder repeti-
ren/ und gleichsam wiederkäuen kan / und zumalen sich abson-
dere/ alldieweil er die welt-kinder/ so mit zu gast gebeten/ nicht
frequentiren will?

Diese frage hält wieder etlicherley in sich. 1. Ist zwahr der liebe sonntag
nicht nur zu der privat-andacht/ sondern nach aller Theologorum fast
einmüthiger lehr/ hauptsächlich zu dem öffentlichen Gottesdienst eingesetzet/
daher wir uns denselben solchen tag/ wo wir ihn zu besuchen vermögen/ auch
angelegen seyn lassen sollen: Indessen könte ich nicht gründlich darthun/ daß
eben jeglicher an solchem tag sich so vielmal/ als jedes orts möglich/ dabey
einzufinden verbunden wäre; sondern wie er sich der öffentlichen gemeinde
nicht entziehen darff/ also hat er gleichwol zahl und umstände/ nach denjenigen abzumessen/ wie er es seiner erbauung am bequemsten findet.

2. Wer also vormittags in der predigt gewesen ist/ und die materie/ die
er gehöret/ sonderlich zu seiner aufferbauung dienlich befindet/ auch gewahr
wird/ daß er an derselben wiederkäuung den tag gnug zu thun haben werde;
hingegen sich nur mit weiterm anhören confundiren/ und das vorige zu seinem rechten nutzen anzuwenden hindern würde/ der thäte nichtwohl/ wo er eine nachmittags-predigt besuchte/ weil er damit die erbauung seiner seele/ welche der wahrhafftige zweck der sonntags-feyer ist/ nicht befördern/ sondern
wohl gar verringern würde.

3. Wäre aber sache/ daß er vormittag nicht eben dergleichen gehöret/
davon er sonderliche erbauung spührete/ oder könte doch dasselbige in kurtzer
zeit zu gnugsamer fruchtbringung wiederholen/ wolte ich ihm rathen/ daß er
in der nachmittags-predigt versuchte/ ob ihm GOtt etwas ihm nöthiges hören lassen wolte/ oder daß er doch die übrige zeit/ die er eben nicht nothwendig
zu der vorigen wiederholung bedörffte/ dahin anwendete: Wie ich insgesamt auch diesen rath gebe/ auffs wenigste zuweilen bey der nachmittags-
predigt sich einzufinden/ auff daß die ungleiche meinung/ die etwa einige
schöpffen möchten/ ob verachtete man den nachmittags-Prediger oder solchen
Gottesdienst/ und also das daher besorgende ärgerniß verhütet/ oder abgewendet werden möge.

4. Die sonntags-mahlzeiten anlangende/ kan ein rechtschaffener Christ
durchaus zu dergleichen sich nicht einfinden/ bey welchen er solche welt-kinder
zu

zu erwarten hat/ welche/ wo nicht mit offenbar-ruchlosen/ jedennoch mit solchen gesprächen/ die die erbauung nicht fördern/ seine sonntags-feyer verstöhren möchten: thut er anders/ so ist er alsdenn selbs in schuld/ daß ihm nicht
nur solche zeit verlohren gehet/ sondern auch das etwa morgends gefaste gute/
wiederum verstöret wird/ und also sündiget er damit; dabey ich doch diejenige ausgenommen haben will/ welche durch ihre autorität oder gnade/ die ihnen GOTT gegeben hat/ auch andre in ordnung zu bringen/ oder dabey zu
erhalten hoffen könten.

5. Ob aber wol unter gottseeligen Christen auch sonntags solche mittags-
mahlzeiten gehalten werden könten/ bey denen durch gottselige gespräche die
zeit wohl geheiliget werden möchte/ und also dieselbe an sich selbs der heiligung des sabbaths nicht entgegen wären/ so wolte ich dennoch solche auch
nicht rathen: nicht nur/ weil es etwas schwehr zu hoffen ist/ lauter solche gäste
zusammen zu bringen/ davon man fördernüß und nicht hindernüß zu erwarten hat; sondern auch um des exempels willen/ indem/ wenn gottselige hertzen
sonntags miteinander so mahlzeit halten/ daß sie dabey ihrer seelen erbauung
nicht vergessen/ sondern wohl mehr an dieselbe/ als an des leibes ergötzung
gedencken/ andre welt-gesiñte/ welche nur einigen vorwand ihrem welt-leben
suchen/ gar behende solche gelegenheit ergreiffen/ und sie zur behauptung ihres wollüstigen lebens mißbrauchen: wie es nemlich nicht unrecht seye/ sonntags-mahlzeiten zu halten/ und auch darüber die vesper-predigten zu versäu-
men/ dann diese und jene bekanntlich gottselige leute thäten dergleichen auch/
ob sie wol nicht dabey gedencken/ was grosser unterscheid unter ihren und
jener mahlzeiten seye.    Weil wir aber wissen/ daß dergleichen mißdeutung
gemeiniglich folge/ so will die christliche klugheit/ daß man sich desjenigen ent-
halte/ was an sich selbs in christlicher freyheit stünde/ wir aber dessen miß-
brauch/ so bald vor augen sehen: wo uns immer im sinne ligen solle/ was der
Apostel erinnert 1. Cor. 10/ 23. Ich habe es zwahr alles macht/ aber es
frommet nicht alles; ich habe es alles macht/ aber es bessert nicht
alles.

Der HERR gebe uns allezeit den Geist der weißheit und der klugheit
der gerechten/ in allen stücken zu thun/ was seines willens ist/ und zu verste-
hen/ was bey jeglicher gelegenheit zu seinen ehren/ des nechsten erbauung/ und
unsers gewissens versicherung/ das vorträglichste seye/ damit wir solches allezeit thun/ und wir ihm darinnen wohlgefallen/ Amen.

## SECTIO XXIV.

### Vom gebrauch des Heil. Abendmahls und dessen nothwendigkeit / mit widerlegung der entschuldigungen.

#### I.

Ob es in unserer freyen willkühr stehe / das heilige Abendmahl zu brauchen; oder wie groß desselben nothwendigkeit sey?

#### Antwort.

WIr sagen auff den ersten theil der frage mit einem worte nein; auff den andern aber / es seye eine solche nothwendigkeit / daß man mit unterlassung des gebrauchs sich der seeligkeit verlustig machen könne. Solches nun auszuführen / wird davon nicht gefragt / ob niemand jemal selig worden sey / der sich des Heil. Abendmahls nicht gebraucht hätte: denn da ist ausgemacht / daß so viel 1000. lieber altväter vor der einsetzung dieses Heil. Sacraments in dem alten Testament selig worden sind; also auch die lieben kinder / welche GOTT vor der zeit / da sie durch eigene prüfung zu diesem Sacramente tüchtig werden / dahin nimmet. Wiederum diejenigen / welche an den orten gefangen / oder sonsten enthalten werden / da sie dieser seligen speise / nach welcher sie sehnlich seufftzen / und sich sehnen / wider ihren willen nicht habhafft werden können / werden freilich ohne diesen gebrauch selig. Dann das sey ferne / daß dasjenige sie ausschliessen solte / was nicht in ihrer macht stehet / und sie es nicht ändern können; sondern GOTT nimmet mit denselben vorlieb / die sich derjenigen mittel gebrauchen / welche dem alter und zustand zukommen / ob sie wol von diesem nicht aus eigenem willen / sondern aus unvermeidlicher noth ausgeschlossen sind. Aber ausser dem so sagen wir / daß sich des heiligen Abendmahls muthwillig zu enthalten / eine verdammliche sünde seye / und keiner selig werden könne / der in solcher beharrlich fortführet / und sich selbs vorsetzlich des theuren guts beraubet. Solches zu erweisen / sehen wir (1.) auff Christi befehlich. Hier stehet unumbgestossen / daß alles dasjenige nicht in unserer freien willkühr stehe / was Christus seiner kirchen insgemein befohlen. Nun haben wir den ausdrücklichen befehl: Esset / trincket / und thut solches zu meinem gedächtniß / Matth. XXVI, 26. 27. Luc. XXII, 19. 1. Corinth. XI, 24. 25. Die worte zeigen selbs den befehlich / und zwahr / daß wirs nicht für einen befehlich / der nur die Apostel betroffen habe / halte mögen / so setzet Paulus v. 26. dazu / daß so offt wir solches thun / sollen wir dabey den todt des HErrn

ver=

verkündigen/bis daß er kommet; währet demnach der befehlich also lang/
als die verkündigung des todes des HErrn/ und bis auff seine zukunfft.
Nun solle einem Christen genug seyn/ daß er etwas für nothwendig halte/
wo er den befehlich desjenigen siehet/ nach dessen seinen geboten er erkennen
muß/daß er allezeit schuldig seye zu leben als der sein HErr ist/nicht nur allein
wegen der schöpffung/ sondern auch/ weil er ihn noch darzu mit seinem theuren blute zum eigenthum erkaufft und erlöset hat. Wie streng demnach einer Obrigkeit befehlich den unterthanen/ eines Herrn gebot seinen leibeigenen sclaven verbindet/ demselben bey verlust der gnade nach zu leben; also
streng sind wir auch/ wie zu andern befehlen Christi/ also auch zu dieses seiner beobachtung verbunden: ja noch so vielmehr / so viel genauer unsere
pflicht gegen Christo ist/ als einiges unterthanen und leibeigenen gegen seinen HErrn seyn könte. Es will ja ein jeglicher Herr/ je höher derselbe ist/
so viel genauer auch sein gebot beobachtet und gehalten haben: wie vielmehr
dann der/ dem alles neben uns zu gebot stehen muß/ und würcklich stehet.
Wie nun die hoheit des befehlenden den befehlich so viel wichtiger machet/also
auch die übrige umstände/indem wir sehen/ daß es ein befehlich sey/ wobey der
HErr nicht so wol seinen nutzen/ als unser heyl suchet. Nun kan einem
gutthätigen Herrn kein grösser schimpff und verdruß wiederfahren/ als wo
er jemand gutes thun/ derselbe aber solche gutthat nicht annehmen will / sondern von sich stösset. Hierdurch hält sich ein solcher mehr beschimpfft/als mit
unterlassung eines andern befehlichs/der allein seine eigene sache betrifft. Ja
wo gleichwol einige liebe bey einem Christen gegen seinen Erlöser ist/ so ists
unmöglich/ daß er an nothwendigkeit desjenigen befehlichs Christi zweiffeln
solte können/ welchen er gethan um die zeit/ da er aus blosser liebe gegen uns
jetzo dem todt entgegen ging/ und uns noch vorhin dergleichen liebes-mahl
zu seinem andencken stifften wolte. Dann wie solte diese liebe nicht mehr
um uns verdienen/ als daß wir auch den befehlich nicht einmal nothwendig
achten wolten/ die uns von ihm hier zu geniessen gegeben wird. (2.) Erhellet
solche nothwendigkeit auch aus demjenigen zwecke und nutzen/ um welches
willen das heilige Abendmahl eingesetzet ist. So vielfältig also die jenigen
sind / so viel neue ursachen dieser nothwendigkeit werden wir antreffen.
Christus der suchet auff seiner seiten nichts anders durch dieses heilige Sa-
crament/ als das zeugnüß seiner liebe/ die er hiermit erweisen will/ so groß
zu seyn/ daß er auffs innerste sich mit unser seelen und leibe vereinigen wolle/
und das gedächtnüß seines aus trieb solcher liebe für uns ausgestandenen
todes. Dahero dann wir dieselbe liebe auch hierinnen zu preisen/ und seinen
tod nach Pauli worten I. Cor. XI. zu verkündigen haben. Wer es also
nicht thut/ der verachtet die liebe Christi/ und seinen tod selbs: indem er das

mittel

mittel verachtet/ durch welches sie von ihm solte gepriesen werden/ ja versagt hiermit dem HErrn den vornehmsten dienst/ darinnen er seine ehre suchet/ womit er eben/ so viel an ihm ist/ dieselbe schmälert/ und den HErrn um solche frucht seiner arbeit bringen will/ mit greulicher undanckbarkeit/ davor billich ein jeglich christliches hertz/ auch an solche verachtung nur zu gedencken/ sich entsetzen solle.    Auff unser seiten aber sind der absichten in dem heiligen Abendmahl unterschiedliche/ so viel nemlich der früchte desselben sind. Wann also ( 1. ) die vergebung der sünden im heiligen Abendmahl zu suchen ist/ indem uns die pfande gereichet werden/ wodurch solche vergebung verdienet ist worden: so zeiget solches auch die nothwendigkeit dieser heiligen hand-lung.    Wir finden in unsern gewissen sünde genug/ und fühlen auch die wie-dergebohrne und gottselige Christen täglich allerhand unvollkommenheiten an sich/ welche sie nach dem gesetz für sünde erkennen müssen? dahero täglich derselben vergebung bedürffen.    Wie also nun ein krancker/ der von seiner kranckheit befreyet zu werden vonnöthen hat/ eben deßwegen der artzney be-darff: also wer der vergebung der sünden bedarff/ der bedarff auch des mit-tels derselben.    Denn daß es damit nicht ausgemacht sey/ daß man sage/ es seyen noch ohne das heilige Abendmahl mehrere mittel der vergebung/ der man in ermanglung des einigen sich bedienen und getrösten könne/ soll nach-malen beantwortet werden.    Und in diesem verstande heist das heilige Abendmahl recht eine geistliche artzeney für die sünden/ die nicht weniger nohtwendig ist/ als die leibliche für leibliche schäden.    So vielmehr/ weil es nicht nur eine artzeney ist/ damit die begangenen sünden geheilet/ sondern auch wir vor weitern verwahret werden: denn es ist das heilige Abendmahl ( 2. ) auch eine geistliche stärckung.    Wir wissen/ daß wir von natur verder-bet und untüchtig sind/ etwas gutes von uns selbs zu thun/ so werden auch die kräfften/ die in der tauffe/ und durch allerhand geistliche mittel uns von GOTT zu unsers Christenthums und guten wandels fortführung verlie-hen worden/ offt gar schwach/ und nehmen wir in denselben ab.    Die müssen nicht nur täglich durch die speise göttlichen worts/ sondern nach unse-rer noth bewandnüß/ zuweilen auch mit kräfftiger artzney stärckung wieder ersetzet werden.    Wir bedürffen auff unserer reise nach dem himmlischen va-terland derselben wohl/ weil die reise so gefährlich/ als lang ist.    So ist aber dieses das brod/ in dessen krafft wir mit Elia an den berg Gottes Horeb mö-gen gehen/ 1. Reg. XIX, 8. wie die alten sich mit solchem gleichnüß belusti-get haben.    Also auch müssen wir leben in stetem kampff/ da Geist und fleisch wider einander streiten/ Gal. V.    Hie gehören einmal stätig neue kräfften dazu/ daß wir nicht/ weil das fleisch auch so offt neue kräfften bekömmt/ als wir ihm zu gefallen etwas böses thun/ gar überwunden/ und niedergeleget

wer-

werden.   Nun ists an dem/ daß keine edlere stärckung seyn kan/ als dieser
heilige genuß des leibs und bluts Christi.   Denn soll ein Christ recht in
seinem Christenthum stehen/ wie sichs gebühret/ so muß er rühmen können
mit Paulo Gal. 2/20. daß er nicht mehr bloß lebe/ sondern Christus lebe
in ihm.   Soll nun Christus in uns leben/ so muß/ weil wir sein leben in uns
offt mit sünden schwächen/ er immer auffs neue mit uns/ und wir mit ihm vereiniget werden/ so in dem heiligen Abendmahl geschiehet/ da er alle mal wie
auffs neue bey uns einziehet/ also auch auff das neue bey uns zu leben an-
fänget/ oder doch sein leben bey uns gestärcket wird.   Es ist der leib des lebendigen HErrn/ den wir empfangen/ viel kräfftiger uns das geistliche leben zu
geben/ und darinnen weiter zu bestärcken/ als jene todtenbeine des Propheten/
die gleichwol wunderthätiger weise den todten leichnam leiblich lebendig
machten / 2.Reg.13/21. Und kan hierinnen kein zweiffel seyn/ dann weil/ wo
GOtt ist/ seine gegenwart nie müßig oder unkräfftig/ sondern allezeit kräfftig und würckend ist/ so ist auch Christus/ der ja bekantlich in dem heiligen
Abendmahl zu uns und in uns kömmt/ gleichfals nicht müßig oder tod bey
uns/ sondern sein leben ist stärckend unser leben/ welches die 3 frucht des heiligen Abendmahls wohl mag genennet werden/ nemlich die vereinigung Christi: davon aber nachmal unzählich anderes geistliches gutes fliesset.   Es
fliesset daher die vermehrung der gnade des heiligen Geistes/ der ein Geist
Christi ist/ und bey dem wohnet/ wo er ist; brünstigere andacht zum gebet
und göttlichem wort/ eifferiger antrieb zu allem guten/ freudiger trost in
allem anligen/ und also der rechte vorschmack des ewigen lebens.   Welche
würckungen/ wie sie billich dem heiligen Abendmahl zugeschrieben/ auch aus
demselben offt von gläubigen Christen gefühlet werden/ und daher uns ja allen nöthig sind/ also gleichwie von dem haupt in die glieder stätig eine lebendige krafft eingehet/ also auch auff uns.   Zum 4. so ists absonderlich eine
bekräfftigung unsers glaubens/ welcher/ wie er offt stärckung bedarff/ also
nicht nachtrücklicher kan dieselbe empfangen/ als wo er selbs seinen Heyland/
davon er seine seeligkeit allein zu erwarten hat/ empfänget und zu sich be-
kömmet/ ja ihn in dieser absicht empfänget/ wie er für uns sich selbs gege-
ben/ seinen leib in den todt geliessert/ und sein blut vergossen hat.   Daß also
durch dasselbe nicht allein der todt und das verdienst Christi/ als unsers
glaubens einiger schatz/ uns gleichsam vor augen allemal gemahlet und geleget / sondern jeglicher leben damit versichert wird/ es gelte auch ihm/ weil
ihm der HErr es selbs darreichen lasse.   Daher/ ob wol das heilige Abendmahl nicht eigenlich ein opffer ist/ so ists doch die innige heylsame wieder-
gedächtnüß des für uns geleisteten opffers/ welche uns in unserm gewissen
alles das versigelt/ und im glauben zu eignet/ was wir seiner gebessert seyn.

P

Dies

Dieses sind nun neben andern mehrern die früchte des heiligen Abendmahls; welche / weil sie so bewandt sind / daß ein Christ derselben güter bedarff / also genugsam erweisen / wie nöthig denn das heilige Abendmahl seye:
daß also wiederum auch aus dieser absicht wir dasselbe nicht / ob wäre es in
unser freyen willkühr gestellet / sondern als höchst nöthig / anzusehe haben. Zu
an iezo ienem kömmt noch (3) ein neues argument, das zeugnüß unser einigkeit mit der christlichen kirchen / vor dero glieder wir uns bekennen. Es ist an
deme / daß das heilige Abendmahl auch als das band der liebe und einigkeit
zwischen den gliedern der christlichen kirchen eingesetzt ist: Paulus saget
1. Cor. 10/17. Wir sind viele ein leib / dieweil wir alle eines brods theilhafftig sind. Also hinwiederum sollen dann auch alle / die da ein leib / und
also der christlichen kirchen mitglieder sind / von einem brod theilhafftig
werden: und wer desselbigen sich nicht theilhafftig machen will / der reisset
sich damit selbs von der gemeinschafft der kirchen. Nun ists ein herrliches
werck um der kirchen gemeinschafft / die die gemeinschafft der heiligen
in dem Apostolischem glauben genennet wird / indem sie machet / daß ein jegliches der glieder der kirchen recht und anspruch an das gebet und alles das
gute hat / was sein mitglied hat und thut. Nun bestehet zwahr dieselbe
gemeinschafft in allen göttlichen gutthaten insgesamt / deren die kirche ge-
niesset; sie ist aber nirgends scheinbahrer / als in dem heiligen Abendmahl /
daß also billich dasselbe für das vornehmste mittel / wie der vereinigung unserer mit unserm haupt Christo / also auch der vereinigung zwischen den gliedern selbs / zu halten ist. Daher billich dieses für eine der gültigsten proben bey allen religionen gehalten wird / daß man die kirche für die wahre kirche erkenne / bey dero man das heilige Sacrament empfähet / und dennoch
der empfang gleichsam die thätliche bekäntnüß ist. Woraus in dem gegentheil zu schliessen stehet / daß derjenige die kirche nicht allerdings für die
rechte erkenne / oder doch von derselben nicht für ein wahres glied zu erkennen seye / welcher bey einer kirchen sich des öffentlichen zeugnüsses / damit wir
unsere einigkeit in Christo bezeugen / enthält. Daraus ferner fliesset / daß
also ein solcher mensch der nutzbarkeit des gebets / und übriger allgemeiner
kirchen-güter sich verlustig mache durch sothanen riß / da er sich von dem
übrigen geistlichem leibe Christi absondert und zwahr mit eigenem schaden / a-
ber noch grösserem ärgernüß anderer leute: Indem der schwache hierdurch in
schweren anstoß gesetzet wird / dieweil wenn sie dergleichen leute / sonderlich
da sie eusserlich einen vor der welt erbaren wandel führen / sich des heiligen
Abendmahls zu enthalten sehen / gantz darüber irre werden / und nicht
wissen / was sie gedencken sollen / wo sie nicht gar endlich durch dergleichen
exem-

exempel zu gleichem übel verleitet werden. Ruffet denn nun Christus Matth. 18. so ernstlich das wehe aus über diejenigen/ durch welche einer seiner geringsten geärgert wird/ und ist man offt schuldig um verhütung des ärgernüsses das zu thun/ worzu man sonst an und für sich selbs nicht verbunden wäre/und was mittel-dinge sind: wie vielmehr hat man dann dasjenige nicht aus der acht zu lassen/ worzu man ohne das aus Gottes befehl mit höchstdringenden ursachen verbunden wird/ und also/ welches an sich nöthig ist/ da wir sehen/ daß wir auch noch durch unterlassung hefftiges ärgernüß stifften würden. Da also nicht nur die liebe/ die wir gegen GOtt/ sondern auch die wir gegen den nechsten haben sollen/ uns die nothwendigkeit dieses wercks zu erkennen geben solte. Aus welchem allem schließlich erhellet/ daß also freilich des heiligen Abendmahls sich zu gebrauchen/nicht in unserm willen stehe/ sondern Gottes befehl/ desselben nutz und zweck/ warum es eingesetzt; so dann die schuldige einigkeit der kirchen-glieder/ oder aus dem gegentheil entspringendes ärgernüß es allerdings nöthig mache/ und deßwegen niemand in dem stande/ wo man dessen kan theilhafftig werden/ sich desselben ohne gefähr der seligkeit zu enthalten vermag.

## Die andere Frage.

Ob wir dadurch von dem gebrauch des heiligen Abendmahls entschuldiget werden/ weil wir sonst der übrigen göttlichen mittel uns gebrauchen; sonderlich das göttliche wort fleissig hören/ und die heilige absolution/ wie dieselbe öffentlich allen bußfertigen insgemein gesprochen wird/ annehmen?

OB schon sattsam erwiesen/ wie nothwendig das werck an und für sich selbs ist/ so würde es doch nicht genug seyn/ wo nicht auch einige hindernüssen aus dem weg geräumet werden/ um welcher willen ein und andere sich dieses nöthigen mittels ihrer seligkeit enthalten/ und derenthalben genug meinen entschuldiget zu seyn. Unter denselben mag wohl dieses die erste seyn: wenn einige damit gedencken sich zu vertheidigen/ daß GOtt ohne das heilige Abendmahl auch die übrige mittel eingesetzt habe/ sonderlich sein heiliges wort/ aus dessen anhörung/ und daraus annehmenden trost undkabsolution sie wohl alles haben könten/was zu ihrer seligkeit vonnöthen seye; und möchte also die unterlassung des einigen mittels/ welches durch andere ersetzt werde/ ihnen nichtes schaden. Vorausgesetzt dessen/ daß wir hier reden/ wie bey der ersten frage bemercket worden/ von denen/ die da das heilige Abendmahl haben können/ so beantworten wir die frage mit runden nein. Es sollen zwahr die übrige mittel/ göttliches wort und die absolution des

heili-

heiligen Evangelii / die nach allgemeiner verkündigung denjenigen billich
zum trost dienen / die da des heiligen Abendmahls aus unvermeidlichen
hindernüssen nicht können theilhafftig werden / ob sie schon darnach hertzlich
sich sehnen; nicht aber diejenigen in ihrer härtigkeit besteiffen / welche mehrere mittel haben könten / und sich selbs derselben berauben. Dann nicht davon zu sagen / daß solche leute hiermit Gottes des HErrn ordnung still-
schweigend straffen / indem sie dieselbe für unnöthig und also überflüssig zu
ihrem heyl achten zu seyn / die doch GOtt angeordnet / und aber/
was er ordnet / löblich und herrlich ist / Psalm 111,3. So stehet 1.Christi
befehl noch fest / und wird durch diese entschuldigung nicht auffgehoben.
Der HErr sprach zu seinen jüngern / esset und trincket / auch um die zeit/
da sie die übrige mittel ihres heyls eben so wol hatten. Also die Corinther
hatten sie auch / gleichwol lässet Paulus 1.Cor. 11. den befehl der worte der
einsetzung auch ihnen gültig seyn. Es stehet uns nicht zu / wie in andern
göttlichen gesetzen / also auch in den befehlen / die zu unser seligkeit gehören/
und die mittel dazu betreffen / mit GOtt dem HErrn darüber zu accordiren/
daß wir ihm zwahr in diesem und jenem folgen / hingegen nach belieben anders auslassen wolten. Es ist vielmehr eine kette zwischen allen göttlichen
geboten / die also an einander hängen / daß keines übertreten wird / daß nicht
die gantze kette auffgelöset würde: sonderlich wann es gar mit diesem vorwand verknüpffet / daß mans nicht für nöthig halte zu seyn / welches recht
das aufflösen ist / Matth. 5/ 19. und Gottes des HErren ehre viel empfind-
licher verletzet / als sonst andere übertretungen. 2. So bleibet gleichfals
auch die ursach der nothwendigkeit / ohnerachtet dieser entschuldigung / stehen / welche von dem zweck und früchten des heiligen Abendmahls genommen wird. Weil dann nun Christus darinnen das zeugnüß seiner liebe
und seines todes von dir suchet / bist du schuldig ihm solche nicht zu verhalten.
Dann ob du schon bezeugest / aus seinem wort und dessen anhörung seiner
liebe zeugnüß zu nehmen / und solches mit bekäntnüß / gebet und gesang auch
von dir vernehmen zu lassen: So thust du zwahr etwas / das du auch ohne
das schuldig bist / aber du thust gleichwol dasjenige noch nicht / was eben so
wol Christus von dir fordert; wann er dann von dir auch solch würckliches
zeugnüß haben will / welches durch das mündliche zeugnüß nicht auffgehaben wird / so kan auch solches mündliche zeugnüß ihm nicht gefällig seyn/
oder als gültig von ihm angesehen werden / aus ansehung dessen / daß du ihm
das andere / das er von dir auch fodert / versagest. Es stehet ja dem HErren
frey / seinen dienst also von dir zu fordern / wie es ihm gefället / nicht wie dirs
beliebet: also ist es ja in des HERREN macht gestanden / die art und
weise

weise vorzuschreiben/ mit welcher er wolte seine liebe von dir geehrt/ und seinen todt verkündiget haben.    Du aber kanst dich solches gethan zu haben
nicht rühmen / wo du es nicht auff die von ihme vorgeschriebene weise
thust.    Die früchte/ so wir daraus ziehen/ belangend/ weisen solches auch.
Die vergebung der sünden wird zwahr freylich durch das wort des Evangelii
und die H. absolution ertheilet; aber solten darum andere mittel vergebens
und überflüßig seyn/ welche GOtt zu diesem zwecke eingesetzet hat? das seye
ferne.    Wer bey seinem alter noch bekehret würde/ dem würden gleich / vermöge seines glaubens/ und gläubiger annehmung des Heil. Evangelii/ seine
sünden vergeben: Solte man aber darum ihn nicht  auch getaufft haben zur
vergebung seiner sünden/ weil ihm dieselbe schon vergeben sind.    Das würde niemand sagen.    Also auch hier bedarff der doch auch nach göttlicher ordnung des H. Abendmahls zur vergebung der sünden/ der dieselbe auch in andern mitteln empfänget. Es verhält sich hie nicht mit den geistlichen mitteln/
wie mit den leiblichē/ da ein krancker/ so numehro durch eine artzeney von seiner
kranckheit gantz befreyt ist/ nicht bedarf/ von derselben auch durch andere artzeneyen frey zu werden ; aber bey uns menschen in dem geistlichen/  entstehen
nicht allein täglich neue ursachen und neue zufälle/ die immer neue artzeneyen
erfordern / sondern es wircken auch die neue mittel mit muthwilliger unterlaßung der andern/ dasjenige nicht/ welches sie wircken solten; indem dieselbe
unterlaßung selbs wieder eine neue kranckheit und sünde ist. Davon bald. Also ists freylich auch an dem/ daß wir durch das heilige wort GOttes gespeiset /  und demnach in dem neuen leben ordentlicher weise gestärcket werden ;
indessen aber wird darum das H. Abendmahl nicht unnöthig.    Es geschiehet im leiblichen wol/ daß der mensch sich nicht genug mit gewöhnlicher speise
und tranck stärcket/ uñ dadurch zu kräften komen kan/ sondern dazu einer artze-
ney/ so auch nicht jeglicher artzeney/ sondern vor andern einer köstliche artzeney
bedürfftig ist : So verhält sichs auch hier/ daß wir nicht allemal mit der speise und täglichen artzeneyen des worts GOttes gnug haben können / sondern
auch noch köstlicheren mittels bedörffen/ das wir in dem H. Abendmahl empfangen.    Gleicher massen verhält sichs auch mit der einwohnung CHristi/
und bekräfftigung unsers glaubens/ die freylich auch und vornemlich durch
das wort und dessen anhörung gewircket werden /  aber dazu die H. Sacramenta nicht allein auch herrlich helffen/ sondern es wohl zuweilen dahin kommen kan/ daß ohne dieselbe diese sonst durch das wort erlangende güter/ nicht
erlanget werden können /  sonderlich wenn die eigentliche verachtung dazu
kömmt/ von dero in der letzten frage. Wenn ein grosser Fürst uns seiner gnade mit brieff und sigel versicherte / wir sagten aber / ey wir wolten des sigels
nicht/ sondern wolten bloß seinem wort und brieff trauen/ rissen also das sigel

ab; da wuͤrde/ wie die verſigelung des brieffs vorhin von ſeiten des HErrn
eine ſonderbare gnade geweſen war/ derſelben verwerffung zum hoͤchſten
ſchimpff angezogen/ und mit ſtraffe angeſehen werden. Das thun aber die-
jenige/ die zwahr in hoͤrung goͤttlichen worts wollen GOtt dem HErrn
glauben/ aber das ſigel/ das H. Abendmahl/ ſo der HErr daran gehencket
hat/ ſo viel an ihnen iſt/ abreiſſen. Alſo iſts auch (3) damit bewandt/ wo
wir die nothwendigkeit des H. Abendmahls gezeigt/ wegen des zeugnuͤſſes
unſerer einigkeit mit der chriſtlichen kirchen. Einmal die muͤndliche bekaͤntnuͤß
zu unſerer kirchen iſt noch nicht gnug/ wo man zu der wuͤrcklichen ſich nicht
verſtehen will: ſonderlich wird dem aͤrgernuͤß nicht geſteuret. Ja es werden ſich viele an demjenigen mehr aͤrgern/ der in dieſem einigen ſtuͤck von der
kirchen ſich zuruͤcke zeucht/ dabey aber in andern ihr glied ſeyn will/ und den
ſchein eines gottſeligen lebens hat/ als uͤber einem oͤffentlichen veraͤchter
GOttes. Denn auff dieſen gibt man weniger acht/ und weil er bekaͤntlich
ein boͤſer menſch iſt/ wird ſein exempel nicht viel geachtet/ ſondern ein jeder
weiß/ was man an ihm hat. Aber je mehr die ſonſt ſcheinende froͤmmigkeit
von einem ſolchen menſchen andere einnimmt/ daß ſie gutes von ihm halten/
je mehr ſtoſſen ſich ſchwache daran: es muͤſſe einmal nicht ſo noͤthig ſeyn/ was
ja dergleichen gottſeeliger menſch unterlaſſe/ der in andern dingen ſich ſo
chriſtlich bezeuge. Da gibts ſcrupel/ und viel gefaͤhrliche anfechtungen/ daher aber von jener ſeiten ein ſchweres gegebenes aͤrgernuͤß. Iſt alſo hieraus
zu erkennen/ daß alles dasjenige/ was droben die nothwendigkeit des H. A-
bendmahls zu bezeugen angefuͤhret worden iſt/ von dieſer entſchuldigung
durchaus nicht auffgehaben werde/ und daher dieſelbe nothwendigkeit allerdings feſt ſtehen bleibe. Dazu denn noch billich zu ſetzen/ daß wir ſagen moͤ-
gen/ weil ein ſolcher menſch in einem erweißlichen ſuͤnden-ſtand ſtehet/ ſo
nutzen auch demſelben die uͤbrige mittel der ſeligkeit ſo lange nicht/ als lang
er in der unterlaſſung deſſelben mittels hartnaͤckig beharret. Das H. wort
GOttes verſpricht vergebung der ſuͤnden allen bußfertigen ſuͤndern/ und wer
ſolche verheiſſung annimmt/ der hat ſie gleich in derſelbigen ſelber. Aber
wir koͤnnen die nicht fuͤr bußfertige ſuͤnder erkennen/ die die verſaͤumung ſolcher ihrer obliegenden pflicht ihnen nicht laſſen leid ſeyn/ deſſen zeugnuͤß genug daran zu ſehen/ weil ſie ſie entſchuldigen/ und durch erinnerung davon
abzuſtehen nicht koͤnnen bewogen werden. Dieſes iſt alſo eine ſtets in ihrem hertzen herrſchende ſuͤnde/ welche ſie aus dem ſtande der buſſe ſetzet/ und
ſind ſie alſo der vergebung der ſuͤnden nicht faͤhig. Und ob ſie wol etwa die
verheiſſung des Evangelii auff ſich ziehen/ thun ſie es mit unrecht/ und betriegen ſich damit ſelbs/ ſo lang/ biß ſie ſolchen ſtein/ der in dem weg lieget/
dieſe ſuͤnde/ von ſich ablegen. Bleibet alſo dabey/ daß dieſelbe leute nicht
nur

nur mit denen ordinari brauchenden mitteln der H. absolution, und des wortes GOttes auch schuldig seyn/ des H. Abendmahls sich zu gebrauchen/ sondern daß in unterbleibung desselben/ die übrige mittel alle insgesamt ihnen nichts nutzen/ sondern vielmehr ihren stand so viel gefährlicher machen/ und ihr verdammnüß vermehren können.

## Die dritte Frage.

Ob unsere unwürdigkeit uns von dem H. Abendmahl abhalten/ und solche entschuldigung angenommen werden solle?

ES verstellet sich der teuffel auch in einen engel des liechts/ 2. Cor. 11/14. und suchet also offt bey uns/ wo er uns zu etwas böses verleiten will/ dasselbe durch dergleichen ursachen/ die nicht allein bey andern/ sondern auch wol etwa bey uns selbs zuweilen das ansehen der gottseligkeit haben/ zu wege zu bringen: ob wol in der that man sich selbs betrieget. Dazu gehöret auch gegenwärtige entschuldigung/ wo unser fleisch uns überreden will/ daß/ weil wir allerhand sündliche schwachheiten an uns haben/ ja derselben niemal uns völlig entbrechen können/ wir wegen solcher unwürdigkeit uns nicht unternehmen sollen/ zu solchem H. tisch uns zu nahen/ und daselbs den leib und blut des allerheiligsten zu geniessen; weil ausdrücklich Paulus 1. Cor. 11. uns warne/ nicht unwürdig hinzuzugehen. Lautet das nicht eine gottselige entschuldigung zuseyn/ daß man sich zu unwürdig halte/ einer dergleichen hohen ehre/ Gottes selbs/ theilhafftig zu werden. Diese demuth solte man meinen GOtt wolzu gefallen. So solte man auch meinen/ man ehre ja Christum so viel höher/ so viel ernstlicher man seine eigene unwürdigkeit erkenne: Und ist ja dieses ein werck der Gottesfurcht/ weil man diese himmlische gaben nicht will mit seiner unwürdigkeit entheiligen. So lautets freylich/ wo wirs nach dem eusserlichen ansehen. Aber lasse sich hier keiner verführen/ es stecket mehr böses darunter als man meinet. GOtt will dasjenige was wir thun sollen/ nicht davon verurtheilet haben/ wie es uns irgend anständig und fein deuchte zu seyn/ sondern nach seiner regel und ordnung. Sonderlich will GOtt der HErr nicht leiden/ wenn er uns würdigen will seiner gnade/ daß wir aus einigem vorwand der unwürdigkeit/ uns ihm und derselben entziehen sollen. Das leget er/ obs schon den nahmen einer wahren ehrerbietung solte haben/ für einen schimpff und verachtung aus/ gleich ob verstünden wir besser/ wer würdig zu diesem oder jenem seye/ als er der HErr selbs. So gings Petro/ da der HErr ihm wolte die füsse waschen/ Joh. 13/6. da deuchte es ihm allzuviel zu seyn/ daß er dieses zugeben solte; sprach also: HErr soltestu mir die füsse waschen! ja er wolte es nicht leiden/ obschon der HErr sagte/ er thue es aus guten ursachen: verdient aber von dem HErrn dadurch einen

gu=

guten verweiß; jedoch ließ er sich weisen. Es ist freylich so/ daß/ wenn wir unsere vernunfft fragen/ so ist niemand würdig zu diesem heiligen wercke/ Gottes des HErrn seinen eigenen leib und blut in dem H. Abendmahl zu empfanzen/als wer vollkommen heillg uñ ohne alle sünde ist/ weil einem heiligem gast auch eine heilige herberge gebühret. Aber das ist der vortheil unserer vernunfft/ die wie in andern dingen/ also auch hierinne eine thörin ist/ und sich nicht in göttliche gnaden-geheimnüsse richten kan. Ist aber denn jetzo diese vermeinte demuth nicht vielmehr geistlicher hochmuth/daß wir also die sache besser verstehen wollen/ als Christus sie verstanden habe/ der gleich wol armen sündern/die da an sich unwürdig sind zum besten/dieses Heil. Abendmahl eingesetzet hat? Dahin bringet uns endlich unser fleisch/ daß wir unvermerckt eben dasjenige begehen/was wir zu fliehen gedencken. Wie aber/ möchte jemand sagen/kan man denn mit gutem gewissen/ unwürdiger weise zum H. Abendmahl gehen/ das doch Paulus verbeut 1. Cor. 11. Hierauff ist zu mercken/ daß zweyerley unwürdigkeit seye: eine unwürdigkeit ist nach dem gesetz/ und heisset diejenige/ wo wir nicht die gehörige vollkommene heiligkeit und gerechtigkeit an uns haben/ die wir haben solten/ sondern vielmehr fühlen an uns allerhand sünden und mängel/ um welcher willen wir vor GOtt dem HErrn/ da er nach seinem gesetz und strengen gerechtigkeit mit uns handeln wolte/ nicht erscheinen/ oder etwas gutes von ihm erwarten solten. Diese unwürdigkeit ist bey uns allen/ massen wir in sünden alle gebohren sind/ auch aus der verderbten natur allerhand sünde begangen haben/ ja sie bleibet allezeit bey allen/ auch wahren kindern GOttes. Aber sie hindert so gar nicht an dem gebrauch des H. Abendmahls/ von dem sonsten alle menschen bleiben müsten/ weil sothane unwürdigkeit bey allen sich befindet/ daß um derselbigen willen wir so vielmehr ursache haben dazu zu eilen. Diese unwürdigkeit ist unsere allgemeine kranckheit/ dazu aber wir in dem heiligen Abendmahl eine tüchtige artzney finden. Wir melden ja uns bey dem H. Abendmahl nicht an/als fromme und gerechte leute/ sondern als arme sünder/die der versöhnung um des HErrn JEsu willen/ welcher den sündern zu gut gekommen ist/bedürfftig sind. Derowegen auch bey darreichung der H. pfände nicht gesagt wird/nehmet hin/ esset und trincket/das ist um eurer gottseligkeit willen dahin gegeben und vergossen/ sondern um euter sünde willen. Ja weil das H. Abendmahl auch vergebung der sünden ertheilet/ so findet es bey denen auch sünde/ die es fruchtbahrlich gebrauchen. Bey wem aber sünde ist/ da ist auch die würdigkeit nach dem gesetze nicht. Streitet demnach diese einbildung/ da wir meinen/solche unwürdigkeit schliesse uns von dem H. Abendmahl aus/ selbs wider den zweck desselben/ und macht es uns allerdings unnütz. Denn wer da selbs gerecht/ und an sich heilig wäre/ bedürffte Christi

und

und seines nachtmahls nicht. Wir werden aber keinen solchen finden. Hingegen ist eine andere unwürdigkeit nach dem Evangelio / welche darin beste-
het/wo man nicht göttliche gnade auff gebührende weise erkennen und annehmen will. Von der gestehen wir gerne / daß solche unwürdigkeit an dem
H. Abendmahl hindere; aber sie machet den menschen nicht nur allein zu diesem H.gut/sondern auch zu allem genuß göttlicher gnade untüchtig. Damit
man aber recht diese unwürdigkeit verstehen möge/muß in obacht genommen
werden/ wer da zu dem H. Abendmahl würdig seye/ woraus die unwürdigkeit auch leicht verstanden wird. So erfordert nun diese würdigkeit nichts/
als die hertzliche und ernstliche busse / daß nemlich der mensch zum 1. zwahr
seine angebohrne und aus andern begangenen sünden herfliessende unwürdigkeit / denn auch seine sünde hertzlich erkenne / GOtt dem HErrn beichte/
und sich von grund der seelen drüber betrübe/auch erkenne/wie GOtt ursache
hätte/ nach seinen zorn/ uns wegen unser mißhandlung willen von seinem angesicht zu stossen/ und ewiglich zu verdammen / so dann / daß uns kein mensch
aus solcher unser noth helffen könne.   2. Muß der wahre glaube dazu kom-
men/ daß man gleichwol in ansehung solcher seiner sünde nicht verzage / sondern erkenne und gläube/ das verdienst Christi sey noch viel grösser / als unsere sünden sind/ es sey auch absonderlich für unsere sünde geleistet/und demnach dieselbige dadurch getilget; Ja weil Christus sich selbs/und was er hat/
uns zu eigen geschencket / so seyn wir ohnfehlbarlich um seinet willen bey unserm himmlischen Vater in gnaden. Aus solchem glauben muß nachmal die
hertzliche gegen-liebe gegen GOtt herkommen; ja der glaube / wo er hertzlich
ist/ bringt sie ohnerfordert mit sich / daß man wegen der abermaligen göttlichen gnade ihm vornehme / den sünden mehr und mehr abzusterben/ und im
neuen gehorsam Gott dem HErrn gefällig zu leben/auch um seinet willen unsern nechsten hertzlich zu lieben. Das sind die stücke und früchte der wahren
busse / die allein wegen des einen stücks / des glaubens aus dem Evangelio/
uns zu dem heilsamen gebrauch des Heil. Abendmahls würdig machet / und
also deren gegensatz allein die unwürdigkeit verursachet/ die uns von dem gebrauch des H.Abendmahls abhält.   Fraget sich also / wer unwürdig sey zu
dem H.Abendmahl? so heists gleich/derjenige/der entweder seine sünde nicht
begehret zu erkennen/ sondern sich einbildet/ für sich selbs gar fromm zu seyn;
seine sünde vertheidiget/ gefallen daran hat / und noch meinet / GOtt dürffe
doch darüber nicht zürnen; oder der da nicht sich mit wahren glauben an Christum hält/ will in etwas anders seine seligkeit suchen/ der zweiffelt allerdings
an göttlicher gnade.Oder endlich/ der nicht begehret sein leben zu bessern und
gottseliger zu werden/ sondern in seinen sünden-dienst fortzufahren. Wer
der haar ist / der heist unwürdig/ und der bleibe allerdings in solchem stande
von dem H. Abendmahl : Ja wenn ein solcher auch schon desselben sich wolte

Q                                              ge-

gebrauchen/ solte es wissentlich ihm in diesem stande nicht einmal gereichet
werden. Aber ein solcher mensch ist nicht allein untüchtig zu dem Heil. Abend-
mahl/ sondern er ist gar auch ausser dem gnaden-stand/ und in augenblickli-
cher gefahr der verdammnüß/ welche stunde ihn GOtt also hinweg ruffen
solte. Ein solcher mensch kan nicht beten/ kein vertrauen gegen GOtt haben/
auch gehet ihm der trost des Evangelii nicht an/ und würde er 1000 mal ab-
solviret/ hilffts ihm aus eigner schuld nichts/ sondern er kömmt immer tieffer
in des satans stricke. Sind also die stücke/ die zu dem H. Abendmahl und
würdigen vorbereitung dazu/gehören/eben diejenigen/welche jeglicher Christ
täglich an sich haben muß/ wo er GOtt gefallen solle/ ohne allein/ daß eben
um solche zeit man bey empfangung des H. Abendmahls mit fleißiger prü-
fung/betrachtung/ gebet/ und solchen heiligen übungen/ dasjenige noch inbrünstiger thue/ was gleichwol an sich selbs alle tage in unsern hertzen seyn
und vorgehen muß. Daher ein solcher mensch/ der da vorgibt wegen seiner
unwürdigkeit sich des H. Abendmahls zu enthalten/ auff vorhaltung nechst
angedeuteter stücke eins nothwendig gestehen muß/entweder er suche die würdigkeit des gesetzes; wo wir ihm gerne gestehen/ daß ihm das H. Abendmahl
nichts nutze sey/aber dazu setzen/daß er von Christo abgefallen/ und ihm einen
eigenen weg gen himel durch eigene gerechtigkeit vergebens bahnen wolle; oder
es seye mit seiner eingebildeten unwürdigkeit nichts/ sondern er könne die
würdigkeit wohl haben/ die zu diesem heil. wercke gehöret /wo er nur GOttes
gnade bey sich platz lassen wolle/ oder er sey ein unbußfertiger mensch/ der um
der ursache willen gar unter die kinder GOttes nicht gezehlet werden kan/die-
weil er damit/wann er sich für unwürdig selbs erkennet/ gestehet/ er wolle
entweder seine sünde nicht erkennen/ oder er begehre nicht an Christum zu
glauben/oder er begehre nichts gutes zu thun. Aus diesen 3. er wehle jeglicher/
der diese entschuldigung führet/ein stück/ welches ihn unwürdig mache. Aber
es wird ein jeglicher sehen/daß alle 3. so bewandt sind/daß sie bereits den menschen gar von göttl. gnaden ausschliessen. Will er aber keines von sich gesteh/
sondern davor angesehen seyn/daß er seine sünde erkenne/ an Christum glaube/
nn begehre tägl. frömer zu werden/so ist er ja nicht unwürdig. Ist eine sache/die
so klahr ist/daß sich da keiner ausnehmen darff/sondern wo er nicht will für einen solchen menschen gehalten werden/der gar nicht werth ist/den christl. nahmen zu führen/ so muß er gestehen/ er sey nicht so unwürdig/ daß er von dem
H. Abendmahl sich selbs ausschliessen müste/ sondern es sey dasselbe in blosser
einbildung/ oder nur gesuchte und erdichtete ursach. Wiewol wir alsdenn
mit wahrheit sagen können/ daß ein solcher eben dadurch wahrhafftig unwürdig werde/aber aus muthwillen/ weil er leicht durch göttliche gnade sich
würdig dazu machen und dieses erlangen kan/ was GOttes gnädiger wille

zum

zum, fruchtbahrlichen gebrauch dieses wercks von uns erfordert. Der schluß ist dieser: keiner ist unwürdig zu dem H. Abendmahl/ als der da ihm seine eigene unwürdigkeit läßt lieber seyn/ als GOttes gnade/ die ihn begehret würdig zu machen: Und wer da zu dem H. Abendmahl nicht würdig ist/ der ist auch in solchem stande/ darin er nicht selig werden kan/ daher er billig sich fürzusehen hat/ seine seele zu retten: hingegen wer da in dem stande ist/ da er selig werden/ da er beten kan/ da er des trosts des H. Evangelii und der absolution fähig ist/ der ist auch tüchtig zum H. Abendmahl.

Ist also auch diese entschuldigung nicht erheblich/ und haben/ die damit angefochten werden/ ihnen billig davon helffen zu lassen.

## Die vierdte Frage.

Ob uns von des H. Abendmahls gebrauch entschuldige/ weil wir sehen/ daß wir doch immer wiederum nach dem gebrauch desselben/ da wir doch GOtt besserung versprochen haben/ in sünde fallen?

DJeses ist eine neue entschuldigung/ so zwahr in gewisser maaß zu der vorhin betrachteten unwürdigkeit auch gezogen werden könte. Sie ist aber eben von dem ursprunge her/ nemlich wie zum fördersten aus der fleischlichen vernunfft/ also auch wol von dem heiligen satan/ der abermal unter dem schein der frömmigkeit/ daß man göttliche ehre nicht entheiligen wolle/ den menschen suchet um das theure mittel seines heils zu bringen. Deswegen man auff ihn abermal gar wol acht zu geben hat/ daß man seinen betrug fein lerne erkennen. Ehe wir aber auff die frage eigentlich antworten/ ist gleichwol voraus zu setzen/ daß wir dero leichtfertigkeit durchaus nicht billigen/ sondern von hertzen verfluchen und verdammlich halten/ welche da entweder niemal den guten vorsatz gehabt haben/ ihr leben zu bessern/ wodurch sie denn unwürdig zu dem Sacrament gegangen zu seyn/ selbs zeigen; oder aber/ die/ wann es ihnen schon mit dem verspruch etwas ernst gewesen wäre/ gleichwol wenn die erste andacht kaum vorbey ist/ bald erkalten/ und sich nicht befleißigen/ auch thättlich ihren verspruch der besserung ins werck zu setzen/ sondern fangens an/ wo sie es vorhin gelassen/ und fahren gerad wieder in den vorigen sünden fort. Indem von diesen auch zu schliessen ist/ daß die buß nicht recht hertzlich gewesen seye/ weil so gar geschwinde sie wieder zu den sünden kehren/ die sie vorhin bereuen sollen/ uñ das ansehen dazu haben haben wollen. Wie ists aber müglich/ daß man das alsobald wieder ungescheut thue/ was gerad vorher uns inniglich leid gewesen/ daß mans gethan hat. Indem also solche leute mit der busse spielen/ so betriegen sie darum GOtt nicht damit/ und haben vor ihm den nahmen der unbußfertigen/ ob sie wol vor der welt/ als die in das hertz nicht sehen kan/ den nahmen der busse/ ob hätten sie sie gethan/ erhalten: ja sie werden je länger/ je verhärteter. Vielmehr erfordern

Q 2                                wir

wir freylich/ daß ein jeglicher würdiger communicant nicht nur allein den eif-
ferigen vorsatz der besserung des lebens zu dem tisch des HErrn bringen sol-
le/ sondern auch nachmals schuldig sey auffs müglichste sich zu befleißigen/
damit er ihn ins werck richten möchte; derohalben sich fleißig vornemlich für
den sünden zu hüten/ die vorhin irgend ihn in seinem gewissen getruckt haben/
auch um die krafft dazu zu erlangen/ des H. Geistes beystand täglich anzuruf-
fen/ daß er/ was wir nicht vermögen/ in uns verrichten wolle. Vorausgesetzt
dessen/ so erinnern wir uns billich derjenigen unvollkommenheit/ die allemal
bey auch gottseliger Christen neuem gehorsam sich zu finden pfleget/ daß
nemlich wir niemal die besserung so weit bringen können/ als wir christlich
wünscheten; denn wir tragen noch das fleisch bey uns/ so da stets den guten
vorsatz des Geistes hindert/ wie Paulo selbs geschehen nach seiner klage. Al-
so/ ob schon fromme Christen/ wenn sie etwa vorhin in schwehre sünden gefallen sind/ aber durch die buß sich wieder auffgerichtet haben/ darnach in ihrem
neuen gehorsam sich hüten/ nicht wieder an den vorigen stein anzustossen: so
bleiben sie doch menschen/ und stossen indes anderwärts an/ in andern sünden.
Oder es geschiehet wol zuweilen/ daß denn wiederum die schwachheit des
fleisches (damit wir doch nicht die boßhafftigen sünden und also grobe eusserliche laster verstehen) sie auch in der vorigen übereilet/ oder doch sie in gefahr
derselben stehen. Dieses ist diejenige unvollkommenheit/ devo wir nicht in
abrede sind. Und wann davon die frage verstanden wird/ wie sie denn verstanden werden solle/ so sagen wir wiederum nein zu derselben. Es sey nemlich auch diese entschuldigung/ daß man solcher schwachheit-fehler nicht völlig frey werden kan/ nicht gültig/ indem sie sich gründet auff dem falschen principio, ob solten wir göttlicher gnaden-güter insgesamt uns nicht gebrauchen/
so lang wir wiederum in sünde fallen können. Welches offenbahr falsch ist.
Denn auff diese weise/ solten wir auch die H. absolution nicht suchen/ weil
doch nachmals wir wieder in sünde fallen/ und kan keine genugsame ursache
angezogen werden/ warum wir die vergebung der sünden/ bey noch währen-
der gefahr künfftiger sünden/ in einem mittel/ dem göttlichen wort und der
absolution suchen wolten/ nicht aber auch in dem andern/ nemlich dem Heil.
Abendmahl. Solte dieses gelten/ so müste man ja auch die kinder und
der andere/ die sich bekehren/ nicht tauffen/ weil sie doch nachmals das
reine kleid der unschuld/ damit sie in der tauff begabet worden/ mit sünden wiederum beflecken. Wie denn bey den alten Christen etliche
daraus in den aberglauben gefallen sind/ daß sie die tauffe bis auff ihr letztes
ende verspahreten/ damit sie nach empfangung derselben nicht mehr sündigten. War aber ein gefährlicher irrthum/ wider welchen die kirche damal
sehr zu streiten hatte. Gottes wort gibt uns keinen anlaß dazu. Christus
gab das heilige Abendmahl seinen jüngern/ die ja freylich nachmal alle noch
wie-

wiederum gesündiget haben / und des Christus wol wuste / ja sie selbs sich nicht
würden dafür ausgegeben haben / daß sie ins künfftige niemal mehr sündigen würden. Der HERR lehret uns täglich um vergebung der sünde in
unserm Vater Unser beten / so ist er uns dann auch bereit dieselbe krafft unsers glaubens täglich zu geben; solten wir solche aber deßwegen nicht begehren oder annehmen / weil noch künfftig wir wieder sündigen / und der vergebung auffs neue bedörffen werden / sondern es dahin spahren wollen / daß es
dermaleins auff einmal geschehen möchte? das wird ja jedermann selbs für
ungereimt erkennen. So ists dann nicht weniger ungeschickt / das heilige
Abendmahl um der ursach willen zu unterlassen. Ja hieraus würde folgen /
daß dann es allein vor diejenigen eingesetzet wäre / die in dem zustand begriffen / nunmehro durch den tod von der welt abzuscheiden / weil alsdann allein
keine weitere sünde mehr zu befahren wäre / ja weil man solches selten von
den leuten gewiß sagen kan / indem viele wieder auffkommen und darnach
wieder in die gefahr der sünde fielen / die bereits in des todes rachen zu stecken schienen / wäre es auch denselben zu reichen nicht sicher. Wo bliebe aber
des HErrn einsetzung / die davon nichts meldet; vielmehr solches heilige
werck offt will wiederhohlet haben / und also freylich auch / nachdem man nach
dem vorigen mal wieder in sünde gefallen war? Welches alles weiter auszuführen nicht bedarff.

## Die fünffte Frage.

Ob uns entschuldige / weil wir andere unwürdig zum tisch des
HErrn sehen gehen / und wenig früchte der busse von ihnen
spühren können?

WIe billich hier abermal gar nicht diejenigen Prediger / welche aus nach-
lässigkeit / oder sonsten mangel des gebührenden eiffers / leute / die da in
offentlichen und vorsetzlichen sünden leben / ohne rechtschaffene prüffung / und
demnach wissentlich unwürdige / ohne alles / was ihr amt vermag an ihnen
zu thun / zu dieser heiligen mahlzeit lassen / dadurch aber nicht nur die perlen /
(nach der redens art Matth. 7/6. wo zwahr von dem heiligen Abendmahl
nicht eigentlich gehandelt wird /) sondern was edler ist als die perlen / die
himmlische und göttliche speise den schweinen vorwerffen: von welchen / wo
sie nicht alles mügliche dagegen versucht / sondern in ihrem amt sorgloß gewesen / GOTT die seelen derer / die durch diesen unwürdigen gebrauch des
heiligen Abendmahls sich in die verdammnüß noch tieffer stürtzen / und die
schmach / die dadurch ihnen selbs widerfähret / mit strengem urtheil fordern /
und an ihnen rächen wird. Also entschuldigen wir auch eben so wenig dieselbe / die den theuer-gethanen verspruch das leben zu bessern / in den wind schla-

gen/

gen / und kaum einmal daran gedencken / wenn sie von dem beichtstuhl und
altar weg sind: sondern sagen vielmehr / daß solche durch den gebrauch des
heiligen Abendmahls nicht gebessert worden / sondern sie werden noch mehr
und mehr verhärtet / zu ihrer endlichen verdammnüß. So viel wird
gern gestanden. Es ist aber hiervon die frage nicht / sondern ob jetzt um̃ der
ursach willen / und wegen solches ärgernüsses / andere sich des heiligen Abendmahls mit guten gewissen enthalten können? Da wird abermal mit nein geantwortet; dann das andere der göttlichen gnaden-güter mißbrauchen / soll
bey uns den rechten gebrauch nicht auffheben; oder wolten wir Gottes nahmen nicht heiligen deßwegen / weil er von andern entheiliget wird? vielmehr
bringts die schuldigkeit mit / daß je mehr der HERR von denen beschimpffet
wird / die unwürdiglich ihn zu essen sich nicht entblöden / je mehr wir durch
rechten gebrauch ihn zu essen / uns angelegen seyn lassen. Es würde sonst
auch auff gleiche weise folgen / weil nicht nur viele / sondern die meisten das
wort Gottes ohne nutz hören / und sich so wenig daraus bessern / daß sie vielmehr immer ärger und gottloser dabey werden / man auch dasselbe nicht hören sondern sich sein enthalten dörffte: oder von leiblichen exempeln zu reden / weil etliche die artzney unrecht und ohne gehörige vorbereitung zu ihrem schaden gebrauchen / auch wol darüber das leben einbüssen / wo einer deßwegen in seiner kranckheit auch nicht wolte die artzney rechtmässig gebrauchen / ein solcher würde mit seiner einbildung billich von verständigen leuten ausgelacht und für einen thoren gehalten werden. Auff gleiche weise
hält sichs auch mit dieser geistlichen artzney / wo dero bey andern merckender
mißbrauch zwahr eine vorsichtigkeit bey uns / dieselbe mit besserer frucht zu
gebrauchen / wircken / aber nicht derselben gar uns zu enthalten / ausrichten
solle. Solches nun weiter zu zeigen / so müste dieses absehen anderer ihrer
gottlosigkeit diese unterlassung bey uns verursachen / entweder / weil wir mit
der kirchen keine gemeinschaft haben wolten / bey dero solche gottlose leute sich
finden und communiciren; oder daß wir dafür hielten / wir machten uns damit ihrer / der mit-communicanten sünden theilhafftig; oder weil wir das heilige Abendmahl für unkrässtig halten / indem in solchen exempeln es bey den
leuten die besserung nicht habe gewürcket / auch deßwegen bey uns eben so wol
nichts mehrers würcken würde. Aber auff keine weise wird etwas folgen.
Wehlete man das erste / ists derjenige irrthum / der längst von der christlichen
kirchen verworffen / und aus der schrifft zur genüge widerleget ist worden / ob
müste die kirche hier auff erden also rein und heilig seyn / daß bey derselben sich
keine gottlose finden solten / oder man müste in entstehung dessen von derselben abtreten. Die Apostolische kirche selbs fand unter ihnen schwehre är-
gernüsse und gottlose leute / indessen trenneten sich dero glieder nicht / daß um̃
der

der ursach willen sich die andere der communion enthalten hätten. Wie
gottloß Ananias und Sapphira/ nemlich heuchler in der haut gewesen/ sehen
wir Ap. Gesch. 5. sie werden aber eben so wol unter den andern offt mit zu
dem tisch des HErrn gegangen seyn; solten darum andere nachmahl sich des
heiligen Abendmahls enthalten haben? das sehen wir nicht. Ja die Apostel hatten selbs sehen müssen/ daß Judas/ nachdem er das heilige Abendmahl bey eben der ersten einsetzung empfangen/ nur verteuffelter dadurch
worden ist: unter dessen haben sie es nachmal darum nicht ferner zu brauchen
unterlassen. Da auch aus solchem exempel ferner zu sehen ist/ daß auch
Prediger zuweilen mit gutem gewissen/ denen die da/ so viel der Prediger
weiß/ unwürdig sind/ hingegen solche unwürdigkeit nicht eusserlich erweißlich
ist/ und sie von aussen das gegentheil heuchlerischer weise von sich sehen las-
sen/ dasselbe reichen können/ ja müssen: wie hie Christus es dem verräther
gab/ deme er doch in das hertze sahe/ und also wuste/ wie voll teufflischer boßheit es stecket. Also möchte auch das andere bedencken nicht platz haben.
Dann so wenig meine hertzliche busse einem andern unbußfertigen nutzet/ so
wenig mag hingegen eines andern unbußfertigkeit/ neben dem ich communi-
cire/ mir nachtheilig seyn/ wofern ich gleichwol in wahrer buß hinzu gehe.
Es lebet der gerechte seines glaubens Hab. 2/ 4. Und schadet keinem
eines anderen/ sondern alleine seine eigene unwürdigkeit. So mache ich
mich ja auch des andern unwürdigkeit und sünde nicht theilhafftig/ indem ich
vielmehr über dasjenige/ so ich davon sehe/ mich hertzlich betrübe/ und von
GOtt ihre hertzen zum besseren zu leiten anruffe. Daher dero absehen vielmehr gutes bey mir erwecket. Solte aber der mit-communicanten sünde
einem frommen hertzen zugerechnet werden/ wie würde es denen lieben Aposteln ergangen seyn/ wegen des gottlosen Judä? und wie hätte Christus
seinen Aposteln die schwehre sünde unwissend auffbürden wollen/ da er Judam mit ihnen communiciren lassen/ daferne einer des andern entgelten müste. Die dritte absicht ist nichts besser/ denn derselbe will gar die boßheit des
unwürdigen unverantwortlicher weise der himmlischen speise selbs zuschrei-
ben/ da doch/ daß böse leute keine besserung von dem gebrauch des heiligen
Abendmahls spüren/ nicht ursach ist der leib und blut des HErrn selbs/ welcher ja kräfftig genug ist an und für sich selbs/ sondern daß sie dieselbe nicht
wollen bey sich fruchtbarlich würcken lassen. Es widerstreben ja die leute
auch offt selbs dem wort Gottes/ ja dem heiligen Geist/ und lassen denselben
nicht in sich wircken/ solten wir darum sagen/ daß der heilige Geist und sein
wort unkräfftig wären? das sey ferne. Versuche es viel lieber selbs/ da andere
das heilige Nachtmahl ohne nutzen empfangen haben/ und gebrauche es mit
hertzlicher busse/ so wirst du auß dem daraus schöpffende nutzen bey dir finden/

daß

daß bey andern leuten/ nicht dieser himmlischen güter schuld gewesen/ daß nichts gefruchtet worden ist.

## Die sechste Frage.

Ob die schwehre straffe/ welche GOTT den unwürdigen communicanten gedrohet/ eine gnusame entschuldigung sey/ sich dessen zu enthalten?

ES ist an dem/ daß weil Paulus sagt 1. Cor. 11/27. 29. daß wer unwürdig zu dem tisch des HErrn gehet/ ihm selbs das gericht esse/ und sich an dem leib und blut des HErren schuldig mache/ solche bedrohung nicht nur zuweilen selbs fromme Christen etwas verzagt machet/ und sich ihr fleisch desselben gebrauchet/ sie durch forcht eine weile davon abzuhalten/ sondern vielmehr bringet solches bey denen/ die ihnen ihrer sünden/ und beharlichen vorsatzes zu sündigen bewust sind/ zu wegen/ daß sie erschrecken wann sie an das heilige Abendmahl gedencken/ indem sie wissen/ daß sie in solchem zustande für die seligkeit gar ihre verdammnüß daselbs holen würden. Aber wo sie meinen/ dadurch entschuldiget zu seyn/ irren sie weit; denn so gehet solche gefahr nicht alle an/ sondern allein die unwürdig zum tisch des HErrn gehen. Nun fordern wir ja von keinem/ daß er solches thun solle/ ja wollen nicht wissentlich einen dazu lassen. Was gehet aber dieses den würdigen gebrauch an/ der so viel mehr nutzen bringt/ als der unwürdige straffe nach sich zeucht? wer ja auch das wort Gottes unbußfertig höret/ dem wird an jenem tag jegliches wort/so er gehöret hat/ neue flammen der höllischen quaal erwecken; wilt du dan darum Gottes wort nicht hören? Es ist mit beyden einerley bewandnüß. Ja vom zeitlichen ein exempel zu nehmen: wer sich in einen gewissen beruff und amt begibt und dazu brauchen lässet/ der setzet vor sich solchen stand/ da er/wo er nicht redlich sich halten/ und dem amt ein genügen nach seinem besten gewissen leisten will/ die hölle daran verdienen kan. Solte aber deswegen ein mann/ dem GOtt die gaben gegeben hat/ dieselbe nicht anwenden wollen um solcher gefahr willen/ so hätte er als ein schalcks= und fauler knecht sein urtheil abgefasset Luc. 19/ 22. 23. Eine andere bewandtnüß hätte es/ wo man nicht mehr die stücke/ die uns zum heilsamen gebrauch würdig machen/ haben könte/ oder sie GOtt nicht bey uns wircken wolte/ sondern wir in stetem zweiffel stehen müsten/ ob wir auch nunmehr würdig seyn oder nicht. Da möchte die furcht erheblich seyn/ sich in die gefahr nicht begeben zu wollen/ da wir nicht versichert wären/ daß wir bestehen möchten. Nun verhält sichs aber gar anders/ und ist in der dritten frage gezeigt/ wie GOtt nichts anders von uns fordere/ als allein hertzliche reue/ glaubiges vertrauen/ und eiffrigen vorsatz: ja wir wissen/ daß der HErr alle diese stücke gern in uns wir=

wircken wolle / wo wirs nur wolten annehmen.    Daher die gefahr / die die
unwürdige betrifft/denen nicht gilt/die sich würdiglich bereiten wollen:Viel-
mehr geben solche leute / die aus dieser utsache beharrlich sich des H. mahls
enthalten/ zu erkennen / sie müssen dergleichen etwas heimlich bey sich stecken
haben/ um welches willen sie in ihrem gewissen überzeuget sind / daß sie nicht
können hinzugehen / sondern aller gebrauch bey ihnen würde ein unwürdiger
gebrauch seyn/ vor dem sie sich billich fürchten : nemlich/ daß sie einiger sünde
wider das gewissen nachhängen/ die sie noch nicht zu lassen entschlossen sind/
und dennoch wissen/ daß sie nicht zur busse/ so lange sie dieselbe sünde hegen/
tüchtig sind.    Aber sie entfliehen darum nicht.Dann 2) dörffen sie nicht mei-
nen/ daß deßwegen sie göttlichem gerichte entgehen. Dann wo sie in dem stande sind/ da sie nicht würdiglich können zu dem tisch des HErrn gehen/ so stehen sie/ wie oben in der dritten frage auch erwiesen/ allerdings ausser göttlicher gnade/ und unter dem zorn GOttes.Sie haben an GOtt keinen gnädigen Vater/ sondern einen zornigen Richter;das verdienst Christi und des heiligen Geistes gnade gehet sie nicht an/ sondern der fluch schwebet über ihnen/
so lange sie also beharren.    Dahero sie vergebens meinen/ mit enthaltung
des heiligen Abendmahls die sache gut zu machen: Sie stecken schon tieff genug in der hölle.    Da machen sie sich keine andere rechnung.    Dann wer da
herrschende sünde in seinem gewissen ligen hat/ denselben nachhänget/ und
nicht durch buß sie ableget/ der liegt bereits in GOttes gerichte/ ob er schon
das heilige Abendmahl niemal empfange.    Ja 3. so vermehret doch nachmals die unterlassung dieses heiligen mahls ihre sünde noch mehr.DennGott
nimmt dieses für eine greuliche verachtung auff/ da man noch dazu meint/
mit einer neuen sünde seinem gerichte um etwas zu entgehen: und werden
nachmal die sünden einander nicht gar ungleich/ die unwürdige niessung des
H.Abendmahls und dessen boßhafftige unterlassung; denn mit beyden wird/
obwol auff unterschiedliche weise/ der Sohn GOttes gleichsam mit füssen getreten/und das blut des Testaments unrein geachtet/Hebr.10/29.
worauff es nachmal heisset/daß es schrecklich sey / in die hände des lebendigen GOttes zu fallen v. 31.    Aus welchen allen folget/daß die angedeutete straff der unwürdigen/ bloß und allein um der ursachen willen gedrohet
seye/ daß diejenige/ so dazu gehen wollen/ sich hüten/nicht ohne hertzliche vorbereitung sich herbey zu machen/ nicht aber die leute gar davon abzuschre-
cken : und daß deßwegen man derselben trohung nicht mit unterlassung des
wercks/ sondern allein mit würdigem gebrauch durch göttliche gnade entgehen möge.

R                        Die

## Die siebende Frage.

Ob uns dieses entschuldige / wann wir keinen hunger und durst
nach solcher seelen-speise fühlen?

WIr singen in der christlichen kirchen: Solche grosse gnad und barm-
hertzigkeit/ sucht ein hertz in grosser arbeit; ist dir wohl/ so bleib da-
von/ daß du nicht kriegest bösen lohn. Daraus will in mißdeutung der
worte eine neue entschuldigung genommen werden/ wo man sich wol befinde/
keine sünde habe/ die uns trücken / und also wir keinen hunger und durst nach
diesem himmlischen labsaal und artzeney fühlen/ so könne man wol des heiligen Abendmahls müßig gehen. Ist aber eine nicht bessere entschuldigung als
die übrigen; welches wir also weisen wollen. Es findet sich bey dem leiblichen hunger und durst / daß man 1. krafft bedörffe: wo nemlich magen und
glieder den gehabten nahrungs-safft verzehrt/ und also neuen bedörffen. 2.
Daß man auch solche dürfftigkeit fühle/ und wisse 3. daß man deßwegen begehre der noth der natur zu hülffe zu kommen. 4. Wisse/ was dazu/ den hunger und durst zu stillen gehöre/ und 5. es zu sich nehme. Wo wir dann von
der geistlichen speise und tranck reden/ müssen wir sehen/ wo es eigentlich bey
dieser entschuldigung fehle. An dem letzten siehet man ohnedas/ daß es feh-
le/ indem solche leute die speiß und tranck nicht zu sich nehmen/ aber die ursach dessen ist noch zu suchen. An dem ersten kans nicht mangeln: die dürfftigkeit geistlicher artzney und speise ist allezeit bey uns/ denn die sünde und angebohrne schwachheit ist allezeit bey uns. Findestu also nicht irgend etwas von
wircklichen sünden/ das unmüglich ist; so gehe nur auf die erbliche/ da wirstu eine solche verderbung deiner natur finden/ daß du es für kranckheit gnug halten
must / dagegen du geistliche artzney bedürffest: ja solche erkäntnüß des erb-
schadens wird dir nachmal auch zeigen/ daß in deinem leben vieles wircklichen
sünden seynd/ so du vorher nicht dafür gehalten. Weil es dann hie an der
sache selbs/ und an der dürfftigkeit nicht manglet/ so bleibet noch übrig/ daß
es an den 3. andern stücken manglen müsse/ worinnen er keinen hunger und
durst bey sich spüret; nemlich/ entweder erkennet er seine nothdurfft nicht / o-
der er begehret derselben nicht loßzukommen/ und sich helffen zu lassen; oder
er erkennet die vortreflichkeit dieser heiligen speise nicht/ daß sie diejenige seye/
durch welche ihm geholffen werde: keine andere ursache wird sich finden/ aus
deren es an solchem hunger manglen könte. Nun sind aber alle solche ursachen an sich selbs böse/ und streiten wider das gesamte Christenthum. Dann
die vortreflichkeit dieser himmlischen speise nicht erkennen/ das heist selbs den
artickel von dem H. Abendmahl und seiner feucht in zweiffel ziehen; wäre also dasselbe ein ketzerischer irrthum/ und ein solcher mensch / der aus solcher ur-

sach

sach keinen hunger und durst nach dem heiligen Abendmahl hat/weilen er mit einander nicht viel auff diß Sacrament hält/ für kein eigenlich glied unsrer kirchen zu halten. Hinwieder ists bloß muthwillige/ ja teufflische und unsinnige boßheit/ihme nicht begehren helffen zu lassen/wann man wüste/daß man hülffe bedürffte/ und wüste auch/ wie dieselbe zu erlangen wäre. Daher könte man einen solchen menschen abermal für einen Christen nicht halten/ der seiner seligkeit/ und also auch seines Gottes gar nicht achtete. Weiter/ seine sünde/ und also seine nothdürfftigkeit nicht erkennen/ ist wiederum eine verdamliche sicherheit und geistliche hochmuth. Und wer also/weil er es nicht nöthig zu haben befindet/des H. Abendmahls sich enthält/der muß sich einbilden/er bedörffe Christi selbs nicht. Dann wer keine sünde hat/bedarff Christi nicht / welcher allein die mühsälige und beladene zu sich ruffet Matth.11. wer aber sünde hat/ bedarff des heiligen Abendmahls. Aus diesen 3 stücken/muß nun derjenige/ der sich deßwegen entschuldigen will / weil er keinen hunger und durst hat/eine erwehlen/ die bey ihm den mangel desselben verursache: wird aber finden/daß alle 3 so bewandt sind/daß sie ihn aus der zahl der kinder Gottes ausschliessen. Dahero er dann diesen mangel des geistlichen hungers und dursts nicht anzusehen hat / als ein gutes zeichen/ und daß er des heiligen Abendmahls nicht bedürffe/ auch deßwegen wol entschuldiget seye/ sondern als eine gefährlichste versuchung oder gar kranckheit/ die ihn um seine seele bald bringen möge. Es werden diejenigen unter den leiblichen kranckheiten sonst für die verzweiffelsten gehalten/ wo der patient seine nothdurfft und schwachheit nicht mehr fühlet/ und wo aller appetit hinweg ist. So ists auch bey dem am gefährlichsten/der da nicht glauben und wissen will/daß er geistliche stärckung bedarff/ und deßwegen kein verlangen darnach hat. Auch wird kein ander mittel seyn/ solchen menschen zu helffen/ als daß er zur erkäntnüß seines elendes gebracht wird/ da nachmal unmüglich/ daß nicht auffs wenigste aus einiger liebe seiner selbs/ er hunger und durst nach der hülffe bekommen solte. Ehe dieses geschiehet / so lange hat ein solcher verhärteter mensch keine hoffnung einiges heyls : und ist darnach auch zu dem heiligen Abendmahl nicht zu lassen/ bis endlich wahrer hunger bey ihm erwecket werde. Vielweniger wird vor GOttes gericht wegen dergleichen selbs-bösen und sündlichen ursachen und unterlassenen heiligen wercks/ er für entschuldiget gehalten/ sondern gebührlich zur straffe/ sonderlich mehr um seiner verhärtung / gerechter massen gezogen werden. Eine andere bewandnüß hats mit denjenigen angefochtenen/ die darüber sehnlich klagen/ und sich ängsten / daß sie keinen hunger und durst hätten/ hingegen hiernach hertzlich verlangen: indem eben dieses verlangen in der wahrheit ein hunger

ist/

ist/und es ihnen also nicht an demselbigen selbs/ sondern nur gewisser dero
fühlung mangelt.

## Die achte Frage.

Ob führende rechts-processe und feindschafft mit dem nechsten
uns entschuldigen?

Es ist das heilige Abendmahl ein mahl der liebe/ nicht nur/ daß in demselben Gottes liebe gegen uns sich herrlich bezeuget/ und die unsere gegen
ihn geübet und gestärcket wird: sondern auch/ weil darinne unsere liebe gegen
den nechsten sich weisen/ und mehr und mehr anflammen solle. Daher wir
nicht anders/ als in hertzlicher liebe hinzugehen dörffen/ und dennoch vorher
verbunden sind/ allen denen/die uns jemals auffs hefftigste beleidiget haben/
so wahr und vollkommen zu vergeben/ als wir von G O T T die vergebung
bitten und erwarten. Woraus leicht erhellet/ daß tragender groll und
feindschafft gegen unsern neben-menschen freylich den menschen untüchtig
zum gebrauch des heiligen Abendmahls mache/ als ein stück der in der 3ten
frage beschriebenen unwürdigkeit. Ob aber schon hiedurch ein mensch von
dem heiligen Abendmahl ausgeschlossen wird/ wird er darum dadurch nicht
entschuldiget/ daß er davor halten könte/ daß denn/ weil er mit guten gewissen
nicht hinzugehen könne/ er hingegen mit guten gewissen davon bleiben möge.
Solches folget nicht. Sondern der mensch ist schuldig mit ablegung der
feindschafft und hertzlichen versöhnung mit dem neben-menschen/ sich würdig
zu machen/ will er Gottes zorn nicht durch solche unterlassung auff sich ziehen. Es mag ja die sünde nicht dieses privilegium haben/ daß sie uns frey
machte vom göttlichen gebot: auch weil solcher hartnäckiger haß und feindschafft gegen den nechsten an sich selbs eine todt- und verdammende sünde ist/
so ist abermal der mensch/ so lange er in derselben stecket/ im verdammlichen
stande/ da ihn wiederum seine enthaltung des heiligen Abendmahls/ dafern
er dadurch seine sache meinete wieder gut zu machen/ nicht entschuldiget/
oder göttlichen gerichte entziehen kan. Was aber processe anlanget/ so ist
mit unterscheid davon zu reden. Man siehet leider/ daß gewöhnlich heutiges tages die sachen und processe nicht mit der christlichen bescheidenheit
und mäßigung der affecten geführet werden/ wie es sich geziemete/ daß nemlich man die sachen gegeneinander bis auff richterlichen ausspruch streiten
liesse/ und indessen mit der person des gegentheils liebreiche freundschafft
pflegete; so gehets aber alles an den meisten orten mit solcher verbitterung
daher/ daß einige gar meinen/ es können keine rechts-händel ohne dergleichen
vergältes gemüth geführet werden: weil die exempel/ da es anders hergin-
ge/ so garselten sich sehen liessen. Da ist nun gewiß/ daß auff solche gehässige

weise

weise proceſſe zu führen / (wohin auch alle gegen den andern führende eigentliche injurien-proceſſe gehören) freylich den menſchen ſo wol als andere feindſchafft / ja ſo vielmehr / weil dieſes eine offentliche und bekandtliche feindſchafft wäre / von dem heiligen Abendmahl ausſchlieſſe: und iſt alſo eben das darvon zu ſagen / was jetzo von feindſchafft insgemein geſagt worden. Unterdeſſen ſo iſt ſolche ausſchlieſſung nicht zur entſchuldigung zu ziehen / ſondern lebet wiederum ein ſolcher menſch die gantze zeit dergleichen feindſeligen proceſſe, in einem verdammlichen ſtande / und gehet ſtets in den ſtricken des ſatans / / deren er vielmehr ſich zu befreyen ſuchen muß / als um derſelben willen / und ihnen recht nach ſeines böſen hertzens-luſt nachzuhängen / des heiligen Abendmahls ſich enthalten. Gleichwol bringen ſolches die proceſſe nicht ſelbs mit ſich / ſondern es können ſolche an ſich ſelbs mit chriſtlichen gemüthern geführet werden / wañ die partheyen ihre ſtreitige ſache dem gerichte und der Obrigkeit überlaſſen / von deroſelben den ausſpruch erwarten / und indeſſen ein theil den andern hertzlich lieben. Wo ſie nun alſo geführet werden / ſo hindern ſie an dem heiligen Abendmahl gantz nicht / viel weniger ſollen ſie davon entſchuldigen. Dahero die entſchuldigung wieder vergebens iſt: dann führeſt du die proceſſe, wie ſichs gebühret / ſo ſtehen ſie dir nicht in dem wege; führeſt du ſie aber übel / ſo biſt du / ſo lieb dir deine ſeligkeit iſt / ehe davon abzulaſſen ſchuldig / als um derſelben willen / dich deiner ſeligkeit mittel zu entſchlagen. Wie ja ohne das / das geiſtliche dem weltlichen vorgezogen werden ſolle / und noch dazu bey übelführenden proceſſen du ſo wenig mit unterlaſſung des heiligen Abendmahls als mit dem gebrauch deſſelben / ſelig werden kanſt.

## Die neundte Frage.

Ob die angſt / welche man davon habe / ſo offt man ſich des heiligen Abendmahls gebrauchen wolle / uns davon entſchuldige?

ES iſt dieſes abermal etlicher entſchuldigung: daß man vorgiebt / man wolle hertzlich gern zu dem heiligen Abendmahl gehen / habe auch verlangen darnach / aber ſo offt man ſich darzu reſolvire / finde man ſolche angſt / daß darüber unmüglich werde / ſolches zu verrichten. Dieſe hält aber eben ſo wenig den ſtich / als vorige entſchuldigungen. Es hat die angſt entweder ihre vernünfftige urſachen / oder nicht. Hat dieſelbe keine urſache / würde dergleichen für eine miltz-ſucht und leibliche kranckheit / da die leute zuweilen ohne bekante urſach bangigkeit fühlen / zu halten ſeyn: die dann / weil ſie uns nicht hindern kan / alles das zu thun / was der würdige gebrauch erfordert / uns auch an dem gebrauch ſelbs ſo wenig als andere kranckheiten hindern mag. Aber wo man dergleichen angſt bey nichts anders ſpüret / als allein bey vorhabens-

den

den solchem heilige werck / da sie sonst bey andern/wo es ein leiblicher zustand ist in allerhand sachen sich ereignet / und der mensch gleichwol keine ursache der angst anzuziehen wüste / hat mans billich für eine gefährliche versuchung des bösen feindes zu achten / der damit den guten vorsatz/ welchen der Geist Gottes etwa würcket / zu diesem heiligen werck sich zu schicken / wiederum hemmet / hindert und zu nichte machet. Dahero man nicht allein ursache hat / mit so viel eiffrigerem gebet den Allerhöchsten anzuruffen / daß er uns dawider zu streiten beystehen wolle/sondern auch ihm so vielmehr und tapffe= rer widerstehen muß / dasjenige auch wider seinen danck / und ohngeachtet seiner hinderungen / ins werck zu setzen/ daß er gerne verhinderte. Wo aber die angst gewisse ursachen hat / so muß auff solche acht gegeben werden. Es können aber fast nicht wol einige andere ursachen seyn / als wo uns unsere unwürdigkeit ängstet/ und das ansehen der greulichen gedroheten straffe der unwürdigkeit erschrecket. Da ist alsdan auff diese weise von der angst zu halten / wie wir in der 3 und 6 frag gesehen haben / und hie nicht zu wieder= hohlen stehet. Ist aber irgend die angst allein darüber / wie man sich wür= diglich dazu bereiten wolle / so kommt sie aus guten ursprung / aber es muß dabey nicht bleiben; sie kan zwahr die vorsichtigkeit bey uns zu wege bringen/ nicht aber von dem wercke selbs uns abziehen. Wir habens nicht ursach/ uns also zu ängsten/ dann GOtt erfordert in solcher vorbereitung das we= nigste von uns sondern wenn wir seinen Geist bey uns wollen wircken lassen/ so wircket er selbs alles nöthige. Ruffe du also GOtt den HErrn um sei= nen heiligen Geist eiffrig an/ und folge alsdann dessen leitung / dich hertzlich zu prüfen / so hast du alles gethan/ was von dir erfordert worden/ um wür= diglich bey dem tisch des HErrn einzufinden. Was darffs dann der allzugrossen und stets fortwährenden angst? Ja sagt einer / es ist mir aber unmüglich um der angst willen / die resolution zu fassen. Hie fragt sichs/ von was für unmüglichkeit geredet werde; es heist entweder unmüglichkeit/ das werck an und für sich selbs zu thun/ oder aber eine unmüglichkeit / das werck mit gebührender vorbereitung zu thun. Der erste verstand kan nicht platz haben / dann nach derselben kan ja jeglicher mensch dieses werck verrich= ten/ so lang er bey gutem verstand ist/ und weiß/ was er thut: es seye also die angst beschaffen/ wie sie wolle / so hindert sie das werck nicht / an und für sich selbs. Wird aber geredet von der unmüglichkeit/ das werck auff gebührige weise / und mit gebührender heylsamer vorbereitung zu verrichten; so sagen wir abermal/ die unmüglichkeit bestehe in blosser einbildung/ und mag leicht ein schreck=bild des leidigen satans seyn/ das er uns vorstellet / damit er uns davon abhalte / was er uns unmüglich zu seyn vormahlet. Dann man betrachte alle die oben erzehlte stücke / welche zu der würdigen vor=

beret=

bereitung gehören / so ist kein einiges / welches solte durch die vorwendende angst unmöglich gemacht werden. Nicht die reue und leyd über die sünde / denn die wird vielmehr durch die angst befördert; nicht der gute vorsatz / als dazu abermal die angst mehr treiben solte. Was den glauben anlanget / so ists an dem / daß die angst desselben freudigkeit um etwas einhält / aber / wo wir in unser ordnung bleiben / und GOttes beystand anruffen / kan sie uns auch dieselbe zuversicht nicht benehmen. Ja es haben solche leute vielmehr zu gedencken / ob nicht dergleichen angst herkomme von dem / daß dieselbe irgend lang dasjenige heilsame mittel ihrer seligkeit unterlassen haben / und daher die angst der schwachheit ihres glaubens / welcher wol gar an dem ist / daß er allerdings auslesche / zeugnüß seye. Denselben also wiederum zu stärcken / und der angst loßzukommen / ist eben dieses das beste mittel / dasjenige wieder zu gebrauchen / aus dessen unterlassung dieselbe entsprungen ist. Es gehet gemeiniglich auff diese weise her / wo man eine zeitlang eines dinges entwohnet worden / sonderlich wann man bey sich befindet / daß man dadurch gefehlet habe / daß uns angst und bange wird / biß man wieder dazu komme. Das kind / welches seinen Vater erzürnet / und eine zeitlang vor sein angesicht nicht dörffen kommen / weil es schon nachmals wiederum der verzeihung gewiß ist / und die erlaubnüß zu ihm zu kommen erlanget / pfleget doch gemeiniglich mit angst und forcht das erstemal hinzugehen. Also ist offt eben die unterlassung / und das eine zeitlang gewährete ausbleiben von dem heiligen Abendmahl / der angst ursach / die nachmals uns zurück will halten / wo wir auch schon wieder dazu zukommen / die gute gedancken fassen. Wir haben aber solche angst allein anzusehen / als eine verdiente straffe solches langen verzugs / daß uns das werck schwehrer ankommt / als zu andern malen zugeschehen pfleget. Hingegen suchet GOtt / der es über uns verhänget / dadurch bey uns dieses / daß wir / ohneracht derselben ihme gleichwol und seinem befehl nachkommende desto mehr und kräftiger unsern gehorsam / und die reue über vorige ausbleibung bezeugen mögen / ja selbs fühlen / was wir durch solches unterlassen an uns verderbet haben: daß da andere fromme Christen mit hertzlicher und getroster freude dahin gehen / sie mit angsthafftigen gemüth und niedergeschlagenen gesicht sich einstellen müssen / ja sich selbs vor ihrem GOtt und ihren neben-menschen schämen. Gleichwol wer in der furcht GOttes sich selbs in solcher angst überwinden / und ohnangesehen derselben dennoch demüthig und bußfertig sich bey dem tisch seines vorhin beleidigten / aber wieder die versöhnung anbietenden Heylandes einstellen wird / dem kan versicherung gegeben werden / daß auch solche angst bey desto offtern gebrauch mehr und mehr abnehmen werde / biß er endlich mit eben dem freudigen muth / als andere fromme kinder GOttes / hinzuzugehen vermöge / und darinnen auch die wirckung seines Heylandes spüre.                    SE-

## SECTIO XXV.

# Vom offtmaligen gebrauch des H. Abendmahls.

DIe angedeutete art/ sich von denen an sich befindenden fehlern und fäulen wieder auffzurichten/ ist gantz gut und christlich: so ist auch das H. Abendmahl eigentlich zu diesem zweck eingesetzet/ daß wir damit unsern glauben stärcken/ und also die vergebung der sünden damit versiegeln. Was nun die absonderliche frage betrifft/ ist meine einfältige meinung diese. 1. Daß man sich nicht so præcise an eine gewisse zahl der empfangung des Heil. Abendmahls halten solte/ sondern lieber in solcher sache auff seiner seelen erbauung und trost/ als auff die besorgende nachrede und verdächte sehen. Dann obwol die liebe billich des nechsten schonet/ und daher alles dasjenige meidet/ worüber der nechste scheinbahrlich sich ärgern möchte/ so muß solches gleichwol so weit nicht gehen/ daß wir uns einer von GOtt selbs gegönnter so heylsamen speise und artzney allzuviel enthalten wolten. Damit aber gleichwol so viel müglich (dann dazu sind wir schuldig und verbunden) aller ungleichen meinung vorgekommen würde/ so wolte ich 2. also rathen. Erstlich daß mit dem Herrn Beicht=vater zuerst gründlich die sache in der furcht des HErrn überleget/ ihm das anligen zu verstehen gegeben/ und sein rath angehöret würde. Solte er nun einen bessern und solchen rath/ der das gewissen besser beruhigte/ als der meinige/ an die hand geben/ möchte solches wohl geschehen lassen. Sonsten ging ich dahin/ daß allgemach die H. communion öffentlich mehr frequentiret würde/ nicht auff einmal gleich gar offt nacheinander/ sondern doch etliche mal mehr als bey andern bißher üblich gewesen/ biß es mit der zeit dahin käme/ daß man/ nachdem die leute es gewohnet/ so offt dazu gehen möchte/ als unserer seelen zustand solches erfordern mag. Indessen möchte/ wo solcher christlicher hunger wieder vorhanden ist/ zuweilen zwahr mit der geistlichen niessung denselben zu stillen versuchet werden/ zuweilen aber/ sonderlich wo man findet/ daß das gemüth sich mit jener nicht beruhigen will/ die privat=communion eben so wol gebrauchet werden. Die gründe meines raths sind diese. 1. Unser liebste Heyland hat uns keine gewisse zahl vorgeschriebe/ sondern es dabey bleiben lassen/ daß es heisset/ so offt ihr esset/ daher mir niemand meine freyheit solle nehmen/ die mir mein Heyland gegeben/ noch mir den genuß der seelen=güter enger einspannen/ die derselbe mir so mild und reichlich darbietet. So vielmehr da wir solches von dem HErrn zu diesem zweck eingesetzte mittel in eigener erfahrung zu stärckung unsers glaubens so kräfftig empfunden haben. Wie wir nun befugt/ ja auff gewisse weise befehlicht sind/ unsers geistlichen oder innern menschens wachs=
thum

thum und stárcke nach aller môglichkeit zu befôrderen / so ist in solcher absicht die H. communion so offt geboten / als es unserer seelen nothdurfft erfodert. 2. So ist die sorge des ärgernüsses so groß nicht / sondern mag derselben wohl auff unterschiedliche art begegnet werden. Es hätte der Herr Beicht-vater selbs billich dazu zu helffen/ daß er bey gelegenheit die materie in einigen predigten zuweilen berührte / wie uns keine gewisse zahl des hinzugehens vorgeschrieben/ aber viele ursachen uns zu offterm gebrauch billich ermahneten; sonderlich aber daß deßwegen niemand den andern urtheile/ weder darüber/ so einer seine noth offters zu der artzney triebe/ oder da ein ander aus andern/ aber dem gewissen auch gemissen ursachen so offt sich dazu nicht schicken könte/ mit vorstellung / wie schwehr solche sünde seye/ da man also seines nechsten hertz richten/ und dasjenige/ was etwa aus einem guten trieb des H. Geistes gekommen seyn möchte / einer heucheley und also teuflischer bewegung zu schreiben wolte. Wie ich dann mehrmalen in predigten solche materie vorgetragen/ auch in der kinder-lehr/ wo die sache vorkommt/ wir insgesamt solche erinnerung zu thun pflegen. Möchte etwa dabey das gleichnüß gebraucht werden/ daß einige offterer artzeney nöthig hätten / andere sich mit weniger vergnügen könten. Damit könte der Prediger selbs vieles des besorgenden ärgernüsses hindern / und wäre solches seines gewissens halben zu thun schuldig. Es könte auch etwa bey gelegenheit unter guten freunden davon meldung geschehen/ und mit solcher demuth davon geredet werden/ daß diese öfftere communion kein ruhm einer sonderbaren heiligkeit für andern / vielmehr eine bekantnüß einer mehrern schwachheit / die man bey sich fühlete / seye. Möchten einige andere dazu disponiret werden/ gleiches zu thun/ so würde diese opinion auch so viel eher fallen/ die nur von der ungewohnheit herkommet. 3. So ists auch eine sache/ welche obwol etwa nicht an ihrem ort/ doch anderwertlich nicht so frembd ist. Ich weiß von dem Sel. D. Joh. Schmidten in Straßburg/ der fast gewöhnlich alle monat communicirte. Ich weiß/ daß auch hie einiger mann gewesen/ so gleiches gethan/ auch sind mir andere bekant/ die es nicht viel weniger wiederhohlen. Jetzo nicht zu sagen von dem eiffer der ersten Christen/ wie offt sie sich in solcher himmlischen speise zu stärcken pflegten. 4. Wann jedermann sich scheuet/ dergleichen anzufangen/ so wird vielmehr dieser irrthum/ gleich als ob das öfftere hinzugehen einem Christen nicht anständig wäre/ gestärcket; dahingegen wo etwa einer den anfang machet/ andere gute seelen bald folgen mögen/ die vielleicht nur auff andere warten/ und die erste zu seyn sich nicht unterstehen dörfften. Wo also die auffmunterung und aufferbauung einiger weniger frommer seelen die waagschal hält/ ja überwieget das besorgte ärgernüß anderer/ die sich möchten aus eigener schuld daran stossen. Und ob ich wol insgemein den

S

we-

wenigsten die offtere communion rathe / da sie mit so schlechter vorbereitung
und frucht geschicht / so würde hingegen hertzlich verlangen / daß fromme seelen sich offters damit stärcketen. 5. Ob wir wol in der geistlichen niessung e-
ben so wol dasjenige alles haben / was uns zu unserer seligkeit nöthig ist / so
ist doch nicht zu leugnen / daß in dem H. Abendmahl noch eine sonderbahrere
krafft seye / als ausser demselben. Dann wir werden je nicht sagen / daß es
ohne noth oder nutzen eingesetzt seye. Es ist die geistliche niessung so zu reden / die tägliche speise der seelen; die sacramentliche aber als eine artzney. Nun
wie es in dem leiblichen dahin kommen kan / daß zuweilen wir mit der speise
nicht genug haben / sondern auch einiger artzney bedörfftig seynd; so kans
auch in diesem geistlichen hergehen. Wie ich mich erinnere / unterschiedliche
mal solches gleichmüß von meinem S. Præceptore, Herr D. Dannhauern / gehört
zu haben. Daher ob ich wol mit der geistlichen niessung zu frieden seyn kan
und solle / wo mir die sacramentliche nicht werden kan / so müssen es gleichwol
wichtige ursachen seyn / die mich davon abzuhalten hätten / daß ich nicht meiner seelen trost am allerkräfftigsten suchte. Dieses sind meine gedancken über
die vorgelegte frag / so ich zu desselben eigenen christlichen nachsinnen übergebe / nach dero prüfung zu wehlen / was sein gewissen ihm für das dienlichste
achten wird. Der HErr HErr lasse ihn und uns alle immer mehr wachsen
am innern menschen / und zeige uns durch seines Geistes gnade / welche mittel er dazu am kräfftigsten segnen wolle. 1680.

## SECTIO XXVI.
## Von offtmaliger geniessung des H. Abendmahls.

Es ist 1. eine ausgemachte sache / daß uns unser liebste Heyland keine
gewisse zeit noch zahl gesetzet hat / wann und wie offt wir seines H. A-
bendmahls uns theilhafftig machen solten; daher weder insgemein
ein gewisses gesetz für alle gegeben werden darff / noch auch ich rathsam halte /
daß einer ihm selbs eine solche ordnung machte / bey dero er allzupræcise bliebe /
und sich davon auszusetzen ein gewissen machte / indem einiges gutes dadurch
gehindert werden möchte. 2. Indessen hat nicht allein unser liebste Heyland
damit / wann es heißt / so offt ihr's trincket / gewiesen / daß es eine sache seye /
die mehrmal geschehen solle; sondern die vortrefflichkeit der güter / die uns darinnen gereicht werden / der trefliche nutze / welchen dieselbe bey uns wircken
sollen / und die schuldige pflicht seinen todt offt zu verkündigen / sollen uns von
sich selbs zu offtmaliger begehung dieses gedächtnüß-liebes- und lebens-
mahls treiben. 3. Daher haben die ersten Christen gemeiniglich täglich / o-
der so offt sie ihre versammlungen hielten / sich auch mit diesen himmels-schä-
tzen

ken zu stärcken gepfleget; um so wol gegen die täglich obschwebende verfolgungen sich zu wapnen/ als auch so offt neue krafft zu dem göttlichen leben zu
erlangen.    Wie aber nach der zeit der eiffer zu dem geistlichen mächtig erkal-
tet/ so wurde auch dieses göttliche mahl je länger je weniger mehr gebraucht/
daß es endlich eines gesetzes bedorffte/  so noch in dem Pabstthum behalten
wird/ daß jeder Christ auffs wenigste einmal sich gegen die osterliche zeit dabey einfinden muste.  Wie aber der erkaltende eiffer der menschen in der nachlassung solches heiligen wercks die ursach gewesen/  so erkenne ich es doch zugleich mit/ als ein stück der H. providenz GOttes/  die es also gefüget/ daß
nachdem die meiste fast gantz irrdisch worden/ und also zu der würdigen niessung kaum jemal geschickt waren/  auch der gebrauch des Sacraments seltener worden/ damit auffs wenigste es eben daher weniger mißbrauchet würde.  4. Unser liebe Lutherus hat nachmals nicht durch ein gebot/ sondern rath
veranlasset/ daß in unserer kirchen gemeiniglich das H. Abendmahl von den
meisten des jahrs zu 3. oder 4. malen genossen wird/ ( wie wäre aber zu wün-
schen/ daß allemal mit bußfertiger würdigkeit!) und bekenne ich/ daß ich nicht
wünschte/  daß die gewohnheit insgemein mehrere mal eingeführet hätte/
nachdem ich/ wie wir die leute befinden/ sorgen müste/ daß die offtere wiederholung nicht so viel bey einigen zu ihrer geistlichen stärckung nutzen bringen/
als wegen der allermeisten stäter unwürdigkeit mehrern schaden schaffen
möchte.  5. Indessen ist weder verboten/ noch gantz ungebräuchlich in unserer kirche/  daß einige fromme Christen auch mehrmal sich dabey einfinden:
wie mich noch erinnere von dem alten S. Herr D. Schmidten zu Straßburg/
der alle monat sich bey dem tisch des HErren einfand; dergleichen ich auch in
Franckfurt einem kauffmann/  so mein beicht-kind/ hatte: da gab es zwahr
auch allerley reden darüber/  sonderlich wegen der person/ jedoch suchte niemand die sache selbs zu hindern.  6. Ich zweiffle auch nicht/ daß mehrere gute
hertzen sich öffters bey dieser H. mahlzeit einfinden würden/ wo die anstalten
der begehung derselben an den meisten orten besser zur andacht/  vorstellung
und danckbarer verkündigung des todes JEsu Christi eingerichtet würden/
und also die seelen mehrere auffmunterung zu und von solchem H. werck fühleten: dahingegen jetzt alles offt sehr kalt hergehet/ und jeder fast mühe hat/
sich nur selbs zur andacht auffzumuntern/ welches aber gleich wie den nutzen
vermindert/ also auch das verlangen darnach sehr zurücke hält; wie mir ein
und anderer christlicher seelen anligen und kummer in solcher sach bekant und
offt in meinen schooß ausgeschüttet worden: da aber solchen gebrechen auch
zu helffen in eines oder andern macht und anstalt nicht stehet.  7. Es ist kein
zweiffel/ daß der offtmalige würdige gebrauch des H. Abendmahls freylich
von stattlicher krafft ist/ und eine aus Christo wiedergebohrne seele aus dem

                                                                              leib

leib und blut ihres Heylandes/ die voller himmlischen und göttlichen kräffte sind/ jedesmal zu ihrer erneuerung und stärckung einen neuen einfluß und geistliche nahrung bekomet/ zu erfüllung dessen/ was der liebste Heyland sagt/ Joh. 6/ 55. u. f. Mein fleisch ist die rechte speise/ und mein blut ist der rechte tranck. Wer mein fleisch isset und trincket mein blut/ der bleibet in mir/ und ich in ihm. Wie mich gesand hat der lebendige Vater/ und ich lebe um des Vaters willen/ also wer mich isset/ der wird auch leben um meinet willen. 8. Daher wo keine andere hindernüß ist/ eine seele/ welche gern in dem innern wesen wachsen will/ diese ihre anerbotene gnade erkennet/ und gelegenheit dazu hat/ wol thut/ wo sie zum offtern und so vielmal als ihrs werden kan/ und sie durch einen hunger dazu getrieben wird/ sich dieser gnade ihres Erlösers theilhafftig machet/ weil uns je geboten ist/ nach dem wachsthum zu streben/ und uns also nach müglichkeit aller dazu dienlichen mittel zu gebrauchen. 9. Wo dann eine solche seele/ solte es auch zum offtersten geschehen/ dieser ihrer freyheit und rechts sich gebraucht/ solle sich billich niemand dran ärgern/ solches einer scheinheiligkeit oder sonderlichkeit beschuldigen/ sondern denjenigen ihre gnade gönnen/ die der HErr mehrmal derselbigen würdiget. Ja es haben Prediger auch für sie zu reden/ und andere vor frevel-urtheil zu warnen: wie ich in Franckfurt auch mehrmal offenlich und absonderlich gethan habe. Wer hingegen übel urtheilet/ versündiget sich in der that schwehrlich. 10. Indessen kan es fälle geben/ wo die liebe ein anders erfordert/ und haben will/ daß wir uns auch in gewissen stücken einiges geistlichen vortheils begeben/ wo wir sehen/ daß andere/ ob wol aus ihrer schuld/ davon mehr schaden nehmen würden. Wir sehen die krafft der liebe an dem theuren Paulo/ bey dem sie zu diesem hohen grad kam/ Rom. 9/ 3. daß er auch um seiner brüder der Juden willen/ wo es nemlich müglich wäre/ und dadurch für sie gnug gethan werden köute/ verbannet zu werden gewünschet. Ob nun dann solcher heroische grad nicht bey allen ist/ so wird doch auffs wenigste der grad erfordert/ daß wir um verhütung unsers nechsten geistlichen schadens und ärgernüsses willen/ sonderlich wo solches auch schwache betrifft/ bereit seyn/ nicht zwar an unserm heyl selbs schaden zu leiden/ aber doch einer weitern stärckung und erquickung um derselben willen aus liebe zu entrathen. 11. Davon hoffe auch nicht/ daß eine solche seele sonderlichen nachtheil leiden solle/ nicht allein weil wir gleichwol auch aus der geistlichen niessung des leibes und bluts unsers Heylandes eben so wol eine herrliche krafft und stärckung/ ja das meiste dessen was die Sacramentliche geben kan/ ( die frucht betreffend ) erlangen/ und daher der andern offteren wiederholung nicht blosser dings bedürfftig sind/ ( wie man ja in entstehung aller gelegenheit zu dem Sacrament sich ohne verlust der seeligkeit mit jenem vergnügen kan) sondern auch/ weil ich der göttlichen güte uñ weißheit allerdings gemäß befinde/ daß sie einer solchen seelen/ so aus einer wahren liebe und schonen des nechsten sich einiges stücks ihres trosts williglich begiebet/ was sie darinnen verliehret/ auff andere ihr bekannte art kräfftig wisse zu ersetzen/ daß ihr doch in der that nichts mangeln muß/ nachdem je/ ob wol wir an dem gebrauch aller mittel von unsrer seiten nach aller müglichkeit gebunden sind/ sie hingegen sich nicht daran bindet/ sondern würcket/ wann/ durch was/ und wie sie will. 12. Voraus gesetzt nun dieser dinge/ halte ich dafür/ ob ich wol derselben zu dero geistlichem wachsthum die offtere wiederholung der seligen communion hertzlich gönnete/ daß sie dannoch/ bey gegenwärtiger dieser zeit umständen/ GOTT gefälliger thun werde/ sich derselben noch jetzt zu enthalten/ als sich ihres rechts zu gebrauchen/ und also auch aus liebe der andern lieber etwas zu entrathen/ als andern sich zu versündigen anlaß zu geben. 13. Die ursachen sind ziemlich offenbahr; dann nachdem es durch einiger widriger leute/ theils practiquen/ theils unbesonnenen eiffer/ dahin gekommen ist/ daß das gantze land/ ja Teutschland mit dem gerücht einer neuen secte/ des Pietismi, erfüllet worden ist; welches gerücht so wol schwache sehr niederschläget/ und irre machet/ als einigen boßhafftigen gelegenheit zu vielen lästerungen und andern sünden ursach giebet/ will nun christliche klugheit und liebe erfordern/ daß seelen/ die ihr heyl ernstlich suchen/ sonderlich die bereits in den verdacht dergleichen vermeinter secte gerathen sind/ sich sehr vorsichtig auffführen/ und zwahr deßwegen um der welt zu gefallen nichts derjenigen pflichten unterlassen/ die sie ihrem GOTT schuldig/ und die ihnen zu ihrer geistlichen stärckung nöthig sind; aber was alles übrige anlangt/ so noch ohne an GOtt sich zu versündigen/ und sich allzu sehr zu versäumen/ unterlassen werden kan/ in demselben desjenigen sich enthalten/ so zu neuen nachreden oder vermehrung der vorigen/ auch zu neuem streit/ anlaß geben könte/ davon gewiß andere/ sonderlich schwache/ schaden nehmen möchten. 14. Weilen dann nun die gar öfftere empfangung des H. Abendmahls eins theils nach vor ausgeführtem nicht bloß nothwendig/ andern theils aber/ sonderlich weil sie von deroselben allein geschehe/ nicht nur einigen schwachen selbs einige scrupul machen/ und sie was ihnen zu thun wäre/ in zweiffel setzen/ sondern auch das geschrey von den Pietisten auffs neue vermehren/ und gleichsam einen neuen deroselben glaubens-articul bey denen/ welche gern alle gelegenheit aufffassen/ machen/ und also nur zu mehr sünden anlaß geben würde/ so sehe ichs an als ein exempel desjenigen falles/ wo die liebe erfordert/ auch sein mehreres geistliches dem nechsten zum besten nachzusetzen. 15. Ich erinnere mich dabey eines falles in

S 3                                           Frauck-

Franckfurt / da auch eine frembde jungfrau mehrmal und wo es müglich wäre/ alle monat zu communiciren verlangte/ daß ich es deroselben um der ursach willen/ weil sonsten auff sie die nachrede einer sonderlichkeit bereits gefallen war/ mißrathen/ ohne daß sich nachmal das mittel fand/ daß weil ich ihr beicht-vater/ in zwo kirchen bey beicht und dem heiligen Abendmahl zu seyn pflegte/ sie in beyden kirchen communicirte/ da solches offtmalige weniger von der gemeinde beobachtet worden/ und zu urtheilen ursach geben konte. Hingegen sehe ich kein mittel nicht/ wie dergleichen bey deroselben sich auffs wenigste zu dieser zeit practiciren liesse/ massen was man vornehmen wolte/ noch mehr difficultäten geben würde. 16. Daher nochmal dabey bleibe/ daß dieselbe am rathsamsten vor ihre und anderer seelen thun würde/ wo sie/ es wäre denn sache/ daß dero werthester ehe-herr sich gleichfals resolvirte/ etwa ein oder zweymal weiter des Jahres sich einzustellen/ es bey bisheriger von sämmtlichen gebrauchter ordnung liessen/ und sich dieselbe communion allezeit so viel hertzlicher zu nutze machten: hingegen wo sie ausser dem sich zu einem innigen verlangen solcher seelen-speise getrieben fünden/ einige tage sich dazu aussehen/ da sie etwa mit einigen christlichen seelen der ihrigen/ sich die betrachtung des bittern leidens und sterbens ihres Heylandes liessen mehr als sonst angelegen seyn/ an dieselbe und den hertzlichen danck davor mit andacht/ lesen/ beten und singen/ und also zur verkündigung seines todes ( dazu sonderlich das Sacrament eingesetzet ist ) mehr zeit anzuwenden: welches dann das sonderbarste mittel ist/ auch ohne brod und wein den leib und blut Christi geistlich zu geniessen und sich damit zu stärcken. Wie dann der christliche Jurist Herr D. Ahasverus Fritsch/ ein tractätlein von der geistlichen niessung geschrieben und mir communiciret hat/ so ich aber nicht erfahren/ ob es seit wenigem gedruckt möchte worden seyn. 17. Auff diese weise/ wie dieselbe anderer aus liebe schonen wird/ versichere ich mich/ daß ihrer lieben seelen an nichts/ wessen sie bedürfftig ist/ einiges abgehen solle/ hingegen der HErr die seltenere communion und öfftere geistliche niessung zu ihrem verlangten wachsthum gnugsam segnen werde. Unser treueste JEsus gebe auch hierinnen seinen willen mit festigkeit und versicherung zu erkennen/ heilige sie immer sammt den ihrigen und allen/ die ihres orts ihn hertzlich lieben/ mehr und mehr/ und bringe doch dermaleins (ach daß es bald geschehen möchte!) seine kirche in den stand/ wo man weniger sorge bey verrichtung des guten haben/ und ihm freyer in allen stücken dienen/ auch seiner gnade reichlicher geniessen möge. 1690.

SECTIO

## SECTIO XXVII.

# Von der freyheit ohne privat-beicht und absoluti-
on zum heiligen Abendmahl zu gehen.　Was deßwegen
in Berlin vorgegangen; mit anhängung einer in der sache
gehaltenen Predigt.

WAnn derselbe die wahre beschaffenheit/ was es vor eine bewandnüß
habe mit dem Chur-Fürstlichen deciso wegen freyheit des beicht-
stuhls/weil in ihrer gegend so unterschiedlich davon geredet werde/
von mir verlanget zu wissen/ ist mir lieb/ die gelegenheit zu haben/ die wahre
beschaffenheit und ordnung des gantzen geschäfftes mitzutheilen/ der guten
zuversicht/derselbe werde auch andern so viel nachricht/als jedwedem nöthig/
und die rettung der unschuld einiger leute erfordert/ zu ertheilen willig seyn.
So verhält sichs nun also: wie unser nun seeliger Herr M. Johann Ca-
spar Schade ein treuer diener Gottes bey uns gewesen/ dessen amt Gott
auch an so vielen seelen/ von alten und jungen/ zu dero bekehrung so reichlich/
als kaum einiges andern/ gesegnet hat/ also hat ihn auch bald vom anfang
des antrits nichts mehr geängstet/ als die verwaltung des beicht-stuhls/ die
in gegenwärtigem zustand unserer zeit die gemeinste marter ist aller treuen
diener des HErren/ daß sie viele anfechtung davon ausstehen. Er hatte
aber seine scrupul nicht über den beicht-stuhl selbs/ sondern/ daß er allen/ die
zu der beicht kämen/ die hand aufflegen/ und die absolution sprechen solte / da er nicht gelegenheit hätte / ihre würdigkeit zu beruhigung seines
gewissens recht zu prüffen/ ja nach dem er allgemach viele seiner beicht-kinder
kennen gelernet/ an deroselben würdigkeit starck zuzweiffeln ursach zu haben
meinte. Diese angst nahm/ohngeachtet alles/ womit er selbs und durch unsern zuspruch sich auffzurichten meinte/ immer zu/ so viel mehr als die zahl
seiner beicht-kinder sich algemach mehrte/ und er auch dieselbe mehr und
mehr kennen lernete. Zwahr trachtete er sich nach müglichkeit darhin zu be-
streben/ daß er an denen/ die er erkennete/ nichts versäumete/ wohin nicht
allein seine öffentliche amts-verrichtungen / sondern auch in seinem hauße
mit alten und jungen angestelte examina,hauß-besuchungen seiner beicht-kin-
der/ sonderlich daß er die sich sonnabend anmelden wolten/ vorhin freytags
zu sich kommen lassen/ und sie vorbereitete/und andre dergleichen übungen/
abzieleten: dabey andre meiste nicht nur gnug/ sondern auch ein übriges gethan zu haben gedacht hätten. Doch wolte seine angst sich nicht legen/ die
schon allemal freytags anfieng/ nicht allein den sonnabend/ sondern auch wei-
ter/ währte/ daß er manchmal die nacht auf den sonntag an statt schlaffens/
mit lauter jammern und seufftzen zubrachte/uñ mit gantz geschwächten kräfften

die

die sonntags-arbeit antreten muste. Diese angst hat ihn endlich zu den fra-
gen/ die er über die materie edirt/ und andern schrifften/ auch harten expres-
sionen/ gebracht/ als da er gesprochen: beicht-stuhl/ satans-stuhl/ höllen-
pfuhl:darüber so vieler lermen entstandë; wiewol aus eben derselben schrifft/
da die worte stehen/ das vorhergehende und folgende klahr gnug zeigten/daß
damit nicht von der sache selbs/ sondern dem mißbrauch/geredet werde/ weil
er selbs erkennet/ daß der beicht-stuhl wohl gebraucht werden könte/ welches
man von nichts zu sagen vermag/ daß an sich des teuffels ist. Ich versuchte
auch öffentlich durch guten unterricht von dem beicht-wesen der sache zu ra-
then/ da ich nicht allein 1695. den 7.aug. auff einen buß-tag/ des beicht-we-
sens in den Evangelischen kirchen rechten gebrauch und mißbrauch
vorstellete/ sondern auch 1697. 3. Mart. abermal auff einen buß-tag die materie wiederhohlte/ vornemlich den leuten die falsche zuversicht/ die sie auff
das blosse werck der beicht und empfangung der absolution ohne wahre buß
setzten/ zubenehmen/ und sie dahin zu bringen/ daß sie mit christlicher Lehrer
angst/ die sie über den beicht-stuhl lidten/mitleiden trügen/hingegen sie durch
anderes bezeugen erleichterten. Weil aber nicht allein obige harte wort / die
er schrifftlich und mündlich wiederhohlt/ fast insgemein bey allen/ auch wöl
guten seelen/allzugrossen anstoß verursacht/sondern.Herr Schad auch in dem
anfang des 1697.jahrs ohnbefragt jemanden/um selbs seinem gewissen zura-
then/sich unterstanden hatte/in der sacristey/die ihm zueiniger erleichterung/
weil er mit jeder person absonderlich daselbs freyer handlen könte / von unserm gesamten Ministerio zuS.Nicolai zum beicht-stuhl angewiesen gewest/er
sich auch derselben eine gute zeit dazu gebrauchte/ an statt der sonst gewöhnlichen privat-beicht und absolution 2. sonnabend nacheinander mit allen seinen beicht-kindern zumalen zu handlen/ und es bey einer gemeinen absolution zu lassen: daraus so bald eine grössere bewegung entstunde/ und nicht allein diejenige / die ihm seines christlichen eiffers wegen ohnedas gehäßig wa-
ren/ in die eusserste bitterkeit gegen ihn gesetzet wurden/ sondern auch viele
rechtschaffene Christen/ die ihn selbs liebten/ nicht anders konten/als grosses
mißfallen davon zu bezeugen/( indem es das ansehen gewann / eigenmächtig
in unsrer kirch den beicht-stuhl abzuschaffen) so war nicht gnug/ daß ihm die
fortsetzung des angefangenen inhibirte/( darauff er zwahr so bald das angefangene unterließ/aber damit sich insgesamt des beicht-stuhls enthielte) sondern ich fande auch nöthig/daß in gedachter predigt des 3.Mart.so wol dieses
eigenmächtige beginnen/ als unrecht gethan/ unbillichte/ sondern auch wegen jener wort mich also vernehmen liesse: daher man ja den beicht-stuhl
keinen satans-stuhl nennen soll/ noch ohne sünde kan/ weder nach
dem-

demjenigen/ was selbs von göttlicher einsetzung drinnen ist/ noch auch was aus der kirchenanstalten in dem rechten gebrauch dazu gekommen ist.     Verstehet man aber nur den mißbrauch/ darinnen freylich der satan/ wie in allem mißbrauch/ sein werck hat/ so muß man nicht den beicht=stuhl nennen/ sondern allen mißbrauch zu vermeiden/ deutlich reden.     Indessen war aus dieser ursach die stadt voller unruhe/ indem der gröste theil der bürgerschafft/ theils aus ohne das gegen den mann und dessen ernstliches wesen gefaßten haß/ theils aus eiffer vor diese der Lutherischen kirchen ceremonie und sorgfalt vor die religion/ entweder daß er wieder zu dem beicht=stuhl sich einfinden/ und denselben nach der gewohnheit verwalten sölte/ oder daß er seine dimission haben möchte/ verlangte.   Auch möchte/ weil er zu jenem sich nicht verstehen wolte/ der Chur=Fürstl. Hoff/ der in Preussen damal war/ zu diesem letztern resolviret haben/ wo nicht so wol von hiesigem Stadt=rath favorabel für ihn relation abgestattet worden/ und durch eine sonderbare unterthänigste supplique an unsers gnädigsten Chur=Fürsten und Herrn Durchlaucht. eine ziemliche anzahl der bürger für ihn eingekommen wären.   Deßwegen dann eine commission zu untersuchung der gantzen sache gnädigst verordnet wurde/ bestehende aus 9. Lutherischen aus den Chur=Fürstlichen Räthen/ dem Ministerio und Stadt=Rath; und dero Herr geheimde Rath/ Freyherr von Schwerin/ weil Hr. geheimbde Rath von Fuchs ( in dessen expedition sonsten die kirchen=sachen einlauffen ) mit in Preussen war/ præsidiren solte.   Diese wurde nun in der geheimen raths=stub gehalten den 17. May 1697. dazu erst 4 Stadt=Verordnete und 8 wegen der viergewercke erschienen/ und durch ihren advocatum denunciando ihre klagen mit mehrerem anführten : auff solche aber Herr M. Schade ( der auff gethanes anbieten sich doch keines advocati gebrauchen wolte/ ) selbs also antwortete/ daß mich ( der ich mit in der commission war ) nicht allein hertzlich dessen freuete/ und einen guten ausgang durch GOttes gnade bereits zu sehen meinte/ sondern auch nicht zweiffle/ daß den meisten Herrn Commissariis werde dadurch gnug geschehen seyn.   So bald aber Herr M. Schade seine antwort geschlossen/ trat eine gute anzahl bürger aus Berlin und Cölln vor/ sich auch durch einen advocatum interveniendo meldende. Ihr vortrag ging zum fordersten dahin/ daß/ weil die andre in dem nahmen der gantzen bürgerschafft gegen Herr M. Schaden geklagt/ sie und so viel andre von solcher klage nichts gewust/ noch darinn consentiret ; da sie hingegen demselben das zeugnüß eines treuen Predigers und Seelsorgers geben könten/ und das feste vertrauen zu ihm trügen/ daß er alles wider sich angegebene gnugsam elidiren werde/ wo er aber in einigen ratione modi, gefehlet/ hoff-

T                                                      ten

ten sie/ daß aus absicht der guten intention ihm solches gnädigst pardoni-
ret werde werden. Bis so weit hörte ich mit grossem vergnügen zu. Hierauff aber fuhr advocatus im nahmen solcher bürgerschafft fort/ daß sie den
beicht-stuhl auff solche art als vorhin/ nicht mehr mit gutem gewissen betre-
ten könten noch wolten. Sie hätten/ ehe sie besser informiret worden/ aus
dem beicht-stuhl gleichsam einen abgott gemacht/ und darvor gehalten/ daß
ausser demselben und der ohren-beicht keine vergebung der sünden zuerlan-
gen wäre; nunmehr aber wüsten sie sich wol zu bescheiden/ daß zwahr con-
fessio und absolutio in der kirchen nothwendig bleiben müsten/ aber deßwegen der beicht-stuhl und ohren-beicht nicht eben nöthig seyen. Weil aber
ihre gemüther und seelen nicht wenig durch diese verunruhiget worden/ hingegen sie von den Predigern ohne privat-beicht/ die auch Herr D. Luther frey
haben wollen/ und Christus sein heiliges Abendmahl ohne dieselbe eingesetzt
habe/ zu dem tisch des HErrn nicht zugelassen werden möchten/ bitten sie es
dahin zu richten/ daß ihnen frey stehen möge/ jedem nach befindung seines gewissens sich der beicht in specie zu gebrauchen/ oder auch ohne vorhergegan-
gene beicht des heiligen Abendmahls zu geniessen/ welche freyheit ihres gewissens sie von Sr. Chur-Fürstl. Durchl. unterthänigst hoffeten: dabey sie
contestireten/ daß ihnen dieses nicht etwa auff vorstellung beklagten Herrn
M. Schadens in den sinn gekommen/ sondern sie vorlängst nur aus gehorsam
gegen die kirchen-ceremonie sich der ohren-beicht mit nicht geringer kränckung
ihrer gewissen gebraucht hätten. So angenehm mir nun der vorige vortrag
gewesen/ so hertzlich hat mich dieses petitum erschreckt/ und gleichsam nider-
geschlagen/ indem ich leicht die weitläufftige und zweiffelhafftige folgen daraus mir vorgestellt: und zwahr bewegte mich solches so viel mehr/ weil vorher von diesem vorhaben weder von jemand solcher bürger/ noch Herr M.
Schaden/dessen klagen allezeit nur einem Prediger/ der absolviren solte/nicht
aber einem beichtenden das hertz schwehr machen konten/ das geringste wort
gehöret oder vermuthung gehabt hätte. Nur daß mich entsinne/ wie einige
jahr vorher/ ehe dieser lermm angegangen/ ein Chur-Fürstlicher Rath/ der
mit Herr Schaden nicht bekannt/ als er mich besuchte/ im discours gemel-
det/daß er und mehrere andere unserer religion bey sich fast schlüssig worden
wären/ bey Seiner Chur-Fürstlichen Durchl. unserm gnädigsten Herren/un-
terthänigst um dispensation anzuhalten/ daß sie ohngebeichtet zum heiligen
Abendmahl gehen dörfften. Ich zeigte ihm aber/ ob ich wol den beicht-stuhl
nicht für bloß nohtwendig hielte/ auch von jugend auff ( wie es in dem Elsaß
gebräuchlich ) ohne privat-beicht communiciret hätte/ daher ehe ich jemal ge-
beichtet/ 25 jahr alt gewesen; so dann bekannte/daß bey unsern beicht-anstal-
ten der zweck der kirche nicht erlangt würde/ daher die meiste keinen nutzen/

eini-

einige gar schaden / davon hätten / daß dannoch dergleichen gesuch / wegen der
gemüther dieses orts bewandnüß/und daher besorglichen ärgernüsses/ durch=
aus nicht zu rathen seye / sondern man sich in gedult dieser kirchen=ceremonie
zu bequemen hätte.  Als aber derselbe immer auff solchem fürhaben beharr=
te/ bat ich endlich / weil er liebe gegen mich bezeugte/ er und andre freunde
möchten auffs wenigste meiner darinnen schohnen / und so lang ich lebte/
nichts dergleichen versuchen/ indem sie leicht vorsehen könten/ wo dergleichen
bey meinem leben vorginge/ daß mir/ ob ich wol unschuldig / dennoch dessen
schuld in und ausser diesem lande würde beygemessen werden; welches er
auch wol begriffe.  Daher von solcher zeit an nichts mehr von ihm der sache
wegen gehöret habe.

Ich kehre aber wieder zu meiner angefangnen erzehlung.  Weil dann
nun in der commission geschlossen wurde/ daß nechst unterthänigster relation
jeglicher der Commissariorum auch seine gedancken darüber einschicken solte/
wurde es mir und unterschiedlichen andern schwehr/ einen ausgang aus die=
ser schwehrigkeit zu finden/ indem von beiden seiten/ die wichtigsten momen=
ta vor augen stunden.  Der intervenirenden bürger verlangen zu willfah=
ren/möchte rathsam machen 1. daß die privat-beicht und absolution/ wie sie
in unsern kirchen üblich / bekanntlich kein göttlicher befehl / sondern eine
menschliche einsetzung und an sich adiaphorum seye/ welche dinge aber zur
last der gewissen nicht werden sollen.  2. Daß sie nicht in allen Evangelisch=
Lutherischen kirchen hergebracht/ sondern in und ausser reichs viele gemein=
den sind/ die sich vergnügen mit einer vorbereitung und allgemeinen absolu-
tion/ damit auch die intervenienten zu frieden seyn würden.  3. Daß die
zahl deren/ die solches begehrten/ groß seye/ wie dann einem supplicato an
Seine Chur-Fürstl. Durchl. darinnen sie um solche freyheit auch angehal=
ten/ auff 50 unterschrieben / und sich vernehmen lassen/ daß mehr als noch so
viele dieses sinnes wären / daher es schwehr wurde / eine so starcke anzahl der
gemeinde/in einer sache/ darinnen sie sich auff die von Christo habende frey=
heit berieffen/ nicht zu erhören.  4. Daß sie auch nichts eigenmächtig vor=
genommen/ sondern die sache bey dem summo Episcopo suchten.  5. Daß sie
auch Lutherum vor sich hätten/ der so ernstlich er die privat-absolution für
die/ so ihrer bedürfftig / in der kirchen beybehalten haben wollen/ also daß er
sie um aller welt gut nicht fahren zu lassen gemeinet/ eben so ernstlich allen
zwang davon ausgeschlossen/ und die beicht frey gelassen haben wollen.  Als
Kirchen=post. in der Sermon von der beicht: wiewol es nicht geboten soll
werden/ auff daß man nicht ein gewissen darüber mache/ als müste
man zuvor beichten/ ehe man zum Sacrament gehe. Tom.1. Alt. fol.
T 2     795. a.

795. a. will er auch die beicht nicht zu einem noth=stall gemacht / und mit
geboten verfaßt haben / sondern daß sie als die jungfrauschafft frey
bleibe. Tom. 2. Alt. f. 114. b.　　Darum hab ichs gesagt und sags noch /
daß ich mir diese heimliche beicht nicht will nehmen lassen / ich will auch
niemand dazu zwingen oder gezwungen haben / sondern einem jeglichen frey heim stellen. Tom. 7. Alt. fol. 10. b. und in dem unterricht der
visitatorum an die Pfarrherrn in dem Chur=Fürstenthum Sachsen: (welche
schrifft die art einer kirchen=Ordnung hat) Es soll niemand zum Sacrament gelassen werden / er seye dann vorhin bey dem Pfarrherrn gewesen: der soll hören / ob er vom Sacrament recht unterrichtet seye / ob
er auch sonst raths bedörffe / oder seye eine solche person / die man sihet
und weist / daß sie alles wol berichtet seye. Denn ob der Pfarrherr selbs
oder Prediger / so täglich damit umgehen / ohne beicht oder verhör
zum Sacrament gehen will / soll ihm hiemit nichts verboten seyn.
Deßgleichen ist auch von andern verständigen personen / so sich selbs
wol zu berichten wissen / zusagen / damit nicht wieder ein neuer papst-
zwang oder nöthige gewohnheit aus solcher beicht werde / die wir
sollen und müssen frey haben.　　Und ich D. Martin selbs etliche mal
ungebeichtet hinzu gehe.　　Daß ich mir nicht selbs eine nöthige gewohnheit mache im gewissen ; doch wiederum der beicht brauche /
und nicht entbehren will / allermeist um der absolution / das ist / Gottes worts willen: dann das junge und grobe volck muß man anders
ziehen und weisen / weder die verständige undgeübte leute.　　Und fol.
126. doch so fern daß es alles frey bleibe / denjenigen unverboten / die
derselben absolution brauchen wollen / und von ihrem Pfarrherr vielleicht lieber haben / als von einer offentlichen kirchen=person / dann
von einem andern / auch vielleicht nicht entbehren können.　　Wiederum diejenige ungezwungen / zuvor so sie wol berichtet im
glauben und in der lehre Christi sind / so allein GOTT beichten
wollen / und das Sacrament darauff nehmen / die soll man nichts
weiter zwingen.　　Dann es nimmts ein jeder auff sein gewissen / 1. Cor.
11 / 28.　　Weil nun Lutherus so starck auff diese freyheit getrieben / (wie
dann dergleichen stellen noch mehr in seinen schrifften sich finden) daß ers auch
in die erste Sächs. kirchen=ordnung setzen lassen / würde es ein hartes seyn /
wo man deroselben gebrauch denen nicht verstatten wolte / die ihn sehnlich
ver=

verlangten: auch würde es sie so viel mehr ärgern/ sonderlich weil unter denen/ die am meisten solche suchten/ einige von langer zeit Lutheri schrifften fleißig gelesen/ dieses daraus geschöpfft hatten/ und deswegen an der versagung sich mehr stossen würden. 6. Daß die leute sich immer auff den anstoß ihres gewissens bezogen/ daß ihnen die beicht zur last würde/ und sie mehr in der andacht störete/ weil sie nicht aus freyem trieb käme/ sondern dazu genöthiget/ auch von den meisten Predigern ohne unterschied alle also tractiret würden/ ob müßte sie jedesmal erst in dem beicht-stuhl aus kindern des zorns/ kinder der gnaden/ und die sünden/ die ihnen noch zugerechnet wären/ erst vergeben werden; dessen doch das gewissen diejenige/ die in stäter buß und glauben einhergehen/ gantz anders versichere. 7. Daß hingegen andere/ welche den beicht-stuhl ihnen tröstl. finden/ und daher ihn gern allezeit brauchen wolten/ ihre freyheit auch behielten/ dem trieb ihres gewissens nachzugehen: indem sie die gäntzliche abschaffung des beicht-stuhls nicht forderten. 8. Daß man bereits in diesem land ein gleiches exempel einiger freyheit an dem exorcismo habe/ da den eltern denselben bey ihren kindern zugebrauchen/ oder auszulassen erlaubt seye. 9. Daß damit auch denen gerathen würde/ die von solchen orten herkämen/ da die privat-beicht nicht üblich/ und solchen leuten gemeiniglich schwehr falle/ sich erst zu dergleichen zu gewehnen/ indem sie dabey blieben/ wie sie von jugend auff gewohnt gewesen. 10. Daß/ im fall den leuten in dem petito, das sie billich zu seyn glaubeten/ nicht gefüget würde/ viele derselben sich opiniastriren und der communion gar enthalten möchten/ daraus es bald zu einem völligen schismate, wo nicht gar eigenmächtigen privat-communionen/ ausschlagen/ denselben alsdann aber nicht mehr so leicht und ohne die grösseste motus wieder abgeholffen werden könte. 11. Daß also HerrnM. Schaden/ auch solches stück des predigamts/ davon ihn sonsten sein gewissen noch abhält/ anvertrauet werden känte. Wie nun diese momenta kein geringes gewicht hatten/ die verlangte freyheit zu belieben/ waren hingegen die gegen-gewichte nicht geringer/ die in folgenden stücken bestunden. 1. Ob wol die privat-beicht nichts mehr als ein adiaphorum und kirchen-gebrauch zu erkennen/ so verbinden doch auch dieselbe im gewissen um guter ordnung willen/ als lang die kirche/ dabey alle stände seyn müßten/ sie nicht auffhebet. 2. In der Augsp. Conf. als unserm allgemeinen Symbolischen buch/ da auch die Reformirte zu unterschreiben sich erboten/ wird art. 11. die beicht in der kirchen zu behalten/ befohlen; sodann art. 25. der Käyser und das reich versichert/ daß niemand das Sacrament gereichet werde/ er seye dann zuvor verhört und absolvirt/ dagegen diese freyheit streiten möchte. 4. Wie es sehr widrige urtheil an andern orten nach sich ziehen/ und hiesige kirche bösen nachreden freystellen würde/ also würden sich auch

T 3

hier

hier schwache und unberichtete sehr daran ärgern/ da wir doch um verhütung ärgernüß willen uns auch nach Rom. 14. des gebrauchs unsrer freyheit begeben solten. 5. Die verbitterung der gemüther/ die sich gleich bey der commission an dem gegentheil gezeiget/ würde durch die dem schwächeren theil zulassende freyheit/ nicht nur unterhalten/ sondern vermehret/ und die sich ihr gebrauchten/ von den übrigen nicht mehr für wahre Lutherische gehalten werden/ daß es zu einer völligen trennung ausschlagen/ sorglich bey gelegenheit (vielleicht selbs unter ehe-leuten) viel streit/ zanck/ ja wol gar in allerhand zusammenkünfften/ schlägereyen/ wo nicht gar mord und todtschlag/ veranlassen könte. 6. In dem Ministerio selbs ist zu sorgen/ daß dergleichen freygebung viele irrung und ärgerliche mißhelligkeit zu vielem andern nachtheil erwecken möchte. 7. In ansehung dessen/ solten diejenige/ welche die freyheit verlangen/ aus der schuldigen liebe des nechsten/ damit sie dergleichen ungemach/ das sie vor augen sehen/ verhüteten/ sich auch ihres rechtes so lang begeben/ als sie sehen/ daß der schade so groß ist/ daß er ihren davon hoffenden nutzen überwiegen würde. 8. Und zwahr so vielmehr/ weil der vorwendende scrupel ihres gewissens von der erheblickeit nicht ist/ wie etwa der Prediger von ihrer seiten/ wann dieselbe sorgen müssen/ in verrichtung ihres amts wegen ungewißheit der würdigkeit des absolvendi, zu sündigen; da hingegen diese nicht sagen können noch werden/ daß wo beicht-väter und beicht-kinder sich recht bezeugen/ durch den gebrauch der beicht gesündigt werde; indem sie es selbs für ein frey mittel-ding und es einigen und in gewissen fällen nöthig zu seyn glauben/ also daß sie nicht darin zu sündigen gewiß seyn können: sondern es kommt alle beschwehrde darauff allein an/ daß sie zu einem actu genöthigt würden/ den sie im gewissen ihnen nicht nöthig finden/ und der ihnen ohne nutzen bleibe/ weil sie sich an der allgemeinen absolution gantz vergnügten: dergleichen aber ist eine beschwehrde/ die sie aus liebe zu andern viel lieber tragen/ als anderer gewissen irre zu machen hätten; so vielmehr/ weil sie auch nicht allein ihre beicht nach ihrem gewissen jeder frey einrichten/ sondern auch wo sie christliche verständige beicht-väter haben/ sich mit denselben also unterreden möchten/ daß auch dieser absolutions-formul ihnen nicht anstößig seye; wie denn auch diese ihnen zu fügen verbunden sind. 9. Es haben solche leute billich sich des exempels der ersten Christen zu erinnern. Es war damals durch den todt JEsu Christi allen ceremonien, ihrer beschneidung und andern stücken des levitischen gesetzes nicht nur ihre krafft benommen/ sondern gar ein ende daran gemacht/ und die gläubige in eine völlige freyheit davon gesetzt: so gar/ daß wo sie mit dem hertzen daran noch hiengen/ ihnen auch der gebrauch schädlich und verdammlich werden konte. Gal. 5/ 2. 3. 4. Unterdessen so lang als die aus den Juden bekehrte/ sich

nicht

nicht recht darein richten konten/ und sich an ihren mitbrüdern ärgerten/ weñ diese sich der freyheit gebrauchten/so befiehlet Paulus 1.Cor.8.Rom. 14. daß man sich seiner freyheit so lang begeben/ und das joch solcher beschwehrde aus liebe auffnehmen solte/mit dem beysatz/ wo man doch auff seiner freyheit bestehen/ man sich dadurch an Christo selbs versündigen würde. Ja als ein widriges von ihm ausgebracht worden/ob lehrte er/ man solle die von Christo gleichwol abgethane satzungen Mosis gantz verlassen/(wir möchten sagen/ die kirchen-ordnungen hindan setzen) so wurde ihm von Jacobo und den übrigen Eltesten der christlichen kirchen zu Jerusalem aufferleget/ daß er ein gelübde auff sich nehmen/und denen durch Christum abgeschaffeten satzungen sich ohne noth aus liebe bequemen muste/wie er auch that : Apost. Geschicht 21/ 21. u. f. Gleiches verbindet uns auch noch jetzt/ daß wir aus liebe und anderer zu schonnen/ denen/ ob wol nicht nöthigen/ doch auch unsündlichen kirchen-ceremonien, uns/ so lang sonst noch ärgernüß zu sorgen ist/ob schon mit beschwehrden/ unterwerffen. 10. Es ist billich zu sorgen/ daß ob einigen guten seelen/ der gebrauch des H. Abendmahls durch solche freyheit so viel freudiger werden/ hingegen viele andere ruchlose/ denen kein scrupel ihres gewissens dazu anlaß gibet/ nach ihrer art derselben zu mehrer hegung ihrer frechheit/ mißbrauchen/ und da der zuspruch des Predigers vor der absolution noch ein geringes stück der kirchen-disciplin bey denen/ die es nöthig haben/ seyn mag/ mit dessen hinfallen die boßheit nur einen desto scheinbahrern deckel bekommen würde. Deswegen dann abermal diejenige/ welche sich der freyheit wol zu brauchen wüsten/ da sie andern dadurch zum mißbrauch anlaß zu geben sehen/ lieber selbs davon zurück treten solten : die Obere aber in ertheilung der freyheit billich auff beyde sehen/ und von welcher seite der nutze oder schade wichtiger/ klüglich erwegende/ den anschlag darnach richten müssen. 11. Weil Lutherus selbs/da er von der freyheit handelt/ zwahr den wol berichteten solche gestattet/ dem groben und jungen volck aber nicht zugeben will/ werde es tausend schwehrigkeiten geben/ und jeder wollen nicht den unberichteten und groben leuten zugezehlet/ sondern unter die erste sorte gerechnet werden. 12. Weil die meiste und der kirchen nützlichste sorge/ billich dahin gerichtet werden solle/ damit die bekehrung der ruchlosen und abhaltung der unwürdigen/ die sich in der sicherheit stärcken/ befordert werden möge/ thut dazu diese freygebung nichts/ sondern mag wol gar eher eine hindernüß derselben werden. 13. Es würde das exempel/ da es in der haupt-stadt eingeführet/ auch in dem gantzen lande viel auffsehens machen/ und deren eine grosse anzahl auffstehen/ nicht allein meiste des Adels/ sondern auch andre/ die nicht eben aus dergleichen christlichen anliegen/ sondern daß sie gar keinen zuspruch leiden/ vielmehr gern alle auch ihnen nützli-

che

che bande von sich werffen wolten/ eine solche freyheit fordern/ hingegen sich
manchmal weniger in schrancken halten lassen würden/ als wir von den hiesigen intervenirenden bürgern hoffen könten; worauff gleichwol auch grosse
reflexion zu machen. 14. Sonderlich ist ein wichtiges bedencken/ weil es
nicht allein die Berlinische/ sondern auch Cöllnische kirche/ (indem auch Cöllnische bürger mit angegeben worden) ja wegen die folge die gantze Märcki-
sche kirche angehe/ daß mans von solcher wichtigkeit zu achten/ darüber
langwirtige berathschlagungen und zu rathziehung aller derer/ die es mit be-
treffe/ anzustellen nöthig seyn würde.

Ich bin versichert/ wer diese beyderley rationen mit fleiß überlegen
wird/ daß es einem jeden schwehr fallen wird/ auff eine oder andre seite den
außspruch zu geben: daher ich nicht weiter zu gehen gewust/ als daß rathsam
gehalten/ den eingekommenen bürgern ihr begehren zwahr nicht abzuschla-
gen/ sondern noch außzusetzen; indessen dem gesamten Ministerio beyder städte zu befehlen/ sich zusammen zu thun/ und in der forcht des HErrn reifflich
zu überlegen/ wie das beicht-wesen in hiesigen kirchen auff das erbaulichste/
mit ableinung aller gemeinen mißbräuche/ und also abschaffung der klagen/
welche dasselbige auch vielen guten seelen widrig machen/ eingerichtet werden könte: sonderlich aber darauff bedacht zu seyn/ weil das beicht-geld so offt
bösen schein gebe/ und den beicht-stuhl einigen gewissenhafften Predigern/ so
dann zuhörern/ verdächtig mache/ ob wege zu finden/ daß dasselbe abgestellt
und zu ersetzung der nothdurfft der Prediger ein ander mittel ausgefunden
werden könte. Wo dieses geschehe/ hatte ich hoffnung/ es würde manchem
der beicht-stuhl nicht mehr so anstößig vorkommen/ als biß dahin ihnen derselbe geschienen/ vielleicht auch die gemüther bey denselben in dem stück geändert
werden: man hätte auch gelegenheit indessen/ mit denen die freyheit verlangenden bürgern ausführlich zu handeln/ ihnen die wichtige bedencken gegen
ihr verlangen/ auch was sie vor verantwortung vieles ärgernüsses auff sich
laden würden/ beweglich und nachtrücklich vorzustellen/ damit sie selbs von
ihrem begehren abstünden. Würde aber mit allem solchem nichts ausgerich-
tet/ und weder durch die zeit noch geschehene zusprüche die gemüther zum
weichen gewonnen/ vielmehr würden endlich andre extrema und trennung zu
erwarten seyn; da wäre erst zeit/ auffs neue darüber zu deliberiren/ und endlich denjenigen/ die sich von ihrem begehren nicht abhalten liessen/ zuverstat-
ten/ daß sie nach angehörter einer vorbereitungs-predigt und empfangner
gemeinen absolution, sich des beicht-stuhls/ welcher den übrigen allezeit ohne
eintrag bliebe/ enthalten/ und doch bey dem Abendmahl sich einfinden
möchten.

Nachdem folgendes der Churfürstliche hoff aus Preussen wieder zurücke

cke kam/ zeigte sich bald/ daß derselbe zu verstattung der freyheit inclinirte/ doch wurde das geschäffte wegen anderer hindernüssen immer auffgeschoben. Indessen unterließe ich nicht/ bey von freyem aufgestossener uñ auch selbs gesuchter gelegenheit einem und andern von denen/ welche die freyheit vom beicht-stuhl verlangten/herzlich zuzusprechen/ daß sie die liebe dar innen vortringen lassen/ und andrer mitglieder unsrer kirchen/ die sich an ihnen ärgerten/ schohnen; und weil man ihren gewissen keinen trang anzuthun suchte/ von freyen stücken ihres begehrens sich begeben/ und der gemeinen ordnung wieder bequemen möchten. Ich bekam auch gelegenheit/ als solchen sommer eine ärgerliche schrifft eines mannes/ den man bald an seiner schreib-art kennen konte/ unter dem nahmen Apostolischer bericht und unterricht von beicht und Abendmahl/ heraus kam/und von einigen nicht ohne belieben gelesen/ dadurch aber andre noch mehr erbittert/ und viel christliche seelen auch herzlich betrübt worden; also daß nöthig war/ öffentlich davon zu handlen/ daß ich den 19. nach Trinitat. solches 1697. jahrs bey dem Evangelio/ von der dem gichtbrüchigen ertheilten vergebung der sünden/ nicht nur dieselbe in der predigt gründlich widerlegte/ sondern auch des streits in der gemeinde wehemüthig erwehnte/ und beiden theilen beweglichst zusprach/ wie sie sich gegen einander bezeugen/ die widrige ihre bitterkeit ablegen/ die andre aber auch wider die liebe sich auff ihre freyheit mit dero ärgernüß nicht zu starck beruffen/ sondern lieber weichen solten: wie nun mein ganzes herz in derselben ausgeschüttet habe/ so communicire dieselbe auch copeylich hiemit. Ob nun wol andre verständige glieder unserer gemeinde/ die gleichsam nicht parthey genommen hatten/ da sie meinen sinn und bekäntnüß öffentlich angehöret/ damit wol vergnüget waren; so wurde doch dadurch zur beylegung des streits noch nichts ausgerichtet: sondern der eine theil verharrete in seinem grimm und hefftigkeit wie gegen Herr M. Schaden/ den sie als den urheber der sache ansahen/ und gegen diejenige/ die vor die freyheit waren. Die andre liessen sich hingegen auch durch keine öffentliche oder geheime remonstrationes von ihrem sinn abbringen/ sondern wiederhohlten ihr suchen immer auffs neue. Indessen gefiel es GOtt/ Herr M. Schaden den 24. Jul. des vorigen jahrs (1698) selig abzufodern/ und aus diesen bewegungen in die wahre ruhe zu versetzen; jene aber wurden dadurch/ wie man hoffen mögen/ nicht geleget/ sondern währeten immerfort/ sonderlich blieben diejenige/ so vor die freyheit stunden/so fest bey ihrem vorsatz/daß ich klahr gnug sahe/daß/ wo sie das gesuchte nicht erlangten/ eher andre unsrer kirchen gefährlichere resolutiones und unwiederbringliche ärgernüssen (welche die von der freygebung entstehende weit überträffen) erfolgen/ als ruhe erhalten werden würde: daß deswegen die sache endlich gehen liesse.   Darauff geschahe/ daß S.

U                                        Churfl.

Churfl. Durchlaucht. unser gnädigster Herr / der der löblichen intention ist/
jedem seiner unterthanen ihre gewissens-freyheit ungekränckt zu lassen / nach
stätem anlauff endlich den 16. Novembr. jüngsthin sein decisum in der sache
zwischen den beyden / hiesiger städte streitenden partheyen / die demselben zu
seinem aussspruch gebracht worden / ertheilte / und solches so wol pronunci-
ren/ als durch den truck bekant machen liesse; dahin gehende/ daß die privat-
beichte/ wie sie üblich gewesen / für diejenigen/ die sich derselben gebrauchen
wolten / nach wie vor bleiben/ und darinnen nichts geändert werden solte/
nur daß allezeit alle sonnabend nachmittag zur zeit der beicht/zudesto besserer
vorbereitung der communicanten / ein buß-sermon vor dem altar zu halten/
mit anbefohlen worden.    Was aber diejenige anlangt/ die sich einen gewissens-scrupel über die privat-beicht machten/ da sie sonsten keines offenbahren
ärgerlichen wandels überführet / ist verordnet / daß sie/ weil sie nicht zum
beicht-stuhl gingen/der ursach wegen nicht von den H.nachtmahl abgehalten
werden solten.    Dabey aber diese austrückliche cautel, damit durch diese
concession nicht etwa rohen leuten/ welche aus andern ursachen/ und entweder ihrer unwissenheit oder bösen lebens willen/ sich der privat-beicht enthalten wolten/ anlaß gegeben werde/ das H. Sacrament zu profaniren/ sollen
alle diejenige/welche sich des beicht-stuhls enthalten/die woche vor dem sonn-
tag/ da sie das nachtmahl zu nehmen gesonnen/ bey einem der Prediger sich
erst anmelden/ damit derselbe sein amt darunter an ihnen beobachte. Hiemit wurde also/ was einer der haupt-zwecke des beybehaltenen beicht-stuhls
ist / nemlich/ daß man mit den leuten nach nothdurfft ihres gewissens besonders handlen könte/ bey solchen leuten/ die nicht beichten/ nicht weniger als
bey den andern/ ja noch besser/ weil man bey jetziger bewandnüß und umständen / in dem beicht-stuhl mit keinem recht nach nothdurfft allein handlen kan/
erhalten.    Ich bin nicht in abrede/ daß ich mir mehr lermen über dieses decisum eingebildet und besorget habe/ als sich darauff erhoben; denn ob wol
von seiten einiger Prediger wegen der admission dieser leute schwehrigkeit
sich ereignet/ so denn vieles murren der leute gehöret worden/ ist es doch nicht
allein bey der verordnung geblieben/ sondern es leget sich alles allgemach.
Wie ich dem des gäntzlichen vertrauens bin / daß sich mit der zeit die gemüther selbs mehr vereinigen/ einige/ welche diese freyheit biß dahin als die gefährlichste wunde unser religion zugefüget/ angesehen/ dieselbe selbs anders
ansehen lernen; hingegen andre/ die vor dem beicht-stuhl einen greuel gefaßt/
auch diesen fahren lassen/ und nachdem sie sich einige mal ihrer freyheit ge-
braucht/ ihrem gewissen nicht weiter mehr zuwider achten werden/ in ihrer
freyheit sich wieder bey dem beicht-stuhl einzufinden. Damit wird auch das
ärgernüß nach und nach hinfallen/ daß durch eine trennung/ die aus der be-

harli-

harrlichen versagung entstanden/ unheilbar worden wäre.   Der HErr erhalte uns bey der wahrheit/   und lasse uns ihm stets dienen aus glauben in
der liebe/ in freyheit und gehorsam/ in christlicher weißheit und friede/ zur
heiligung seines nahmens/ seines reichs befestigung und seines willens vollbringung um Christi willen! Amen. 1699.

## Hierauff folget aus der im vorhergehenden bericht ange-
regten/ und den 10. Oct. 1697. über das Evangelium Matth. IX.
1 -- 8. sonderlich aber v. 2. zu S. Nicolai gehaltenen predigt/ die
erklährung des textes und haupt-lehr.

## Erklährung des textes.

ES ist zu betrachten der absolvirende/ der absolvirte/ und die absolution.      Absolvens, absolutus, absolutio.

I. Der absolvirende.    Der HErr JEsus/  wie aus dem
vorigen zu erkennen.   Wir sehen ihn aber an/ nicht nur als GOtt/ der nach
seiner höchsten gewalt solches thun kan/ sondern auch als wahren menschen/
v. 6. aber daß die menschheit in der persöhnlichen gemeinschafft der gottheit/
und also auch aller ihrer gewalt stunde.   Er that dieses werck/ als der dazu
gesandte Meßias/ zu dessen amt auch dieser trost gehörete/ Jesa. 61/ 1. 2.
welchen ort der HErr selbs auff sich ziehet Luc. 4/ 18.  Also ist GOtt allein
derjenige/ der die eigentliche macht hat/ sünde zu vergeben: Wie denn Marc.
2/ 7. die Phariseer nicht in solchem satz/ sondern nur dessen übeler anwendung/
fehleten.   Die ursach ist diese/ weil niemand etwas vergeben kan/ als wem
unrecht geschehen ist: nun gehen alle sünden/ so viel derselben einiger massen
begangen werden können/ unmittelbar/ oder auch mittelbar wider GOtt/ daher ob wol ein jeglicher mensch auch von seiner seite/ die sünde/ so fern sie auch
wider ihn begangen worden/ vergeben kan; so bleibet der sünder nach erhaltener vergebung des nechsten doch noch immer vor GOtt in der schuld/ die niemand als er allein selbs nachlassen kan.

Wie gleichwol der HERR JEsus auch der kirchen und dero dienern
Matth. 16/ 19. 18/ 10. Joh. 20/ 23. nicht so wol die macht/ als die verwaltung der vergebung der sünden/ anvertrauet habe/ soll nachmal folgen.   Ob
nun wol alsdenn eine vom Prediger ertheilte absolution/ bey einem wahr-
hafftig-bußfertigen/ so gültig/ als Christi eigne absolution/ ja vielmehr Chri-
sti/ als des Predigers werck ist; so ist doch nicht allein der grösseste unterscheid
darinnen/ daß der HErr alles auch in solchem werck/ thut als ein HErr und
in eignem nahmen/ wir aber nur als diener/ ausrichter seines amts und be-

U 2                    fehls/

fehls/ und also in seinem nahmen; sondern auch darinnen/daß Christus selbs hier in das hertz des gichtbrüchigen/ oder so offt er sonst sünde vergeben hat/ solches menschen hinnein sehen/und also erkennen konte/ ob der mensch wahrhafftig bußfertig/ und also der vergebung auch vor GOtt fähig seye/ daher er in seiner absolution nie betrogen wurde. Weil aber wir Prediger menschen sind/ und also aus der beicht oder andern kennzeichen offt einen als bußfertig annehmen/ der es doch wahrhafftig nicht ist/ weil wir nicht in das hertz sehen können/ so geschiehets wol/ daß wir betrogen werden/ und jemand absolviren/ der doch um seiner unbußfertigkeit willen/ der vergebung vor Gott nicht fähig ist/ und sie also in der that nicht erlanget. Wiewol alsdenn keiner durch die absolution betrogen wird/ der nicht mit eingebildeter oder angemaßter buß erstlich sich und uns betrogen hätte/ der deßwegen niemand anders als ihm selbs den aus der ihm nicht zukommenden vergebung erwachsenden schaden/ beyzumessen hat.

II. **Der absolvirte. Der gichtbrüchige.** Ein mann/ an dem leibe gantz elend/ der durch einen schlag-fluß gelähmet/ seine glieder nicht brauchen konte; der auch seine sünde an sich hatte/ die der HErr an ihm erkannt/ und deswegen diese geistliche cur an seiner seelen ihm vorerst nöthig erachtet hat. Ob er nun gar mit unmäßigkeit und gewissen absonderlichen sünden diese kranckheit ihm selbs zugezogen/ wird nicht ausgedruckt/ und kan also nicht ohne vermessenheit bejahet oder verneinet werden. Er muß aber in wahrer buß gestanden seyn/ als ohne welche ihm der HErr/ als der ordnung seines himmlischen Vaters wol kündig/ die sünde nicht vergeben haben würde. So scheinet auch/ weil der HErr zu ihm spricht/ sey getrost/ deine sünde sind dir vergeben/ daß der gute mann/ seine sünde schwehr gefühlet haben/ und in angst derselben gestanden seyn muß. Daß er auch den wahren glauben in seiner seelen gehabt/ bezeugt der text selbs/ da der HErr ihren glauben sahe. Es mag auch wol seine kranckheit gleichsam ein strick gewesen seyn/ ihn zur wahren buß zu bringen/ Ps. 32/ 9. 107/ 17. 18. 19. Wie GOtt bey ihrer viele solches/ obwol harte/ doch ihren seelen heylsame mittel zu ihrer bekehrung brauchet. Wir sehen aber dabey die bewandnüß deren/ welche der sünden vergebung fähig seyen. Nemlich keine andre/ als die bußfertig sind; wie solche beyde buß und vergebung zusammen gesetzt werden: Luc. 24/ 47. Ap. Gesch. 5/ 13. Es muß die bekehrung vorher gehen/ ehe man der vergebung fähig ist/ Ap. Gesch. 26/ 18.

Also dörffen wir nicht gedencken von einiger solchen krafft der absolution/daß wo nur dieselbe erlanget würde/ nothwendig die sünden auch kräfftig vergeben seyn müsten/ um solches wercks willen. Nein/ sondern es muß erst der

der mensch in einer wahren bekehrung / in wahrer buß / in reu und haß seiner sünde / und also ernstlichem vorsatz sie nun und immermehr mit willen zu begehen / auch im glauben an JEsum Christum stehen / ehe ihm die absolution nutzen kan. Wo nun also der bußfertige mensch in solchem glauben an Gottes gnade in JEsu Christo stehet / und damit diese ergreifft / so ist er gerechtfertiget durch den glauben / das ist / es sind ihm seine sünden um der gerechtigkeit JEsu Christi willen / der dafür genug gethan hat / in dem augenblick vor Gottes gericht vergeben / und er gerecht / Rom. 3/24. 25. 4/ 5. ehe er auch mit eusserlichen worten absolviret wird / ja ob auch in der welt keine absolution nachfolgte. Wann aber nachmal einem solchen bußfertigen die absolution gesprochen wird / so wird die vor GOtt in seinem gericht bereits geschehene vergebung bekräfftiget / und sein glaube damit versichert. Daher gehet erstlich vor GOtt solche vergebung vor / und folget die vergebung auff erden durch den Prediger hernach. Wie auch der HErr hier sagt / deine sünde sind dir vergeben/ sie sind dir schon vergeben worden. Also auch Matth. 16/19. 18/18. Joh. 20/23. zeigen die redens-arten alle an/ daß die vergebung bey GOtt vorhergehe. Wo hingegen der mensch nicht in buß und glauben stehet / und ein solch hertz zu dem beicht-stuhl bringet / das vor GOtt in seinem gericht der vergebung nicht fähig ist / dem kan die absolution / die er von einem menschen/ mit was ernst ihm auch dieselbe gesprochen würde / empfänget/ nicht im geringsten nutzen. Und kan er sich alsdenn nicht dermaleins beschwehren /weil das wort der Absolution/ als ein wort GOttes müsse kräfftig seyn / so habe er sich darauff verlassen / und seye dadurch und also durch göttliche ordnung selbs betrogen worden. Dann göttliche ordnung betrieget keinen / sondern du armer mensch hast dich in solchem fall / durch den mißbrauch göttlicher ordnung betrogen : indem du ein hertz ohne wahre buß und glauben gebracht / an welchem denn keine absolution hafften kan.

Also lassen sich doch alle dieses gesagt seyn / welche zum beicht-stuhl kommen / daß sie vor der beicht / und auch nach der beicht/ sich auffs hertzlichste prüffen / ob sie in auffrichtiger buß und glauben stehen oder nicht : daher sich nicht eher des trosts der absolution annehmen / als bis sie das zeugnüß ihres gewissens haben / daß es ihnen mit ihrer buß ein ernst seye ; ist aber dieses / und haben sie nicht allein ein hertzlich verlangen nach der gnade/ sondern auch einen bußfertigen vorsatz der sünde nicht weiter zu dienen / so sind sie alsdann der absolution und dero gültigkeit göttlich versichert.

Ach daß doch jederman dieses hertzlich erwegte! da hingegen gewiß/ viele hundert und tausend drüber ewig verlohren gehen / daß sie sich immer auff die beicht und absolution verlassen / und daß ihnen ihre sünde vergeben

U 3                                          wor-

worden / betrieglich geglaubet haben ; da sie doch niemal zur wahren buß gekommen / und also immer in ihren sünden stecken geblieben / auch wol darinnen gestorben sind.     Denen geholffen hätte werde können / wann sie den betrug ihres falschen vertrauens auff die absolution bey unbußfertigem
stand hätten erkant und fahren lassen / und dadurch zur wahren buß angetrieben worden wären / aus ihrer vorigen sicherheit zu entfliehen.

     III. Die absolution. 1. Der anspruch. Mein sohn. Einige der
Väter sehen 1. das wort an / als ein wort der demuth. Und bemercket Hie-
ronymus , es seye eine wunderbare demuth / daß der HErr solchen verachte-
ten / schwachen und lahmen mann seinen sohn nennet / den die priester nicht
gewürdiget hätten / anzurühren. 2. Andre sehen auff den glauben des
mannes / Joh. 1/ 12. wodurch wir Gottes kinder werden. Andre 3. auff
die vergebung der sünden / oder auch 4. die Schöpffung. Wir fassen am besten das meiste zusammen. Es habe nemlich der HErr auch mit diesem
zuspruch dem armen mann ein hertz machen / und sein väterliches gemüth gegen ihn bezeugen wollen / daß er ihn wegen seines glaubens einen sohn
nennet / damit er so viel weniger an der treuen meynung des HErrn / und an
der gewißheit der vergebung zweiffeln möchte.

     Also ist das vertrauen insgesammt / das wir auff GOTT haben / ge-
gründet auff unsre kindschafft / weil er uns um seines sohnes Christi willen
zu gnaden-kindern verordnet und angenommen hat.

     2. Der trost. Sey getrost. Er will ihm anzeigen / er habe nicht
ursach ängstlich oder wehmüthig zu seyn / er solte auch deßwegen solche angst
fahren lassen.     Daraus sehen wir 1. ob wol der gichtbrüchige den glauben
gehabt / daß er doch dabey viel schwachheit desselben muß gefühlet / ihm sein
gewissen stäts seine sünde vorgerücket / und ihn also verunruhiget haben ; welches 2. der HERR bey ihm gesehen / und also derselben begegnen wollen.
3. Daher heist er ihn getrost seyn / allen zweiffel von Gottes gnade / den ihm
sein hertz machen wollen / ablegen / und hingegen einen zuversichtlichen muth
fassen. 4. Sonst forderte er von ihm zur vergebung der sünden nichts anders / daß er etwa seine sünde noch künfftig mit etwas gewisses abbüssen müste. Wir sehen 1. daß zu der rechtfertigung und vergebung der sünden nichts
anders zu dero mittel erfordert werde / als der glaube / dessen krafft durch dieses getrost seyn angedeutet wird. Rom. 3/ 28. Ferner 2. daß der mensch
auch der vergebung der sünden so gewiß werden könne / daß er einen getrosten
muth darüber habe. Auch 3. wie unser Heyland so gern / wo er den glauben /
ob wol in schwachem maaß / findet / denselben mit zuspruch / und auff alle weise /
stärcke.

                                              3. Die

3. Die absolution selbs. 1. Deine sünde. Nemlich alle/ die er gewust und erkannt/ oder auch nicht gewust/ und ihm verborgen gewesen/ mit einander; jedoch allein die begangene sünde/ nicht aber die er ferner in falschem vertrauen auff solche vergebung muthwillig begehen/ und sich also vorbehalten wolte.

Wir mercken/ daß bey GOtt allezeit alle sünden zugleich/ niemal aber nur ein und andre gewisse/ mit behaltung anderer/ vergeben werden. Das macht/ weil alle vergebung sich gründet auff die versöhnung JEsu Christi/ und aber diese über alle sünde/ nicht nur etwan für diese und jene/ geschehen ist: so ist der mensch entweder des verdienstes JEsu Christi theilhafftig worden/ oder nicht: ist er dessen theilhafftig worden/ so allein/ aber auch allezeit/ durch den wahren glauben geschiehet/ so sind ihm alle sünde vergeben; ist er aber dessen nicht theilhafftig/ so ist ihm auch nicht eine einige sünde vergeben.

2. Sind vergeben. In præterito ἀφέωνται, sie sind schon vergeben: und also ich vergebe sie dir nicht bloß allein jetzo/ sondern weil du glaubest/ so sind sie dir auch bey meinem himmlischen Vater vergeben/ und hiemit sollen sie auch von mir/ dir vergeben seyn/ nemlich daß derselben vor Gottes gericht zu deinem nachtheil nicht mehr gedacht werden solle/ du auch nicht weiter mehr dich derselben wegen anzufechten hast.

Wir sehen also 1. daß dann bey GOtt wahrhafftig eine vergebung der sünden seye/ die die vornehmste frucht seiner barmhertzigkeit ist. Wie er auch mehrmal von sich rühmen lässet. 2. Mos. 34/6.7. Psal. 103/8. u. f. Mich. 7/18. 19. 2. Er lässet auch die bußfertige solcher vergebung versichern/ damit sie wissen/ daß sie würcklich die vergebung erlangen/ und nicht in stetem zweiffel bleiben mögen. 3. Solche vergebung gründet sich auff den glauben/ mit dem der mensch das versühn-opffer und gnugthuung JEsu Christi muß ergriffen haben/ worauff er/ da ers als numehr ihm geschencket/ vor GOTT darbringt/ und dessen gerechtigkeit für seine sünde damit gnug thut. Also thut nichts unsrer seit zur erlangung der vergebung/ als unser glaube: wiewol auch derselbe in solcher sache nicht so wol eigenlich etwas thut/ als nur annimmet und empfänget. Was die reue in der buß/ und den haß der sünden anlangt/ werden solche zwahr an demjenigen/ der glauben solle/ erfordert/ und kan hingegen der glaube mit dem wohlgefallen an der sünde und dero gestattender herrschafft nicht bestehen/ aber sie sind nicht das jenige/ dadurch der mensch die vergebung erlanget. 4. Es wird von dem menschen nicht erfordert/ daß er nach empfangener vergebung erst GOTT mit thun und leiden noch abbüssen und abverdienen müsse/ sondern es ist eine gna-

ne gnadenreiche vergebung und nachlaſſung / lauter umſonſt. Zwahr wird
freylich erfordert / daß der menſch nicht weiter muthwillig ſündigen ſolle /
nicht aber damit GOtt erſt gnug zu thun / dann die ſünden ſind bereits völlig vergeben; ſondern allein GOtt danckbar zu werden / und ſeine liebe hinwieder zu bezeugen. 5. Wo auch der menſch nach der zeit noch etwas leiden muß / ( dann ob wol hie / da der HErr dem gichtbrüchigen ſeine ſünde
vergeben / er auch ſo bald drauff der ſünden frucht / nemlich die kranckheit /
von ihm wegnimmet / ſo geſchiehet ſolches doch nicht allezeit / ſondern wo jemand / auch ſeiner ſchwehren ſünden willen / unter ſchwehrem leiden ſtehet /
ob ihm wol ſeine ſünde vergeben werden / werden von ihm nicht allezeit auch
zugleich derſelben ſtraffen weg genommen ) ſo hats doch mit ſolchem leiden
die bewandnüß / daß es einem ſolchen bußfertigen alsdann nicht mehr eine
ſtraff ſeiner ſünden ſeye / ſondern eine ſolche heylſame züchtigung / dadurch
die buß ſo viel feſter in das hertz gedrücket / er vor fernern ſünden und ſicherheit verwahret / der fleiß eines ſorgfültigen und behutſamen wandels vermehret / und ſein glaube und ander gutes dadurch geübet werde. Daher
iſts ein werck göttlicher gnade / und nicht ſeines zornes. Welches zur nachricht dienet / wo einer ein gottloſes leben geführet / dadurch aber in groſſes
elend gerathen wäre / wann er ſich von grund der ſeelen bekehret / und nunmehr in wahrer buß ſtehet / daß er an der ihm wiederfahrenen vergebung der
ſünden nicht etwa deßwegen zu zweiffeln habe / weil er darum aus ſeinem zeitlichen leiden nicht befreyet würde; als wenn ſolches ein zeugnüß ſeyn müſte /
daß GOtt ihm noch nicht verſöhnet wäre.

## Lehr-Puncten.

WEil die natürliche haupt-lehr aus dem text flieſſen würde / von der abſolution und geſchehender vergebung der ſünden; und aber erſt dieſes
jahr die materie von dem beicht-ſtuhl ausführlich gehandelt / auch ſolche predigt gedruckt worden / ſo führet mich eine gelegenheit der zeit auff eine dahin
auch zielende materie / die an ſtatt der haupt-lehr gehandelt werden ſolle.

Es iſt E. C. L. zum theil bekannt / daß von einigen wochen her eine gedruckte ſchrifft / unter dem Titul / Apoſtoliſcher bericht und unterricht
vom beicht-ſtuhl und Abendmahl / bey einigen allhier herum gegangen /
dadurch aber eine neue bewegung unter der gemeinde erwecket / und die vorige vermehret worden. Daher dieſe von GOtt ſelbs durch unſer Evangelium an hand gegebene gelegenheit nicht aus händen laſſen ſollen / hier an dieſem ort von ſolcher ſchrifft zu handlen / und E. C. L. zu unterrichten / wie ſie
dieſelbige anzuſehen habe.

Den Steller und Autorem anlangend / finde mir nicht zuzukommen /
**ein**

ein urtheil der lästerung über ihn zu fällen / sondern ich überlasse ihn als einen andern knecht seinem HErrn und Richter / dem er darüber wird rechenschafft zu geben haben / und wünsche ihm / deroselben bey zeiten zu begegnen.

Die schrifft aber selbs kommet mit dem titul nicht überein / und hoffe ich/ welches christliche hertz / ohn von passionen eingenommen / sie lesen wird / werde in derselben und der gantzen schreib-art / die gehörige Apostolische sanfft-muth / bescheidenheit und gravität / mit welchen die heilige Apostel allezeit ihren heiligen eiffer gemässiget und geübet haben / nicht antreffen / sondern unverantwortliche spott-worte / auch von an sich heiligen dingen / ( also worte / die aus einem gemüthe kommen / da fleischliche bitterkeit und galle vieles gutes verdorben hat) darinnen finden. Zur sache aber selbs zu gehen / ists nicht ohne / daß auch unterschiedliche göttliche wahrheiten in den blättern stehen / die anders verfasset / und mit ungleichem nicht vermischet / nicht ohne nutzen seyn würden / aber leider / wie die gantze abfassung / also auch das untermischete irrige / hat das übrige mit unbrauchbar gemacht.

Es theilet sich aber alles in zwey stücke / von der Beicht und Abendmahl. (Denn was anlangt / daß die drey bey uns bekannteste religionen zu der babylonischen drachen-hur fälschlich gezogen werden / dem ist bereits zu andern malen widersprochen worden. Man möchte zwahr auch daneben fragen / wohin dann die andre religionen zu ziehen wären?)

I. Die beicht anlangend. 1. Wird gern zugegeben / daß der liebe Heyland in dem Vater unser unsre sünden Matth. 6/12. schulden nenne. Weil wir damit seiner gerechtigkeit so wol / als ein schuldner seinem gläubiger verbunden sind: daß er aber seine jünger damit in das Cap. 18. Matth. verwiesen / wird vergebens gesagt; indem der HERR die gleichnüß Matth. 18. länger als ein jahr darnach erst vorgetragen / vor dem ja die fünffte bitte auch wird verstanden worden seyn. So kan aus dem gleichnüß Matth. 18. unterschiedliches angeführet werden / was zur erklärung der materie von der vergebung der sünden gehöret / nicht aber alles / noch schicket sich dasselbe eigenlich auff die absolution aus dem wort des Evangelii.

2. Es wird auch zugestanden / daß unser heutige beicht-stuhl / wo er auch schon im rechten gebrauch stehet / dannoch keine göttliche einsetzung / sondern allein ein kirchen-gebrauch seye / davon die erste reinste christliche kirche über etliche hundert jahr nichts gewust / noch nechst der tauff / da alle sünden vergeben wurden / einige andre absolution gebraucht hat / als wenn gefallene sünder offenlich nach vollendeter buß wieder zu gnaden auffgenommen wurden / oder da man betrübte und geängstete mit dem trost des Evangelii auffzurichten / nöthig befunden hat. Es ist aber nachmal die beicht / gleichwol ehe das Pabstthum auffgekommen / allgemach / wiewol nur als eine freywillige so

X

ge sache / eingeführet/ und des nutzens wegen / daß Prediger und zuhörer ihr
hertz gegen einander vertraulicher ausschütten/ und diese vermahnung / rath
und trost/ wie sie dessen bedürfftig sind/ von ihnen geniessen möchten / insgemein beliebet worden. Daher bekannter massen bey der Reformation Lutheri unsre Evangelische kirchen meistentheils die privat-beicht/ als eine erbauliche ceremonie behalten / aber sie eben deßwegen nicht für gantz nöthig
geachtet / weil sie diejenige gemeinden / die insgemein ausser Teutschland/
theils aber auch in Teutschland/ solche absonderliche beicht nicht angenommen
oder behalten / für gut Evangelisch erkennen.

3. Es wird auch zu gestanden/ daß sich leider in dem beicht-wesen so viele
mißbräuche finden/ daß es nicht gnug zu beklagen ist.    Es ist offenbahr/ daß
diejenige ursachen/ warum unser liebe Lutherus die beicht behalten / damit
ein Prediger mit einem jeden beicht-kind nach nothdurfft handeln/ den zustand dessen seelen/ so viel ihm nöthig/ erkundigen/ es unterrichten/ straffen/
vermahnen/ rathen/ und dergleichen an ihm ausrichten / also beyde mit einander vertraulich handeln solten/ nicht allein an den meisten orten nicht in
acht genommen werden/ sondern in allen grossen städten/ da auff einen Prediger viele beicht-kinder ankommen/ unmüglich platz haben können: also daß man
die sache hat / aber den zweck warum sie eingeführet ist / nicht erreicht.    So
ist wol der schrecklichste mißbrauch/ und nur allzugemein/ daß sich die leute
einbilden/ wenn sie nur gebeichtet / und die absolution empfangen hätten/
wäre es alles gut/ und die sünde ihnen gewiß von GOTT vergeben/ ob schon
das geringste von wahrer buß nicht in ihrem hertzen ist: womit solche arme
leute das wort der absolution an sich erschrecklich entheiligen/ und durch solchen mißbrauch der beicht/ sich desto tieffer in die hölle stürtzen/ daran man
ohne grausen und wehmuth nicht gedencken kan.    Ich traue auch nicht zu
leugnen/ daß von Predigern derselbe auch offt mißbraucht werde. Wenn etliche gar nicht verstehen/ wie sie mit den beicht-kindern umgehen/ und je nach
dero bewandnüß sich richten sollen. Wo es an der treue mangelt. Wo personen auff allerley weise angesehen werden. Wo man vornehmen und reichen
schmeichelt : wo man unziemliche und weltliche händel in den beicht-stuhl
bringet.    Wo man seine privat-sachen daselbst ausrichten / und ihn zum
zwang-mittel/ das seinige zu bekommen/ brauchen will. Wo dem geitz gestellet / und auff den beicht-pfennig gesehen wird.    Wie dann insgesammt der
beicht-pfennig/ da er jetzt von Predigern/ die keine andre lebens-mittel ha-
ben/ gedultet werden muß/ gleichwol mehr eine flecke als zierde unsrer kirchen ist : und alle stände der kirchen/ ja die gantze gemeinden / darauff bedacht
seyn solten/ wie die Prediger mit weniger übelen schein besser versorget wer-

den

den könten. Wer diese mißbräuche leugnen wolte / stritte wider die wahrheit.

4. Es ist ferner auch nicht zu widersprechen / daß noch mehr arten der beichten als die kirchen-beichte/und zwahr daß die andre nöthiger sind. Gott ist derjenige / dem meine sünde zu bekennen/ und also zu beichten / mir nicht frey stehet/sondern ich bin dazu verbunden; kan auch ohne dieselbe bekäntnüß nicht zur ruhe der seelen kommen. Psal. 32/3. u. f. 1. Joh. 1/9. Wiederum / wo ich mich an dem nechsten versündiget habe / weil ich mich nach Matth. 5/24. mit ihm versöhnen solle / so muß ich ihm auch die sünde bekennen / das ist beichten und bezeugen / daß es mich reue/Luc. 17/4. Daher von ihm die vergebung suchen: diese beyde beichten sind recht göttlicher ordnung und einsetzung / daher wir alle dazu verbunden sind / da wir gleichwol nicht alle an die kirchen-beicht verbunden/und deßwegen wol viele selig werden/die ihr lebenlang keinem Prediger gebeichtet / ja wol an solchen orten/ da sie nicht im brauch ist / nichts davon gewust haben. Hingegen kan keiner selig werden / der nicht GOtt beichtet: wo man sich auch der bekänntnüß gegen den beleidigten nechsten entbrechen / und seine schuld halßstarrig leugnen wolte / mag es auch an der seelen schaden.

5. So ist auch wahr / daß ehe der beicht-stuhl nützlich gebraucht werden könne / Prediger erst trachten müssen / die leute zu wahren und bußfertigen Christen zu machen: denn kommen sie nicht vorhin bußfertig zum beicht-stuhl / so ists zwahr nicht unmüglich / daß aus Gottes gnade eines / der noch unbußfertig sich eingestellet/hertz-erst durch beweglichen zuspruch des beicht-vaters gerühret/und die buß gewürcket würde / daß er alsdann die absolution würdig empfangen könte; ich sage aber / es sey eine nicht eben gemeine sache/ sondern meistens kommen unbußfertig zurück/die also darzu gekommen waren: daher man ja nicht alle hoffnung der besserung auff den beicht-stuhl setzen muß. Insgesammt ist es auch eine ausgemachte sache / daß wir nicht allein in dem beicht-stuhl / sondern auch ausser demselben unmittelbar von GOtt so offt vergebung der sünden empfangen / als wir in wahrer buß und mit hertzlichem gebet solche suchen; also daß der beicht-stuhl ja nicht der einige ort der vergebung ist.

6. Man kan auch nicht leugnen / daß es keine göttliche einsetzung ist/ daß wer zum H. Abendmahl gehen will / vorhin müsse gebeichtet haben / und absolviret seyn; wie denn freylich weder solches bey dem ersten Abendmahl geschehen / noch auch in der ersten zeit der christlichen kirchen in übung gewesen/ sondern es ist solches erst spat auffgekommen/ und unter diejenige anstalten zu zehlen/die/als der eiffer des Christenthums numehr sehr abgenommen hatte / guter meinung eingeführet worden / etwas zur besserung dadurch zu

helf-

helffen; also weil gleichwol der liebe Paulus, so ernstlich erfordert / daß wer
zu dem H. Abendmahl kommen wolle / sich selbs prüffen und bereiten solle/
und man aber gesehen / daß etwa viele ohne einige bereitung hinzugegangen/
hat man deßwegen / um solchem leichtsinnigen und unbedachtsamen hinlauf-
fen zu wehren/ die ordnung gemacht/ daß alle vorher beichteten/ und absolviret würden / damit die Prediger aus gelegenheit der beicht / ihnen könten
besser an die hand gehen/ an ihrer vorbereitung und buß mitarbeiten zu helf-
fen/ uud nachmal ihren glauben durch die absolution zu stärcken. Diese meinung ist keines Antichristischen geistes / sondern hat ihren allgemeinen grund
in dem allgemeinen befehl / 1. Cor. 14/ 26. 40, daß alles ehrlich und
ordenlich zugehe/ und zur besserung und erbauung dienlich seye. So
werden auch unterschiedliche gottselige hertzen vor GOtt das zeugnüß ge-
ben/ daß sie selbs in ihrer erfahrung befunden/ wie ihnen zuweilen bey der
beicht / wo sie es mit verständigen / klugen und treuen beicht-vätern zu thun
gehabt / das hertz kräfftig gerühret / ihr heiliger vorsatz bekräfftiget / und ihr
glaube gestärcket / also sie zu würdiger niessung des heiligen Abendmahls
dardurch besser bereitet worden. Daß es aber nicht allezeit geschiehet/ kan
offt die schuld des beichtenden oder auch beicht-vaters seyn: indessen bleibt
die sache an sich selbs gut : ob sie wol freylich nicht bloß dahin nöthig / und es
geschehen könte / daß zuweilen diese verbindung des Abendmahls an den
beicht-stuhl einigen guten seelen mehr hinderlich/ als förderlich seyn mag.
Daher Lutherus selbs über den beicht-stuhl / denselben in der kirchen bey zu
behalten/ zwahr starck geeiffert / aber doch nicht allein von sich selbs bezeuget/
daß er auch mehrmal ungebeichtet zum Abendmahl gangen sey ; hingegen zu
andern malen / auch sich der beicht gebrauchet habe / sondern es auch mit andern verständigen Christen gleicher massen gehalten haben wolle. Welches etwa nach ihm auch andere gewünschet / und zu wünschen gute ursach
gehabt haben; ob wol nicht ohne / daß auch wichtige ursachen dagegen geführet werden möchten.

    Was aber 7. das haupt-werck selbs anlangt / ists unrecht und GOttes
wort entgegen/ wann der genannte bericht die macht der absolution / darauff
sich aller beicht-stuhl gründet / dem predigamt/ was dero verwaltung anlan-
get/ abspricht. Denn da sind die texte zu klahr : Matth. 16/19. Da der HErr
mit Petro redet/ und mit allen Aposteln. Joh. 20/ 23. da stehet ausdrücklich
erstlich von sünde vergeben und sünde behalten/ und zwahr das auf erden
geschiehet; und ferner 2. daß dasselbige auch solle im himmel gültig seyn/ und
also derjenige/ dem die sünde vergeben wird/ auch vor GOttes gericht derselben loß wird. 3. Wie nun dieses denen Aposteln befohlen wird/ welche alles
ihr

ihr amt in Chriſti nahmen thun muſten/ und alſo derſelbe durch ſie kräfftig war/ ſo thaten ſie auch dieſes ſtück ihres amts/wo ſie jemand die ſünde verga-ben/ in deſſen nahmen/ und er alſo durch ſie.

Es wird ſolche macht des predigamts ſünde zu vergeben/ ferner erwie-ſen/ wann nicht allein die Prediger geſetzt ſind/ zu predigen buß und ver-gebung der ſünden in Chriſti nahmen Luc. 24/ 47. auch auffzuthun die augen der menſchen/ daß ſie ſich bekehren von der ſinſternuß zum liecht/ von der gewalt des ſatans zu GOtt/ zu empfahen vergebung der ſünden/Ap. Geſch. 26/ 18. Zwahr hauptſächlich von GOtt/ aber doch auch durch das mittel der Prediger: ſondern wann denen Apoſteln und in ih-nen allen Lehrern(weil es ein befehl iſt/ der biß an das ende der welt/ und alſo noch nach der Apoſteln leiblichen abſcheid/ währen ſolte. Matth. 28/ 20.) befohlen/ daß ſie das Evangelium predigen ſolten/ Marc. 16/ 15. ſe iſt a-ber das Evangelium die tröſtliche predigt von der vergebung der ſünden in Chriſto JEſu/ das ſollen ſie denn predigen auff allerley weiſe/ als es die ſe-ligkeit der leute erfoderte/ und alſo nicht allein durch die allgemeine verſiche-rung/ daß GOtt denen gläubigen die ſünde vergeben wolle/ ſondern auch wo jemand getaufft wurde/ ihm damit alle ſeine ſünde in GOttes nahmen zu vergeben. Item, wo einen ſein gewiſſen der ſünden wegen abermal ängſtete/ ihm auch die vergebung nachmal zu verſichern/ und alſo zuertheilen/ das nichts anders iſt/ als die abſolution.

Wiederum 2. Cor. 5/ 18. 19. bezeuget Paulus/ daß ſich Gott nicht nur 1. in Chriſto die welt verſöhnet habe/ da nemlich er deſſen verſöhn-opffer zur gnugthuung für unſre ſünde angenommen/ſondern habe 2. auch eingeſetzt das amt/das die verſöhnung predigt/(oder dē dienſt der verſöhnung)und das wort der verſöhnung/ alſo dasienige mittel/ wodurch die menſchen nicht nur verſichert würden/ daß ſich GOtt mit ihnen verſöhnen wolle/ ſon-dern dadurch ſie verſöhnet würden/ und alſo die vergebung dadurch empfin-gen; iſt alſo das amt dazu eingeſetzt/ die vergebung den menſchen zu überrei-chen/ Ob nun wol daſſelbige auch geſchiehet durch die allgemeine predigt/ ſo bedarffs gleichwol auch/ wenn dieſer und jener verſöhnet/ oder der verſöh-nung verſichert werden ſolle/ daß ſolches Chriſti diener auch thun; dann weil ſie ruffen ſollen/laſſet euch verſöhnen mit GOtt/ ſo müſſen ſie auch denen/ die ſie anmahnen wollen/ die verſöhnung überantworten. Und zwahr 3. ſind die Apoſtel/ und nach ihnen andre Lehrer des Evangelii/ dieſer urſach wegen bothſchaffter GOttes an Chriſti ſtatt/ und haben deſſen befehl.

Daher ob ich wol freylich den beicht-ſtuhl/ und ſolche art ſo offterer ab-ſolvirung in demſelben/ für göttliche einſetzung nicht halte/ ſo kan ich doch

nach

nach göttlicher wahrheit nicht anders als dem widersprechen/ wo man dem
predigamt die macht sünde zu vergeben/die ihnen nicht aus eigner macht/son-
dern als dienern zukommt/ absprechen/ und solche ordnung der Babylonischen drachen-hur unverantwortlicher weise hinweisen will.

Ja spricht man/die worte Matth. 16. und Joh. 20. redeten von der
gantzen christlichen gemeinde/ von der gantzen kirche/ welcher Christus an GOttes statt auff erden die sünden zu vergeben macht gegeben
hat: dieses leibes und weibes glied ist ein jeder Christ/ von Christo
gemacht zum König und Priester/ der macht hat die sünde zu verge-
ben/wie Lutherus solches schon längst in seinen schrifftē erklähret habe.
Antwort. 1. Es ist wahr/daß diese gewalt/ wie alle andre schätze/ von Christo nicht dem predigamt allein und unmittelbar anvertrauet sind ; sondern
freylich der gantzen kirchen/ welche die hauß-mutter ist/ die über alles sorge
hat/ und nachmal durch die diener verrichten lässet/ welche eben um der ur-
sach/ weil ihnen das amt und diese güter von GOtt durch die kirche anver-
trauet/an dieselbe und dero ordnung/ so ferne nichts wider GOtt ist/ gewiesen sind/ daher auch sich an dieselbe mit zu halten haben. 2. Ich leugne auch
nicht/ sondern habe es längsten/ auch mit eigenem tractat gelehret/ daß alle
Christen geistliche Priester seyen/ und auch/ daß sie macht haben/ sünde zu
vergeben/ ja es wird E. E. L. selbs zeuge seyn/ daß ich auff dieser cantzel werde gezeuget haben/daß in dem nothfall auch ein gemeiner Christ gültig absolviren könne: daher ich solche lehre Lutheri sonderlich liebe. Aber 3. muß man
wol mercken/ was Lutherus dabey meldet/ nachdem er durch etliche blätter
die rechten der geistlichen Priester oder aller Christen/ auch was die vergebung der sünden anlangt/ausgeführet hatte/Tom. 2. Alt. f. 509. a. b. doch diß
alles haben wir allein von gemeinen rechten und macht aller Christen
gesagt/ denn dieweil allen Christen alle dinge gemein sollen seyn/ die
wir bißher erzehlet haben/ daß wir auch bewähret und bewiesen ha-
ben/ so will nicht gebühren/ einem der sich von ihm selbs herfür wolt
thun/und ihm allein zueignen/ das unser aller ist. Unterwinde dieses rechten/ und lege es auch an brauch/ so fern wo kein ander ist/ der
auch ein solch recht empfangen hat; das erfodert aber das gemein-
schafft-recht/daß einer/ oder als viel der gemeine gefallen/erwehlt und
auffgenommen werden/ welche an statt und im nahmen aller derer/so
oben dasselbige recht haben/ verbringe diese ämter öffentlich/ auff daß
nicht eine scheußliche unordnung geschehe in dem volck GOttes/ und
aus der kirchen werde ẽin Babylon/in welcher alle ding ehrbarlich und

ord-

ordentlich sollen zugehen/ wie der Apostel gelehret hat. Es ist zweyerley/ daß einer ein gemeines recht durch der gemeinde befehl ausrichte/ oder daß einer sich desselben rechten in der noth gebraucht. In einer gemeine/ da jedem das recht frey ist/ soll sich desselben niemand annehmen/ ohne der gantzen gemeinde willen und erwehlung/ aber in der noth braucht sich desselbigen ein jeder/ wer da will. Dieses ist Lutheri lehr und göttlicher ordnung gemäß. Also 4. hebet das allgemeine priesterthum die verwaltung des predigamts nicht auff: und haben alle ihren theil an den geheimnüssen GOttes/ aber es sind deswegen nicht alle Christi/ in solchem verstand/ diener/ und haußhalter über seine geheimnüß. 1. Cor. 4/ 1. Sie sind nicht alle bothschaffter an Christi statt. Wann es dann heisset: daß ein Priester in puncto der absolution nicht ein haar mehr gilt/ als ein gemeiner Christ: hat es entweder den verstand/ daß eines gemeinen Christen absolution/ die er in einigem nothfall/ der unterschiedlicher art seyn kan/ dem andern ertheilet/ eben so kräfftig seye/ als die absolution eines Predigers/ so ists wahr/ und keine absolution kräfftiger als die andre: oder es hat die meinung/ ein Prediger habe nicht mehr macht zu der absolution/ dieselbe zu ertheilen/ und die leute seyn nicht mehr an ihn/ als an einen andern in dem werck gewiesen; so streitet solche meinung mit göttlicher ordnung. Hingegen daß ein Prediger in dergleichen sache/ nemlich in angedeutetem verstande/ mehr gelte/ als ein gemeiner Christ/ ist so gar keine Babylonische lehr/ daß vielmehr nach unsers Lutheri angeführter bemerckung/ die kirche erst ein Babylon werden würde/ wenn man solchen unterscheid gantz auffheben wolte. 5. Indessen bleibet dieses freylich auch recht/ weil es auch andre geübte und von GOtt begabte Christen giebet/ die von göttlichen dingen so viele/ auch zuweilen mehrere erkäntnüß und erfahrung haben/ als Prediger/ daß einem andern Christen/ der rath und trost bedarff/ und einen solchen kennet/ nicht allein vergönnet/ sondern auch ihm zu rathen seye/ daß er sich dessen auch gebrauche/ der auch alsdenn seine gabe mittheilen/ und in liebe dienen kan/ aber wo er ordnung liebet/ neben sich gleichwol seinen bruder auch an seine beruffene diener weisen wird. So bleibet das geistliche Priesterthum in seinen schrancken/ und hilfft der göttlichen und kirchlichen ordnung/ gegen die es nicht zu mißbrauchen ist.

Es wird auch der erb-sünde in dem bericht gedacht/ daß dieselbe vor keinen beicht-stuhl oder menschen gehöre/ sondern der sünder wende sich mit täglichem und stündlichem gebet und flehen zu seinem GOtt/ und bete um krafft aus der höhe/ solcher erb-lust zu widerstehen.

Aber

Aber 1. es ist nicht genug zu bitten um krafft ihr zu widerstehen/ sondern auch um dero vergebung/ als dero greuel vor GOtt groß ist/ und wir also in aller wircklichen sünde auch der vergebung der erblichen nöthig/ deswegen darum zu beten haben: Wie David Ps. 51/7. bey seinem ehebruch auch seine erb-sünde beklaget. 2. Daher wer GOtt in seinem diener seine sünden klagen und beichten will/ thut nicht unrecht/ sondern es solle vielmehr seyn/ daß er auch seine demuth bezeuge/ wegen der so tieff bey ihm eingesessenen verderbnuß/ derselben sich schuldig zu geben. Ob er dann wol weiß/ daß bereits auch in der tauff solche schuld ihm vergeben/ so bedarff sein glaube der versicherung so wol dieser/ als anderer wircklichen sünden.

Aus allem erhellet/ daß das haupt-werck des angegebenen Apostolischen berichts/ das gesamte beichten und absolviren zu einem Babylonischen monstro und ungeheur/ vom närrischen menschen-hirn ersonnen/ zu machen/ davon Christus und seine gemeinde nichts wüsten/ eine unverantwortliche lästerung gegen eine an sich selbs unstrafliche ordnung seye/ darüber wir uns zu betrüben und zu entsetzen haben.

Der II. punct betrifft das H. Abendmahl. So kan abermal 1. nicht geleugnet werden/ daß auch in unserer kirchen (von denen/ die ausser der unsrigen sind/ will ich nicht sagen/ sondern jeden seiner verantwortung überlassen) viel damit gesündiget werde/ wann ich sagen muß/ ja fast vor augen liget/ daß dasselbe mehr von unwürdigen/ als würdigen; mehr ohne/ als mit frucht; zum gericht/ als zu vermehrung der gnade/ gebrauchet werde. Und glaube ich wol/ daß solche unwürdige niessung vieler gerichte GOttes über unsere kirche mit-ursach werden könne.

2. Daß die wenigste von dem H. Abendmahl nutzen haben können/ weder in erlangung der vergebung der sünden/ noch in stärckung des innern menschen/ ist allerdings wahr. Und können freylich die leute/ die noch tobt in sünden sind/ so wenig der krafft solcher himmlischen speise theilhafftig werden/ als ein leiblicher todter der krafft natürlicher speise/ ob sie ihm auch in mund gestecket wird. Daher wir Prediger auch nicht so viel die leute zum Abendmahl treiben/ als sie zu wahrer buß anzuweisen/ und an ihrer bekehrung zu arbeiten/ trachten sollen. Zwahr/ wer nun ein wahrer Christ/ kan nicht zu vielmal dazu gehen/ sondern je öffter/ je besser/ man soll ihn auch nicht davon abhalten/ sondern ihn darinnen stärcken: aber die meiste sind keine Christen/ denen man so lang mehr das werck abrathen solte.

3. Daß das H. Abendmahl zur gedächtnuß des HErrn gestifftet/ und noch zu halten seye/ ist eine göttliche wahrheit/ aber daß wir auch darinnen vergebung der sünden/ leben und seligkeit empfangen/ ist nicht allein unser

ser Evangelischen kirchen bekántnúß/ wie auch unsre theure Lutherus in dem Catechismo die kinder davon unterrichtet; sondern es ist nicht weniger selbs ein wort des HErrn/ gegründet in dem/ wenn der liebste Heyland spricht Matth. 26/ 28. welches vergossen wird für viele zur vergebung der sünden.    Zwahr müssen wir auch solche worte/ daß man in dem heiligen Abendmahl vergebung der sünden empfange/ recht verstehen: denn wer es also nehmen wolte/ daß wir mit dem Abendmahl=gehen vergebung der sünden verdienten/ oder auch 2. davor hielte/ es seye mit dem hingehen schon gnug/ daß wir vergebung der sünden empfangen/ wir möchten darzu gehen/ wie wir wolten/ der irrete gröblich/ und verstünde unsere lehre nicht/ ja der uns dergleichen lehr zuschriebe/ thäte uns das gröste unrecht. Sondern dieses ist die meinung: wie Christus mit dargebung seines leibes und vergiessung seines blutes/ uns die vergebung der sünden verdienet hat/ also wann er uns solches sein opffer=fleisch und opffer=blut zu geniessen darreicht/ so reichet er unserm glauben zugleich mit dar die dadurch erworbene vergebung der sünden. Dieses sehen wir aus dem gedachten ort Matthäi/ sonderlich wo wir den grund=text ansehen/ da ein γὰϱ oder denn/ dabey stehet/ so im teutschen aus= geblieben; daher heißt es also: trincket alle daraus.    Warum sollen sie daraus trincken? denn das ist mein blut des N. Test. welches vergossen wird für viele/ zur vergebung der sünden.    Also stecket in solcher vergieß= sung zur vergebung der sünden die ursach/ warum man es trincken solle.  Die kan aber keine andre seyn/ noch das trincken mit solcher vergebung eine ge= meinschafft haben/ als daß uns durch das trincken dessen/ womit uns die vergebung zuwege gebracht worden/ dieselbe auffs neue angeboten und über= reichet werde.    Und warum sollen wir trincken/ was für uns vergossen/ wo solches nicht zur versicherung und versiegelung dienen solle/ daß uns solches vergiessen angegangen/ und noch anjetzo angehe?  Also ist unsrer kirchen lehr hievon unsträflich/ und hat weder unser liebe Lutherus noch andre/ welche diese lehr treiben; noch auch diejenige/ welche den glauben ihrer versöhnung mit dem leib und blut Christi versiegeln/ und sich also daraus der vergebung versichern/ verdienet/ daß man gegen sie mit Babylonischen sau=hun= den/ Antichrist/ Teuffels=streich/ heraus fahre.  Welche lästerungen gewiß vor GOTT eine schwehre verantwortung bringen werden.  Wie ich nun hoffe/ daß E. C. L. deutlich aus diesem vortrag die wahrheit un= srer lehr/ und die richtigkeit des rechten gebrauchs der beicht und des H. A= bendmahls an sich selbs; hingegen wie so gar der sogenannte bericht nicht A= postolisch seye/ zur gnüge erkant habe/ also habe dieselbe hertzlich in GOttes nahmen zu vermahnen/ sich in der wahrheit durch allerley schein nicht irre

Y

mas

machen zu laſſen; ja auch GOtt hertzlich zu bitten/ daß er alle irrige und
verführte wieder bringen/ hingegen daß niemand auffs neue zu irrthum verführet werde/verwahren:ja auch für diejenige/ von welchen dieſe ſchrifft her-
gefloſſen/ oder noch dergleichen nachfolgen möchten/inbrünſtig zu beten/ daß
ſie GOtt von ſolchem fleiſchlichen eyfer in wahrer buß reinigen/ und ſie mit
ſeinem feuer des H. Geiſtes/ das ein feuer voll liebe und ſanfftmuth iſt/erfül-
len möge.

Im übrigen/weil aus gelegenheit der beicht-ſache leider in dieſer unſerſtadt
und kirchen nun dieſes jahr über ſo eine groſſe bewegung entſtanden/ daßſich
die meiſte gemüther von einander getrennet haben/kan E.C.L. leicht erachten/
wie mir zu muth ſeyn müſſe/ wo ich euch/ der nicht allein einem theil/ ſondern
der gantzen gemeinde vorgeſtellet worden bin/ in ſolchem zuſtand anſehe/ nemlich nicht anders als einem Vater/ deſſen geſamte kinder in hader und uneinigkeit verfallen ſind/ und er ſie nicht/ wie er will/ zur einigkeit bringen kan.

Ich habe euch aber hertzlich alle anzureden/ meine lieben/ die ich wahrhafftig als meine kinder/ einen ſo wol als den andern/ liebe/ und mich zwahr
nicht/ euch erſt in Chriſto gebohren zu haben/ rühmen darff/ aber gern bey allen an eurem neuen menſchen arbeiten/ und mich davon keine arbeit dauren
laſſen will/damit ich neben euch vor jenem thron mit freuden erſcheinen möge/
**habt liebe und friede untereinander.** Gedencket doch/ihr ſeyd eines Vaters kinder; ihr habt einen Heyland/ der euch ſo theuer erlöſet hat; es iſt ein
H. Geiſt/ und zwahr derſelbe ein Geiſt der liebe und des friedens/ der euch
zur ſeligkeit führen muß.Ihr habt auf erden eine Mutter an der Evangeliſchen
Kirchen/ ja ihr ſeyd einer ſtadt einwohner/ und alſo auch einer abſonderlichen
Kirchen glieder; ſo zeiget es in der that/ und leget alle irrungen und mißver-
ſtänd/ daraus ſo viel ſünde und ärgernüſſen entſtehen/ und ferner entſtehen
können/ bey zeiten ab.

Ihr/ die ihr ſonderlich vor den beicht-ſtuhl eyfert/habt daran gantz
recht/ daß ihr vor die reinigkeit der lehre eyfert/dann dieſe muß verwahret/
und keiner falſchen lehre eingang verſtattet werden/ dazu wir alle/ jeglicher
nach ſeinem maaß/ arbeiten müſſen. Ihr habt auch recht/daß ihr den abſonderlichen beicht-ſtuhl bey der kirchen behalten haben wollet/ der euch auch
billich zu laſſen/ und denjenigen/ welche und ſo offt ſie deſſen benöthigt ſind/
derſelbe nicht zu entreiſſen iſt. Prüfet euch aber auch redlich vor GOtt/ der
die hertzen forſchet/ ob ihr bißher alles/ mit der/ den jüngern unſers Heylandes anſtändigen liebe/ſanfftmuth und ehrerbietung gegen diener des HErrn/
gethan/ oder nicht vieler bitterkeit und haß bey euch platz gegeben habt? Ja
was eines und andern abſonderliche abſichten in der ſach geweſen ſeyn mögen?

gen? Ob ihr nicht finden werdet/ daß ihr euch durch manche falsche erzehlun-
gen offt erhitzen/ auch zu solchen klagen bewegen lassen/ die doch nachmals
ohne grund/ oder doch nicht gantz also bewandt gewesen sind? Ob ihr nicht so
wol mit einem Lehrer/ dessen treue/ und GOttes durch ihn bißher ausgerich-
tetes werck vor augen ligt/ und niemand widersprechen kan/ gedult zu tragen
habet? Ob ihn die angst seines gewissens/ die ihr dazu selbs grossen theils verursachet habt/ zuetwas getrieben/ das nicht nach der ordnung ist/ als um eines
mißfälligen willen den fruchtbaren gebrauch so viel anderer gaben/ zu hem-
men nicht begehren soltet? Ob ihr auch nicht mit anderen mit-bürgern/ die
anderer meinung sind/ billich in sanfftmuth und gedult umzugehen habet?
Ich versichere/ wo ihr in der furcht des HErrn diese dinge erwegen werdet/
wird sich die hefftigkeit bald legen/ und neben erhaltung der wahrheit auch
friede blühen. Da hingegen/ welche auch in einer in gewisser maaß guten
sache ohne liebe verfahren/ alles damit verderben/ aber eben dadurch auch die
schuld des daher entstehenden unheyls auff sich laden; die ich von euch allen
abgewendet zu werden/ hertzlich verlange. Ihr seyd auch schuldig/ wo ihr
scrupel des gewissens bey euren mit-brüdern findet/ in sie nicht zu starck zu
tringen; oder auch/ da in rechter ordnung ihnen eine freyheit gegeben würde/
euch zu hart zu widersetzen.

Ihr aber/ die ihr hingegen wider den beicht-stuhl eyfert/ prüfet
euch nicht weniger/ wie ihr vor GOtt stehet/ und seyd versichert/ ihr könnet
euch auch nicht rechtfertigen. Hat jemand unter euch theil an ausbreitung
der gedachten schrifft/ so seye er versichert/ er habe sich schwehrlich versündi-
get/ und viel gutes damit verdorben/ und wo ers gar für recht hält/ habe er
GOtt zu bitten/ ihm solchen irrthum zu benehmen. Ihr suchet die freyheit
vom beicht-stuhl: Sind aber nicht viele unter euch/ da bey allen zwahr der
vorwandt ist/ daß die einschrenckung der christlichen freyheit das gewissen
verletze/ bey denen aber wahrhafftig in dem grund ihrer seelen diese ursach
nicht ist; sondern wie etwa ihr leben nichts von einem ernstlichen Christenthum von sich zeiget/ also ist solchen in der beicht nichts zuwider/ als weil zuweilen aus gelegenheit der beicht/ von gewissenhafften Predigern ihnen des
lebens wegen mag zugesprochen werden/ daß sie auch dessen loß kommen wol-
len/ damit ja kein Prediger gelegenheit habe/ ihnen die doch so nöthige erinnerung zu thun. Derselben böse absicht aber zu befodern/ hoffe ich/ solten
die gewissenhaffteste unter euch selbs bedencken haben. Ich lasse aber gelten/
daß unter euch seyn werden/ welche bloß ihr gewissen in seiner zärtlichkeit
treibet/ und euch den beicht-stuhl/ wegen des wenigen nutzens/ den ihr davon
sehet/ auch etwa an euch selbs empfunden habt; hingegen der vielen euch be-
kannten mißbräuche/ gantz zuwider gemacht hat/ daß ihr für nöthig achtet/

ihn zu verlaſſen.   Nehmet aber in der furcht des HErrn die gedult/der ſache
beſſer nachzudencken/  ſo hoffe ich/  ſolle euch mehr und mehr klahr werden/
daß ihr die rechte geſtalt davon nicht recht eingenommen habet; hingegen daß
ihr ohne verletzung eures gewiſſens euch demſelben wohl bequemen könnet.
Brauchen ihn andre übel/ ſo brauchet ihn recht.   Ihr werdet ja wollen von
euch glauben machen/ daß ihr täglich GOTT beichtet/ ſeine vergebung bittet und beſſerung verſprechet; warum beſchwehrete ich mich dann ſolche bekäntnüß zu GOTT auch vor ſeinem diener zu thun/ und was ihr auch ſonſt
aus GOttes wort zur verſicherung eures glaubens euch ſelbs erinnert/ aus
deſſen munde mit glauben anzunehmen.Man fodert ja von keinem ein gewiſſes formular einer beichte/ das eurem gewiſſen zuwider wäre/ ſondern iſt
gnug/ wo ihr euch bußfertig darſtellet/ ohne welches ihr ja nie vor GOTT
beſtehen könnet.   Alſo kan ich nicht begreiffen/ was ihr in der beicht und abſolution zeigen köntet/ das in wahrheit wider ein erleuchtetes gewiſſen ſtreiten könte.

Heiſſet es aber: Es iſt gleichwol die beicht vor dem H.Abendmahl keine
von GOtt gebotene ſache/ ſondern weil ſie nur eine kirchen-ceremonie, muß
das gewiſſen nicht damit gebunden werden/ ſonſt ſündiget man/ wo man ſich
die von Chriſto geſchenckte freyheit nehmen läſſet. Antwort :  Man nöthiget niemand/ die beicht vor dem H.Abendmahl als eine göttliche einſetzung
zu gebrauchen/ ſondern allein als eine ſolche kirchen-ordnung/die ihren nutzen
haben kan.   Und alſo darffſtu nicht beichten/ als wann ohne die dem Prediger geſchehende beicht niemand ſelig werden könte/ daß ſich dein glaube an
dieſe ordnung ſelbs binden ſolte; ſondern/daß dein glaube/was er zwahr auch
ohne die beicht von GOtt unmittelbar haben kan/ in derjenigen ordnung ſu-
che/ die die kirche eingeführet hat/ dero die liebe/ als des glaubens erſte toch-
ter/ ſich willig bequemet. 2. So iſt es eine in der Heil.Schrifft ſonderlich
Rom.14. 1.Cor.8. ausgemachte ſache/ was die liebe in den dingen die in
einer freyheit ſtehen/  von einem Chriſten erfodere : nemlich/  daß
man dem bruder/ der ſchwach iſt/ zu gefallen/ ſich auch ſeiner freyheit begeben müſſe/oder man ſündige an CHriſto.   Es war damal durch
Chriſtum das Levitiſche geſetz auffgehaben/ und alle Chriſten in die freyheit
geſetzet/alle ſpeiſen zu eſſen/ die den Juden verboten waren. Darein konten
ſich die aus den Juden bekehrte ſchwehrlich ſchicken/ ſondern ſtieſſen ſich dar-
an/wann erleuchtete andre Chriſten von verbotenen ſpeiſen aſſen.   Da will
aber Paulus/ ehe die gläubige/ die doch ihre theuer von Chriſto erworbene
freyheit verſtunden/und hoch hielten/ wolten mit gebrauch ihrer freyheit
den andern brüdern einen anſtoß geben/ ſolten ſie ſich lieber ihrer freyheit
in dem gebrauch begeben/ und wo ſie es nicht thäten/ ſagt er/ ſie wandelten
nicht

nicht nach der liebe/ das doch den Christen gebühret. Ja er selbs auff gut-
befinden/ des Apostels Jacobi und der brüder zu Jerusalem Apost. Gesch.
21/26. um das ärgernüß/ das von ihm war ausgebreitet worden/ als lehrte er
die Juden vom gesetz Mosis gantz abfallen/ wieder abzuwenden/ bequemete
sich gar/ denen jüdischen ceremonien wegen des gelübdes/ reinigung und
opffer/die doch auch durch Christi tod abgethan gewesen/und ihm beschwehrlich mögen gefallen seyn. Also ob ihr wol versichert seyd/ daß die privat-
beicht vor dem heiligen Abendmahl nach dem exempel vieler andern kirchen
nicht von Gottes wegen nöthig/ weil sie gleichwol eine an sich unsträffliche
ceremonie ist; ihr hingegen sehet/ wie so viele eurer mit-brüder sich an euch
stossen/ wo ihr euch gantz derselben entziehet/so erweiset den Geist Christi bey
euch durch die liebe; und da ihr ja nothwendig GOtt beichten müsset/ so beschwehret euch nicht/ solches gegen GOtt auch in seinem diener zu thun/ und
was ihr zwahr auch von GOtt selbs hören könnet/ hörets auch von ihm mit
glauben aus dem munde seines dieners. Also behaltet ihr eure freyheit in
dem glauben/aber nach der liebe setzet ihr dero gebrauch aus/ und könnet euch
desto mehr gnade von GOTT getrösten/ auch um solcher liebe willen.

Solte es aber GOtt gefallen/ordenlicher weise euch eine mehrere freyheit zu gestatten/ so gebraucht alsdann euch doch derselben allezeit mäßiglich/
und abermal ohne anstoß der liebe.

Ihr übrige aber/ die ihrs mit keinem theil haltet/ sondern es von
beyden seiten gern mit mir anders sehet/ und hertzlich verlanget/ daß glaube
und liebe bey allen erhalten/ und aller hertz in einigkeit des Geistes verbun-
den/ so lang man aber sich beyderseits noch nicht genug verstehen kan/ der gewissen geschonet werde: wo ihr gelegenheit habt/ helfft beyderseits mit christlichem zuspruch die einigkeit/ dazu uns der HErr beruffen hat/befordern/ als
woran ein grosses theil der erbauung hanget/ hingegen bey fortsetzender verbitterung dieselbe mehr und mehr geschlagen wird. Lasset uns auch zu dem
HErrn beten/der/ was menschlichen kräfften unmüglich ist/ selbs in den hertzen seiner kinder zum zeugnüß seiner güte und allmacht würcke. Nun ich
habe mein hertz bey euch vor GOTT ausgeschüttet/ wie es die mir obligen-
de treue erfodert/ und hoffe so fern wiederum/auch darinnen meine seel gerettet zu haben. Ach lasset es nicht vergebens seyn/ sondern allerseits trachtet
dahin/ daß ich auch hierin mein amt ferner nicht mit seufftzen thun müsse/
sondern mit dancksagung verrichte! Dabey wir den Trost haben/GOTT
könne auch aus bösem gutes machen/ und wo man von beyden seiten etwas
von der strenge in einer sache/ die eusserliche ordnung betrifft/nachgiebet/ so
wol die gemüther desto besser vereinigen/ als zu so viel mehr erbauung/ und

hoffen-

hoffenlich auch besserung des beicht=wesens selbs/ gnade verleyhen. So wird
er auch die liebe/ und was aus derselben ohne verletzung der wahrheit bey=
derseits geschichet/ ihm lassen angenehm seyn/ und so viel reichern segen zu
allen seinen gnaden=mitteln beschehren/ zu seinem preiß und unser aller
seligkeit.

Allmächtiger ewiger GOTT/ getreuer Vater/ du foderst von
deinen kindern/ daß/ die deine wahrheit im glauben erkennen/
auch nach der liebe untereinander leben. Wir müssen auch
daraus erkennen/ daß wir dir für deine reiche/ auch diesem ort erzeig=
te gnade/ nicht/ wie es sich geziemet/ müssen danckbar seyn worden/
wann du verhänget hast/ daß in unser gemeinde nicht geringe miß=
helligkeit und zerrüttung der gemüther/ mit erfolg manches ärger=
nüsses/ eine weil her im schwang gegangen/ und sich noch nicht legen
will. Vergib uns unsre zum theil bekannte/ aber auch unbekannte
sünden/ damit wir auch dieses dein gericht verschuldet haben/ und
was beyderseits darinnen gefehlet worden. Erhalte uns zum forder=
sten dein wort/ und aus demselbigen die reine lehr/ und lasse dem sa=
tan nicht zu/ bey trüben wasser zu fischen/ und aus gelegenheit jetz=
ger mißverständnüssen gar irrthümer auszustreuen: vielmehr be=
festige deine kinder in der erkäntnüß der wahrheit/ sich von niemand
unter einigem schein verführen zu lassen. Geuß den Geist der liebe
beyderseits in die hertzen der glieder unser gemeinden/ und bewahre
sie für aller trennung: vielmehr lehre diejenige/ welche in dem/ was
der kirche das erbaulichste sey/ unterschiedliche meinung haben/ daß
sie einander tragen/ weder eine der andern gewissen zu starck angreif=
fen/ und es zu nöthigen sich unterstehen; noch andre mit mißbrauch
ihrer freyheit die liebe verletzen/ sondern nach dem rechten Aposto=
lischen bericht und unterricht sich gegen einander bezeugen. Regie=
re auch die hertzen aller in Obern=ständen/ die darzu zu reden haben/
daß sie was auch in dieser sache deinem rath und ehre am gemässesten
sey/ weißlich erkennen/ nach reiffer berathschlagung beschliessen/
und damit durch deinen segen allem unwesen abhelffen; hingegen
auch dadurch zu so viel reicherer künfftigen erbauung neuen grund
legen. Insgesammt steure in deiner gantzen kirchen allem miß=
brauch deiner heiligen mittel/ (sonderlich der absolution) daß sich
nie=

niemand damit betriege / sondern alle in deiner heiligen ordnung
also angewandt werden / wie es zu aller seligkeit dienlich ist.    Demnach würcke in allen hertzen wahre buß / damit wir aus derselben
dir / und auff wen du uns weiter weisest / also die sünde beichten / daß
wir auch deine absolution / durch wen du sie uns sprichst / mit glauben ergreiffen / und diejenige vergebung erlangen / in dero wir selig
leben / frölich sterben / und freudig vor deinem gericht erscheinen
mögen / um JESU unsers Sünden-Tilgers willen! Amen.

## SECTIO XXVIII.

## Vom auffschlagen der sprüche in der kirchen.

WAs das auffschlagen der sprüche in der kirch anlangt / so ist entweder die rede von dem Prediger / oder von den zuhörern.  Was
jenen anlangt / wo wir auff menschen sehen wollen / wie es nunmehr leider dahin gekommen / daß man meistens auff dieselbe sihet / so solte
des berühmten Herrn D. Calovii exempel vorgehalten werden / der wie ich
höre / die gantze predigt durch / die Bibel vor sich offen ligen gehabt / und fast
immer darinnen geblättert. Was aber die zuhörer betrifft / leugne ich nicht /
daß es gut / und unnütz sein kan: dieses / wo man darüber auff die predigt
nicht acht gibet / sondern sich mit auffschlagen und lesen daran hindert; jenes /
wo man einstheils den text sich sonderlich vor augen leget / um acht zu geben /
wie solcher nach und nach in der predigt erkläret wird; andern theils / wo man
nur die haupt-sprüche auffschlägt / und bloß zeichnet / dazu wenig zeit erfodert
wird / um nachmal zu hause dieselbe wiederum nachzulesen und zubetrachten:
es seye dann daß der Prediger auch einen von solchen sprüchen mit mehr
fleiß erkläret / da man solchen auch vor augen behalten und auff die erklärung mit gutem nutzen acht geben könte.    Wo also damit verfahren wird /
kan niemand zeigen / daß eine hindernüß eines guten daraus erfolgte / wol
aber wird solche übung das gepredigte / was die sprüche anlangt / desto mehr
in das hertz drucken.    Sind nun leute / welchen nichts gefält / als was sie
von ihren Eltern gesehen oder selbs gethan haben / denen können wir nichts
bessers auffdringen / es ist aber auch billich / daß hinwiederum sie andern dasjenige lassen / was sie zu ihrer erbauung dienlich finden: wir aber müssen uns
nicht wundern / wann alles gute seine splitter-richter haben muß. Und wie
könte es gut seyn / wo es allen gefiele? Der HERR gebe uns nur gnade / an
dergleichen urtheil uns nicht also zu kehren / daß wir die hand von dem guten

abzie

abziehen/ oder etwas von dem eiffer nachlassen wolten. Es gewinnet ohne
das das ansehen/ daß es bald zu einem harten kampff sich bereiten möchte/
da diejenige/ so fleischlich in dem geistlichen stand gesinnet sind/ mit aller gewalt an allen orten die anders gesinnete/ werden mit verleumdungen/ ver-
dachten und auff andere weise suchen zu unterdrucken; vielleicht auch anfangs es damit weit bringen; bis endlich/ wann der HErr seiner diener glauben und gedult wird zur gnüge geprüffet haben/ ein seliger sieg und durch-
bruch erfolgen/ und diejenige/ so sich dem guten widersetzet haben/ werden
(ach der HErr gebe/ zu ihrer wahren busse!) zu schanden werden. Auff solchen kampff lasset uns uns gefaßt machen/ wo wir ihn an brüdern sehen/ uns
daran nicht ärgern/ noch wo wir dazu gefordert werden/ befremden lassen/
sondern getrost und freudig vor dem HERRN kämpffen und leiden. 1690.

## SECTIO XXIX.

# An eine Adeliche Ampts-Person/ sich mit Jesuiten nicht in disputat einzulassen.

WO Eu. Hoch-Adel. Tugend meines einfältigen raths gelieben wolte/
so würde rathen/ mit solchen widersachern/ Jesuiten und andern sich
in keinen disputat einzulassen / als wovon sie nicht einigen nutzen
hoffen mögen/ wol aber nur unruhe und beschwehrden davon einzunehmen
haben. Ist also am allerbesten/ da man unter solchen leuten leben und umgehen muß/ sie/ wo sie sich an uns anhangen wollen/ so bald mit bescheidenheit
abzuweisen/ daß sie ihres gleichen suchen; man seye nicht in willens/
sich mit ihnen einzulassen: da sie dann/ wo sie sehen nichts auszurichten/ von
selbs müde werden und uns ruhe lassen. Wann man sich aber einlässet/ hat
man stäten anspruch/ und ob man in einem einigen stück/ etwa nicht so füglich
zu antworten vermocht/ ist des rühmens kein ende/ auch wol müglich/ daß
man dadurch / da mans nicht gedacht/ unbewehrt gegen einen geüb-
ten sich macht/ einige scrupul mit etwas gefahr fassen kan. Welches
alles man entübrigt ist / so man sie bescheidenlich abweiset / und daß
das disputiren unsere profession nicht seye / sich glimpfflich entschuldigt;
und können alsdann diejenige stunden und zeiten/ welche man sonsten in
streit-schrifften sich zu ersehen/ und denselben nachzudencken/ anwendet/ viel
nützlicher zu anderer andacht/ betrachtung und lesung in der H. Schrifft oder
gottseligen büchern zu unserer mehreren gründung in der wahrheit und lebendiger erkäntnuß GOttes angewendet werden/ davon unsere seele mehr nu-
tzen/ als von jenem streit haben kan. Wo aber ja die intention ist/ ( so ich
gleichwol nicht rathe/) sich in einigen disputat einzulassen/ so würde nöthig

seyn/

seyn/ dergleichen schrifften unserer Theologorum, so mit grosser menge vor=
handen sind/ selbs zu lesen/ und an der hand zu haben; oder wo es nöthig wä=
re/ zuweilen etwas zu beantworten/ wie dieses ansinnen.des Jesuiten an E.
Hoch=Adliche Tugend gewesen/ müste ein feiner Studiosus oder land=Pfa r=
rer/ welcher nicht zu viel zu thun hätte/ deßwegen angelangt werden/ derglei=
chen arbeit zu übernehmen: dann was grosse städte anlangt/ sind der Predi=
ger verrichtungen allzuviel/ als daß sie dergleichen materien abwarten kö n=
ten.      Hingegen sind die streit=sachen/ so wir mit den Papisten haben/ so be=
wandt/ daß auch ein Studiosus, der ein wenig gegründet ist/ leicht alle satis=
faction thun kan/ und nur hin und wieder die antworten aus unseren Auto=
ribus auffschlagen darff/ die sich genugsam finden.     Wie dann schwehrlich
ein oder ander spruch unter den überschickten ist/ da nicht mehrmal zur genüge
von den unserigen darauff geantwortet worden wäre: und habe ich mich fast
gewundert/ daß diese leute E. Hoch=Adeliche Tugend in dieser materie von
dem feg=feuer sonderlich haben wollen angreiffen/ da sonsten die klügste unter
ihnen nicht eben so grossen staat von solchem articul machen/ und mir selbs ein
vornehmer päpstischer Churfürstlicher Rath in meiner studier=stube bekant/
daß er kein feg=feuer glaube/ ob er wol die kirche nicht urtheile/ oder ihr un=
recht gebe/ daß sie dergleichen lehre.     Nebenst dem bekenne auch/ daß ich von
mehrern jahren weniger mehr lust gehabt habe zu den streit=schrifften/ als
die/ ob sie schon auch nöthig/ dannoch gegen andern stücken der Theologiæ
geringern nutzen zu der seelen erbauung haben: jedoch als es GOtt zugelas=
sen/ daß Herr D. Breving mich in einem büchlein angegriffen/ habe es als ei=
nen göttlichen beruff angesehen/ auch in solcher sache etwas zu schreiben/ da
ich die materie von der rechtfertigung und ordnung unserer seligkeit/ gegen
die Papisten mit mehrerem durch GOttes gnade suche auszuführen; wie
dann bereits über 80 bögen davon getruckt/ ich aber noch viel zu arbeiten ha=
be/ und E. Hoch=Adeliche Tugend leicht ermessen können/ da ich zu dieser ar=
beit nicht genug zeit finden oder gewinnen kan/ daß so viel weniger etwas an=
ders neues zu übernehmen vermögte: daher das gute vertrauen trage/ E.
Hoch=Adeliche Tugend werden nicht ungleich auffnehmen/ daß ich einer ar=
beit mich nicht unterstehen kan/ dazu mir es an nöthiger weil mangelt; wo a=
ber sonsten in einigen gewissens=fällen und anligen/ nach dem maaß der gna=
de/ so mir GOtt gegeben hat/ zu deroselben erbauung etwas beyzutragen
vermöchte/ da es dergleichen weitläufftigkeit wie in streit=schrifften/ nicht be=
darff/ so erbiete gern/ mit christlicher bereitwilligkeit an die hand zu gehen.
Der ich schließlich den Vater der barmhertzigkeit und GOtt alles trostes de=
müthig anflehe/ welcher dieselbige nicht nur in der erkäntnüß der wahrheit
des Evangelii wider alle verführungen befestigen/ und alle gefährliche versu=

Z                                         chun=

chungen von ihr abwenden/ sondern auch in dem übrigen das werck seiner
heiligung in dem liecht seines Heiligen Geistes/ in desselben krafft und trieb/
auch empfindlichen trost/ immer in ihr fortsetzen; sie hingegen gegen alle anfechtungen des teuffels/ der welt und eigenen fleisches zu stätem sieg wapnen/
ja durch und durch heiligen wolle/ daß ihr geist gantz samt seel und leib/ möge
erhalten werden unsträflich auff den tag JESU Christi. 1684.

## SECTIO XXX.

## Von dem kirchen-bauen.

ICh habe wegen der nechstmal von wegen ihrer christlichen gemeinde an
mich gethanen ansinnung dero collecten werck zu ihrem kirchen-bau zu
recommendiren/ mich zu abwendung etwa widriger gedancken zu erklären: daß nicht nur hiesiges orts/ weder ich/ noch jemand meiner HHn.
Collegen bey denen petitis um collecten etwas zu thun haben/ als welcherley unmittelbar vor dem Rath gesucht werden muß/ welcher auch nach seinem
befinden darin decerniret/ und was zu vergönnen seye oder nicht/ mit dem Ministerio nicht zu communiciren hat; sondern daß ich auch in meinem hertzen
die gantze sache nicht also habe ansehen können/ daß ob es auch bey mir gestanden wäre/ ich mein votum dazu geben sollen. Daß nun solches nicht aus einer widrigkeit gegen ihre gemeinde und religions-exercitium thüe/ sondern
dieselbe von hertzen liebe/ und ihnen alles guts gönne/ hoffe ich/ werden sie
aus andern meines gemüths gegen sie proben/ mir zu trauen: damit aber
die wahre ursach vor augen stelle/ so muß mich völlig erklären.  1. Das
kirchen-bauen bloß dahin und an sich selbs/ achte ich für keinen Gottes-
dienst/ oder dem HErrn sonderbar gefälliges werck/ wie es auch nirgend in
dem N. T. uns Christen befohlen oder recommendiret wird: so lässet sich
auch von dem von GOtt in dem A. Test. befohlenen tempel nicht auff unsere
kirchen schliessen/ wann nicht nur jener mit zu dem levitischen Gottesdienst
gehörte/ und was GOtt dabey und in solchem vorbild vor absichten hatte/
sich auff unsere kirchen nicht reimet/ sondern diese vielmehr mit den schulen o-
der Synagogen der Juden/ als dem tempel zu vergleichen sind.  Hingegen
halte ich dieses aus dem Papstthum noch her zu kommen/ da man meinet/ es
seye die stifftung und erbauung der kirchen/ und so genannter geistlicher ge-
bäude/ auch wo und in welcher zahl man sie nicht nöthig hat oder braucht/ an
und vor sich selbs ein heiliges werck/ damit man GOtt einen dienst thue. In
welcher meinung/ so aber nicht viel besser als ein aberglaube ist/ man leider! so
lange zeit in dem Papstthum gestanden/ und noch stehet/ daß viele/ da sie etwas zu GOttes ehren anwenden wollen/ dasselbe mit hindansetzung viel nö-

thi-

thigerer liebes-wercke am heiligsten an dergleichen gebäude gewendet zuwerden achten. 2. Indessen ist uns im N.T. als ein befehl des HErrn geboten/ daß wir zu dem Gottesdienst/ anhörung göttlichen werts/ administrirung der H. Sacramenten/ gesang/ gebet und dergleichen uns versammlen sollen. Nun könte zwahr auch solche versammlung ausser einiger dazu bestimmter gebäude geschehen/ wie die Christen in der ersten zeit und bey einigen hundert jahren wenig von solchen tempeln gewust/ sondern sich wegen der verfolgungen da und dort in häusern/ unter der erden/ in wäldern/ klüfften und sonsten/ versammlen müssen/ da sie mit nochwol mehrerer andacht als wir jetzt in unsern kirchen/ dem HErrn gedienet/ und hinwiederum ihm gefallen haben. Jedennoch/ weil privat-häuser bey grossen gemeinden viel zu enge/ derselben versammlung zu fassen/ so dann die bequemlichkeit der versammlungen/ welche zu suchen uns der HErr nirgend verboten/ vielmehr die liebe solche/ wo sie platz findet/ uns räthet/ erfordert/ daß gewisse stätte dazu verordnet/ von neuem gebauet/ oder andere dazu bequem gemachet werden/ in denen die versammlungen gehalten werden mögen/ welche auch deswegen zu diesem zweck und der grösse der gemeinde eingerichtet werden sollen: so sind folglich die Kirchen-gebäude in solcher absicht und nach proportion der nothdurfft GOtt nicht nur nicht zuwider/ sondern gantz angenehm/ als stücke einer feinen ordnung/ die uns 1. Cor. 14/ 40. empfohlen wird/ und als hülffs-mittel/ denjenigen zweck desto besser zu erhalten/ den er durch das gebot der versammlungen bey uns suchet. Daher wer an solche gebäude/ deren zeglichen orts die gemeinde nöthig hat/ etwas mit einfältigem hertzen/ und in der liebe/ anwendet/ darff es nicht als verlohren ansehen/ sondern weiß/ daß es ein dem HErrn gefälliges opffer seye. 3. Wo man aber solche kirchen oder häuser der versammlung/ oder solche stellen/ so zu der versammlung bequem gemachet sind/ (massen an dem nahmen und eusserlicher form nichts gelegen ist) bereits hat/ und die vorhandene vor die nothdurfft der kirchen und gemeinde gnug sind/ (dann sonsten wo eine kirche bey einer volckreichen gemeinde nicht gnug ist/ müssen freylich so viel seyn/ als die grösse derselben mit sich bringet) so achte ich es für einen überfluß/ wo auch die gemeinde ihre eigene mittel/ da sie solche hätte/ an dergleichen wenden wolte/ als lang bey ihr oder bey andern glaubens-brüdern wichtigere und göttliche ehr näher betreffende gelegenheiten/ in liebes-wercken/ an armen/ bestellung gnugsamer Prediger/ schul-diener und dergleichen/ etwas anzuwenden sich finden/ dergleichen ich mich versichere/ daß nicht wol jemaln manglen werde. Dann weil wir obgedachter massen die kirchen allein nach dero gebrauch und zweck zu æstimiren haben/ und sie erst in absicht auff diese etwas Gottgefälliges werden/ so bleibet einmal ein überfluß/ was hierzu nicht erfordert wird: und sind wir hinge-

gen

gen allezeit/ unsere übrige mittel zu denjenigen wercken anzuwenden schul-
dig/ damit GOtt wahrhafftig und am meisten gedienet/ und dem nechsten
im geistlich-und leiblichen/ nutzen geschaffet wird. Daher ich/ was an einige
arme mit liebreichem hertzen gewendet wird/ solte es auch in geringeren summen bestehen/ für viel ein heiliger opffer halte/ als wo auch viel tausende an
unnothwendige kirchen-gebäude/ oder auch dero zierathen/ gewendet wür-
den/ damit gewißlich GOtt und dem nechsten wenig gedienet wird; weßwegen auch/ wo in solchem fall und absicht jemal etwas andern nothdürfftigen
entzogen/oder entzogen zu werden gelegenheit gegeben würde/ich dergleichen
GOtt so gar nicht gefällig/ daß es vielmehr sündlich achtete/ als die wir unsers GOttes güter allezeit billich auff die art anzuwenden haben/ wie sie den
meisten nutzen bringen. 4. Daraus folgete/ daß so viel weniger dem gewissen gemäß seye/ wo eine gemeinde zu dergleichen einem nicht nöthigem bau
die mittel selbs nicht hat/ daß solche von anderer gutthätigkeit gesucht werden sollen: als zu dero wir unsere zuflucht ohne verletzung der liebe nicht nehmen dörffen/ es seye denn eine wahrhafftige noth vorhanden; und wo es
denn geschiehet/ daß damit andere/ was sie steuren/ aus guter meinung wol
etwa gar an anderer gutthätigkeit in wahrhafftigen liebes-wercken deßwegen abbrechen/ daher nicht so wol anwenden/ als es geschehen solle/ fället
solche sünde auff diejenige/ die zu dergleichen unnöthigen bau ihre hülff gesucht. 5. Sehe ich ohne das unsere jetzige zeit als die zeit des göttlichen gerichts also an/ wie der HErr dem Römischen Babel ( davon wir betrübten
anfang bereits vor augen sehen) bald eine zimlich grosse macht zulassen wer-
de/ das verderbte Jerusalem zu zerstöhren/ das ist: seinen letzten grimm gegen unsere Evangelische kirch auszuschütten/ deroselben eusserliches besorglich zu unterdrucken/ und an den meisten orten eine völlige gewalt über uns
zu bekommen/ da wir uns leicht die rechnung machen können/ wie viel uns
alsdenn/ da ihrem zorn der zügel gelassen/ übrig bleiben wird/ und wir also
(wie gern wolte ich/ meine sorge betröge mich/ aber der ausgang wird es lehren) wenige öffentliche exercitia behalten dörfften. So haben wir ja vielmehr zu dieser zeit ursach/ uns mit der habenden geringsten bequemlichkeit zu
vergnügen/ und uns nur sonst in dem innerlichen also zurüsten/ daß wir in den
zeiten solcher versuchung (biß sie vorüber gehe/ und hingegen das Babel sein
letztes gericht ihn auch über den halß ziehe) bestehen/ und in ermanglung der
eusserlichen tempel/ wahrhafftig tempel des Heil. Geistes bleiben mögen/
nicht aber sorge/ mühe oder kosten anzuwenden/ zu einigen unnöthigen ge-
bäuden/die wir nicht uns/sondern andern bauen würden. 6. Achte ich auch den
zustand einer gemeinde/welche schwach/ũñ unter anderer religion-Herrschafft
ist/viel nützlicher/daß dis ort ihrer versamlungen gering und unansehnlich/als
daß

daß sie ansehnlich seyen.    Dieses letztere sticht die widrige in die augen/erwe-
cket verdruß / und vermehret nur ihren haß gegen uns : jenes aber macht al-
lein/daß sie uns verachten/und etwa spotten/so uns aber von ihnen viel weni-
ger/als ihr haß schädlich ist.    Wie ohne das ihrer religion / die vielen pomp
und splendor liebet/principiis die ansehnliche kirchen vielmehr/als den unsrigen gemäß sind / als die wir gelernet haben/daß der dienst des N. T. mehr in
dem innerlichen bestehe / und in dem eusserlichen nichts / ohne allein was die
sauberkeit/reinigkeit und gute ordnung angehet/erfordert/ den überfluß aber
mehr für seine hindernüß als förderung halte.    Dieses sind meine gedancken
von dem kirchen-bauen unserer zeit / daher die application auf deroselben hypothesin sich etwa unschwehr machen lässet. Ich sehe auch nicht/was wichtiges
gegen dieselbe möchte angeführet werden/indem dem ärgernüß derjenigen unberichteten / welche weil wir nicht eben solche kirchen solches orts als die Rö-
mische und Reformirte haben/ unsere religion von uns selbs für gering gehalten zu werden/sorgen wolten/durch gründlichen unterricht des Predigers
wohl geholffen werden kan; so dann das erhaltene jus einer kirchen/mit fortsetzung des offentlichen Gottesdiensts in der vorigen stelle/ und etwa andere
mittel / nicht weniger als durch die auffrichtung eines gebäudes conserviret
werden mag: endlich die hoffnung der vergrösserung der gemeinde (welche ich
erfüllet zu werden gern wünsche) auffs wenigste einen solchen bau biß auf die
zeit verschieben solte/biß man desselben nöthig hat.    Es wird aber schließlichen hieraus mein Hochg. Herr und andere zur gnüge erkennen / wie in dieser
sache / und da ich in meinem gewissen also von dem kirchen-bau halte / ich dero
verlangen in beförderung der collecte nicht habe einigerley weise deferiren
können / der ich sonsten ihrer lieben gemeinde liebe zu erzeigen bereit bin und
bleiben werde.    Der HErr lehre uns in allen stücken erkennen / was ihm
wahrhafftig gefällig ist / und uns nach solchem richten. 1685.

## ARTIC. II.

# Pflichten derer / die andern vorgesetzt oder unter-
## worffen sind / nach dem 4. gebot.

### SECTIO

1. HOher stand bleibt eben so wohl an die gemeine Christen-pflichten
verbunden.
2. Von der gefahr hohen standes/an eine Gottselige Fürstliche person.
3. Als eine Gräfliche Fräulein die welt verlassen / und in ein stifft gehen wol-
te/anweisung / wie sie auch ausser einem stifft ihr Christlich vorhaben
füglicher einrichten könne.  Erstes schreiben.

Z 3                    4.An-

## SECTIO I.

## Hoher stand bleibt eben so wohl an die gemeine Christen-pflichten verbunden.

S ist freylich nöthig/den getreuen himmlischen Vater demüthigst und stäts anzuruffen/daß wie er vielmehr durch seine eigene regierung und direction, als menschliche genugsame vorsichtigkeit/ die religions-gefahr von der lieben Fürsten-seele kräfftig abgewendet hat/er noch über sie ferner in gnaden walten wolle; nicht nur allein seine weise regierung zu erkennen/und ihm vielmehr dafür danck zu sagen/als sich einen gedancken der reue in das hertz komen zu lassen/(wie zwar all höhe/daß sie von sich über das jenige/was ihr der Allerhöchste beschehret/eine völlige vergnügung bezeige) sondern auch das hertz allerdings von

der

der liebe der welt und dero eitelkeit abzuziehen : darinnen man etwa deſto mehr eingeflochten wird / wo man allerhand mit fleiß hervorſuchet / womit man den gegenwärtigen ſtand ihr angenehm machen will / daß man der aus-geſchlagenen herrlichkeit vergeſſe. Ach wie zart iſt das gifft der liebe dieſer welt / der augen-luſt / fleiſches-luſt und hoffärtigen lebens bey den täglichen gelegenheiten in die hertzen ſich einzuziehen! und doch / wie gefährlich iſt es da-bey / wenn es den menſchen zur liebe des Vaters ungeſchickt machet / daher eben ſo wohl / als falſchheit der religion aus deſſen gnade ausſchleuſſet. Es iſt eine betrübte ſach / die mich ſehr niederſchlägt / ſo offt ich daran gedencke / daß die praxis unſers Chriſtenthums ſo gar frembd ſeye / ſonderlich bey den jeni-gen / welche der HErr in höhern ſtand in der welt geſetzet / daher einiges ſein bild angehenget / ſie aber deſto mehr zu ſeinem gehorſam dadurch verbunden hat; indem man ſich doch meiſtentheils gar andere gedancken davon machet / als mit ſeinem wort und den allgemeinen regeln / die kein anſehen der perſon leiden / übereinkommet / weßwegen man die verläugnung ſein ſelbs / demuth / genaue wahrnehmung aller zeit und ſtunden / wie ſie angewendet werden / auch alle koſten / wozu ſie gebraucht werden / und dergleichen / faſt für privatas vir-tutes allein hält / und das jenige auch von GOtt davon ausgeſchloſſen achten will / was die welt davon auszuſchlieſſen ſich unterſtehet. Welches aber ein ſolch ſtarck eingeriſſenes übel leider iſt / daß man faſt niemand / daß es ein übel ſeye / bereden kan / und ob man davon meldung thut / es nicht wohl anders / als für einen gefährlichen irrthum / ob wolte man die ſtände und dero unterſcheid auffheben / angeſehen werden will. Da man doch freylich den unterſcheid der ſtände / und daß jeglicher in demſelben nach deſſen abſonderlichen vorgeſchrie-benen regeln GOTT diene / gern ſtehen läſſet / aber ſie insgeſampt dem ge-horſam Chriſti und ſeiner regeln unterwirfft / auf daß alſo das Chriſtenthum die meiſterin / die haupt-regel und virtus architectonica ſeye / ſo allen ſtänden und jeglichem abſonderlich / in ſeinen pflichten maaß gebe. Wo ich gern be-kenne / daß manches hinfallen mag / weß man nach dem alamode-Chriſten-thum undiſputirlich für erlaubt hält; hingegen die Groſſe in der welt finden dörfften / daß ſie nicht weniger / ſondern noch vielmehr als alle andere zu dem gehorſam ihres HErren verpflichtet ſeyen / daher der welt ſo ſehr als andere abzuſterben nöthig haben. Wann aber die gegentheilige meynung ſo tieff eingeſeſſen / und ſo ſchwehrlich aus dem hertzen zu bringen iſt / ſo bleiben meiſte der beſten und wohlgeſinnten / ſo ihrer meynung nach der frömmigkeit ſich be-fleiſigen / und ihr leben für gantz chriſtlich geprieſen wird / ſehr weit zurück / daß es ohne betrübnüß nicht angeſehen werden kan / und ich nicht weiß / was ich ſolchen leuten von GOtt verſprechen darff. Mein geliebter bruder wird mir nicht übel deuten / wann ich mein offtmaliges hertzens-anligen in ſeinen

ſchooß

schooß ausschütte; wozu mich veranlasset/ wo ich bedencke/ wie etwa nach
einer so theuren wolthat/ die man sein lebtag nicht gnug verdancken kan/
nicht nur so grosse unkosten auff allerhand eitelkeit gewandt/ sondern wol
die meiste zeit mit allerhand divertissements, wie mans nennet/ (ich aber
nicht weiß/wie vor jenem Richter-stuhl vor solche eine gültige rechnung abgestattet werden möge) zu gebracht worden seyn; gerade ob wäre solches
der einige zweck/ wozu wir in die welt oder in solchen stand gesetzt worden
seyen.    Dergleichen ich ohne seufftzen niemal hören/ lesen oder gedencken
kan/ sonderlich wo es diejenige angehet/ welche ich vor andern liebe/ und
sie also allzeit in einen seligern zustand wünschte.    Ach der HErr HErr/
rühre durch die krafft seines Geistes die hertzen zur erkäntnuß ihres standes/
und brauche dazu die mittel/ welche er am kräfftigsten erkennet! 1682.

## SECTIO II.

## Von der gefahr hohen standes/ an eine gottselige Fürstliche person.

ICh weiß vor dieses erste mal nichts anders zu thun/ als daß allein meine inniglichere freude bezeuge über dasjenige gute/ so von dem höchsten
geber alles guten in dero theure seele geleget zu seyn/ mir durch christlicher freunde zeugnuß kund worden ist: wie nemlich E. Hoch-Fürstl. Durch-
lauchtigkeit nicht nur sonsten das göttliche wort und Gottesdienst hertzlich
lieben/ sondern da auch jenes krafft in dero hertz wahrhafftig gedrungen
seye/ sie damit bezeuge/ daß sie auff eine ihrem stand sonsten wenig gewöhnliche art sich befleisse/wahrhafftig der welt und ihro selbs abzusterben/ welches denn die art derjenigen ist/ in denen nach solcher bereitung der HErr
JEsus sich alsdenn mehr und mehr lebendig offenbahret.    Nachdem denn
in dieser jetzigen verderbten zeit/ die zahl rechtschaffner Christen so enge anfängt zusammen zu gehen/ daß die meiste/ welche auch solchen heiligen nahmen führen/ dasjenige/ was er mit sich bringt/ nicht nur mit der that und le-
ben/ sondern offtmals so gar auch mit worten/ ob wäre dergleichen weder nöthig noch möglich/ verleugnen; so ist hingegen denen/ so die ehre ihres GOttes lieben/ keine inniglichere freude/ als wo sie noch dergleichen seelen finden/
in denen dasjenige in zimlicher maaß angetroffen wird/was rechtswegen bey
allen seyn solte.    Daher wir immerdar unsern sonderbahrsten trost draus
schöpffen/ und GOttes/ der seine gemeinde noch in den zeiten dieser gerichte
nicht gantz verlassen habe/ güte darüber preisen/ so offt wir solcher personen
gewahr werden.    Am allermeisten aber hat man sich zu freuen/wo man auch
in dem stande der höhern in der welt die krafft GOttes an den seelen derer er-
ken-

kennet/ die ihr bey sich platz/ und sich von ihr aus dem unflath dieser welt heraus ziehen lassen.  Denn ob wol der stand derjenigen/welche der HErr aller
Herren auch in der welt hochgesetzet hat/ daß sie entweder selbs dessen bild in
der anvertrauten gewalt an sich tragen / oder doch ihrer geburth wegen des
glantzes derselben mit theilhafftig sind/ an sich selbs GOtt nicht mißfällig/
und daher dem Christenthum nicht entgegen ist; so ist doch billich zu bejam-
mern/ daß/wie der Fürst dieser welt in allen ständen so mächtig herrschet/ er
auch solche gewalt in dem stand der Hohen ihm zuwege gebracht hat/ und die
meiste derselben entweder auff grobe und greisliche / oder doch subtilere und
unvermerckte,art/ an den stricken führet.  Ich will also nicht so wol von jenen ersten sagen/ als davor alle seelen/ die noch einige begierde ihres heils ha-
ben/ einen eckel fassen/ und sich noch zimlich davor hüten/ sondern nur der andern gedencken.  So ist nun sonderlich zu bejammern/ dahin gekommen zu
seyn/ daß die meiste derjenigen/welche durch ihre geburt in der welt eine höhere stelle besitzen/ unter beyderley geschlecht / sich dermassen von kindheit an
von der welt einnehmen lassen/ daß in dero gantzen leben/ wo wir die sache in
dem liecht des Heil. Geistes ansehen/ wenig anders als eine bedecktere welt-
liebe in augen=lust/ fleisches=lust und hoffärtigem leben sich darstellet; also
gar/ daß man dasjenige nicht für sünde hält/ was doch einmal den allgemeinen regeln Christi zuwider ist: vielmehr was rechte eigentliche zeit-verderb/
müßiggang und faulheit/ hoffart/ pracht/ zärtligkeit/ hegung des fleisches/
wohlgefallen der,welt und eitelkeit ist/und so genennet werden solle/ auch von
unserm Heyland davor gehalten wird/ sölle dennoch keine sünde seyn/sondern
eine wohlanständigkeit des hohen standes/ von deme sich jenes nicht trennen
lasse.  Damit werden die armen seelen von kindheit an angefüllet/ und wachsen in solchem eiteln wesen insgemein so auff/ daß sie auch dasjenige für tugend und ruhmwürdig achten/ sich der welt gleich stellen zu können / was der
HErr/ der sie von der welt erlöset / als seiner feindin lieberey an ihnen auffs
eusserste hasset/ und solche seelen für seine bräute nicht erkennen kan. Daher
bleiben sie in der finsternüß/ vergnügen sich mit buchstäblichem wissen und
dem werck des eusserlichen Gottesdiensts/ sodann sittlichem tugend=wandel/
nach demjenigen/ was auch in der welt für tugendhafft gehalten wird; aber
des wahren himmlischen liechts und göttlicher kraft kommet nichts in die her-
tzen/ und ist also der zustand derjenigen/ die in dem eusserlichen die glückselig-
ste scheinen/ in des glaubens augen wahrhafftig der unglückseligste / weil die
gemeine einbildung von dem vorzug ihres standes/ und wie derselbe eben
nicht so gar an Christi gebot gehalten seye/ sondern mehr freyheit habe/ ihre
augen verblendet/ daß sie zu dem wahren liecht schwehrlich kommen/auch um
die zeit/ da sie in vollem liecht zu stehen meinen.  Daß dieses die gemeine be-
Aa                            wand-

wandnůß der Hohen seye/meine ich so offenbahr zu seyn/daß E. Hoch-Fürstl.
Durchlaucht. selbs dessen nicht in abrede seyn werden. Sie wird aber auch
die Ihro erzeigte göttliche gnade so viel höher achten/ welche deroselben die
augen geöffnet/ daß sie alles auff andre art anzusehen gelernet/ auch ihr hertz
dahin gelencket/ ihre hoheit nicht in etwas eusserliches/ sondern in dem innerlichen und in ihrem GOtt zu suchen. Wie ich nun nicht zweiffle/ daß sie für
diese theurste wolthat ihrem seelen-bräutigam/ welcher sie aus inniglicher
liebe auch von der welt erwehlet hat/ täglich hertzlich danck sage/ so unterlasse
auch nicht an meinem wenigen ort/ meine dancksagung mit dazu zu setzen/ und
die ewige gůte an ihr mit freudiger seele zu preisen/ so offt als von neuen
zeugnüssen göttlicher gůte über sie hören werde. Ich stehe auch in der tröstlichen zuversicht/ daß dero belobtes exempel als ein liecht/ auch andern ihres
standes in göttlicher krafft leuchten/ und noch mehrere zu gleicher nachfolge
und verleugnung der weltlichen lüsten auffmuntern solle/ wie dann die gůte
des HErrn so groß ist/ daß sie nicht nur/ so offt sie jemanden geistliche gaben
der heiligung verleihet/ solche auch bey andern nützlich angewendet zu werden
die absicht hat/ sondern auch den von ihnen dazu brauchenden fleiß kräfftiglich segnet. Ich habe auch so viel mehr hoffnung/ nachdem auch von der NN.
durch eigen dero gnädigstes schreiben versichert worden bin/ daß sie auch die
eitelkeit der welt nicht liebe/ und die bey ihr leben in einer christlichen ordnung zu halten beflissen seye/ daß dann E. Hoch-Fürstl. Durchlaucht. nicht
nur solcher ort ihres jetzigen auffenthalts zu dero gottseliger stillikeit sehr
bequem seye/ sondern auch hinwiederum ihr christlicher vorgang andern eine
so viel mehrere auffmunterung geben würde/ immer mehr und mehr sich und
allen ihren wandel von allem deme zu reinigen/ was noch einige gleichförmigkeit der welt wäre/ und aus der so gemeinen einbildung der allgemeinen gewohnheit bey allen Stands-personen jemand noch ankleben möchte. Wie
ich in der that an mehrern guten seelen anderwerts wahrgenommen habe/
daß alles/ was man aus göttlichem wort jemal insgemein und besonders an-
gehöret/ aber sich stäts damit/ weil man niemand also leben sehe/ ob würde
es eben nicht so scharff müssen gehalten werden/ selbs auffgehalten/ nicht so
vieles zur gründlichen besserung in langer zeit auszurichten vermocht hat/ als
das gesegnete ansehen eines rechten lebendigen exempels gutes geschaffet/
daraus so zu reden/ alles vorige erst in den hertzen recht lebendig gemacht
worden. Nun alles dasjenige/ was nechst schuldigem danck gegen GOtt ü-
ber deroselben von oben empfangener gnade von dessen väterlicher gůte demüthigst bitte/ bestehet darinnen/ daß derjenige/ welcher sie erstlich durch die
fleischliche geburth aus einem alten Regenten-baume entspriessen lassen/ a-
ber sie ferner durch eine noch höhere gnade in der wiedergeburth dem baum
des

des lebens JEsu Christo einverleibet und eingepfropffet hat / zwahr auch nach dem eusserlichen / was zu dem menschlichen zustand und vergnügung dieses lebens gehöret / am leben / gesundheit und übrigen / mildiglich Jhro stäts ertheilen / aber vornemlich seinen geistlichen segen in Christo JEsu in reichlichster maaß über dero innern menschen ausgiessen wolle ! Er lasse sein liecht aus der krafft seines worts in der wirckung seines Geistes immer heller bey ihr auffgehen: er mache sie stäts der göttlichen natur mehr theilhafftig / daß er allerley seiner göttlichen krafft/ was zum leben und göttlichem wandel dienet/ durch die erkäntnüß des/ der sie beruffen hat durch seine herrligkeit und tugend/ deroselben schencke/ damit alles an ihr reichlich seye/ was sie nicht faul und unfruchtbar seyn lasse/ in der erkäntnüß unsers HErrn JEsu Christi; vielmehr sie fleiß thue/ ihren beruff und erwehlung fest zu machen/ damit ihr dargereichet werde reichlich/ der eingang zu dem ewigen reich unsers HErrn und Heylandes JEsu Christi ! Er segne aber auch dero gottseligen wandel zu einem geheiligten exempel jedes orts da sie ist / wie bey andern / also auch sonderlich bey denen ihres standes / mit ihrem pfund dem HErrn noch mehrere zu gewinnen und zuzuführen. Er erfülle sie / dero er einen solchen lieben nahmen in der heil. tauffe geben lassen / mit Englischen tugenden göttliches lobes/ gehorsam/ liebe/ reinigkeit/ demuth und heiligkeit/ biß er sie zu der schaar solcher himmlischen Geister/ dero seligen schutz auch vor dißmal wünsche/ in dem ort der herrligkeit in ewiger wonne geselle. Womit der ewigen liebe des himmlischen Vaters/ dem friede unsers Heylandes/ und der kräfftigen wirckung des Heil. Geistes/ sonderlich zu fruchtbahrer begehung der bevorstehenden feste empfehle. 1687.

## SECTIO III.

# Als eine gräfliche Fräulein die welt verlassen/ und in ein stifft gehen wolte / anweisung / wie sie auch ausser einem stifft ihr christlich vorhaben füglicher einrichten könne.

## Erstes Schreiben.

ES hat mich sonderbahr erfreuet / daß mein unterthäniges schreiben von E. Hochgräfl. Gn. und dero geliebten Fräulein schwestern so gnädig aufgenommen worden/ und ich aus solcher gnädigen antwort auffs neue in dem vorhin gehabten guten vertrauen von E. Hochgräfl. Gn. hertzlicher begierde/ einig und allein ihrem GOtt mit eiffriger gottseligkeit zu dienen/ weiter bekräfftiget worden bin. So schliessen E. Hochgräfl. Gn. frey-

Aa 2 lich

lich recht und wol/ daß höherer stand so gar die/ die darinn stehen/ von Gottes
gesetze/ und dem zu der übung der wahren gottesfurcht nöthigen ernst nicht
dispensire/ daß vielmehr so wol wegen mehr von dem Allerhöchsten empfangener wolthaten/ auch habender gelegenheit/ als weil dero exempel auff beyden seiten so viel gutes und böses zu thun vermag/ sie vor andern zu einem so
viel ernstlicherm und bey andern leuchtenden eiffer verbunden seyen. Wo
nun solcher gute grund dieser erkäntnuß einmal recht geleget/ so zweiffele
nicht/ daß göttliche gnade/ das gute werck noch ferner zu dero preiß befördern
und fortsetzen werde. Wie dann die erkäntnuß unserer pflicht dazu wir gehalten seyen/ so dann der eiffrige vorsatz/ demselben nach dem maaß der empfangenen gnade nachzuleben/ in unserm Christenthum wol die helffte desselben übung machen: und wo es in solchen richtig stehet/ mit fleißigem gebet
solche göttliche gnade erlangt wird/ welche alsdann alles übrige nöthige vollends wircket/ und das gottselige vornehmen durch ihre kräffte zur wircklich-
keit bringet. Daß nun E. Hochgräffl. Gn. den christlichen schluß und resolution gefaßt/ ihr leben allerdings GOtt dem HErren zu widmen/ und sich
von aller welt anhängigkeit loßzureissen/ ist diejenige schuldigkeit/ dazu alle
Christen sämtlich beruffen/ als die der HErr so theuer mit seinem blut von
der welt erkauffet hat/ damit sie sich ihm gantz zum eigenthum geben/ und
hinfürter in allem sich von der welt unbefleckt halten. So ist freylich der
welt falschheit und boßheit dermassen kändtlich/ daß so man sie nur mit etwas
erleuchteten augen ansihet/ man nicht anders kan/ als sie hassen/ und einen eckel
vor derselben fassen. Also auch öffentlich profession davon zu thun/ ist so
fern eine sache/ dazu wiederum alle insgesamt verbunden sind/ als fern nemlich damit gemeinet ist/ solchen seinen vorsatz in der that mit seinem gantzen le-
ben/ ob wol ohne ostentation an sich sehen zu lassen; und also nicht nur ingeheim und wo uns die welt/ vor der urtheil und verachtung man sich etwa
fürchten möchte/ nicht sihet/ GOtt zu dienen/ sondern das einmal resolvirte/
und allein nach Christi/ nicht nach der welt regeln/ eingerichtete leben immer
fort und an allen orten zu führen/ und uns seiner in der welt nicht zu schä-
men/ noch aus furcht sonsten ausgelacht und verachtet zu werden/ wo man
unter welt-leuten ist/ mit denselben zum schein mitzumachen/ damit sie uns/
ob hielten wir es mit ihnen/ ansehen möchten. Welches etwa zuweilen bey
den anfänglichen auff diesem weg aus schwachheit erstlich geschihet/ aber in
die harre nicht währen/ sondern der gute anfang dahin wachsen muß/ daß man
öffentlich aller orten in beobachtung seiner Christen-regeln bleibe/ und darüber die schmach Christi zu tragen sich nicht zu schwehr werden lasse. Weil
aber E. Hochgräffl. Gn. scheinet die absicht auff eine andere öffentliche profession, welche in eusserlicher begebung auff ein stifft bestünde/ mit solchen

*wor-*

worten zu sehen; so bekenne ich/ daß bey solcher sache nicht wenig zu bedencken
vorkomme. Zum fördersten halte ich die stiffter und clöster/ wie dero erste
absicht und einsetzung gewesen/ für ein herrlich und sehr nützlich werck/ daß
personen/ die es ihrer gelegenheit nicht gefunden/ besondere haußhaltung zu
führen/ und doch dabey um der mehrern reitzungen und gelegenheit des bösen
sich zu enthalten/ in dergleichen clöster sich verfüget/ da sie keine andere/ als
gleichgesinnte gottselige seelen um sich hätten/ mit denen sie sich täglich erbauen und GOTT dienen möchten/ und auffs wenigste den vortheil hätten/ nicht in stäter gefahr von allerhand gesellschafft/ und also auch
unter allerhand reitzungen/ zu leben: So dann/ daß solche clöster zur aufferziehung der jugend angewendet würden/ daß die zarte gemüther um die zeit/ wo
die exempel am meisten außrichten/ nicht mitten unter dem welt-hauffen er-
wachseten/ sondern leute um sich hätten/ die stäts mit eigenem heiligen leben
und vernünfftiger regierung des ihrigen/ den wachsthum in dem guten beför-
dern/ hingegen nicht alle augenblick/ wie fast in dem gemeinen leben geschie-
het/ allerhand böse exempel das einmahlige gute verderben könten. Gleich
wie aber nachmal solche gute erste absicht sehr schändlich in dem Pabstthum
mit einbildung sonderbahrer heiligkeit und Gottesdiensts/ unziemlicher ge-
lübden/ zwang/ auch unzehligem aberglauben verkehret worden/ daß bey der
Reformation das damalige closter-leben billich mit ernst abgeschafft/ und den
leuten/ was sie von solchem menschen-tand halten solten/ gezeiget werden muste: Also wäre gleichwol sehr nützlich gewest/ wo die clöster nicht eben gantz
abgethan/ und mit mancher ungerechtigkeit secularisirt/ sondern mit abschaffung des mißbrauchs/ der rechte und erste gebrauch beybehalten/ oder sorgfältig wieder eingeführet worden wäre; welches viel gottselige hertzen wün-
scheten/ und in solcher art zu leben/ ihnen eine stattliche beförderung der übung
des Christenthums hoffeten. Was aber die noch bey uns übrige/ sonderlich
weibliche clöster und stiffter anlangt/ so sind mir zwahr dieselbe besonders
nicht bekant/ was ich aber gleichwol von auch guten und deroselben kundigen
gemüthern gehöret/ hat mich fast mehr betrübet als erfreuet/ und verursachet/
daß ich sehr in bedencken ziehe/ jemand/ der einen ernstlichen vorsatz gefast/ seinem GOTT rechtschaffen zu dienen/ in solche zu rathen. Indem weil/ wie
E. Hoch-Gräfl. Gn. selbs bekennen/ solche mehr zu hof-haltungen/ als Gottesdienst verkehret worden/ und die meiste zeit mit denen weltlichsten conversa-
tionen und eitelkeiten nebens dem eusserlichen schein gewisser und bestimmter
übungen zugebracht wird/ zu sorgen stunde/ daß ein gutes gemüth/ so darein
kommen solte/ entweder leicht selbs zur liebe solcher eitelkeiten allgemach mehr
gebracht/ und also/ wo es gedacht aus der welt zu gehen/ erst recht tieffer hinein geführet werden möchte; oder wo ihm GOTT die krafft und gnade ver-

leihet/

leihet / solche verſuchungen zu überwinden / würde es doch ein gantz unruhig
leben ſeyn/dergleichen weltliches weſen und ärgernüſſen täglich vor augen zu
ſehen/ und ſie doch nicht ändern zu können: am allerwenigſten aber würde der
vor augen gehabte zweck/ in ſtiller einſamkeit GOTT zu dienen/ erreichet
werden können. Wozu nachmal dieſes kommt / daß wo einmal ſolche reſolution gefaſt/und profeſſion gethan worden/man folglich ſcheu träget/wie-
derum aus dergleichen orten zu treten / und daher aus ſorge anderer ungleich-
er urtheil in ſolcher ſtäter gefahr oder betrübnüß ſein leben zubringen müſ-
ſte / deßwegen nachmahl immer bereuen würde / ſich in ſolche dienſtbahrkeit
(wie dann in dergleichen leben eine rechte dienſtbahrkeit einer frommen GOtt
auffrichtig ſuchenden ſeelen ſeyn würde) begeben / und ſelbs menſchen-ſtri-
cke ſich angethan zu haben. Womit ich zwahr nicht mißrathen wolte / wo eine gottſelige perſon bereits nicht nur in dem guten vorſatz kräfftig geſtärcket/
ſondern auch dermaſſen geübet wäre/daß ſie andere auf ſolchem weg zu regieren tüchtig / und ſelbe ſolte beruf in eine dergleichen verſammlung oder ſtifft
haben/dieſelbe zu regieren/daß ſich eine ſolche dazu willig gebrauchen/und die
daraus beſorgende ſchwehrigkeiten/welche ihr bey unternehmender Reformation vieler eingewurtzelter mißbräuche bevorſtünden/nicht ſcheuen/ſondern
ihr vermögen/ ſo ihr GOTT gegeben / dahin anwenden möchte / ja ſolte.
Wann aber ſolches mittel eines ſtiffts oder cloſters um angezogener gegenwärtiger zeit beſchaffenheit willen nicht eben insgeſampt zu rathen / ſo man-
glets doch durch göttliche gnade an dergleichen gelegenheiten nicht/daß nicht
nur jegliche Chriſtliche perſon im jungfräulichen ſtande vor ſich allein der regel Pauli 1. Cor.7/34. nachgeleben mag / und wo ſie keine ſolche ſchweſtern in
dem HErrn / die ſich mit ihr auf einerley weiſe üben / findet / in der ſtille und
einſamkeit ihrem ſeelen-bräutigam andächtiglich dienen kan / ſondern daß
auch anſtalten zu machen müglich ſind/ vornemlich den perſonen/ die GOTT
in höheren ſtand geſetzet / daß einige gottſelige gemüther beyſammen woh-
nen/GOTT in mehrer abgeſchiedenheit von der welt/ als von andern geſchehen mag/dienen/und ohne ſolchen nahmen die that und den vortheil eines cloſters haben können. Wie dann / wo E. Hoch-Gräfl. Gn. belieben tragen
ſolten/dergleichen bequemlichkeit ihres orts zu machen/es eine ſehr leichte ſache ſeyn wird/und werden derſelben von ihrem Herrn Superintendenten nach
der ihm von GOTT verliehenen weißheit in geiſtlichen dingen/die erbauung
des Chriſtenthums betreffende/ gnugſame anleitung finden; ſo will auch ich
meines geringen orts nach dem pfündlein/ſo der himmliſche Vater mir anver-
trauet/wo ſolches erfordert werden ſolte/ willig meinen einfältigen rath mittheilen. Wiewol dergleichen faſt füglicher mündlich/ als ſchrifftlich geſchehen mag : jedoch iſt in entſtehung jener art auch dieſer weg nicht unmüglich.

So

So bin auch versichert/ daß dergleichen vorschläge geschehen möchten / welche
E. Hoch-Gräfl. Gn. Hochgeehrten Herrn Vaters Hoch-Gräfl. Gn. nicht
entgegen seyn solten / sondern nach dessen hohen verstand von ihm nützlich zu
seyn erkant / und verhoffentlich gebilliget werden möchten.    Den grundgüti-
gen GOTT und mildesten geber alles guten ruffe ich hertzlich an/ daß er so
wol insgemein das in deroselben und geliebtesten Fräulein schwestern ge-
würckte gute ferner bekräfftigen / und mit täglichem wachsthum zunehmen
lassen/ als absonderlich dero vorhaben stärcken/auch so ihr selbs als anderer/so
hiezuzu rathen haben/ hertzen/ dahin durch seines Geistes finger leiten und regieren wolle/damit sie mögen das jenige finden/ auf welchem wege seine göttliche güte sie zu ihrem besten und seinen ehren am gemässesten führen/ und welche vorschläge er zu seyn beschlossen habe; auf daß/ wo solche erkant/ alsdann
auch seiner leitung darinnen vornehmlich gefolget werden möge.   Wie dann
unsere gantze übung des Christenthums bestehet / in vorsichtiger achtgebung
auf göttlichen willen/ der jederzeit über uns seyn mag / und in gelassener folge
nach demselben.    Der HErr wolle alle/ die ihn hertzlich suchen / vollbereiten/
kräfftigen/stärcken/gründen zu seiner verherrlichung! 1676.

## SECTIO IV.
## Das andre Schreiben.

WAs E. Hoch-Gräfl. Gn. wofern dieselbige allhier eine zeitlang sich
auffhalten solte/zu dero eigener erbauung und seelen-vergnügung zu
thun gedencken/halte davor/daß E. Hoch-Gräfl. Gn. nicht weniger
auch an dero geliebten Herrn Vaters hof/wie in vorigem etwas meldung gethan zu haben mich entsinne/anzurichten und vorzunehmen vermögen / und
solte vielleicht die mehrere stille und einsamkeit des orts gegen hiesiger stadt
unruhigem thun/ eine mehrere beförderung eines GOTT allein suchenden
und dem einig nothwendigen nachtrachtenden lebens an die hand geben. Wozu es auch an verlangenden anleitungen und hülffes-mitteln durch GOttes
gnade nicht manglen wird.   Es ist zwahr an deme / daß die Christliche conversation mit ihrer mehrern/die mit hertzlichem ernst ihren GOTT meynen/
eine nicht geringe beförderung der unter einander suchenden erbauung ist:
aber wo auch nur 2. oder 3. in dem nahmen des HErrn / und also mit hertzlichem vorsatz GOTT je länger je eifriger nach seinem willen zu dienen/ ver-
sammlet sind/ da ist Christus schon mitten unter ihnen/ lässet ihm nicht nur
deroselben dienst wolgefallen/sondern schencket ihnen auch seinen Geist in der
jenigen maaß/als er ihnen nothwendig erachtet/durch seine würckung immer
zu wachsen/ in fleißiger forschung der schrifft/ in höchster einfalt seinen willen
aus der erleuchtung des himmlischen Lehrers zu erkennen / in gottseligen
übun-

übungen zuzunehmen/und die anmuth eines das wahre gut/hindangesetzt der
weltlichen lüste / allein suchenden lebens vergnüglichen zu kosten / dardurch
aber immer weiter zum ernst und eiffer / auf dem angefangenen wege fort zu
wandlen/entzündet zu werden. Ja es wird die erfahrung geben/ daß offters
eine kleine anzahl dahin hertzlich geneigter gemüther / da sie unter sich das
werck ihnen lassen ernstlich angelegen seyn/ in solchem wachsthum ehender zunehmen werden / als da derselben mehrere sind / dabey es etwa nicht ohne zer-
streuung abgehet. Sonderlich wird der anfang glücklicher unter wenigen
gleich gesinnten gemacht / biß solche durch göttliche gnade dermassen bekräff-
tiget/ daß folgends auch mehrere allgemach dazu gezogen werden. Weswegen E. Hoch. Gräfl. Gn. bereits an dero geliebten Fräulein schwester/und wo
sie noch einige gute seelen ihres orts wissen/so einen zweck haben/gnugsame gesellschafft haben wird/ zu täglicher erbauung unter ihnen selbs und zu nützlichen dahin ziehlenden übungen ; worinnen der Herr Superintendens vortreffliche anleitung und in allem vorfallenden getreuen rath zu geben so
weißlich vermag / als immer willig seyn wird. Es will aber der meiste anfang in allem solchen mit fleißiger lesung heiliger schrifft gemacht seyn als aus
welcher wir allein den willen unsers Heylandes erkennen / und durch dero
krafft ihm zu folgen bewogen werden. In derselben aber mag etwa am
rathsamsten das Neue Testament erst unterschiedliche mal auszgelesen werden / ehe wir zu dem Alten kommen/ damit wir dieses duncklere nicht eher als
mit aus jenem bereits erleuchtete augen einsehen mögen:So möchte vielleicht
selbs in dem Neuen Testament die erste milch-speise in etlichen schrifften und
episteln der Apostel / sonderlich in den so liebreichen episteln Johannis gema-
chet/und darnach imer weiter auf andere nach führung eines gottseligen hand-
leiters fortgegangen werden. In der lesung aber/gleichwie ein eiffriges gebet und betrachtung/ daß jetzo der grösseste HERR himmels und der erden/
vor deme auch die H. Engel mit ehrerbietung stehen/ mit uns in seinem wort
reden wolle/woraus auch eine ehrerbietung und achtsamkeit erwecket werden
wird/nothwendig vorgehen soll/so muß nachmal auf alles genau acht gegeben
werden/ daß wir glauben / kein wörtlein stehe vergebens : und ist nicht rath-
sam/daß man auf einmal vieles nach einander lese/sondern weniges/aber mit
fleißigem nachsinnen. Hat man auch etwa nur einen versicul gelesen/so bald
nachzudencken / was solcher in sich fasse; wohin dieses / wohin jenes wort/ gemeinet seye / so viel nehmlich unsere einfalt davon fasset. Wo dann nicht
ohne nutzen ist/ daß wo ihrer etliche personen bey solchem lesen sind / jegliche
derselben sage/ was ihr von solchem versicul deuchte / ob sie ihn verstehe oder
nicht. Fasset man dann nun den verstand wol und gut:man muß aber dabey
gedencken / es stecke in solchem doch noch vielmehr / als wir darinnen erkant
haben/

haben/und wo wir dasjenige / was uns GOTT darinnen bereits hat erkennen lassen/fleißig gebrauchen werden/ so werde er/ wo wir ein andermal wiederum darüber kommen werden / noch ein mehreres darinnen zeigen. Ist
aber / wie es offt geschicht / sonderlich anfangs / daß wir einem spruch keinen
geschmack abgewinnen/ das ist/ keinen rechten erbaulichen verstand darinnen
finden/ so sollen wir zum fördersten dabey uns unserer angebohrnen blindheit
des natürlichen verstandes demüthig erinnern/ und erkennen/ daß auch das-
jenige/ was wir gleichwol aus andern orten gefasset eine gnaden-erleuchtung
GOttes gewesen; so dann entweder bey gelegenheit einen treuen gottseligen Prediger darüber fragen / oder es biß wir ein andermal es wieder lesen/
und etwa mehr verstehen möchten/ verspahren. Immerdar aber trachten/
alles was wir gelesen haben / auch in der that ins werck zu richten. Dann
dieses ist das sicherste und gewisseste mittel immer zu weiterer erleuchtung zu
kommen/ wo wir das uns erstlich gleichsam zur prob von GOTT geschenckte
geringere liecht danckbarlich angenommen / und uns zu gebrauchen beflissen
haben. Hier heissets/ wer da hat/ (das ist/ der das/ so ihm gegeben worden/
wircklich und in dem gebrauch hat/ dem wird noch mehrers gegeben/ Matth.
13/25. Wer aber nicht hat/ wer dasjenige/ so ihm einmal gegeben gewesen/
nicht gebraucht/ und also in dem gebrauch nicht hat/ deme wird auch dasselbe genommen/ was er hat/ und nur müßig besitzet. Gewißlich es würde
offt nicht so grosse unwissenheit göttlicher dinge auch bey denjenigen/ die etwa die schrifft dem buchstaben nach offt vor sich haben / sich befinden / wo der
mangel nicht dran steckete/ daß nemlich vieler intention nur dahin gehet/ daß
sie etwas wissen / und aus solchem nachmal bey andern sich hören lassen möch-
ten/ damit also die wissenschafft ihnen allein eine übung ihres fürwitzes/ hochmuths und ruhm-sucht / und also des alten Adams bequemes futter werden
solle : darüber GOtt auch solchen leuten zu ihrem lesen seinen Geist und
gnade nicht giebet/ und wo sie noch endlich etwas lernen/ so ists nichts anders/
als eine blosse buchstäbische wissenschafft ohne Geist und krafft. Wo aber
die heilige begierde ist/ das lernende zu göttlicher ehre anzuwenden/ und solche
so bald in das werck gesetzet wird/ so kans nicht fehlen; GOtt segnet solches
verlangen / und erfüllet den hunger einer solchen nach seiner himmlischen
weißheit begierigen seele / daß sie in ihrer höchsten einfalt / gleichwol die hohe
weißheit ihres GOttes fasset/ und nachdem sie das erste pfündlein wol angeleget / mit weitern begnadet wird. Daher eine offtere untersuchung unser
selbs nützlich / wie wir das bereits gelesene zu GOttes ehren angewendet haben oder nicht. Es wird aber zu allem solchen dero getreuen Herrn Superin-
tendentis rath viel bessere anleitung in gegenwart geben/ als meine einfältige

　　　　　　　　　　　　Bb　　　　　　　　　　feder

feder solches vorschreiben mag. Der grosse GOtt/ von deme alles gute allein
kommet/ der GOTT des friedens/ heilige sie durch und durch/ und ihr Geist
gantz/ sampt der seele und leib müsse behalten werden unsträfflich auf die zukunfft unsers HErrn JEsu Christi! Getreu ist er / der ruffet/ der wirds
auch thun. 1. Thess. 5/ 23. 24.  1676.

## SECTIO V.

# Von der vornehmen Standes-jugend zukommen-
## den arbeit.

MAnn gefraget wird: ob es dem Christenthum nicht entgegen/ vornehme Stands-jugend allerley kunst-arbeit/ als sticken/ wir-
cken/ teppich-und stühl-machen und dergleichen lernen zu lassen ; oder ob die selbs-verleugnung erfordere/ sich blosser dings alles
desjenigen zu entschlagen / was nicht allen zur eussersten nothdurfft
gehört? So erklähre mich hierauf also: 1. Daß an sich selbs nicht verboten
seye/ mit den göttlichen creaturen/ als gold / silber/ seide/ wollen/ leinen und
dergleichen also umzugehen/ daß sie nicht allein zur blossen nothdurfft gebraucht werden/ sondern auch zu einiger zierde dienen/ (wie auch göttlicher geschöpffe selbs einige allein vornehmlich mit ihrer schöne GOTT preisen/ und
den menschen ergötzen) und des menschen verstand sich in der kunst daran übe.
Wie dann GOTT nicht zuwider ist / daß alle kräfften der seelen (darzu aber
auch die geschicklichkeit künstlicher arbeit gehöret/) bey gelegenheit mit angewendet werden / nur daß es in rechter ordnung geschehe / nehmlich nicht zu
sündlichem zweck/ noch mit versäumnüß des nothwendigen; (wie denn vielleicht niemand die gesamte mahler-kunst/ bild-hauen und was dergleichen ist/
an sich selbs verdammen wird/ ob man wol derselben allen zur euffersten nothdurfft eben nicht bedarff: auffs wenigste ich nicht sehe / mit was grund einer
solches thun/ das ist/ alle dergleichen künste verdammen könte / da vielmehr
auch ein lob GOttes in deroselben rechten gebrauch seyn kan) so sehe auch
nicht/ wie dann weibliche arbeit im sticken/ wircken und dergleichen für verboten zu achten seye/ wo man sie mit solchem hertzen verrichtet/ was göttliche geschöpffe in der natur zum preiß des mancherley reichthums seiner schöne dar-
stellen/ mit nachsinnen und fleißiger hand nachzumachen/ und also auch solche
werck zu verfertigen / an dero kunst und schönheit GOTT gepriesen werde.
2. Vielmehr sehen wir / daß der verstand und weißheit künstliche arbeit zu
verfertigen/ als eine gabe des Geistes GOttes 2. Mos. 31/ 3. u. f. angege-
ben/ und Cap. 35/ 25. weiber gerühmet werden/ die verständig waren zu würcken mit ihren händen : sonderlich stehet an solchem ort v. 35. von Bezaleel
                                                                      und

und Ahaliab : GOTT hat ihr hertz mit weißheit erfüllet / zu machen allerley werck / zu schneiden / wircken und zu sticken / mit geler seiden / scharlacken / rosinroth und weisser seiden / und mit weben / daß sie machen allerley werck / und künstliche arbeit erfinden. Zwahr gestehe ich gern / daß solche kunst damal angewendet werden solte / zur zierde und ausrüstung der hütte des stiffts : aber es folget gleichwol / daß dergleichen künstliche dinge zu machen / neu zu erfinden / und sich darinnen zu üben / ja auch dinge zu verfertigen / die / da man meinen solte / ein schlechtes solte eben so viel nutzen / zu mehrerer zierlichkeit mehrere arbeit erforderen / GOTT an sich selbs nicht zuwider seye / als der sonst / wenn dergleichen für blosse eitelkeit zu achten / seine wohnung also nicht würde anrichten haben lassen. 3. Also wird ein tugendhafft weib von dem H. Geist gelobet Sprüch. 31 / 21. 22. Ihr gantzes hauß hat zweyfache kleider / (da zwahr über dem verstand des grund-textes disputiret wird) sie macht ihr selbs decke / weisse seiden und purpur ist ihr kleid. Wann dann dergleichen kunst-wercke an sich nicht unrecht und sündlich sind / so wenig als blumen und andere gewächse GOttes / die derselbe schaffet / und dem menschen vorstellet; so kan 4. auch nicht sündlich seyn / mit dergleichen umzugehen / also auch dergleichen Standes-personen / an welche andere geringere arbeiten nicht kommen / als worzu andere bestimmet sind / die ihnen darmit an die hand gehen / und dadurch ihr leben gewinnen; daher vornehmere ihnen auch andere arbeiten zu suchen haben. 5. Treibet man etwa auf das / daß bey GOTT kein ansehen der person seye / und er einerley von allen erfordere / so ist solche gleichheit nicht zu leugnen / gleich wie in gemeinschafft einerley heils-güter / darinnen vornehme vor geringen keinen vorzug haben; also auch was die gemeine pflichten der liebe gegen GOTT und den nechsten / sanfftmuth / demuth / gedult und dergleichen anlangt / wo abermal das hertz eines Christen in dem höchsten stand nicht anders gesinnet seyn darff / als das hertz des ärmsten bettlers. Wie aber der unterscheid der stände / die eusserliche dinge dieser welt anlangend / von GOTT selbs eingesetzet ist / so kommen nach solchen ständen auch nicht einerley geschäffte und wercke jedem zu / sondern diese richten sich nach der bewandnüß der stände / und dero auch in der menschen augen eusserlich fallenden unterscheid : und wie denn niemand so ungereimt seyn wird / vornehmen personen zuzumuthen / die zeit / die sie auch auf ihre regierungs-geschäfften nicht wenden / an baure- oder grobe schmied-arbeit anzuwenden; sondern man es genug hält / daß sie nicht müßig zu seyn / dergleichen dinge vornehmen / die nicht böse / aber auch nach gemeinem urtheil / das man nicht gantz hindansetzen darff / ihrem zustande gemäßer sind; also kan auch in dem weiblichen geschlecht von solchen Standes-personen nicht gefordert

werden/

werden/ nichts anders zu thun/ als was jede bauren-magd in der kuchen/ im stall oder am rocken vorhat; sondern ist ihnen eine von andern unterschiedene arbeit nicht zu verargen. 6. Jndessen muß alle solche arbeit als vor GOtt geschehen/ daß man aus GOttes befehl den müßiggang fliehe/ und so seinen verstand als glieder zur arbeit brauche/ daß man weder an den wercken/ die man nach der ersten tafel gegen GOtt schuldig ist/ noch die zu der liebe des nechsten gehören/ um jener übrigen gleichsam lust-arbeit willen etwas zurücke setze/ und sein hertz / daß die zierliche dinge / die wir arbeiten/ dasselbige so wenig / als GOttes schöne creaturen/ zur liebe der eitelkeit und gefallen an sich selbs verführen/ verwahre.　Wo man auf solche art mit dergleichen arbeit umgehet/ streiten sie nicht wider die verleugnung seiner selbs / die Christen oblieget/ sondern sind dero beruf gemäß. 1699.

## SECTIO VI.

# Ob ein Herr gegen ansehnliche offerten die clöster seines landes wieder an die Papisten überlassen könne?

JCh komme ein auf das in dero gnädigen schreiben vornehmst enthaltene/ nemlich die gethane ansehnliche offerten vor überlassung der clöster an die Papisten/ wie dieselbe anzusehen seyen/ davon E. Hoch-Gräffl. Exc. meine wenige gedancken zu vernehmen gnädig verlangen. Jch fasse die sache aber kurtz/ nehmlich daß es eine sache seye/ welche so bald von anfangs und schlechter dings abzuweisen. 1. Kan ohne sünde dasjenige/ was einmal aus den päbstischen greueln durch GOttes gnade heraus gerissen worden / nicht wieder dazu überlassen werden; sonsten würden E. Hoch-Gräffl. Exc. alle sünde alles aberglaubens/ abgötterey und andern greuel-wesens/ welchen dadurch in solchen clöstern wiederum platz gemacht würde/ auf ihre seele laden / und in ewigkeit vor GOTT dessen verantwortung tragen müssen.　Da mag uns aber unser Heyland zuruffen Matth. 16/ 26. Was hülffe es dem menschen/ so er die gantze welt gewönne/ und litte schaden an seiner seele/ oder was kan der mensch geben/ daß er seine seele wieder löse.　Wir haben ohne das an unsern eigenen sünden vor GOttes gericht genug zu tragen/ und bedörffen nicht/ noch schwerere last auf uns zu nehmen/ die uns an unserm letzten ende unerträglich werden/ und allen trost benehmen dörffte.　Jch mag auch wol sagen/ daß derjenige/ so der wahrheit des Evangelii erkäntnuß von GOTT erlangt/ und dannoch mit willen solchen greueln platz gibet/ und also so viel an ihm ist/ dieselbe befordert/ vor GOTT ein schwehrer gericht zu erwarten habe/ weil er mehreres liecht empfangen hat/ als diejenige/ welche in ihrer unwissenheit solche greuel selbs begehen.

begehen. 2. Hat man die billige sorge/ daß durch die einführung der päpstischen ordens-leut in die graffschafft/ gelegenheit gegeben möchte werden/ zu
verführung vieler einfältigen hertzen zu sothaner falschen religion: dero seelen der HErr an jenem tag alle von der hand dessen fodern würde/ welcher
mit willen und aus ansehen zeitlichen vortheils gelegenheit dazu gegeben
hätte. 3. Würde die liebe posterität/ so wol von E. Hochgräfl. Excell. eigenem geblüt/ als auch dero unterthanen nach langer zeit noch über solches unglück seufftzen/ wo sie dermaleins mehr den schaden/ den man
darnach nicht wieder einbringen könte/ gewahr würden werden; welches auch die gedächtnüß derselben/ die man nach sich gern im segen zu verlassen trachten solle/ sehr graviren würde. 4. Ob man
von dem zeitlichen vortheil reden wolte/ wäre derselbe nicht allein gegen den
erzehlten schaden für nichts zu achten/ sondern auch zu sorgen/ daß der HErr
durch seinen fluch/ alles solches in dem zeitlichen bald zu nicht machen würde/
was man auff solche art zu erlangen gemeinet. Wie wir dann die tägliche
exempel haben/ welche diese göttliche wahrheit bekräfftigen/ daß es nicht unser fleiß und klugheit/ sondern der seegen des HErrn sye/ davon wir alles
erwarten müssen/ und denselben gewißlich nicht hoffen können durch dergleichen dinge/ dadurch man die göttliche gnade/ den brunnen alles segens von
sich hinweg stosset. Also haben E. Hochgräfl. Exc. solch gethane anmuthun-
gen/ als lauter versuchungen anzusehen/ welche der HErr zulässet/ ob sie ihn
und seine gnade/ wie nicht weniger die wolfahrt und verwahrung ihrer unterthanen von aller verführung/ auch ihrer eigenen seelen und ihres Hoch-
gräflichen hauses wahres heil; oder hingegen anderseits den schein eines zeitlichen nutzens/ bey sich prävaliren lassen werden. Ich trage aber das hertzliche vertrauen zu derselben/ ersehe es auch bereits aus dem schreiben selbs/
daß sie/ nachdem dieser scheinende nutzen in der wahrheit vielmehr schade ist/
(ob wol der satan uns und unsre augen offtmals auff eine solche art zu verblenden suchet) jene güter aber/ die wahrhafftige güter sind/ welche ohne lange überlegung so bald den andern vorzuziehen/ sie werden ihre liebe zu GOtt
und dero unterthanen (um welcher/ nicht aber um seinet willen jeglicher Re-
gent in der welt ist) offenbahrlich damit zeigen/ da sie in solcher anfechtung beständig stehen/ sich zu nichts/ so das gewissen verletzet/ jemalen bereden lassen/
und also in der gnade GOttes seinen segen auff sich und die ihrige ziehen werden: welche gnaden-regierung Gottes/ und wahrhafftigen segen auch schließlich von grund der seelen anwünsche. 1686.

## SECTIO VII.

# Ob ein Evangelischer Herr seine unterthanen durch verkauff in die gefahr ihre religion zu verliehren stecken könne?

Als anligen/ welches derselbe mir vorträgt/ und meines raths darüber verlangt/ habe in der furcht des HErrn erwogen/ und so wichtig befunden/ daß freylich alles in der sache genau überleget werden muß/ das gewissen nicht gefährlich zu verletzen. So ist auch diejenige resolution, welche derselbe gefaßt zu haben bezeuget/ christlich und nothwendig/ die erhaltung der reinigkeit des gewissens gern allem andern vorzuziehen/ und darüber allen schaden/ den GOtt verhängen möchte/ zu erwarten;in welchem wir in seiner gnade mehr behalten/ als wir gedencken möchten/ in dem irrdischen zu verliehren. Wo wir nun die sache selbs reifflich erwegen/ so wolte ich sie in 2. sätze abtheilen. 1. Alles dasjenige/ wodurch die Evangelische unterthanen zu NN. in gefahr gesetzet werden ihrer religion/ so lang man ihnen sonsten die freyheit derselben noch erhalten kan/ würde das gewissen gefährlich verletzen. Dann wie wir unsern nechsten als uns selbs/ und also dessen geistliches und ewiges mehr/ als unser leibliches und irrdisches zu lieben schuldig sind;also stritte ausdrücklich gegen diese liebe/ (ja auch gegen die liebe GOttes/ dessen ehre durch die beförderung der falschheit verletzet wird/) wo man sein zeitliches interesse mehr in acht nähme/ als woran des nechsten seelen gelegen ist/ und wo diese beyde einander anfangen entgegen zu stehen/ jenes diesem vorziehen wolte: So vielmehr weil alle Obrigkeiten gedencken müssen/ daß nicht die unterthanen um ihrent willen/ sondern sie von GOtt der unterthanen bestens wegen eingesetzet seyn; daher sie alle ihre intraden, und was sie von den unterthanen geniessen mögen/ deroselben wohlfarth/ sonderlich ihrer geistlichen/ nachzusetzen haben. Welche lehre zwahr den meisten Obrigkeiten ungereimt vorkommet/ aber wahrhafftig und in GOttes wort gegründet ist/ massen der gantze grund des Christenthums dahin weiset. Wo es also darauff ankommet/ daß entweder die Obrigkeiten ihres nutzens/ oder die unterthanen ihres heils/ gefahr leiden sollen/ so tringet diese vor/ und gibt der frage den ausschlag. Wo man aber hingegen solche unterthanen/ die unter der Evangelischen regierung noch bey dem Evangelio erhalten werden könten/ käuflich und auff eine art die in unserm willen stehet/ denjenigen überlässet/ von welchen zu sorgen ist/ daß sie jene verführen/ oder um ihre religion bringen würden/ so würden folgende sünden darinnen begangen: (1.göttliche ehr und wahrheit zu Gottes grösster beschimpffung dem eigenen nutzen nachgesetzt. (2. Die obrigkeitliche pflicht übertreten/ die da ist/ vor die unterterthanen und dero wohlseyn mehr als vor sich selbs zu sorgen. (3. Der unterthanen gerechte seufftzen auff die seele geladen/ welche erschrecklich trücken/ und zu seiner zeit das gewissen dermassen auffwecken möchten/ daß in solcher höllen-angst von menschen mit trost wenig außgerichtet werden könte. (4. Die unterthanen würden damit also geärgert/ da sie von ihrer Obrigkeit das Evangelium so gering geachtet zu werden/ sehen/ daß sie auch nachmal der verführung so viel leichter platz geben. (5. Die widersacher selbs werden damit geärgert/ da sie uns die religion nicht mehr angelegen zu seyn sehen. (6. welche seelen darüber verlohren gehen/ die will der HErr von uns in gewisser maaß fodern/ da wir sie ihm aber nicht wieder geben können. Worauß zu sehen ist/ daß es nicht eine geringe sünde seye/ in eine solche sache zu consentiren/ welche uns und andern so viele gefahr über den halß zöge/ die gewiß grösser ist als diejenige/ ob wir endlich darüber alles verliehren müßten. 2. Wo die gefahr der unterthanen nicht kan abgewendet werden/ und man zu schwach ist/ sie dagegen zu schützen/ da nemlich eine höhere gewalt auß GOttes verhängnüß uns überlegen ist/ oder andere mit-consorten/ unsre fernere vorsorge unfruchtbar machen/ so sind wir ohne schuld/ daß wir nicht hindern können/ was in unserer macht nicht stehet/ und alsdann frey haben/ zu sorgen/ ob wir unsers zeitlichen noch etwas retten mögen. Also gesetzt den fall/ es brauchte sich Franckreich seiner gewalt/ wie anderswo schon mehrmal geschehen ist/ und nehme die kirchen nicht nur zu einem gemeinschafftlichen gebrauch der päpstischen/(da wir dannoch die unsrige deswegen nicht vollends den feinden übergeben dörfften) sondern mit gäntzlicher wehrung unsers GOttes dieses Kirchweg/ oder zöge es wieder zu einem closter/ so muß man solches geschehen lassen/ und GOtt befehlen; mag aber in solchem fall/ so gut man kan/ vor sein zeitliches noch sorgen/ ob uns GOtt noch etwas davon wolte zu gut kommen lassen. Wiederum wo die gemeinschafftliche/ die theil und prætension haben/ den verkauff endlich unerachtet unsers widerspruchs schliessen/ und der papistische käuffer krigte damit so viele macht/ daß wir/ wann er etwas zum nachtheil der religion thun wolte/ von ihm überwogen würden/(dann so lang unser widersetzen ihn noch hindern möchte/ ist unser gewissen noch nicht frey) und also doch nichts mehr zu erhaltung des geistlichen für die unterthanen außrichten könten/ so ist uns/ wie in jenem fall/ unverwehrt/ annoch zu sehen/ ob wir mit endlichem consens in dem kauff das unsrige zimlicher massen mit salviren könten: jedoch haben wir unser mißfallen/ und wie ungern wir an die sache kommen/ dabey zur genüge zu bezeugen/ und damit das sonsten besorgliche ärgernüß/ so viel an uns ist/ abzuwenden: so dann auch daran zu seyn/ daß man die condition in der religion nichts zu erneuern/ mit einrücke; dann obwol auff dergleichen verspruch von päpstischer seiten nicht genug zu trau-

trauen/ so hilfft es doch endlich etwas zur verwahrung des gewissens/ wo man nicht weiter kan. Dieses wäre meine einfältige meinung über solches geschäfft/welches mein werther Herr ferner in der furcht des HErrn prüfen/ und weissen er in seiner seele sich überzeuget befinden wird/ zu thun sich angelegen seyn lassen wolle. Wie wir dann auch nicht sicher auff eines andern rath trauen dörffen/ wo wir nicht nach anruffung GOttes auch die miteinstimmung unsers gewissens bey uns finden; dem wir sonsten leicht anstoß setzen/die tage unsers lebens uns dadurch verunruhigen/ und hingegen an dem geistlichen wachsthum hindern würden. Zu deme ist auch wol in acht zu nehmen/ daß man sich auch hüte vor demjenigen/was auffs wenigste bey andern einen bösen schein haben/ und ärgernüß geben würde/ wie jener Eleasar 2. Maccab. 6/ 21. auch dasjenige fleisch nicht essen wolte/ welches erlaubt/ aber dabey der schein/ ob seye es schwein-fleisch/ gewesen wäre. Also haben sonderlich diejenige/ welche insgemein ein rechtschaffen Christenthum an sich leuchten zu lassen beflissen sind/ sich vor andern zu hüten/ daß sie bey welt-gesinnten den nahmen der gottseligkeit nicht durch bösen schein lästern machen/ und aus einigem stück gefolgert werde/entweder es seye uns mit unserer gottseligkeit kein ernst/ da wir/ so bald es an unsern nutzen oder schaden gehet/ dessen vergessen/ was andere in dem geistlichen vor nachtheil davon haben würden; oder es müste hieran wenig gelegen seyn/ indem es ja diejenige thäten/ welche für gottselig paßirten. Dergleichen urtheil nun zu entgehen und zu begegnen/ sind wir schuldig/ nicht zwahr etwas gutes zu unterlassen/ oder böses zu thun/ aber einige unsrer zeitlichen vortheile gern hindan zu setzen. Im übrigen zweifle ich nicht/ derselbe werde auch die gegenwärtige zeit insgesamt mit rechten augen ansehen/und erkennen/ es seye diejenige/ da GOtt nach seinem H. rath dem Römischen Babel zugebe/ allgemach den höchsten gipffel seiner macht zu besteigen/ besorglich unser verderbtes Jerusalem zu zerstöhren/ und aber damit sein eigen gericht ihm selbs über den hals zu ziehen. Da will es nun vonnöthen seyn/ nicht nur GOtt flehentlich anzuruffen/ daß er sich seiner armen kirchen annehmen/ uns seine gerichte zu erkennen geben/ und alles murren dagegen in unsern seelen verhindern/ der verfolger und verführer sich erbarmen/ sie bessern/ oder ihnen die hände binden; denen die in der versuchung begriffen sind/ mit krafft und Geist beystehen/ die verführte aus barmhertzigkeit wieder zurück führen/ uns zu gleichem kampff/ wo uns die reihe betreffen wird/ ausrüsten/ und endlich zu rettung seiner ehre/ wo nun die gerichte vorbey sind/ seinen zerstöhrten tempel wiederum aus den übergebliebenen lebendigen steinen auffs neue herrlicher bauen wolle: sondern auch aus dem/ was wir an andern sehen/ abnehmen/ was uns noch vorstehen mag/ und uns darauff mit fester gründung unsers glaubens und hoff-

yung/

nung/ ernstem fleiß eines heiligen wandels/ ablegung aller liebe der welt/ die
uns sonsten in der verfolgung weich machen würde/ gutthat an dem nechsten/
so lang wir noch zeit haben/ unsere liebe zu üben/ und stäter vorstellung der
krohne/ welche der beständigkeit in dem leiden bestimmet ist/ in seiner gnade
zu rüsten/ damit/ wo das stündlein unserer versuchung auch kommt/ (davon
ich fürchte/ daß wir nirgend sicher seyn werden/) wir alles wohl ausrichten
und das feld behalten mögen. Hieran lasset uns täglich gedencken/ uns untereinander auffmuntern/ der alten exempel/ die vor uns gelidten haben/ uns
erinnern/ und die dazu nöthige gnade von dem himmlischen Vater uns selbs
und untereinander erbitten: so sollen uns unsre trübseligste zeiten dannoch
selig seyn. 1685.

## SECTIO VIII.

# Von sonderbaren begegnüssen. Ob GOtteslästerung an dem leben zu straffen?

ES war mir auch hertzlich lieb/ dasjenige exempel zu vernehmen/ wie der
HErr HErr geliebten bruder in seiner betrübnüß und ängstlicher sorge
durch zusendung eines leichen-texts getröstet. Wie ich weiß/ daß auch
das geringste nicht ohngefehr geschehe/ sondern alles unter der regierung unsers weisesten Vaters stehe/ ohne welchen auch nicht ein haar fället; so achte
ich dergleichen beobachtung nicht für aberglaubisch/ sondern denjenigen zim-
lich/ die alles als aus der hand des HErrn kommende ansehen. Ich erinnere mich dabey einer dergleichen begebenheit/ daß ich einmal in sorglichen gedancken wegen des gemeinen unwesens in die kirche ginge/ die bet-stunde zu
halten: da ich aber in dieselbe eintrat/ sang man aus dem 12. Psalm die wort:
Darum spricht GOtt/ ich muß auff seyn/ die armen sind verstöhret/
ihr seufftzen tringt zu mir herein/ ich hab ihr klag erhöret. Ich kan
wol sagen/ daß mir mein lebelang weder diese wort noch einige andere so in
meinen ohren geklungen/ als obs kaum menschen-stimme wäre/ und sie so
bald als eine antwort auff meine innerliche klage mit grosser zufriedenheit
angenommen; ob ich wol seither niemal mehr weder solchen thon/ noch krafft
davon empfunden. Will dißmal nicht nochmal gedencken/ (weil zu andern
malen davon werde geschrieben haben) was vor sprüche bey hiesiger vorste-
hender vocation für mich von guten freunden auffgeschlagen worden/ welche mir gewißlich nicht wenig krafft und versicherung gegeben. Lasset uns
also gewöhnen/ in allen dingen einigen rath unsers GOttes zu erkennen/ so
solle solches eine stattliche stärckung unsers glaubens werden/ und wird Gott
in vielem seinen zweck erreichen/ den viele unachtsamer weise an sich sonst ver-

Cc                                              ge-

gebens machen. Ich komme nun auff die letzte vorgelegte frag wegen lebens-
straff der Gottes-lästerer. Da will mir nun nicht zukommen / über die
NN. absonderliche hypothesin zu judiciren / sondern überlasse / was in solcher stadt geschehen / der verantwortung derjenigen / die GOtt dazu gesetzt/
das gericht zu halten: sonderlich weil zu einem examine eines gesprochenen
urtheils eine völlige erkäntnüß aller umstände erfordert würde. Insgemein
aber und in thesi zu reden/ 1. so halte die straffe des todes nicht für unbillich/
wie sie auch in den rechten dictiret ist / daß Gottes-lästerer an dem leben gestrafft werden/ wenn es nemlich vorsetzliche und boßhafftige Gottes-lästerer
sind/ welche GOtt sonsten buchstäblich erkennen / und ihn gleichwol lästern/
dergleichen lästerungen diejenige sind / welche von personen geschehen / so in
der lehr keinen irrthum nicht haben. 2. Dergleichen möchte auch gelten von
denen/ welche zwahr GOtt nicht erkennen; zum exempel/ Türcken/ oder Hey-
den/ oder dergleichen unglaubige/ da sie unter uns wohnen / auch was ihnen
hierinnen eusserlich verboten seye/ wissen/ und aber nicht etwa in discurs, wo
sie von ihrem glauben rechenschafft geben / oder denselben zu behaupten sich
in dem gewissen schuldig zu seyn glauben / dergleichen dinge reden / die wir
nach unsern articuln für gotteslästerlich erkennen/ sondern ohne solche noth
oder trieb des gewissens unsern GOtt und Heyland also lästern/ daß man
dero boßheit wahrhafftig nun sehen kan. Dann diesen meine ich/ möge eben so
wol eine empfindliche straffe dictiret werden. Was aber 3. diejenige anlangt / welche unsre wahrheit nicht erkant / oder wo sie einmal bey dero bekäntnüß gewesen / nachmal erst in irrthum entweder von andern verführet
werden/ oder sonsten verfallen/ ob sie nachmal solchen ihrem irrthum gemäß/
dergleichen reden führen/ welche sonsten in sich gotteslästerlich sind / aber
von ihnen nicht dafür / sondern vielmehr für die rechte wahrheit gehalten
werden / achte ich nicht / daß man sie mit einer solchen weltlichen und leibes-
straffe zu belegen habe; vielmehr daß dergleichen zu thun der art des N. Testaments gantz nicht gemäß seye. Ja ich glaube/ wir haben solche hypothesin so viel fleißiger beyzubehalten/ nachdem unsre lehre von eiffrigen Papisten in unterschiedlichen stücken/ als gegen die kirche und dero autorität / gegen die heilige/ gegen die von ihnen für das gröste heiligthum geachtete mes-
se/ u. s. f. gotteslästerlich ausgegeben wird / und wir dahero ihnen das
schwerdt in die hände gegen uns geben würden/ wenn wir davor halten wolten / daß eine auch von einem irrenden vorgebrachte Gottes-lästerung mit
weltlicher straffe zu belegen seye. Denn ob wir uns damit schützen wolten/
daß unsre lehren die wahrheit/ un̄ nicht gotteslästerlich seyen/ mag uns solches
bey jenen nicht helffen/ als die sie gleichwol dafür halten/ und dafür von ihren Geistlichen erklähret zu werden hören. Die ursach meiner meinung ist
die-

diese : weil das reich Christi in dem geistlichen von keiner eusserlichen gewalt nicht weiß/ sondern nur in einer krafft des Geistes bestehet; daher alle eusserliche gewalt und straffen in das reich der welt gehören/ und also nicht diejenige dinge unter sich begreiffen können/ die in einem irrthum bestehen oder daraus herkommen.   So ist jeglicher irrthum der ein blosser irrthum ist / von Christen an ihrem nechsten nicht anders anzusehen/ als eine kranckheit / um welcherley willen man mit dem krancken mehr mitleiden und gedult hat / als daß man ihn wegen derselben und derer symptomatum hassen wolte : daher unsre pflicht vielmehr von uns eine erbarmende liebe gegen die irrige/ und eine gedult gegen dasjenige/ was sie aus dem irrthum thun/ wircken solle; als daß wir uns zu einem gehäßigen eiffer gegen sie / und also ihnen zu schaden/ bewegen lassen wolten.   Gnug ists also / daß wir gegen solche materiales blasphemias als eine geistliche sünde/ mit geistlichen waffen kämpffen/ und mit grosser gedult/ wie GOtt selbs zu thun pfleget / die irrende/ biß sie etwa möchten bekehret werden/ tragen : oder nach allem gethanen versuch die sache deme/ dessen sie ist/ befehlen/ der endlich hart gnug diejenige/ so seiner wahrheit widerstanden haben/zu straffen weiß; so dann dabey vorsichtigkeit brauchen/ nur das ärgernüß auff alle der christlichen sanfftmuth nicht zu widerlauffende mittel von den unsrigen nach vermögen abzuwenden/welches allerdings ohne die eusserliche leibes-straffe gnugsam geschehen kan.   Der ort Hebr. 10 / 28. 29. beweget mich im geringsten nicht / denn dieses bleibet wahr/ daß freylich/wer den Sohn GOttes mit füssen trit/schwehrere straffen verdiene/ als derjenige / so nur das gesetz Mosis gebrochen hat.   Aber daraus folget nicht/ daß deßwegen die straffen auch einer art seyn müsten/ nemlich beyde leiblich. Ja wo man wolte bey der leiblichen straff bleiben/ könte keine ärgere straff jetzo den untertretern des bluts Christi angethan werden/ als in dem gesetze Mosis/ in dem mehrern übelthaten die steinigung zuerkant wurde / über welche in dem leiblichen keine höhere straffe war.   Solte also die straffe jetzo des N.T. ärger und schwehrer seyn/ so muß sie gantz eine andere/das ist/desselben art gemäß/geistlich und ewig seyn.Unser Hr.D.Schmidt mag hievon wol gelesen werden in seinem Commentario; und ist sehr fein/ wenn er außtrücklich sagt : Siquidem eadem etiam ratio fuit, quæ hæreticos morte capitali puniverit, quod N. T. non facit.   Er verstehet auch an diesem ort die sünde in dem Heil. Geist / die ich doch nicht wol hoffe/ daß man sie am leben straffen wolte.   Also gibt er die krafft des spruchs sehr wohl : Si is, qui politiam legis Mosaicæ violavit & irritam fecit, quat. hoc fecit, sine miserationibus in suo genere mortis pœna civili afficiendus fuit : quanto putatis majorem pœnam in suo genere, h. e. in genere pœnarum spiritualium & æternarum afficiendus erit peccans in Spiritum S. ? Mich deucht aber/ die sache seye allzuklahr / als daß man vieles nicht über den spruch bedörffte.

Cc 2                                          Wun-

Wundre mich auch sehr/ wo sich einer daraus unterstehen wolte/ eine leibes-straff der aus irrthum herkommenden Gottes-lästerung zu erweisen. Die-se meine lehr hoffe ich die sicherste/ der art des N. T. gemässeste/ und in der wahrheit gegründeteste zu seyn. Der HErr HErr lehre uns in allen stücken in seines Geistes liecht seinen willen erkennen/sonderlich aber den unterscheid seines geistlichen/und des andern weltlichen reichs / samt beyderley unter-schiedlicher beherrschung arten/ recht einsehen/ nachdem ich dafür halte/ daß so bald diese miteinander vermischt oder confundiret werden / daß daraus nicht wenig irrung entstehen möge. Er wende auch kräfftig ab alles ärger-nüß von seiner kirchen/ und vertreibe endlich mit seinem liecht alle finster-nüß! 1688.

## SECTIO IX.

# Die sorge für die besserung der schulen/ ein haupt-stück der sorge christlicher Regenten. Einige vorschläge.

WJe mir NN. gesamte Conversation und gespräch eine sonderbahre freude gemacht/ so war gleichwol dasjenige eine der vornehmsten ur-sachen solcher meiner freude/ was der christliche mann mir von E. Hoch-Fürstl. Durchlaucht. stäts fortwährender ernstlichen sorge für die be-förderung der ehre des Allerhöchsten/ wie in übrigen stücken dero beglückter regierung/ als vornemlich in verbesserung des kirchen-und schul-wesens ge-rühmet/ und also mein auff dieselbe als ein theures werckzeug der göttlichen verherrlichung gesetztes vertrauen/so vielmehr bestärcket hat. Es ist einmal unläugbar/ daß einer der haupt-zwecke/ja wol der erste der würde nach unter allen/ist/ warum der grosse HErr über himmel und erden gewisse seines reichs amt-leute und seiner macht befehl-habere auf erden verordnet/ und ihnen sein bild und theil seiner gewalt angehänget und anvertrauet hat; nemlich daß dieselbe/ wie im übrigen mit gehorsamer beobachtung seiner gebote in allen stücken ihre dependenz von ihm bezeugen/ und damit seine hoheit thätlich preisen: also auch/ da er sie selbs mit seiner theuren erkäntnüß begnadet hat/ die ihnen anvertraute zu gleichem liecht zu bringen/ befliessen seyen/ und also diejenige mittel/ wodurch solches geschehen mag/ nach allem vermögen beför-dern sollen; womit sie dann erst recht das an sich tragende herrliche bild so viel vortrefflicher ziehren/ und ihren stand heiligen. Hingegen wird auch von leu-ten/ welche die sache genau einsehen/ nicht wol geleugnet werden können/ daß gleichwol auch/ so gar bey unsrer Evangelischen religion/ das kirch-und schul-wesen/durchaus nicht in demjenigen stande stehe/wie wir wünschen möchten/ son-

sondern daß viele ursachen seyen/darüber zu seuffzen/uñ nach der verbesserung vieles/was in das verderben fast verfallen/verlangen zu tragen. Ich bin auch versichert von E. Hoch-Fürstl.Durchl.so wol gottseligkeit/als Christ-Fürstl. klugheit/ daß sie nach jener so wol die ihnen obliegende pflicht gegen den grossen HErrn/ von welchem sie auch ihre regierung und hoheit tragen/ gern erkennen/ und deroselben nach allem vermögen nachzuleben begierig seyn/ als nach dieser in das gemeine verderben mit erleuchteten augen viel treffer einsehen/als von den meisten geschiehet. Daher ich mir durch GOttes/ von dem aller rath und segen kommet/gnade von dero auffrichtigen intention, das beste und die auffnahm der kirchen nachdrücklich zu befördern/auch dem alsdenn davon erwartenden gesegneten success, viele hoffnung mache. So bedarff E. Hoch-Fürstl. Durchl. von meiner wenigkeit in solcher wichtigsten sache keines beyrathens/ als die in so langer regierung nechst ohne das beywohnenden erleuchtetê verstande eine vortreffliche erfahrung/ so die mutter der gewissesten klugheit ist/erlanget haben/ auch mit tapffern leuten/ welche noch mit fernern diensten an die hand zu gehen vermögen/ und willig seyn werden/ ihres orts selbs umgeben ist. Weil aber sie so gnädigst sich vor unterschiedlichen jahren gegen mich bezeuget/ auch einen frembden geringen diener einige mal zu hören/ so gelebe auch der tröstlichen zuversicht/ daß E. Hoch-Fürstl. Durchl. nicht ungnädig auffnehmen werden/ wo einiges dessen/ was mit obgedachtem geliebten freunde hier geredet/ auch in deroselben schooß mit dero hohen erlaubnüß auszuschütten mich erkühne. Wie nemlich/ ob zwahr solches mittel der gantzen kirchen völlig zu helffen/ und sie in erwünschten zustand zu setzen/ noch nicht zulänglich ist/ gleichwol ein grosses zu deroselben besserung würde ausgerichtet werden/ wo nur zum fördersten die niedrige und hohe schulen in den jenigen stand gebracht werden könten/ wie davon billich zu wünschen und zu fordern wäre/ wenn sie in der wahrheit die werckstätte des Heil. Geistes seyn sollen. Denn weil in den schulen die meiste/ sonderlich diejenige/ welche nachmal in allen ständen andern vorgesetzt werden/ und sie regieren sollen/ erzogen werden müssen; so lieget ein allzugrosses an den schulen/daß deswegen/je nachdem es mit denselben bewandt ist/ tüchtige oder untüchtige leute dem gemeinen wesen zugesendet werden: sonderlich aber weil ich mit betrübnüß immer sehe/ daß in unserm/ dem so genannten geistlichen stand ein grosses des gemeinen verderbnüß stecket/ oder aus demselben geheget wird/ so hoffte auch bessere Theologos und Prediger/ wo sie besser an den orten/die dazu geheiliget sind/zu dem rechtschaffenen wesen/das in Christo ist/angeführet und bereitet würden. Hierzu achtete zwey hauptmittel am diensamsten zu seyn: Das erste ist/ die vorziehung des göttlichen worts vor alle übrige studia , wo ich zwahr eigentlich in absicht auf das stu-

dium

dium Theologicum rede. Es ist gewiß/daß dieses ein solches studium sey/ welches auf keinem principio rationis, sondern bloß dem principio revelato, der heiligen Schrifft beruhet; dahero wir in der heiligen Theologia nichts vor uns selbsten anzunehmen haben / dessen wir nicht aus dem wort GOttes selbs zur gnüge überzeuget wären / auch niemand anders etwas zu glauben auffdringen dörffen / was wir nicht abermal auf eine bündige art aus der Schrifft erwiesen haben. Daraus folget/ daß immerdar ein jeder ein so viel vortrefflicher oder geringer Theologus seye/ so viel besser er die Schrifft inne hat oder nicht; sonderlich aber / so viel gründlicher er sie verstehet oder nicht. Dahero das studium der heiligen Schrifft bey andern / so viel gleichwol ein jeglicher auch seines eigenen heils begierig und sorgfältig seyn soll/sonderlich aber bey denen / die in geistliche ämter treten / und andere auf den weg der seligkeit dermaleins anweisen sollen/ den vorzug billich vor allen andern behalten muß: und stehet es deswegen um die schulen/folglich auch um die kirche/so viel besser oder schlechter / als der fleiß auf die heilige Schrifft hauptsächlich gewendet / oder anderes deroselben entweder gleich gemachet oder vorgezogen wird. Wo man nun die untere schulen und Gymnasia ansiehet/ so sorge ich / das wenigste habe seine absicht auf das gedachte einige haupt-nothwendige/da dennoch/weil ja die Exegesis der Schrifft nicht förmlich und völlig an solchen orten/ oder bey solchem alter / gehandelt werden kan / auffs wenigste alles dahin meistens gerichtet werden solle / damit die jugend wol bereitet und bequem auf die hohen schulen gesandt würde / daselbst alsdann das studium Scripturæ recht ex professo zu tractiren/ welches gewißlich/ wo es mit fortgang geschehen solle/solche leute præsupponiret / die schon bereits die nöthige subsidia auf die Academien bringen/ die zu der Exegesi erfordert werden. Ich sorge aber itzt gedachter massen sehr/ wo die schulen insgemein angesehen werden/und dörffte wol nicht das meiste hierzu angetroffen werden/sondern daß mehr fleiß auf die dinge stäts gewandt werde / die zu jenem studio gantz nichts thun/sondern nur die absicht auf andere Erudition haben/und die Ingenia zu der Philosophia geschickt machen sollen/ die gleichwol/ ob sie schon nicht auszuschliessen/dannoch als die magd zu achten ist/auf die/als auf die Königin selbs nicht gleich viel præparatoria gemacht werden dörfften. Siehet man auch die Universitäten und sonderlich auf denselben die Theologiam an/ sorge abermal/ daß dieser übrige theil immerdar mehr Cultores finde/ welche mit lehren und lernen darinnen beschäfftiget sind/als die Exegetica, die doch aller übrigen grund ist. Massen ich nicht nur einen von mehrern jahren gesprochen/ welche 6. und 8. jahr auf unterschiedlichen Universitäten zugebracht / aber bekanten/ daß die Philosophia, und übrige partes Theologiæ, ihre eintzige arbeit gewesen/ja sie niemal nur gelegenheit gehabt/ein Collegium

legium über die Exegesin Scripturæ, oder einig sonderbares buch derselben/
damit man an einen und andern exempeln lernte/was man im übrigen nach-
zumachen hat/zu halten: so sie aber darnach/da sie funden/daß sie in ihren
ämtern von jenen dingen/darauf sie so viel zeit gewandt/den wenigsten nutzen
hätten/und was ihnen jetzo nöthiger seye/erst auffs neue lernen müsten/nicht
wenig bereuet haben. Dahero offt gewünschet habe/daß GOTT auf den
hohen schulen die liebe der Patrum, der Scholasticorum und des Aristotelis,
in die liebe der Propheten/der Apostel und seines Geistes verwandeln wol-
te/so solte in seiner krafft und seegen gar bald manches sich ändern/und eine
mehrere hoffnung einer weiteren besserung erscheinen. Das andre mittel
der verbesserung möchte wol dieses seyn: daß so wol die lehrenden sich dieses
allezeit vorstelleten/als allen lernenden auf hohen und niedern schulen fleißig
eindruckten/wie ohne rechtschaffne und thätliche gottseligkeit die heilige
studia nicht glücklich und mit seegen getrieben werden mögen. Welches bereits daraus folget/wenn wir krafft unsrer religion das unvermögen der
menschlichen vernunfft in göttlichen dingen/und die nothwendigkeit der erleuchtung des Heil. Geistes in denselben/bekennen. Wo hinwiederum gewiß
ist/daß dieser Geist der heiligung in keinen seelen als seinen werckstätten wohne und würcke/die sich nicht auch der heiligungbefleißigen/und diese zum aller-
fördersten bey sich würcken lassen. Welche Theologia aber nicht aus diesem
höhern principio herkommet/und also da die menschen nicht auch von GOtt/
sondern bloß von menschen gelehret werden/sind nicht die jenige Theologia
oder Theologi, von denen die kirche den rechten nutzen erwarten oder erlangen könne. Dahero ja so viel daran gelegen seyn muß/allezeit solche Theologos zu suchen/die wahrhafftig der welt/ihrer eignen ehr/nutzen und lust abge-
storben sind/und bey denen sich nicht nur ein moral-leben/sondern das rechtschaffne wesen/das in Christo JEsu ist/finde/als daß man an ihnen eine hohe
Erudition suche/welche freylich eine theure gabe/aber alsdenn erst gnug/wo
sie auf jene art auch geheiliget ist. So dann fliesset auch aus jenem/daß de-
rer/so den andern studiis vorgesetzet sind/nicht weniger sorge dahin gerichtet seyn
müsse/daß die hertzen der anvertrauten mit der gründlichen gottseligkeit/bey
dero sie des himmlischen liechts fähig seyn mögen/als die köpffe mit der Erudition angefüllet werden. Wo dieser fleiß/dieser zweck und diese regel ist/da
kan es an dem kräfftigsten segen GOttes nicht mangeln; wo aber solches nicht
ist/hingegen auch von denselben nicht viel gehoffet werden. Dieses sind die
beyde mittel/welche ich auch vor einem halben jahr in meiner gast-predigt zu
Leipzig getrieben habe/und wo dieselbe recht in den gebrauch gebracht wür-
den/davon mehr als von einigen andern/hoffen wolte. Ich trage auch zu E.
Hoch-Fürstl. Durchl. solches unterthänige vertrauen/daß auch sie nach dero
erleuch-

erleuchtetem verstande längsten dieselbe erkant/ und in den anvertrauten lan-
den/ so viel dero hohen orts geschehen kan/ durch dieselbe die besserung der kirchen gesucht haben/ und ferner glücklich suchen werden.　Ist also nichts mehr
übrig/ als daß ich den grossen GOtt/ von dem alle gute und vollkommene ga-
ben/als dem Vater der liechter herkommen/demüthigst anruffe/daß er sich seiner armen kirchen zu dero besserung annehmen/ und neben andern/ welche er
gleichfals dazu erkohren haben mag/E. Hoch-Fürstl. Durchl. zu einem theuren werckzeug seiner ehren in beförderung seines reichs machen wolle.　Er
segne also nicht nur dero übrige regierung/sondern vornehmlich/was dieselbe
in denen deliberationen/ dero letzte frucht und absicht sich in die ewigkeit hinaus strecket/ um nemlich dero unterthanen auch ihres orts zu der seligkeit zu
befördern/vornehmen und vornehmen werden/ damit sie in göttlichem liecht/
wie solcher zweck in einrichtung kirchen und schulen am besten zu erreichen/oh-
ne fehl erkennen/ in göttlicher krafft/was sie dazu dienlich finden/ getrost ins
werck zu richten/ beflissen seyen/ und in göttlichem segen den erwünschten fortgang solcher Consiliorum ansehen/auch dessen ruhm bey jetzigen und nachköm-
lingen allezeit behalten.　Er erhalte sie auch deswegen zu ausübung vieler
löblicher Fürstlicher gedancken bey langem leben und unverruckten gemüths-
und leibes-kräfften/ und kröne sie mit allen herrlichsten zeugnüssen seiner ewigen liebe! 1687.

## SECTIO X.

## An eine höhere Standes-person / von der prüfung sein selbs/kleidern/confect/gebet über das allgemeine verderben.

ICh kan nicht bergen/ daß mich die vorstellung deroselben prüfung wol
inniglich erfreuet und vergnüget habe/daß ich dem himlischen Vater demüthigen danck sage/welcher in ihrer lieben seele seines wercks nicht nur
einen solchen rechtschaffenen grund geleget/sondern seinen bau ferner ziemlich
fortgesetzet hat.　Seine güte sey darüber ewiglich gepriesen/ welche sich so
kräfftig in derselben erwiesen/ und sie nun mehr und mehr zu einem herrlichen
werckzeug seiner ehre / verhoffendlich noch durch ihr liecht andere mehrere ihres standes auffzumuntern/bereitet hat/ und ferner bereiten wird.　Auf die
specialia zu kommen/ leugne nicht / daß ich wenig mehr dabey zu erinnern ha-
be/sondern zu weiterem grad zu kommen/kan ich schwehrlich hand-leitung ge-
ben:massen jeglicher auf einem weg nicht wol ferner den andern leiten kan/als
so weit er selbs gekommen ist ; sondern ich habe hierinnen dieselbige allein einem gewissern und weisern hand-leiter/ ihrem liebsten JEsu und dessen werthen

then Geist zu überlassen/und mit hertzlichem gebet zu empfehlen/selbs aber zu
trachten/ ob ich auch durch eben dessen führung weiter auf solchem wege fort-
schreiten/und dadurch tüchtig werden möchte/andern brüdern und schwestern
nachmal auch diejenige schritt zu zeigen/ die ich geführet worden. Weil aber
dieselbe aus hertzlichem vertrauen ihr hertz bey mir ausgeschüttet/ so will
über jeglichen punct dieser letzten prüfung/ was mir dabey gedäucht/ vorle-
gen/ob so es keine weitere anleitung mehr geben könte/auffs wenigste unsern
gleichen sinn in dem HErrn untereinander zu erkennen. Daß sie GOTT
für alles hertzlich danckbar zu werden sich befleißet/ist unsere haupt-pflicht gegen GOTT/ und da sich solches befindet/ ihro ein vortreffliches zeugnüß des
inwohnenden H. Geistes/ welcher allein derjenige ist/ so alle danckbarkeit in
uns würcken/und uns dazu antreiben muß. Indessen muß freylich noch unsere natürliche trägheit zu solchem danck/ mit demuth erkannt/ und mit stets
neuem vorsatz das annoch ermanglende nach allem vermögen zu ersetzen/ getrachtet werden/ auf daß/ wie wir alles in dem nahmen JEsu thun sollen/
auch alles zu dem danck GOttes sich richte/ welche beyde pflichten der liebe
Apostel Col. 3/17. genau an einander hänget. Jedoch entsinnen wir uns
billich/daß die göttliche wolthaten unvergleichlich mehr und grösser seyen/als
daß sie unser auch sorgfältigster und fleißigster danck erreichen/uñ ihnen gleich
werden möchte: vielmehr würde dieses die hoheit und grösse der unermäßli-
chen güte GOttes verringern/ wo wir gedencken wolten/ daß einiges auch
heiligsten menschen danckbarkeit dahin reichte/daß nicht mehrere schuldigkeit
übrig bliebe; auf daß wir zwahr damit/ was an unserm danck aus unserer
schuld ermanglet/welches allezeit vieles ist/nicht beschähmen/aber doch darinnen die grösse der wolthaten desto mehr preisen/ daß sie allen menschlichen
danck übersteiget: desto mehr aber beschähmet uns jegliche unsere säumigkeit
in abstattung des schuldigen dancks/ daß da wir nach allem angewandten
fleiß dannoch so viel schuldig bleiben/ wir auch so viel manchmal desjenigen
unterlassen/ wohin noch das maaß der ertheilten gnade würde gereichet haben. Ferner ist auch eine sehrliche probe eines mercklichen wachsthums/
da sie vor und über ihre seele wachsamer als vorher ist/ welches auch das vor-
trefflichste mittel ist/so wol zu hüten/daß das gute/ so der HErr bereits gege-
ben/ nicht wieder verlohren werde/ als auch die vermehrung desselben zu befordern. Darinnen aber ist sich nicht zu verwundern/ daß das zunehmen
nicht so mercklich seye/wie in dem anfang. Zu der zeit/da wir zu erst von dem
HErrn gezogen werden/ und zu einem heiligen eiffer kommen/ wird nicht nur
offters eine mehrere krafft des H. Geistes mitgetheilet/ die sich bey uns empfindlich spühren lässet/und welche auch zu legung eines rechtschaffenen grun-
des/ da noch nichts von geistlichen kräfften in uns vorhanden/ nöthig ist/ das

Dd                    durch

durch der HErr auch unserem ersten vorsatz eine rechtschaffene krafft giebet/
die aber nachmal/ da der HErr fordert/ daß wir nun der ersten empfangenen
krüfften selbs treulich und sorgfältig uns gebrauchen/ nicht immer in gleicher
maaß fortgesetzet wird/ wie die treue einer Mutter das erst gehen lernende
kind mit eigener hand gängelt/ aber nachmal haben will/ daß es allein zu gehen
sich befleisse; sondern es finden sich in der erste bey den menschen noch so viele
eusserliche und innerliche dinge/ davon er sich bald nach einander reiniget/ daß
der wachsthum von andern und von jeglichem selbs unschwehr erkant werden
kan: wo nun das erste und meiste erstlich abgethan ist/ so hat man zwahr noch
immer sein lebtag an andern bey sich zu reinigen/ es sind aber weder der dinge/
noch so viel mehr/ noch dieselbe so scheinbar/ wie die erste/ sondern stecken tieff-
fer/ und gehet schwehrer damit her/ daher auch natürlich zu begreiffen ist/ daß/
nachdem das erste geschehen/ der übrige wachsthum nicht anders als langsamer geschehen/ und weniger wahrgenommen werden möge.    Wie ein kind in
den ersten jahren viel scheinbarer wächset/ da man so zu reden von monat oder
viertheljahren des zunehmens gewahr wird; wo es aber mehrere jahre errei-
chet/ und seiner völligen statur näher kommet/ so nimmet mans viel weniger
als vorhin wahr/ und gehören gantze jahre dazu/ ehe man etwas gleichsam
mercket.    Also auch/ wo man etwas/ so mit vielem unflath überzogen ist/ rei-
niget/ so gehets gleichsam geschwind her/ und sihet man es augenscheinlicher/
so lang man das gröbere abwäschet/ aber biß die tieffer eingefressene flecken/ die
subtiler sind/ ausgerieben werden/ gehets mit mehrer müh und langsamer
daher.    Weswegen/ wo wir meinen still zu stehen/ oder wieder zurück zu ge-
hen/ haben wir uns zwahr nach nechstmaliger erinnerung auch zu prüfen/ ob
wir etwa solches selbs verursachet/ um die fehler zu bessern/ aber wo uns unser
gewissen zeugnüß gibet/ daß unser fleiß auf unsere seele acht zu geben/ mehr zu-
als abgenommen habe/ so haben wir uns in gedult zu fassen/ indem etwa der
HErr uns unsern wachsthum aus heiligen ursachen selbs verbirget.    Ferner die reitzungen des fleisches zu einiger überhebung wegen der empfangenen
gnaden-gaben zu fühlen/ ist keine weitere anzeige/ als daß wir noch in dem
fleisch/ und mancherley versuchungen unterworffen seyen/ von denen wir finden auch so gar den theuren Apostel Paulum nicht frey gewesen zu seyn/ indem GOtt gegen solches übel ihme eine ziemlich beschwehrliche artzney 2. Cor.
12. verordnet.    Lasset uns nur solchem des fleisches eingeben desto ernstlicher
widerstreben/ und uns vor GOTT und gegen andere so vielmehr demüthi-
gen/ damit wir dem fleisch desto weher dabey thun/ so wird der HErr dasjenige uns nicht zurechnen/ deme wir uns selbs mit aller krafft widersetzen.    Der
mangel der hertzlichen freude über das gute an dem nechsten/ aus was ursach
er entstehet/ überzeuget uns doch der schwachheit unserer liebe gegen GOTT

und

und den nechſten.   Dann wäre die liebe gegen GOTT in derjenigen voll⸗
kommenheit/ wie ſie billich ſeyn ſolte/ ſo würde uns ſeine ehre/da ſie ſich an ei⸗
nem andern offenbahret / mehr freuen/als uns dasjenige betrüben / daß wir
noch ſo viel zurücke ſtehen ;   Nicht weniger ſolte die in einem höhern grad ſte⸗
hende liebe des nechſten bey uns ausrichten / daß wir nicht weniger freude
über ſein geiſtliches/als unſer heil fühleten.  Die reſolution des höheren ſtan⸗
des wegen ſich keiner der Chriſtlichen pflichten zu entziehen / iſt wie gerecht/
alſo eines der verſicherſten zeugnüſſen desjenigen rechten ernſts/den göttliche
güte nicht ungeſegnet/ noch ſtecken laſſen kan/ ſondern gewiß auch die kräfften
und mittel zeigen wird/ die noch in dem weg von dieſem und jenem werffende
hindernüſſen endlich völlig zu überwinden.  Wann auch dieſelbe in der prü⸗
fung bey ſich befindet/nach dero wahren bekehrung ſich nicht unter welt⸗geſin⸗
neten denſelben gleich geſtellet zu haben/ achte ich ſolches für das faſt gröſſeſte
unter allen/was ſie bey ſich finden möchte/wann wir ſonderlich bedencken/daß
auch dieſes ſchon einiges gleichſtellen ſeye / wo wir nicht nur allerdings mit⸗
machen/ſondern auch/wo wir nicht bey ſolcher gelegenheit mit worten oder ge⸗
bürden/wie es jedesmal müglich iſt/ unſer mißfallen bezeugen/ und mit einem
ſo vielmehr von der andern eitelkeit unterſchiedenen exempel jene beſchähme :
welches ich nicht leugne/eine von den ſchwehrſten proben zu ſeyn/und eine ſon⸗
derbare weißheit dazu erfordert zu werden/ welche wir von GOTT erbitten
müſſen.  Eben dieſelbe gehöret auch insgeſamt zu unſerm umgang mit dem
nechſten zu deſſen erbauung / ſonderlich zu dieſen unſern verwirrten zeiten.
Dann wo wir in einem andern zuſtand des Chriſtenthums/wie ſolches in dem
erſten alter der Chriſtlichen kirchen geweſen/ ſtünden / ſo bedürffte es ſo viel
nicht/ſondern würde jeglicher in ſeiner einfalt bey jeder gelegenheit anlaß fin⸗
den / an ſeinem nechſten zu bauen / und ſolches allemal von dem andern mit
hertzlicher danckbarkeit ohne verdruß auffgenommen werden.  Weil wir aber
ietzo meiſtens leute um uns haben/bey denen wenig Chriſtliches/ja offt kaum
die fähigkeit iſt/daß man in ſolchem paß mit ihnen als Chriſten umgehe/da ſie
alle vermahnungen und beſtraffungen mit verdruß auffnehmen/ und man ſi⸗
het / wie an ſtatt der erbauung gemeiniglich mehr geärgert und zu mehrern
ſünden anlaß gegeben auch ſeye ; ſo ſehe ich ſelbs offt kaum / was zu thun ſeye/
und traue nicht wol/ gewiſſe reglen hierinnen vorzuſchreiben/ ſondern muß es
dabey bleiben laſſen / daß wer ſeinem gewiſſen darinnen ein genüge gern thun
wolte/GOTT um ſeine weißheit anruffen / und nachmal in ſeiner forcht bey
jeder gelegenheit / was dieſesmal zu thun/ acht geben müſſe / um weder einer
ſeits mit unterlaſſung ſich anderer ſünden/ zu denen man ſchweiget/ theilhaff⸗
tig/und der verſäumnüß einiger ſeelen ſchuldig zu machen; noch andern theils
die perlen vor die ſchwein wider unſers Heylands verbot Matth. 7.

zu werffen/und damit zu deroselben verspottung und vertretung/auch andern sünden ursach zu geben. Wie es dann scheinet/daß die unter wahren Christlichen brüdern und schwestern von dem liebsten Heyland verordnete pflichten nicht gleichermassen uns jetzo allemal gegen alle/welche den Christen-nahmen tragen/verbinden; sondern klüglich/ was aus jeglicher sache zu göttlicher ehre und des nechsten wahren besten vor nutzen zu erwarten / oder gegen dieselbe vor gefahr zu sorgen/überleget werden muß. Wiewol dieselbe ihres höhern standes halben so fern in diesem stück vor andern insgemein einen vortheil haben / da sie meistens mit solchen personen umgehen / die mit mehrerem respect dasjenige auffnehmen müssen/ was von deroselben kommet / daher sie auch zu so thanem fleiß desto mehr pflichtig ist. Die Christliche übungen mit dero untergebenen / darinnen sie ihr priesterliches amt treulich verrichtet/ (nachdeme wie unser theure Lutherus T. 1. Alt. f. 522. bedencklich schreibet: **Es sind alle Christen-mann pfaffen/ alle weiber pfäffin/ es sey jung oder alt/herr oder knecht/frau oder magd/gelehrt oder laye**) habe auch schon anderwertlich her rühmen hören/ daher nicht zweiffle/ daß der HErr solchen fleiß gnädiglich segnen werde; so auch von grund der seelen anwünsche/ und in so heiliger arbeit nicht ermüdet zu werden/ hertzlich bitte. Ich komme aber hiemit auf die beyde vorgelegte fragen wegen der kleidung und des confects. Das erste betreffend/ so wissen wir insgemein/ daß uns einmal die kleidung nicht zur zierde noch gepräng/sondern zur decke unserer sündlichen schand und blösse/ daher erinnerung unseres sündlichen falles/ gegeben ist; und daher die einfalt Christi erfordert/daß diejenige/ welche ihm angehören/ alle ihre kleidung allein zu dem nöthigen gebrauch der decke und beschirmung des leibes richten/ und darinnen nichts von einiger eitelkeit oder gepräng suchen: ohne daß der HERR nicht eben bloß verbeut/ daß diejenige/ welche er andern in seinem nahmen vorgesetzet / weil dero bey den unterthanen habender respect zu derselben gehorsam nicht wenig thut/ einiges mehreres ansehen des eusserlichen aber bey dem unverständigen volck den respect und veneration ziemlich mehret/ auch samt den ihrigen in der kleidung einiges an sich ansehnliches haben mögen: welches mit gebührender bescheidenheit/und zu solchem zweck wahrhafftig gerichtet/ in sich nicht sündlich ist. Absonderlich aber auff dero person und zustand zu kommen/ so muß 1. das hertz immer mehr und mehr gereiniget werden von allem wohlgefallen an der eitelkeit und pracht/ auch so bald etwa ein belieben auffsteigen will/ hat sich dieselbe drüber zu bestraffen und zu betrüben: ja zu verlangen/ daß man dörffte in allen dingen blosser dings bey der nothdurfft bleiben/ und seine innerliche demuth/ auch durch die eusserliche bezeugung heraus lassen/ und auch dem buchstaben nach/ und so weit man die wort ziehen

hen

hen möchte/der Apostel befehl nachkommen. 1. Tim. 2/ 9. 10. 1. Pet. 3/ 3. 4.
Nicht weniger daß die christliche erkäntnüß dermassen bey allen menschen
wäre/ daß niemand des höhern stands sich mit dergleichen eusserlichen bedörffte einigerley massen eine autorität zu machen/ sondern die untergebene
sonsten das göttliche den Obrigkeiten angehengte bild zu erkennen und zu ehren wüßten  2. Nachdem wir aber zu derjenigen zeit leben/ da um des durch-
gehenden verderbnüß willen einige dinge wollen nöthig seyn/ die sonsten weder nöthig noch nützlich wären/ so bleibet wol einiger zimlicher unterscheid
der kleidung gegen anderen gantz gemeinen stand ; aber wo eine demuth in
dem hertzen redlich ist/ so wird sie solchem unterscheid wircklich allemal lieber
etwas abziehen als beysetzen/ und sich immer mit dem noch geringsten begnügen lassen/ was sich thun lässet: nur zu dem ende/ damit nicht durch eine
gäntzliche vergleichung mit den gemeinesten/andere eher geärgert/solches für
etwas affectirtes gehalten/ und der verdacht geschöpfft werde/ ob setzte man
das haupt-werck in dergleichen eusserlichen dingen/ und wolte insgesamt alle
ordnung der eusserlichen stände abgeschaffet wissen.  Welcher verdacht leicht
die wahre gottseligkeit eher lästern machet/ als etwas gutes befördert.  3.
Weil nach göttlichem befehl das weib dem mann unterworffen/und an dessen
willen in allem was nicht eigentlich und schlechter dings böse ist/gebunden ist;
so dann eine verständige person/welche an ihrem Ehe-herrn noch vielmehr gutes mit christlichen exempel/ und auff andere weise mit der zeit auszurichten
hoffen kan/ denselben ohne noth nicht beleidigen/ oder sein gemüth von sich
abwenden solle : und aber derselben geliebter Herr einiges mehreres von deroselben noch in der tracht fodert/ als sie lieber unterlassen wolte/ so hat sie
in einer solchen sache (wie kleidung an sich etwas ist/ so zu den mittel-dingen gehöret/ und aus dem gemüth und absicht des tragenden geurtheilet/gut
und böß werden muß) ihres gemahls willen nicht mit einer härtigkeit zu wi-
derstreben/ damit nicht das ansehen seye/ die vorgebende gottesfurcht wolte
den befehl des HErrn in dem gehorsam der Ehe-frauen auffheben/ dadurch
aber das gemüth mehr gereitzet werde/ auch in andern wichtigern dingen sich
gutem vorhaben zu widersetzen/ und also an statt der verhütung der sünden/
zu mehreren anlaß gegeben werde.  Wie dann dasjenige/was 1. Cor. 7/ 34.
von einer verheuratheten stehet/ daß sie sorge/ wie sie dem manne gefalle/
nicht allein zu verstehen von der gantz sündlichencomplacenz, wo man einem
manne mit eigentlichen sünden zu gefallen zu seyn/ kein bedenckens hat ; sondern daß der Apostel darinnen eine unbequemlichkeit des ehestands vor dem
ledigen anzeiget/ daß nemlich wo jener schon nicht eben ausser der furcht Gottes geführet wird/dannoch die liebe/ welche das weib gegen den mann träget/

und

und der gehorſam/ den ſie ihm auch ſchuldig iſt/ manches mit ſich bringe/ daß
ſie deſſen mißfallen nicht zu mehrer ſtöhrung der göttlichen ordnung auff ſich
zu ziehen/ einige dinge thun und unterlaſſen muß/ die ſie etlicher maſſen hindern an der ſorge deſſen/ wie ſie ſonſten dem HErrn ohne dieſe hindernüß zu
gefallen trachten würde. Mit welchen er gleichwol weiſet/ daß der HErr
um ſeiner ordnung willen/ und weil er unſre ſchwachheit kennet/ gedult tragen will/ indem der Apoſtel deswegen die ehe nicht verbeut. 4. Indeſſen iſt
dieſelbige ſchuldig/ mit freundlichen bitten und vernünfftiger begegnuß immer dahin zu trachten/ wie ſie ihren geliebten Herrn mehr und mehr dahin
vermöge/ ihro eine mehrere freyheit zu geſtatten/ nach der begierde ihrer ſeelen auch in dieſem ſtück leben zu dörffen und nichts tragen zu müſſen/ da er
ſelbs ſehe/ daß es ihr mehr ſeufftzen als freude mache. Ein ſolches mit chriſtlicher klugheit (daß es nicht ein zwang oder eigenſinn ſcheine) brauchendes
offteres anhalten/ ſonderlich etwa wo man eine zeit bemercket/ da entweder
wegen einer von GOtt zugeſandten trübſal/ oder bey anderer gelegenheit das
gemüth mehr dazu geſchickt iſt/ etwas aus anſehen auff GOtt einzugehen/
kan nach und nach mehr erhalten werden/ als man erſtlich gehofft/ oder wo
mans zur unzeit abnöthigen wollen/ auszurichten vermocht hätte. Hiezu
gehöret auch ein eiffriges gebet zu dem HErrn/ welcher nicht nur unſer hertz/
ihm ſtüts zu gefallen zu ſeyn/ ſondern auch anderer uns darinnen nicht zu hin-
dern/ regieren wolle; ja vielmehr mit gleichem eiffer zu beobachtung aller
chriſtlichen pflicht/ nach den regeln unſers Heylandes auch zu erfüllen: welches gebet/ weil es ja nach dem willen GOttes geſchihet/ nicht vergebens ſeyn
kan/ ſondern zu ſeiner zeit die krafft deſſelben ſich offenbahret. 5. Will auch
nöthig ſeyn/ ſo offt ſie dasjenige/ ſo ſie lieber ablegen/ und ſich einer einfältigen demuth befleiſſen wolle/ anziehen und tragen muß/ allezeit ſich vor dem
HErrn deswegen zu demüthigen/ über das elend unſers heutigen zuſtandes
(da nach ROM. 8/ 19. u. f. die creatur wider ihren willen der eitelkeit unterworffen iſt/ aber mit gedult der erlöſung erwarten muß/ unter denen auch die
des Geiſtes erſtlinge haben über eine gemeinſchafft dieſer knechtſchafft/ die ſie
auch noch mit betrifft/ ſeufftzen/ und nach der herrlichen freyheit der kinder
GOttes ſich deſto mehr ſehnen) von grund der ſeelen zu ſeufftzen/ den HErrn/
daß er doch unſer hertz vor allen wohlgefallen an ſolcher eitelkeit/ und andere/
daß ſie nicht ärgernüß von uns nehmen/ hertzlich anzuruffen/ und alſo in allen ſtücken vor GOtt/ auch ſo viel geſchehen kan vor menſchen/ zu bezeugen/
wie mans ſo hertzlich gern anders haben wolte. Wie dergleichen etlicher maſſen auch an dem exempel der Eſther erhellet/ da dieſelbe vor GOtt aufftreten
und ſagen darff: du weiſeſts/ daß ichs thun muß/ und nicht achte den
herr-

herrlichen schmuck/ den ich auff meinem haupt trage / wenn ich prangen muß/ sondern/ halte es wie ein unrein tuch/ und trage es nicht ausser dem gepränge. Wo ein solches hertz ist / so gefällt es GOtt bey aller eusserlichen tracht des leibes/ welche der gehorsam aufferleget/ und der HErr wird demselben gnädig seyn/ auch mehr und mehr ruhe und hülffe schaffen/ in allen stücken nach dem zeugnüß des gewissens leben zu dörffen. Was ferner den andern punct des Confects anlangt/ so ists wahr/ daß heut zu tag gleichfals ein grosser staat / und auch weltliche eitelkeit darinnen stecket/ welche in gegenwärtiger bewandnüß nicht so stracks von jemand/ der es zwahr erkennet/ um anderer willen abgestellet werden kan/ ob es wol vor andern noch leichter erkant werden solte/ da so grosse kosten dazu erfordert werden/ welche an so viel anderes besseres angewendet werden könten und solten; so dann da es eine sache ist / welcher gebrauch der menschlichen gesundheit eher schaden als vortheil bringet. Nachdem ich aber noch nicht sehe/ wie solches sich auff einmal sonderlich/ abschaffen liesse/ lasse ich mir dasjenige mittel noch bestens gefallen/ welches dieselbige selbs gefunden/ es bey demjenigen zu lassen/ was sie mit eigenem fleiß machet / wodurch nicht nur allein ein grosses der kosten erspahret/ und solches etwa gelegenheit geben wird/ der sache je länger je mehr um dero mühe zu schohnen/ abzubrechen/ und allgemach abgehen zu lassen: so mag auch die fleißige verwahrung bey dem abtrag desselben von der taffel etwas an arbeit und kosten erspahren. Aus allen aber werden sie erkennen/ in was betrübten zustand und verfall wir stehen/ da eine seele/ welche willig wäre/ ihrem Heyland treulich nachzufolgen/ so viel umstände bedarff/ zu überlegen/ wie sie es machen müsse/ daß sie ungehindert seinen geboten nachlebe/ da sonsten/ wo man gerade durchgehen könte / und auff nichts anders neben sich reflectiren müste/ dieselbe mit so viel hertzlicherem vergnügen/ in den wegen ihres JEsu wandlen/ und dabey viele ruhe finden würde ; da man hingegen in dem gegenwärtigen sich so quälen und ängsten muß/ und doch dabey noch manchmal viele sorge hat/ ob des HErrn willen damit ein genüge geschehe. Deßwegen schließlich/ da dieselbe ferner christlichen rath verlanget/ diesen einigen noch hinzu setze/ als ein recht nützliches mittel zu mehrer gnaden-erlangung/ daß wir doch alle unauffhörlich zu dem HErrn seufftzen/ über nicht nur unser/ sondern des gesamten welt-wesens / ja auch der kirchen / unaussprechlich grosses elend/ und des HErrn barmhertzigkeit darüber anruffen/ daß er dermaleins mit erbarmenden augen uns ansehen wolle. Also zeiget Paulus Rom. 8. daß dasjenige/ weilen die creatur (auch die kinder GOttes selbs) allhier der eitelkeit wider ihren willen noch so sehr unterworffen seyn muß/ und sich darüber nicht anders als eine gebährende ängstet und windet/ zuwe-

ge

ge bringe / daß sie hertzlich seufftzen und verlangen um die erlösung und nach
der herrlichen freyheit der kinder GOttes.Nun ist es zwahr an dem/daß solche freyheit erst vollkommen seyn wird in jener ewigkeit/wie auch daselbs von
der erlösung unsers leibes gehandelt wird : indessen/ weil gleichwol die
schrifft annoch in dieser welt den glaubigen einige zeit und frist verheissen
hat/da dieselbe mit mehrerer freyheit und ungehinderter ihrem Gott dienen/
auch die erkäntnüß und krafft des Geistes sich viel weiter ausbreiten und
stärcker offenbahren solle/ da also die vorige dienstbarkeit auffs wenigste zimlicher massen erleichtert/ und ein treslicher grad der freyheit gegeben werden
solle;wo nemlich das dem HErrn feindselige Babel/von deme das verderben
auch in alles andere sich ergossen hat / wird in seinem gericht verstöhret seyn/
und der braut des HErrn/dem himmlischen Jerusalem hie auff erden/ einige
erquickung gegönnet werden.　So haben wir ja inniglich zu beten/ daß der
HErr Zion wieder baue/ und derselben brüche heile/daß er was ungleich ist/
eben/ und was höckericht/ gleich machen/ und das jämmerliche winseln seiner
auserwehlten an allen orten mit gnaden bald erhören wolle.　Werden sie
also wol thun/ wo sie täglich oder zu gewisser zeit sich in ihrer einsamkeit vor
GOtt stellen/ und in seiner furcht sich das schreckliche verderben in allen stän-
den/ so ich hoffe/ ihr zimlich bekant zu seyn/ausführlich vorstellen/ wie es in
dem so genannten geistlichen/ weltlichen und hauß-stande hergehe/ nicht so
wol was das zeitliche betrifft/ als wie so gar alles bey allen den regeln und
befehl Christi/ da diese recht in der wahrheit erkant werden/ nicht weniger
entgegen seye/ als fast die finsternüß dem liecht entgegen zu seyn erkant werden mag: wie über dieses der nahme des HErrn so mächtig entheiliget/ die
würde der christlichen lehr bey den unglaubigen beschimpffet und gelästert/so
viele seelen/ die gleichwol der HErr auch zu seinem eigenthum erkauffet/ in
die verdammnüß gestürtzet/ auch andere/ welche noch dem verderben zu ent-
rinnen sich bemühen/ in grosse gefahr geführet/ und offt fast mit dem andern
strohm hingerissen werden/ auffs wenigste mit solcher vielen hindernüß in
dem wege der gottseligkeit sich auffgehalten sehen/ und mit ängsten ihr heil
schaffen müssen.　Wo sie nun solches sich recht vorgestellet/ und ihr hertz darüber mit wehmuth/ eiffer vor GOttes ehre/ welche so schrecklich leiden muß/
und erbarmender liebe des nechsten erfüllet/ gleichsam warm worden/so stelle
sie sich entweder allein oder mit den ihrigen/die solches begreiffen können/vor
das angesicht des HErrn / schütte ihre klage in kindlicher einfalt und wehmuth vor demselben aus/ruffe ihn flehentlich an/ daß er nicht nur allein seine
gerichte mit grosser barmhertzigkeit mildern / sondern solchem verderben steu-
ren/ und diejenige hülffe zur allgemeinen besserung schaffen wolle / dazu aller menschen krafft viel zu wenig ist / und er auch die art / wie er sie ins werck

stellen

stellen müsse/ nicht erst von uns/ daß wir sie ihm vorschreiben müsten/ lernen
darff.   Sie versichere sich/es seye diese übung eine von den heiligsten/die wir
zu dieser zeit anstellen mögen.   Dorten Ezech. 9/ 4. werden diejenigen mit
einem zeichen an ihren stirnen gezeichnet/ folglich auch in den straff-gerichten
geschonet/ welche seufftzen und jammern über alle greuel/ die sie zu geschehen
sehen/ und nicht helffen können.   So verspricht auch der HErr Luc. 18/ 7.
wann seine auserwehlte tag und nacht zu ihm ruffen / daß er sie retten
und gedult erzeigen wolle.   Also lasset uns unaufhörlich zu dem HErrn
ruffen/ biß er die zeiten seines gerichts verkürtze/ und mit seiner hülffe seine e-
lende/ seine arme gefangene/ seine trostlose/ erfreue und erlöse.   Gewißlich/
ob wol alles gebet/ welches wir für unsere eigene noth und der unsrigen anligen vor GOtt in dem glauben thun/ihm angenehm und gefällig ist/ so ist doch
dasjenige/was für solche gemeine noth aus eiffer für die ehre des Herrn uñ erbarmen über das elend der menschen geschihet/ ihm so viel gefälliger/ als reiner es ist von aller eigenen und selbs liebe/  so sich sonsten auff subtile art in
unser gebet für uns selbs mit einschleichet/  und etwa dessen werth vor GOtt
geringer macht.   Auch bin ich versichert/  je hertzlicher wir für das gesamte
gemeine wesen und das reich Christi beten/  und so zu reden unseres eigenen
darinnen vergessen/ so viel reichlicher wird uns GOtt auch das uns nöthige
geben/  das wir auch andern mit solchem ernst gebeten haben : Er wird auch
anderer brüder gebet für uns/weil wir damit uns so viel fester in ihre gemeinschafft setzen/ desto kräfftiger für uns erhören/ biß die zeit seye/ daß er die ver-
streuete kinder GOttes näher zusammen bringe/ wo sie mehr freud an einander haben mögen/ als sie jetzo mit betrübnüß für einander zu seufftzen nöthig
haben.   Ach der HErr gebe uns zu allem solchen auch den Geist der gnaden/
und des gebets/ damit unsere seufftzen mögen vor seinem gnaden thron tügen/
und in der krafft der fürbitte unseres theuren JEsu das allen nöthige erlangen.   Nun diesem treuen himmlischen Vater/ dem Vater der barmhertzigkeit
und GOtt alles trostes/ diesem allerliebsten Heyland undEhren-König/ diesem allerheiligsten Geist und tröster empfehle schließlichen deroselben liebe
person/ samt wehrtesten gemahl und gantzem hause/ zu ewiger gnade/ zu befestigung und fortsetzung des angefangenen guten/ zur krafft seinen willen zu
thun/zu süssem geschmack seines friedens und freuden/zu vielem seegen in dem
jenigen/ worinnen sie seinen willen zu thun verlanget/ zu überwindung der
welt/ zu ertragung alles demselben beliebigen creutzes/zu aller übrigen dieses
lebens/ als viel seine güte nützlich befindet/ wohlfarth. 1685.

Ee                                               SECTIO

## SECTIO XI.

# An eine höhere Standes-person wegen der kleider.

DAs schreiben selbs angehende/ wie mich vorhin der todes-fall des S. jungen Herrn zu christlichem mitleiden bewogen/ so habe ich doch hinwieder aus gethanem bericht ursach/ die himmlische güte zu preisen/ die bey noch so zartem alter ihre gnaden-wirckungen in dero seele/ die sie bald in die ewigkeit versetzen wolte/ dermassen kräfftig erzeiget/ daß es auch zu anderer trost und auffmunterung gereichet. Er wolle/ was durch solches ansehen damals die hertzen gerühret/ so viel tieffer noch immer weiter lassen eingetruckt werden/ zu kräfftiger verachtung alles irrdischen/ und was uns zur stunde des abschieds keinen trost geben kan/ zu einer seligen begierde der vollkommenheit/ in welche die an jahren jüngere vor uns einzugehen gewürdiget werden/ und zu einer sorgfältigen bereitung auff denjenigen wechsel/ welcher uns mit allen vorangeschickten seligen wiederum vereinigen solle. Was deroselben mir vorgestelltes anligen betrifft/ ist mir solches einstheils ein angenehmes zeugnüß der christlichen sorgfalt/ in nichts wider die gebote des HErren zu thun/ andern theils eine anzeige/ daß solche in dieser sache noch zu keiner festigkeit gelangen habe können. Da ich so wohl den himmlischen Vater demüthigst anruffe/ die seele und gewissen auch in dieser sache zu einer gewißheit und ruhe zu bringen/ auff daß sie inskünfftige ihrem GOtt stäts mit so viel mehr freudigkeit/ welche durch allen zweiffel niedergeschlagen wird/ zu dienen geschickt seye: als auch bitte/ mehr und mehr dahin zu trachten/ damit das gemüth zu einer festigkeit komme/ durch hertzliches gebet und gottselige überlegung; allezeit aber sich zu hüte/ wider das gewissen niemal mit willen zu thun. Was ich vor dem in der materie von den kleidern geschrieben habe/ ligt mir nicht vor augen/ noch kan mich alles erinnern. Daher itzo alles von grund aushohlen muß/ was die sache erfordert. Da ich denn diese sätze vorstelle. 1. Unser Christenthum stehet an sich selbs in nichts eusserliches/ oder zu dem eusserlichen menschen gehörendes/ sondern in dem innern menschen und neuen creatur. In Christo JEsu gilt weder beschneidung noch vorhaut etwas/ sondern eine neue creatur. Galat. 6/15. oder der glaube/ der durch die liebe thätig ist/ Gal. 5/6. Daher einen Christen nichts beflecken kan/ was ausser ihm ist/ so fern und wie es ausser ihm ist/ daß seine seele und inneres nichts damit zu thun hat. Da heißt es nicht nur von essen und trincken/ Matth. 15/11. was zum munde eingehet/ verunreiniget den menschen nicht/ sondern was zum munde ausgehet, das nemlich aus dem hertzen kommt v. 19.) das verunreiniget den menschen. 1.

Cor.

Cor. 8/8. die speise fodert uns nicht vor GOtt. Essen wir/ so werden wir darum nicht besser seyn/ essen wir nicht/; so werden wir darum nicht weniger seyn. Also daß wir uns solten lassen gefangen nehmen/ von denen die da sagten Coloss. 2/21. du solt das nicht angreiffen/ du solt das nicht kosten/ du solt das nicht anrühren/ und Rom. 14/17. das reich GOttes ist nicht essen und trincken/ sondern gerechtigkeit. etc. Sondern die art des Christenthums zeiget uns/ daß dergleichen auch von allen andern eusserlichen dingen/ und also auch von den kleidern wahr/ nemlich daß keine an und vor sich selbs sünde seyen: sie sind je alle GOttes gute geschöpffe/und keines geschöpffes gebrauch an und vorsich selbs dem menschen verboten/ sondern wo eine sünde in solcher sache begangen wird/ muß sie in etwas anders bestehen/ so in der seele des menschen ist/ oder vorgehet/ welcher solches eusserliche gebrauchet. 2. Daher freylich auch in dem eusserlichen gesündiget/ und dasselbe uns zur sünde werden kan/ wo nemlich etwas unordentlich und nicht mit demjenigen hertzen geschihet/ wie es geschehen solle/mit wenigem/ wo der ordentlichen liebe GOttes/ unser selbs / und des nechsten entgegen ist/ wie wir mit solchem eusserlichen umgehen. Dahero bleibet die haupt-regel/ was auch in dem eusserlichen/ folglich in den kleidern/ der liebe GOttes/ unser selbs und des nechsten entgegen ist/ das ist sünde/ nicht daß die sünde in dem kleide steckte/ sondern weil das hertz nicht recht stehet/ dessen sünde die kleider und tracht beflecket/ die an sich sonst nicht sünde sind. 3. Wo man denn betrachtet/ wie die seele an den kleidern sündigen könne/ finde ich deroselben unterschiedliche arten: als wo man die kleider also machen lässet/ daß sie bey andern einige unkeuschheit reitzen/ damit aber gemeiniglichen auch die innere geilheit zuerkennen geben; dergleichen geschihet durch solche entblössung/ die der gewöhnlichen landes-art nicht gemäß ist/ und also die lüste bey andern erreget: es bestehet aber die sünde nicht eigentlich in dem kleid/ sondern so wol in der eigenen unreinigkeit des hertzens/als auch ärgernüß der andern/ welches wider die liebe streitet: man kan sich ferner versündigen mit kostbarkeit derselben/ da man also dasjenige dadurch an wird/ was rechtswegen nützlicher solte angewendet werden/ da stehet abermal die sünde in der übelen verwaltung der von GOtt anvertrauten irrdischen mittel/ und also in einem mangel der liebe. Man kan sich auch versündigen mit allzuvielem fleiß und arbeit/ so man daran wendet/ und also die zeit/ davor wir GOtt rechenschafft zu geben haben/ unnützlich durchbringet: die gemeinste sünde aber mit den kleidern bestehet in dero pracht/ und ist eigentlich eine hoffarth/wolgefallen an sich selbs und begierde andern zu gefallen/ welche eitelkeit der innern art des Christenthums allerdings entgegen ist/ da dasselbe eine solche

Ee 2                              keit

seele fordert/ die keine eitelkeit liebe/ an nichts dergleichen ihre sondere freude
suche/ oder es hoch achte/ vielweniger in etwas andern sich vorzuziehen trach=
te: als welches die uns gebotene demuth/ verleugnung unser selbs und be=
scheidenheit ist. 4. Wenn demnach von kleidern gefragt wird/ ob sie sünd=
lich oder nicht/ seyen/ so folget der ausspruch nicht so wohl aus der betrach=
tung der kleider an sich selbs (es wären denn trachten/ die an sich selbs etwas
garstiges und leichtfertiges an sich hätten) als aus der bewandnüß des ge=
müths und der ursach/ warum man sie so und so trägt: ist nun diese dem Chri=
stenthum gemäß/ so ist das kleid unsträflich/ nicht aber wo die ursach mit dem=
selben streitet. 5. Weil sich aber die menschen sehr offt in dergleichen dingen
schmeicheln/ so ist wohl zu beobachten/ daß um ein rechtes urtheil zu formi=
ren/ man sich sehr genau und sorgfältig prüfen muß/ so bald bey einem kleid/
ob es unserm Christenthum zuwider oder nicht seye/ ein zweiffel entstehe:
was die rechte wahre ursache seye/ nicht aber/ womit wir etwan andere/ oder
wol gar uns selbs/ überreden wollen/ daß dieses die rechte ursache seye/ oder
nicht. Denn weil GOtt nichts/ auch nicht der grund unserer seelen/ verbor=
gen ist/ sihet er ohnfehlbar/ wodurch unser gemüth bewogen werde/ oder wo=
durch wir selbs glauben wolten/ daß es die ursache seye/ um nemlich uns zu
entschuldigen: daher kan durch dieses ihm das auge nicht verkleibet werden.
    6. Wo man dann von prächtigen kleidern redet/ so ist nun die gemeinste
ursach/ wo mans recht untersuchet/ diejenige unordentliche selbs=liebe/ daß
der mensch sich selbs so hoch hält/ daß er auch seinen madensack mit einer sol=
chen decke will bedecket haben/ die ihm ein solches ansehen mache/ daß andere
zu einer ehrerbietung gegen ihn bewogen werden/ er hält sich also dessen wür=
dig/ hat gefallen an sich selbs/ suchet sich andern vorzuziehen/ und suchet also
seine würde in einer an sich selbs eitelen sache. Wo also diese dinge in dem her=
tzen sind/ da sind sie nicht nur an sich sünde/ sondern machen auch zur sünde/
was man aus dieser bewegenden ursache thut. Ob nun wol die meisten pracht=
linge nicht gern diese ursache an sich kommen lassen wollen/ sondern allerhand
ursachen der bequemlichkeit/ der gewohnheit oder dergleichen vorwenden/
warum sie sich köstlich tragen/ so wird doch/ wo man in sie tringet/ daß sie auf
alle einwürffe antworten sollen/ gewißlich endlich heraus kommen/ es seye die
ursache gedachte eitelkeit/ hoffarth und selbs=liebe gewesen: wodurch also
ihre kleider durch die unordentliche lust und hochmuth ihrer seelen/ ihnen
verunreiniget und zur sünde werden/ welche sonst nichts unreines oder sünd=
liches an sich hätten. 7. Unter den ursachen/ welche die kleider/ die da schei=
nen etwas über die nothdurfft an sich zu haben/ unsündlich machen/ finde ich
vornemlich zwo/ welche wichtig sind/ nemlich der unterscheid der stände/
und der gehorsam gegen Obere/ die zu befehlen haben.    Die erste anlan=
gend/

gend / weiß ich wol / daß sie der gewöhnliche deckmantel des prachts zu seyn
pfleget/und insgemein viel zu weit ausgedähnet wird/daß sich alles mit dem
stande entschuldigen will.   Diesen mißbrauch billige ich nun nicht: indessen
wird die sache hoffentlich jedem klahr in die augen leuchten / welcher sie mit
bedacht erweget / daß nehmlich einiger unterscheid der kleider auch von dem
stande herkommen möge.   GOTT hat nach seiner weißheit die stände in gewisse ordnungen unterschieden/daß einige regenten/andere unterthanen/eini-
ge herren/andere knechte/und so fortan/sind.   Dieser unterscheid aber bestehet nicht allein in blossen nahmen / sondern die nahmen ziehen auch gewisse
würden und pflichten unter einander nach sich.   Insgesamt aber ist denen
unteren und geringern gegen die obere einige unterwerffung/ demüthigung
und ehrerbietung anbefohlen. Wie denn nun den obern dergleichen von den
unteren anzunehmen (jedoch daß das hertz allezeit in demuth bleibe/ und nur
auf göttliche ordnung sehe) nicht verboten ist / als welches vielmehr zu der
göttlichen ordnung gehöret / also ist auch göttlichem willen dasjenige nicht
bloß dahin zu wider / was von den obern zu erhaltung ihres respects bey den
untern ( da so viele einfältige meistens etwas dergleichen euserliches / so ihnen in die augen leuchtet/ bedürffen) gebraucht zu werden/diensam ist: Dazu
denn auch ein unterscheid der kleider / welcher allen zu erst in die augen
fället / gehöret / und deswegen GOTT nicht zu wider seyn kan.
Wie also zu des eusserlichen standes und lebens zierde und beförderung gehöret / daß man zum exempel mann und weib / frauen und
jungfrauen / herren und diener/knechte und mägde / die jedes orts in würden
stehende oder nicht stehende / so bald an dem ansehen etlicher massen erkenne/
indem sonst vieles unziemliche und confusion entstehen würde ; so sind die
kleider das füglichste mittel/und eben nicht allein / was die form derselben anlangt / sondern auch die materie und also kostbarkeit: Wer also prætendiren
wolte/es dürffte niemand keine andere kleider tragen/als so viel blosser dings
zu der decke und schutz nothwendig ist/auch aus der geringsten und schlechtesten
materie der zeuge / der würde damit fordern / daß denn alle / herr und knecht/
bauer und fürst/in grobem sack tuch und in nicht mehreren stücken des kleides/
als die eusserste nothdurfft erforderte / auffgezogen kämen ; Welches aber
vielleicht jederman so ungereimt zu seyn erkennen wird/daß es der widerlegung
nicht bedarff.   Also bleibet ein unterscheid der stände / auch in den kleidern/
und wer demnach in einem solchen kleide gehet / das vor andern geringern einen vorzug hat/sein hertz aber hänget nicht anders daran/als daß ers träget/
als so zu reden zu einem zeichen des standes/worein ihn der HErr gesetzt/ver-
sündiget sich damit nicht / aber das hertz muß wahrhafftig also wie gesagt bewandt seyn / und kein hochmuth oder überhebung des standes in demselben

Ee 3
stecken.

stecken. Daher wo das hertz rechtschaffen ist/ so wird ein solcher mensch nicht
eben allen unterscheid seines standes in den kleidern hindansetzen/ sondern sich
dessen gebrauchen/ als viel er ihn um anderer willen nöthig findet/ hingegen
damit er sich nicht selbst betriege/ sein hertz offtmal prüfen/ mit was wolgefallen es etwan an etwas seiner kleider hängen möchte/ um seine tücke bey sich
selbs abzustraffen/ und auch an den kleidern seines standes so viel einzuziehen
und abbrechen/ als es noch möglich ist/ nimmermehr aber das geringste über
denselben sich gelüsten lassen/ oder auch sich desselben um der darinnen suchenden freyheit auffs eusserste gebrauchen/ als welches so bald einen hochmuth
und gefälligkeit an sich selbs andeutete/ welche allerdings unrecht ist: ja wo
die wahre demuth ist/ wird der mensch sich solches mehr vor eine last halten/
wo solche eusserliche ordnung ihn zu etwas mehrers nöthiget/ und lieber wün-
schen/ ohne anderer anstoß und unordnung viel geringer gehen zu dürffen.
8. Die andere ursache ist/ der gehorsam/ hat aber insgemein jene erste in sich/
und bestehet darinnen/ daß eine christliche person/ welche/ da es in ihrem blossen willkühr stünde/ am liebsten in der geringsten tracht einher gehen möchte/
auf den befehl derjenigen/ welche über sie eine gewalt haben/ sich stattlicher
kleider/ so dem eusserlichen stand gemäß/ gebrauchen muß. Diese ursach/ wo
sie in der wahrheit und nicht nur ein vorwand ist/ machet dergleichen kleider
einigen Christlichen personen/ welche in dergleichen stande sind/ erlaubt/ indem sonsten von anderen/ die sie aus eigener wahl und willen trügen/ die
Christliche bescheidenheit und modestie überschritten würde/ und sie andern
also vorkommen möchten. Wie ich aber auch in dem tractat von natur und
gnade gezeiget/ wird dabey erfordert/ daß das hertz bey aller solcher tracht seine unwürdigkeit und niedrigkeit vor GOTT erkenne/ und sich ja des standes
nicht überhebe/ noch sich andern bey sich selbst vorziehe/ noch eigenen gefallen
an seinem vorzug/ so dann solchen kleidern/ habe/ vielmehr sie vor eine last hal-
te/ deswegen stets so viel noch in eigener macht stehet/ zurücke halte und abbre-
che/ so dann alles ärgernüß anderer nach bestem vermögen verhüte. Wo aber
ein solches hertz wahrhafftig ist/ wie das bekante exempel der Esther bezeuget/
da sind die an sich ein prächtiger ansehen habende kleider nicht sündlich/ noch
können eine demüthige seele vor GOTT verunreinigen: Daher auch solche
personen von andern nicht freventlich beurtheilet werden dörffen. Und gilt
hinwieder nicht einzuwenden/ daß man GOTT mehr als menschen gehorchen
müste/ indem solche regel freylich nicht zugibet/ daß etwas an sich böses wegen der menschen autorität begangen/ noch etwas nothwendiges gutes um
des verbots willen unterlassen würde/ was aber solche dinge anlanget/ welche
von GOTT nicht eben an sich selbs geboten oder verboten/ sondern unter die
mittel-ding gehören/ können einige derselben/ so aus eigener wahl sündlich
würden

würden gewesen seyn/ durch der obern befehl von der schuld befreyet werden.
9. Was den scrupel anlanget / über die worte der lieben Apostel Pauli
1. Tim. 2. und Petri 1. Pet. 3. von dem tragen goldes/ silbers und perlen/
meine ich nicht/wo die worte recht erwogen werden/daß dieselbe das gewissen
einer person ängsten sollen/ welche von dergleichen keinen staat machet/ sondern aus anderen dem Christenthum nicht widrigen ursachen dergleichen träget. Alle beyde Apostel reden eigentlich davon / wormit sich Christliche
weiber schmücken/ und also worinnen sie ihren schmuck suchen sollen.
Da heisset es freylich/keine Christliche weibes-person mag in gold/silber/per-
len oder köstlichem gewand ihren schmuck suchen/ sondern welche dieses thut/
weiset dadurch die eitelkeit ihres sinnes und wohlgefallen an ihrem maden-
sack/und sündiget also/welches wir nicht gleicher massen von derjenigen sagen
können/ welche aus noth oder gehorsam/ oder was dergleichen eine redliche
ursache seyn möchte/in dergleichen erscheinet/da sie wol in ihrer seelen dergleichen nicht achtet/sondern vielmehr an solcher dienstbarkeit einen verdruß hat/
und sie vor eine last hält/ als auch indem sie solche dinge träget/ als viel müglich ist/alles auch so einrichtet/daß wer acht geben will/ mercken kan/ wie weit
das hertz von der hochachtung solcher dinge seye. Daher stehet so bald bey
Petro der rechte schmuck / welcher seyn solle der verborgene mensch des
hertzens unverruckt mit sanfftem und stillem geist : Damit Christliche
weiber auf das innere gewiesen werden/worinnen sie ihren schmuck suchen sollen. Was also diesem innern zu wider ist/als alles wohlgefallen an der eitel-
keit/ alle begierde bey andern angesehen zu werden und aller hochmuth / ist
Christlichen weibern allerdings verboten : Was aber solchem innern menschen nicht zu wider ist / und also ein tragen solcher dinge/ dero liebe in das
hertz nicht kommen darff/so nur an dem leibe klebet/ist so fern unsträfflich/und
kan von den lieben Aposteln nicht verboten seyn / nachdeme die gantze natur
des Christenthums/ nach oben angeführtem/alle eusserliche dinge/so ferne sie
die seele nicht in unordnung setzen/und der liebe GOttes/des nechsten und unser selbs nicht zu wider sind/uns frey machet. Nach welcher regel alle befehl
zu achten und zu verstehen sind. 10. Aus welchem allem schliesse ich billich/
da ich weiß/und von deroselben nochmal versichert werde/daß sie an allen din-
gen/was nur einen schein des prachts hat/in sich ein mißfallen trage/sich auch
nicht nur von vielem/ so sonsten bey dero stande herkomens / selbs abgezogen/
sondern auch von dero geliebtesten gemahl dessen erlaubnüß erlanget habe/
auch alles übrigen nach der welt schmeckenden befreyet zu seyn wünschete/
so mir in diesem fall genug dazu ist zu erkennen / daß ihre seele vor GOTT
richtig stehe/ daß dieselbe/ nachdem ihr doch nicht zugegeben werden will/ daß
sie

sie von anderen ihres gleichen allzu unterschieden seye / und alles / was den
schein einiges prachtes haben möchte / schlechterdings ablegen solte / anderem
willen hierin wol fügen / solche last / dero ansehen sie hoffentlich mehrmal eher
bemüthigen als erheben wird / auf sich nehmen und behalten / indessen über ihre
seele selbs und über das innere so viel wachsamer seye / dieser dienstbarkeit zur
gelegenheit mehreres guten bey andern und ihrem HErrn sich gebrauchen /
und ferner die regierung GOttes über sich absehen und beobachten möge und
solle. Welchen meinen schluß aus obigem selbs zufliessen / und ferneres er-
weises nicht nöthig zu haben mich versehe. 11. Indessen wird auch allerdings
nöthig seyn / daß dieselbe eben auch darinnen ihre seele wahrnehme / daß sie alle
diese gründe also wol erwege / damit sie durch GOttes gnade in ihrem gewissen versichert werden möge / was ihres GOttes willen über sie seye. Massen
nicht genung ist / daß eine sache recht seye / sondern dazu auch erfordert wird /
daß das gewissen davon eine ihm genungsame überzeugung habe : massen sonsten in einer sache / die an sich nicht unrecht wäre / gleichwol gesündiget werden
könte / wo man etwas dessen thäte / worüber man zweiffel hätte / uñ es mehr vor
unrecht als vor recht hielte : welches aus der disputation des Apostels Rom.
14. ausfündig ist. Dahero mag meine oder einiges andern lehrers meinung
derselben noch nicht genung seyn / sondern um nicht zu sündigen ist noth / daß
dieselbe / was ich oder auch andere möchten von dieser materie an hand geben /
in der furcht des HErrn und mit seiner hertzlichen anruffung also überlege /
daß sie bey sich eine festigkeit erlange über dasjenige / was sie thut / daß sie es
nicht wider den willen ihres himmlischen Vaters / den sie ihr zur regel ihres
lebens billich gesetzet hat / thun / und also darin ihm gefallen möge. Der HErr
aber / der allein unsere hertzen gewiß machen kan / thue derselben auch diese gnade / und versichere sie in ihrer geheiligten seelen / was auch in diesem stücke sein
wille an sie seye / damit sie denselben getrost verrichte / und weder der eiteln
welt sich gleich stelle / noch entweder mit unnöthiger angst sich quäle / oder mit
allzuvieler scrupulosität sich selbs und die gelegenheit an andern gutes zu
schaffen hindere / sondern in Christlicher einfalt und klugheit so in allem andern als auch in diesem thue / was vor dem HErrn gefällig / dem nechsten erbaulich und ihrer seelen mehrer reinigung vorträglich seyn mag. Er be-
freye aber auch mehr und mehr alle seine kinder / von allem was noch einige art
einer dienstbarkeit an sich hat / und setze sie in ihre vollkommene freyheit / da es
so vieler zweiffel nicht mehr bedürffen wird. Ach käme die selige stunde bald!
Nun sie wird kommen / wo wir ihr in gedult erwarten / Amen. 1689.

SECTIO

## SECTIO XII.

# Ob vornehmere weibs-personen schuldig/ ihre kinder selbs zu stillen.

WEgen eigener stillung der kinder/ erklähre mich mit wenigem. 1. Die regel ist/ daß jede mutter ihr eigen kind selbs träncke/ und was ihr Gott in der natur zur ernehrung dessen/was er auch aus ihr gebohren werden lassen/gegeben/darzu anwende. Hierzu weiset die natur selbs/und ist insgemein so wol müttern das saugen ihrer kinder gesünder / als eigne mutter-milch den kindern zuträglicher / daher der eingepflantzten und gebotenen mutter-liebe gemäßer. 2. Indessen können ursachen seyn/ die eine mutter davon befreyen/ wo ein natürlicher mangel an brüsten/ oder ay milch sich findet/wo die natur aus gewissen ursachen allzuschwach/wo kranckheiten anstossen/darvon sonderlich die säuglinge auch schaden nehmen möchten; Es müssen aber lauter solche ursachen seyn/ welche eine art einer nothwendigkeit haben/und mit der liebe stehen. Hingegen 3. vornehmer stand an sich selbs/ befreyet nicht von solcher schuldigkeit/ und wo sich eine mutter solcher pflicht entziehet/ bloß aus flucht der beschwehrden/ gemächlichkeit und zärtlichkeit/ ists eine fleischliche ursach/die ich nicht zu vertheidigen getrauete. Wie aber 4. ein ehemann über den leib seiner ehegenoßin eine sonderbare gewalt hat/ so erstreckt sie sich auch dahin/ daß ers derselben wehren kan/ wo er deroselben liebes-dienste/als bey schwachheiten/also benöthiget ist/daß er derselben nicht zur gnüge/ wo dieselbe selbs stillet/ geniessen kan/ sondern dardurch allzuviel und zu seinem schaden verunruhigt würde. Da bekenne zwahr/ daß es ein seltener casus seyn mag/ daß diese ursach so wichtig/ und die besorgte hindernüß so groß seye/ daß man den ehemann in solchem verbot nicht zu sündigen versichern könte/ und muß ich sorgen/ der vorwand seye vielmehr nur gesucht als in der wahrheit gegründet. Indessen 5. wo eine ehegenoßin/ die selbs gern stillen wolte/und die beschwehrde selbs nicht fliehet/ auch um solche freyheit bittet/aber dieselbe nicht erlangen kan/hingegen in dem ehestand/ von der verweigerung des gehorsams in solchem stück uneinigkeit sorgen müste/ in ihrer einfalt dem ehemann/auf dessen verantwortung es ankommt/ folget/ wird GOTT es derselben nicht zurechnen. 6. Diese schuldigkeit einer ehefrauen gehet nicht allein die erste kinder an/ sondern sie hafftet auch auf den übrigen/ und welche mutter bey einigen der ersten an ihrem vorhaben gehindert worden wäre/ wo solche hindernüß auffhöret/ solle auch billich bey andern folgenden trachten den mangel zu ersetzen. 7. Wo aber das stillen bey vielen bereits unterlassen worden/ traute alsdann/ wo die kräfften durch mehrere kinder

Ff                                                                      der

der bereits gesch ächet / der natur / die dergleichen / da sie noch stärcker / nicht
versuchet / solche last nicht mehr zuzumuthen / weil sie es allzusehr schwächen
möchte : Darzu auch setze / was von einem geschickten medico verstanden / daß
bey einer solchen person das eigne stillen sich nicht rathen liesse / nicht so wol
um der mutter als des kindes willen : dann diejenigen wege / dadurch die milch
zufliessen muß / da sie in ersten zeiten nicht gebraucht / sondern die milch zurück
gehalten worden / stopfften sich allgemach / daß ein kind / das man darnach
erst anlegen wolte / alsdann schwehrlich genugsam und ihm dienliche nahrung
ziehen und erlangen könte / daher darvon schaden leiden würde. 1699.

## SECTIO XIII.

# Was unterthanen in ihrer schwehren betrangnüß von der Obrigkeit zu thun haben.

DJe betrangnüß der unterthanen anlangend / sonderlich dadurch ihre
sabbaths-ruhe und erbauung gestöhret werde / sehe ich fast nicht / was
zu hoffen noch zu rathen. Die meiste Obrigkeiten an allen orten gehen
fast nach einerley principiis, und halten darvor / es stehe bey ihnen / lasten auffzulegen so viel sie wollen / und seye eine gnade / wo man nur darunter noch re-
spiriren kan. Wiewol die meiste schuld nicht der höchsten Obrigkeit seyn
wird / sondern der muthwille der subalternorum thut fast allezeit den grössesten schaden. Wir müssen indessen freylich an denjenigen / mit denen wir zu
handeln haben / nichts unterlassen / mit warnen / bitten / flehen und straffen /
jedoch mehr privatim , als publice , und wo dieses geschiehet / mit derjenigen
discretion , daß man erkenne / man suche vielmehr die besserung derer / welche
sich ihrer gewalt mißbrauchen / als das volck / so ohne das voller unmuth und
bitterkeit gegen sie stecket / noch mehr dazu zu bewegen : vielmehr muß diesen
die lection offt vorgeleget werden / wie sie auch unrecht gedultig leiden / und
über das gerechte gericht GOttes / so diejenige / welche ihm gemeiniglich vorher nicht haben treulich gehorchen / noch das sanffte joch Christi mit gedult
tragen wollen / unter desto schwehreres menschen-joch wirfft / sich mit murren
nicht beschwehren / vielmehr sich bußfertig unter dessen gewalt demüthigen sollen : bey welchem zustande der unterthanen gemeiniglich GOtt auch der
Obrigkeit hertzen zu mehrer gütigkeit lencket ; sonsten aber offters sie von der
Obrigkeit so tractiret werden lässet / nicht wie dero vorgeschriebene regeln mit
sich brächten / da sie väterlich mit den unterthanen umgehen solten / sondern
wie jene es würdig sind / und von ihm verdienet haben. Dabey versichere
dieses / welche seelen noch eine wahre begierde zu dem göttlichen haben / denen
wird GOtt allezeit auch unter den härtesten trangsalen zuweilen noch einige

tage

tage und stunden am sabbath oder sonsten zum besten ihrer seelen frey werden lassen/daß sie nach der gerechtigkeit hungernde und dürstende gesättiget werden. Die übrige / denen es doch kein rechter ernst ist / leiden gemeiniglich in göttlichem gericht/ wessen sie dasselbe werth achtet/ und lässet dieses denselben offt ihre sabbaths-ruhe / ob zwahr durch der menschen / die sich schwehrlich damit versündiget/boßheit/entziehen/die sie ihm etwa ohne solche eusserliche abhaltung dennoch wenig heiligen / sondern ihre feyer bloß zur leiblichen ruhe/ schläffriger und fast nur durch die gewohnheit abgezwungener hörung des worts ohne hertzliche begierde sich wahrhafftig daraus zu bessern/ un wol gar zur üppigkeit und unmäßigkeit gemeiniglich anwenden/weßwegen der HErr schon lang an unserm feyertage einen gerechten eckel gefasset zu haben scheinet. Nun das verderben ist so groß/ als es seyn kan / und ausser dem stand/ daß menschliche hülffe zulangte: Wir müssen zwahr endlich dabey thun/ was noch müglich ist / ob wir einige retten können/ aber dabey glauben / die ehre etwas rechts ausgerichtet zu haben / werde dem allein bleiben / der zu kommen pfleget/und gewiß auch dißmal kommen wird/ wo die boßheit den höchsten gipffel erreichet habe/ und hingegen die zeit seiner verheissung vorhanden seyn wird. Hiernach lasset uns seufftzen und beten / und mit solcher hoffnung uns stärcken / er aber selbs erhalte diese in unsern seelen/ und verleihe uns die gnade/ daß wir treu vor seinem angesicht erfunden werden. 1687.

## SECTIO XIV.

# Von vervortheilung der höchsten Obrigkeit in der bier-accise.

## Die erste Frage.

Obs niedrigen Obrigkeiten im gewissen verantwortlich / wann sie der hohen Obrigkeit/ den von vielen jahren her ausgeschriebenen üblichen bier-accis nicht richtig abführen/also daß da sie des jahrs über 200. achtel und drüber zum verkauff auffsetzen/ kaum 15. oder 20. achtel veraccisen/gleichwol aber bey ihren adelichen ehren und gutem gewissen auf dem steuer-zedul betheuren/daß sie nicht mehr als 15. oder 20. achtel verkaufft/dardurch sie verursachen / daß andere Contributiones und anlagen desto häuffiger folgen / die den armen Adel / dem der Brau urbar mangelt/ und gemeinen mann am meisten trucken ?

Auf diese frage mit grund zu antworten/ sind einige dinge vorhin auszusetzen/ auf welchen dero gantzer entscheid beruhet.

1. Die

1. Die niedrige Obrigkeiten / ob sie wol gegen die unterthanen wahr=
hafftig Obrigkeiten sind / sind doch gegen der höhern Obrigkeit zu rechnen/
eben so wol unterthanen / und das jenige denselben zu leisten schuldig/ was sie
von diesen sich geleistet zu werden fordern: daher sie in den pflichten/ darzu sie
den obern verbunden sind / keinen eigentlichen vorzug für ihren unterthanen
haben/ so wenig als einen haußvater/ daß er auch über sein gesinde gesetzet ist/
von dem gehorsam gegen die Obrigkeit im geringsten befreyet: Ja wir mögen
sagen / die unter=obrigkeiten seyen in gewisser absicht den obern noch mehr als
die unterthanen ihnen verbunden/ theils aus danckbarkeit/ weil sie von ihnen
in seiner maaß ihre gewalt über ihre unterthanen herhaben / und gleichsam in
die gemeinschafft ihrer regierung genommen worden sind/ die sie also gegen sie
nicht mißbrauchen sollen/ theils weil sie den gehorsam von ihren unterthanen
fordern/ und also dessen schuldigkeit dardurch selbs bekräfftigen.

2. Die Obrigkeit/ sonderlich die höchste Obrigkeit/ hats macht/ den un=
terthanen/ sie seyen wiederum Obrigkeiten oder nicht/ schoß/ zoll/ oder ande=
re dergleichen lasten/ dahin auch die accisen gehören/ auffzulegen/ nach dem
klaren ausspruch Pauli Rom. 13/ 6. 7. derohalben müsset ihr auch schoß
geben/ denn sie sind GOttes diener/ die solchen schutz handhaben. So
gebet nun jedermann was ihr schuldig seyd / schoß dem der schoß ge=
bühret/ zoll dem der zoll gebühret/ furcht dem die furcht gebühret/ eh=
re dem die ehre gebühret. Wo wir sehen/ daß der liebe Apostel austrück=
lich diese schuldigkeit behauptet/ und zeiget/ daß solcher zoll und schoß nicht
allein der Obrigkeit selbs/ sondern in derselben GOtt / dessen diener sie sind/
um des durch sie leistenden schutzes willen/ abgestattet werden solle / daher
was hierinnen gegen die Obrigkeit gesündiget wird/ wird zugleich auch gegen
GOtt gesündiget/ und ist so viel schwehrere sünde. Zwahr ists nicht ohn/
daß auch die Obrigkeit in ihrem gewissen nicht frey hat/ solche lasten auffzule=
gen / oder zu erhöhen / wie sie will / sondern sie hat von den untertha=
nen nicht mehr zu fordern macht/ als was die ordentliche und ausser ordentli=
che bedörffnüssen zu führung der regierung im krieg und friedens zeiten erhei=
schet/ fordert und nimmt sie mehr/ als dieser zweck erfordert/ versündiget sie
sich schwehrlich/ und wird das ohne recht abgenöthigte vor GOtt ihnen
wahrhafftig zum raub/ damit sie ihre seelen schwehrlich verletzen/ so wohl als
unter privatis einer sich verschuldet/ welcher frembdes gut an sich zeucht. In=
dessen stehet ordentlicher weise die ermessung dessen/ wie viel die regierung er=
fordere oder nicht/ nicht bey den unterthanen / sondern eigentlich bey der O=
brigkeit / ohne daß nach landes=gesetzen oder freyheit hier oder da auch der
Stände und unterthanen einwilligung erfordert wird/ auch alsdenn billich
dar=

darauff gesehen werden solle.    Wo also eine auflage geschehen/ und deroselben schuldigkeit erkant worden ist/ welches zumalen von denenjenigen offenbahr/ die nunmehr lange gewähret haben/ob auch die höchste Obrigkeit sich mit derselben forderung versündigte/ so ists doch von seiten der unterthanen/ und also auch der untern Obrigkeit/nicht weniger sünde/wo sie sich ihrem gehorsam entweder mit gewalt entziehen/ oder mit heimlichem betrug/ da sie sich stellen ihrer schuldigkeit nachzukommen/die Obere hintergehen.

3. Die untere oder mitlere Obrigkeiten/ sind der höhesten Obrigkeit allezeit mit eyde und pflichten zugethan/ daher was sie thun/ so ihnen von der Obrigkeit befohlen ist/muß allezeit angesehen werden/als ein stück ihrer eydlichen pflicht/und wo sie hingegen wider der Obrigkeit befehl vorsetzlich thun/ thun sie wider ihren eyd/ ob sie wohl in specie über solche sache keinen eyd geschworen haben.

4. Es sind auch alle stände einer jeglichen provinz, als glieder eines leibes/ dazu verbunden/ allezeit auff alle mügliche und an sich selbs zimliche weise an das gemeine des gantzen leibes beste zugedencken/ und dahin sich zu bemühen/ auch um ihres privat nutzens willen das publicum nicht zu beschwehren.

Voraus gesetzt nun dieser erinnerungen oder grund-sätze kan ich nach GOttes wort und den regeln des gewissens nicht anders auff die frage antworten/ als daß eine solche Obrigkeit/ die dergleichen wissentlich thut/ sich damit auffs schwehrste versündige/ und solches auff vielerley weise.

1. Ists eine sünde unmittelbahr wider die hohe Obrigkeit/ indem deroselben dasjenige wissentlich entzogen oder vorenthalten wird/was man nach GOttes befehl wie oben aus Paulo gezeiget worden/ schuldig ist.    Heisset es nun insgemein von andern schulden Ps. 37/ 21. der gottlose borget/und bezahlet nicht/ da dieses als eine eigenschafft eines gottlosen gehalten wird/ wo man/was man einem andern auch in dem gemeinen leben schuldig ist/nicht abstattet/ so heists dergleichen so vielmehr von einem/ der seiner Obrigkeit schuldig ist/ und solches nicht bezahlet : daß er nemlich mit recht den nahmen eines gottlosen trage : so vielmehr weil die schuldigkeit der unterthanen noch so viel strenger billich gehalten wird/ als anderer privat-leute/ nachdem der HErr selbs dem Käyser was des Käysers seye/ abzustatten befohlen hat. Matth. 22/ 21.

2. Weil aber die Obrigkeit GOttes dienerin ist/ und ihr nach Pauli erinnerung Rom. 15/ 6. in solcher absicht der schoß abgestattet werden solle/ so gehet dieser ungehorsam gegen die Obrigkeit auch zugleich mit auff GOtt/ dessen bild die Obrigkeit trägt/ und alles was sie fordert/ auffs wenigste un-

ter dem nahmen der bedörffnüß der regierung und ihres göttlichen amts fordert: daher nimmet GOtt solche ungerechtigkeit also an/ als auch ihm selbs
geschehen: und wird die sünde so viel schwehrer/ als sie in einer ungerechtigkeit zwischen andern personen sonsten seyn würde.

3. Dazu kommt/ daß ob wohl die angebung nicht/ so viel ich sehe/ austrücklich mit einem eyd geschihet/sondern bey Adelichen treuen und gutem gewissen (welches letztere von einem eigentlichen eyd nicht viel unterschied hat)
dannoch ein meineyd in gewisser maaß darinnen begangen wird/ alldieweil
die unter-Obrigkeit den höhern mit eydes-pflicht verwandt ist; daher diese
und alle dergleichen vorsetzliche übervortheilungen derselben eine verletzung
des ihr insgemein geschwohrnen eydes ist.

4. Weil alle hinterhaltung frembden guts oder dessen an sich ziehung
eine schwehre sünde und diebstahl nach GOttes wort geachtet wird (wie unter die sünde/ die mit opffern versöhnet werden musten/ und damit man sich
an dem HErrn vergriffe/ 3. Mos. 6/ 2. gezählet wird/ wo einer seinem
nechsten verleugnet/was er ihm befohlen hat/ oder das ihm zu treuer
hand gethan ist/ oder das er mit gewalt genommen/ oder mit unrecht
zu sich gebracht. Und Habac. 2/6. da heist es: wehe dem/ der sein gut
mehret mit frembdem gut/ wie lange wirds währen? und ladet nur
viel schlamms auff sich) so ist die hinterhaltung und verleugnung desjeni-
gen/ was der Obrigkeit gehöret/ eine noch viel schwehrere sünde/ und stets
fortwährende ungerechtigkeit/als lange man solches schuldige zurück behält:
daß daher das gewissen einer solchen person/ biß sie erstattung thut/ nach dem
wie es heist Ezechiel. 33/ 15. Wenn der gottlose das pfand wiedergiebet/
und bezahlet was er geraubet (zu dem mögen wir aus gleicher ursach se-
tzen/ mit unrecht hinterhalten) hat/ zu ruhe nicht kommen kan/ sondern es
ligt deswegen ein fluch/ wo nicht (welches doch wol manchmal sich weisen
mag) auff eines solchen mit unrecht vermehrten gütern/ daß etwa das unrechte das übrige mit endlich verzehret/auffs wenigste (so aber noch gefährlicher) auff seiner seele/ und setzet diese ausser göttlichem gnaden-genuß. Davon die alte regel bekant ist: non remittitur peccatum, nisi restituatur ablatum.

5. Es wird die sünde auch nicht vermeidet sondern vermehret/ daß es
nicht eine blosse vorenthaltung des schuldigen ist/sondern die Obrigkeit/dero
man sonderlich die wahrheit und auffrichtigkeit schuldig ist/ auch getäuschet
wird. Hat nun dorten Petrus dem Anania die sünde so hoch auffgenommen Ap. Gesch. 5. als er seinen acker verkaufft/ und etwas davon heimlich hinterhaltey hatte/ da der Apostel doch bekennet/daß ers wohl gar behalten

ten hätte können/ weil er mit solcher falschheit dem Heil. Geist in dem Apostel
gelogen hatte/ und vor der gemeinde/ ob wäre alles geliefert worden/ angesehen seyn wollen: so ists gewiß auch keine geringe sünde/ sondern kommet etlicher massen mit derselben überein/ wo man auch seiner Obrigkeit leugt/ und
doch dabey davor angesehen seyn will/ ob hätte man derselben alles treulich
angeben.     Und wie in der welt möchte gefragt werden/ wie schwehr die ma-
ckel seye/ die ein solcher seinen adelichen ehren anklecket/ da er diese zum deckmantel seiner ungerechtigkeit braucht/ so ists gewiß/ daß das gute gewissen/
so fälschlich zum zeugen angeruffen wird/ nicht weniger durch solchen betrug/
als durch die vorenthaltung der schuldigen gebühr an sich selbs allerdings ver-
schertzet werde.     Heist es nun insgemein von den Christen 1. Petr. 2/ 1. So
leget nun von euch ab alle boßheit und allen betrug/ und Ephes. 4/ 25.
nach dem allgemeinen befehl der ablegung des alten menschen/absonderlich:
darum leget die lügen ab/ und redet die wahrheit/ ein jeglicher mit seinem nechsten/ sintemal wir untereinander glieder sind/ also daß von
dieser allgemeinen pflicht der Christen niemand sich ausnehmen kan: so ist die
sünde der lügen und betrugs/wo er gar gegen die Obern/ so nicht als gemeine
glieder sondern in gewisser maaß das haupt selbs anzusehen sind/ so viel
schwehrer/ und dem GOtt der wahrheit ein grösser greuel.

6. Es kommet noch hinzu wider den 4. obigen satz eine neue ungerechtigkeit gegen andere landes-einwohner und unterthanen/ welche weil durch
diese vorenthaltung des grössesten theils die einkünfften der hohen Obrigkeit
so viel geschwächet/ und dero bedörffnüß zuerfüllen unzulänglich gemacht/
von derselben zu ersetzung des manglenden neue und andere lasten auffgeleget
werden/dadurch dasjenige/ was rechtswegen von solchen/die in der bier-ac-
cise untreu sind/ getragen werden solte/ auch auff die schultern derer/ die in
ihren abgaben treu sind/ oder die brau-urbar nicht haben/ zimlichen theils
gewaltzet/und das gantze land um einiger willen härter getrucket/den getruck-
ten aber mancher seufftzer zu schwehrer last/ derer/die ob wol diesen unwissend
ursach dran sind/ausgepresset wird.

7. Ich sehe auch nicht/ wie eine solche Obrigkeit/ wo sie hinwieder von
ihren unterthanen betrogen würde/ sie um der ursach willen/ mit sonst gebührender straffe ansehen könte: wie ich gleichwol davor halte/ daß sie dergleichen betrug und teuscherey ungeandet nicht lassen/ allemal aber das urtheil
auch in der that ihrem eigenen facto sprechen würde: So vielmehr weil ich
nicht wohl sehe/ wie die mitlere Obrigkeit in dieser sache gegen die hohe so
heimlich verfahren könte/ daß nicht ihre unterthanen vieles davon gewahr
werden solten.     Daraus aber leicht zu erachten ist/ wie ein schwehres ärgernüß

nutz dasjenige seye/ so man den unterthanen gibet/und sie damit selbs zur un-
treu/ die darnach immer weiter gehet/ mit eigenem exempel verführet: welches alles vor GOtt auff die rechnung desjenigen kommet/ welcher solches
ärgernüß gegeben hat.

Aus allem erhellet/ wie vielfältige sünde in diesem falschen angeben des
verkaufften zu vervortheilung der accise stecke.

## Die andere Frage.

Wie sich ein beicht-vater/ wenn unter-Obrigkeiten/ und seine
beicht-kinder ihren bißherigen unterschleiff/ gegen die hohe O-
brigkeit/ auff sein vielfältiges zu- und einreden nicht erkennen/
auch nicht davon abzustehen gedencken/ auch nicht rathsam ist/
seine Patronos bey der hohen Obrigkeit oder dero beamten/ die
nicht der Evangelischen religion zugethan sind/ anzugeben ha-
be/ damit er ein reines gewissen behalten möge? Ob er sie könne
zur heiligen communion admittiren oder nicht?

NAchdem bey voriger frage ausgemachet/daß eine solche Obrigkeit/durch
diesen unterschleiff sich vielfältig versündige/ und also stets in einer vor-
sätzlichen herrschenden sünde stehe/ bey welcher keine wahre buß platz hat/ so
wäre diese frage leicht decidirt/ wenn die kirche in ihrer rechten ordnung und
verfassung stünde/wie sie stehen/und nach Christi regel eingerichtet seyn solte:
Denn nachdem das urtheil der zulassung oder ausschliessung von den gütern
des heils/nicht in eines mannes oder auch standes macht stehen solle/sondern
der gantzen kirchen nach allen ihren ständen gebühret/ so müste nach wieder-
holter privat-erinnerung zum andern die erinnerung vor einigen zeugen ge-
schehen/ und da noch keine folge erhalten wird/ der gantzen gemeine die sache
vorgetragen/und in dero versammlung/ob ein solcher noch vor einen bruder zu
halten/ oder aus der gemeinschafft auszuschliessen seye/ durch dero spruch
ausgemachet werden; wie wir den proceß Matth. 18/15. u. f. von unserem
Heyland vorgeschrieben haben.    Nachdem aber leyder unsere kirchen/nicht
so wol in guter ordnung als vielmehr in einer erbärmlichen zerrüttung ste-
hen/und sonderlich die gemeinde nirgends fast in den gebrauch/der ihr zukommenden rechten gesetzet ist/ so aber mehr sünde/ fluch und ungemach auf sie
ziehet/ als wir insgemein glauben/so wird diese frage sehr schwehr. So viel
mehr/wo es noch dazu an orten ist/da die höhere Obrigkeit selbst anderer reli-
gion/und vieles bedencken dabey ist/die blösse unserer/ sonderlich vornehmer/
glieder deroselben auffzudecken/ und damit etwa der gantzen kirchen viele gefahr zuzuziehen: so dann da man folglich keine Consistoria hat/ an die man

der

dergleichen gelangen laſſen/und ſich beſcheids erholen kan.    Daher weil nicht
allerdings nach der ordnung (weil das vornehmſte mittel deſſelben uns mangelt) in dieſem caſu verfahren werden kan / ſo finde ich keinen andern weg zu
gehen/ als daß 1. der beichtvater nochmal der perſon die ſchwehre ihrer ſünde
mit vorſtellung der kräfftigen gründe zu überzeugung ihres gewiſſens vor-
ſtelle/ und ſie ſo beweglich vermahne als flehentlich bitte/ ihrer ſeele darinnen
zu ſchonen / und ſich um des irrdiſchen willen (dabey man noch darzu nicht ſicher iſt/und wo die ſache an die hohe Obrigkeit auch künfftig kommen möchte/
ſehr ſchwehre ſtraf/ die alles unrecht behaltene und noch mehr auffzehren
würde/zu befahren wäre) der göttlichen gnade nicht verluſtig zu machen. Dabey zum 2. ihr ausdrücklich zeige/ daß in ſolchem ſtand alle ſeine abſolution
an ihr unkräfftig/ wie offt ſie wiederholet werden würde/bleibe/ ja ſie nur an
ſtatt des löſens mehr binde/ weswegen auch das H. Abendmahl nicht nütz-
lich/ und zur ſeelen heil ſondern zum gericht gebrauchet würde.    Daher er ſie
auff das höchſte bäte/ſich deſſen lieber zu enthalten/ was ſie zu ihrem todt an
ſtatt des lebens empfinge/ als göttlichen zorn über ſich zu häuffen.    Würde
nun 3. die perſon in ſich ſchlagen/ und von GOtt gerühret buſſe thun/ ſo wäre durch GOttes gnade der ſache geholffen: würde ſie auch auffs wenigſte
in dem hertzen ſo weit gerühret/ daß ſie ſich des H. Abendmahls enthielte/ ſo
wäre auch auff ſolche art auffs wenigſte dem gewiſſen des beicht-vaters etlicher maſſen gerathen.    Wo aber 4. dieſelbe præfracte dabey bliebe/ von ſolcher ſünde nicht zulaſſen/ noch dieſes zuzuſagen/ und dennoch von der communion ſich nicht ausſchlieſſen laſſen wolte/ſo hätte der Prediger nach beweg-
licher remonſtration und proteſtation ſie zu admittiren/ wie unſer Heyland
Judam admittiret hat/ deſſen boßheit ihm bekant/aber bey den Jüngern noch
nicht vollkommen offenbahr war/ alſo da dieſer perſon unbußfertigkeit noch
anderen nicht allerdings oder gar nicht kund worden/ oder zum ärgernuß gereichen kan.    Ich bekenne/ es ſeye ein hartes/ einem dasjenige zugeben/ womit er ſich ſelbs ſchadet: ich ſehe aber hier nicht die ſchuld an dem Prediger/
ſondern daß ſie alle auff denjenigen fällt/ der muthwillig dasjenige/ dem andern abnöthiget/ was derſelbe sua ſolius autoritate ihm nicht verſagen darff:
weil er die Sacramenta ausſpendet in dem nahmen der kirchen/ und alſo davon kein glied der gemeinde/ ſo ſie durchaus haben will/ausſchlieſſen kan/das
nicht diejenige/ die drüber zu cognoſciren haben/ ihn auszuſchlieſſen erkant
hätten.    Alſo iſt er ohne ſchuld/ da er ſich einer gewalt der ausſchlieſſung
die ihm nicht zukommet/nicht gebrauchet/ hingegen auch niemand hat/ an
den er ſich deswegen/ daß die ſache recht formlich ausgemachet/ und ein kir-
chen-gericht angeſtellet würde/ wenden könte.    Auſſer dieſem mittel finde ich
keinen rath: dann die perſon bloß dahin auszuſchlieſſen/ mangelts nicht al-

lein an der eigentlichen gewalt/ sondern weil nothwendig die gantze sache dadurch/ im fall sie nicht willig acquiescirte/ öffentlich werden müste/ würden so viele ärgernüssen erfolgen/ daß die zulassung eines solchen unwürdigen gering dagegen wäre: sonderlich weil die ausschliessung die person nicht bessern/ sondern da sie sie allein von der unwürdigen niessung/ so doch dem vorhaben nach vorgegangen/ und vor GOtt/ ehe sie geschihet/ als geschehen geachtet wird/ abhält/ ihr hingegen nur zu mehrern und schwehrern sünden anlaß geben würde. Da ist nun zwahr die regel/ daß man nichts böses thun dörffte/ daß gutes drauß folge/ aber man mag gleichwol zuweilen ein gutes unterlassen/ daß nicht mehr böses draus folge: Und ist die annehmung zur communion bey dem Prediger vielmehr eine unterlassung eines guten/ nemlich der abhaltung dessen/ der dasjenige abnöthiget/was ihm nicht gebühret/ und ihm schädlich ist/ als wirckliche begehung eines eigentlichen bösen: wie denn die zulassung eines unwürdigen eben daraus erkant wird/ nicht in sich selbs/ sondern allein in gewissen umständen/ böse zu seyn/ weil unser Heyland nimmer etwas gethan haben würde/ was an sich selbs und innerlich böse wäre. Hiemit hoffe ich/ solle ein christlicher Prediger sein gewissen vor GOtt noch erretten/ und hat mit gebet zu dem/ der die hertzen allein in seinen händen hat/ desto ernstlicher anzuhalten/ daß er so wol die seelen derer/ welche ihre sünden und dero gefahr so gering achten/diese recht sehen und empfinden lassen/ als uns in unserm amt die wahre klugheit der gerechten/ um uns in die gegenwärtige elende zeit ohne verletzung des gewissens zu schicken lehren/ so dann sich seiner kirchen auff eine solche art erbarmen wolle/ damit sie wieder in eine ihm gefällige verfassung komme/ in dero es dergleichen scrupel nicht bedörffte/ sondern alles leichter und ungehinderter nach der ordnung Christi geschehen könne. So gebe er auch sonderlich in diesem fall sein liecht/ seinen willen recht zu erkennen/und seine krafft ihn treulich zu vollbringen/um seines liebsten Sohnes willen. Amen. 1692.

## SECTIO XV.

## Wegen einer vor der Obrigkeit geleugneten mißhandlung.

MAs die vorgelegte frage anlangt: Ob eine in ehren und amt stehende person/ so vor 20. jahren einige schwehre sünde begangen/ aber in der Obrigkeit inquisition dieselbe/ sich bey ehren zu erhalten/ geleugnet/nunmehr ihrem gewissen gnug zu thun schuldig sey/ dieselbe wiederum vor der Obrigkeit zu bekennen/ oder ob sie die vergebung allein von GOtt erwarten/ und demselben allein oder

doch

doch nur einem beicht-vater beichten dörffte? finde ich dieselbe nicht ohne schwehrigkeit. Ich will aber/ wie mir/ da sie in der furcht des HErren überleget/ die sache vorkomme/ auffs einfältigste fassen. 1. Ich gestehe gern/ daß die regel eigentlich seye/ daß man GOtt in derjenigen ordnung seine sünde wiederum zu bekennen habe/ in dero er sie einmal gefordert/ und wir ihm damal solches mit unrecht vor enthalten haben/ daher dessen reparation billich thun sollen: es wird durch solches leugnen GOtt die ehre/ die man ihm geben solte Joh. 7/19. entzogen/ und sind wir also schuldig/ ihm solche wieder zu erstatten: es ist der buß art/ daß dieselbe die sünde also hassen muß/ daß man deswegen willig seye/ alles mit seiner sünde verschuldete gern über sich ergehen zu lassen/ nur daß man derselben vergebung versichert seyn möchte/ hingegen machet die furcht vor einigem schimpff und schaden aus der bekäntnüß/ die wahrheit der buß zimlich verdächtig: so scheinet auch/ daß mit solcher regel/ daß die sünde ohne wiederum der Obrigkeit solche zu bekennen nicht vergeben werden könte/ deroselben autorität in handhabung der gerechtigkeit/ daran dem Christenthum/ so wol als der weltlichen ruhe/ hochgelegen/ stattlich befestiget/ hingegen wo man solche nothwendigkeit remittiret/ damit zu manchem leugnen und schwehrer verletzung des gewissens anlaß gegeben werden könte. 2. Indessen sehe ich doch nicht/ wie solche unumschrenckte und keine ausnahm leidende nothwendigkeit der gedachten bekäntnüß gnug erhärtet werden könte/ nachdem wir keinen so austrücklichen befehl in der schrifft davon auffweisen können. .Dann das bleibet wohl wahr/ daß mit dem leugnen schwehrlich an GOTT und der Obrigkeit gesündiget worden/ und hingegen der reus schuldig gewesen wäre/ damal die wahrheit zu sagen/ welche pflicht alles dasjenige/ was uns die schrifft von dem gehorsam gegen die Obrigkeit an mehr orten vorstellet/ mit sich bringet. Aber ob solcher ungehorsam auff keinerley andere weise/ als daß die bekäntnüß auffs neue geschehe/ versöhnet werden könte/ ist nicht eben gleicher massen in der schrifft ausgemachet/ sondern möchte seine ausnahm leiden. Wie wir auch das exempel an dem lieben Petro haben/ welcher auff befragen nicht zwahr unmittelbar der Obrigkeit/ jedennoch dero bediente/ und zwahr also/ daß diese auff sein bekäntnüß ihn ohne zweiffel würden bey der Obrigkeit angezeiget haben/ und da also dieser/ daß den ihrigen die wahrheit gesagt würde/ angelegen war/ dasjenige geleugnet/ was er bekennen sollen/ und sich zwahr damit auch verschuldet hat/ indessen wird uns seine buß in der schrifft gerühmet/ nicht aber auch angezeiget/ daß er sich wiederum in des Hohenpriesters pallast angemeldet/ oder sein voriges leugnen formlich retractiret/ sondern es war zu seiner buß gnug/ daß er seine sünde erkante/ durch Christi winck sich auffrichten liesse/ die fernere gefahr meidete/ und bereit wäre/ wo er künff-

künfftig wiederum gefragt werden solte / die wahrheit nicht ferner zu leugnen: wie er auch darnach allezeit ein freudiger bekenner Christi gewesen. Also 3. achte ich nicht/daß die n. 1. angeführte rationes eine solche starcke obligation mit sich bringen; dann die sache ist zwahr in der Obrigkeit GOTT dem
HErrn geleugnet worden / so muß sie auch/freylich GOtt dem HErrn wiederum bußfertig bekant werden/es wäre auch solches schlechter dings nöthig/
dafern die Obrigkeit nochmal solche sachen vornehmen / und auff ihn inquiri-
ren würde: ohne dieses ist es nicht so nöthig/ es komme dann solche nothwendigkeit noch aus einer andern ursach: sondern/da GOtt nicht auffs neue in
solcher ordnung fraget / so hat mans ihm auff andere art und in anderer ordnung zu bekennen: wiederum ist zwahr die ehre/ die man GOtt zu erzeigen
schuldig gewesen/ in jener sache ihm entzogen worden/ sie kan ihm aber nicht
nur allein durch jene bekäntnuß / sondern auch auff andere weise
wiederum gegeben werden.    Ferner muß die buß dieses nothwendig bey sich
haben/ daß sie lieber alles leiden und über sich ergehen lassen wolte/ als auffs
neue zu sündigen/ oder in der vorigen sünde fortzufahren; wie aber solches
leugnen eine einmalige sünde gewesen/ die darnach nicht weiter mehr continuiret worden/so kan derjenige nicht eben in der sünde fortzufahren eigentlich
gesagt werden/ der nur von einer nunmehr freywilligen und ungesuchten bekäntnuß zurücke bleibt/ es wäre dann sache/ daß ein stäter schade continuire-
te/ welchen solcher mensch durch sein leugnen jemand verursacht hätte. Zum
exempel/ daß jemand noch immer seinetwegen leiden müßte/ deme sonsten sein
leiden durch das bekennen gelindert oder weggenommen würde.   Dann in
solchem fall mag es freylich heissen/ daß man in der sünde fortfahre / wo man
mit seiner hinterhaltung noch immer fort einen andern gravirte/ daher die
buß alsdann nicht richtig seyn könte / dabey man dermassen dem nechsten zu
schaden fortführe.   So bin auch nicht in abrede/ daß die regel freylich stehen
bleiben solle/ daß nöthig seyn möge/die bekäntnuß vor der Obrigkeit zu thun/
und wird in den meisten fällen solche nothwendigkeit indispensabel, welches
dann gnug dazu ist / daß sich niemand nochmal muthwillig auff ein solches
leugnen legen/ und dabey sicher werden darff.   Wo dann 4. auff die hypothesin selbs gesehen wird / traue ich gleichwol nicht bloß categorice zu antworten: sondern die person/ um dero seele es zu thun ist/ muß in ihrer eignen
prüfung vieles finden/ was ihr andere nicht sagen können: sonderlich hat sie
genau auff den bißherigen zustand ihrer seelen acht zu geben.   Ist jene sünde
um solche zeit von ihr geschehen/ da sie insgesamt wenig erkäntnuß GOttes
gehabt/ und also auch diese sünde mehr aus anderer ruchlosigkeit als formli-
chem mißbrauch göttlicher gnade begangen hätte/ und wäre nachmal von
GOtt erst/ da die sache eine weil vorbey gewesen / zu der erkäntnuß und buß
gebracht worden/ hätte auch biß daher eine geraume zeit/ob schon diesen scru-

pul des gewiſſens / dannoch dabey andere kräfftige gnaden-würckungen des
H. Geiſtes und zeugnüſſen deſſen einwohnung bey ſich empfunden / nun aber
wolte ſich dieſer ſcrupul von einiger zeit her ſtärcker ereignen/ und ſie beunruhigen : ſo wolte davor halten / daß da ihr der HErr ſolche ſünde ſchon längſt
vergeben / welches ſie aus den gnaden-würckungen ſolcher zeit bey ſich abzunehmen / dieſe anfechtung zwahr ſie zu ſo viel mehrer demuth und beſtändig-
keit der buß leiten ſolle / aber die nothwendigkeit der öffentlichen bekäntnüß
nicht eben mit ſich bringe.   Gleichwol würde unterſchiedliches dabey nöthig
ſeyn / nemlich ſich zeit lebens ſolcher ſünde zu bußfertiger demüthigung vor
dem HErrn zu erinnern/ und der vergebenen miſſethaten zu erhaltung der demuth und vermehrung des dancks ſtets zu gedencken / auch etwa eine abſonderliche zeit zu monat oder jahren ſich vorzunehmen / da ſie darüber ihre buß-
übungen anſtellte.   Ferner der Obrigkeit in allen andern ſtücken nunmehr
deſto ſorgfältigern gehorſam zu leiſten/ da ſie / ob ihr wol unwiſſend / die ihr
ſchuldige ehr verletzet gehabt : dahin mag auch gehören / wo die mißhandlung mit einer gewiſſen geld-ſtraff auch gebüſſet zu werden pfleget / daß ſie auch das quantum derſelben / oder ein mehrers / auf
eine verborgene art der Obrigkeit zuwende / als die ſie mit unrecht
darum gebracht ; ja ſie ſolte rechtswegen eine ſonderbare ſtraffe/
die zum exempel vermuthlich / wo voriges ihr leugnen offenbar worden / ihr
deswegen dictirt würde worden ſeyn / ihr ſelbs anſetzen / und dieſelbe auf eine
unbekannte weiſe zu dem ærario bringen.   Noch weiter / wo jemand ihrentwegen und um ſolches leugnens willen ſolte in unglück oder ſchaden gekommen ſeyn / ſolle ſie abermal denſelben oder die ſeinige ſchadloß halten / und ihnen wiederum eine ergetzlichkeit davor/ ob ſie ſchon nicht wiſſen/ woher es kom-
met/ zukommen laſſen.   Wo dieſes geſchiehet / achte ich/ könne das gewiſſen
ſich damit zu ruhe geben/ ob wol die öffentliche bekäntnüß nicht erfolget: ſonderlich weil 1. zu ſorgen/ daß das damit ausbrechende ärgernüß (vornehmlich
wo es ein mann wäre/ der etwa bißher einen feinen Chriſtlichen nahmen gehabt) möchte ſchwehrer ſeyn/ und mehr gutes ſchlagen/ daher die ehre GOttes mehr verletzen / als die bekäntnüß dieſelbe beforderte   So dann 2. weil
die perſon/ welche ich præſupponiren will/ daß ſie ſonſten ihrem ehren-amt/ in
welchem ſie ſtehen mag/ mit nutzen vorſtehe/ dardurch nach unſern jetzigen ver-
faſſungen zu ſolchen nützlichen dienſten/ ja vielleicht zu meiſtens allem/ womit
ſie andern nutzen könte/ untüchtig würde.   Wo ich aber wiederum nicht ſehe/
daß göttlicher ehr / dem gemeinen weſen/ und alſo der Obrigkeit ſelbs/ an der
adminiſtrirung der juſtiz in einer verborgenen ſache mehr als an der erhaltung des nützlichen gebrauchs eines mannes gelegen ſeyn mag : daher ſolche
abſicht abermal/ da ſich dieſelbe wahrhafftig in ſolches mannes hertzen findet/

Gg 3                                        (dann

(dann hingegen wo es ihm bloß um seine conservirung/als etwas seines eige-
nen/ nicht aber um dasjenige/ womit er GOTT und dem nechsten dienen
könte/zu thun wäre/wüste ich wenig für ihn zu reden/dann es wäre eine anzei-
gung/ daß er ohne das nicht in wahrer buß stünde/ als in welcher der mensch
dazu kommt/daß es ihm forthin vor sein gantzes leben nicht mehr um seine ehr/
nutzen/ lust oder dergleichen/ sondern lauterlich um seines GOttes ehr/ des
nechsten nutzen und sein heil/zu thun seye/wo aber dasselbe nicht geschiehet/die
buß nicht auffrichtig ist/ in welchem stand er ohne das der göttlichen gnade
unfähig wäre) ihn desjenigen dispensiret/ was sonsten der ordnung gemäß
wäre/in unterschiedlichem aber den zweck/den auch die politische ordnung vor
sich hat/ in diesem fall mehr verletzte als beförderte.   Wobey wol in acht zu
nehmen stehet/daß unsere verordnungen/die zwahr den lastern zu wehren ein-
geführet/ und ihren nutzen/ dannoch dabey an den bußfertigen auch ihre incommoda haben: indem wer etwa einmal ein gewisses für infam geachtetes
laster begehet/ insgemein auf sein lebenlang damit zu öffentlichen ehren-äm-
tern untüchtig gemachet wird/ er bessere sich auch wie er wolle; wordurch
zwahr nicht ohn/daß in dem rohen hauffen manche mehr durch diese als andere straffe von begehung grober laster zurück gezogen werden/daher so lang wir
noch die meiste böse unter uns haben/ es nicht wol anders gehalten werden
kan/indessen die kirche und das gemeine wesen zuweilen dardurch eines man-
nes/der nach einer recht gründlichen buß vollends sein lebtag etwa noch mehr
als andere gutes schaffen können/ und alles von ihm sonsten müglichen nutzens beraubet wird: da hingegen bey den ersten Christen/ da sonsten die kirchen-disciplin in der höchsten strenge geübet wurde/dannoch kein solches gesetz
gewesen/sondern diejenige/welche der ärgernüß wegen mit der kirchen versöhnet worden/(damit es zwahr nicht so leicht hergienge/sondern der ernstlichen
buß genugsamer zeugnüssen da seyn musten/ und etwa auf eine geraume zeit
hinaus erfordert worden) wurden damit als brüder wiederum also auffge-
nommen/ daß/ wie GOTT der vorigen sünden nicht gedencken wollen/ die
brüder gleiches hertz gegen den bußfertigen bezeugten/ daß also dessen gaben
und treue wiederum frucht zu schaffen bequem wurden.   In solcher bewandtnüß würde es auch in diesem fall die difficultäten nicht geben/ die wir jetzo se-
hen/ sondern möchte bey der gemeinen regel geblieben werden.   Wann es
aber bey uns nicht so stehet/ auch um anderer hindernüssen willen nicht wol
noch also eingeführet werden mag/so muß uns dannoch desto weniger schwehr
vorkommen/ daß um eines solchen noch nützlichen mannes willen/ dem aber
und in ihm seinem nechsten unsere ordnungen schaden thun/ auch die andere
ordnung etlicher massen beyseit gesetzt werde.   Dieses wäre meine meinung
über die vorgelegte sache in der supponirten bewandnüß/ und hoffe ich/ die

person/

person/welche es antrifft/ wo sie das hier angeführte in der forcht des HErrn reifflich überleget/sich demjenigen/was dabey erinnert worden/gemäß bezeuget / und dabey hertzlich den HErrn um seine gnade und die versicherung in dem hertzen anruffet / werde sich in ihrem gewissen endlich beruhigt finden. Solte es aber geschehen/ daß nach allem solchen sie noch immerfort in ihren ängsten bliebe/und das hertz nicht befriedigen könte/ so würde endlich kein ander mittel als die bekäntnüß seyn/ dero ich sie sonsten gern befreyen möchte. Ich wolte auch glauben/ es geschehe solches nicht ohne GOttes heilige verhängnüß/dessen gerichte und wege wir nicht erforschen/aber ob wir die ursach nicht erkennen/ dannoch aus dem effect offt abnehmen mögen/ daß etwa der HERR aus heiligen/ ihm bekannten/ und so der person selbs/ als andern heilsamen ursachen/ die bekäntnüß heraus nöthiget/ und daher alle andere mittel der beruhigung vergebens seyn lässet. Wann es heisset/ da ichs wolte verschweigen / verschmachten mir meine gebeine durch mein täglich heulen/ dann deine hand war tag und nacht schwehr auf mir / daß mein safft vertrocknet/ wie es im sommer dürre wird/ aus Ps. 32. so haben wir es als ein zeugnüß anzusehen/daß der HErr die bekäntnüß in derjenigen ordnung von uns haben wolle/ in dero wir sie ihm versagt/und damit solche ängsten uns zugezogen haben. Wo das geschwehr sich durch kein pflaster will zertheilen/oder austrucknen lassen/muß der Chirurgus die öffnung vornehmen. Und hat sich die person/ welche ich hier immer præsupponire/daß es ihr mit der buß ein ernst seye/ hierüber nicht mehr weiter zu beschwehrē/sondern diesem sich dardurch kantlicher bey ihr vorthuendem göttlichen befehl auch gehorsam zu unterwerffen / und zu glauben / es seye alles dasjenige / was sie in der welt solcher bekäntnüß wegen zu sorgen und zu leiden hat/nichts gegen der stetswährenden seelen-angst/so endlich gar den glauben ausl schen/und sie uin die göttliche gnade bringen möchte. Daher sie ja lieber alles/als das ihr allein höchstnöthige/in die schantz schlagen muß. Wo aber 5. sich die umstände anders befinden/nemlich daß die person vorhin in einer wahren erkäntnüß gestanden/ die wahrheit aber freventlich/ und eben in der absicht mit der heimlichen bekäntnüß sich wieder zu helffen/geleugnet/und also auf die gnade trotziglich gesündiget/ auch nach solcher zeit in ihrem leben in fleischlicher sicherheit fortgefahren/ und die gnaden-würckungen GOttes nicht gespühret / nun aber erst wiederum durch dessen finger gerühret wird/ wüste ich fast schwehrlicher sie der mehrgedachten bekäntnüß zu dispensiren/ oder es müsten zimlich mehrere und stärckere zeugnüssen seyn/ daß ihrer buß/ sie vor gründlich und auffrichtig zu halten / wahrhafftig zu trauen wäre/ in welchem fall allein sie davon frey zu sprechen getraute/ hingegen bey dem gegentheil/

gentheil/und da es nur eine übertünchte buß werden solte/ besser wäre/ man
liesse ihr den stäten stachel in dem gewissen/ oder brächte sie zu der in dem euss-
serlichen ihr schädlichen/ aber zur demuth beforderlichen bekäntnüß/ als daß
man mit einer loßsprechung von jener nothwendigkeit ihre sicherheit mehr hä-
gete/in dero ihr nachmal desto weniger zu helffen stehen würde: welches alles
auch platz hat/ wo sonsten neben diesem gewissens-scrupel das leben nicht
wahrhafftig nach GOTT zu führen/von ihr getrachtet wird: welchen leuten
insgesamt alles/ womit man sie trösten wolte/ mehr schädlich als nützlich zu
werden pflegt.     Zu allem diesem 6. setze ich noch dieses/ daß meines werthen
Bruders/ da er Beichtvater wäre/ oder doch sonsten des mannes gewissen zu
regieren hat/oder desjenigen/dem solches obligt/christliche prudenz vieles in
dieser sache thun/ und wie sich ein oder anderes von dem vorbesagten auf ihn
appliciren läst/ oder ihm das heilsamste wäre/ selbs erkennen/ daraus aber
ihm/ was seiner seelen nützlich/ mit treue und vorsichtigkeit an hand geben
muß.     Derselbe hätte auch an die hand zu geben/wo noch einige des orts wä-
ren/ die sich an der sache vor dem geärgert/ und noch ärgerten/ wie demselben
gerathen und geholffen werden möchte.     Daher ich 7. schließlich den himmlischen Vater demüthig anruffe/ welcher auch sich dieser seelen in gnaden erbar-
men/ selbs ihr bester rathgeber seyn/ deswegen diejenige/ die unter menschen
ihr zu rathen haben/mit seinem gnaden-liecht/allemal dasjenige/was ihr das
vorträglichste/ zu erwehlen und vorzuschlagen/ erleuchten/ sie/da sie noch von
der buß entfernet/ kräfftig auf ihm bekannte art dazu führen/ und alle dero
hindernüß hinweg räumen/wo sie aber in der buß stehet/sie darinnen erhalten/
das verunruhigte gewissen selbs befriedigen/ und nachdem sie seiner gnade
völlig versichert/ die zeit ihres lebens in heiligem wandel erhalten: also das
vorhin verschuldete mit desto besserem exempel wieder einbringen lassen wol-
le/ um dessen/ der ihre sünde auch gebüsset hat/ JESU Christi willen.
Amen.  1686.

P. S.     Mir fällt zuletzt noch ein/ daß bey den Juristen die begangene
mißhandlungen sollen nach 20. jahren præscribirt heissen/und nicht mehr zur
straff vorgebracht werden dörffen: da noch zu gedencken/ wie fern dieses seinem gewissen zu statten kommen möchte.

## SECTIO XVI.

# Von den tituln: Als eine hohe Stands-person in
## schrifften ohne die gewöhnliche titul angesprochen
### zu werden verlangt.

Ob

OB wol scheinet / daß dieser gewöhnliche anspruch nicht angenehm seyn mag / da sie mehr verlanget / ohne einige titul angesprochen zu werden / versichere mich doch / daß dieselbe mir dannoch also zu continuiren erlauben werde.. Ich weiß / daß / welche kinder GOttes sind / wie ihnen alles wesen der welt / so nach einiger pracht schmecket / anstincket / die zu unserer zeit eingeführte titul nicht achten / und als viel an ihnen ist / lieber verlangten / mit einander in mehrer einfalt umzugehen. So würde mich auch an demjenigen / was mir von Eu. Gn. guts gerühmet / auch ich aus der wenigen correspondenz mit deroselben darin bekräfftiget worden bin / versündigen / wo ich darvor halten wolte / daß sie sich mit einigen solchen tituln oder was dergleichen seyn mag / kützeln / oder sich darinnen wol gefallen werde. Hinwieder versichere meiner seits / wo es bey mir stünde / daß vielleicht wenig von allem dem / was den schein einiges gepränges hat / überbleiben dörffte / sondern alles vielmehr allgemach auf die vertrauliche alte art (da wol der unterscheid der stände geblieben / aber von allem / was die eitelkeit ihrer selbs / oder der andern schmeicheley / den höhern angekleckt / rein behalten worden war) wiederum gebracht werden. Bey solcher bewandnüß mag Eu. Gn. vielleicht gedencken / warum man dann nicht thue / was vor besser erkant wird? sie wird mir aber gern zu gute halten / wo ich mich darüber erklähre. Es ist derselben gnugsam bekant / wie wir uns allezeit darnach zu richten haben / nicht allein dasjenige zu thun / was frey ist / sondern allemal auch dabey erwegen / daß wir andern nicht anstößig werden; nach der regel des lieben Apostels 1. Cor. 10 / 13. Ich habe es zwahr alles macht / aber es frommet nicht alles. Ich habe es alles macht / aber es bessert nicht alles. Daher wir nicht allezeit zu thun haben / was an sich selbs / und ohne erwogen gewisser umstände / das beste wäre / sondern woran man am wenigsten andern anstoß setzet. Wenn es denn nun bey den bekanten Quäckern / so sich ohne zweiffel an der damit eingeflochtenen eitelkeit gestossen / dahin gekommen / daß sie alle titul bloß dahin verworffen / und einem Christen sündlich gehalten haben / worinnen gleichwol zu viel geschiehet / und die leute deutlich gnug aus Luc. 1 / 3. Apost. Gesch. 26 / 27. widerleget / und daß die titul an und vor sich selbs nicht sündlich seyen / behauptet werden kan: hingegen zu dieser zeit / nicht ohne schande anderer religionen / fast insgemein alle diejenige / die nicht eben mit dem alamode-Christenthum zu frieden seyn wollen / sondern sich nach dem willen des HErrn mit fleiß zu wandeln angelegen seyn lassen / mit dem Quäcker-nahmen beleget / und als solcher secte theilhafftig geachtet werden; welcher verdacht gleichwol auch nicht wenig irrung und hindernüß bringen kan: so halte ichs vor rathsamer / daß auch diejenigen / welche an der eitelkeit der welt an sich selbs

einen

einen eckel haben / zwahr sich auch in den tituln so fern vorsehen / daß sie sich
durch dero übermaaß solcher eitelkeit oder schmeicheley nicht theilhafftig machen / und auch wol zeigen / daß sie dieses / auffs wenigste unnöthigen wesens
gern gar frey seyn möchten / indessen sich noch derselben / als einer unverbote-
nen sache / so lang mit gebrauchen / als jemand sich an dero unterlassung stossen würde / welches insgemein leicht geschehen möchte / wo dergleichen unter
von eusserlichem stand ungleichen personen vorgienge.　Daher wird es Eu.
Gn. zwahr nicht verdacht werden/da sie sich gegen mich aller titul entbrechen/
so mir auch von hertzen lieb seyn wird : Wo ich mich aber / ob zwahr nach dero
erlaubnüß/gleicher freyheit gegen dieselbe/als eine höhere/ bediente/müste ich
sorgen/wie man niemal gewiß ist/in wessen hände die brieffe gerathen/da dergleichen ein ander/ der solche freyheit zu vertragen nicht vermöchte/ sehen sol-
te/daß es mir also ausgeleget werden möchte/ob wolte ich den unterscheid der
stände auffheben / und mich hierinnen den Quäckern mit fleiß gleich stellen.
Ob ich dann schon auch solche leute ihrem richter stehen und fallen lasse / ihre
lehre gleichwol nicht billigen kan / so würde mir dannoch solcher vorwurff an
anderm guten nicht wenig hinderlich seyn können : ich hingegen achte mich für
schuldig/ auch diesen anstoß anderer schwachen zu vermeiden : dabey aber von
grund der seelen verlangte/daß es durch die gnade des HErrn in unserm gantzen Christenthum zu einer mehrern einfalt käme / und auch alle diese sonsten
unnöthige dinge / welche man alleine um anderer willen beybehalten muß/
ohngehindert ausgelassen werden könten.　Ehe aber dieses geschiehet / und
also in gegenwärtigem zustand / bequeme mich der zeit in demjenigen / was
das gewissen noch zugibet : und werden also Eu. Gn. mir auch dieses gütig
zugeben/ ꝛc. 1692.

## SECTIO XVII.

## Vom geschenck-geben und nehmen in gerichtlichen händeln.

### Die vorgelegte frage.

Ob man an einem ort/wo man zu negotiiren oder vielmehr recht-
lichen ausspruch zu gewarten hat/demjenigen Rath/ der in der
sache vermuthlich referiret / und durch seine relation und votum der parthey grossen schaden und vortheil thun kan / mit
gutem gewissen ein geschenck geben oder versprechen könne / ehe
die sache ausgemachet ist?

Wie

Je diese frage an sich selbs sehr wichtig ist/ also wird sich in fleißigem nachdencken zeigen/ daß sich mehr difficultäten darinnen finden/ als man erstlich gedencken möchte/ daß auch mit blossem unbedingten ja oder nein sich nicht antworten/ ja auch ohne gewisse præparatoria zu der antwort selbs nicht schreiten lässet. Daher ich in der furcht des HErrn die gantze materie überlegende/ sie in etliche sätze abzutheilen nöthig finde.

1. Denen Assessoribus, Räthen und Consulenten eines jeden/sonderlich hohen/gerichts/ als welche von solchem ihrem amt leben müssen/ sollen billich solche besoldungen/oder auch mäßige und durch die gesetze bestimmte accidentia, von den partheyen (wiewol das erste füglicher/ und dasjenige/was von den partheyen zu geben/ sicherer dahin zu lieffern wäre/ wovon sie die besoldung zu empfangen) assigniret werden/ daß sie ihr leben nach ihrer condition (so aber nicht so wol nach ihrer ambition zu reguliren/ als von andern rechtschaffenen verständigen leuten zu æstimiren wäre) führen mögen/ und bey ihrer arbeit nicht mangel leiden dörffen. Dieses ist der billichkeit/ ja der gerechtigkeit gegen diejenige/ so zu dero handhabung gesetzet sind/ selbs gemäß. Damit sich solche leute nicht aus mangel des nöthigen unterhalts nach andern unrechtmäßigen accidentien umsehen/und damit der gantze lauff der gerechtigkeit gefährlich gehemmet werde. Geschihet solches nicht/ und es wird nachmal von ihnen in solcher sache wider ihre pflicht gethan/ so sind sie zwahr damit vor GOTT und in dem gewissen nicht entschuldiget/ indessen fället gleichwol ein grosser theil der schuld des daraus entstehenden geschenckgebens und nehmens auf diejenige obere/ welche jenen ihre nothdurfft billich assigniren/ und also die andere inconvenientia dadurch verhüten solten.

2. Welche zu administration der gerechtigkeit gesetzet sind/es seyen nun selbs die richter und assessores, oder deroselben consulenten/ oder welche die relationen zu stellen haben/können nicht mit unverletztem gewissen/ohne was etwa gewisse gebühren möchten lege verordnet seyn/ von den partheyen einige geschenck oder gaben suchen/oder da sie ihnen offeriret werden/annehmen. Die ursachen sind. 1. Weil die gerechtigkeit/ als ein stück des schutzes/ welchen man von der Obrigkeit geniesset/ nicht soll erst dörffen erkaufft werden/ sondern zu der pflicht der Obrigkeit gehöret/ da hingegen zu ihrer unterhalt und anstalten der dinge/ welche zu ihrem amt gehören/ von den unterthanen schoß und andere gebühren abgestattet werden müssen : weswegen sie auch verbunden ist/alles dermassen anzurichten/ daß die unterthanen nicht nöthig haben/jedes in specie,wessen sie von der Obrigkeit bedürfftig sind/auffs neue mit geld zu bezahlen. Deswegen diejenige/ welche von der Obrigkeit zu der administration der justiz verordnet/ und ihnen deswegen zu ihrer subsistenz die salaria gegeben werden oder gegeben werden sollen/dasjenige in dem nahmen

Hh 2                    men

men der Obrigkeit ohne entgeld wiederfahren laſſen müſſen / was die unterthanen von der Obrigkeit/eben deswegen/weil es ihre Obrigkeit iſt/mit recht
fordern dörffen.　Wo mir alſo einer mein gehöriges recht in dem gericht
nicht ohne geſchencke wiederfahren laſſen will / und mich alſo durch die ſorge/
meine gerechte ſache zu verliehren / zu jenen nöthiget / der thut mir nicht viel
ander unrecht/ als wo mich einer ſonſten nöthigen wolte / ihm etwas des meinigen / ſo er von mir in händen hätte/ auffs neue wieder abzukauffen und zu
redimiren : welcher that unbilligkeit jeglichem leicht in die augen leuchtet.

3. Sind auch ſolche geſchencke in den geſetzen und rechten ausdrücklich
verboten : und zwahr nicht nur in den weltlichen und menſchlichen / ſondern
zumal auch in den göttlichen rechten : Da es heiſſet 2. Moſ. 23/8. Du ſolt
nicht geſchenck nehmen / denn geſchenck machen die ſehende blind / und
verkehren die ſachen der gerechten.　So wiederholet wird 5. Moſ. 16/
19.　Zwahr gehöret ſolches bekantlich zu dem jüdiſchen policey-recht / ſo uns
an und vor ſich ſelbs nicht verbindet/als ſo fern und welche ſatzungen auf dem
grund der allgemeinen billig- und gerechtigkeit und liebe des nechſten beru-
hen/darunter wir aber dieſes mit recht zehlen:auch deſſen zeugnüß iſt/daß ſich
gleiche geſetze auch bey andern völckern finden/ſo ihnen von klugen und der gemeinen wolfahrt kündigern männern / ohne abſicht auf die jüdiſche policey
gegeben worden.　Daher wir ſolches geſetz/ als einen ſondern ausdruck des
uns alle verbindenden moral-geſetzes/ und was dawider geſchihet / vor eigentliche und ſchwere ſünden zu achten haben.

4. Werden die meiſte Aſſeſſores und Räthe bey denen gerichten gemeiniglich mit ſonderbaren ordnungen verſehen / darinnen ſolcherley geſchencke
gewöhnlich ihnen bloſſerdings verboten werden / auf ſolche werden ſie angenommen / und müſſen meiſtentheils dieſelbe mit leiblichem eyde beſchwehren.
Wo ſie dann nun dawider thun / machen ſie ſich noch über die übrige ſünden
auch eines meineyds ſchuldig / deſſen greuel vor GOTT nicht gnug ausge-
druckt werden kan.

5. Stürtzen ſich ſolche / welche geſchenck annehmen / in die gefahr eines
ungerechten urtheils oder voti,ſo von ihnen gegeben/und dadurch veranlaſſet
werden kan:zwahr entſchuldiget man ſich damit gemeiniglich/man nehme die
geſchencke/aber ſpreche doch was recht iſt.　Aber es betriegen ſich ſolche leute
ſehr/und weil ſie ihnen etwa einen vorſatz/das recht nicht zu verletzen/gefaſſet
haben / bilden ſie ſich vergebens ein / als ſtünde ſolches nachmal allerdings in
ihrer macht/nicht bedenckende/wie das urtheil des menſchlichen verſtandes ſo
viel auch von dem willen/und was demſelben angenehm oder zu wider iſt/de-
pendire/und darnach geändert werde.　Wir erfahren je alle täglich an uns/
wie

wie wir so leicht dasjenige glauben/ was wir gern wollen/ und uns so offt eine sache dermassen vorkommet/ nicht so wol wie sie an sich selbsten ist/ als wir
sie zu seyn gern sehen: Hingegen finden wir abermal auch bey uns/
daß die empfangene geschencke/ da sie uns angenehm sind/ eine sonderbare affection gegen denjenigen der sie gibet/ erwecken/ aus welcher man bald ver-
langet/ daß derselbe recht haben möge: daraus ferner geschihet/ daß man eines solchen mannes sachen lesend/ sie bald mit durch liebe verblendeten
augen ansihet/ daß dasjenige was für ihn ist/ uns so klahr in die augen leuch-
tet/ daß das andere was dagegen ist/ keinen platz mehr bey uns findet/ und
wir freylich wie in eigenen also auch derjenigen sache/ die wir durch affection
der parthey uns gleichsam eigen gemacht haben/ sehr blind werden. Welches in vorangezogenem spruch 2. Mos. 23/8. GOtt selbs sagt/ daß auch die
weisen durch geschencke blind werden. Welches Sirach auch sehr fein aus-
trucket c. 20/31. Geschencke und gaben verblenden die weisen/ und legen ihnen einen zaum ins maul/ daß sie nicht straffen können. Wer
also sich diese einbildung machet/ er könne wol geschenck nehmen/ und dannoch
unverrückt und ohne die geringste partheylichkeit bey der gerechtigkeit blei-
ben/ der trauet sich mehr zu als er soll. Einmal GOtt sagt/ daß auch die wei-
sen/ welche sonsten guten verstand haben/ und ohne diese hindernüß das recht
ohne fehl sehen würden/ welche auch sonsten einen vorsatz mögen gehabt haben recht zu thun/ durch geschencke blind werden/ und also nicht nur geschehen kan/ daß sie wider besser wissen und gewissen das unrecht recht sprechen/
sondern daß sie auch wahrhafftig ihre affecten dermassen blenden und ein-
nehmen/ daß sie schwartz vor weiß/ und alles was für die beliebte parthey
streitet/ stärcker als es in der wahrheit ist/ ansehen. Wann dann ein mensch
gedencket/ ich kan geschencke nehmen/ und soll mich solches doch nicht blenden:
wolte ich nur fragen/ wem wol am billichsten zu glauben seye/ einem men-
schen/ der sich vieles gutes zutrauet/ oder GOtt selbs/ der des menschlichen
hertzens betrügliche boßheit von grund aus kennet? Ich hoffe niemand werde
leicht so unverschämt seyn/ jenem vor diesem lieber glauben zuzumessen.

6. Kommt noch diese ursach hinzu/ wo einer so starck solte seyn/ daß er
sich durch die geschencke nicht von dem richtigen urtheil der gerechtigkeit abwenden liesse/ so ist doch noch eine ursach/ welche solche zu nehmen verbeut/
nemlich das böse exempel/ welches damit gegeben wird/ dadurch auch andere solche zu nehmen bewogen werden/ von denen diejenige/ welche sich etwa
starck genug zu seyn einbilden mögen/ selbs glauben werden/ daß sie kräfftig
gnug seyn mögen/ deren sinn zu corrumpiren/ und also zu offenbahrer ungerechtigkeit mehr und mehr den weg zu bahnen. Ist also solches nehmen auch
des-

desjenigen/ der sich nicht verblenden liesse/ nicht nur ein schein eines bösen
denjenigen/ welche sein innerstes nicht gnugsam erkennen/ und von ihm darnach urtheilen/ wie die menschen insgesamt gesinnet zu seyn pflegen/ sondern/
es ist auch eine verleitung anderer/ sonderlich wo es von denen wahrgenommen wird/ welche sonst ein gutes zeugnüß und ruff der gerechtigkeit haben/
daß die übrige/ welche ohne das dem unrecht nicht so feind sind/ ihnen dasjenige nicht weniger erlaubt achten/ was sie von denselben sehen: und fället also
die schuld solches stätswährenden uñ imer erneurenden/ ja zunehmenden ärgernüsses imer wieder auf jenen/ der mit seinem exempel andere stärcket. Diese gründe hoffe ich/ sollen starck gnug seyn/ zu erweisen/ daß einmal solche geschencke mit gutem wissen nicht genomen werden mögen/ sondern daß sie sündlich seyen. Es wird auch deroselben sündlichkeit damit nicht auffgehoben/ wo
solche personen sagen wolten/ daß sie aus noth wegen mangel des Salarii dergleichen thun müsten. Dann ob zwahr in solchem fall/ wie bereits erwehnet/
auff die jenige vieles zurück fället/ bey denen es stehet/ daß die billichkeit ihnen nicht gedeyet/ so hebet dennoch solches ihre sünde nicht auff/ sondern sie
müssen mit andern remonstrationen und ansuchungen ihrer noth zu helffen
suchen/ und dörffen so wenig sich mit unrecht an andern zu erholen trachten/
als man den soldaten/ welche in dem krieg ihren sold nicht bekommen/ auch
darin miserabel sind/ nicht billiget/ da sie sich auff das rauben und stehlen le-
gen/ aber ohngeacht dessen darüber von der justiz abgestrafft werden.

3. Wo solches geschencknehmen anfangt einzureissen und bekant wird/
ist die hohe Obrigkeit über jedes solches gericht verbunden/ ein scharffes einsehen zu haben/ die sache zu untersuchen/ und wen man darinn schuldig be-
findet/ auffs nachdrücklichste und andern zum schrecken als einen corrupto-
rem justitiæ, der sich an dem publico hefftig verschuldet/ zu straffen. Thut
sie solches nicht/ so fället abermal auff ihre verantwortung ein grosses theil
der schuld der daher entstehenden ungemach/ und auch darüber zu seiner zeit
ausbrechender göttlicher gerichte/ die auff alle ungerechtigkeit dermaleins
folgen.

4. Insgemein und ordentlicher weise sündiget nicht nur derjenige/ welcher dergleichen geschencke nimmet oder suchet/ sondern auch derjenige welcher dieselbe gibet. Wenn nemlich 1. bey einigem gericht (so ich nicht weiß/ ob
es aller orten üblich) herkommens/ daß die partheyen voran oder hernach/
daß sie nichts spendiret hätten/ bezeugen/ oder solches mit gelübd oder eyd
bestätigen müssen. In welchem fall so wenig dergleichen zu thun mehr erlaubt ist/ als ich sonsten wider die wahrheit oder eyd ohne sünden nichts thun
kan. 2. Wo an einem gericht die gewohnheit noch nicht allzustarck eingeris-
sen ist/ daß daher ihr noch auff allerley weise mit nachdruck resistiret werden

kar/

kan/ und von jeglichem assessore mit dem man es zu thun hat/ sich noch die hoffnung schöpffen lässet/ daß er solcher art nicht seyn werde. Da hingegen diejenige/ welche entweder erstmals eine solche böse sache anfangen und auff= bringen/ oder da sie noch nicht überhand genommen/ dazu mehr vorschub thun/ nicht nur auff oben ausgeführte art sich versündigen/ sondern ihre sün= de damit schwehrer machen/ daß sie ein dergleichen unglück einführen/ deme weder sie noch andere dermaleins zur gnüge zu steuren vermögend sind/ und so zu reden einen brand anstecken/ welcher weiter um sich frisset/ als sie an= fangs selbs gedacht hatten; daß auff ihnen gleichsam eine solche schuld liget/ wie dorten dem Jerobeam so offt das schändliche prædicat zugeleget wird/ der Israel sündigen machte. So lange also noch ein widerstand gegen diese ungerechtigkeit vorhanden ist/ kan man mit gutem gewissen derselben nicht weichen. 3. Also gehöret auch diese condition dazu/ daß es nicht erlaubt seye/ als lang einige hoffnung ist/ auff andere art/ durch anlangung der hö= heren Obrigkeit/ oder was vor mittel sonsten seyn mögen/ zu seines rechts er= haltung zu gelangen. Also auch/ so lange annoch eine vernünfftige hoffnung von dem referenten in specie übrig bleibet/ daß er sein gewissen selbs in acht nehmen/ und ohne solche unzimliche mittel vor denselben zu der gerechtigkeit sich bewegen lassen werde. 4. So viel weniger ist es erlaubt/ da eine sache auch einigen scheinbaren zweiffel hat/ und die gerechtigkeit der einen parthey nicht so klahr vor augen liget/ daß jeder unpartheyischer dieselbe offenbarlich erkennen kan. Wie dann offt geschihet/ daß einer sich in seinem gewissen ü= berzeuget zu seyn achtet/ daß er eine gute sache habe/ da aber die eigene liebe zu sothaner überredung offtmal vieles beyträget/ und es geschehen kan/ daß die andere parthey mehr recht habe/ so man dieser seits wegen seines affects nicht also wahrzunehmen vermag; doch leugne ich nicht/ es seyen zuweilen einige sachen so offenbaren rechts/ da sich auch unpartheyische des andern theils unverschämter ungerechtigkeit verwundern müssen/ und klahr zu se= hen/ daß der gegentheil entweder durch gewalt die sach durchzutreiben/ oder auff andere der gerechtigkeit widrige weise und mittel seinen gegentheil zu untertrucken/ oder zu seinem vortheil die sache auff die lange banck zu schie= ben/ und zeit zu gewinnen suche. Indessen sind gleichwol nicht alle sachen von sothaner offenbaren gerechtigkeit/ sondern sehr viele etwa dermassen in= tricat, daß ein verständiges und mit affecten auff keinerley art eingenomme= nes gemüth dannoch zu schaffen hat/ welcher theil recht habe/ zu erkennen. Wo dann eine sache dermassen bewandt/ wie vielleicht die meiste seyn mögen/ und wir unserm eigenen urtheil nicht trauen dörffen/ deswegen den richter= lichen uñ in demselben so viel als Gottes ausspruch mit gedult erwarten/ und dermaleins uns gefallen lassen sollen/ so ziemet sich nicht/ durch geschencke an

dem

dem gemüth des referenten etwas zu tentiren/ daß es nicht mit gleicher unpartheylichkeit beyderley argumenten und momenta causæ ansehen können/ und also ein gerechtes urtheil sprechen.

Daß nun in diesen terminis geschenck zu nehmen unrecht seye/ meine ich/ werde unschwehr erwiesen. 1. Weil ein solcher der es thut/ mit willen „u des andern sünde (dann daß jener daran sündiget/ wird zur gnüge erhärtet seyn) mit cooperiret und hilfft/ daher sich derselbigen theilhafftig machet/ folglich auch in die gemeinschafft des göttlichen gerichts dagegen fället. 2. Nicht allein sündiget ein solcher durch die participation an des andern sünde des nehmens/ sondern da er hiedurch entweder solchen Gott mißfälligen gebrauch der geschencke anfängt/ wo er noch nicht gewesen/ oder weiter stärckt/ und immer durch jedesmal zu solchem verderben mehr hinzu thut/ daß desto schwehrer zu helffen/ und das ärgernüß wiederum abzuthun wird: daher jeglicher/ welcher in den oben angedeuteten terminis geschencke gibet/ in gewisser maaß theil hat an andern corruptionen, die aus solcher bösen/ und doch auch mit seinem exempel bestätigten/ gewohnheit her entstehen. 3. Kan wahrhafftig durch ein solch geschenck der Richter oder referent ( welche so fern hie in gleichem recht stehen mögen/ weil dieses relation zu jenes ausspruch das meiste zu contribuiren pfleget/ oder doch daß solches geschehen werde/ vernünfftig zu dencken ist) corrumpirt/ das ist/ zu einem dem gebenden ( gesetzt/ er meine auch er habe recht/ wie man sich gern selbs flattiret) favorable aber in der that unrechten urtheil verleitet werden: da zwahr in dem leibl. etwas gewonnen/ aber gewißlich an göttlicher gnade ein viel grösserer verlust gelidten wird. 4. Hat auch solches unzuläßige mittel eine art eines unglaubens in sich. Das gericht wird dem HErrn und nicht den menschen gehalten/ daher auch nicht zu zweiflen ist/ daß/ so lang noch seine ordnung nicht völlig über einen hauffen geworffen/ er seine hand immer dabey habe/ und nachdem ja bekantlich alle hertzen in seiner gewalt und regierung stehen/ sie also zu leiten wisse/ es auch gegen diejenige/ so ihn fürchten/ also thun und solchen ausspruch folgen lassen werde/ welcher ihnen ersprießlich seye. Wer nun dessen nichts hoffen/ und weil er eine und andere ungerechtigkeit vorgehen sihet/ GOttes leitung gar aus den augen setzen will/ gleich hätte sie nichts mehr bey der sache zu thun/ der zeiget/ daß ihms auch an dem nöthigen glauben und vertrauen an GOtt fehle. Hiezu mag 5. auch gesetzet werden das schwehre ärgernüß/ so daher entstehet/ sonderlich wo es geschähe von solchem/ von dem man sonsten die opinion der gerechtigkeit oder frömmigkeit gehabt hätte. Indem so offt rechtschaffene christliche hertzen dergleichen zu geschehen sehen/ sie darüber betrübt werden/ und über den greuel ihrer zeiten seufftzen ( so allemal denen die es verursachen schwehr wird) die geschenckliebende Richter oder referenten

wer-

werden je mehr und mehr in ihrer ungerechtigkeit geſtärcket / und achten ſich
durch die mehr und mehr einreiſſende gewohnheit ſicher: andere in recht ligen=
de werden zur nachfolge verleitet oder gezwungen / arme und unvermögliche
ausgeſchloſſen/ daß ſie zu ihrem recht jemal zu gelangen keine hoffnung übrig
behalten/ und alſo vollends der zorn GOttes / eines ſtaats grund=feſten um=
zureiſſen / mit gewalt herbey gezogen.

5. Wie nun indeſſen dieſes die regel iſt / alſo will ich nicht leugnen / daß
gewiſſe fälle ſeyn möchten / wo dergleichen geſchencke ohne verletzung des ge=
wiſſens könten verſprochen werden.   Es würden aber folgende conditiones
dabey ſeyn müſſen.   1. Daß unſre ſache nicht nur gerecht / ſondern ſo offenbar
gerecht ſeye/ daß nicht nur wir ſelbs / ſondern auch andere unpartheyiſche/die
wir auff ihr gewiſſen deswegen befragt / daſſelbe ohne einigen anſtand / auch
nachdem des gegentheils fundamenta wol erwogen / erkennen / und damit
vor GOttes gericht zu erſcheinen freudig getrauen.   2. Daß es auch etwas
wichtiges antreffe/ deſſen wir nicht ohne groſſen ſchaden und hindernüß in un=
ſerem leben entrathen könten/ ſonderlich wo es auch dinge ſind / daran durch
uns andern vieles gelegen.   3. Daß an einem ort die gewohnheit ſo eingeriſ=
ſen / daß ſie allgemein/ dagegen keine hülffe der Oberen annoch zu erlangen/
und alſo ſie zwahr nicht zu einem eigentlichen lege, ſo nicht geſchehen kan/
worden / aber vim tyrannidis gleichſam erlanget hat / daß wir zu ſchwach
ſind/ derſelben zu reſiſtiren.   4. Daß alſo nicht nur die ſorge einer gefahr/
ſondern ſo viel menſchliche vorſichtigkeit ſehen kan / keine vernünfftige hoff=
nung mehr übrig iſt/ anderer art zu ſeinem recht zu kommen / weßwegen auch
das gemüth des aſſeſſoris oder referenten uns ſo bekant ſeyn muß / daß wir
ohne verletzung der liebe und aus unbetrüglichen zeugnüſſen ein ſolch ſchlech=
tes vertrauen gegen ihn tragen müſſen / und nicht anders können / mit einer
ſolchen gewißheit/ als in einem analogo caſu, wo man das juramentum per=
horreſcentiæ ſchwehren ſolte / erfordert würde.   5. Dazu gehöret endlich/
daß man ja bey dem verſpruch nichts anders und keine ſondere favor erbitte/
ſondern allein pro juſtitia cauſæ und dero beförderung anſuche : auch nach
der ſachen ausgang ausdrücklich bezeuge/ daß man zwahr ex promiſſo dasje=
nige liefere/ aber ſeinem gewiſſen heim gebe/ ob er es von GOtt anzunehmen
getraue/ auch wozu er es anwenden wolle ; auff daß man alſo ſo viel an uns
iſt/ das ärgernüß abwende oder mindere.   Wobey noch 6. aus dem vorigen
zu wiederhohlen / daß kein verſpruch vielweniger eydliches gelübde ein ſol=
ches nicht zu thun dem judicio muß geſchehen ſeyn / oder noch ferner geleiſtet
werden : als in welchem fall es auff keine weiſe geſchehen könte/ ſondern alles
lieber um der ehre GOttes willen in die ſchantz zu ſchlagen wäre.

Wo aber dieſe conditiones ſich finden/ (ich wünſche aber hertzlich / daß

sie sich nirgend finden möchten) achte ich/ daß man ein solches sonsten nach o-
bigem ausgeführten unzuläßiges geschenck zusagen und geben möge. Die
fundamenta sind diese. 1. Weil wir bey einem solchen gericht dessen zustand
so ansehen müssen/ daß öffentlicher gewalt daselbs regiere/ und GOtt selbs
fast gar davon gewichen seye: weßwegen was wir in solchem fall geben/ auch
muß angesehen werden/ als mit gewalt uns abgezwungen. Wo eine rau-
berey in einem land vorgehet/ und ich/ der ich das meinige bey mir führe/ das
unglück habe/ unter die räuber zu gerathen/ sie aber fordern eine reuter-zeh-
rung von so und so viel von mir/ mit betrohung/ daß sie mir sonsten alles nehmen wolten/ oder auch/ wo sie es nicht mit worten sagen/ mir aber bekant ist aus
allen exempeln/ daß sie auff den verweigerungs-fall solches zu thun pflegen/
da kan ich mit gutem gewissen dasjenige/ was jene mit unrecht von mir for-
dern/ solte es auch schon nicht mit austrücklichen worten/ sondern andern anzeigungen geschehen/ ihnen geben/ damit ich das andere erhalte/ und also mit
einem geringern verlust den größern abwenden. Es wird auch solches geben/
welches die rechtmäßige furcht mir ausgepresset/ nicht als ein freywilliges geben angesehen/ wie es auch in der that nicht ist/ sondern wo darüber zu urtheilen ist/ hält man es vor einen zwang. Nicht ein anders urtheil kan von einem
solchen præsupponirten zustand eines gerichtes gefället werden/ als daß man
so zu reden unter publicos prædones gerathe/ von denen wir die erhaltung
unsers übrigen mit einem verlust eines theils desselben redimiren müssen.
Man möchte zwahr einen unterscheid darinn suchen/ daß gleichwol bey einem
solchen gericht keiner mit betrohung etwas fordere/ und formliche gewalt an
uns übe/ weßwegen das geben mehr freywillig als gezwungen seye. Nun
ist nicht ohn/ daß freylich unter beyderley in dem eusserlichen und nach den
umständen ein unterscheid seye/ aber es bleibet dannoch in der sache selbs einerley; es ist die gewisse gefahr des verlusts/ dem ich sonsten nicht entgehen
kan/ aber auff diese einige weise den größern schaden abzuwenden müglich sehe: welches eine zwahr subtilere in dessen nicht weniger schädliche gewalt
ist. So bestehet zwahr das mittel dagegen dem ansehen und eusserlichen nach
in einem geben/ es ist aber vielmehr ein nehmen und leiden als ein geben/ wo-
wo wir auff die innerliche bewandnüß gehen. Daher dasjenige argument,
so sonsten mit recht ausser den angezeigten conditionen gegen das geschenck-
geben geführet wird/ dahin fället/ daß man sich damit der frembden schuld
theilhafftig mache/ und anlaß zur sünde gebe. Dann ich kan mich nicht eigentlich der sünden theilhafftig machen/ mit einem leiden oder abgezwunge-
nen geben/ sondern dazu gehöret ein freyer wille in dergleichen sachen: so gebe
ich auch nicht anlaß zur sünde/ sondern die steckt ihrer wurzel nach bereits in
dem

dem gemüth des Raths/und wo sie sich nicht an mir auslassen kan/mit bekom=
mung eines geschencks von mir / so wird sie etwa die gelegenheit bekommen/
sich auszuüben in der erlangung von dem gegentheil und in ungerechtem ur=
theil/daher mir nicht müglich ist/die sünde zu verhüten/ sondern nur noch in
der wahl stehet / in welchem objecto man ihm solches zu thun die gelegenheit
lassen oder geben wolle. Gleichwie ich nicht hoffe/daß jemand verständiger
denjenigen/ welcher obiger massen von strassen=räubern/ sein übriges mit ei=
ner geringern summe redimiret/beschuldigen werde/ daß er damit die räuber
in ihrer boßheit stärcke / oder ihnen zur sünde anlaß gebe: Daher ein gleiches
von dem unter handen habenden casu zu æstimiren ist. So ist bereits bey
den ethicis bekant und ausgemacht/ daß solche handlungen nicht bloß pro
voluntariis oder spontaneis erkant/ sondern mixtæ genennet werden/ welche
die natur des wercks so fern ändern können/ daß was aus solcher furcht und
gewalt geschihet/ mag nicht unrecht seyn/ ob es wol unrecht wäre ohne
solche gewalt. Zwahr möchte man einwenden/ wir sollen keine gewalt dem
göttlichen befehl vorziehen/ sondern lieber alles leiden/ ehe wir wider densel=
bigen sündigen wolten: welches ich auch gestehe/und deßwegen nicht erlaubt
achte/ um angethaner gewalt willen etwas desjenigen zu thun/was eine sün=
de ist. Zum exempel/ wo mich mörder zur verleugnung GOttes oder an=
dern in sich unrechten dingen nöthigen wolten/ habe ich auch mein leben nicht
zu theuer zu achten/ daß ich es mit solcher sünde erkauffen wolte/ sondern da
muß ich den nahmen des HErrn mit erwartung alles dessen/ was göttlicher
rath ihnen ferner über mir verhängen will/ heiligen. Dahin gehöret auch in
gegenwärtigem casu, daß ich um keiner moral gewalt willen/ die wir darin=
nen zu stecken achten/ einen meineyd oder eigentliche lügen begehen dürff. A=
ber es ist ein unterscheid unter den sündlichen handlungen/ deren einige eine
solche innerliche boßheit in sich haben/ welche keinerley massen und nie recht
sind. Zum exempel/gotteslästerung/meineyd/lügen/verachtung GOttes/
haß des nechsten/ ehebruch und dergleichen/ andere aber bestehen in solchen
handlungen/ die in sich keine innerliche boßheit oder turpitudinem haben/
sondern indifferente actiones sind/ aber aus andern ursachen böse werden:
bey jenen also ist nie müglich daß sie erlaubt werden/ oder durch eine gewalt
sich ändern könten/ nicht aber mag von diesen gleiches gesagt werden. Da=
her zum 2. zu mercken/ daß das geben eines geschencks an einen Richter/oder
mit dem gericht beschäfftigten person/ unter die erste art nicht gehöre/ indem
das geben selbs eines geschenckes in andern umständen nichts böses/ sondern
ein freywilliger gebrauch des meinigen seyn kan/auch möchte ich einer solchen
person ausser den gerichtlichen geschäfften/auch nach geendigtem proceß aus
einer blossen affection auff eine solche art/ da sie und andere sich nicht daran

ärgern

ärgern könten/ohne sünde schencken: sondern es bestehet die malitia des actus
in dem schaden/ welcher aus demselben entstehet/ weil nemlich damit er= und
verkaufft wird/ was ohne entgeld solte erlangt werden/ weil damit leicht die
gemüther verblendet/ und zur ungerechtigkeit verleitet werden können/ auffs
wenigste andere dadurch geärgert/ und zu vieler ungerechtigkeit veranlasset
werden/ und also das gemeine beste in vielen stücken erfordert/ daß was sonst
in andern fällen nicht verboten/ in diesem fall von GOtt jure positivo verbo=
ten worden.   Welche handlungen aber dieser art sind/ mögen durch eine ge=
walt erlaubt/ und mehr vor leiden als thun geachtet werden: und damit fäl=
let jener einwurff dahin.   Auch weil das verbot nicht geschenck zu geben zum
grund dieses hat/ damit die gemeine wohlfarth befördert/ und die administrirung der gerechtigkeit nicht gehemmet werde/ so macht z. dieses ein neu
argument vor diesen unsern satz/ daß eben zu der gemeinen wohlfarth und
handhabung der gerechtigkeit auch gehöre/ daß in einem dergleichen verdor=
benen zustand eines gerichtes denjenigen/ welche gleichwohl gewissenhafft
verfahren wollen/ nicht alles versperret werde/ dadurch sie zu ihrem recht noch
einigerley massen gelangen könten. Massen dann sonsten der ungerechtigkeit/
dero zu wehren das verbot des schenckens und nehmens die absicht hat/ da=
durch mehr thür und thor geöffnet/ alles dasjenige/ was ein ungerechter
mensch vor ein gericht zu ziehen die macht bekommen/ lauter ungerechten in
die rappuse gegeben/ und der gerechte und gewissenhaffte zum lohn seiner
frömmigkeit deroselben muthwillen ohne übriges mittel überlassen würde.
Nun wo ohne wahrhafftige sünde solcher gewalt nicht zuentgehen wäre/ blei=
bet wol dieses die condition der frommen/ daß sie von den ungerechten lei=
den/ und mit dessen gedultiger ertragung den nahmen ihres GOttes preisen
sollen/ welches sie auch nicht ungern thun müssen.   Aber wie jenes verbot in
dem leiblichen zum zweck und grund hat die gerechtigkeit und dero handha=
bung/ folglich daß den gerechten möge wol seyn/ und sie darinnen dessen/ wo=
zu ihnen die Obrigkeit gegeben ist (nemlich dir zu gut/ item daß sie nicht
den guten sondern den bösen wercken zu fürchten seye Rom. 13/ 3. 4.)
auch in den gerichtlichen dingen/ soviel in dem menschlichen leben geschehen kan/
geniessen/ nicht aber einer offenbahren oder verdeckten gewalt preiß gegeben
werden/ so kan solches verbot sich nicht dahin und so weit erstrecken/ wodurch
aller jener zweck umgestossen/ und der zustand derer welche eine gerechte sache
haben/ nur elender und unheilbarer gemachet werden/ weil so GOttes/ der
das gesetz gegeben/ als der menschen/ welche es auffs neue wiederhohlet ha=
ben/ intention nimmer dieselbe gewesen seyn kan.

Der HErr der GOtt der gerechtigkeit sehe auch in dieses verderben des
gegenwärtigen zustands/ welches sorglich bey den gerichten sich hin und wie=
der

der finden mag/regiere die oberhäupter/ alles ihrer seits zu thun/was zu völliger abschaffung solches greuels nöthig ist / und damit die sonsten besorgliche
zorn-gerichte abzuwenden; gebe denjenigen/ welche sich einigerley massen in
solchen dingen mit geben und nehmen oder abdringen versündiget haben/ihre
sünde bußfertig zu erkennen / und auffs künfftige ihre hertzen von allem geitz
und ungerechtigkeit/ja auch schein des bösen/zu reinigen; diejenige aber/wel-
che ihr recht an den stätten des gerichts zu suchen haben/ erfülle er mit dem
Geist der weißheit/auch zu erkennen/ was sein heiliger will an sie in allen fällen bey solchem werck seye/ mit muth und ernst demselben in allem nachzuleben / mit gedult die dabey befindliche beschwehrnüssen zu überwinden / mit
glauben aus seiner regierung/ unter dero alle hertzen stehen/ ihr recht zu er-
warten/ und endlich mit der freude/ daß sie in dem ausgang sehen/daß GOtt
noch richter auf erden/ und unter aller ungerechtigkeit der menschen selbs ge-
recht/ auch der seinen schutz und Vater bleibe. 1685.

## SECTIO XVIII.

# An eine Christliche mutter / deren söhne in böses leben gerathen.

DErselben gegen mich allezeit bezeugte christliche liebe / und weil ich
weiß/ daß es ihro um GOTT und seine gnade ein ernst ist/ erfordert
von mir hinwiederum/ daß ich nicht nur ihro stets gedencke/ und auch
ihren lieben nahmen in einem öffter gebet vor den thron der gnaden bringe/
sondern daß auch zuweilen dieselbe solches meines christlichen angedenckens
versichere/ und mich nachzufragen unterstehe/ wie es um ihre und der ihrigen
seele stehe. Ich weiß/ daß ihre andere trübsalen/ so sie auf unterschiedliche
art betroffen/ so sehr nicht in ihrer seele schmertzen/ als daß sie an mehrern der-
jenigen/ welche ihr der HErr gegeben/ dasjenige bißher nicht hat sehen mö-
gen/ wornach sie verlanget/ nehmlich/daß sie ihnen auch das einige nothwendige vor allem liessen angelegen seyn / da hingegen offenbar ist / wie sie sich
starck in die welt verliebt / und fast mit solchen stricken derselben verbunden/
welche so leicht nicht wieder zu zerreissen sind: daher sie auch immer über diejenige anfechtung geklaget/ daß sie der gütige Vater auch in den stücken nicht
zu erhören scheine/ worinnen sie doch nichts als der ihrigen seelen/ und also et-
was/ welches ausdrücklich seiner ehr gemäß seye/ von ihm so flehentlich suche.
Nun meine werthe Frau / was ich mehrmal in gegenwart gemeldet/ wieder-
hole nochmal zu desto hertzlicherm nachdencken/ und ruffe den HErrn an/ daß
er mit lebendiger erkäntnüß seines heiligen willens ihre liebe seele immer
mehr und mehr beruhigen wolle. Daß sie wegen derjenigen/ welche ihr der
HErr gegeben hat/ besorget ist/ thut sie nicht nur allein als eine christliche

mutter/

mutter/welche die ihrige demjenigen/deſſen ſie ſind/auf alle weiſe zuzuführen
verbunden iſt/ſondern ſie weiſt/daß dieſes gar die allgemeine Chriſten-pflicht
ſeye/ daß uns nichts mehr angelegen ſolle ſeyn bey unſerm nechſten/ als wie
ihm ewig wol ſeyn möchte/ daher auch keine wichtigere urſach zur betrübnüß
iſt/ als wo wir einige ſehen/ welche die gefahr ihrer ſeelen wenig beherzigen/
und alſo dieſelbige immer ſchwehrer machen.  Ich traue auch ihrem chriſtlichen gemüthe dieſes zu/ daß ſie es nicht werde haben ermangeln laſſen/ ihre
ſöhne treulich von jugend auf zu vermahnen/ daß ſie ſich dasjenige vor allen
dingen lieſſen angelegen ſeyn/ davon ihnen ewig wol wäre.  Solte aber in
mehrerm nachforſchen das gewiſſen zeigen/ daß ſie mit mehrer ſorgfalt und
ernſt in den zarten jahren/ wo die gemüther noch am beſten zu lencken ſind/
hätten von der liebe der welt/von dem trunck und vom freyen leben abgezogen
werden können/als geſchehen wäre/ſo wäre dieſes nothwendig/ſich auch deßwegen vor dem angeſicht GOttes zu demüthigen/ und dardurch ſeiner gnade
ſich zu verſichern: welches von ganzem herzen gethan/ nachmal einen treffli-
chen grund leget einer mehrern ſeelen-beruhigung.  Nechſtdem ligt derſelben freylich ob/nach allem dem vermögen/ ſo ihr der HErr gibt/ noch jezo für
ihre ſeele zu wachen/ und da ſie ſo fern in dem übrigen auſſer ihrer gewalt und
in der frembde ſind/auffs wenigſte tag und nacht zu demjenigen/ der ihr rechter Vater im himmel iſt/ zu ſeuffzen/ daß er ſich derer/ ſo in der irre eine gute
weile gegangen ſind/ in gnaden erbarmen/und ſie wiederum zurückführende/
ein zeugnüß ſeiner allmacht und güte erweiſen wolte: wie es vor dem von des
theuren Auguſtini mutter Monica, ſo ihren ſohn von GOtt endlich erbeten
hat/heiſſen muſte/ es ſeye nicht möglich geweſen/ daß ein ſohn von ſo vielen
thränen ſolte haben können verlohren gehen.  Mit dieſem gebet muß unaufhörlich angehalten werden/als lang der HErr die gnaden-thür über die unſrige noch offen/und ſie in dieſer zeitlichkeit läſſet/ob ſeine güte endlich zu der lez-
ten ſtunde dasjenige erfolgen lieſſe/was wir längſten zu geſchehen gewünſchet
hatten.  Indeſſen muß auch in dieſem ſtück unſre natürliche/ ob wol an ſich
ſelbs rechte und billige liebe/ dem göttlichen willen und gerechtigkeit weichen/
und ſich unterwerffen/ alſo daß wir der unſrigen heil nach aller krafft des
Geiſtes/ die uns verliehen wird/ mit ſorgfalt und gebet ſuchen/ aber unſern
GOtt und deſſen gerechtigkeit/uns noch viel lieber als die unſrige ſeyn laſ-
ſen/ und deßwegen wider dieſe nicht murren/wo GOtt an den unſrigen ſeine ordnung nicht bricht/nach dero er diejenige/ welche ſich nicht mit ſeylen der
liebe zu ihrem heil ziehen laſſen wollen/ſelten gleichſam mit gewalt dazu nöthiget.  Alſo da ein dem HErrn treulich dienender David an den ſeinigen nicht
alles vergnügen ſihet/ und gar an einem Ammon und Abſalon wenig hoffnung behält/ſie ewig wiederum mit freuden zu haben/ muß er ſich auch darin-

nen

nen unter GOttes hand mit gedult demüthigen/und diejenige nicht mehr für
die seinige erkennen/ welche sich selbs nun also von dem HErrn getrennet ha-
ben/daß sie unter die zahl der seinigen nicht wiederum kommen.   Ich beken-
ne/ es ist eine harte lection,  und muß hierinnen der natur gleichsam gewalt
thun/ aber wie an jenem tage/ da wir das fleisch gantz abgeleget haben/ eltern
nicht mehr schwehr wird werden/  auch die ihrige von sich und GOtt ewig
geschieden zu sehen/ weil ihr wille nunmehr von dem göttlichen gantz durch-
drungen ist/also will uns GOtt auch noch hier in der welt diese gnade thun/
daß wir in der krafft seines Geistes die natur überwinden/ und seiner gerechtigkeit diejenige/ welche wir geliebet/ wo es nicht mit freuden seyn kan/ dannoch mit gedult/demuth und verleugnung unser selbs/überlassen. Es ist dieses ein solcher todt unserer natur/ dadurch und daran sie nicht gern will; sich
aber auch wie in andern stücken von der weisen hand des Vaters/so uns durch
manchen todt zum leben geführet/führen lassen muß: in welcher schul ich meine geliebte Frau von GOtt lang bereits geübet zu seyn wol weiß/und denselben hertzlich anruffe/daß er sie in diesem und allem übrigen nach seinem rath
treulich leite/und mit ehren annehme.   Hiezu wird auch gehören/ da sie die-
jenige/ die von ihr entfernet/ und die meiste bande ziemlich zerrissen haben/
nicht selbs regieren kan/ sondern sie GOttes regierung mit hertzlichem gebet
lediglich überlassen muß: daß sie an den übrigen lieben ihrigen/ welche sie um
sich hat/desto mehr treue erzeige/ und sie desto angelegenlicher und weißlicher
von aller welt-gemeinschafft zu dem HErrn führe.   Ach der HErr segne auch
solchen fleiß/ und gebe ihren mütterlichen erinnerungen eine lebendige krafft
in die hertzen/ und schencke ihr/ (welches ich wol inniglich wünsche) auch derjenigen seelen/ welche sich fast muthwillig verderben haben wollen/ oder tröste
sie über diese so viel kräfftiger an den übrigen.   Von mir wolle sie versichert
seyn/ daß nachdem ich zum zeugnüß einer danckbarkeit an ihr und ihrem hause
nichts zu thun vermag/ auffs wenigste nicht unterlassen werde/ wie oben bereits bezeuget/ ihre liebe person und anligen/ die ihrige insgesamt von dem
HErrn zu ihrer erhaltung zu erbitten/ dessen väterlichen güte vorzutragen.
Nun derselbe stärcke sie mit seinem Geist/ versichere sie in allem übrigen zustande seiner gnade innerlich/und erfreue ihre seele also/ daß nach dem ängstli-
chen ruffen auch freudiges dancken erfolge. Er weise ihr auch christliche freunde zu/ deren gottseliger zuspruch auch ihre seele ermuntere/wozu meines orts
gern gelegenheit geben wolte,  1687.

SECTIO

## SECTIO XIX.

# Als eine mutter einen ungerathenen sohn ins zucht=hauß bringen lassen wolte.

Ch habe in der furcht des HErrn der speciei facti und angehängten rationibus pro & contra mit mehrerm nachgedacht/ sonderlich diese gegen einander erwogen/ da ich denn bekenne/ daß mir die sache nicht mehr so schwehr als bey dem ersten lesen (ohne zweiffel wegen damal schwacherer disposition des haupts) vorgekommen/ sondern ich getraue getrost zu sagen/ daß man mit einsperrung in ein zucht=hauß eines solchen menschen/ bey dem die boßheit bereits dermassen erstarcket/ daß sie andern gelinde mitteln nicht mehr weichet/ und kein scheinbarer grund einer guten hoffnung übrig/ vielmehr eine gerechte sorge ist/ daß eine mehrere freyheit auch eine mehrere übung der boßheit mit sich bringen/ sich nicht versündigen werde/ sondern dieses wol das einige übrige mittel seyn möchte/ dardurch er noch erhalten würde. Man muß rossen und mäulern ein gebiß in das maul legen/ da sie nicht anders auf den rechten weg wollen. So sind die für solche affirmativam angefügte gründe so starck/ daß sie nicht viel weiter bedörffen bekräfftiget zu werden. Was aber die gegen=gefügte argumenta anlangt/ mögen sie die andern nicht auffheben. 1. Daß der mensch nur 20. jahr alt. Dann dieses alter schon genug/ von dergleichen offenbaren lastern abzustehen/ welche nicht nur in einer jeweiligen jugendlichen übereilung/ da man mit dem alter gedult tragen/ und von demselben nicht eben eine solche behutsamkeit in allem sich zu verwahren fordern kan/ bestehen/ sondern eine tieff=eingesessene und eingewurtzelte boßheit andeuten: Dero zunehmung ordentlicher weiß mit den jahren eher zu sorgen/ als die abnehmung zu hoffen ist. 2. Daß er sich bessern könne/ welches zwahr nicht zu leugnen/ aber dabey auch vernünfftig zu bedencken/ ob man solches zu geschehen gegründete hoffnung habe: Welche ich gleichwol betrachtet/ daß bißhero alle zusprüche vergebens gewesen/ noch nicht sehe/ es seye dann sache/ daß ein kräfftigeres mittel/ als das vorige gewesen/ gegen einen solchen harten kopff gebrauchet würde; desgleichen noch kein füglichers/ als eben diese coerction in dem zucht=hauß absehe oder vorgeschlagen finde. Dahero die müglichkeit seiner besserung diesem mittel nicht entgegen gehalten werden soll/ sondern zu dessen ergreiffung anleitung geben mag. Um so vielmehr/ weil die Academien jetzt durch und durch/ ob wol in unterschiedlichem grad/ dermassen bewandt/ daß eher zu sorgen/ daß durch die uneingeschrenckte freyheit/ täglich vor augen schwebende ärgernüssen und böse gesellschafft/ auch bey noch feinen gemüthern/ und die sich zu hauß wol gehalten/ der böse saame/ so

iu

zu der sünde und allerley weltlichen üppigkeit in aller hertzen stecket / auffge-
wecket / und vorhin gut geweste verführet werden möchten / als daß man mit
grund hoffen solte/daß ein mensch/so bey weniger freyheit und unter fleißiger
auffsicht der seinigen zu hauß in der boßheit so weit verfallen/der mehreren
Academischen freyheit sich zur besserung gebrauchen werde; da diese vielmehr
ihm die erwünschteste gelegenheit seyn kan / seinem muthwillen nun
den ziegel völlig schiessen zu lassen / davon ihn die auffsicht der Professorum,
welche ohn das mehr zu thun/ als auf einen menschen stündlichen zu sehen ha-
ben/ noch eines hofmeisters nicht abzuhalten vermögen wird.   Ein anderes
wäre es/ wo unsere hoheschulen insgemein in solchem stand wären/ daß man
an ihnen rechte werckstäte des H. Geistes und die meiste tugend-exempel sä-
he / wo vielleicht zu hoffen wäre / daß ein mensch / der endlich gleichsam nichts
anders als lauter gutes vor sich sähe/ dadurch gewonnen und zu anderm sinn
gebracht würde.   In bekantlicher ermangelung aber dessen / und hingegen
bewustem zustand der Academien/sehe ich nicht/wie einer ihres sohns wahres
beste suchender mutter verdacht werden könne / daß sie ein solches gefährli-
ches mittel mit ihm nicht versuchen will/davon sie kaum hoffnung haben kan/
aber wol vernünfftig förchten muß/daß dadurch der schade nur so viel unheil-
samer werden/alle hoffnung vollends verschwinden/die boßheit völlig erstar-
cken / und er in solch unglück gerathen möchte / darinnen er zeitlich und ewig
verlohren gienge; auch den seinigen endlich eine unauslöschliche schande an-
hängte.   Darauf mans ja bey so gegründeter sorge nicht kommen lassen solle.   3. Daß er dabey auf einmal ruinirt/weil er hoffärtiges und zorniges ge-
müths/ daß ihn solche disciplin nur desto bitterer und desperat machen möchte.   Dieses solte scheinen von grossem nachtruck zu seyn/ und das zucht-hauß
gantz abzurathen. Wo es aber recht eingesehen wird/mags abermal solchem
proposito nicht hinderlich seyn.   Man redet entweder von dem ruin seiner
seelen/oder seiner zeitlichen fortun: jener kan bey vorsichtiger verfahrung in
den anstalten nicht wol zu sorgen seyn : was diesen anlangt/so ist die zeitliche
fortun bey ungeändertem gemüth ihm mehr schädlich als nützlich/ weil sie allein ein schwerdt seyn würde / damit er sich und andere verletzte.   Wird er
aber geändert / so ruinirt ihm solche zucht seine fortun nicht.   Es sind etwa
mehrere exempel solcher leute/welche heimlich in zucht-häuser gethan/ und in
sonderbaren deren gemächern gehalten worden / da sie aus angeschafften büchern proprio Marte studiren müssen / und dazu desto mehr / an ihrem fleiß
nichts ermangelen zu lassen/ angetrieben worden/ weil sie wissen/ daß keine
befreyung daraus zu hoffen seye / biß sie etwas rechtschaffenes præstirt / und
ein examen ausstehen könten/auch sonsten genugsame proben ihres geänder-
ten gemüths von sich eine geraume zeit gegeben.   Welches einsame leben/da

man nichts als gutes vor sich hat/ keine gelegenheit/ seine vortze sünden wieder zu üben/ erlangen kan/ und allgemach aus der noth und auch aus der hoffnung der erlösung zur arbeit gewöhnet wird / von trefflicher krafft seyn kan/ ein gemüth zimlich zu ändern / und die vorige böse gewohnheit wieder zu brechen. Wird nun solches erhalten/ so ist seine fortun mehr befördert als gehindert/ und wo er zu einem rechtschaffenen mann worden/ mag ihm dasjenige nicht schaden/ wo ers worden seye/ weil ohne das keine infamia in solcher sache stecket; wird es aber nicht erlangt/ so ist ihm obgedachter massen eine eusserliche fortun sein mehreres unglück/ und ist besser/ er erzürne und betrübe sich an einem ort/ wo er niemand schaden kan über elend/ das er sich selbsten macht/ als daß er bey anderen wichtigere ursache zur grösseren betrübnuß mache/ wo er seinem bösen willen nachzuleben gelassen würde. Daß er hoffartig und zornig/ erfordert vielmehr eine solche zucht/ die ihn mit nachtruck demüthige/ und den zorn allgemach vertreibe/ da er sihet/ mit demselben nichts auszurichten. So hoffe/ daß gleichwol auch an solchen orten der disciplin die vorgesetzte werden leute seyn/ so verstand haben/ und mit einem jeglichen also umzugehen wissen werden/ wie sie finden/ daß jetzt härters/ bald gelinderes tractament ihm diensam seye/ so denn sie dermassen zu verwahren und zu versorgen wissen / daß sie sich selbs oder andern aus desperation schaden zu thun/ nicht vermögen; da mir sonsten ein trauriges exempel einiger vornehmen söhne in dem zucht-hauß zu Dantzig bekant/ wo aber die schuld auf die auffseher mag gefallen seyn. Uberlegt alles dessen finde also nichts/ was mit grund gedachtem vorschlag möchte entgegen gehalten werden. Der HErr/ dessen auch diese seele ist/ und er deroselben todt nicht wollen wird/ erbarme sich ihrer/ und gebe diejenige resolution , oder da sie bereits gefaßt/ denjenigen segen dazu/ welche und welcher zu erhaltung dieses armen menschen/ so sonsten in das ewige verderben schnurstracks lauffen wolte / und der beruhigung der angehörigen nöthig ist. 1685.

## SECTIO XX.

## Ob väterlicher wille im testament/ die söhne nach seinem tode verbinde?

### FACTI SPECIES.

ES hat ein vater in seinem testament an seine söhne / sie von dem untersehen des gold-und silber-machens abzuziehen/ diesen paß mit inseriret: Gestalt sie dann sich auch aller unnützer betrüglicher künsten/ insonderheit des gold-machens und vermeintlicher erforschung künfftiger dinge/ auch anderer in die Magiam einlauffender sachen/ dardurch

durch viele/ auch hohe Standes-personen sich zum öffteren vergebens eingebildet/ grösser und reicher zu werden/ so lieb ihnen GOttes huld und gnade ist/ gäntzlich enthalten sollen. Ein sohn läst sich in die sache ein/geräth aber auf sophistische wege / darüber er seinem weib zu gefallen auch verspricht/mit der sache nichts mehr zu thun zu haben. Daraus entstehet

### Die Frage:

OB ein solcher sohn/ da er meint nunmehr durch GOttes gnade dem zweck zimlich nahe zu kommen/und christliche intentiones hat/nicht grösser oder reicher zu werden/oder grössere unkosten anzuwenden/sondern nur eintzig und allein GOtt zum ruhm die natur zu untersuchen/ zu erkennen/ was uns GOtt in die natur geleget/wie das liecht von der finsternüß zu erkennen/ja die schwehre dicta heiliger schrifft/ nicht was die seligkeit betrifft/ sondern in den Hieroglyphischen worten/uns solche dinge ein mehrers liecht gebe/gegen das testament in solchem studio etwas ferner thun dörffte/ oder ob es besser seye/darvon abzulassen und nur gehorsam zu leisten/wie jene im Alten Testament/ die Rechabiten/gethan Jerem. 35. und es GOtt anheim zu stellen/ ob er durch andre dieses geheimnüß der natur wolle eröffnen? Also ob das verlangen GOttes wunder zu erkennen/ oder das testament/ und dem weib gethanes versprechen/vorzuziehen seye/ sonderlich weil das weib nichts glaubet/den dingen sehr feind ist/und sich nicht ehe zu frieden geben wollen/ biß der verspruch geschehen/ damit keine zwistigkeit entstehe/ hingegen durch fortsetzung der arbeit/ wann GOtt die gnade geben wolte/ dieses hohe arcanum naturæ an den tag zu bringen/ etwa das weib selbs noch möchte zur erkäntnüß der wunder GOttes gebracht werden?

Wann aber alles abgesprochen würde/ob dann dieses endlich mit gutem gewissen könte zugelassen werden/ daß man zum lobe GOttes und zur ergötzung der sinne die Philosophische bücher lesen dörffe/ darmit der grund nicht gar übern hauffen gienge/ und das lob GOttes dardurch immer erhalten würde/ ob gleich keine practica tractirt würden? Hierauf in der forcht des HErrn zu antworten/ so solte für die freyheit des sohns in der arbeit fortzufahren vieles vorgestellet werden können/ so nicht wenig bedencken machen mag.

1. Was das väterliche testament anlangt/ kan solches verstanden werden allein von betrüglichen künsten/ nicht aber wo man der natur geheimnüssen ohne betrug und mit gnugsamer vorsichtigkeit nicht betrogen zu werden/nachforschet/daher es auch den fleiß/ der in rechter ordnung und klüglich angewendet wird/ nicht verbeut.

2. Ist von eines christlichen vaters liebe gegen seine söhne nicht zu ver-

mus

muthen/daß er seinen söhnen dasjenige/was ihnen wahrhafftig nützlich wäre/ und sie zum lobe GOttes antriebe/ werde haben verbieten wollen: Ist also das verbot des vaters in dem verstand zu erklähren/ daß es auch seiner allge= meinen schuldigen väterlichen liebe/ seiner söhne wahres bestes in allem gern zubefördern/nicht entgegen seye.

3. Solte auch der vater aus irriger meinuhg/ daß dergleichen in der na= tur nicht zu finden/ und also aller an die arbeit wendender fleiß umsonst seye/ die disposition gemacht haben/ so würde dessen irrthum und was er daraus verordnet/ fast unbillig demjenigen zur hindernüß gemacht/ worinnen die söhne ihren nutzen auch in dem geistlichen machen könten.

4. Liesse sich auch disputiren/ ob eltern/ derer herrschafft über die kinder mit ihrem tode auffhört/mit ihren dispositionen nach ihrem tode die kinder zu einigen ihnen nachtheiligen conditionen obligiren könten.

5. Es möchte auch nicht ohne wichtigkeit angesehen werden/ wo man sagte/ die väterliche dispositio schliesse ausdrücklich die absicht reicher und grösser zu werden mit ein/ wo also nicht diese/ sondern eine göttlichem willen gemäße absicht seye/ höre jene verbindlichkeit auf.

6. Wie einer durch keine väterliche disposition böses zu thun könne ver= bunden werden/ also auch nicht ein mehrers gute zu unterlassen/ sondern wel= che disposition solches suche/ seye an sich selbs nulla.

7. Was dem weib versprochen worden/ scheinet auch nicht eben so bün= dig zu seyn/ wegen in der specie facti oder frage selbs einverleibter um= stände.

Diese ursachen solten scheinen so wichtig zu seyn/ daß man wider das te= stament und dem weib gethanen verspruch sprechen/ und des sohns gewissen freyheit die arbeit wiederum anzutreten geben möchte. Ich bekenne aber/ daß ich sie noch nicht vor gnugsam erkennen kan/ sondern meine gedancken in gewisse sätze eintheilen will.

I. Die betrachtung und erforschung der natur ist eine sache/ so an sich selbs GOTT nicht entgegen/sondern vielmehr dem zweck/ worzu er den men= schen in die welt gesetzet/ allerdings gemäß ist/ dann ob wir wol GOTT heil= samlich allein aus seiner offenbahrung in der schrifft erkennen lernen/ sonder= lich was unsre seligkeit angehet/ und nach den materien des andern und drit= ten articuls/ so will er doch auch in gewisser maaß erkant seyn in seinen fuß= stapffen/welche er in die natur eingetrucket hat/und wird dardurch der mensch auch zu göttlichem lob auffgemuntert und angefrischet. Von dieser unter= suchung der natur kan auch nicht bloß dahin ausgeschlossen werden/ daß man wegen verwandlung der metallen einen versuch thue/ ob solche müglich oder nicht; nur daß es auf solche weise geschehe/ daß man weder zu viel zeit noch

kosten

kosten anwende/ nöthiges nicht darüber versäume/ und was GOTT auch zu
nöthigerm gebrauch gegeben/ damit durchbringe.

II. Ob eine vorgegebene verwandlung der metallen in der natur müg-
lich/ ist eine noch nicht gantz ausgemachte sache/ sondern ob wol nicht in abrede bin/ daß mehr auff die affirmativam geht/ und nicht alle exempel/ die man
davor anzuführen pfleget/ als betrüglich/ zuverwerffen getraue/ so weiß
doch/ daß leute/ die in dem übrigen die natur fleißig erforschet/ stattliche argumenta vorbringen/ daß sie einmal unmüglich seye: wie sie an allen exempeln dergleichen umstände wahrzunehmen pflegen/ die auffs wenigste dieselbe nicht ohne schein in grossen zweiffel ziehen.

III. Auffs wenigste sehen wir/ daß insgemein fast diejenige/ so sich solcher kunst ausgegeben/ endlich betrieger erfunden worden/ und die meiste/ die
sich von den leuten haben einnehmen lassen/ nach lang angewandter mühe
und kosten haben bekennen müssen/ daß alles umsonst gewesen/ und sie daher
zeit und kosten billich endlich gereuet hat.

IV. Ein vater hat nicht nur die macht/ sondern in gewisser maaß die
pflicht/ dergleichen dinge/ die ob sie wol in ihrer natur nicht böse/ dennoch gefährlich und dem mißbrauch dermassen unterworffen sind/ daß man diesen
mehr als den gebrauch/ ja diesen kaum jemal antrifft/ seinen kindern/ und so
viel mehr als ihn die bewandnüß der zeiten/ standes oder auch der ihm bekanten gemüther der kinder/ dazu leitet oder veranlasset/ zu verbieten. Dann
weil ihm die sorge für derjenigen/ welche ihm GOtt anvertrauet/ geist- und
leibliches heil obliget/ so bringet diese mit sich/ daß er als viel an ihm ist/ sie
von allem ihnen so gewiß als auch nur vermuthlich schädlichem suche abzu-
halten/ und sie auff gewisse weise zuverbinden.

V. Was nun die befehl der eltern sind/ als lange sie nicht austrücklich
wider GOttes gebot gehen/ verbinden sie die kinder zum gehorsam/ krafft des
allgemeinen vierdten gebots: du solt deinen vater und deine mutter eh-
ren/ auff daß du lange lebest im lande/ das dir der Herr dein Gott gibet.
Massen diese ehre allerdings auch den gehorsam mit einschliesset/ und eben
dieses die gröste ehr der eltern ist/ daß die kinder nicht nach eignem willen leben dörffen/ sondern an der eltern willen verbunden sind/ und sich daran verbunden erkennen müssen: so lautet es auch klahr Eph. 6/ 1. Ihr kinder seyd
gehorsam euren eltern in dem HErrn/ denn das ist billich: und Col.
3/ 20. Ihr kinder seyd gehorsam den eltern in allen dingen/ denn das
ist dem HErrn gefällig. Also auch Sir. 3/ 3. der HErr will den vater von den kindern geehret haben/ und was eine mutter die kinder
heist/ will er gehalten haben. v. 7. 8. Wer seinen vater ehret/ der wird

Kk 3                           desto

desto länger leben / und wer um des HErrn willen gehorsam ist / an
dem hat die mutter einen trost. Wer den HErrn fürchtet / der ehret auch den vater und dienet seinen eltern/und hält sie für seine Herrē.
Wo aller orten zu sehen/ daß die ehre also beschrieben werde/wie sie gehorsam
und unterthänigkeit in sich fasse oder mit sich bringe. So hänget auch an solchem gehorsam/ gleichwie der eltern wohlgefallen/ also auch ihr segen/ welchen der HErr/ als der die ehre und gehorsam den eltern/ um seinet und des
ihnen gleichsam angehengten bildes willen/ angethan/ als ihm selbs angethan annimmet/ mit seinem segen erfüllet: wie es abermal bey Sirach lautet
v. 10. des vaters segen bauet den kindern häuser/aber der mutter fluch
reisset sie nieder.

VI. Diese gewalt der eltern/ die kinder mit ihrem befehl zu verbinden/
wird nicht völlig durch ihren todt auffgehaben/ sondern gehorsame kinder
tragen ihren eltern denjenigen respect, daß sie auch/ was dieselbe von din-
gen/so nach ihrem todt geschehen sollen/ihnen vorschreiben/willig annehmen/
und derselben so treue als klugheit zutrauen/ daß sie nichts anders/ als was
zu ihrem wahren besten gehöret/ ihnen vorschreiben würden/ daher sie ihnen
zu folgen/ und von GOtt/ der in den eltern geehret werden will/ desto mehr
segen zu erwarten hätten. Wir haben davon das exempel der Rechabiten/
welchen ihr vater Jonadab der sohn Rechab geboten/und gesagt: Ihr und
eure kinder solt nimmermehr keinen wein trincken/ und kein hauß
bauen/ keinen saamen säen/ keinen weinberg pflantzen noch haben/
sondern sollet in hüten wohnen euer lebenlang/auff daß ihr lang lebet
im lande darinnen ihr wallet. Jer. 35/ 6. 7. Dieses gebot war gewißlich eine fast schwehre last/ aber der mann hatte seine kluge absichten und ur-
sachen/ daß er seinen nachkömmlingen/ die als fremddlinge unter den Israeliten wohneten/solche lebens-art vor ihren zustand am vorträglichsten zu seyn
hielte: daher gehorchten sie ihm/ und wolten/ als sie durch den Propheten
wein zu trincken versuchet worden/ nicht trincken: welcher gehorsam GOtt
also gefiel/ daß er ihnen eine herrliche verheissung wiederfahren liesse: wie es
heisset v. 19. darum spricht der HErr Zebaoth/ der GOtt Israel also:
Es soll dem Jonadab/ dem sohn Rechab/ nimmer fehlen/ es solle jemand von den seinen allezeit vor mir stehen. Welches exempel allen
kindern den gehorsam der väterlichen verordnung auch nach deren eltern todt
um des nahmens des HErrn willen angenehm machen solle.

VII. Also sind der kinder gewissen an dergleichen dispositiones verbun-
den/ es seye dann/ daß sie dem willen und disposition des himmlischen Vaters zuwider wären/ und entweder den kindern böses befehlen/ oder sie von

ei-

einem wahren und nöthigen gut abhalten wolten.   In welchem fall / da der
irrdische und himmlische Vater einander entgegen stehen / jener diesem ohne
vieles bedencken weichen / und die regel bedacht werden muß Matth. 10/37.
Wer vater und mutter mehr liebet denn mich / der ist mein nicht
werth. Und Luc. 14/26. So jemand zu mir kommt / und hasset nicht
seinen vater/ mutter/ weib/ kind/ brüder/ schwester/ auch darzu sein
eigen leben/ der kan nicht mein jünger seyn.

VIII. Wo nun diese dinge zum grunde erstlich gesetzet sind/wird meines
erachtens so bald zu schliessen seyn / daß die söhne der gedachten väterlichen
disposition billich zu folgen haben / indem dieselbe zur ursach hat eine treue
vorsorge deren unheil und gefahr abzuwenden/ nichts in sich fasset / so göttlichem willen entgegen ist / noch an einem höhern nöthigen gut hindert : also
daß auch ein jeder ohne dergleichen obligation nach befinden aus andern ursachen die resolution vor sich fassen könte.  Wie auch dero viele tausend sind/
die mit grossem ernst GOtt dienen/und ihme wol gewiß in hohem grad gefällig leben/ die doch ihr lebenlang sich auff dieses studium nicht geleget haben/
noch zu legen verlangen : daraus wie so gar dasselbe zur erkäntnüß GOttes
nicht nöthig seye/ zur gnüge erhellet.

IX. Wolte man einwenden/ daß der mensch gleichwol in solcher untersuchung der natur auch in der erkäntnüß GOttes zunehmen/ und zu mehrerem dessen lob auffgemuntert werden könne/ an dem hingegen dieses väterliche testament die söhne hindere/ also sie von einigem guten abhalte/ welches
je nicht anders als dem göttlichen willen zuwider seyn müste/ der die ehre des
schöpffers auff alle weise/ und demnach reichlich/ ausgebreitet und befördert
haben wolle : und wolte daraus folgern/es könne dergleichen ein verbot nicht
verbinden : so wäre zur antwort zu mercken/ daß freylich GOttes ehre mit
sich bringe/ ihn auch in seinen fußstapffen/ welche er der natur eingetrucket/
erkennen zu lernen/ nach Rom. 1/20. und würde derjenige unrecht thun/
der solches jemand insgemein verbieten wolte : ich will auch nicht in abrede
seyn/ wofern es mit der sache der verwandlung der metallen richtig/ weil in
solchem geheimnüß der natur nothwendig auch etwas zum preiß des schöpffers sich finden muß/ daß derjenige/ so blosser dings solches studium allen/
auch die etwa vor andern sicherer damit umgehen/ zu verwehren/ und es
gleichsam gantz austilgen wolte/ die göttliche ehr so fern schmälern würde/
wie auch jeder anderer so eine nützliche wissenschafft untertruckte.   Indessen
so wenig ein jeder zu allen künsten/ darinnen man GOttes wercke erkennen
kan/ verbunden ist/ sondern damit gnug thut/ wo er alles/ was ihm vorkom-
met/ zum preiß GOttes nach seiner fähigkeit richtet/ so wenig können wir al-
le/

le/ oder auch diesen oder jenen/ zu dieser absonderlichen untersuchung der natur verpflichtet achten/ daß ihm dero unterlassung zur sünde gereichen würde: sondern jeglicher wandelt billich in dem/ dazu er beruffen ist/ gebrauchet
sich also der gelegenheit/ die ihm sein beruff auch in beobachtung der natürlichen dinge an die hand gibet oder zulässet/ und lässet die übrige/ dazu er nicht
geführet wird/ an seinem ort stehen: dabey er sich keiner sünde fürchtet; ists
nun/ daß einen dergleichen eine ursach/ als hie das väterliche testament ist/
von einer gewissen untersuchung abhält/ so sihet ers als einen göttlichen beruff an/ seinen GOtt lieber in andern fußstapffen/dero in der natur noch un-
zählig sind/ zu suchen/ und zu loben. Zugeschweigen/ daß die vornehmste
erkäntnuß Gottes/ und daraus das gröste lob desselbigen her entstehen muß/
nicht in einigem natürlichen/ vielweniger absonderlich in der goldmacherey/
bestehet/ sondern aus der göttlichen offenbahrung in dem wort geschöpffet
werden muß: da sehen wir GOttes angesicht/ obwol doch nur als durch einen spiegel in einem dunckeln wort/ da in der gantzen natur hingegen nichts
mehr als nur dessen fußstapffen zu schauen sind: Wo also derjenige/ dem das
goldmachen oder dessen studium aus gewisser ursach verwehret ist/ denselbigen fleiß an die H.Schrifft wendet/um in der seligmachenden erkäntnuß daraus gestärcket zu werden/ bin ich gewiß/ daß das lob/ so aus seiner seelen darüber entstehet/ herrlicher als bey allem goldmachen auffsteigen werde.

X. Wie nun das väterliche testament alle söhne besagter massen verbin-
det/ also kommt bey demjenigen/ davon die species facti lautet/ auch noch
dieses dazu/ daß er solche arbeit zu unterlassen seinem weib zugesaget hat.
Wann dann Christen sich sonderlich dessen befleissen/ und davon profession
machen sollen/daß sie nach Ephes. 4/ 25. die wahrheit reden ein jeglicher
mit seinem nechsten/ so wollen auch dergleichen versprüche/ ob sie auch
schon nicht eydlich geschehen/ vor GOtt gehalten seyn/ welche nemlich also
beschaffen sind/ daß sie an sich selbs wider GOtt nicht streiten. Und zwahr
wird dieser verspruch billich so viel verbindlicher geachtet/ weil aus der specie facti erhellen will/ ob hätte das weib den verspruch starck gesucht und er-
halten/ um die zeit/ da der mann auff sophistischen wegen umgeführet wor-
den/ und etwa der haußhaltung schaden gethan/ vor dessen erhaltung das
weib nach göttlicher ordnung auch zu sorgen gehalten ist/ und damal ihn von
einem in der that so schädlich befundenen beginnen abzuhalten guten fug gehabt. Daher aber der mann den verspruch auch zu erfüllen/ destomehr verpflichtet ist/ und ihn zu retractiren weniger vermag.

XI. Solte also der mann/ unerachtet dessen/ auff solchem studio, darein er
sich mag verliebet haben(wie allezeit gehöret habe/daß die so sich einmal darein lassen/ etwas schwehr wieder davon zu bringen seyen) beharren und fort-
fah-

fahren wollen / getraute ihm wenig segen dabey zu versprechen : da doch die
mit demselben umgehen / es alles einem sonderbaren gnaden-segen GOttes selbs zuschreiben / und deswegen nicht weniger zur ernstlichen gottseligkeit als arbeitsamen fleiß die ihrige anweisen. Also würde hingegen aus
dieser ursach wegen ermanglenden segens alle arbeit vergebens werden / und
er das etwa darzu gehörige liecht nicht bekommen. So mag auch leicht geschehen / daß künfftig / ob man jetzt das gewissen einigerley massen meinte zu
stillen / daß man wol in der arbeit fortfahren dörffte / dasselbige unruhig würde / und viele ängsten verursachte / vornemlich wo etwa einige unfälle zustos-
sen / sonderlich aber nochmalige arbeit auch wieder fehl schlagen solte. Welches etwa nicht unbillich zu sorgen ist / daß der nun gewisser geglaubte weg
sich in dem fortgang (wiewol er sich anfangs anders anlässet) nicht besser zeigen möchte / als sich vorher die vorige sophistisch gewesen zu seyn erst durch die
erfahrung verrathen haben.

XII. Wie nun diese ausführung also bewandt zu seyn glaube / daß ein
der erkäntnüß göttlichen willens begieriger mensch sich damit wol zu frieden
geben kan / so setze noch endlich / wo jemand vorgeben möchte / es wäre die sache noch nicht zu einer unwidersprechlichen gewißheit dargethan / dieses hinzu / weil niemand leugnen kan / daß auffs wenigste die angezeigte gründe nicht
von geringer wichtigkeit / und einmal stärcker als die widrige sind / daß die gemeine regel der moralisten seye / wo über eine sache die gegeneinander stehende meinungen beyde solche gründe für sich haben / daß es zu unterscheiden
schwehr wird / welche vortringen / daß in solchem fall das gewissen / welches
GOtt nicht zu beleidigen gedencket / sich an diejenige halte / welche die sicherste / und in welcher zu sündigen die wenigste gefahr ist. Nun sich des gold-
machens zu enthalten / ob auch kein väterliches testament oder verspruch im
weg stünde / stehet jedem frey / und versündiget sich keiner damit / ob er auch
aus blosser sorge zeit und kosten zu verspielen sich dessen enthielte : also sündiget derjenige so viel weniger / der sich davon durch diese sonderbare ursachen
abhalten läst; ja er darff auch keine sünde dabey nur besorgen. Hingegen gegen das testament und verspruch zu thun / ob man auch scheinbare ursachen
anführen möchte / ist auffs wenigste eine sache / da man leichter sich darinnen
versündigen kan : daher solche seite weniger sicherheit dem gewissen zu versprechen vermag / und daher in zweiffelhafftem fall (wo wir diesen davor aus-
geben wolten) nicht gewehlet werden solle.

Was aber die anfangs vorgestellte rationes dubitandi anlanget / lassen
sich dieselbe / wo sie recht beleuchtet werden / noch wol beantworten.

I. Der verstand des testaments gibt sich deutlich gnug / daß der vater
das goldmachen / wie es nemlich bißher insgemein bekant worden / insge-

samt den betrüglichen künsten/ dadurch nemlich so viel zu allen zeiten
schändlich/ und zu ihrem grossen schaden betrogen worden sind/ zu rechnen/
und von seinen söhnen sich des gefährlichen wercks/ wo man sich nicht betrogen zu werden/ so schwehr vorsehen kan/ allerdings zu enteussern/ fordere.
Dann was öffentlichen und jedem kändlichen betrug anlangt/ bedarff keiner
davor abgewarnt zu werden/sondern jeder hütet sich selbs davor/weil ja kein
kluger sich mit willen und gern betriegen lässet. Ist also die meinung des va-
ters/seine söhne davon zurück zu ziehen/worinnen man sich gemeiniglich grosse hoffnung macht/ und mit nicht geringem schein darein geführet wird/ aber
sich endlich so offt bey dem ausgang betrogen findet/ dessen gefahr die väterliche treue von den ihrigen gern abgewendet hat wissen wollen.

2. Es kan dem väterlichen testament/ da es die söhne vom goldmachen
abziehen wollen/ mit grund nicht beygemessen werden/ daß es die söhne von
einem wahren nutzen und dem lobe GOttes abziehen habe wollen : dann
das lob GOTTes je nicht in dieser kunst oder übung allein gesucht werden
darff/ sondern die sich dessen befleißigen wollen/ bey allen gelegenheiten dazu
anlaß finden.     So kan nicht gesagt werden/ daß dasjenige einen von seinem
nutzen abhalte/ was einem dasjenige verwehrt/ dabey wann einer etwas
gewonnen haben möchte/ gewiß mehr als hundert über-grossen verlust gelitten haben/ und also was die gefahr grossen verlusts mehr/ als den so ungewissen nutzen/ansihet.

3. Ob auch der vater darinnen geirret hätte/ da er davor gehalten/daß
das goldmachen gar unmüglich/ so gründet sich doch sein verbot bereits auff
der kunst ungewißheit/ und die grosse gefahr betrogen zu werden/ welche so
viele mit ihrem schaden erfahren haben: und sind diese gründe bereits starck
gnug/ daß die väterliche treue ihre väterliche vorsorge darauff bauen
können.

4. Es wird auch zugegeben/ daß wie in gewisser masse die elterliche gewalt durch den todt der eltern auffhöret/ auch nicht alle derselben dispositionen nach dem todt verbinden/ die nemlich also bewandt sind/ daß sie zu der
kinder wahrhafftigem schaden gereichten/und deswegen zuvermuthen wäre/
wo die eltern noch lebten/ daß sie nun selbs ihre meinung und verordnung ändern würden.     Da aber in diesem fall mit keinem schein angeführet wird/ die
sache so bewandt zu seyn/ daß wo der vater noch lebte/ er seine söhne davon
würde freysprechen wollen.

5. Die beygesetzte wort in der väterlichen disposition von der absicht
grösser und reicher zu werden/ sind nicht als solche determinationes an-
zusehen/ daß nur unter denselben und nicht anders der vater seine verordnung gehalten habe haben wollen: sondern sie sind allein eine anzeige/ wor-

aus

aus gemeiniglich die begierde gold zumachen herzukommen pflege/ nemlich aus dem verlangen grösser und reicher zu werden/ daher jenes selbs christlichen hertzen so viel verdächtiger wird. Zudem stecket die begier= de grösser und reicher zu werden allen menschen von natur so tieff in den her= tzen/ daß sie sich schwehr bey der gelegenheit zurück hält: und hätte also einer/ der sich einbilden wolte/ daß er nach dieser kunst gold zu machen allein aus liebe göttlicher erkäntnüß und lobes trachte/ fleißig zu prüfen/ ob ihn sein eigen hertz nicht etwa selbs betriege/ welches allzuleicht und allzuofft ge= schihet.

6. Keine väterliche disposition oder einiges menschen befehl kan mich darzu nöthigen/ etwas böses zu thun/ oder das nöthige gute zu unterlassen; dergleichen geschihet aber auch in dem testamento quæstionis nicht. Dann ob man sagen wolte/ es könte auch durch solches mittel der untersuchung der geheimnüssen der natur die erkäntnüß Gottes und dessen lob vermehret wer= den: so wird was man einwenden möchte/ hiedurch zu unterbleiben/ durch die desto fleißigere untersuchung der schrifft auch desto herrlicher ersetzet/ in= dem das geringste/ so aus der göttlichen gnaden-offenbahrung von dem Ev= angelio erkant wird/ seinem werth und nutzen nach alle auch die höchste er= käntnüß aus natürlichen dingen herkommende/ sehr weit übertrifft/ daher auch das daraus zu GOtt auffsteigende lob das vornehmste ist. Indessen wer auch sich des goldmachens oder dessen studii enthält oder enthalten muß/ wo er sich in natürlichen dingen üben will/ hat ohne das goldmachen noch unzehlich viel andere materien aus der natur/ darinnen er sich üben/und daraus stäts neue ursach zum preiß GOTTes finden kan. Wie dann die Physic und Mathesis darzu so viel an hand geben/ daß wir/ ob wir an das goldmachen nimmer gedencken/ unser lebtag gnug dran zu studiren haben. Daß also nicht zu sorgen stehet/ daß durch unterlassung dieses studii göttli= cher ehr etwas abgehen möchte.

7. Endlich kan der dem weib gethane verspruch aus denen in der specie facti angeführten ursachen nicht zurück gezogen werden/ als die bey weitem der wichtigkeit nicht sind/ als die pflicht sich an seine zusage nach der wahr= heit zu halten/ und dieselbe zuerfüllen. Also bleibet es noch bey obigem/ daß einem also vinculirten sohn nicht frey stehe/ an solche arbeit zu gehen/ sondern oblige/ göttlichen willen/ der ihn selbs davon abhalte/ zu erkennen.

Was die noch angehängte frage anlangt/ ob dann aufs wenigste dem ge= wissen nicht entgegen wäre/ die Philosophische bücher (dadurch obwol mit ei= nem grossen mißbrauch des worts diejenige eigenlich werden verstanden werden/ die von solcher verwandlung der metallen handlen) zu lesen: so kan ich nicht sagen/ daß solches lesen vor sich verboten seye: nachdem es als ein mittelding an sich selbs nichts böses ist/ und auch weder das väterliche testament noch verspruch dahin gehet. Indessen halte ich es doch einer person/ welche eine so grosse zuneigung zu der sache hat/daß es ihr auch schwehr wird/ davon zurück zu halten/ allerdings nicht rathsam/ ein solches zu thun. Dann wie einem hungrigen oder durstigen/ wo ihm essen und trincken vorgestellet wird/ das er aber nicht anrühren darff/ dieses ansehen seinen hunger und durst nur desto mehr entzündet/ daß ihm sich zu enthalten desto schwehrer wird: So wird auch bey einem in diese sache verliebten das lesen die begierde der praxeos nur stäts vermehren/ daß er sich entweder endlich überwinden lasse/ dasjenige vorzunehmen/ wovon ihm doch sein gewissen selbs darinnen unrecht zu thun dictirt/oder er macht sich auffs wenigste sein enthalten selber desto saurer/ und wird bey sich offtmal verdruß gegen die hindernüssen/ die ihm solches verwehren/ dadurch nicht ohne sünde erwecken. Daher wie jeder/ der sein gewissen gern wol in acht nehmen will/ sich nach allem vermögen auch der reitzung darzu entschlagen oder sie vermeiden solle/ hingegen daran unrecht thut/ wo er sich wissentlich in die gefahr/ dero er entübriget seyn könte/ begibet/ so gilt solches auch in diesem stück/ daß die verwahrung des gewissens erfordert/ wo uns etwas verboten/ der gelegenheit desselben/ um nicht starck gereitzet zu werden/ sich nach möglichkeit zu entziehen. Das vorschützende lob GOttes will die sache auch nicht ausmachen/ denn wie etliche mal erinnert dieses studium weder das einige noch vornehmste ist/ wodurch der mensch zu solchem lob auffgemuntert würde; sondern wie gemeldet/ das vornehmste lob und preiß GOttes kommet wol her aus der lebendigen erkäntnüß des andern und dritten articuls: ob dann nun auch die wolthaten des ersten articuls/ die wir an den geschöpffen sehen/ von uns nicht übergangen/ noch dem Schöpffer und Regierer die ihrentwegen gebührende lob-opffer versagt werden sollen/ so sind dennoch ohne diese goldmacher arbeit so viel andere wissenschafften und künsten/ die es mit natürlichen sachen zu thun haben/ die kräfften der geschöpffe zu erforschen/ artzeney mittel zu suchen/ experimenta physica zu machen und zu probiren/ die mathematic, welche nun hochgebracht/ obzuligen/ und was dergleichen mehr ist/ deren ein jedes und eine jede darinnen erfindende/vorhin unbekante/wahrheit der stattlichste antrieb und ursach zu einer verherrlichung göttlichen nahmens denjenigen seelen/ die diesen in allen dingen suchen/ werden kan/daß man des einen studii ohne abgang gar wol entrathen mag.

Der HErr HErr/ der es allein durch seine gnade thun kan/ mache die hertzen gewiß/ und gebe uns allen seinen willen/ so zu erkennen das gnugsame liecht/als ihm zu gehorsamen die nöthige krafft und beständigkeit/ um
Christi willen. Amen. 1694.

ARTIC.

## ARTIC. III.

# Pflichten gegen den nechsten / nach der andern taffel.

### SECTIO

Ll 3                        18. Von

18. Von bösem gebrauch von dem schneider-handwerck/da die gesellen ein recht prætendiren/von der zu verarbeiten gegebenen seyde vor sich einen theil zum verkauff zu behalten/und die meister/ die solches nicht zulassen wollen/ deswegen verlassen.

19. Von den conversis aus dem Pabstthum.

## SECTIO I.
## Fragen von der liebe des nechsten / und beruffs-arbeit.

### I.
### Ob man seinen nechsten lieben solle mehr als sich selbs?

Hierauf dienet zur antwort / daß die summe der andern taffel des unveränderlichen göttlichen gesetzes von unserm Heyland selbs wiederholet werde Matth. 22/ 39. Du solt deinen nechsten lieben als dich selbs / welches unsre ordentliche und des nechsten liebe gleich machet / nicht aber diese jener an sich selbs vorgezogen haben will. Nun aber stehet uns so wenig frey / dem göttlichen gesetz etwas beyzusetzen als davon zu thun. So ist kein grad der liebe oder dero werck/ welches ich dem nechsten schuldig bin / nemlich dahin zu streben / daß seine seel und leib als gute geschöpffe GOttes mögen zu ihrem wahren heil erhalten und befördert werden / (denn dahin gehet alle liebe) welches ich auch nicht mir selbsten schuldig wäre. Weilen auch GOtt und Christus in den allgemeinen wolthaten alle menschen unter einander gleich gemachet / als die nicht allein alle GOttes geschöpffe sind / von Christo alle erlöset worden / und ihnen allen das recht an die seligkeit gegeben wird/so bleibt auch die verbindung der liebe gleich.

Jedoch wird damit nicht geleugnet/daß zuweilen die liebe GOttes und des nechsten einige dinge vor diesen erfordern/daraus scheinen möchte/daß ich den nechsten mehr als mich selbs lieben müste / so aber eigenlich zu reden sich nicht also verhält / ob ich wol in gewissen stücken mich hindansetzen und sein bestes befördern muß. Also gibts fälle/ daß wir nach 1. Joh. 3/ 16. unser leben für die brüder/ auch dem buchstaben nach/lassen müssen/und dannoch lieben wir sie deswegen nicht mehr/ sondern da ich mich so hertzlich als meinen bruder liebe/kan ich finden/daß dißmal meines bruders leben als das meinige zu erhalten zu GOttes ehre nöthiger seye / oder was vor ursachen kommen mögen/ die in der wahl den ausschlag auf jenes geben: da liebe ich mich nicht weniger als den nechsten/ weil aber die ordentliche liebe meiner selbs nicht

schlech-

schlechterdings oder allezeit meine leibliche erhaltung/sondern auch vielmehr zum werckzeug göttlicher gnaden/wie diese mich anweiset/gebrauchen zu lassen/mir befiehlet/ so dringet die leibliche erhaltung des nechsten der meinigen zuweilen vor/abermal nicht aus mehrer liebe/sondern aus der wahl göttlicher ordnung/welche zeiget/daß es dißmal auch mir besser seye/mein leben für des nechsten seines hinzugeben/ als es zu erhalten. Dann daß nicht allezeit aus der hindansetzung des einen gegen den andern eine mehrere liebe geschlossen werden könne/zeiget sich an vielen exempeln : als wo wir setzen/daß ich ihrer mehrere/die mir alle gleich lieb sind/ und sie daher gern alle errettet haben wolte/in wassers/oder feuers-gefahr sehe/von welchen ich nicht mehr als einen einigen retten kan/da rette ich denjenigen/der mir entweder gleich der nechste vorkommt/oder für den andern ursachen sich gleich darstellen/warum ihm ein vorzug gebühret/ohne daß ich sonsten denselben mehr liebte. Also wo es auch so zu reden auf die wahl kommt zwischen meiner und des nechsten liebe / können ursachen aus der göttlichen liebe / so die herrschafft über die liebe der andern taffel behält/vorkommen/die bey gleichbleibender liebe dannoch was des nechsten ist/dem meinigen vorzuziehen/erfordern.

Vielleicht möchte die antwort am deutlichsten seyn/daß beyderley liebe/ die meinige und des nechsten/an sich gleich bleiben/ aber wo dero würckungen gegen mich und den nechsten nicht gleich gehen können/sondern diß und jenes des meinigen oder was des nechsten ist / dem andern weichen solle / die erwegung göttlicher liebe den ausschlag gibet / und man alsdann den himmlischen Vater anzuruffen hat / uns darinnen nach seinem rath zu regiren.

## 2.
### Wie fern man bey dem Christenthum seine beruffs-arbeit könne abwarten ?

JE ist zu mercken 1. es werde von wahrhafftig göttlichem beruff/und also unsündlichen arbeiten/geredet. Indem man vielleicht einige professionen finden mag / dero verrichtungen wo nicht gar in ihrer natur sündlich sind/ doch einem Christen keine gelegenheit geben / GOttes ehre und des nechsten bestes zu befördern / oder dero verrichtungen ohne eigentliche mitwirckung zur sünde nicht oder kaum geschehen können / dann weil in jener einer mit gutem gewissen nie stehen kan/diese aber wegen der gefahr auch auffs förderlichste zu verlassen schuldig ist / bedarff man davon nicht weiter zu reden / sondern die frage ist von solchen lebens-arten/welche an sich gut/und darinnen man GOtt und dem nechsten nützliche dienste leisten kan.

2. Man muß die frage auch verstehen von arbeiten / die nicht allein an sich selbs gut sind / sondern auch nach göttlicher ordnung in dem glauben gethan/

than / und zu einem wahren Gottesdienst gemacht werden. Dann welche auch des besten berufs arbeiten mit verdruß / und nur weil man muß / mit geitzigem hertzen / oder um ruhms / oder anderer fleischlichen ursachen willen / geschehen / die sind vor GOtt sündlich / und können also nicht gebilliget werden. Hingegen ist es eine der vortrefflichsten lehren / die unser theure Lutherus so offt getrieben hat / wie auch alle eusserliche beruffs-geschäfften im glauben geschehen / und zu einem eigentlichen Gottesdienst gemacht werden sollen: wann nemlich ein jeder / er seye wer er wolle / kauffmann / handwercker / taglöhner / bauer / knecht / magd / u. s. w. alle diejenige arbeit / worzu er verordnet ist / nicht allein mit gebet heiliget / sondern auch mit solchen gedancken antrit und verrichtet / daß er / was er jetzt thut / thun wolle / nicht um sein selbs / seines nutzens / lust / oder ehre willen / sondern aus liebe und gehorsam zu GOtt / der ihn zu solchem beruff und arbeit verordnet habe / und er also darmit ihn gern preisen wolle / willig seyende / wo er ihn zu etwas noch geringers oder beschwehrlichers verordnet hätte / daß er auch darinnen seinen gehorsam erzeigen wolle. Wer mit solchem hertzen und aus dem glauben sein werck thut / ob es das allerweltlichste wäre / verrichtet wahrhafftig darinnen einen Gottesdienst / nicht weniger als wo er betet / liset oder einige wercke der ersten taffel verrichtet : weil GOtt alles / was geschihet / nicht nach dem eusserlichen werck / sondern dem glauben und hertzen dessen / der es thut / schätzet / und sich dasselbe wol oder nicht wol gefallen lässet.

3. Voraus gesetzt dessen / so antworte ich also : (1. Es ist ein jeglicher Christ schuldig / nicht allein seinen absonderlichen beruff / sondern zum allerfordersten auch seinen allgemeinen Christen-beruff treulich abzuwarten ; ja dieser ist der vornehmste / und muß den verrichtungen des absonderlichen beruffs ihre maaß geben und reglen vorschreiben / nicht aber sich nach demselbigen erst beugen lassen.

(2 Dieser allgemeine Christen-beruff erfordert nicht allein die treue auch in dem sonderbaren amts-beruff / und fleiß / alles / wie erst erinnert / zu einem Gottesdienst zu machen / sondern auch so wol die wercke der ersten taffel gegen GOtt / als den fleiß an seiner seelen zu arbeiten / und auch für den nechsten und sein heil nach gelegenheit zu sorgen.

(3 Es müssen die berufs-arbeiten also eingerichtet werden / daß sie diese jetztgedachte stücke / die wir GOtt / uns und dem nechsten schuldig sind / nicht auffheben.

(4. Welche in anderer dienste / und unter ihrem befehl stehen / müssen darmit zu frieden seyn / wo sie von ihren arbeiten nur so viel übrig behalten / als die eusserste nothdurfft erfordert / sonderlich an dem darzu von GOtt gewidmeten sonntag : können sie aber auch mehr zeit mit bitten und sonst

desto

desto grösserem fleiß / da sie es ein andermal wieder einbringen/ von den herr-schafften erlangen / so haben sie sich nicht zu spahren : wirds ihnen aber ver-sagt/ so rechnets ihnen GOtt nicht zu / und segnet das wenige übrige und ih-re andacht unter der eusserlichen arbeit desto reichlicher.

(5. Gleiche bewandnüß hat es mit denen/welche die armuth trucket/daß sie der eusserlichen arbeit so viel nachzugehen haben/als ihnen vor sich und die ihrige zur unterhaltung nöthig ist / um andern nicht beschwehrlich zu fallen : ob ihnen wol zu absonderlichen geistlichen übungen nicht mehr/ als gleichsam die eusserste nothdurfft/ überbleibet.

(6. Wer aber freyer über seine zeit zu ordnen hat/ist schuldig/seinen eus-serlichen beruffs-arbeiten / auch ausser des sonntags / ein mehrers abzubre-chen / und an den Gottesdienst/ so dann erbauung / insgesamt an das geistli-che / anzuwenden/ und darmit seine hochachtung des edelsten in der that zu bezeugen.

(7. Welche sich unter dem vorwand der übungen des Christenthums allen übrigen beruffs-arbeiten gantz oder doch zu viel entziehen/ versündigen sich darmit / und kommen in allerley gefahr und versuchungen / der faulheit/ des fürwitzes / der entziehung von der liebe des nechsten/ der beschwehrde an-derer/ und dergleichen.

Insgesamt die sache kurtz zu fassen / so wird ein Christ so fleißig sich in seiner arbeit bezeugen/ als ein welt-mensch/ nur daß er dem geistlichen auch so viel zeit / als zu seiner stärckung in GOTT und dessen dienst nöthig ist / wid-met : so dann alles mit anderm hertzen und trieb als der andere thut.

### 3.
### Ob man schuldig seye / sich um seines glaubigen bruders willen in armuth zu setzen?

1. Die haupt-regul stehet 2.Cor.8/9.es seye die gutthätigkeit also zu üben/ nicht daß einige/nemlich diejenige/ denen man gutes thun will/ ruhe haben/ und die andern trübsal/ die nemlich mildigkeit üben sollen.

2. Es können solche trübselige zeiten kommen/in hungers-krieges-noth/ verfolgung und dergleichen/wo ein Christ um anderer brüder willen/dieselbe von dem eussersten verderben zu retten / sich dermassen an seinen mitteln an-greiffen muß/ daß er sich selbs in gefahr des mangels setzet.

3. Ausser solchen nothfällen ists einem Christen gnug / wo er seinem ar-men bruder/ und zwahr der ohne seine schuld in armuth gerathen / (dann wer sich auf anderer gutthätigkeit allein verlassende/ das seinige versäumete/und darmit in mangel geriethe/ wäre alsdann sehr weniger hülffe / und vielmehr ihn seinen mangel fühlen zu lassen / würdig) so viel an die hand gehet / daß er

selbs

selbs dabey sich und die seinige zur gnüge noch auffenthalten möge / auch sich
andern ferner zu helffen nicht auf einmal unfähig mache.

GOTT erfülle aber selbs alle hertzen mit wahrer liebe / so wird diese
jedesmal am besten zeigen / was man dem nechsten schuldig seye / und die
sicherste außlegerin des gesetzes werden.  1697.

## SECTIO II.

# Ob christliche hebammen oder wehemütter sich bey gebährenden Judinnen gebrauchen lassen dörffen.

OB ich wol sonsten auf die an mich ankomende schreiben selten anders/als
post aliquam moram antworten kan/ sonderlich aber in der meß derselben so viel bekomme/ daß fast nicht weiß/ wie ich mich expediren solle/ so habe gleich wohlen alsobald auf desselben gestriges hiemit antworten sollen/ auf
daß der Herr Pfarrherr bey beharrung auf vorigen seinen gedancken nicht/
welches leicht geschehen könte/ sich in ungelegenheit und gefahr brächte. Was
dann die vorgelegte frage anlangt / so hätte man zwahr sonsten nicht in allen
stücken wegen der Juden sich auf hiesiges exempel zu beruffen / indem denselben unterschiedliches allhier gestattet wird / so ich nicht zu entschuldigen vermag: Was aber diese sache anlangt/ so verhält sichs also.  1. Ratione facti.
Daß zwahr / als viel mir wissend ist / die Juden in ihrer gasse ihre besondere
hebamme oder wehemutter haben / aber nicht / daß man der Christen hebammen ihnen versagte / sondern weil der Jüden eine solche anzahl ist / daß es mit
der Christen grössester beschwehrde geschähe/ wo jene dieser hebammen/ deren
ohne das wenig sind/ ordenlich immerfort gebrauchen/ sie sich auch selbs besorgen müsten/ daß sie offt würden versäumet werden/ weil die Christen-hebam-
men ihnen nicht allemal beyspringen / und die ihrige verlassen würden.  Also
haben sie aus noth eine sondere hebamme/ die dazu von den Christlichen angeführet und angewiesen worden.  So bald aber es einigen harten stand gibet/
daß ihre hebamme nicht genug ist /  werden nicht nur die Christliche hebam-
men/ sondern gar die Christliche geschwohrne weiber/ so der ammen vorgesetz-
te/ und unter denselben auch patritiæ sind/ zu den Judinnen geholt/ welche im
wenigsten kein bedencken machen / ihnen so wol als den Christen hülff zu leisten.  Wie auch die Christliche Doctores , ob schon die Juden auch ihre Me-
dicos haben/ auf erfordern allemal bey den krancken unter den Jüden erscheinen.  Was 2. ratione juris zu mercken : so habe kein bedencken zu sagen/ daß
freylich eine Christen-hebamme / nicht nur illæsa conscientia den Judinnen
beyspringen/ und ihr amt an ihnen verrichten könne/ sondern daß sie ihr gewiß-
sen schwehrlich verletzen würde/ wo sie es nicht thäte : 1. Ist uns Christen
nicht

nicht nur befohlen die brüderliche liebe/ sondern wir sollen darreichen in der
brüderlichen liebe gemeine liebe/ 2. Petr. 1/7. welche keinen unterscheid unter den menschen/nationen/religionen machet. Es gehöret aber dieser dienst/
so man den gebährenden erweiset/unter die officia der gemeinen liebe. Woran aber nicht hindert / daß die hebammen ihren lohn davon haben. Dann
auch solche gemeine liebes-wercke von denjenigen / die es zu thun vermögen/
billich vergolten und belohnet werden sollen. Wo es nun erlaubet ist / und
von niemand vor unrecht gehalten wird/ einem Juden einiges zu seiner nothdurfft zu verkauffen/so ists nicht weniger erlaubt / in diesem wichtigen werck
der geburt der mutter und kind beyzuspringen. 2. So ists nicht wol müg-
lich/daß die Juden an den orten/ wo ihrer weniger wohnen/ vermöchten allemal eine eigene hebamme zu halten: und kan solches also nicht von ihnen gefor-
dert/noch weniger ihre weiber ohne hülff gelassen werden. 3. Würde solches
den Juden ein sehr schwehres ärgernüß seyn / wo sie hören solten / daß wir
Christen / dero Meister und Heyland uns vor allen, dingen das gebot der liebe / und solches gegen unsern nächsten / das ist / nach seiner eigenen auslegung
alle menschen / gegeben hat/von solcher liebe sie/die Juden/ausschliessen wolten. Denn es wäre eine anzeigung/ daß wir solches gebot unsers Heylands
gering achten. 4. Sind wir den Juden zwahr nicht schuldig / zu ihrem un-
recht/ zu ihrem falschen Gottesdienst / (daher wir billich gegen die Schabbas
goyen, wie sie sie nennen/ eiffern/ aber hier doch nichts dargegen ausrichten)
zu ihrem betrug und dergleichen sünden/ zu helffen/ vielmehr in solchen ihnen
uns entgegen zu setzen; in den officiis humanitatis aber sind wir noch vor andern allen den Jüden verbunden. Sie sind einmal das vornehmste geschlecht in
der gantzen welt aus dem gesegneten saamen der heiligen Väter. Und ob sie wol
in gegenwärtigem stand in Gottes gericht ligen / so ist doch die gedächtnüß
ihrer extraction würdig/ihnen die liebe vor andern zu erweisen/ja wie unsers
lieben Lutheri reden sollen gewesen seyn/haben wir alle Juden um eines einigen willen zu lieben/nemlich um unsers liebsten Jesu willen/ dessen angehöri-
ge sie nach dem fleisch sind. So sind sie die natürliche zweige / die zwahr
um ihres unglaubens willen ausgehauen/ und wir arme Heiden eingepropf-
fet sind/ aber Paulus Rom. 11/20. erinnert ernstlich / daß wir nicht selber
stoltz seyn gegen sie/ und sie hart oder hochmüthig tractiren / sondern gedencken / daß sie aus Gottes erstem bunde mehr recht zu dem reich gehabt / als
wir/die wir erst aus barmhertzigkeit an ihre stelle angenommen worden seynd.
Wie wolten also Christen ihnen diesen dienst versagen/ welchen so gar die natürliche liebe erfordert/und ein mensch auch einem vieh / wo es dessen bedörfftig wäre / einige hülffe leisten solte? da sonderlich wir Christen gegen die Juden so wol zu erweisen haben / daß wir dem befehl unsers Heylandes von der

liebe nachkommen / als auch ihre hertzen dardurch so vielmehr bereiten sollen/
allgemach zu einer liebe gegen uns / so dann auch zu demjenigen / was noch
göttliche gnade künfftig an ihnen thun wird. 5. Findet sich keine wichtige
ursach /so entgegen angeführet werden könte/wie es dann unbillich wäre/ daß
Christen einen eckel haben wolten an den personen/die den Juden einen dienst
geleistet / welche an dem geld keinen eckel haben/ ob ein Jud dasselbe lange zeit
bey sich getragen hätte; so sehe ich auch kein ärgernüß: Man wolte sich dann
ärgern an demjenigen/was göttlichem willen gantz gemäß ist/und wären also
vielmehr diejenige / die hievon ein ärgernüß nehmen wolten/ besser zu unter-
richten/ als den Juden damit den dienst zu entziehen / welchen alle menschen
unter einander schuldig sind. 6. Daß in dem gegentheil viele Theologi bedencken haben werden/ daß sich ein Christ der Juden/ zum exempel der jüdischen Doctorum (also möchten wir beysetzen/ der hebammen) gebrauchte/ hat
es mit solchen gar eine andere bewandnüß: Theils weil es mit verachtung
der Christlichen personen geschihet/die man haben könte/theils weil man sich
nicht unbillich von solchen leuten ein und andere aberglauben in den curen zu
besorgen hat/theils weil wir Christen das gebet vor göttlichem segen hoch achten sollen / welches aber auf göttliche und GOtt-gefällige art ein jüdischer
Doctor nicht verrichten/und also den segen zu seiner cur erbitten kan: weswegen nicht wol gethan ist / sich derselben zu bedienen / da man Christen haben
mag/ welche wie in dem leiblichen behülfflich seyn/ also auch von GOtt seine
gnade zu ihrer bedienung erbitten können. Nichts von dergleichen findet
sich von der andern seiten / da die Christen den Jüden zur hand gehen / und
möchte man eher sagen/ daß die Jüden einiges bedencken haben möchten/ der
Christen hülffe sich zu gebrauchen/ als diese dergleichen liebes-dienste ihnen
zu erweisen. Weswegen dann meinem Hochg. Herrn Pfarrherrn wolmei-
nend rathe/sich solcher sache nicht weiter zu widersetzen/sondern die leute selbs
von der pflicht der allgemeinen liebe/ daß sich künfftig niemand daran stosse/
zu unterrichten. Indeme widrigen falls nicht nur die Jüden bey der Obrigkeit durchtringen/ und meinem Hochg. Herrn Pfarrherrn/ wo ers folgends
wider willen müste zulassen/ an dem respect etwas abgehen würde/ sondern
die sache selbs wider das gebot der allgemeinen liebe stritte. 1678.

## SECTIO III.

### Gefahr unsrer zeiten. Joach. Betkii mensura
Christianismi. Von bestraffung des nechsten.

Je brieffe belangend/ so bezeuge hiemit hertzlich/daß bey mir beyde eine
sonderliche liebe gegen ihn erwecket / und mir eine hoffnung gemacht
haben/

haben/ daß an ihm abermal eine solche person kennen lerne/ dero es redlich
um GOTT und um ihr heil zu thun seye/ die auch die verderbnüß
unsers Christenthums tieffer einzusehen angefangen habe/ als sonsten insgemein dasselbige zu geschehen pfleget. Nun so offt von jemand dergleichen
einige kundschafft bekomme/ so habe ich mich billig darüber zu erfreuen/ dem
HErren/ der durch seinen geist kräfftig in den hertzen wircket/ zu dancken/und
für dieselbige zu bitten/ daß der HErr das gute werck in ihnen angefangen/
ferner vollführen wolle auff den tag JEsu Christi. Wir sind ohne das in den
jenigen zeiten/da nicht nur die zahl derer/welchen es um Gott redlich zu thun
ist/sehr nahe zusamen gehet/sondern auch diese in stäter gefahr wegen der vielē
schreckl. ärgernüssen stehen/von deroselben strohm in das wüste wesen mit fort
gerissen zuwerden.So wird in den uns vorstehenden trübsaalen keiner stehen
bleiben/ als dessen hauß auff einem guten und festen grunde steht/ die übrige
werden sorglich einen grossen fall thun. Wann uns dann an nichts mehr gele-
gen/ als daß wir nur unsre seelen dermaleins zur ausbeute davon tragen
mögen/ hingegen wir nichts haben/ womit wir unsre seelen/ da wir sie verlohren hätten/ wieder lösen möchten ; wie nothwendig will es dann seyn/daß
auch dieser erhaltung unser allermeiste sorge in diesem leben seye : welches ja
nicht einig uns Predigern/ sondern eben so wol allen/ die eine seele zu versorgen haben/ obliget. Wir haben aber/ wo wir durch die gnade GOttes einen hertzlichen trieb zu dem guten und allein nothwendigen bey uns fühlen/
nicht nur dem himmlischen Vater davor demüthigen danck zu sagen/ sondern
weil auch eine christliche klugheit zu der sache gehöret/daß man das gute nicht
selbs unvorsichtig verderbe/ ihn um diese/ und also seines Heil.Geistes bey-
stand/ anzuruffen : weil sonsten dieses mit eine tücke des satans ist/ w o er eine
seele nicht mehr von dem eiffer zu dem guten abziehen/ noch in der welt eitelkeit einflechten kan/ daß er suchet/ ob er eine unordnung in solchen eiffer brin-
gen/ und damit desselben früchte zunicht machen möchte/davor wir uns so viel
fleißiger zu hüten haben/als gefährlicher diese list des feindes ist. Zur sache
aber näher zu gehen/ so thut der HErr sonderlich zwo fragen/ insgemein ü-
ber das büchlein Mensio Christianismi genennet/ und absonderlich wegen
der bestraffung des nechsten. Die erste belangend/so ist mir solches büchlein bekant/ und habe es vor 12. oder mehr jahren gelesen. Der Autor ist
gewesen Joachimus Betkius, vormaliger eiffriger Prediger zu Linum
in der Marck Brandenburg/welcher auch mehrere scripta edirt hat. Dessen
gedächtnüß billich in würden und segen behalten werden solle. Ich kan mich
auch jetzo nicht so eigenlich des gantzen tractats mehr erinnern/ hatte aber
mein bedencken davon/ so ich nach der verlesung gleich abgefaßt/selbs in mein
exemplar geschrieben : Dieses aber habe weggelehnet/ und weiß nicht wem/

dasdaher es von niemand fordern noch mich darinnen ersehen kan. So viel ich mich noch entsinne/ habe ich damals sehr viel herrliches gutes in dem büchlein wahrgenommen/ und bey dem mann einen hertzlichen eiffer bemercket/ und daß er sonderlich die fehler des predigamts und der fleischlichen leute in demselbigen kräfftig gerühret. Jedoch wie es offt in dergleichen dingen zu geschehen pfleget/ daß eiffrige leute sich dadurch weiter treiben lassen/ als nöthig gewesen wäre/ ehe ihnen etwas in ihrer meinung geholffen wird/ düncket mich/ seye dieser liebe mann zuweilen zu weit gegangen/ und habe den zustand der kirchen vielmehr sich vorgestellt/ wie er zu wünschen/ und nach solchem cussersten grad der vollkommenheit sich zu bestreben ist/ als wie wir in dieser gegenwärtigen zeit/ da das weib noch in der wüsten ist/ und alles eusserliche in grossem verfall steht/ dieselbige zu hoffen/ oder wir es dahin zu bringen/ von GOtt die verheissung haben. Daher wir zwahr uns dahin zu bemühen haben/ allen ärgernüssen nach vermögen zu wehren/ aber wir müssen deswegen nicht gedencken/ daß nichts ausgerichtet/ sondern daß alle arbeit verlohren seye/ ob wirs wol bey weitem so weit nicht bringen: vielmehr müssen wir endlich damit zu frieden seyn/ wo wir noch so wol die gute stärcke/ als einige böse gewinnen/ oder einige nur etlicher massen in ihrer boßheit hindern/daß sie dieselbige nicht so ungescheut treiben dörffen: ja aber deswegen/ daß nicht alles erlangt werde/ was wir wünschen/amt und arbeit nicht fahren lassen/ so mich deucht des lieben mannes meinung zu seyn/ auffs wenigste es eine versuchung ist/ welche manche gute hertzen offters ängstiget/ der satan aber dieses dabey suchet/ daß er durch solche desperation etwas auszurichten/ und durch die einbildung/wo man es nicht alles dahin bringe/ wie wir die göttliche ordnung vor augen sehen ( und freylich nach deroselben uns richten/ auch mehr und mehr darnach trachten sollen) daß GOtt nichts unsers wercks in gnaden auffnehmen werde/diejenige von dem kirchen-dienst vollend abzuziehen/ welche auffs wenigste etwas durch ihre treue noch auszurichten vermocht hätten/ auch ausgerichtet haben würden. Daher ich solches mannes und einiger anderer dergleichen bücher sonderlich christlichen verständigen predigern/ dazu gleichwol dienlich halte/ daraus die obschwebende fehler desto besser zu erkennen/auch was dagegen versucht werden solle/ zu ersehen/ nicht aber sich nachmalen ein schweres gewissen zu machen/ noch das amt fahren zu lassen/wo wir vieles nicht zu werck richten können/sondern nach allem versuchen stecken bleiben: wo vielmehr dieses allein uns übrig bleibt/ daß wir der hülffe des HErren/ da er seiner kirche hülffe schicket/ und sie selbs bessern wird/ mit seufftzen erwarten/ und uns indessen trösten/ der HErr sehe nicht so wol unsers fleisses frucht/ als unsers willens auffrichtigkeit an. Wie mich nun deucht/ es sey dieses wegen seiner haupt-absicht (wo

mich

mich von deroselben nicht mein gedächtnuß betreugt) zu bemercken/ so kommt
mir auch vor/ ob erinnerte ich mich/ daß er ebenfals in solchem tractate/ so
dann in einem andern/ welcher außdrücklich von dem Geistlichen Priester=
thum geschrieben/ dieses fast weiter als sichs geziehmen wolte extendirte/
daher ich hingegen/ als mir eben damal solches in die hände auch fiele/ Herren
Vilitzen Geistliches Priesterthum lieber habe hier aufflegen lassen/ und
also bey uns bekant machen wollen/ welches mir vorsichtiger zu gehen ge=
schienen: nachdem ich auch selbs solche materie in einem kleinen scripto aus=
geführet habe. Ich komme aber auch auff die andere besondere frage von
der bestraffung: welche ich bekenne/ daß sie mir eine der schwehrsten mate=
rien vorkomme/ und ich mir darinnen selbs in etlichem nicht/ vielweniger den
andern/ allerdings gnug thue. Die meiste difficultät in der gantzen sache kom=
met her aus unserm verderben in der gantzen kirchen/ daß in deroselben so we=
nig wahre Christen zu finden seynd/ und daher diejenige pflichten weder kön=
nen noch sollen gegen alle dermassen in acht genommen oder geleistet werden/
welche uns gegen etliche brüder obligen/ und wo wir unter lauter solchen le=
beten/ unaussetzlich müsten geübet werden/ da sie auch nicht ohne frucht blie=
ben: Nun aber wo dieselbe gegen diejenige/ so zwahr wegen des Christen nah=
mens auch brüder heissen sollen/ dermassen in acht genommen werden wol=
ten/ mehr confusion und schaden als nutzen erfolgen dörffte. Deswegen ich
nicht leugne/ daß des Sel. Herr Doctor Müllers/ dessen freundschafft ich
sonsten werth geachtet/ angezogener abhandelung solcher materie nie habe
unterschreiben können/ ob sie wol hertzlich gut wird gemeint gewesen seyn/
und in anderm unserm zustand sich solche dinge practiciren liessen. An die fleis=
le desselben aber wolte ich lieber zu lesen rathen Herren Doct. Hülsemanns
außdrücklichen lateinischen tractat von solcher materie/ de correptione fra=
terna: solle etwa ein und anderes nicht undienliches darinn gefunden wer=
den/ wie mich entsinne/ als ihn gelesen/ daß mir einiges wohl gefallen. Wo
ich aber je auch etwas meiner gedancken von der sache geben solle: so meine/
daß wir 1. wohl in acht nehmen müssen die ursachen solcher brüderlichen be=
straffung/ dero mich deucht sonderlich zwo zu seyn; die eine der eiffer vor
GOttes ehr und die andere die liebe so wol des bruders/ so gesündigt hat/ um
ihn zu seiner sünden erkäntnuß zu bringen als anderer beywesenden/ daß sie
sich nicht dran ärgern mögen: diese ursachen/ wo sie wohl eingesehen wer=
den/ dörfften etwa diese sache zimlich erhellen und in vielen stücken maaß ge=
ben. 2. Der eiffer vor GOttes ehre erfordert eine bestraffung/ wo dieselbi=
ge in unserer gegenwart von jemand sonderlich angegriffen worden/ und
hoffnung ist/ dadurch etwas deroselben zu repariren/ entweder bey jenen
selbs/

selbs/oder bey den anwesenden.　Ich trauete sie nicht aber allezeit nothwendig zu achten/ wo man sorgen muß/ nur so viel hefftigere fortsetzung solcher
sünde bey einem obstinaten kopff/bey einem trunckenē und dergleichen/zuver-
ursachen/ daß er dasselbe/ oder wol ärgers/eben deswegen zu trutz zu thun
fortfahre. Jedoch wolte es nicht verdammen/ da ein mensch einen eiffer drüber bey sich verspühret/ und aus dessen trieb eine solche bestraffung thäte/den
ich als von GOtt (wo nemlich keine andere fleischliche absichten dabey sind)
erwecket/ gern ansehen wolte: aber in ermangelung der hoffnung etwas
fruchtbarliches auszurichten nicht jeglichen/ sonderlich die schwache/ dazu
verbunden achten wolle.3.Wie nun also das meiste auff die liebe des nechsten
ankommet/ so gibet solche diese regul: wo man seinem nechsten mit der bestraffung nutzen kan (und also dessen nur einige hoffnung hat ) so erfordert die lie-
be/und also das gebot der bestraffung/ so eigentlich eine übung der liebe seyn
solle/ dieses von mir/ daß ich solche gelegenheit ihm gutes zu erzeigen nicht
versäume.　Hingegen wo gewiß ist/als viel nemlich unter menschen von dergleichen dingen eine gewißheit seyn kan/ daß ich nicht nur nichts gutes damit
ausrichten/ sondern gar nicht so.wol mir ungelegenheit damit zu ziehen/ als
den nechsten nur mehr ärgern/ und ihm gelegenheit zu mehr sünden geben
würde/ so bleibet die bestraffung billig zurücke.　4. Also wolte ich nicht ra-
then/ daß jemand einigen gantz unbekanten vorbey gehenden oder sonsten
auffstossenden/ sonderlich publicè, straffen solle: indem menschlicher weise
auch nicht eine hoffnung seyn würde/ bey solchem etwas gutes auszurichten/
sondern mehr sorge wäre/ihn zu weitern sünden zu reitzen/ und andere wegen
eines solchen ungewohnten unternehmens damit zu ärgern.　Es wäre denn
sache/ daß es von solcher person geschehe/ so einer dergleichen autorität/ davor derjenige/ der da sündiget/ sich so bald scheuen müste/ und also einiger besserung hoffnung wäre.　5. Wo man mit offenbaren gottlosen leuten zu thun
hat/ finde ich abermal nicht/daß ein privat-mensch/der sie solche zu seyn weiß/
und in dero actionen solches auch sihet/ sie bestraffte/ sondern es gehöret zu
dem spruch Matth. 7/ 6. daß wir unser heiligthum nicht vor die hunde
noch die perlen vor die schweine werffen sollen: (wie solches gebot unsers
Heylandes ausdrücklich/ und sonderbarlich von solcher. materie handelt/
wie das vorgehende zeiget) es wäre dann sache/ und fänden sich solche um-
stände/ daß der eiffer vor GOttes ehr und die sorge/ daß andere.beywesende
sich nicht ärgern/eine solche bestraffung erforderten.　Sonsten muß man solche leute so wol der offenbarlichen straff der Obrigkeit/als straff-amt der Prediger in den predigten überlassen/ biß sie auch Christen werden/ und etwas
der brüderlichen pflicht an ihnen mit nutzen geübt werden könte. Als lang sie
aber offenbar ruchlose welt-leute sind/ so ist an ihnen das meiste particular-
straf-

straffen verlohren / biß gelegenheit sey / vielmehr ihren gantzen zustand / als
diese und jene absonderliche sündliche handlung/ ihnen vorzustellen/und einer
rechten besserung anfang zu machen.    Jedoch will es bey solchen leuten nöthig seyn/ daß man auffs wenigste mit gebärden/gesicht und sonsten sein mißfallen an ihrem thun bezeuge / am sorgfältigsten sich aber vor allem dem hüte/
woraus sie oder andere gegenwärtige abnehmen könten/ ob liesse man sich die
sache wohlgefallen: dann können wir sie nicht bessern/ so müssen wir sie auffs
wenigste auch nicht ärgern/noch in ihrer boßheit stärcken.   6.Wo mans aber
mit recht christlichen leuten zu thun hat / so hat diese pflicht recht ihren platz:
dann die sind eigenlich und von rechtswegen brüder / so ist bey denselbigen
auch hoffnung/ daß eine brüderliche bestraffung ihren rechten zweck erhalte/
und also einige frucht schaffe.    Jedoch soll allezeit auch bey denselbigen wol
acht auff alle umstände gegeben / und diese nach müglichkeit also eingerichtet
werden/ wie am besten dasjenige/ was man suchet/nemlich des nechsten heil/
erhalten werde.    Also ist auch eben nicht nöthig/ jedes mal/ wann etwas geschehen ist / noch an solcher stelle/ gleich zu anden / sondern ist offt viel frucht-
barer/ da man gelegene zeit und ort darzu erwartet/ dasselbige zu erinnern/
was nöthig scheinet/ als daß zu unzeiten ein gemüth nur wäre etwa unwilli-
ger gemacht worden.    Je genauer ich aber mit einem verbunden und bekant
bin/ so viel mehr liget mir solche liebes-pflicht ob/und hat mehr hoffnung vor
sich.    Ja es ist auch nützlich/ daß ihrer mehrere/ so einander als wahre Christen kennen/ und sich ausdrücklich mit einander verbinden/ mit einer liebreichen freyheit/ sich untereinander zu bestraffen/ und was sonsten allgemeinen
rechts ist um ihrer nähern verbindung willen desto freyer zu thun/ sich aber
nimmer etwas übel untereinander auffzunehmen.Zwahr solte solche freundschafft und vertraulichkeit schon ohne das unter allen Christen seyn (und als
solches in der ersten kirchen bey den brüdern/ daher aller ihr ein hertz und eine
seele war/ diese straff-pflicht in ihrer stattlichsten vigore war/ und ihren vor-
treflichsten nutzen hatte) nachdem sie aber leider nicht also anzutreffen / sondern auch die frommen sich offt aus vielen ursachen einander etwas frembd
sind/ists wol gethan/ wo ihrer viele unter sich dasjenige auffrichten/ was
unter allen seyn solte/ und dero exempel auch andere zu dessen nachfolg reitzen
mag.   7. Obwol die bestraffungen so amts halben geschehen/ gemeiniglich
gegen die untergebene/ andere gemeine aber gegen die gleiche meistens gehen:
so ist gleichwol nicht verboten/ daß nicht auch untere ihre obere erinnern mö-
gen/  wobey gleichwol diese stücke nöthig.  1. Daß sie ihre erinnerung über
solche dinge thun/welche sie gewiß verstehen/ daß sie unrecht sind.   Sonst-n
thun manchmal vorgesetzte in den obern ständen mehrere dinge aus ihrem amt
und solchen ursachen/welche andere,nicht begreiffen/nochihnen gesagt werden

fen/ daher diese aber bald leicht in die gedancken kommen möchten/ sie thäten damit unrecht/ und wären zu bestraffen/ da sie doch etwa gantz recht daran gethan haben: in solchem fall würde es den untergebenen nicht zukommen/ sie deswegen zu bestraffen/ oder rechenschafft von ihnen zu fordern. Sondern es müssen dinge seyn/ die undisputirlich unrecht. 2. Sollen solche erinnerungen der untern mit aller demuth und bescheidenheit geschehen/ daß sie ja die sonsten gegen die Obere geziemende ehrerbietung damit nicht verletzen/ und das ansehen gewinnen/ sie wolten über ihre Obere die herrschafft suchen: damit die sache stracks verdorben wird. 3. Geziehmet sichs eben um der ursach willen/ daß dieselbige als viel müglich in geheim und ohne ihre verkleinerung vor andern geschehe: ja so viel möglich/ daß es mehr scheine/ es suchen diese ihre eigene information und benehmung der über sie gefaßten scrupel/ als daß sie sich so klug düncken zu seyn/ andere höhere zu bestraffen. Wo es nun also geschihet/ können sich die Obere nichts beschwehren. Ja es haben alle dieselbige/ sonderlich aber Prediger/ sich zu erfreuen/ wann ihre anvertraute auch diese liebe an ihnen erzeigen/ und achte ich denjenigen des predig-amts nicht werth/ der einen bescheidenen und liebreichen zuspruch seines zuhörers nicht mit hertzlichem danck annimmt/ sondern sich darüber beschwehrt/ indem wir ja dencken müssen/ wir seyen nicht nur der gemeinde vorsteher/ sondern auch glieder/ daher auch unter der brüderschafft/ und noch darzu menschen/ die fehlen und nicht alles so wol an sich in acht nehmen können/ als etwa andere gewahr werden. Ja ich achte/ daß es ein grosses stück der verderbnüß unsers standes ist/ daß wenige das hertz nehmen/ uns diese treue/ so uns so nützlich und nöthig wäre/ zu erzeigen/ oder daß viele aus uns dergleichen übel auffnehmen/ und christliche hertzen zu ihrem eigenen schaden hievon abschrecken. 8. Wie nun diese angedeutete art/ wie und wen man zu straffen hat/ wo sie dermassen angestellet wird/ ihre herrliche frucht bringet; also wird hingegen der unbedachtsame gebrauch und die promiscua correptio cujuscunque mehr schaden bringen/ und kan von dem Heil. Geist nicht gemeinet seyn. 1. Es würde damit selten etwas ausgerichtet. 2. Meistens aber viele mehrere sünden bey den bestrafften veranlasset. 3. Würde eine grosse confusion und zerrüttung entstehen/ solche aber dem Evangelio einen bösen nahmen machen. 4. Zugeschweigen der ungelegenheit/ welche solche liebe leut ihnen damit selbs zuzögen. 5. Weil sich jeglicher gewissens halben darzu verbunden achtete/ würden sich eben diejenige/ die die nöthige klugheit nicht haben/ desto öffter durch unzeitiges straffen versündigen/ als grösser ihr eiffer wäre. Anderer schädlicher folgen nicht mit mehrerem zu gedencken/ daraus erhellet/ daß GOttes wille nicht könne gewesen seyn/ das jenige zu verorduen/ daraus mehr böses als gutes entstehen würde. Was

int

im übrigen die davon angeführte sprüche anlangt / so handeln die ort
**Matth.** 18/ 15. und **Luc.** 17/ 3. austrücklich allein von dem fall / da unser
bruder an uns sündiget/ und um des uns zugefügten unrechts willen unserer
vergebung bedarff/ auch wo denselben zu gewinnen einige hoffnung ist / als
welche der zweck der bestraffung seyn solle.   Gehet also der daselbstige befehl
nicht auff andere sünden / wo der nechste sich sonsten versündiget / ohne das
mich die sache absonderlich anginge : wiewol doch nicht leugne / wo die hoffnung der besserung sich zeiget / daß ex analogia nachmal dieser befehl eben so
wol weiter gezogen werden möchte.   Indessen ist offenbahr / daß auch nicht
blosser dings in jeglichem unrecht/ so uns von jemand geschihet / solcher pro-
cels müsse nöthig seyn/ sondern dabey/ mit wem wir es zu thun haben / auch
was vor hoffnung vorhanden mit in consideration gezogen werden.   Christo und den Aposteln geschahe manches unrecht/da sie sich zuweilen verthädi-
get/und denjenigen/welche es ihnen angethan/ihr unrecht vorgestellet haben/
so wol etwa um ihrer selbs willen / daß sie möchten gebessert werden / als zur
ehre GOttes und abwendung des ärgernüsses von andern; zuweilen aber
liessen sie das unrecht vorüber gehen/ trugens mit gedult / und strafften diejenige nicht / welche es ihnen anthaten / wann sie erkanten / daß nun die zeit
des schweigens / und nichts auszurichten seye.   Woraus wir abermal ein
liecht in dieser materie bekomen/und sehen/daß die betrachtung der umstände
zumal in dem gantzen werck höchst nöthig seye.   10. Der ort 3. Mos. 19/ 17.
wird sich auch zimlich selbs erklähren / daß er mit dem befehl CHRISTI
**Matth.** 18. überein komme/und also von denjenigen beleidigungen handele/
da der nechste uns unrecht gethan hat.   Wie denn Moses verbittet man solle
**den nechsten nicht in seinem hertzen hassen** : so muß also etwas vorgegangen seyn/ was solchen haß erregen möchte.   Ist demnach die meinung eigentlich diese : wo dir dein nechster leid zugefüget hat / so trage es ihm nicht nach/
in einem heimlichen haß / sondern sage es ihm und straffe ihn deswegen.
**Sirach.** 20/ 2. daß er wisse / wie er mit dir stehe / und fernere sünden unter
euch verhütet werden.   Wie dann solches straffen / da es offenhertzig geschi-
het/ entweder dem nechsten gelegenheit gibet/ sich also zuerkennen/ daß man
sehe / es seye etwa dasjenige / was du übel auffgenommen/ so böse nicht gemeint gewesen/oder es bringet ihn zur erkäntnüß und künfftiger besserung/o-
der machet einen anlaß/daß sich andere darzwischen legen/fernere unglück zu
verhüten : und wie etwa noch dergleichen arten seyn mögen/ worinnen solche
bestraffung beyden theilen nutzen kan.   Man sehe auch hierüber **Sirach.**19/
v. 13. seq.   Wo aber solches unterlassen und dem nechsten solche beleidigung
nur nachgetragen und gelegenheit der rache gesucht wird / so ladet man viele

schr:d auf sich.  Indessen lasse ich gern auch dieses allgemeine aus den worten ziehen: wann der mensch die bestraffung also unterlässet/ daß er damit des andern schuld auff sich ladet/ und also ursach ist/ daß er in seiner schuld stecken bleibet/ und weiter sünden begehet/ welche durch guten zuspruch hätten verhütet werden können/ so sündiget er wahrhafftig.  Man möchte II. den ort Epheser 5/II. habt nicht gemeinschafft mit den unfruchtbaren wercken der finsternüß/ straffet sie aber vielmehr/ ebenfals anziehen/ welcher meines erachtens die sache fast stärcker treiben solte/ als die andere.  Aber er kan doch eben so wol nicht mehr ausrichten/ als dieses allgemeine/ daß die Christen sollen die wercke der finsternüß straffen: wer aber/ wen/ wie/ wo u.s.f. dieses thun sollen/ wird hie nicht ausgetruckt/ sondern/ wie es mit andern præceptis affirmativis ein bewandnüß gleicher massen hat/ muß solches aus beobachtung aller umstände/ wie es am meisten frucht schaffen kan/ mit christlicher klugheit zu jedem mal ermessen werden.  Dann dieses gebot so wol als andere sind uns von GOtt zu des neben menschen nutzen; nicht aber ihm zu mehrern sünden anlaß zu geben/ vorgeschrieben worden. Der gelehrte Matth. Flacius redet sehr wol hier über diesen spruch: Observa pios non debere perpetuo dissimulare prava facta aut dicta, vel etiam tantum opiniones erroresve ac malam mentem aliorum, præsertim sibi quoquomodo conjunctorum, etiam sola vicinia: sed potius arguenda esse, observato nihilominus quodam decoro loci, temporis ac personarum, ac communis eutaxiæ quietisque.  Welches sehr fein die meinung des Apostels erklähret/ wozu mir noch jener spruch Sirachs einfält. c. 20/ 1.  Es straffet offt einer seinen nechsten zur unzeit/ und thät weißlicher er schwiege.  Wo wir sehen/ daß der weise mann das straffen des nechsten nicht verwirfft/ vielmehr als etwas gutes billiget/ aber er will nicht haben/ daß es zur unzeit und also nicht mit gebührlicher beobachtung aller dienlichen umstände geschehe/ sonsten seye es wol besser/ man schweige gar/ als daß man mit gut gemeinten/ nicht aber genug bedachten reden/ schaden thue.  Gleich wie eine artzeney köstlich und heilsam seyn kan/ welche doch/ da sie nicht recht gebraucht wird/ leicht so viel schaden mag als nutzen kan.  Ich setze 12. zu mehrer erleuterung der sache noch dieses hinzu/ daß wir den nechsten auch straffen mögen durch andere.  Wie ich dann dieses sehr rathsam achte/ daß zuweilen ein und andere sünden des nechsten/ welche wir zu straffen nöthig achten/ und aber wenig hoffnung haben/ daß wir dieses werck so vernünfftig und vorsichtig verrichten würden könne/ als es dienlich seye/ oder auch sorgen müßen/ daß es von uns nicht möchte wohl auffgenommen werden/ von uns/ andern/ sonderlich den vorgesetzten in geheim angezeigt und solchen auffgetragen werde/ daß sie

ihr

ihr amt an denjenigen zur besserung thun / die solches bedörffen. Also mag eltern / herrschafften / und dergleichen vorgesetzten dasjenige vertrauet werden / was an den ihrigen sträfflich beobachtet worden / und sie es sonsten etwa nicht wissen möchten. Vornemlich sind die Prediger diejenige / welchen amtshalben das straffen auch obligt und anbefohlen ist / die etwa auch von GOtt die klugheit empfangen haben / daß sie wissen / mit nachtruck zu straffen / zu dem auch das amt selbs ihnen eine mehrere autorität / folglich offt eine weitere krafft dem zuspruch / gibt. Daher denjenigen / welche ihnen selbs nicht trauen / oder nichts auszurichten sorgen / gantz rathsam ist / daß sie solche dinge / so eine andung und besserung noth haben / den Predigern oder Beicht-vätern anzeigen / welche nachmal weise und wege wissen / wie sie am nützlichsten ihre zusprüche anstellen. Damit achte ich solcher leute gewissen genugsam exonerirt / und ist einerley / ob ich eine sache durch mich selbs oder einen andern / der es besser zu thun vermag / ausrichte: Ja dieses letztere manchmal nützlicher. Also erinnere ich mich selbs / daß ich einer person / welche zwahr einen eiffer hatte / andere um sich in ihrem hause zu straffen / aber gemeiniglich solches mit unverstand und auf eine solche weise that / daß sie damit mehr schaden als nutzen und erbauung schaffte / gerathen habe / sich alles solches straffens zu enthalten / als wozu sie die gabe nicht empfangen habe / hingegen mir / weil ich amtshalben sonderlich bey solchen leuten mehr zu sprechen / dasjenige zu hinterbringen / was sie zu straffen werth achtete / da alsdenn bey mir stünde / zu erkennen / ob es etwas wahrhafftig-sträffliches / oder der person einbildung allein / wäre / (wie zuweilen einige etwas für unrecht ansehen können / was eben nicht unrecht ist) so denn gelegenheit zu suchen / daß der zuspruch nicht ohne frucht geschehe. Dieses wären meine gedancken über der vorgelegten materie / welche ich in der furcht des HErrn zu überlegen / und denselben inbrünstig anzuruffen bitte / daß er dem hertzen eine gewißheit geben / und jedesmal zeigen wolle / was seines willens seye. Er gebe uns allen zuforderst denjenigen fleiß in unsere seelen / daß wir zu allererst uns selbsten täglich straffen und richten / mit sorgfältiger forschung desjenigen / wie es mit uns stehet / und also / daß wir unser darinnen am wenigsten schonen / als welches das trefflichste mittel ist zu unserm eigenen geistlichen wachsthum: Wo dieses mit trene und fleiß geschihet / so dann eine wahre liebe zu des nechsten heil bey uns sich findet / so wird uns nachmal der HErr diejenige weißheit verleihen / welche uns nöthig ist / solche liebe des straffens nicht ohne frucht zu üben / daß wir wissen zu reden und zu schweigen zu rechter zeit. 1683.

## SECTIO IV.

# Von begrüssung der ärgerlichen personen.

Ob personen/ die in hoffärtigen kleidern einher treten/ oder mehr
als sich geziemet / ihres leibes entblössen / die gebräuchliche
reverenz oder begrüssung zu thun seye?

Je frage ist nicht davon / ob nicht solche leute mit ihrer kleider-pracht
oder leichtfertigkeit schwehrlich sündigen / sondern solches lasse ich als
etwas ausgemachtes an seinem ort stehen / und nehme die frage nur
von denen an/ welche dieselbe grüssen/ und so fern ehren.

Da hielte nun 1. welcher dergleichen personen/ die sonsten in einer condition und stand stehen/ daß ihnen insgemein eine dergleichen ehr-bezeugung erwiesen zu werden pfleget / ob sie schon dergleichen sündliches an sich zeigen/
mit der gewöhnlichen eusserlichen reverenz ehret um ihres standes willen/
versündiget sich damit nicht. Denn 1. der eusserliche und weltliche stand wird
durch die sünde der person nicht auffgehoben / und wie einer auch gottlosesten
Obrigkeit ihr respect, den man mit unterthänigkeit leisten muß/ ohnerachtet
ihrer offenbaren boßheit bleibet/ so bleibet auch einem andern gottlosen menschen derjenige respect, welchen ihm menschliche gesetze oder gewonheit gegeben haben. 2. Ist solche eusserliche reverenz und so genanntes grüssen/ nach
unserer Teutschen manier nichts anders als eine weltliche ehr-bezeugung/
dazu auch billich in dem hertzen die liebe/ die wir gegen alle zu tragen verbunden sind/ sich finden/ und mit dadurch angezeiget werden soll. Wie aber durch
des andern hoffart die ehr/ die ihm sonst seines standes wegen gebühret/ nicht
auffgehaben wird/ also denn auch von mir wol bezeuget werden kan/ so ist auch
kein zweiffel/ daß ich einem solchen als meinem nechsten noch liebe schuldig bin/
ob wol dieselbe in dem hertzen nicht ein wolgefallen über dero eitelkeit/ sondern
vielmehr ein seufftzen nach sich ziehen solle.

2. Diesem mag nun nicht entgegen gesetzet werden / was der Apostel
2. Joh. 10. 11. saget/ wie man diejenige / welche die wahre lehr nicht mitbringen / nicht grüssen solle. Indem daselbst nicht von einer solchen bey uns gegen alle vornehmere üblichen ceremonie der ehrerbietung/ sondern von einem
solchen grüssen geredet wird/ dadurch man eine sonderliche freundschafft gegen
den andern/ und also einen wolgefallen an ihm/ zeiget: Wie man denn sonsten
sich seiner sünden / wo allerdings kein wolgefallen dabey wäre / auch nicht
theilhafftig machen könte. Zu geschweigen/ daß daselbs nicht von solcherley
in der eitelkeit stolzirenden/ sondern die wahre lehre Christi nicht mitbringen-
den geredet wird.

3. Es

3. Es kan auch nicht gesaget werden / daß solche leute / durch die ihnen anthuende reverenz in ihrer hoffart oder leichtfertigkeit gestärcket werden/ wo wir nemlich von denen reden / welcher condition ohne das dergleichen ehr mit sich bringet. Daher sie es ihrem stand/welchen sie haben würden/sie gingen stattlich oder schlecht gekleidet/nicht aber solchen ihren prächtigen kleidern zuschreiben: Vernünfftig aber nicht dencken können / daß es um ihrer kleider willen geschehe. Ein anders wäre es/ wo jemand dessen condition nicht eben eine solche ehrerbietung mit sich brächte/sich prächtig eben deßwegen kleidete/ damit man den götzen ehrte/und sich also damit kützelte/denn da hielte davor/ wer solches wüste/hätte sich der ehrerbietung zu enthalten/und solchen prächtlingen ihren willen nicht zu erfüllen / noch auch ein wolgefallen an ihrer blösse mit einiger reverenz zu bezeugen.

4. Wo ferner jemand gegen solche personen / gegen welche man die ehrerbietung nicht blosserdings / wie gegen regenten / und die ihrige/schuldig ist/ aus einem eiffer/ weil man ärgernüssen an ihnen sehe/ alle solche ehrerbietung ausliesse/ oder auch eben darinnen einiges mißfallen darüber zu verstehen gebe/den wolte ich deßwegen nicht schelten. Indem diese eusserliche ehrerbietung durch dergleichen so genanntes grüssen / gleichwol keine eigentliche oder gebotene schuldigkeit/daher auch unter vielen nationen nicht gebräuchlich ist/ folglich sie so fern frey stehet / und dero leistung oder enthaltung/aus dem gemüth des menschen/der es thut oder lässet/recht oder unrecht wird. 1688.

## SECTIO V.

# Von ausziehung einer vermuthlich-todten frucht aus mutter-leib.

Ob ein Medicus, dem GOTT die wissenschafft verliehen/ extractionem fœtus per instrumenta könne illæsa conscientia, und auch erforderung müsse vornehmen / und zwahr wegen dieses einwurffs / weilen die anzeigungen / daß die frucht todt/ nur probabilia und nicht infallibilia seyen / dahingegen wiederum dieses beygebracht wird / wenn man cunctiren will/ offt periculum in mora seye / und die mutter mit der schon vor todt gehaltenen frucht auch verderben muß?

Hierauf in der forcht des HErrn zu antworten / muß zu erst erinnert werden/und wird vielleicht ohne das bereits præsupponiret. 1. Daß zu solchem gefährlichen mittel nicht eher geschritten werden müsse oder dörffe/ als biß so viel menschlicher verstand begreiffen kan/ die frucht vor todt gehalten werden muß: dann so lange noch einige zimliche vermuthung des
übri-

übrigen lebens seyn möchte / könte man die hand zu besorglicher ertödtung eines unschuldigen nicht anlegen.  2. Daß auch so lang gewartet werden solle / als abermal nach allem menschlichem begriff hoffnung übrig ist / daß sich noch solche kräfften bey der gebührenden finden / daß die natur einen neuen conatum, die frucht von sich zu treiben / ausüben möchte / wie bey den gebährenden zuweilen die wehen etwas wiederum einhalten und ruhen / aber nach solcher ruhe die natur wieder mit neuer krafft an das werck gehet.  Also hat man zu solchem gefährlichen mittel sich nicht eher zu resolviren / biß diese hoffnung bey diesen dingen verständigen leuten allerdings verschwindet / und eine gerechte sorge verhanden ist / daß ein länger verzug auch derjenigen todt nach sich ziehen würde / die noch hätte errettet werden können : so nicht weniger das gewissen beschwehren würde.  3. Daß auch der HErr vorhin demüthigst darum angeruffen werde / dafern das kind noch lebendig und zu retten wäre / und man etwa unwissend sich sonsten an ihm versündigen möchte / daß er solches durch einige kennzeichen / wie in dergleichen fällen müglich / offenbahren / oder doch seinen willen in den hertzen zu erkennen geben wolle / darmit man / weil man ja sich gern bequemen wolle / nicht unwissend wider denselbigen thun möchte.  Vorausgesetzt dieser bedingungen / und da alle menschliche vermuthungen den todt des kindes und die nunmehr unauffschiebliche gefahr der mutter vor augen stellen / achte ich / daß ein solcher Medicus oder Chirurgus (der im übrigen auch sonsten seiner sache in dieser an sich selbs mißlichen operation gewiß seyn muß / daß er nicht die gefahr noch mehr vergrössere) mit gutem gewissen könne / und nach derjenigen sorgfalt / darzu wir gehalten sind / nach müglichkeit des nechsten leben zu retten / solle / in dem nahmen des HErrn und mit dessen anruffung das werck vornehmen.

Der grund dieses satzes ist dieser : Weil das vor todt gehaltene kind entweder in der wahrheit todt ist / oder nicht.  Ist das erste / (wie bereits erinnert worden / daß man auch so lange warten müste / als eine vernünfftige hoffnung übrig wäre / daß es noch lebte / und wo endlich die mutter verstürbe / ein partus cæsareus werden könte) so ist keine ursach zu zweifflen da / warum nicht dasjenige auch mit gewalt und etwa zerstückt herausgerissen werden dörffte zu rettung der mutter / was ohne das natürlich nunmehr nichts anders als die verwesung vor sich hat / und demnach also darmit kein schade geschihet : so wenig als denjenigen / welche nach ihrem todt um des menschlichen cörpers beschaffenheit und einiger kranckheiten ursachen zu erlernen / auffgeschnitten und anatomiret werden.

Wäre aber das andre (darinnen alle difficultät stecket / indem man keinen unschuldigen um des andern willen tödten / noch daß gutes erfolge / böses thun darff. Rom. 3/8.)  So halte doch einen solchen Medicum vor unschul=

schuldig: Indem er die frucht vor todt achtet / und nach aller seiner kunst und einsicht nicht anders als todt halten kan/also würde er vor GOTT in solchem fall nicht anders schuldig seyn/als einer wäre / der ohne alle seine schuld einen anderen durch einen unglücklichen fall getödtet hätte / da ihn GOTT ungefehr in seine hände hätte fallen lassen. 2. Mos. 21/13.   Wo wir leicht erkennen / daß zwahr ein homicidium physicum, nicht aber morale,geschähe ; das ist / daß wircklich ein mensch sein leben verliehret /  aber ohne eigentliche verschuldung des thäters vor GOTT/ indem weder dolus noch culpa vorhanden ist /  weder vorsatz noch sträffliche schuld aus unvorsichtigkeit und dergleichen.

Man möchte zwahr sagen und einwenden /  es geschehe gleichwol mit zweifflendem gewissen / da aber / was also geschihet/ sündlich ist/ nach Rom. 14/23.   Nun ists freylich an dem/wo einer solches eigentlich mit zweifflendem gewissen thäte/ daß er nicht von der sünde frey gezehlet werden könne: Wir haben aber dieses auch wiederum zu erfordern /  daß ein solcher Medicus sein gewissen erstlich fest setze / und versichert seye / daß in diesem fall sein amt und die liebe von ihm dasjenige erfordere /  was er thue /  so thut ers also nicht im zweiffel.  Ja/aber er ist doch nicht unfehlbar des todes des kindes versichert. Antwort: Dieses wird zugegeben/indessen ists doch nichteigentlich ein zweiffel/indem bey einem scharff also genannten zweiffel sich dieses findet/ daß das gemüth sich auf keine seite mehr als auf die andre lencke/ da wir hingegen hier setzen /  daß der Medicus den todt nach allen menschlichen vermuthungen vor gewiß glaube/ und nur eine geringe formido oppositi, und sorge/ daß das gegentheil müglich seyn könne/so er aber doch nicht vermuthet/vorhanden wäre. Wo wir aber auch solches einen zweiffel nennen wollen/ müssen wir einen unterscheid machen unter einem zweifflenden gewissen selbs /  und unter einem versicherten gewissen in einer sache /  in dero sonsten ein zweiffel seyn mag. Welche beyderley unterschieden sind: Dann es kan eine sache seyn/worinnen sich ein zweiffel findet/ob dieses und jenes sich also verhalte/ und indessen bleibet doch das gewissen aus guten gründen versichert /  daß es in dieser bewandnüß nach göttlicher ordnung dieses oder jenes thun solle.   Also absolviret ein auch gewissenhaffter Prediger denjenigen/den er nach müglichkeit geprüfet / und nichts / so ihn unwürdig zu seyn zeiget/ an ihm befunden hätte/ ob er wol weiß /  es seye müglich/ daß er durch heucheley betrogen würde /  ja ob er auch aus gewissen anzeigungen eine sorge derselben hätte/darauf aber der andere ihm so fern gnüge gethan /  daß er nicht weiter/ wie es in diesem menschlichen leben / die wir in die hertzen nicht sehen können /stehet/ hat kommen können: Indessen ist sein gewissen ohne zweiffel/ daß er dieses thun möge/ob wol in der sach ein zweiffel noch übrig seyn kan.   Also kan ich von dem nechsten

Oo                                das

dasjenige/was er mir schuldig ist/mit versichertem gewissen annehmen/ob ich wol nicht versichert bin/ daß ich nicht von ihm aus dergleichen mitteln bezahlet werde/die ein fremdes gut bey ihm wären: und also auch in andern stücken. Also muß eines diese würckung vornehmenden Medici gewissen versichert seyn/ daß er dieselbe aus sorge vor der mutter leben zu verrichten habe/ ob er wol nicht unfehlbar versichert ist/daß das kind wahrhafftig todt seye. Wann auch sonsten die moralisten in den etwas zweiffelhafften fällen einen unterschied machen/ unter dem was das sicherste oder das mit besten rationibus begründete seye/ da sie bald dieses bald jenes vorziehen/ so mögen wir sagen/daß hie die operatio,welche die mutter erhält/beydes zugleich/ nemlich das sicherste und doch auch dabey bewehrteste seye/ das gegentheil aber so vielmehr gefahr als auch wichtigere gründe gegen sich habe.

Wolte man aber weiter instanz machen/ weil gleichwol noch einiger zweiffel übrig wäre/müste man gantz still stehen/ und nichts thun/ als darmit man am wenigsten sündigte/ so ist nicht allein immer zu wiederholen/ daß bereits angedeutet/ wie man/als lang müglich ist/warten müsse. Aber wo der eigenlich bedingte casus sich ereignet/ hat solches stillstehen nicht mehr platz/ dieweil dasselbe selbs eine sünde wäre/ die mutter gewiß zu tödten (dann wenn ich nicht rette/ da ich kan/ den tödte ich in dem gericht GOttes.) Also da es auf diese noth kommt/entweder in gefahr zu seyn der tödtung einer frucht/die man doch nicht anders als vor todt glaubet/ und wo sie lebte mit der mutter/ der grössesten wahrscheinlichkeit nach/ dannoch sterben muß/ oder wissentlich und ohne einigen zweiffel/ die noch zu retten nützliche dem todt überlassen/ so muß einmal dieses letzte die andre forcht überwiegen: und kan derjenige versichert seyn/ der nach allen obgedachten bedingungen aus wahrer begierde die eine person dem gewissen todt zu entreissen/ möchte der frucht unwissend schaden gethan haben/ daß ihm der HErr/ dessen willen er mit einfältigem hertzen zu thun gesucht hat/solches nicht zurechnen/sondern ihm vielmehr/was er gethan/ gefallen lassen werde. Er mache uns aber in allen stücken seines willens gewiß/nichts wider denselben zu thun/ oder sehe unsere unwissenheit/ da wir nicht weiter zu kommen vermögen/ in gnaden an.

## SECTIO VI.

### An einen Juristen/ der sich von seinem kost-herrn
injuriiret zu seyn einbildete / und darüber einen proceß
mit demselben anheben wolte.

SO viel hertzlicher mir desselben geistlich-und leibliches wolwesen angelegen/so viel weher hat es mir biß daher gethan/daß von guter zeit mercken müssen / daß derselbe seine maaß gantz anders zu nehmen scheinet/

als

als zu solchem zweck dienlich seyn mag. Welches ich so wol aus demjenigen
wahrgenommen / was wir in der bekanten sache selbs mit einander geredet/
als mir folglich durch unsern beyderseits freund / Herrn N. unterschiedliches
mal von dessen gefaster resolution hinterbracht / nunmehr aber dieselbe mit
communication des hiebey wieder zurücke gehenden schrifftlich notificiret
worden. Ich habe weder dessen hertz in meinen händen / noch gewalt über
denselben von einer sache / welche zwahr schädlich erkenne / wider eigenen willen abzuhalten: so achte es auch unthunlich/nach mehrmaligen remonstrationen eine person / so sich die sache fest vorgenommen/ ferner suchen zu diverti-
ren. Bezeuge allein nochmal/ daß nach aller dieser schrifft überlesen/ in meinem gewissen dasjenige noch nicht finden kan / wessen sich mein Hochg. Herr
L. versichert achtet/und darauf alles gründet. So habe auch billich zu erinnern / wo meiner in der historia meldung geschihet / daß ich vom proceß abgerathen / daß es geschehen / nicht aus der allgemeinen ursach / wie wir auch in
wahrhafftigen injurien zu güte und frieden Christlich rathen sollen/ sondern
wie derselbe sich freundl. erinnern wird/daß ihm in dem geschehenen nur einen
zimlichen schein einer injurien/geschweige eine wahrhaftige injurie/wiederfah-
ren zu seyn/ nicht habe erkennen können/noch jetzo erkennen kan: Vielmehr eine mir schwehrlich zufügende injurie achten würde / wo einer meiner tisch-und
hauß-genossen mir ein und ander dergleichen wort oder action , als eine
schimpffliche injurie anziehen / und mich drüber angreiffen wolte. Wie ich
nochmal bezeuge / daß lieber wünschte / mir alles damal erzehlte begegnet zu
seyn/nicht daß ich etwa durch GOttes gnade gelernet/ wahrhafftige injurien
leicht zu ertragen/sondern daß mirs in die gedancken nicht hätte steigen sollen/
daß mir eine injurie dadurch zugefüget würde. Wie weit bey den Herren
Juristen sich die processus injuriarum erstrecken / und was sie unter den injurien begriffen halten wollen / verstehe ich nicht. Nach meinen Christlichen
regeln hätte ich aber nimmermehr geglaubet / daß mir erlaubt wäre / meinem
neben-menschen gegen alle seine entschuldigung eine sache dermassen auffzu-
mutzen:Und da mich Herr N. wegen des juramenti solle gefragt haben/ würde
ich auffs höchste solches zu thun mißrathen haben / als eine entheiligung des
nahmens GOttes/ alldieweil es eine sache / welche weit der wichtigkeit nicht
wäre / denselben darüber zu führen. Wird aber die Obrigkeit/ da die sache
public wird / und eine mehrere wichtigkeit bekommen mag/ ihm ein juramentum deferiren / so zweiffle nicht / daß er solches mit freudigkeit des gewissens
thun wird: Massen einer / welcher sich vor seinem Beicht-vater dermassen
purgiret / als Herr N. bey mir gethan / nachmal nicht scheu trägt / gleiches
religioso juramento , wo es nunmehr von denen / welche es in GOttes
nahmen erfordern mögen/ aufferlegt wird / zu bestätigen. Mich betrübet

dieses/

dieſes / daß ſorge / es werde auf jetzige gemüths-unruhe noch einmal eine
neue unruhe des gewiſſens folgen / ſo dann dörffte dergleichen proceß / welchen mein Hochg. Herr Lic. intendiret / und ſich damit von einem ſchimpff
befreyen will / ihn in einen ſolchen ſchimpff ſtürtzen / der ſo bald nicht reparirt
werden kan / mit welches vorhaltung / um ſich nicht zu proſtituiren / und
ſelbs eine ungelegenheit über den halß zu ziehen / ſo bald treulich anfangs
abgerathen / und damit nicht Herr N. (als den in allem ſolchem auſſer gefahr
zu ſeyn / jedesmal geglaubet) ſondern deſſen eigenen glimpff geſuchet. Man
wird ſorglich allzuſpät dermaleins bereuen / was geſchihet / und in der erfahrung finden / was für eine heilſame weißheit in den geboten Chriſti ſeye /
welche nicht nur eine liebe von uns fordern / die nichts arges gedencke / und
deßwegen alles zum beſten immer auffnehme / ſondern auch wahrhafftige
injurien mit gedult überwinden / und darinnen eine ruhe des gemüths zu
ſuchen lehren. Der HErr regire nochmal die ſache zu allerſeits gewiſſen beruhigung. 1683.

### SECTIO VII.

## Pflichten eines offendentis und offenſi wegen der verſöhnung.

Je überſendete speciem facti , was zwiſchen einem offendente und
Offenso , deren dieſer / da ſie ſich einmal gezweyet / jenem geſagt / das
ſolte er an jenem tag verantworten/ bey dieſes abſterben vorgegangen/
und daraus gezogene fragen über jenes aus der ſachen geſchöpffte ſcrupul / habe in der furcht des HErrn ettlichemal durchgeleſen / und mit
deſſen anruffung / was göttlichem wort und dem gewiſſen gemäß ſeye /
erwogen.

Ob nun wol dieſes bedencken dahin gemeinet iſt / auch wol in ſolcher
abſicht wird geſuchet worden ſeyn / das verunruhigte gewiſſen des of-
fendentis zu befriedigen / ſo wird doch zuerſt billich dieſes voraus-
geſetzt / daß derſelbe allerdings ſeine ſünde vor ſchwehr zu achten habe. Dann ob wol / wie ſchwehr die offenſion an ſich ſelbs geweſen /
mir nicht wiſſend / und in der specie facti nicht ausgetrucket iſt / ſo
zeigt ſich doch / daß die perſon damal in keinem guten ſtand möge ge-
ſtanden ſeyn / wann ſie ſich nicht allein ihre affecten zu dem vor-
gegangenen ſtreit hat übernehmen / ſondern ſich auf die worte/
daß er ſolches an jenem tage werde verantworten müſſen/
nichts bewegen laſſen/ vielmehr ſo lange/ als nemlich fünff vierthel jahr in einem hauſe mit dem offenso lebende/ ſich nicht gründlich mit ihm zu verſöhnen
getrach-

getrachtet / noch ehe dazu gethan / als biß er durch die lebens-gefahr des andern gerühret worden: so eine anzeige ist eines menschen / der eine gute weil in zimlicher sicherheit einher gegangen.     Daher er bißher allerdings ursach gehabt hat / solcher seiner sünde wegen mit erkäntnüß dero schwehre sich hertzlich vor GOtt zu demütigen.     Ja daß der HErr die bißherigen anfechtungen in seiner seele / diese sehr zu ängstigen / solche gewalt / auch sie so lange anhalten / gelassen / sehe ich billich an / daß er solches ihm nöthig befunden haben werde / durch die schmertzliche empfindung dieser sünde / und die dadurch beforderte wahre buß / das gewissen auff das gantze leben desto zarter zu machen / und vor aller sicherheit zu verwahren: daher er desto wichtigere ursach hat / so viel weniger über bißheriges leiden der seelen / so er verschuldet / zu murren / hingegen vielmehr göttliche güte / so auch dieses zu gutem ende gerichtet hat / zu preisen.

Zur sache aber so bald zu schreiten / ist / ehe man die fragen selbs vornimmet / nöthig / zuerst die gantze sache nach dero grund zu erwegen / die wir dann in folgende sätze abtheilen wollen.

1. Unser liebste Heyland JEsus Christus / wie er sich als das lamm GOttes die sünde der gantzen welt / sie zu tragen / aufflegen lassen Joh. 1/29. hat ohne ausnahm einer einigen für alle dieselbige gnug gethan und gebüsset. Jesa. 53/7. der HErr warff unser aller sünde auff ihn. 1. Joh. 2/2. Er ist die versöhnung für unsre sünde / nicht allein aber für die unsrige / sondern auch für der gantzen welt.     Daher hin und wieder allein der sünde insgemein meldung gethan wird / von dero begriff sich keine ausschliessen lässet. 1. Pet. 2/24. welcher unsre sünde selbs geopffert hat an seinem leibe auff dem holtz. Hebr. 9/26. Am ende der welt ist er einmal erschienen durch sein eigen opffer / die sünde auffzuheben. So stehet austrücklich 1. Joh. 1/7. das blut JEsu Christi seines Sohns machet uns rein von aller sünde: so muß es als die versöhnung auch für alle gewesen seyn.     Daher ist die göttliche gerechtigkeit bereits für alle sünden / wie schwehr sie auch wären / vergnügt / daß dieselbe vergeben werden können.

2. Krafft solcher versöhnung Christi will nun GOtt alle sünde vergeben / dann weil gedachter massen alle versöhnet sind / so kan auch keiner sünden vergebung / welche auff jenem grund beruhet / in zweiffel gezogen werden. Wir haben an Christo die erlösung durch sein blut / nemlich die vergebung der sünden. Coloss. 1/14. Eph. 1/7. Er hat uns geschencket alle sünde. Col. 2/13. So seye es nun euch kund / lieben brüder / daß euch verkündiget

diget wird / vergebung der sünden / durch diesen und von dem allen/
durch welches ihr nicht kontet im gesetz Mosis gerecht werden. Ap. Ge=
schicht 13/38. Ezech. 18/21. 22. Wo sich der gottlose bekehret von allen
seinen sünden/ die er gethan hat/ und hält alle meine rechte/ und thut
recht und wol/ so soll er leben und nicht sterben. Es soll aller seiner
übertretung/ so er begangen hat/ nicht gedacht werden. Sonderlich ste=
het deutlich Matth. 12/31. darum sage ich euch/ alle sünde und lästerung
wird den menschen vergeben/ aber die lästerung wider den Geist wird
den menschen nicht vergeben/ Marc. 3/28. 29. Warlich ich sage euch/
alle sünden werden vergeben den menschen=kindern/ auch die gottes=
lästerung/ damit sie GOtt lästern. Wer aber den H. Geist lästert/ der
hat keine vergebung ewiglich/ sondern ist schuldig des ewigen gerichts.
Da wir von dieser ausnahm sagen mögen: exceptio a regula firmat regulam
in casibus non exceptis. Daß aber die sünde in den H. Geist ausgenommen
wird/ hat allein die ursach/ nicht gleich erstreckte sich sonsten GOttes barm=
hertzigkeit und Christi versöhnung nicht auch darüber / sondern weil die ver=
achtung der gnaden=mittel und ordnung GOttes mit solcher sünde verknüpf=
fet ist.

3. Indessen hat GOtt gleichwol eine gewisse ordnung eingesetzt/ in wel=
cher allein der mensch die vergebung erlangen kan / diese erfordert nun nichts
anders als wahre buß: daher Christus hat predigen lassen in seinem nah=
men buß und vergebung der sünden unter allen völckern Luc. 24/ 47.
GOtt hat Israel gegeben buß und vergebung der sünden. Ap. Gesch. 5/
31. Also sind diese beyde aus seinem rath also mit einander verknüpffet/ daß
wo sich die wahre busse findet/ die vergebung der sünden nicht ausbleiben kan.
Weil aber die busse in zweyen stücken bestehet/ nemlich in reue über die sünde
und dem wahren glauben/ so ist dieses andre stück der busse eigenlich dasjeni=
ge/ dadurch wir die vergebung der sünden erlangen und ergreiffen: die reue
aber bereitet das hertz/ daß es tüchtig werde/ aus wirckung des Heiligen
Geistes den glauben zu bekommen/ und räumet die hindernüssen der verge=
bung hinweg.

4. Die reue über die sünde/ so auch insgemein buß im gegensatz gegen den
glauben genennet wird/ fasset in sich nicht allein erkäntnüß der sünden und
traurigkeit darüber/ sondern vornemlich hertzliches mißfallen daran/ haß
dagegen/ und ernst dieselbe nach aller müglichkeit von sich abzulegen. Sind
diese stücke vorhanden/ so ist die busse redlich und GOtt gefällig.

5. Was anlangt die sünde der beleidigung des nechsten/ so scheinet es/
daß der liebste Heyland etwas besonders zu dero vergebung/ nemlich die
ver=

verſöhnung mit dem beleidigten erfordere. Matth. 5/23.u.f. Wann du deine gabe auf dem altar opfferſt/uñ wirſt allda eindencken/daß dein bruder etwas wider dich habe / ſo laß allda vor dem altar deine gabe / und
gehe zuvor hin / und verſöhne dich mit deinem bruder / und alsdenn
komm und opffere deine gabe.      Sey willfertig deinem widerſacher
bald/ dieweil du noch bey ihm auff dem wege biſt/ auff daß dich der widerſacher nicht dermaleins überantworte dem richter/und der richter
überantworte dich dem diener/ und werdeſt in den kercker geworffen.
Ich ſage dir warlich/ du wirſt nicht von dannen heraus kommen/ biß
du auch den letzten heller bezahleſt.      Wo wir aber die ſache recht erwe-
gen/ ſo iſt ſolches eigenlich nichts abſonderliches/ ſondern es ſtecket ſolche
verſöhnung an ſich ſelbs theils in der reue/ theils folget aus derſelben/ wenn
ſie ernſtlich iſt.      Dann wo der bußfertige in ſeinem gewiſſen befindet/ ſeinen
nechſten beleidiget zu haben/und ihm alſo ſatisfaction ſchuldig zu ſeyn/ſo haſ-
ſet er auch ſolche ſeine ſünde dermaſſen/ daß er willig iſt/ alles zu thun/ womit
er dieſelbe in gewiſſer maaß wieder tilgen könte/und alſo den nechſten um verzeihung zu bitten/ und ihm nach aller billigkeit gnug zu thun. Dieſer haß der
ſünden / und wille ſich derſelben zu entſchütten/ gehöret mit in die reue/ und
aus derſelben/ weil es einem bußfertigen ein ernſt iſt/ folget darnach/ daß ers
auch wircklich thut/ wo es ihm möglich iſt.      Daher iſt die urſach/warum die
verſöhnung nöthig iſt/ nicht dieſe/ gleich ob könte GOtt ohne den willen des
beleidigten/und daß derſelbe ſein recht an ihn fahren laſſen müſte/ dem beleidiger die ſünde nicht vergeben/indem er an keinen menſchen verbunden iſt/ſon-
dern dieweil in dem hertzen des beleidigers die wahre buß aus göttlicher ordnung zur vergebung erfordert wird/ dieſe aber das obgedachte mit ſich bringet.

6. Daraus folget/ daß nicht ſo wol die wirckliche verſöhnung von beyden ſeiten/ ſondern bey dem beleidiger das wahrhafftig nach der verſöhnung
ſich ſehnende hertz ( welches daher auch an ſich nichts mügliches ermanglen
läſſet) als ohne welches die buß nicht redlich wäre/ erfordert werde. Welches ich hoffe/ daß jeder leicht erkennen werde/ wo er bedencket/ daß es geſchehen könne/ daß einer einen andern beleidigt hätte / und wircklich alles thäte/
was göttliche buß-ordnung von ihm gegen den beleidigten erforderte: dieſer
aber wäre ſo hartnäckig und feindſelig/ wie wir leider dergleichen exempel
viele offtmal ſehen/ und wolte jenem nach aller angebotenen ſatisfaction
nicht vergeben. Wer wolte da ſagen/ daß dieſes beleidigt geweſten boßheit
den andern nunmehr bußfertigen in die verdammnüß ſtürtzen könte: welches
göttlicher gerechtigkeit und barmhertzigkeit allzunahe getreten wäre. Ja wir
werden finden/ daß nicht ſo viel demjenigen/ der die verſöhnung nicht ſuchete

so aus unwissenheit oder auch andern ursachen herkommen mag/ als immer
vielmehr demjenigen/ welcher eine gesuchte versöhnung abweiset/ mit göttlichem gericht getrohet werde: also daß auch die worte Christi: Sey willfertig deinem widersacher bald 2c. gemeiniglich nicht so wol auff den offen-
dentem als offensum gezogen werden. Es würde ferner/ wo man auff der
wircklichen geschehenen und erlangten versöhnung beruhen/und sonst die vergebung absprechen wolte/ folgen/ daß einer/ der den andern ums leben ge-
bracht/ auff alle seine buß nimmermehr vergebung in der welt erlangen kön-
te/ weil er sich mit dem offenso nicht versöhnen kan: also auch/ daß keine sünde vergeben werden möchte/ welche an einem begangen worden/ der darauff
bald/ ehe eine versöhnung gesuchet worden/ verstorben/ ob er wol den andern
vor GOttes gericht auff keinerley weise geladen hätte. Welches aber lauter solche dinge sind/ die ich nicht hoffe/ daß einer dieselbe zugeben werde/ der
nur etlicher massen die göttliche heils-ordnung verstehet. Wie wir dann den
lieben Apostel Paulum der vergebung unfähig machen würden/ weil derselbe
vor seiner bekehrung die Christen verfolgt/ einige zum tode verdammt/ andere gepeinigt/ und zu lästern gezwungen hatte/wo ohne wircklich erlangte versöhnung des beleidigten jene keinen platz nicht hätte: und doch wird ihm
Ap. Gesch. 22/ 16. von Anania gesagt: stehe auff/ und lasse dich tauffen
und abwaschen deine sünde: daß also Paulus in seiner tauff so bald vergebung der sünden erlangt/ nicht aber dieselbige auff so lange in suspenso geblieben ist/ biß er würde alle diejenige/ denen er so viel unrecht gethan/ versöhnt
haben/ da es bey einigen/ die todt waren/gar nicht mehr/ bey andern so leicht
und bald nicht/ geschehen konte. Aber Pauli hertz war doch wie gläubig/al-
so wahrhafftig bußfertig/ es war ihm leid/ was er in unglauben gethan/ wäre es ihm möglich gewesen/ diejenige/ zu dero todt er geholffen/ wieder dar-
zustellen/ würde ers gern gethan haben/ er wird sich auch
vorgenommen haben/ wo er einigen der geärgerten und beleidigten wieder gnug thun könte/ solches willig/ ja ihnen desto mehr liebe
zu thun. Also war ein wahrhafftig versöhnliches hertz bey ihm verhanden/
und also seine busse richtig. Aus welchem allen erhellet/ daß die bloß-nöthi-
ge versöhnung/ weil sie als ein stück der wahren buß (welche in lauter innerlichem bestehet) erfordert wird/ vielmehr in dem hertzen des dieselbe begehren-
den als ertheilung des beleidigten zu suchen seye. Daher unser trefliche
Chemnitius Harm. Evang. c. 51. p. 443. 444. wol schreibet: Quia tempus &
locus sæpe non permittunt adire fratrem offensum, sæpe etiam fratri hoc
non expedit, sensus est (nemlich Matth. 5/ 23.) ut ex animo bonum conci-
piamus & habeamus cordis propositum placandi fratrem offensum, &
quantum in nobis est omnia faciamus, ut offensum fratrem nobis reconci-
lie-

liemus. Ist also diese regel von der versöhnung in dem verstand anzuneh-
men/ wie eine andre/ daß die sünde nicht vergeben werde/ wo das mit unrecht
entzogene nicht erstattet werde: womit gleichwol denjenigen/die das unrechte gut nicht wieder zu erstatten vermögen/ oder da diejenige nicht mehr verhanden sind/ denen die erstattung sonsten geschehen solte/ die vergebung im
fall sie sonsten wahrhafftig in der busse stehen/ und zur erstattung willig wä-
ren/ nicht abgeschlagen wird.

7. Die vorladung vor GOttes gericht anlangend/ haben wir dero
kein eigentliches exempel in der schrifft: dann Zachariä wort 2. Chron. 24/22.
sind nicht dergleichen/sondern prophetische ankündigung der straffe:so ist auch
was Paulus Ap.Gesch. 23/3. zu Anania gesprochen/ nicht vor dergleichen
anzunehmen/ sondern der Apostel straffte den ungerechten richter/ und zei-
gete ihm an/ was er vor GOtt verschuldet/und wo nemlich nicht busse folge/
zuerwarten habe. In den historien aber finden sich mehrere exempel/gemei-
niglich solcher/ welche/ da sie ungerecht zum tode verurtheilet worden/ ihre
richter citirt/ da auch der effect darauff erfolget. Von solchen vorladungen
aber ist fast schwehr zu urtheilen/ noch traute ich dieselbe/ als die dem uns zur
nachfolge vorgeschriebenen exempel Christi/und dann auch Stephani/ so für
ihre feinde gebeten haben/ gantz entgegen sind/ nicht zu vertheidigen; es seye
dann sache/ daß solche aus sonderlichem und uns unbekantem göttlichem
trieb hergekommen wären/ daher auch nachmal die göttliche gerechtigkeit sie
vollstrecket werden lassen. So viel mir aber wissend/ haben die beschriebene
citationes allezeit solche ungerechte leute betroffen/ die nicht allein ohnerachtet derselben citation ihre ungerechte urtheil vollziehen lassen/ sondern insgemein entweder derselben gar gespottet haben/ oder doch die gantze zeit sicher dahin gegangen sind/ biß bey erschienenem termino das gewissen auffge-
wacht/ und sie etwa mit schrecken dahin gefahren sind. Es ist aber aus obigem gewiß/ wo auch ein solcher citatus nachmal sich bekehret hätte/ und zu
wahrer buß gekommen wäre/ daß solcher auch seiner schwehren sünde vergebung erhalten würde/ob schon hätte geschehen mögen/daß etwa GOttes gerechtigkeit auff die bestimte zeit zu rettung ihrer ehre den leiblichen todt erfolgen hätte lassen: wie auch 2. Sam. 12/ 14. u. f. David nach versicherter
vergebung der sünde sein kind verliehren mußte/ und dessen leben nicht erbitten konte.

Nachdem nun diese puncten/ daraus die gantze sache zu decidiren ste-
het/ erörtert sind/ lässet sich unschwehr auff die vorgelegte fragen antworten.

### Q. I.

Ob dasjenige/ was in casu præsenti zwischen dem beleidigten

und

und beleidigten paßiret / für eine versöhnung zu achten?

Hierauff antworte: 1. daß beyde / nachdem sie den streit mit einander gehabt / darauff sich zu dem H.Abendmahl auffs wenigste zweymal verfü-
got / und allezeit einer dem andern GOttes gnade zu seinem vorhaben gewünschet / könte zwahr des beleidigers gewissen noch nicht völlig beruhigen /
weil s. ine weitere schuldigkeit gewesen / sein unrecht zu erkennen / und die austrückliche versöhnung zu suchen: es thut aber in der sache so viel / daß der beleidigte / da er den andern zu dem tisch des HErrn gehen lassen / und ihm göttlichen segen angewünschet / sein recht / so er gegen ihn wegen der beleidigung
gehabt / in gewisser maaß erlassen; dann wo er sichs vorbehalten wollen / er
ihn hätte vielmehr zu erinnern gehabt / als zu seinem vorhaben den wunsch
hinzuthun sollen.    2. Was die wahre versöhnung / die vor GOtt nöthig ist /
und angesehen wird / davon n. 5. und 6. gehandelt / anlangt / die findet sich bey
dem beleidiger allerdings / indem er mit hertzlicher reue dem todt-krancken
beleidigten das unrecht abgebeten / und da ihm auch das absonderliche wegen der von ihm gehörten worte wiederum eingefallen / versuchte er auch deswegen neue abbitte zu thun / ob man ihn wol / bey dem andern eine unruhe
des gemüths zu verhüten / nicht zu ihm lassen wollen: also ist sein hertz so wol
damal in der disposition gestanden / wie es göttliche ordnung in solchem fall
erfordert / als auch bin versichert / daß es noch also stehe / und wo es möglich
wäre / auffs neue itzo abbitte zu thun / daß er sich derselben nicht weigern würde.    3. Was aber die versöhnung anlangt / daß auch der beleidigte von seiner
seite das ihm angethane unrecht vergeben / obwol nach obigem n. 6. dergleichen nicht blosserdings nothwendig ist / findet sich gleichwol auch diese in der
specie facti: in dem nicht allein 1. nach bereits erinnertem die gratulation zu
der H. communion / ja auch da er selbs ebenfals darzu gegangen / und also
kein rachgiriges hertz hat haben sollen / andeutet / daß er ihm das vorige vergeben: sondern auch 2. hat offensus nach dem zeugnüß der umstehenden / so wol
als offendens nicht zugegen gewesen / denselben segnen wollen / als nachmal /
da er bey dem bette gestanden / seine liebe gegen ihn zu verstehen gegeben / daß
er ihn so lieb als einen andern seiner freunde hätte: welches der wahrhafftigen vergebung gnugsame anzeige geben kan / ob wol der offendens keine solche worte gehöret.    Daher er mit der andern zeugnüß sich wol befridigen
kan / sonderlich in der sache / daran nicht eigenlich seine vergebung hänget / als
die vor GOtt fest bliebe / ob ihm offensus auch nicht hätte vergeben wollen /
sondern allein die versicherung / daß offensus selig abtrucken können / um sich
nicht die sorgliche gedancken zu machen / daß wegen unversöhnligkeit der andere um seinet willen an der seele möchte schaden gelidten haben: welches sonsten auffs neue sein gewissen beunruhigen möchte.

Q. 2.

Ob nicht offendens ( der das welches zwischen ihm und dem beleidigten/ theils wenn sie zum tisch des HErrn gewesen/ und theils auff des offensi todt-bett vorgegangen/ für keine aussöhnung/ weil er die nachlassung der citation nicht austrücklich gebeten/ auch die vergebung nicht selbs gehöret/ achtet) wenn er gleich den offensum nach geschehener beleidigung und citation wieder gesprochen/ anjetzo aber nach des offensi todt seine sünden mit so viel heissen thränen beweinet/ und wann offensus noch bey seinem leben wäre/ auch hertzlich abbitte thun wolte/ wircklichе vergebung der sünden vermöge Matth.12/31. Marc. 3/ 18. ungeachtet Arnds und Dillherrn meinung zuerwarten habe?

1. WJe viel sich aus der gnaden anwünschung bey vorhabender communion schliessen lasse/ oder nicht/ist bey q. I. angeführet. 2. Die nachlassung der citation hat der beleidiger auch bitten wollen/ und ist ohn eigne schuld von andern/ob wol auch nicht böser meinung/ davon abgehalten worden. 3. Es ist auch keine eigenliche citation vor jenes gericht/ sondern mag als eine trohung angesehen werden/ damit offensus ihn zu erkäntnüß seiner sünde habe bringen wollen. Wie dann offtmal dergleichen geschihet/ daß man/ sonderlich solchen leuten/ bey denen man eine sicherheit wahrnimmet/ mit solcher künfftigen rechenschafft zu ihrer besserung drohet. Daher man auch nicht sihet/ daß er nachmal derselben insistiret/ ja vielleicht sich solcher wort kaum jemal mehr erinnert/vielweniger dieselbe mit seinem todt bekräfftiget/ wie sonsten in den exempeln der citationen zu sehen. 4. Jn solchen worten mag wol der beleidigte selbs sich übereylet haben/ und hat sich wircklich übereylet/ wo es die meinung gewesen/ solche sache vor jenes gericht zu verweisen/ weil es keine dinge kan betroffen haben/ die nicht wol in dieser zeit hätten ausgemacht werden können. Da hingegen die mehrmal erwehnte andre citationes immer von solchen/ und in solchen dingen/ vorgefallen/ wo unrecht leidende nunmehr keinen richter mehr in der welt hatten/ zu dem sie zuflucht nehmen könten: welches dieselbe etlicher massen justificiret. 5. Daher hätte der beleidiger dem andern nicht so wol die citation, daran derselbe vielmehr selbs mag gefehlet haben/ als daß er mit seiner beleidigung ihn zu zorn und ausstossung derselben gereitzet und gebracht/ abzubeten gehabt. Indessen 6.ist eine solche aus übereylung geschehene citation, wo wir sie also nennen wollen/ eben deswegen von desto weniger gültigkeit vor GOtt/ noch ist zu sorgen/ daß sie so viel krafft haben solte/ dem die vergebung zweifelhafft zu machen/ bey dem sich sonsten/ was nach göttlicher ordnung

nung zur fähigkeit der vergebung gehöret / alles findet. 7. Daß der beleidiger die vergebung und liebes-bezeugung nicht mit eignen ohren von dem
beleidigten angehöret / da er selbs bekennet / daß dieser nicht laut reden können / und er nicht immer so nahe bey ihm gestanden / wird gnug durch zeugnüß
anderer ehrlicher leute / so es auch mit eyd bekräfftigen / ersetzet. 8. Darzu
noch kommt / daß die frage auch an sich selbs zu bejahen ist; und wann obige
dinge alle nicht vorgegangen wären / des beleidigten hertzliche busse / nach dem
was sonderlich n. 2. 3. 4. vorgestellet worden / ihm die gewisse vergebung von
GOtt zuwege gebracht haben würde. 9. Was Arndium und Dillherrn anlangt / solle noch folgen.

### Q. 3.

Ob nicht der offendens, da er seines begangenen unrechts und sünden wegen vor GOttes gericht gefordert / dieselbe aber anietzo
nicht nur erkant und bekant / sondern auch mit vergiessung so
vieler thränen hertzinniglich und von innerstem grund der seelen bereuet / dem zorn-gericht GOttes durch wahre buß entgehen / und sich hingegen als ein recht bußfertiger sünder der un-
fehlbaren vergebung seiner sünden / und der gnaden GOttes fe-
stiglich zu versichern habe? und was also von Arnds und Dillherrn meinung zu halten?

1. WJe diese frage mit der vorigen nach dem ersten stück fast einstimmig / also wird sie auch mit derselben billich bejahet: welche bejahung auff
allen oben ausgeführten gründen beruhet: auch des lieben Pauli exempel
vor sich hat / welcher unmöglich sich mit allen vorhin von ihm beleidigten /
verfolgten / und zur lästerung gebrachten / nach seiner bekehrung kan versöhnet / und dero vergebung ausdrücklich erlanget haben / nachdem viele derselben bereits werden gestorben seyn / ja er zu unterschiedlicher todt
geholffen hatte; Indessen zweiffelt niemand an dessen erlangten
vergebung und seligkeit. Also kan 2. sich auch dieser offendent /
da seine buß hertzlich ist / aus den angeführten stellen Matth. 12/31.
Marc. 3/28. 29. der vergebung seiner sünden ohnfehlbarlich versehen: als
der gewiß ist / daß seine sünde zu der sünde in den H. Geist nicht gehöret / als
welche nothwendig eine lästerung in sich fassen muß: da hingegen des HErrn
eigener mund allen übrigen sünden / nemlich in göttlicher ordnung / die vergebung zusaget. 3. Was anlangt die angeführte stellen Arndii und Dillherrens /
so ist derjenige / so aus Wahr. Christenth. 1/19. in fin. (welchen ich in meiner

ner edition nicht finde) angeführet / so dann des andern aus dem weg der seligkeit / so bewandt / daß sie beyde wol mögen verstanden werden. Jener erste solle lauten : Daß GOtt keine busse noch gebet annehmen wolle / wo man sich nicht erstlich mit seinem nechsten versöhnet habe : Dieses ist also zu verstehen / wo er nicht alles gethan / was von seiner seite zu der versöhnung erfordert worden / ob wol der wirckliche erfolg möchte gehindert seyn worden. Welcherley redens-art wir in der schrifft offt finden : als 1. Mos. 37/ 21. da es in unserm teutschen stehet : Da das Ruben hörte / wolt er ihn aus ihren händen erretten : In seiner sprach / er errettete ihn / weil er nemlich seiner seits that / was er zu thun vermochte. Ezech. 24/ 13. da es abermal in unserm teutschen gegeben wird : Daß ob ich dich gleich gern reinigen wolte / dannoch du nicht wilt dich reinigen lassen : Da es abermal heisset / ich habe dich gereiniget / das ist / alles gethan / was ich darzu zu thun gehabt. 1. Cor. 10/ 33. Gleichwie ich auch jederman in allerley mich gefällig mache / das ist / alles thue / mich gefällig zu machen : Dergleichen ort noch mehr angeführet werden könten. Dilherrens worte sollen diese seyn : Daß GOtt die vergnügung Christi nicht annehmen wolle für die begangene sünden / im fall man nicht seinem beleidigten nechsten abbitte gethan. Aber auch diese werden von dem autore also gemeinet seyn / daß die vorige außlegung platz habe / und von dem beleidiger nichts anders / als daß er seiner seits alles nöthige thue / erfordert werde. 4. Allein die stelle in des lieben Arndii postill / Dn. VI. p. Trin. p. m. 1028. ist die härteste / wann er sagt : Was hie nicht außgesöhnet wird in diesem leben / das muß vor das gestrenge gericht GOttes / stirbet dein bruder / und du bist nicht mit ihm außgesöhnet / so gehöret die sache nicht mehr in diß leben / oder unter die versöhnung / sondern vor das gestrenge gericht GOttes / da müsset ihr beyde erscheinen / und des urtheils erwarten / denn nach dem todt ist nichts anders denn das gericht zu erwarten. Hiebey mercken wir 1. daß aller / auch der besten / lehrer / nachdem sie gleichwol fehlbare menschen vor sich selbs sind / worte nach der schrifft müssen gerichtet / und wo sie derselben entgegen wären / nicht angenommen werden : Wo nun die meinung dieser worte dahin gehet / daß auch dem bußfertigen beleidiger keine gnade allhier nach des andern / mit dem er nicht außgesöhnet worden wäre / tode / von GOtt wiederfahren könte oder würde / weil solches den obenangeführten gründen der schrifft zu wider wäre / so kan weder ich / der ich im übrigen solchen lehrer vor ein schönes liecht unsrer kirchen halte / und was er bey derselbigen gethan / hoch schätze / noch jemand anderer / welchem die wahrheit angele-

Pp 3                                                          gen

gen ist/ demselben beypflichten/ sondern müssen solchen mißverstand als einen
flecken in einem sonst schönen angesicht mit christlicher liebe übersehen. 2. Jedoch lässet sich vielleicht der sache also rathen/ daß wir es verstehen von dem
tode des beleidigten/der dem beleidiger seine schuld nicht vergeben wollen/und
also in der unversöhnlichkeit dahin gefahren ist/ mit dem freylich der beleidiger vor jenem gericht erscheinen muß/nicht daß er vor sich in diesem leben nicht
vergebung erlangen könte/ sondern/ daß/ nachdem jener in unversöhnlichkeit
dahin gegangen/ und also dorten ein schwehres urtheil zu erwarten hat/ seine
sache ihn mit überzeugen muß.　Daß dieses die meinung des autoris seyn
möchte/ solte sich abnehmen lassen/ wenn er eben diese worte/ seye willfertig/
u. s. w. in der andern predigt p. 1032. auch nicht vom beleidiger/ sondern beleidigten also erklähret: Wer hie nicht vergibt/dem kan dort nimmermehr
vergeben werden.　Denn wie des menschen hertz ist/wenn der mensch
stirbet/ und die seele abscheidet/ so wird sie ewig bleiben/ und also vor
GOttes gericht erscheinen/und den peinigern überantwortet werden.
Es folgen zwahr nachmal einige wort/ die das gegentheil solten scheinen mit
sich zu bringen/ich weiß aber nicht/ ob nicht daselbs ein druck-fehler zu vermuthen.　Dann abermal in der 3. predigt p. 1037. nimmt er jene wort an von der
pflicht des beleidigten/ wann er also sagt: Stirbstu im zorn/ so behältestu
ewig ein feindselig hertz/　und wirstu des zorns in diesem leben nicht
loß/ so bleibestu ewig in deiner seelen mit dem zorn vereinigt/ ja mit
dem teuffel selbs/ denn wer mit dem nechsten zürnet/ und stirbet dar-ü-
ber/mit dem zürnet GOTT ewiglich.　Dieses schicket sich eigenlich auf
den beleidigten/der über die beleidigung einen solchen zorn gefasset/daß er ihn
nicht fahren lassen will: Wollen wir aber die wort auch auf den beleidiger zie-
hen/ so gehen sie ihn nicht anders an/ als wo er auch nach einmaliger beleidigung solchen zorn biß an sein ende behält/da freylich kein zweiffel ist/daß nicht
dergleichen ein mensch zu einem schwehren gericht abscheidet. 3. Es seye ihm
aber hiemit/ wie es wolle/ und habe der liebe mann in dieser oder jener stelle
mehr auf den beleidiger oder beleidigten gesehen/ bleibt mir doch gewiß/ daß
derselbe / wo er solte gefraget worden seyn von einem solchen / der sich das gethane hätte leid seyn lassen/ und von der eusserlichen versöhnung durch andere
hindernüssen abgehalten worden wäre/nimmermehr demselben die vergebung
der sünden in diesem leben abgesprochen/sondern sein wort allezeit von demje-
nigen/ welcher in dem hertzen unversöhnlich / das ist/ mit dem zorn gegen den
nechsten ( darvon hingegen die buß den menschen reiniget) erfüllet geblieben
wäre/erklähret haben würde:ob er wol/als dem etwa dergleichen casus damal
nicht

nicht eingefallen seyn mag/seine wort generalius geseßet/daß sie etwa/wie sie bloß dahin lauten/ auf denselben möchten gezogen werden können.

Also hoffe ich / daß auch diese frage gnug beantwortet / und samtlich gezeiget worden seye / wie einmal wider die gantze allgemeine glaubens-regel keinem wahrhafftig-bußfertigen um einer ursach willen/ die zu ändern in seiner gewalt nicht stehet / die vergebung der sünden zweiffelhafftig gemacht werden dörffte : Daher auch der offendens,von dem species facti redet/ seine sorge fahren zu lassen habe. Indessen liget ihm ob / gleichwol wegen auch dieses fehlers / welchen ihn der heilige GOTT nicht ohne ursach mit solchen schmertzen hat fühlen lassen/immer vor dessen angesicht so viel demüthiger zu wandlen/ seine barmhertzigkeit/ welche ihm denselben vergeben / danckbarlich zu preisen / in dem gantzen leben desto mehr sich der liebe insgemein und der versöhnlichkeit absonderlich zu befleißigen/ auf sein gewissen in allen stücken so viel sorgfältiger acht zu geben / damit es nie in eine sicherheit über einige sünde einschlaffe/ und den H. Geist mit unabläßigen seufftzen zu erbitten/ der so wol diesesmal der gnaden versicherung wieder in das hertz gebe (oder wie unser liebe Lutherus über Pſ. 51. T. I. Alt. f. 91. a. redet/ **sein heimlich einrünen / dir sind vergeben deine sünde / welches ein tröstlich frölich gewissen macht / hören lasse.**) als auch künfftig denselben in den wegen des HErrn leite.

Der HErr / der tödtet und lebendig machet/ in die hölle und wieder heraus führet / setze solche person zum herrlichen zeugnüß seiner barmhertzigkeit/ und lasse seine absicht dieser verhängten anfechtung in dessen beständiger heiligung/sonderlich desto festerem glauben in dem gantzen leben/biß zu dessen seligen schluß / völlig und offenbarlich erhalten werden/ zu seinem ewigen preiß um Christi willen. Amen. 1693.

## Weitere fortsetzung voriger materie von der versöhnlichkeit.

NAchdem der in dem vorigen responso der göttlichen gnade versicherte offendens sich einiger massen befriediget findet ( davor dem himmlischen Vater/aus dessen Geistes wirckung alles in unsren seelen kommen muß/ dancke/) aber noch einige scrupel deswegen bey sich fühlet : so habe auch in der forcht GOttes auf dieselbe zu antworten.

Es bestehet aber der I. darinnen/ daß aus der Jurisprudenz citationis effectus sit comparitio , & quod a citatione incipiat judicium , und daß citans in citatum ein jus acquisitum per citationem bekomme/ dem in diesem fall derselbe als verstorben nicht mehr renunciren könte. Hierauf will nicht
so wol

so wol antworten / daß die regeln der weltlichen gerichte dem göttlichen eben nicht seine maaß geben: sondern erinnere nur/daß diejenige citatio,welche die comparitionem erfordert / nicht von einer parte, sondern dem judice geschehen müsse. Wie ich noch in meiner jugend von meinem vettern und hospite Herrn D. Rebhan aus seinem Hodeg. juris gelernet/da er ch. 2. clin. 4. §.33. p.648. diese definition setzt:Citatio (sc. judicialis) est solennis in jus vocatio, quæ sit ab eo,qui jurisdictioni præest,juris experiundi causa : est actus judicialis præparatorius, quo is, quem judicio sisti certa ex causa oportet, judicis mandato ad certum terminum præfixum juris experiundi causa vocatur. Welches auch in täglicher erfahrung gesehen wird : da keine parthey die andere aus eigener macht cum effectu citiren kan/sondern die citation erst von dem judice zu geschehen erlangen muß. Nun ist gedachte citation, (wo wir sie also nennen sollen)welcher wegen sich offendens ängstet/allein à parte, nicht von dem richter/geschehen/und also vielmehr allein ein imploratio judicis gewesen:Wann aber der richter versöhnet/so hie durch wahre busse geschehen ist/ so verliehrt die citation ihre krafft/ und kan ohne das die parthey dem richter nicht vorschreiben.

2. Der andre scrupul kommt daher / ob auch exempel verhanden / daß/ wann in den fällen der citation vor GOttes gericht/busse erfolget/ die vergebung der sünden und die seligkeit erlanget worden seye. Nun bin ich nicht in abrede / daß von dergleichen citationen in vallem Josaphat vor diesem in meiner jugend viele exempel gelesen habe / sonderlich wo mir recht ist in des Drexelii Trib. Christi,welches aber nicht habe noch auffschlagen kan / hingegen auch mich dergleichen particularien nicht erinnere. Ich will auch nicht zweiffeln/es werden dergleichen exempel geschehen seyn: solten sie bey den andern nicht auffgezeichnet gefunden werden/ möchte wol die ursach seyn/ daß man diejenige exempel allein auffzuschreiben würdig geachtet / da sich göttliche gerechtigkeit in vollstreckung ihres gerichts thätig erwiesen/(zu dero bezeugung sie gemeiniglich pflegen angezogen zu werden) nicht aber / wo dessen erfolg durch die buß gehemmet worden. Ob also auch kein exempel angeführet werden könte/hebet solches gleichwol die göttliche regel nicht auf: nach welcher / als vormal erwiesen/ unmüglich ist /daß einiger sünden vergebung jemal einem wahrhafftigen bußfertigen entstehen könte / als welches wider göttliche gerechtigkeit /barmhertzigkeit und wahrheit zugleich streitet. Daher bedarff solche allgemeine regel / dero die schrifft keine restriction oder exception beyfüget / zu ihrer bekräfftigung nicht eben von jeglichen fällen ihre sondere exempel /sondern sie bestehet auf göttlicher ordnung fest gnug/ und kan ein geängstetes gewissen viel sicherer sich auf dieselbe verlassen / als auf exempel / indem wo es scrupel suchen will / auch in den exempeln immerdar

zweiffel

zweiffel auffsteigen möchte / woher daß es eine wahre und nicht nur eingebil-
dete vergebung gewesen/zu erhärten wäre.   Also halten wir uns sicherer an
gedachte regel/ die eine göttliche wahrheit ist / und nicht triegen kan / als uns
um exempel lang umzusehen/ die doch unsrem gewissen niemal anders einen
grund geben / als so fern sie auf der regel selbs bestehen : die also an sich fest
gnug ist.

Der HErr HErr aber beruhige selbs das verunruhigte gewissen mit
versicherung seines Geistes/und durch stärckung des glaubens: segne aber die
bißherige buß-betrübnüß zu so viel mehrer heiligung des gantzen lebens / biß
dermaleins zu dessen seligem ende.   Amen.

## SECTIO VIII.

# Von der gebühr christlicher eheleute unter einan-
der / in gebrauch der ehe : da unterschiedliches aus
1. Cor. 7. erklährt wird.

### §. I.

WIe eines jeglichen dings gebühr fürnemlich aus dessen einsetzung abzunehmen ist / also haben wir auch/ wo wir von dem heiligen ehestand
reden wollen/ desselben pflicht und gebühr am besten zu erkennen/ wo
wir erstlich dessen einsetzung/ oder vielmehr die göttliche absicht in derselben
besehen / als welche uns gleichsam den brunnen zeigen wird/ woraus wir her-
zunehmen haben/ was wir von solchen pflichten göttlichem willen gemäß erkennen sollen.

§. II.   Wo wir nun die historie der einsetzung 1. Mos. 2. ansehen / so stehet
1. insgemein zum grund/ daß um des menschen besten willen/ die ehe eingesetzet seye/welches nicht nur daraus folget/weil es in dem stande der unschuld
geschehen / wo der mensch keine straff / oder daß ihm in etwas übel wäre/ oder
etwas zur last auferlegt wäre/annoch verschuldet hatte/sondern weil es heißt/
es ist nicht gut / daß der mensch allein seye / also suchte GOTT des menschen gutes darinnen / ihm eine gesellin zu schaffen / weil die einsamkeit ihm
nicht gut wäre.   Daher alsobald folget / daß die innerste natur des ehestandes also bewandt seyn muß/daß sie perfect dem menschen gut seye/und nichts
widriges sich drinnen finde.   Was also jetzund an dem ehestand gefunden
wird / so dem menschen böse ist / ist entweder unrecht oder eine straffe der sün-
den/hingegen was eigentlich in dem ehestand dem menschen gut seyn kan/ muß
als göttlicher weißheit gemäß erkannt werden.

§. III.   Absonderlich aber muß solches gute 2. bestehen in der hülffe/
ich will ihm eine gehülffin machen/ die um ihn seye.   Man solte zwahr
Qq                                                sagen/

sagen/ es hätte der mensch keiner hülffe in dem stand der unschuld bedorfft/ da
er noch in keiner noth gesteckt / sondern in der vollkommensten glückseligkeit
geschwebet hat.    Wir haben aber einen unterscheid zu machen unter einer
hülffe/ die den menschen aus einem übel und elend errettete/ und anderseits/
welche allein seine glückseligkeit verbesserte.    Der ersten art hülffe bedorffte
der mensch in dem stand der unschuld nicht/ als von dem alles elend so fern als
die sünde war/ der andern art hülffe aber ist nicht fremd auch von demselbigen
stand des ersten menschen / dessen glückseligkeit groß und vollkommen war/
aber ohnwidersprechlich noch in unterschiedlichem ansehen wachsen/ und vermehret werden konte.    Da nun der text nicht eben ausdrücklich gedencket/
worinnen solche hülffe bestanden/ so stehet uns frey/solche in christlichem nachsinnen zu suchen.    Wir wissen/ daß der mensch erschaffen war/ daß ihm wohl
wäre/und er nicht nur allein in sich selbs hätte/was seiner natur zu ihrer vollkommenheit gnug wäre/ wie er dann deßwegen mit dem göttlichen ebenbild
ausgeziehret gewesen/ sondern daß er auch dasjenige/ was er thun solte/ am
bequemsten verrichten könte.    Es lag ihm aber nichts anders ob/ als GOtt
zu dienen/ ihn zu erkennen/ zu preisen/ der creatur sich zu gebrauchen/ daß sie
ihm lauter mittel wären/ göttliche güte und liebe darinnen zu schmecken/ und
in denselben alle vergnügung seines leibes und seiner seelen in allen dero kräfften zu finden/ und nachmal weiter auf GOTT solche zu richten.    Daß also
keine unter allen seinen kräfften seyn solte/ die nicht ihre vergnügliche übung
hätte.    Nun aber war hiezu nicht gantz bequem/ daß der mensch allein wäre/
dann ob er wol jene obgedachte werck alle in gewisser maaß auch allein vor sich
verrichten können/ so sind sie doch insgesamt alle allezeit vergnüglicher in gesellschafft eines andern gleichen/ und geziehmete sich also göttlicher liebe und
weißheit / daß sie auch diese vermehrung seiner glückseligkeit dem menschen
gebe.    Nullius boni sine socio jucunda possessio est.    Dahero wir auch se-
hen/ in dem allerseligsten wesen/ GOTT dem HErrn selbsten/ weil ausser
demselben nichtes ihm gleiches hat können oder sollen seyn/ daß auffs wenigste in demselben selbs unterschiedliche personen sind/ dero liebe und freude in
und an einander die unmäßliche seligkeit solches in sich vergnügtesten wesens
am vollkommensten machet.    Nicht weniger sehen wir auch/daß die göttliche
weißheit von andern creaturen keine gantz allein geschaffen / sondern jeglicher
allemal andere gleiche zu dero besten zugeordnet hat ; da solte dann auch bey
dem menschen es an solcher seligkeit nicht manglen/ sondern er eine gehülffin
haben / die neben ihm gleicher herrlichkeit genösse/ und dero gemeinschafft ferner seinen genuß vollkommen machte.    Würde also das weib seine gehülffin
haben seyn sollen/GOTT zu loben/zu preisen/ zu dancken ; welche wercke alle
besser mit andern/ als darinnen neue auffmunterung und freude stecket/ als

allemal

allemal allein verrichtet werden: Sie solte es seyn/ daß er etwas hätte/ welches er vor andern creaturen liebte/ und seine gleichheit darinnen erkennete;
daher andere thier ihm nicht bequem gefunden worden; aus solcher liebe aber
hat die freude und vergnügung des menschlichen gemüths ihren vornehmsten
ursprung: also fanden alle die affecten der menschlichen seelen/so viel derselben
ihr annehmlich und nicht widerlich sind / in einer solchen ihr gleichen creatur
ihr bequemstes objectum, und bey jeglicher empfindung derselben einen trieb
sich zu GOTT zu erschwingen/und in dieser ihr nechsten creatur seine liebe zu
schmecken: Weil aber auch der leib/ob schon das geringere theil/ gleichwol mit
zu dem menschen gehörte/und ihm also auch vollkommen wol seyn solte/so sehe
ich nicht/ wie wir zweifflen wolten/ daß nicht auch demselben alle die vergnü-
gung/ darinnen seine eusserliche sinne eine annehmlichkeit finden mögen/ von
GOTT gegönnet gewesen seye: Wie wir sehen/daß er seinem appetit und geschmack alle früchten/dero lieblichkeit zu geniessen/gegönnet habe/ ausgenommen allein den baum des erkäntnüsses gutes und bösen/zur probe seines gehorsams: Dahero nichts hindert/daß wir nicht dafür achten solten/ weil bey
andern thieren deroselben vermischung/(so ja ohne sünde ist) mit einer wollust
ihres leibes und sinnen geschihet/ daß dann auch dergleichen empfindlichkeit
der vollkommensten glückseligkeit auch des menschlichen leibes gemäß gewesen: Und wir daher die wollust der ehlichen beywohnung/ auch nach dem fall/
nicht an sich selbs aus der sünden entsprossen zu seyn sorgen dörffen / ob wol
freylich die anklebende viehische brunst und unmäßigkeit/ welche/ wo sie recht
erwogen wird / dem leib mehr eine beschwehrde als lautere und reine lust ist/
von der sünde herkommet/und jene verderbet / billich aber die sache selbs von
dem anklebenden bösen unterschieden werden solle.    Also sehe ich die hülffe/
dazu das weib dem mann gegeben / also an/ daß ihm am gemüth und leib in
allem so wohl wäre/ als solches standes vollkommenheit mit sich brächte/ und
er dennoch zu desto mehrerem preiß seines GOttes/dessen liebe und süßigkeit
er in allem schmeckete / an allen creaturen auf geziemliche art zu einer seinem
stande gemässen freude seine gelegenheit fände.

§. IV. Vornemlich aber solte sie eine gehülffin seyn in erfüllung des se-
gens/welcher ihm darnach gegeben worden/da es geheissen/seyd fruchtbar/
und mehret euch / und füllet die erde. Indem GOTT seiner weißheit
und güte gemäß fand/ daß nicht nur ein einiger mensch solle dieser seligkeit geniessen / sonderlich weil er denselben nicht eben ewig in dieser welt lassen / sondern zu seiner zeit/ ob wol ohne tod/ zu sich nehmen wolte/ da ja diese untere
welt / so um des menschen willen vornemlich geschaffen/ nicht ohne solchen be-
herrscher bleiben solte/ hingegen auch aus ihm bekanten heiligen ursachen
nicht rathsam gefunden/die menschen zumal zu erschaffen/gleich wie die schaar

der

der heiligen Engel/ sondern es also verlangt/ daß die menschen von einander
fortgepflantzet werden solten: So war aber der mensch natürlich/ wie er ihn
erschaffen/dazu untüchtig/ daß er sich selbs fortpflantzete/ sondern muste hierzu
eine gleiche gehülffin haben: Die er daher erschaffen/ und ihm zugeführet/
auch den oberwehnten segen darüber sprechende/ kund gethan hat/ wozu sonderlich
dieser stand gemeint/ und von ihm eingesetzet seye: Bleibet also die
fortpflantzung des menschlichen geschlechts wol eine vornehmste endursach
dieses standes/ und finde ich keinen grund in der schrifft/ (ob wol einige ausser
derselbigen/ da sie sich an göttlicher schöpffung/ sorglich aus überwitziger vernunfft/
ärgeren/ etwas dergleichen vorgeben wollen/) warum wir davor halten
solten/ daß solche fortpflantzung in dem stande der unschuld auf andere
art/ als jetzo geschihet/ hätte geschehen sollen.    Ob wol leider freylich dasjenige
werck/ wodurch es geschihet/ nunmehr so wol als andere menschliche
werck/ ja etwa mehr als andere/ durch die sünde verdorben worden/ daß/ was
damal heilig/ rein und in einer unbefleckten freude/ seel und leibes würde geschehen
seyn/ nunmehr dermassen verunreiniget worden/ daß sich der mensch
darinnen schämen muß/und leib und seel neben der etwa noch übrigen lust ihre
beschwehrde und schaden davon empfinden.

§. V. Gleich wie nun auff besagte art die ehe in dem stand der unschuld
dem menschen gut gewesen/ so ist zwahr bereits angedeutet/ daß das eine eheliche
werck/ durch die sünde so schrecklich verderbet worden/daß es kaum mehr
ist/ was es war.    Indessen muß dennoch die göttliche einsetzung dem menschen
auch noch in dem stande der sünden bleiben/ was sie an sich selbs ist/nemlich
gut: deswegen muß auch der ehstand also eingerichtet und geführet werden/
wie er dem menschen gut/ und also dieser göttlichen absicht wahrhafftig
gemäß ist. Können also keiner der obigen zwecke/ welche auch dem stand der
unschuld zugekommen waren/ nunmehr allerdings ausgeschlossen werden.
Hingegen ist nunmehr nach dem fall eine neue nothwendigkeit und nutzen der
ehe erfolgt/ daß dieselbe dem menschen gut wäre/ nicht mehr allein in vermehrung
seiner glückseligkeit/ sondern auch in abwendung und milderung
vieles seines durch die sünde zugezogenen elends; da nunmehr ein theil des
andern gehülffe ist/ die beschwehrde dieses lebens leichter zu tragen/ und davon
weniger schaden zu nehmen.    Wohin billich dieses als das vornehmste
gehöret/nachdem die sünde selbs des menschlichen elends so aus dem fall kommet/
vornehmstes stück ist/ daß der ehstand unter andern mit ein mittel ist/ einiger
sünde desto kräfftiger zu widerstehen oder zu entgehen.    Nun lehret
die erfahrung/ daß dem menschen unter andern sünden auch die unkeuschheit
und eine böse lust und brunst/ sich mit dem andern geschlecht zu vermischen/
angebohren ist/ welche sich/ obzwahr nach unterschied der natürlichen complexio-

plexionen mehr oder schwehrer bey allen menschen findet / so bald dieselbe in das natürliche alter kommen / da sie dazu dem leibe nach geschickt sind / und was die natur aus der nahrung dazu bequem bereitet / seinen ausgang suchet; deßwegen in der seelen untern kräfften die begierde darzu / entweder wo eine eusserliche gelegenheit reitzet / oder auch ohne dieselbe bloß aus dem innern trieb erwecket / hingegen leicht die gantze seele damit eingenommen wird. So bleibet auch in jetzigem sündlichen stand solche lust nicht in ihren schrancken / sondern wie alle andere verderbte gelüsten überschreitet sie dieselbe auff viele weise. Weilen aber der H. GOtt dem männlichen geschlecht den gebrauch des weiblichen/ und diesem des männlichen/ nicht ausser der von ihm eingesetzten ehe verordnet / hingegen alle übrige vermischung ernstlich/ als eine besteckung des eigenen und frembden leibes verboten hat: so dann solcher natürlichen begierde zu dem andern geschlecht nicht bey allen und zu allen zeiten mit arbeit und fasten (und also verminderung desjenigen/ davon innerlich die reitzung der lust herrühren könte / dahingegen müßiggang und zärtliche pflege des leibes denselben geil machet)mit vermeidung der gelegenheit (und also abwendung der eusserlichen reitzungen) mit gebet und betrachtung/ so zwahr alle kräfftige mittel sind zu creutzigung und tödtung auch dieser unordenlichen lüsten/ damit offt vieles in dieser sache auszurichten stehet/ und deswegen diejenige derselben sich so viel ernstlicher zu gebrauchen / welche GOtt noch ausser dem ehstand hält/ genugsam und dermassen widerstanden werden kan/ daß nicht böse lüste nicht nur auffsteigen/ sondern den menschen allzusehr verunruhigen/ ja auch etwa den leib auff unterschiedliche art auch wider willen beflecken solten. So haben wir also die ehe auch hierinnen in dem stand der verderbnüß als gut/ und diesen nutzen derselben/ zu erkennen/ daß sie eine artzney seye wider solche unkeuschheit / und alle aus der sünden gifft bey uns sonst entstehende fleischliche befleckung des fleisches und des Geistes. Und dieses ists/ was Paulus sagt: 1. Cor. 7/3. um der hurerey willen hab ein jeglicher sein eigen weib/ und eine jegliche habe ihren eigenen mann. Wo wir unter dem nahmen der hurerey (um dero willen/ nemlich nicht solche zu begehen/ gleich ob wäre der gebrauch der ehe nur hurerey/ sondern sie zu vermeiden/ der ehestand vielen zu rathen ist) nicht nur die eusserliche vermischung mit andern personen ausser der ehe zu verstehen haben / sondern alle verunreinigung unsers leibs und seele / welche sonsten in mangel des eh-gebrauchs unsre unkeusche art wircken und zu wege bringen würde. Woraus also folget / daß auch der jetzige ehstand also verstanden und geführet werden müsse/ daß er eine genugsame verwahrung vor aller leichtfertigkeit und verunreinigung/ als viel in dieser schwachheit und natürlichen unreinigkeit geschehen kan/ wahrhafftig seye.

Qq 3

§. VI.

§. VI. Diesem zu folge/ so würde unter eheleuten in dem stand der unschuld die brünstige und reineste liebe gegen einander gewesen seyn/ da sie ohne einige unordnung jegliches an des andern seel und leib auff alle weise/ die
nach göttlicher ordnung müglich wäre/ eine freude und wollust gehabt und
genossen haben würden/ aber also/ daß alle solche liebe/ freude und genuß des-
sen/ daran ihnen wohl wäre/ immer weiter auff GOtt den schencker solcher
ihrer glückseligkeit gegangen wäre/ und sie stets zu mehrer seiner liebe/ freud
an ihm und schmeckung seiner süßigkeit/ die sie in der creatur genössen/ auffgemuntert hätte. Hingegen würden sie in nichts von solcher ihrer ehe be-
schwehrde/ unlust/ verunruhigung/ vielweniger aber eine abwendung von
Gott gefühlet haben: weilen sie in völliger heiligkeit und reinigkeit von Gott
erschaffen waren/ und also nichts an seel und leib zu finden war/was nicht der
ordnung GOttes gemäß gewesen/ und sie allemal in allen stücken auff ihn gewiesen hätte. Nach solcher vollkommenen reinigkeit haben zwahr eheleut
in diesem leben bereits mit allem eiffer und fleiß sich zu bestreben/ wie nahe sie
derselben kommen können/ aber sie werden gleichwol befinden/ daß solches
der zweck seye/ nach welchem sie lauffen/ aber damit zu frieden seyn müssen/
ob sie ihn schon hie nicht erreichen können/ daß sie dannoch demselben auffs
nechste kommen mögen: dabey/ da sie Christen sind/ sich dessen zu getrösten/
daß der HErr die anklebende schwachheiten/um seines verdienstes willen ihnen nicht zurechnen wolle/da sie im glauben und seiner furcht stäts beharren:
ja daß eben dieses schon eine grosse güte GOttes seye/ daß derselbe ihren ehstand ihnen nunmehr zu einer artzney der sünden gemacht/ und also/ da sie ihn
dazu gebrauchen/ solches ihm gefällig seyn lassen werde.

§. VII. So bestehet dann nun die pflicht eines jeglichen ehegatten gegen
den andern/ was das innerliche anlangt/ darinnen/ daß jegliches das andere
inbrünstig liebe/ welches die schrifft aller orten treibet/ als nicht nur insgemein seinen nechsten/ sondern absonderlich als seinen von GOtt gegebenen
gehülffen/ und mittel eines zimlichen stücks seiner glückseligkeit. Und zwahr
also/ daß es eine wahre liebe seye/ daß also jegliches nicht so viel des andern
zu geniessen/ und seine freude daran zu haben/ als sich demselben zu geniessen
zu geben/ und in sich ihm freude zu machen/ sich bestrebe: dann in jenem bestehet mehr eigne liebe/ dieses aber ist die wahre liebe des anderen. Daher
bringet solche liebe mit sich/ daß man dem andern so viel guts in geistlichem
und leiblichem als sich selbsten gönne und wünsche/alles gutes thue/ und deswegen worinnen man demselben/ohne verletzung GOttes oder dessen mehrerem besten/gefallen erzeigen/ und freude erwecken kan/ dazu willig/ ja dessen
begierig seye: daher des Apostels wort/ der mann sorge/ wie er dem
weib/ und das weib/wie es dem mann gefalle/ nicht also anzusehen sind/

ob

ob werde damit bloß der mißbrauch angedeutet/ sondern daß dieses in gewisser art mit ein stück und pflicht des ehstandes seye/ daß jedes dem andern zu
gefallen trachte. Nechst dieser eigenlichen liebe des ehegattens ist auch nicht
dem göttlichen willen entgegen/ daß der mensch sich selbs in göttlicher ordnung an seinem ehegatten liebe/ das ist/ seiner seele und leibes vergnügen auf
gewisse weise an seinem ehegatten habe/ und geniesse/ und sich also in der
furcht des HErrn dessen gnaden-geschenks nach seiner regel gebrauche. Es
muß aber wohl zugesehen werden/ daß solche liebe in rechten schranken bleibe. 1. Daß sie nicht wider Gott gehe oder göttl. liebe eine eigenliche hindernüß
setze/ vielmehr daß allezeit der ehgatte dasjenige mittel gleichsam seye/ indem
und durch welches immer unsere liebe auff GOtt gehe/ und er in dem ehegatten geliebet werde/ welches die art ist aller liebe der creaturen/ wie dieselbe
GOtt nicht entgegen seyn mag. So muß also der ehgatte nicht nur nicht über
und wider GOtt geliebet werden/ ihm in dingen/ welche göttlichem willen
zuwider wären/ zu fügen oder zu gefallen zu seyn/ sondern nicht ausser GOtt
oder von ihm gesetzter ordnung/ die darinnen bestehet/ daß die liebe auff
nichts hafften bleibe/ sondern immer durch alles wiederum hindurch auff
GOtt tringe/ da sie allein beruhen solle. Also daß dannenhero jegliches ver-
gnügen/ so wir an dem ehgatten haben/ uns eine neue auffmunterung gebe/
GOtt so viel hertzlicher zu lieben/ seine güte zu preisen/ der uns auch diese
freude und versüssung unsers menschlichen lebens gegönnet/ und ihm davor
zu dancken. Es solte zwahr scheinen/ daß der ehstand schon an sich selbs eine
hindernüß der liebe GOttes seye/ weil die eheliche und ledige darinnen einander entgegen gesetzet werden/ daß diese sorgen/ was dem HErren/
jene was dem ehgatten gefalle: es mag aber solches nicht so wol die liebe selbs
angehen/ als vielmehr dessen eusserlichen oder auch innerlichen dienst/ so fern
dieser von einiger weitern sorge gehindert werden kan.   Daß demnach der
eheliche seinen GOtt nicht weniger lieben darff und kan/ als der ledige auch
thut/ aber dieser ist weniger verhindert/ solche seine liebe gegen GOtt durch
mehrere innerliche und eusserliche austrücke zu erzeigen/ daran den andern
nicht so viel der ehstand selbs als die anhängenden mehrere sorgen und geschäfften hindern; wie dann ein auch sehr gutes werck ein anderes gutes etlicher massen hindert/ so fern man nicht beyden mit gleichem fleiß/ gleich wie
einem allein/ abwarten kan.   Daher folget 2. daß die liebe auch darinnen
nicht unordenlich seyn müsse/ daß sie allzuhefftig wäre/ wodurch so wol die
liebe GOttes als des nechsten gehindert würde/ wo der ehgatt sein gantzes
hertz dermassen dem andern anhängte/ daß er davor weder GOtt recht die-
nen/ noch dem nechsten alle ihm schuldige sonst mügliche pflicht leisten könne.
3. Muß sie auch also in der ordnung bleiben/ daß man an dem ehgatten das
jenige/ und jegliches in der ordnung/ liebe/ als göttlichen willen gemäß ist/

*Daher*

daher das geistliche des ehgatten vor seinem leiblichen bey uns den vorzug
haben muß/ ja auch wir unser seits jenes mehr als dieses von ihm zu geniessen trachten sollen.　Allerdings aber ists solcher ordnung entgegen/ da man
die liebe suchen will in der erfüllung seiner leiblichen und fleischlichen be-
gierden/ und denselben den zaum lassen/ so keine wahre liebe ist.

§. VIII. Wo also der Apostel sagt/ die da weiber haben/ daß sie seyen/
als hatten sie keine : so hats diejenige meinung/ daß ihr hertz an sie nicht also angeheftet seye/ daß sie meinten/ nicht ohne sie bleiben zu können/ sondern
sie zwahr hertzlich lieben/ und dessen was GOtt ihnen an denselben gibet/ also geniessen/ daß sie GOtt daran preisen/ aber immer bereit seyn/ wo sie Gott
ihnen entweder sonsten entziehen/ oder sie durch verfolgung von ihnen gerissen wolte werden lassen/ demselben sie gern zulassen/ oder um seiner wahrheit
willen sich dero genusses zu begeben : also daß ob es wol in den verfolgungen
leichter ist/ wo man unverheyrathet bleibe/ sie die ehliche sich doch auch also
resolviren/ dafern der HErr dergleichen trübsaal über sie verhängen würde/
sich nicht anders darinn zu halten/ als sie auch würden gethan haben/ da sie
ledig geblieben wären. Welcher verstand aus der gantzen rede des Apostels/
und wie er auff diese wort gekommen ist/　erhellet : Jedoch leiden so wol die
allgemeine wort/ als sonderlich was noch weiter nachfolget/ daß man auch
diesen dem andern nachsetze/ so in einander stecken ; sie sollen seyn als hätten
sie keine/ wie diejenige welche weinen seyn solte/ als weineten sie nicht/ die sich
freuen als freueten sie sich nicht/ daß zwahr solche affecten bey ihnen seyn mö-
gen/ aber doch also/ daß das gantze hertz niemal davon eingenomm. werde/
sondern noch immer tüchtig seye/ dabey dasjenige zu thun/ was GOTT
und die liebe des nechsten sonsten von uns erfordert : also auch daß sie ihre weiber dermassen lieben/ und sich ihrer gebrauchen/ daß sie
deswegen sich nichts hindern lassen/ an demjenigen was sie sonsten
GOTT und dem nechsten schuldig sind/ welches geschihet/ wo man sein hertz
völlig an etwas hängt/ und sich demselben blosserdings widmet.　Also wie
diejenige/ die der welt brauchen/ ihro nicht auch zugleich mißbrauchen
sollen/ das ist/ sie nicht zu viel und mit versäumnuß des nöthigen/ oder wider
GOttes ordnung und mit anhängigkeit des hertzens/ gebrauchen/ so sollen
auch ehegatten sich einander gebrauchen/ aber nicht mißbrauchen/ zu viel ihr
hertz darauf zuschlagen/ oder auch etwas der göttlichen ordnung entgegen an
einander begehen.　Weil ja das wesen dieser welt vergehet : Es seyen
alle diese eusserliche dinge/ und also auch der genuß eines ehegehülffen/ nicht
unser hauptwerck oder auch haupt-gut/ so dann vergehen sie unter der hand/
und müssen wir uns alle augenblick deroselben verlusts versehen/ daher sie
nicht

nicht würdig/ mit unserm hertzen zu starck darauff zu beruhen/ dadurch alsdann wo sie hinfallen und wir sie verliehren müssen/ das hertz nur desto
schwehrer verunruhiget würde/ noch auch mit denselben uns so viel zu be-
mühen/ daß dasjenige darüber versäumet würde/ woran GOTT und
dem zweck/ darum wir in der welt sind/ das meiste gelegen ist.

§. IX. Wo nun das hertz der ehgatten dermassen gegen einander recht
stehet/ so werden die eusserliche begegnüssen gegen einander auch in ihre rechte ordnung kommen: und wie man einander liebet unter GOtt/ und mit absicht auff dessen ehre/ so wird man auch in allen stücken also mit einander le-
ben/ wie dieselbige erfordern. Also haben sich ehgatten unter einander zu
gebrauchen/ daß sie in dem geistlichen suchen/ sich an und mit einander zu er-
bauen/ daher ein ander mit gutem exempel vorgehen/ und zur nachfolge lo-
cken/ mit einander beten und ihre hauß-kirchen halten/ auch die liebe/ die sie
unter einander haben und üben/ ihnen stäts eine erinnerung der liebe GOttes und ihres bräutigams seyn lassen: daß sie nachmal im leiblichen eines für
des andern leben und gesundheit nach vermögen sorge/ und dieselbe befordern
helffe/ auch deßwegen/ wo es dem anderen freude erwecken/ oder einige betrübnüß und unwillen abwenden kan/ solches willig thue: daß sie einander
in dem übrigen leben/ in haußhaltungs und andern zu dieser zeit gehörigen
geschäfften treulich beystehen/ hülffe leisten/ und alles ungemach nach müglichkeit abwenden/ folglich durch freundliche und liebreiche begehung die bitterkeit dieses menschlichen elends versüssen. Welches lauter früchte der liebe sind/ dazu sie der erste zweck des ehstands selbs verbindet/ und welche liebe nirgend redlich seyn kan/ wo sie nicht dergleichen wircket. Jedoch daß man
wohl dabey erwege/ daß diese liebe nicht eine blosse schmeicheley seyn müsse/
des andern ehegatten (sonderlich bey dem mann seines weibs) boßheit zu he-
gen und zu steiffen/ sondern es solle dieselbe seyn/ ein so wol gutmeinen mit
dem nechsten/ als vernünfftiges befordern dessen besten/ wo es zuweilen in
solchen dingen geschehen mag/ die wol der andere theil/ biß man die sache
gründlicher erkennet/ nicht vor liebe achten möchte: daß es also eine liebe ist/
die ihre ernsthafftigkeit und eyffer/ doch mit stäts untermischter sanfftmuth/
wol neben sich leidet ja offters erfordert.

§. X. Weil aber wegen des also genannten ehelichen wercks oder beywohnung etwa eher als wegen anderer in der ehe vorgehenden fälle/ anstösse
und zweiffel bey zarten gewissen erwecket werden mag/ so haben wir auch von
demselben etwa folgendes in der furcht des HErrn zu erwegen (1. daß solches
eine an sich selbs heilige verordnung Gottes seye/ und gehalten werden solle:
daß ich deßwegen die wort Pauli dahin verstehe/ da er sagt Hebr. 13/ 4.
οἱ κοίτη ἀμίαντος, DAS ehebett und der gebrauch desselben sey unbefleckt:

nicht nur follen Chriften daſſelbe unbefleckt behalten/ mit vermeidung hurerey und ehbruchs/ ſondern es ſeye auch an ſich ſelbs die ehe etwas köſtliches/
welches ſeinen werth vor GOtt habe/ und dero gebrauch eine unbefleckte
ſache. Ob alſo der vernunfft zuweilen dieſe art der vermiſchung der
leiber garſtig und als etwas an ſich ſelbs ſchändliches vorkommet/ iſts
doch nicht die ſchuld/ daß die ſache alſo bewandt wäre/ ſondern daß Gott
in vielen ſtücken ſeine ordnung alſo einzurichten pfleget/ daß jene kluge meiſterin etwas daran zu meiſtern finde/ wie wir das exempel an der von GOtt
weißlich eingeſetzten beſchneidung ſehen/ die kein vernünfftiger anders als etwas garſtiges und unzimliches achten könte/ wo wir nicht die klahre einſetzung GOttes vor uns hätten. Alſo zweifle nicht/ daß/ wie obgedacht auch
in dem ſtand der unſchuld die ſache ſelbs würde geweſen ſeyn: So dazu ſonderlich dienet/ daß wir ja die ſache an ſich nicht ſo eckelhafftig oder ſchändlich
halten/ wie ihrer viele offt ihnen die gedancken davon machen/ da ſie nicht an
die göttliche ordnung ſo wol ſelbs als an den ſchein des wercks gedencken. (2.
Iſt aber dabey zu wiſſen/ daß dieſes werck ſo wol als alle andere des menſchlichen lebens durch die ſünde ſehr verdorben und verunreiniget worden/ und
ſich alſo natürlich allemal einige viehiſche unordnung dabey befinden/und die
rechte maaß darinnen nicht gehalten werden würde/ wo nicht der Heil. Geiſt
uns lehret unſer gefäß zu behalten in heiligung und in ehren/ nicht in
der luſt-ſeuch wie die Heyden die von GOtt nichts wiſſen.1. Theſſ.4/ 4.
5. Daher man ſolches wercks ſich nunmehr zu ſchämen hat/ nicht um ſein ſelbs
willen/ ſondern von wegen ſolcher anklebenden unreinigkeit; da wir finden/
wie weder die glieder alle der vernunfft gehorſam ſeynd/ noch die unreine gelüſte von der gnade in uns gnugſam können zurück gehalten werden/daß nicht
eine fleißige prüfung viele gebrechen uns entdecke. (3. Daher mit ſolchem
werck/ wie mit andern auch/ dermaſſen umgegangen werden muß/ daß wir
nicht gedencken/ der nahmen der ehe und ehebettes mache ſchon alles gut/ ob
auch allen viehiſchen lüſten der zaum gelaſſen/ und in nichts getrachtet wür-
de/ dem natürlichen trieb und auffſteigenden gelüſten abzubrechen. Welches gleichwol zu unſerer Chriſten pflicht auch gehöret/ und dieſes werck davon nicht ausgeſchloſſen werden mag/wo es insgemein heiſſet/daß wir ſollen
unſer fleiſch creutzigen ſamt den lüſten und begierden/und uns der lüſten enthalten/ welche wider die ſeele ſtreiten. Gal. 6/ 24. 1. Pet.2/ 11.
Hingegē daß auch von dieſem werck müſſe wahr ſeyn/was Paulus 1.Cor.10/
31. insgemein ſagt/ihr eſſet oder trincket/ oder alles was ihr thut/ſo thut
alles zu GOttes ehre. Ob alſo wol chriſtliche eheleut ihre eheliche beywohnung an ſich ſelbs nicht ſündlich oder unrecht zu achten/ ſo haben ſie
dan-

dannoch sich der mittel/ deren sich ausser des ehestands ledige leut und witt=
wen gegen den trieb des fleisches nützlich gebrauchen/ nemlich arbeit/ fasten/
gebet und dergleichen/ nicht weniger dazu zu gebrauchen/ wo sie in dero na=
tur eine unmäßige brunst fühlen/ dieselbe zu mindern und zu löschen/ damit
nicht auch in solcher beywohnung die maaß überschritten werde: ja auch sich
zuweilen mit fleiß/ da es sonsten ohne verletzung des gewissens geschehen
könte/ des erlaubten enthalten/ sich selbs damit zu gewöhnen/ daß nicht e=
ben jegliche begierde müsse erfüllet werden. (4. Es sind auch unterschiedli=
che absichten/ welche den gebrauch solches wercks mäßigen sollen/ theils na=
türliche/ damit man vor beyderseits gesundheit/ welche durch die unmäßigkeit
in diesem werck so wol als durch andere/ leicht schwehrlich verletzet/ ja wol gar
das leben abgekürtzet werden mag/ vernünfftiglich sorge/ theils geistliche/
darauff sonderlich Paulus ziehlet 1. Cor. 7/ 5. daß ihr zum fasten und
beten musse habt. Woraus zu sehen/ wie um die zeit/ da man vor andern
des gebets und der andacht/ nöthig hat/ die enthaltung dieser beywohnung
dienlich oder auch zuweilen nöthig seyn könne. Wie auch dorten 2.Mos.19/
15. zur vorbereitung auff die hörung des gesetzes/ dieses angezeiget worden
daß sich keiner zum weibe nahen solle. Wohin auch gehöret/ wann von
einer allgemeinen buß und trauer=zeit gesagt wird Joel. 2/ 16. der bräuti=
gam gehe aus seiner kammer/ und die braut aus ihrem gemach.
(5. Gleichwol lassen sich in solchen stücken keine solche gesetze christlichen ehe=
leuten geben oder vorschreiben/ wann und zu welcher zeit sie solche ihre bey=
wohnung zu leisten hätten/ nachdem der Heil. Geist selbs keine besondere re=
geln darüber gegeben/ daher uns nicht zukommen will/ daß wir den gewissen
stricke anwerffen sollen: sondern haben allein zu bestehen bey den allgemei=
nen regeln/ welche uns unser Christenthum und nöthige creutzigung der gelü=
sten/ so dann verehrung GOttes in dem ehstand/ an die hand gibet: ausser
denen und von sonderbaren umständen/ lässet sich etwa zuweilen rathen/
nicht aber mit gesetzen eine sache einschrencken. Unser liebe Lutherus redet
hievon sehr wohl über die wort/ der mann leiste dem weibe die schuldige
freundschafft Tom.II.Alt. f. 386. a. b. Die wort S. Pauli sind klar ge=
nug/ und dörffen nicht viel glossen/ so mag ich nicht so tieff hinein greif=
fen/ und unsauber von der ehe=pflicht schreiben. Ein christlicher mensch
wird sich selbs hierinnen wol wissen zu halten/ daß er mäßig fahre.
So ligt nichts dran/ wie ein unchristlicher mensch hierinnen tobet
und wütet. Und wiederum/ ich achte/ es möge von der sach nicht baß
geredet werden/ dann hie S. Paulus redet/ daß der ehestand seye da/

als eine hülffe und mittel wider die unkeuschheit. Darum wer sein braucht / der unkeuschheit zu wehren / halte ich / haben sie Paulum zum fürsprecher und schutzherren. Und ferner: Also haben sie auch etliche tage ausgenommen / als die heilige abend / item schwangere leibe etc. Wohlan / es ist fein und wohl gethan / in allen sachen mässig fahren / aber doch solt man kein gesetz hierinnen stellen: und diese wort Pauli lassen recht behalten / der es dahin stellet / daß keines seines eigenen leibes mächtig ist. GOtt gebe / es seye dieser oder jener tag / wie es GOtt gibt / er sihet nur drauff / daß der unkeuschheit gewehret / und nicht raum noch ursach gegeben werde. Des hebt gar viel gesetz auff das kleine wörtlein Sanct Pauli : Keins ist seines leibes mächtig; ja es kan kein gesetz leiden / dann wie solt mir jemand den leib verbieten / der mir von GOTTES recht und macht zugegeben ist ? Er fähret ferner fort f. 387. a. Was das verkürtzen sey unter ehelichen leuten / und was für ursach sich begeben / laß ich sie selbs deuten. Ich kan wol glauben / daß sie mancherley seyen / wie sichs dann auch ziehmet dem stand / der zu bösen tagen und nicht zu guten tagen geschaffen und eingesetzt ist. Zorn und uneinigkeit wird auch mitlauffen zuweilen / es will auch überflüßige geistlichkeit da regiren. S. Paulus setzt nur eine / mehr darff ich noch jemand setzen / die ist / daß beyde bewilligen / sich etliche tage auf sonderliche weise härter zu casteyen mit fasten / und desto fleißiger zu beten / sonderlich wo etwa eine noth vorhanden. Dann zu starckem gebet gehöret auch ein starck fasten. Doch läßt es S. Paulus so frey bleiben / und gibt kein gesetz darüber / sondern stellets in beyder bewilligung. Darum kan niemand zu solchem fasten und beten mit geboten getrungen werden / wie man bißher gethan hat. (6. Diese sache aber lässet sich nicht wol grundlicher und eigenlicher ausmachen / als wo wir betrachten die endursachen solcher ehlichen beywohnung. Da ist nun zweiffels frey die erste und hauptursach die erzielung der kinder. Indessen können wir gleichwol dieselbige nicht für die einige vor Gott gültige ursach ansehen / sondern wie wir gesehen haben / daß derselbe stand selbs mehrere endursachen habe / so haben wir gleiches von dieser beywohnung zu sagen. Daher es der Apostel mit bedacht eine schuldige freundschafft / oder gutwilligkeit oder liebe nennet / damit zeigende / daß unter denen / welche der HErr ehlich verbunden / der liebe ein mehrers erlaubt seye / als jenes einige seltene werck der noth in der erziehlung der kin-

der,

der.　Sonderlich aber müssen wir bedencken / daß nach obig angedeutetem fall der ehestand eine artzney seye gegen die sünde / welches sonderlich auf dieses ehliche werck gehet / und also zeiget / daß dasselbige / wo es zu abwendung und vermeidung anderer unzüchtiger/nicht nur wercke/sondern auch entbrennender begierden/und etwa folgender allerley verunreinigung/geschihet/so ist dieses unser elend / daß wir eines solchen mittels bedörffen / ein stück unserer sündlichen verderbnüß / so dann die etwa dabey fühlende gelüste / wiederum mit demuth vor GOTT zu erkennen/ das mittel aber an sich selbs ist alsdann um göttlicher ordnung willen gut und GOTT nicht mißfällig.　Hievon sagt abermal Lutherus Tom. I. Alt. f. 300. a. Derhalben ist der ehliche stand nun nicht vielmehr rein und ohne sünde/(nemlich wie er vor dem fall gewesen wäre) und die fleischliche anfechtung so groß und wütend worden / daß der ehliche stand nun hinfort gleich ein spital der siechen ist/auf daß sie nicht in schwehrere sünde fallen. Item Kirchen-post. W.T. f. 304. a. Wiewol auch im ehestand diß maaß solte gehalten werden unter den Christen / daß es eine eheliche pflicht / die aus noth / zu meiden unkeuschheit und unreinigkeit / gefordert und geleistet werde. Sintemal hinfort das nicht viel geschehen kan / daß man allein zur frucht sich zusammen finde / welches das beste wär / und wol recht seyn solte.　In solchem siechen-hauß / wie Lutherus redet / gönnet uns GOTT diese von ihm verordnete artzney/und wer sie mäßig brauchet/sündiget darinnen nicht.　(7. Solches ist sonderlich zu mercken von dem stand der weibs-personen/da dieselbe von GOTT gesegnet sind/ und also der haupt-zweck der erzeugung nicht weiter um solche zeit platz hat.　Als um welches zustandes willen die meiste frage und sorge der zarten gewissen entstehet.　Wo wir aber des heiligen Apostels unbedingte wort und was unser Lutherus dabey bemercket/fleißig erwegen/werden wir erkennen/ daß wir auch darinnen den gewissen keinen strick anzuwerffen haben : um so vielmehr / weil in dem gegentheil / da in solcher zeit diese ehliche freundschafft niemal platz hätte / nicht nur der ehestand denjenigen zweck der vermeidung aller unkeuschheit (um welcher willen er ihrer vielen nöthig ist) nicht erreichen / sondern vielmehr das gegentheil erfolgen würde / daß er eine gelegenheit werden könte / in viel schwehrer brunst ( zu dero abwendung gleichwol GOTT diesen stand uns gegönnet) die meiste zeit zubringen zu müssen / indem der ehestand auffs wenigste einen viel stätigern umgang der eheleute bey tag und nacht in sich fassen / und also eine offtmaligere reitzung und erweckung natürlicher lüste gegen einander veranlassen mag / da ausser demselbigen/ weil weniger anlaß zu regung der lüsten vorhanden / noch eher solche brunst verhüter werden könte.　Nun hat

Rr 3　　　　　　　aber

aber der heilige Apostel denjenigen / welche brunst leiden würden / das freyen/als eine artzney vorgeschrieben/dahero dann der gebrauch solcher artzney auch also gelassen werden muß / daß er solchen zweck erreiche / nicht aber vielmehr / daß er eine gelegenheit seye/ in noch viel gefährlichere brunst/und wegen dero zurückhaltung / schwehrere pein des leibes und unruhe der seelen gestürtzet zu werden / alsdann aber gegen dieselbe keine andere mittel zu haben / als diejenige / mit denen er sich in dem ledigen stand behelffen müssen. Welches gewißlich des heiligen Apostels / ja vielmehr GOttes / willen und rath allerdings entgegen ist/und aus der artzney eine gefährliche versuchung und steten zweiffels-strick machet. (8. So haben wir auch dieses stück des ehestands anzusehen / als daß bey und mit demselben die buß stäts seyn und geübet werden muß. Es muß das empfinden der dabey sich erregenden bösen gelüste / ja auch daß man dasjenige/ welches göttliche ordnung und einsetzung ist / nicht also in das werck richten könne / daß uns unser hertz nicht einigerley massen dabey beschuldige / daß wir nicht das fleisch dabey mehr fühlen/ als wir solten und wolten/ uns ein stätiges zeugnüß seyn/ unser aller tieffsten verderbnüß und unreinigkeit / welche als ein aussatz die gantze natur also durchfressen habe/daß sie sich in alles/ auch das gute selbs/ mit einmische/ und selbiges anstecke/also eine tägliche erinnerung unsers elends und jammers/in dem wir jetzt stehen/ die klage Pauli Rom. 7. immer zu wiederholen/ und mit schahm deßwegen vor GOTT zu demüthigen/ und um solcher ursache willen desto weniger des etwa sonsten von GOTT an uns habenden guten uns zu überheben. Welches alles eine tägliche reue und demuth vor GOTT / hingegen hochhaltung der göttlichen barmhertzigkeit / auf die wir allein unsere hoffnung setzen müssen / und damit in eigenem exempel den articul der rechtfertigung recht zu verstehen würcket. Es muß aber auch seyn eine tägliche übung des glaubens/ daß wir lernen dabey erkennen die gnade unsers HErrn JEsu Christi / wie er um seines verdienstes willen den glaubigen auch diese ihre unreinigkeit/ da sie die gelüste zwahr tödten / aber nie ertödten können/ daß sie nicht auch wider willen offt desto hefftiger/als man ihnen widerstehet/ wüten / gleichwol gnädig verzeihen / und seine gnade um solcher ursach willen nicht von ihnen nehmen / sondern weil das werck an sich selbs seine ordnung/ und dazu als eine artzney unserer schwachheit uns angewiesen ist / so dann solche glaubige selbs an der anklebenden unreinigkeit ein hertzliches mißfallen haben / gegen sie kämpffen / vieles davon zurück halten / obwol nicht allemal völligen sieg davon tragen / in allem aber dieses daraus erkennen / es seye die sünde / welche sie plaget / nicht aber annoch die herrschafft über sie gewonnen habe / die demselben anklebende mängel und gebrechen nicht zurechnen / noch ihnen verdammlich seyn lassen werde/weil sie an ihm/Christo JEsu/sind/und

ob

obwol das fleisch starck und hefftig bey sich fühlen / dennoch nicht nach demselben und dem ungehinderten trieb seiner gelüste wandlen. Welche glaubens-
übung dann so nöthig als nützlich ist / und fromme Christen solchen grund der
gnaden / mit was schohnen und barmhertzigkeit der Vater seiner kinder wider
willen leidende schwachheit ansehe / ja mit dem deckbett seiner ordnung / der
ehe / dasjenige bedeckt bleiben lasse / womit die natürliche verderbnüß selbige
beflecket / tieff in ihren seelen zum trost zu legen; ja daß GOTT auch solche
wahrheit in ihre hertzen schreiben wolle / ihn eiffrig anzuruffen haben. Damit wird dann auch die tägliche übung folgen / daß sie denen lüsten desto ernstlicher widerstehen / und den zaum mehr zurück halten / als schiessen lassen / manchen sieg eines keuschen kampffs davon tragen / zuweilen selbs bey sich fühlen /
wie die gnade GOttes dasselbige ihnen leichter mache / so dann desto inbrünstiger immerdar zu GOTT um den Geist der heiligung und seinen beystand
seufftzen / endlich / so viel hertzlicher sich sehnen nach der vollkommenheit / und
demjenigen leben / wo sie aller unordentlichen lüsten frey seyn werden / ja da
weder freyen noch sich freyen lassen seyn solle. Wird nun solcher massen die
busse stets geübet / so gehets recht / und werden wir auch die güte des HErrn zu
preisen haben / welcher die sündliche gebrechlichkeit der seinigen selbs ihnen zur
gelegenheit und übung vieles guten werden lässet. Er der HErr erhalte seine ordnung auch in diesem stück noch ferner unter uns unzerstöhrt / er erfülle
unser aller / die wir in dem ehstand oder ausser demselben leben / hertzen / mit
wahrer erkäntnüß seines willens an uns / auch in diesem stück / und heilige dieselbe mit seinem Geist immer mehr und mehr zu dessen vollbringung : Ja er
schaffe / daß wir unsere leiber und unsere glieder also gebrauchen / daß wir gedencken / sie seyen nicht unser sondern Christi glieder / und theuer erkaufft / damit sie des H. Geistes tempel unzerstöhrt bleiben : Ja daß wir GOTT preisen an unserm leib und in unserm geist / welche sind GOttes. Amen. 1683.

## SECTIO IX.

### Auf einen fall genauen umgangs eines ehemanns mit anderer ehefrauen / da derselbe der ehegattin und andern verdächtig wird.

#### I.

MIr ist / da ich in der furcht des HErrn auf die vorgeschriebene erzehlung meine gedancken geben solle / dieses lieb / daß mir personen / und
was erzehlet wird / weiter nicht be ant sind / als was hie beschrieben
stehet / indem ich desto freyer ohne ansehung einiger person / meine meinung
von mir schreiben kan : Aber auch so bald bedingen muß / daß die antwort auf
die

die bloſſe erzehlung gehe / daher / wo ſich das factum in einigem anders ver=
hielte/ dieſelbe auch nicht dahin zu ziehen ſeyn würde.

2. An demjenigen/ was Sempronii frau gethan zu haben/ vorgeſtellet
wird/ſehe ich nichts ſträffliches/ſondern alles flieſſet aus der ihrem ehegatten
ſchuldigen treue und liebe / nemlich nach allem vermögen zu wehren / daß der=
ſelbige ſich ſelbs gefährlichen verſuchungen nicht immer freyer darſtelle / und
anderer nachrede ſtets mehr gelegenheit gebe / welches ſonſt verſäumt zu ha=
ben / ſelbs ihr gewiſſen beſchwehren würde: Ich finde auch nicht / daß etwas
wider die ſchuldige ehrerbietung des ehemannes/ da ſie ihn bey andern nicht
beſchähmet / begangen / noch was zur demuth und vorſichtigkeit gehörte / un=
terlaſſen worden ſeye.

3. Was aber Sempronium ſelbs anlanget: 1. So gönne ihm gern / daß
er nach gegebenem zeugnüß/ bey aller ſolcher ſache ein rein hertz behalten/ und
GOTT gefürchtet habe. Indeſſen 2. kan ich die ſo familiare conversation
mit Titii haußfrau / und das halten derſelben hand/ auf keinerley weiſe billi=
gen/ noch da es weiter geſchehen ſolte/ entſchuldigen. (1. Das öfftere anfaſ=
ſen einer andern weibes=perſon / gegen die man ohne das eine liebe zu tragen
nicht in abrede iſt / an der hand / auch langes halten und einſchlieſſen wol gar
beyder hände in einander / iſt an ſich ſelbs fähig/ unzüchtige gelüſte / wo nicht
erſtlich/ doch nach und nach/ zu erwecken/ und ſorge ich / es gehöre ein ſehr un=
gemeiner grad der erſterbung fleiſchlicher lüſte bey mann= und weibs=per=
ſonen dazu/ wo ſich in ſolchem fall nicht bey beyden/ auffs wenigſte bey einem
theil / ungebührliche neigungen erregen ſolten. Daher auch das argument
derjenigen / welche aus dieſer urſach gegen das tantzen mit weibes=perſonen
eiffern/ nicht verwerffen kan. ( 2. Weil bereits in der ſtadt einige ungleiche
nachrede entſtanden / die ſeinem amt/ davon meldung geſchihet (ſonderlich
dafern es ein geiſtlich amt wäre/ ſo die verantwortung ſchwehrer machte)
nachtheil bringen könte. Da hingegen nicht allein jedermann nach vermö=
gen ſich vor dergleichen zu hüten hat/ was ſolche veranlaſſete/ ſondern vor al=
len/ die andern in einem amt vorgeſetzet / eben deswegen ſchuldig ſind / nicht
nur das böſe/ ſondern auch deſſen ſchein/ zu meiden/ damit alles redlich zuge=
he/ nicht allein vor dem HErrn/ ſondern auch vor den menſchen. 2. Cor. 8/ 20.
Wer hingegen auch unvorſichtig durch eine that/ die böſen ſchein gibet/ übels
gerücht erwecket/ ſündiget damit/ und macht andere ſündigen: welche ſünde
ſo viel ſchwehrer wird/ wo einer auff erinnerung dennoch dergleichen nicht un=
terlaſſen wolte. (3. Weil die ehefrau darüber einige jalousie gefaßt/ und er
ihr gemüth damit zum unwillen oder betrübnüß zu reitzen weiß und erfahren
hat / ſo ſtreitet das bißherige verfahren wider die ſeiner ehefrauen ſchuldige
liebe. Dann wenn die genaue liebe/ die zwiſchen ehegatten von GOtt er=
for=

fordert / wird / haben will / daß ein jedes auf alle mügliche weise des andern
verunruhigung verhüten / um der ursach willen auch wol unsträffliche dinge
unterlassen solle / so wird sie ja so viel schwehrer verletzt/ wo man sich aus liebe
des andern / auch der dinge nicht enthalten will / die dem andern einen vernünfftigen schein des bösen geben.     (4. Weil er die treue warnung seiner
ehegattin ( wann auch schon der offt wiederholte schmertzen ihr auch einige
härtere wort ausgedrucket hätte) nicht allein so fern hindangesetzt/ daß er die
sache nicht gantz unterlassen/ sondern gar ihr endlich mit hartem zorn begegnet / und zwahr bey ihrem schwangern zustand / da ihr so vielmehr zu schohnen gewest / indem in solcher bewandnüß die widrige gemüths-bewegungen
wol so viel als eusserliche böse tractamenten schaden thun können / dessen
schuld nicht gering ist.

Aus allem solchen traue gnug zu erhellen / daß Sempronius, bißherigen
umgang mit der andern person zu ändern allerdings GOtt / seinem eheweib/
seinem amt/ und denen sich sonst ärgernden nechsten verbunden seye/ auch seine
ehegattin so viel hertzlicher zu lieben habe / als treuer sie auch darinnen ihre
eheliche pflicht durch warnen gegen ihn erwiesen hat.

Der himmlische Vater / der beyde durch so genaues band mit einander
verknüpffet hat/ lasse auch ihre seelen in reiner liebe immer mehr verbunden
werden / hingegen räume er weg alle hindernüssen derselben / und verwehre
alles ärgernüß/ so sonst entstehen möchte/ um seines nahmens willen.  Amen.
1697.

## SECTIO X.

# Christlicher rath vor eine ledige weibs-person/
## die sich von einem ehemann zum beyschlaff betriegen
### lassen / ohne darvon schwanger zu werden.

Ihre pflichten bestehen in folgendem.   1. Daß sie ihre sünde hertzlich
und also erkenne/ daß sie dero schwehre sich gebührend vorstelle/ nicht
allein insgemein/ wie hurerey vor andern sünden ein solcher greuel vor
GOttes angesicht seyn/ indem der mensch GOttes tempel schändet/ und aus
Christi gliedern huren-glieder machet (wie Paulus mit mehrerem die schänd-
lichkeit solches lasters 1. Cor. 6/ 15. u. f. beschreibet) sondern auch wie der fall
so viel schwehrer seye/ da die übelthat mit einem ehemann begangen/ und also
dessen eheliche pflicht / so auf einem bund GOttes beruhet / gebrechen worden : Denn ob nach einigen weltlichen rechten dergleichen unzucht eines ehe-
manns mit einer ledigen person nicht ein ehebruch heissen solle/ ist es doch dergleichen nach göttlichem gesetz/ welches beyde personen in der ehe mit gleichem
bande

bande verknüpffet. Ist es auch sache / daß die person eine feine erkäntnüß
GOttes gehabt/ so macht solches dero sünde auch so viel schwehrer: ja noch so
vielmehr/ wo sie/ als es an dem war/ die schand-that zu begehen/ von ihrem gewissen bestraffet worden wäre/ und doch solche warnung GOttes nicht geachtet hätte / würde solches die sünde auffs neue vergrössern ; am allermeisten
aber / da die sünde/ nachdem man sich einmal wieder bedencken können/ ferner
wiederholet worden wäre. Uber diese betrachtung der sünden muß man
nicht oben hinfahren / sondern lang mit umgehen / damit ja das hertz zu einem
wahren abscheu über die sünde gerühret werde / und zwahr nicht über einigen
zeitlichen verlust der ehre / wann GOTT die verborgene schande noch offenbar solte werden lassen / sondern allerdings über die sünde selbs/ wormit man
den heiligen augen GOttes verdruß gemacht / und sich an statt der so vielen
empfangenen wolthaten an dem liebsten Vater so schwehrlich versündigt hat.
Wäre auch die person von dem mann verführet worden / also daß in vergleichung beyder/ desselben schuld schwehrer wäre / muß sie doch sich solches nicht
darzu dienen lassen / sich deßwegen vor GOTT zu entschuldigen / sondern
zwahr dem verführer seine noch schwehrere verantwortung überlassen / sich
aber vor GOTT darüber nicht rechtfertigen. Denn wer zu sünden gereitzt/
derselben nicht widersteht/ wird bereits derselben knecht / als der sich darvon
überwinden lassen. 1. Petr. 2/19. Joh. 8/34. Insgesamt muß sie daraus
die schwehre ihrer verderbnüß erkennen/ nach dero sie auch zu allen lastern geneigt seye. Indem der funcken des andern / liebkosender worte oder überredung nichts angezündet haben würde / wo nicht der zum anbrennen bequeme
zunder sich bey ihr bereits gefunden hätte. Ja sie hat zu gedencken / daß sie
noch biß dahin eusserlich unverunreinigt geblieben/ habe sie nicht ihre tugend
und keuschheit zu rühmen / sondern allein der göttlichen barmhertzigkeit zu
dancken/ die sie nicht eher in die gelegenheit einer solchen verführung gerathen
lassen / indem sie in dieser gelegenheit gewahr worden / wie solche sünde längst
in ihr gesteckt/ die also/ wann sie eher versucht worden/ bereits ausgebrochen
seyn würde. Ja sie hat bey solchem fall allein nicht stehen zu bleiben/ sondern
zu gedencken/ wie sie vorher ihr leben vor GOTT geführet/ ob sie nicht finden
werde / daß sie entweder noch niemal mit rechtem ernst GOTT ergeben gewesen / oder wo in solchem stand jemal gewest / sie doch schon vorher von ihm
abzuweichen angefangen habe/ ehe es GOTT zu dieser groben sünde/ an dero
der anfang nicht geschihet / bey ihr kommen lassen. Ich bin versichert / es
wird eine jegliche solche person nach redlicher prüfung bey sich finden/ daß das
hertz schon vorher nicht rechtschaffen vor GOTT gewesen. Insgemein hat
man die welt und dero lüsten bereits liebgewonnen/ und mit zwahr gefastem
vorsatz/ ehrlich zu bleiben/ seine freude gemacht/ der gesellschafften zu geniessen/

jeder-

jederman wolzugefallen/ ein frôliches leben zu führen/ u. f. f. in welcher etlicher maſſen ſubtileren welt-liebe die ſeele doch bereits von GOTT entfernet
worden/daß ſie dieſen wahrhafftig nicht lieben kônnen/ob ſie ihn wol zu lieben
gedacht: Da iſts denn kein wunder/ wann GOTT in ſeinem gericht eine ſolche perſon endlich in eine ſo ſchwehre übelthat gerathen lâſſet/ daraus ſie mit
hânden greifft/ und nun nicht mehr leugnen kan/ die liebe GOttes verlohren
zu haben: In welchem gericht doch noch dieſe barmhertzigkeit GOttes ſteckt/
daß er zuweilen dardurch denjenigen/die bey ihrer euſſerlichen ehrbarkeit ihre
heucheley nicht erkennen konten/ ſondern ſich viel vor GOTT einbildeten/
erſt die augen recht ôffnet/ihren zuſtand zu erkennen/und dadurch zur wahren
buß geleitet zu werden/ darzu ſie in ihrer heucheley vorhin verſtockt nimmer
hâtten kommen werden. Welches die barmhertzigkeit GOttes ſo viel hôher
preiſet/ ob wol des menſchen ſünde an ſich/ aus dero gifft der HErr eine artzeney bereitet/ nicht deſto geringer wird/ oder von dem ſünder gehalten werden
ſolle. Auffs allerwenigſte/ wo ſich der menſch überreden wolte/ biß auf ſolchen fall ſein Chriſtenthum zimlich unſtrâfflich geführet zu haben/ wird ſich
finden/daß er ſich mit dem ſtâten gebet/welches allezeit unſere ſchutzwehr ſeyn
ſolle/gegen den ſatan und ſeine verſuchungen nicht ſorgfâltig gnug verwahret
haben müſſe. Was nun dieſe perſon unter allem ſolchem findet/das die ſünde
bey ihro veranlaſſet/ und GOTT zu der verhângnüß gereitzet haben mag/ es
heiſſe nun fleiſchliche ſicherheit/liebe der welt-luſt/vermeſſenheit ſich in gefahr
zu begeben/ geiſtlicher hochmuth und eitle einbildung/müßiggang/ unmâßig-
keit/oder doch allzuzârtliche haltung ſeines leibes/ welche geilheit verurſacht/
kaltſinnigkeit in den geiſtlichen übungen/ſonderlich im gebet/und was dergleichen iſt/und die prüfung des gewiſſens an die hand geben mag/hat ſie ſamt ihrem fall ſelbs zugleich vor GOTT zu bringen/ſich allewege vor deſſen gericht
mit hertzlicher reue zu demüthigen/und deſſen vergebung zu ſuchen.

2. Nechſt dem ſo komme auf die bekântnüß: nicht zwahr die gegen GOtt
geſchehen muß/und allerdings nôthig iſt/ dann dieſe ſteckt ſchon in der vorigen
pflicht/ ſondern die bekântnüß vor menſchen/ und zwahr ſonderlich vor dem
Beicht-vater/ da dann die frage entſtehet/ ob ſolche in dergleichen fall nôthig
ſeye? Nun leugne nicht/daß unſer Catechiſmus Lutheri uns dahin weiſet/ die
ſünde/ die man im gewiſſen fühle/ auch vor dem diener GOttes zu bekennen:
Auch treibe ich ſelbs auf gewiſſe weiſe darauf/ aber nicht ſchlechterdings oder
insgemein. So iſt nun in ſolcher ſache wol auf die urſache acht zu geben/
warum ſolche bekântnüß den gefallenen zugemuthet werde. Wo nun es dieſe wâre/ daß (nach der Pâpſtiſchen Kirchen-lehr) die abſonderliche bekântnüß
aller ſünden/ als ein weſentliches ſtück der wahren buß und von GOTT be-
fohlen/zu halten wâre/ alſo daß die nicht bekante ſünde auch in die abſolution

nicht

nicht gehörten / so ist kein zweiffel / daß die person ihrem Beicht-vater diesen fall bey verlust ihrer seligkeit beichten müste. Wie aber solcher päpstische satz in GOttes wort keinen grund nicht hat / so sind gantz andere ursachen/ warum wir von wahrhafftig bußfertigen verlangen/ daß sie die bekäntnüß ihrer schwehren fällen auch bey dem Beicht-vater ablegen sollen: nemlich allein diese/ darmit derselbige nicht allein mit zuspruch/ trost vorbitt und rath auffs künfftige ihre buß desto besser befordern/ sondern auch in seiner übrigen seelensorge auf sie stets desto besser acht geben könne / um sie vor fernern fällen verwahren zu können. Wo nun die person an einem solchen ort lebet/ da sie von ihrem Beicht-vater sich versehen mag/ nicht allein des geheimhaltens/ worzu zwahr alle amtswegen verbunden sind/ sondern auch daß er die weißheit habe/ auf solche ihre bekäntnüß mit ihr dermassen zu handeln / daß es ihrer seelen heilsam seye/ so hat sie solches mittel ihrer erbauung/ das ihr GOTT gönnet/ danckbarlich zu gebrauchen. Wäre es aber sache / daß sie an einem ort lebte/ wo sie ein solch vertrauen zu ihrem Beicht-vater nicht haben kan/ sondern sorgen muß (etwa auch exempel hätte) daß er nicht reinen mund zu halten wüste/ so dann aus anderem/ wie er sein amt insgemein führet / keine hoffnung hat/ von ihm erbaulichen rath zu erlangen/ und also den zweck sothaner bekäntnüß zu erreichen/ stehet ihr nicht zu rathen/ (es wäre dann/ so zwahr von dieser geheimen sache nicht zu vermuthen / daß er etwas darvon wind bekommen/ und sie ausdrücklich befragte) solche geheime sünde absonderlich zu beichten/ dabey gleichwol versichert / daß/ wo sie in der that bußfertig / die allgemeine vergebung der sünden/ die sie erlangt / auch diese mit begreiffe. Käme sie aber anderwertlich hin/ oder bekäme künfftig einen andern Beicht-vater/ zu dem sie ein besser hertz hätte/ und sich sicher seiner seelen-sorg völlig anvertrauen könte/ hätte sie auch nach guter zeit fug/ ihr gewissen auch darinnen gegen denselben auszuführen/ und ihm zu jener desto bessere anleitung zu geben. Wo sie auch einen andern christlichen freund hätte / zu dem sie sich eines heilsamen raths versehen könte/ wäre es ihr dienlich/ sonderlich/ da es gedachter massen an dem Beicht-vater manglete/ demselben ihren schaden zu offenbahren/ um mit vorbitt/ trost und rath ihr beyzustehen. Jedoch ist sie zu warnen/ daß sie nicht damit zu weit gehe (worin zuweilen geängstete gewissen fehlen / da sie meinen/ sie müsten allen ihre sünde in ihrer angst beichten) und verursache/ daß die sache zu vieler hindernüß ihres künfftigen lebens / und nur desto grösserm ärgernüß / kund würde: Welches nachmal eine reue darüber erwecken / und viele böse folgen nach sich ziehen würde/ dem darnach nicht mehr zu wehren. Zwahr wo wir unter lauter wahren und verständigen Christen lebten / hätte keiner scheu zu tragen / seine auch geheime sünden gar unter der gemeinde öffentlich zu bekennen / als der da

wüste/

wüste/ daß er von allen heilsamlich bestrafft/ hertzlich gegen GOtt verbeten/ kräfftiglich getröstet/ und ohne abgang der brüderlichen liebe auff seine erkante buß mit freuden auffgenommen werden würde.    Aber in jetzigem der leute zustand ist solches von wenigen zu hoffen/ sondern von wem ein fall bekant wird/ muß sein lebenlang bey den meisten ein geschändeter bruder oder schwester bleiben / ohne daß er oder andre von seiner hertzlichen bekäntnüß nutzen schöpffeten.    Daher bußfertige seelen/ wo sie auch zu einer solchen unzeitigen bekäntnüß selbs ausbrechen wolten/ mit allem fleiß von einem verständigen freund abzuhalten seynd.

3. Hingegen erfordert die christliche pflicht von der person/ daß sie auch vor die bekehrung ihres mitgenossen der sünden sorge.    Zwahr geschihet offt/ wo die seele zur ernstlichen reue der sünde gerühret worden/ daß sich ein haß gegen den andern/ mit dem man gesündiget/ sonderlich wo derselbe die meiste schuld hat/ bey ihr einschleichen will/ welches aber die wahrheit der buß mehr hindert als fördert.    Hingegen ist die rechte art / daß der bußfertige allein seine sünde / und seines hertzens boßheit/ ohne die sie nicht würde begangen seyn worden/ hasse/ den menschen aber/ mit dem er gesündiget/ und zwahr seine sünde so wol als die eigne hasset/ noch mit erbarmender liebe ansehe: ja je schwehrer desselben sünde/ und also auch seiner seelen gefahr sihet/ das erbarmen vielmehr als den zorn wachsen lasse: daher auch so bald er göttliche gnade erlanget zu haben/ fühlet/ zur danckbarkeit dieselbe auch dem mit genossen der sünden zu erlangen/ und diesen zur buß mit zu bringen/ trachte.    Darzu wird nun vor allen dingen erfordert hertzliches gebet für denselben um wahre buß/ nechst dem auch alles übrige zu thun/ was der bußfertige den andern theil zu gewinnen müglich findet.    Also hat auch diese person / davon die rede ist/ wo sie sich nun zu GOtt bekehret/ zum fordersten täglich auffs innigliche vor die bekehrung des andern zu bitten/ auch nicht auffzuhören/ biß sie erhöret werde: nechst dem zu trachten ( im fall sie sich in ihrer buß so befestigt findet/ daß sie nicht eher von demselben wieder verführt werde/ als an ihm etwas ausrichten möchte / auch sonsten glauben kan/ daß ihr GOtt/ ihm beweglich zuzusprechen/ die gnade verleyhen werde) daß sie eine gelegenheit erlange/ ohne anderer verdacht / mit ihm allein zu sprechen.    Wo sie dann solche erlangt/ alsdann ihm auffs beweglichste zuzusprechen/ mit bezeugen/ daß GOtt ihr buß und barmhertzigkeit erwiesen habe/ daher sie ihn auch zu hertzlicher buß vermahne.    Sie hat aber wol zuzusehn / daß ihr zuspruch nicht mit einer solchen bewegung des gemüths geschehe / daß er daraus nun einen zorn und haß wegen ihr angethane schande abnehme / sondern daß sie in wehmuth über ihre eigene sünde aus sorge für seine seele ihm auch die seinige vorstelle/ daher sie nicht darff die schuld alle von sich abweltzen / sondern die

ihri-

ihrige gern auch tragen / und nur auch seine hertzliche buß suchen. Wo der⸗
gleichen mit solchem hertzen und vorgegangenem gebet geschihet / kans nicht
wol ohne frucht und segen bleiben. Auffs wenigste rettet sie damit ihre see⸗
le. Ist aber eine solche gelegenheit nicht müglich / oder sich derselben zu ge⸗
brauchen aus andern ursachen nicht rathsam / so hat sie was sie mündlich
nicht ausrichten kan / schrifftlich zu versuchen / dabey aber grosse behutsam⸗
keit zu gebrauchen / damit ein solches schreiben dem mann sicher und allein al⸗
so zukomme / daß niemand / sonderlich seine ehegattin / nichts davon erfahre /
und die sache auch sonsten so lang sie GOtt verborgen lassen will / zu beyder
schaden nicht ruchtbar werde. Wäre es sache / daß beyde personen einen beicht⸗
vater hätten / und dieser also bewandt wäre / daß man ihm diese heimlichkeit
offenbahren dörffte / so würde dieses der leichteste weg seyn / den beicht⸗vater
darzu zu brauchen / der nach seinem amt alsdann so viel nachtrücklicher des
mannes-buß befordern könte. Alles aber in der gantzen sache muß mit der
grössesten behutsamkeit vorgenommen / und die darzu nöthige weißheit von
GOtt erbeten werden / um nicht an statt des verhofften guten etwas böses
zu veranlassen.

4. Ist noch übrig / wie die person sich hin künfftig zu verhalten / und die
früchten ihrer buß zu bringen habe. Dahin gehöret 1. daß sie ihr lebtag dran
gedencke / und sich / auch da die sünde vergeben / dennoch vor GOtt darüber
demüthige / nicht an der vergebung zu zweifeln / sondern deroselben ruhm in
offter betrachtung seiner schuld zu erhöhen. 2. Ich wolte auch nicht mißra⸗
then / zu desto beständiger erinnerung der sache sich ein gewisses merckmahl /
das andre gleichwol nicht wissen / zu machen; solte es etwa ein wochentlicher
fast⸗tag / oder etwas dergleichen seyn. Doch wo man sich zu dergleichen ent⸗
schliesset / finde es nicht so rathsam / es als ein formliches gelübde zu thun / daß
man darnach nicht wieder ändern könte / woraus manchmal nach einiger zeit
schwehre gewissens⸗scrupel entstehn können: sondern als einen solchen vor⸗
satz / von dem man ohne wichtige ursach nicht abweichen wolle / jedennoch auff
allerley fälle sich eine freyheit vorbehalte. Sonderlich sind weibs⸗personen
wegen der gelübde gewisser fasten fleißig zu warnen / daß sie keine andre thun /
als mit vorbehalt der änderung / wo es nicht ohne nachtheil der natur gehaltē
werden könte: dergleichen fälle sich bey ihnen manchmal / wo sie geheyrathet
werden / zeit ihrer schwangerschafft oder säugens / begeben. Wo alsdann /
da die gelübde unbedachtsam geschehen / entweder schade der gesundheit er⸗
folget / oder anstoß des gewissens. 3. Ist ihr nöthig / ihr lebtag sich so viel
fleißiger vor dieser sünde / und aller dero schein und gelegenheit darzu / zu mei⸗
den; ja auch vor allem dem / was sie findet / den weg zu solchem fall bey ihr
gebahnet zu haben. Weiter 4. bey aller gelegenheit andern solche sünde

zu

zu verleiden/ und wie sie sich hüten sollen / zu zeigen: Und 5. insgesamt den vorsatz zu fassen/ daß sie nicht allein ihren ehestand/ wenn sie GOtt darzu beruffen wird/ihm desto mehr heiligen / als mit ihrem gantzen leben in eiffriger beobachtung aller Christen pflichten den himmlischen Vater bey allen so viel herrlicher preisen wolle/als ihre sünde/wo sie bekant hätte werden sollen/darinne seine güte ihr geschohnet hat / mit ärgernüß ihn geschändet haben würde: also daß ihr gantzer wandel in der that zu einer stäten übung der danckbarkeit vor die gnade der buß werde.

Der liebste Heyland/ der gekommen ist/ die sünder zur busse zu ruffen/ und sie willig anzunehmen/ auch diese person von dem irrweg wieder zurück geführet hat/ setze sein werck in ihr ferner kräfftig fort/ bewahre sie vor und in aller fernern versuchung/ reinige sie von aller besteckung des fleisches und des geistes/ fortzufahren mit der heiligung in der furcht GOttes/ erwecke so viel hertzlichere liebe in ihr als mehr ihr sünde vergeben/ und heilige sie durch und durch/ daß ihr Geist/ samt der seel und leib unsträflich erhalten werde/ auff seine zukunfft um seiner treue willen. Amen. 1699.

## SECTIO XI.
### Ob zinse von ausgeliehnem geld zu nehmen.

Ob man unverletztes gewissens von ausgeliehenem geld jährliche zinse oder pension nehmen dörffe?

MAnn ich diese frage von uns Christen in dem N. T. bejahen werde/ so muß ich voran melden/ daß/ ob ich wol die jährliche zinse an sich selbs nicht zu verwerffen vermag/ ich dannoch sie als eine sache ansehe/ in dero man sich auch leicht versündigen könne/ daher von demjenigen billich erst zu handeln ist/ welcherley zinse vor sündlich und verboten zu achten seyen/dero anklebende sünden aber der übrigen sache an sich selbs nicht præjudiciren/ oder sie unrecht machen können.

So sind nun 1. verboten die zinse / da in dem quanto jedes orts über dasjenige gefordert und genommen wird/was die öffentliche gesetze verordnet haben: da doch in solchen dingen/ die unter obrigkeitlicher macht und regierung stehen/ der obern verordnung solche maaß gibet/ daß weil wir denselben auch um des gewissens willen sollen unterthan seyn/ der ungehorsam dagegen das gewissen verletzet; und wird also eine offenbahre ungerechtigkeit/ da man in solchem contract zu weit greiffet/ 1. Thess. 4/ 6. und von seinem bruder mehr nimmet/ als ihme derjenige/ der unser richter ist/ zuspricher.

2. Lassen sich auch nicht im gewissen verantworten diejenige zinse/ welche

che man von blutarmen leuten auspresset. Da man vielmehr derselben noth-
dürsstigkeit mit allmosen zu hülffe kommen solte/ und also eine grosse ungerechtigkeit und wider die liebe ist/ die jenige zu zinsen zu nöthigen/ die/ was
sie uns geben solten/ erst aus anderer liebe und gutthätigkeit suchen müßten.

3. Können auch die zinse unrecht werden/ wo sie in diesem stück wider
die liebe streiten/ daß man sie von denjenigen fordert/welche mit dem gelehnten geld nicht mehr als ihre nothdurfft erhalten/ nichts aber gewinnen können. Dann weil der gantze grund der billigkeit der zinse darauff bestehet/daß
wer meines geldes/also genossen/ daß er auch etwas damit gewonnen hat/
und dessen gewinns mit theilhafftig mache/ so fället diese dahin in dem fall/
da der andre damit nichts zu erübrigen vermocht hat/ und folglich nichts unter uns zutheilen verhanden ist.Welches so viel mehr statt hat/wo der glaubiger ohne das zu leben mittel hat/ da er denn seinen bruder zu zinsen nicht treiben kan. Wäre es aber sache/ daß derselbe selbs in gleicher dürfftigkeit stün-
de/ als zum exempel/ eine wittwe/ wäysen/ krancke/ so aus mangel ihrer nahrung ihr weniges um davon leben zu können/ ausgethan hätten/ oder erst in
dieselbe durch unglück gerathen wären/ und also in entstehung dieser hülffe
selbs in mangel stehen würden/ so würde abermal die liebe von dem/ so des
andern wolthat genossen/ erfordern/ daß er nach müglichkeit dem andern
auffs wenigste also an die hand gehe/ daß beyde an einer last leichter tragen.

4. Nicht weniger können die zinse auch unbillich werden/ wo man sich
des nechsten/ der dieselbe reichen solle/ zugestandenen unfalls nicht erbarmet/
sondern ob wol derselbe sonst mit unserm geld etwas zu gewinnen vermocht/
es aber geschehen ist/ daß er in grossen schaden durch krieg/ feuer/ wasser oder
dergleichen gerathen/ ja wol um unser capital gekommen wäre/ dannoch in
eintreibung der zinse nach der strenge verfahren will; da wir vielmehr gleichsam einen theil des schadens auff uns zu nehmen/ und thätliches mitleiden zu
bezeugen schuldig sind/einem solchen einen billigen nachlaß entweder auff im-
mer/ oder auff so lange zuthun/ biß er wieder zu kräfften kommen/ und wir
sein wiederum ohne verletzung der liebe geniessen mögen. So allerdings der
liebe gemäß ist.

5. Ferner werden auch die zinse auff andre weise zur sünde/ wo sonsten
andre ungerechtigkeit mit eingeflochten wird: als wo reiche leute von capi-
tal/ die das ihrige nicht anders unterbringen können/ andre/ so es sonsten
nicht nöthig haben würden/ daher es auch nicht so geniessen mögen/ dahin
nöthigen/ mit trohen/ oder versagung anderer sonsten von ihnen nöthigen
hülffe/ daß sie solche summen auffnehmen und verzinsen müssen/ dero sie sonsten nicht bedörfftig; allein damit jene das ihrige alles nutzen mögen : item,

wo

wo man die gelder/ welche die andre nicht mehr nöthig haben/ und gerne wieder ablegen wolten / nicht wieder annehmen / sondern den andern als einen stäten tributarium behalten will: dahin ich auch ziehe/ wo schuldner ein stärckeres capital nimmer auff einmal abzutragen vermögen/ und also der ursach wegen zu ihrer grossen beschwehrde unter solcher last mit ihren nachkommenden bleiben müsten / aber durch eine particular solution befreyet zu werden/ vermöchten/ und man diese ( gleichwol auch auff eine solche art angestellet/ daß man dieser seit nicht hinwieder nachtheil davon leide ) nicht annehmen will. Alles dieses und was dergleichen seyn mag/ kan das zinse nehmen unrecht machen. Denn weil mein darlehyen ein liebes-werck und gutthat seyn/ und von dem andern hinwiederum liebreiche danckbarkeit erfordern solle/ so muß dabey nichts auffgezwungenes seyn / noch einer so wenig zu diesem als anderem contract genöthigt werden.

Also alles kurtz zu fassen / so bald etwas bey dem zinse-nehmen mit einlaufft/ welches der liebe und billichkeit zuwider ist/ und ich in meinem hertzen versichert bin / daß ich in gleichem fall von dem andern ein solches vor unrecht halten würde (Matth. 6/ 12.) machet solches dasselbe zur sünde/ wie auch andre dinge/ so göttlicher ordnung an sich selbs-gemäß sind/ durch mißbrauch dergleichen werden können. Daher auch so-bald in der materie zweifelhaffte fälle entstehen/ will das gewissen haben/ daß wir allezeit lieber weniger als zu viel nehmen: indem man sich mit diesem nicht aber jenen versündigen kan.

Wann aber nun diese fehler auszuschliessen die frage völliger also formiret würde/ ob in dem N. Test. von willig-auffgenommenen und zu verzinsen behaltenen geldern von denjenigen / welche solche also gebrauchen/ daß sie ihren vortheil davon zu machen vermögen / und in dem stande stehen / daß sie dergleichen abtragen können / dörffen landesübliche zinse genommen werden? So traue ich diese frage von uns in dem N. T. allerdings zu bejahen. Das haupt-fundament meiner bejahung ist dieses/ daß wir nun kein ander gesetz in dem N. T. was die pflichten gegen den nechsten anlangt / haben/ als das gesetz der liebe: das unser Königliches gebot ist; und bleibet also allerdings wahr/ alle gebot seyen in diesem wort verfasset: Du solt deinen nechsten lieben als dich selbs: und/ so bleibet die liebe des gesetzes erfüllung/ und wer den andern liebet/ der hat das gesetz erfüllet. Rom. 13/ 8. 9. 10. Welches wir in dem N. T. in so viel mehrerm rigor ansehen können/ weil was über dieses gebot der liebe in dem A. T. zur regel der Jüdischen policey weiter vorgeschrieben ist ( davon

T t nach-

nachmal geredet werden solle) uns nicht mehr angehet/ sondern allein die liebe übrig bleibet. Daher ist mir dieses eine beständige regel/ alles was nicht
wider die liebe streitet/ sondern vielmehr eine übung derselben gibet/ ist uns
Christen in dem N. T. erlaubt. Nun unter diesem Majori lassen sich die angeführte und auß obige art eingeschrenckte zinse mit allem recht begreiffen/ also sind sie uns nicht verboten/ sondern erlaubt. 1. Sind sie nicht wider die
liebe/ indem kein schade jemand dadurch zugefüget wird/ sondern vielmehr
was einigen schaden und unbilligkeit in sich fassen möchte/ durch obige ein-
schrenckungen bereits abgelehnet ist.

2. Vielmehr ist auch dieser contract so wol als andere/so in dem menschlichen leben ohne einigen scrupul gebrauchet werden/ eine übung der liebe.
Es ist demjenigen eine liebe/ welcher sonsten vor sich die mittel nicht hat/ zu
einem fernern stück brodt zu kommen/ als darzu gemeiniglich einiger verlag
erfordert wird/ daß ihm solcher von andern/ die es vermögen/ ertheilet/ und
also zur nahrung geholffen wird. Es ist eine übung der liebe/ daß derjeni-
ge/ der des andern mittel genossen/ und damit seinen nutzen geschaffet hat/
hinwieder auch demselben einen theil seiner errungenschafft/ (welches die O-
brigkeit/ um aller ungerechtigkeit und mißhelligkeit vorzukommen/ auff ein
gewisses quantum hat determiniren können) zukommen lasse/ damit auch
solches stück seines vermögens ihm nicht unfruchtbahr bleibe; nicht zwahr
nur reichthum vor sich zu sammlen/ sondern immer in dem stande zu seyn/
daß er auch möge an guten wercken desto reicher werden. Es ist eine übung
der liebe gegen das publicum, welchem an beforderung der commercien ein
grosses gelegen ist/ die aber menschlicher weise ohne dergleichen zinse nicht
wol möchten zu stand gebracht oder erhalten werden. Was demnach dasje-
nige/ von dessen nutzen so viele participiren/ befordert/ gehöret allerdings unter die pflichten der liebe. Man möchte zwahr einwenden/ alles solches könte geschehen/ nemlich so wol des nechsten absonderliche wohlfahrt und nahrung befordert/ als zum behuff des gemeinen besten die commercien in gutem stand erhalten werden/ wo diejenige/ welche übrige mittel hätten/ solche
ohne entgeld andern/ welche damit nutzen schaffen könten/ darliehen: aber
ich will nicht nur dieses sagen/ daß wir schwehrlich zu hoffen haben/ es insgemein bey vielen zu solcher vollkommenheit zu bringen/ daß sie das ihrige(und
zwahr mit gefahr durch unterschiedliche unglücke/welche sonderlich die hand-
lende vor andern betreffen/ gar um das ihrige zu kommen) andern ertheilen
würden; dadurch das publicum und viele liebes-wercke unterbleiben müssen; sondern ich halte solche art selbs der gerechtigkeit/ und also der liebe/
weniger gemäß/als jene art. Dann man forderte entweder von denselben/
welche ihre mittel andern austhun/ daß sie allerdings davon keine ergötzlig-
keit

keit annehmen solten/oder man wird haben wollen/daß es nur als eine danckbarkeit von dem andern/ nicht als ein verglichener zins gegeben würde. Das
erste wäre allerdings wider die christliche billichkeit/ und wider die regel/ so
sich auff die liebe gründet/ und billich aller contracten richtschnur seyn solle. 2. Cor. 8/13. Nicht geschicht das der meinung/ daß die
andre ruhe haben/ und ihr trübsaal/ sondern daß es gleich seye. Indem es je nicht gleich ist/ wo der eine seiner mittel entrathen solle/ da auffs
wenigste plötzliche fälle seyn können/da er derselben benöthigt/nicht ohne ungelegenheit erst ihr wiederum habhafft zu werden trachten muß/ und doch
nichts davon genösse/der andre hingegen allen nutzen von des darleyhens geldern zöge: sondern da ist nach des Apostels worten/ einer seits ruhe/ anderseits trübsaal. Wolte man aber das andere/ so muß man gestehen/ daß
auffs wenigste von seinem ausgeliehenen geld etwas wiederum zu nehmen
nicht an sich selbs sündlich seye/ sondern alles käme auff den modum an: hingegen der modus, da es in der willkühr des schuldners stehet/ was er geben
solle/ist so lang wir in der welt unter auffs wenigste schwachen menschen/ die
der versuchung des geitzes noch unterworffen sind/ leben/ (dann vollkommene Christen würden auch in dieser sache unter sich keines gesetzes bedörffen/
der liebe und christlichen prudenz so gemäß nicht/ als derjenige/ da die Ob-
brigkeit/ die jedes orts beschaffenheit/ und was insgemein gegeben werden
könne/ am besten verstehet/ eine austrückliche regel setzet. Indem jener modus hingegen zu vieler sünde und zweiffel ursach geben könte: indem da der
schuldner nicht nach der liebe gesinnet/ er aus eigennutz die danckbarkeit entweder gar unterlassen/ oder weit unter der billichkeit bleiben würde/ damit
er sich aber versündigte: wäre er christlich/ würde es ihm schwehrer zubestim-
men/ wie viel jedesmal jetzt die danckbarkeit erforderte/ daß er nicht sein gewissen verletzte? stünde also leicht in zweiffel/ ob er gnug gethan hätte. Der
darleyher selbs dörfte offt in die gedancken kommen/des andern danckbarkeit
wäre zu gering/ und ob er mit dem andern nicht in streit geriethe/ würde doch
in dem hertzen vieles auffsteigen/ so das vertrauen benähme/ und die liebe
verletzte. Allem diesem kommt die gemachte ordnung gewisser zinse zuvor/
daß wer darnach sich hält/ sein gewissen ruhig behält/ um so vielmehr/
weil solche ordnung dannoch der übrigen liebe keine schrancken setzet/ und
zwahr wie viel man geben und nehmen möge/ bestimmet/ aber nicht verbeut/
wo einer seits der schuldner zeigt/ daß er nichts oder allzuwenig vor sich ge-
bracht/ daß der christliche darleyher (so wir oben ohne das von ihm erfordert
haben) solche zinse deswegen gantz oder zum theil als ein geschenck nachlasse/
oder wo anderseits der andre einen sonderbahren segen von dem geliehenen

Tt 2 ver-

verspühret/und sein gewissen ihm vorstellen würde/daß er den andern es auch reichlicher geniessen lassen solte/ daß er seinem darleyher auch über den zinß ein freywilliges gratial verehre. Also sehen wir in allem/ daß wahrhafftig dieser modus der liebe gemäß seye/ und aller sünde am kräfftigsten wehre.

Weil wir aber die zinse/ deroselben gebung und nehmung/ unter die wercke der liebe mit rechnen/solle den obigen anmerckungen/ was dabey von Christen in acht zu nehmen ist/ noch diese beygefüget werden/ daß diejenige/ welche geld andern auff zinse ausleyhen/ von welchen sie es mit gutem gewissen nehmen können/ auch willig seyen/ wo es die gelegenheit gibet/ daß solche leute/ von denen man keine zinse nehmen darff/ihrer hülffe nöthig haben/denselben gleichfals ohne zinse an hand zu gehen/ und also immer ein theil dessen/ was sie ausleyhen können/ auch vor solche personen ausgesetzt bleiben lassen/ von welchen sie nichts als die haupt-summe wieder erwarten: um in gewisser maaß dadurch auch dasjenige zu heiligen/ was sie des ihrigen bey andern vermöglichen rentbar machen. Also muß was zur rechtfertigung der zinse hie mit gutem grund angeführet wird/ diejenige/ welche auch zu ihrer blossen nothdurfft einiger hülffe bedörfftig sind/ und nichts davor geben können/ von der sonsten schuldigen liebe/ die andre ihnen zu erzeigen hätten/ nicht ausschliessen/ als welches ein mißbrauch wär/ und zur sünde gereichte/ nicht als wan zinse zu nehmen an sich sünde wäre/ sondern weil die liebe zu eigenem nutzen die schuldige übung der liebe gegen des andern dürfftigkeit aufhübe.Dergleichen entziehung von den armen/ die aus solcher art ursach geschihet/ wird 5. Mos. 15/ 9. ein Belials-stücke genennt/ davon Christen frey seyn sollen. Dann wo die armen deswegen/ weil man von ihnen keine zinse nehmen darff/ gar ohne hülffe bleiben müsten/ wäre solches noch schwehrer vor sie/ und verletzte die liebe noch mehr/ als wo sie endlich noch etwas dargeliehen bekommen/ ob sie wol mit grosser beschwehrde etwas davon geben müsten.

3. Wie dann gezeiget ist/ daß die zinse an sich nicht wider die liebe streiten/ sondern vielmehr dero übung befordern können/ also ist ferner zu mercken/ daß sie/ wo man recht acht gibet/ mit andern contracten in der that überein kommen/ die gleichwol niemand den Christen verboten zu seyn/ oder wider die liebe zu streiten achtet. Es wird niemand/ auch unter denen/ welche an der geld-zinse erlaubnüß zweiflen/meines erachtens gefunden werden/ welcher leugnen solte/ wo ich ein hauß/ acker/ garten/ viehe oder dergleichen etwan habe/ so ich einem andern verleyhe/ daß ich vor den genuß/welchen derselbige von dem meinigen einnimmet ein jährliches geld/ zins oder miethe bezahlt annehmen/ oder auch fordern dörffte : vielleicht wird man auch nicht leicht widersprechen/ daß es erlaubt seye/ wo einer in eine gemeinschafft mit einem andern in der handlung eintritt/ aber entweder andern beruffs-wegen/

gen oder weil er der handlung nicht kündig gnug ist/mit den geschäfften nichts zu thun hat / sondern allein sein capital mit einschlieset / indessen davon einen theil des gewinns mit geneust. Nun aber/was jenes erste/ nemlich das verleihen der häuser / güter und dergleichen anlangt / ists allerdings einerley contract / wie mit den zinsen von geld / ich gebe dem andern etwas des meinigen zu geniessen / und ohne fernere meine arbeit nehme ich von demselben eine vergeltung davor / oder einen theil seines genusses / dergleichen geschihet bey der interesse von gelehntem geld nicht weniger. Und also / wo mir einer dieses zugestehet/ daß ich um mein geld ein hauß/ garten oder anderes kauffen / es meinem nechsten um gewisse miethe verleihen/ und diese davon empfangen darff / kan er mit wenigem schein mir absprechen/ daß ich von eben dem geld etwas empfangen dörffe / darum jener dergleichen zu seiner nutzung/und mir das meinige davon zu reichen/zu kauffen oder zu bestehen vermag. Indem es in der that auf eines hinaus laufft. In dem andern fall ist zwahr mehr unterscheid von dem unsrigen / aber sie kommen doch beyde in dem hauptwerck überein / daß ich von meinem geld und dessen gebrauch ohne fernere arbeit genuß empfange. Da dann diese andere/und dergleichen/contracte/ dem Christenthum und der liebe nicht zu wider/ sondern dem menschlichen leben dienlich und nöthig zu seyn/erkannt werden/so dörffen wir nicht anders auch von den zinsen von gelehntem geld urtheilen. Man möchte zwahr einen unterscheid in deme suchen/daß andre dinge/die ich ausleihe/als gärten/äcker/weinberg und dergleichen etwas tragen/ das geld aber an sich selbs seye etwas unfruchtbares/und trage nichts. Es ist aber ein vielmehr subtiler unterscheid / als daß er zu der sache etwas thäte / dann ob das geld an sich nichts träget / ist es doch ein mittel/ dadurch menschlicher fleiß etwas erwerben kan : Man möchte sonst dergleichen auch von dem hause sagen/ so an sich nichts träget / und doch vor dessen gebrauch billich etwas gegeben wird. Mit mehrerem schein mag / sonderlich dem andern angeführten/ entgegen gehalten werden/ daß/ indem da einer sein geld zur gemeinschafft in die handlung gibet/ er damit auch in die gemeinschafft des verlusts eintrete/ und also von dem gewinn hinwieder nicht unbillig participire / da hingegen bey geliehenem geld dessen gefahr auf denjenigen ankommt/der es abgeliehen hat. Und ist nicht ohn/ daß diese anmerckung zur sache viel thut / aber es ist auch oben n. 4. gezeiget worden / daß in solchem fall die zinse unrecht werden können/wo der schuldner ohn seine schuld in schaden gekommen ist/ und so vielweniger etwas hat gewinnen können : Wie freylich die liebe die meisterin in allen dingen bleiben muß.

4. Diesem allem setze ich noch bey/daß diese gantze materie/so die disposition über irrdische güter angehet / in der Obrigkeit gewalt und regierung gehöret;

Tt 3

höret; daher sie auch jedes orts/wie sie es dem gemeinen wesen am dienlichsten findet / mit gesetzen und ordnung dieselbe hat determiniren können : Wann dann durch die Obrigkeiten und unsre weltliche gesetze die zinse oder interesse nicht verboten/ sondern vielmehr eingeführet / und in gewisse ordnungen verfasset sind/ und im übrigen alle solche weltliche gesetze die unterthanen auch in dem gewissen verbinden/ es seye dann/ daß sie klahr göttlichem wort entgegen wären / so hebet also das Evangelium auch dieses stück der policey/ so wider GOttes wort zu streiten nicht gezeiget werden kan/ nicht auf/ noch sündiget derjenige / der sich nach solchen ordnungen hält.

Allem diesem wird nun mit grössestem schein entgegen gehalten das vielfältige göttliche verbot des wuchers und übersetzens/ so in heiliger schrifft offt wiederholet wird / als 2. Mos. 22/25. 27. 3. Mos. 25/35. 36. 37. 38. 5. Mos. 23/19. Psalm 15/5. Sprüch. 28/8. Ezech. 18/8. 22/12. 13. Da man also sagen möchte/ was GOtt so deutlich verboten habe/ dörfften wir durch keine ausgesonnene ursachen erlaubt machen/ sondern müsten bey solchem göttlichen ausspruch bleiben: Daher ich nicht in abrede bin/ daß so wol viele altväter als auch christliche lehrer unsrer kirchen alle interesse, oder wo man von geld über das capital etwas nimmet/ verworffen haben. Wir wissen aber/ daß in dem A. T. nicht nur einerley gesetze sich finden/ sondern nebens den sitten gesetzen / deren summe in den zehen geboten stehet / und welche alle menschen verbinden/ sind durch Mosen auch gegeben so wol die kirchen gesetze/ welche den jüdischen Gottesdienst regulirten/ als auch andre weltliche gesetze/ nach welchen die jüdische policey geführet werden solte / da kommet nun alles darauf an/ weil allein die erste art uns Christen in dem N. T. verbindet/ die andre beyde aber mit der jüdischen kirche und policey so fern auffgehöret haben/ daß sonderlich die letzte betreffend keine Obrigkeit weiter verbunden ist/ davon einzuführen/ als so viel sie ihrem land und unterthanen nach ihrer verfassung dienlich zu seyn erkennet/ ob dieses verbot des wuchers unter die erste oder dritte art gehöre? Hie traue ich nun mit gutem grund zu antworten/ daß es allerdings nicht zu der ersten sondern dritten art/ nemlich den policey-gesetzen/ zu rechnen seye. Die ursachen sind folgende. 1. Ist die materie etwas weltliches/ und also auffs wenigste vermuthlich/ daß die gesetze/ welche dieselbe angehen/ zu der classe derjenigen gehören/ welche der policey gegeben worden; daher GOtt in solcher gebung nicht als GOtt insgemein / sondern als derjenige / der sich auch die weltliche gewalt über sein volck ihr einiger HErr und König zu seyn/ genommen hat/ gehandelt/ und deswegen dieselbe nicht weiter zu gelten gewolt hat / als bey seinem volck. 2. Wird solches gebot nirgend in dem N. T. wiederholet/ noch damit gezeiget/ daß es noch auch unter

ter

ter den Christen gelten solle. 3. Ist wucher zu nehmen von gewissen leuten austrücklich zugelassen 5. Mos. 23/20. an den fremden magstu wuchern. Nun was in dem moral-gesetz verboten ist/ist an sich selbs sünde/ und mag gegen niemand ohne verletzung des gewissens geschehen: Was hingegen gegen einigen menschen erlaubt ist/ solches muß zu einer andern art des gesetzes gehören. So vielmehr weil sonsten die fremde mit den einheimischen ein recht haben solten 3. Mos. 24/22. So dann austrücklich befohlen worden 2. Mos. 22/21. daß man die fremdlinge nicht schinden solte/ noch sie unterdrucken/2. Mos. 23/9. Daher GOTT den wucher oder zinse/ welche er aus gewissen ursachen an den fremden zuliesse/ nicht vor ein unterdrucken/ oder etwas an sich selbs unbilliches erkant haben muß. 4. So finden sich solche ursachen/ welche wir zimlich wol begreiffen können/ daß sie GOTT bewegt haben/warum er in seinem volck diesen contract nicht leiden wollen. Es war GOttes wille bey seinem volck/ daß wie ers mit sonderbarem Gottesdienst von allen andern abgesondert hatte/ es auch in der lebens-art von andern unterschieden bliebe/ und darmit es so vielweniger der Heiden abgötterey und sitten lernete/ als viel müglich wäre/ mit denselben nicht oder wenig umgienge/ und sich in seinen gräntzen allein hielte: Darzu war nun am diensamsten/daß ihre lebens-art insgemein in ackerbau und viehezucht bestünde/ und sich alle mit demselben nähreten; daher auch das land zum erbtheil unter die stämme ausgetheilet/ so dann mit gewissen gesetzen versehen worden/ daß die erbtheil oder güter nicht auf immer verkaufft werden dorfften/ sondern nach 3. Mos. 25. wiederum in dem halljahr an die vorigen eigenthums-herren kamen. Daher wird wenige handlung in dem land gewesen seyn/ auffs wenigste mit ausländischen. Und muß also der HErr solche lebens-art/ welche die einfältigste ist/ am sonderbarsten von seinem volck beliebet haben: Daher er auch die gesetz darnach eingerichtet. Nun bey solcher lebens-art/ da das gantze land fast einerley profession hat/ und alles von dem viehe und acker lebt/ sind seltene casus, da man also zu leihen hätte/ daß man ohne verletzung der liebe zinse nehmen könte/ denn es bedorfften keine etwas zu leihen/ als die verarmet waren/ sich wiederum zu erholen/ daher auch an zweyen orten austrücklich der armen meldung gethan wird: Von denen aber ist oben bekaut worden/ daß man ihnen zinse nicht abfordern könne: So solte keiner seiner brüder güter an sich bringen/ als darmit so bald die andre wider die liebe getruckt wurden. Hingegen wolte GOTT die grosse commercia mit den ausländischen Heiden vielmehr hindern als fördern/ und also manglete es an den fällen/welche die zinse erlaubt machen. Daß aber GOTT an den fremden die zinse erlaubte/ mag wiederum nicht so wol die ursach gewesen seyn/ sie ob-

zuhal-

zuhalten / daß sich derselben nicht mehrere unter dem volck mit dessen beschwehrde niederliessen / als vielmehr weil dieselbe nicht wol anders als etwa von einigen handlungen lebeten / und mit dem gelehnten geld etwas verdienten / daher sie denn die darleiher auch solches mit geniessen lassen solten. Wie ich nun diese ursachen / warum GOtt dieses gesetz gegen allen wucher oder zinse seinem volck gegeben habe / wol begreifflich / und dessen weißheit gemäß achte / also haben wir uns nicht zu wundern / daß sie GOtt dem volck vorgeschrieben habe. So wenig aber andere ordnungen / welche GOtt absonderlich seinem volck gemacht / als zum exempel von rückkehr der verkaufften güter nach gewisser zeit / von freylassung der knechte u. s. f. uns in dem N. T. oder andre policeyen verbinden / sondern jeglichen regenten freystehet / wie sie ihres orts die ordnungen machen wollen / nur daß sie nie die liebe verletzen / so wenig verbindet uns auch diese ordnung / die wir gesehen haben / aus sonderbaren ursachen von GOtt seinem volck vorgeschrieben gewesen zu seyn: Die nun so vielweniger angehet / nachdem in dem N. T. der unterscheid der völcker so auffgehoben ist / daß dessen natur mehr gemäß ist / derselben vermischung und vereinigung auf allerley rechtmäßige weise zu befördern / darzu die commercia auch nicht wenig thun / dero lauff aber nicht wol ohne zinsgeld bestehen kan. Daher daß GOtt so hefftige straffen denen trohet / welche dieses verbot übertreten / macht noch nicht / daß es ein moral-gebot seyn müste / denn GOtt nicht weniger in dem A. T. über die übertretung der policey-gesetze als der sitten-gesetze eifferte / wie wir Jerem. 34 / 9. u. f. sehen / wo GOtt auch grausame straffen den Juden trohet über das unrecht / was gegen ein gesetz solcher art begangen worden. Ob dann auch bey dem Propheten Ezechiel der wucher zu andern moral-lastern gesetzet wird / wie nicht weniger in dem Psalmen / machet solches deswegen so wenig / daß die sünden einerley art an sich selbs seyen / als es nicht folget aus Ap. Gesch. 15 / 20. daß das blut und ersticktes essen einerley art sünde mit abgötterey und hurerey seye. Indessen wo einer in dem A. T. wider das Levitische und weltliche gesetz sündigte / that er so wol sünde und verdiente nicht weniger göttlichen zorn / als durch sünde wider das moral-gesetz / dann eben in dem übertrat er auch dieses durch ungehorsam gegen seinen GOtt. Der aber versündigt sich nicht dargegen / dem das gebot nicht gegeben ist.

2. Nechst dem wird auch eingeworffen der ort Luc. 6 / 35. thut wol / und leihet / da ihr nichts vor hoffet / so wird euer lohn groß seyn / und werdet kinder des Allerhöchsten seyn. Ich will da nicht schwehrigkeit machen wegen des worts μηδὲν ἀπελπίζοντες, so einige anders lieber geben wolten / sondern lasse es gern in dem verstand stehen / wie es insgemein genommen

men

men zu werden pfleget : aber darmit werden die zinse noch nicht unrecht ge=
macht. Dann wir müssen wissen / daß der HErr hier nicht handle von der
übung der gerechtigkeit in dem menschlichen leben / sondern von den liebes=
thaten gegen die dürfftigen : da befiehlet er nun / man solle leihen / da wir auch
nichts davor hoffen / nemlich nicht allein keine zinse / sondern auch nicht einmal
das haupt-geld / noch einen andern dienst / den der andre uns in gleichem fall
ein andermal erzeigen möchte / von ihm erwarten. So wenig aber daraus
folget / wo ich einem etwas geliehen habe / daß ich / wo ers wiederzugeben ver=
mag / solches wiederum anzunehmen nicht macht haben solte / ja er selbs im ge=
wissen wiedererstattung zu thun verbunden ist / nach Ps. 37 / 21. eben so we=
nig folget auch / daß ich von denjenigen (welche es wol zu thun vermögen / und
die von meinem dargeliehenen vortheil haben) nichts zu nehmen vermöchte.
Ferner so wenig ich die worte / v. 30. wer dich bittet / dem gib / also anzusehen
habe / als wäre ich schuldig / einem jeglichen / der ohne noth / ja zu treibung sei=
nes muthwillens / bitten möchte / das meinige hinzugeben / sondern alles so zu
verstehen ist / daß ich einem jeden / der wahrhafftig von mir der hülffe bedörff=
tig ist / nach vermögen geben solle / so wenig darff ich auch diese wort v. 35. ohne
solche einschrenckung verstehen / welche die materie selbs mit sich-bringet.
Insgesamt ist die gantze absicht unsers Heylandes / gegen die Pharisäer / so
das gesetz der liebe unrecht deuteten / zu erweisen / daß wir nicht nur freunden
(als welche sie allein unter dem nahmen der nechsten verstunden) sondern auch
feinden liebe schuldig seyen / und also mit demjenigen die pflicht der liebe noch
nicht erfülleten / was wir an freunden thäten / sondern das gebot der liebe / und
das exempel unsers lieben himmlischen Vaters führe uns noch weiter / nem=
lich ohne ansehen der person / was ihre übrige bewandnüß / sonderlich ihren
sinn gegen uns / anlangt / allen guts zu thun. Zu diesem zweck ist alles gerich=
tet / und über denselben nicht auszudähnen. Wie also wenn der HErr sagt /
so ihr liebet / die euch lieben / was dancks habt ihr davon? daraus nicht
folgt / daß wir unsre liebhaber nicht lieben dörfften: Item wie aus dem folgen=
den auch nicht folget / daß man seinem wolthäter nicht guts wiederum vergel=
ten / so dann denjenigen auch / von denen wir gleiches hoffen können / nicht lei=
hen dörfften / sondern allein / daß wir dergleichen thuende noch nicht unsre gan=
tze christliche pflicht erfüllen / als welche noch ein mehrers von uns fordere:
Also folget eben so wenig aus den folgenden worten / daß wir von dem ausge=
liehenen nicht einige zinse nach bewandnüß der umstände nehmen dörfften /
sondern allein dieses / daß wir mit solchem noch keine sonderliche that / daraus
wir uns GOttes kinder zu seyn erwiesen / leisteten / als wozu noch dergleichen
liebes-thaten gehörten / darzu uns die natürliche gütigkeit nicht treiben wür=
de / sondern der Geist des Vaters solches in uns würcken muß. Ja was am

eigenlichſten ſeye / was wir nicht hoffen ſollen bey dem leihen / iſt ein gleicher
liebes-dienſt / wie aus dem unmittelbar vorhergehenden zu ſehen iſt.   Da es
heiſſet : Wann ihr leihet / davon ihr hoffet zu nehmen / nemlich daß euch
die andre wiederum dergleichen dienſte zur vergeltung thun / was danck
habt ihr davon ? dann die ſünder leihen den ſündern auch / auf daß ſie
gleiches wieder nehmen / das iſt / daß ſie von ihrer freundſchafft eben dergleichen wieder hoffen mögen.   Da befiehlet aber der HErr / wir ſollen auch
alsdann leihen / wo wir nichts dafür hoffen / obs auch ſo boßhafftige leute
(doch aber jetzt der hülffe benöthigt) wären / daß ſie uns wenig danck dafür er-
ſtatten würden / weil der himmliſche Vater auch den undanckbaren und boßhafftigen guts thut.   Ob ich wol darmit auch dasjenige ſo viel weniger will
ausgeſchloſſen haben / daß wir auch in der noth leihen ſollen / wo wir wegen
der leute unvermögen das geliehene gar zu verliehren in gefahr ſtehen.   Wie
unſer Lutherus die wort fein paraphraſirt T. 6. Witteb. f. 303. Ihr ſolt frey
dahin leihen / und wagen / obs euch wieder wird oder nicht / wirds wieder / daß mans nehme / wirds nicht wieder / daß geſchenckt ſeye.   Daß
alſo geben und borgen kein unterſcheid haben nach dem Evangelio /
denn dieſen / daß geben nichts wiedernimmt / borgen aber wiedernimmt / wo es kommt / und doch wagt / daß es ein geben ſeye.
Mehr als dieſes läſſet ſich aus den worten Chriſti mit nichten erweiſen / und
heben die gebotene wercke der barmhertzigkeit dasjenige nicht auf / was in dem
gemeinen leben nach der bürgerlichen gerechtigkeit ohnverletzt der liebe geſchihet.

3. Mag auch entgegen gehalten werden / wo men macht habe zinſe zu
nehmen / werde ſolches manche leute faul machen / daß ſie allein ohne arbeit
davon zu leben begehren / es wird auch niemand denjenigen / welche keine zinſe
zu geben vermögen / vorſtrecken wollen / und auch ſonſten der geitz geheget werden.   Aber alle dieſe einwürffe gründen ſich nur auf den mißbrauch / und
können nicht machen / daß der rechte gebrauch ſündlich werde. Dann ob einige
auch von ihrer zinſe leben könten / müſten ſie doch erinnert werden / daß ſie zu
arbeiten ſchuldig ſeyen / ob wol nicht eben etwas zu ihrem unterhalt (den ſie
reichlich haben) zu verdienen / ſondern daß ſie GOttes befehl nachkommen
1. Moſ. 3 / 19. 2. Theſſ. 3 / 10.   So hält mans ja nicht vor ſünde / ſonſten
viel güter zu haben / aus denen man ohne arbeit leben könte / dadurch ſich einer
nicht weniger zur faulheit verführen laſſen möchte.   Was das andre anlangt / ſo iſts oben bereits bemercket / daß man auch ſchuldig ſeye / bedörfftigen
aus bloſſem mitleiden ohne entgeld zu leihen / wer es nun nicht thut / ſündiget /
nicht darinnen / daß er von einigen vermöglichern zinſe nimmet / ſondern daß
                                                                                   er

er die andre liebes-that / darzu er gleichwol auch verbunden iſt / unterläſſet.
Wer alſo ſich nicht durch die liebe zu dieſer art zu leihen bewegen läſt/wird ſich
auch nicht darzu bewegen laſſen/ wo er ſein geld ſchon nicht auf zinſe auslegen
dörffte / ſondern wird durch andre contractus, deren der geitz ihm doch gnug
zeigen wird / ſeinen nutzen lieber ſuchen.    Alſo kan man zwahr ſagen / daß an
dem ausleihen / der geitz auch platz ſich zu üben finde: aber wer geitzig iſt / und
gern reich werden wolte / wo ihm der weg der zinſe verſperret würde / wird
nichts deſto weniger in andern ſtücken ſeiner begierde nachhangen / und
ein hauß an das andre ziehen / und einen acker zum andern bringen/
biß daß kein raum mehr da ſeye / daß ſie allein das land beſitzen/
wie es bey den Juden hergienge / die keine zinſe nehmen dorfften Jeſ. 5/8.
Alſo kan gedachter maſſen der geitz ſich wol in dem auf zinſe leihen üben / aber
das zinſe-nehmen an ſich ſelbs iſt des geitzes urſache nicht.

     Alſo hoffe ich / ſeye zur gnüge und des gewiſſens überzeugung erwieſen/
daß den Chriſten in dem N. T. unter den oben gezeigten conditionen zinſe zu
geben und zu nehmen wol erlaubt/ und auch in ſolcher ſache eine übung der liebe zu erkennen ſeye / hingegen daß die gemachte einwürffe jene gründe nicht
überwiegen.    Der HErr verſichre alle hertzen ſeines willens mit deſſen un-
gezweiffelter erkäntnüß / und erfülle ſie mit hertzlicher liebe des nechſten / ſo
wird weder der ausleihende jemal des andern ſchaden ſuchen / ſondern ſeinen
nutzen willig befordern/noch der ablehnende ſich undanckbar bezeigen/ſondern
jeder dem andern in wahren liebes-wercken es vorzuthun trachten/ und es aller orten wol ſtehen / hingegen göttlicher ſegen ſich über alle reichlicher ergieſ-
ſen.  Amen.

## SECTIO XII.
# Von eben gleicher materie in hypotheſi von des eheweibs geldern.

   Ob ein Chriſt wol könne mit gutem gewiſſen / das wenige / ſo er
   mit ſeinem weib erheyrathet und mitbekommen hat / alſo
schlechterdings nicht ſein eigen iſt / den armen wegge-en /
und nicht vielmehr ſchuldig iſt/ daſſelbe / ſonderlich da er von
ſeinem amt nichts beylegen kan / noch beyzulegen begehrt / zu
rath zu halten / zu conſerviren / und dadurch zu verhüten/
daß weib und kinder nach ſeinem todt / mit welchem das
amt und voriger lebens-unterhalt hinfället / bey dieſer lieb-
loſen zeit nicht einmal noth leiden dörfften?

JN dieser frage achte ich/seye ein unterscheid zu machen/unter der ordentlichen und täglichen noth / wo zwahr die arme allezeit nicht auf die art verpfleget werden/wie es geschehen solte/ aber gleichwol nicht manglet/ so wol an öffentlichen einkünfften/als auch vielen solchen leuten/die aus ihrem überfluß gebende / wann jene wol angewendet / die arme zur gnüge erhalten könten / und unter einer ausserordenlichen und dermassen überhand nehmenden noth/da nichts mehr von dem ordenlichen erklecken wolte.   Wo von diesem letzten fall geredet wird / so tringet die eusserste noth der armen so weit/ daß man alle andre ursachen beyseits setze / und was man angreiffen kan / angreiffe;es sind auch weib und kind drein zu willigen/ und die sorge ihrer künfftigen noth mit der gegenwärtigen des nechsten nachzusetzen verbunden.

Wann aber auf das ordenliche gesehen wird/achte ich einen solchen haußvater / der in dem übrigen von dem seinigen/ und was er verdienet/ an arme/nach seines gewissens pflicht/anwendet/nicht verbunden/das den seinigen zustehende an dieselbige zu wenden/sondern befugt/solches zum behuff der seinigen/ so wol was dero erziehung als auch unterhalt in erfolgendem witwenstand anlangt/auffzuhalten.

Es bleibet 1 die allgemeine regel 2. Cor. 8/ 13. welche den allmosen geben ist/ daß sie sollen ertheilet werden/ nicht also/daß die andre/ die empfangende/ruhe haben/ und der gebende trübsaal/sondern daß es gleich seye: das ist/ daß man beyderseits neben einander bestehen könne.   Welches alsdann geschehen wird / wo alle die über ihre nothdurfft von GOTT empfangen hab n/ von demjenigen der armen nothdurfft so viel mittheilen/ daß sie darvo[n] die nöthige unterhalt haben/welches unschwehr seyn wird/wo ich will nic[ht] ugen alle / sondern nur die meiste/ reiche von ihrem grossen überfluß/ andre aber von demjenigen/was sie ohne sich selbs zuziehenden mangel entrathen können/denselben mittheilen : Wo es aber darauf ankäme/daß gutwillige Christen nicht allein was von ihrem stets erwerbenden erübriget werden kan/dahin geben/ sondern auch alles/ was zu der ihrigen künfftigen unterhalt das einige menschlicher weise noch vor augen ist/ loßschlagen solten / würden nicht allein die benöthigte/sondern auch andre/an welche diese mehr zu weisen wären/ damit aber verschohnet würden/ ruhe haben/ hingegen die fromme Christen in schwehre trübsaal fallen/ und es also nicht gleich hergehen.

2. Wie man den armen/ die uns absonderlich nicht angehen/ allein weil sie doch insgemein unter unsre nechste gehören / schuldig ist/ doch ohne andren schaden zu thun/ zu geben/ als worzu die liebe verbindet / so ists eben auch die liebe/welche einen Christen/der weib und kind hat/die ihm noch mit einem vor andern sonderbaren band verbunden sind / und er auf eine solche art für sie sorgen muß / als für sie kein anderer in der welt zu sorgen hat / da hingegen

andre

andre arme zu allen/ die ihnen helffen können/ gleiches recht/und alle andre zu
ihnen gleiche pflicht haben/ dahin anweiset/ sie dessen nicht zu berauben/ was
ihnen nöthig und ohne dasselbe sie von ihm selbs arm gemacht/ damit aber an
andre verwiesen würden/ hülffe zu suchen/ zu denen sie kein anderes als allge-
meines/an ihren ehegatten und vater aber ein besonderes und stärckeres recht
haben. Ob dann nun wol der allgemeine nahme des nechsten bereits gnug
ist/ die liebes-thaten zu üben/ so müssen gleichwol den übrigen diejenige vorgezogen werden/ die auff absonderliche art näher als die übrige / und uns also zu einer noch genauern versorgung vor den andern anbefohlen sind.

3. Es ist ein ehemann über das vermögen seiner ehegattin wol so fern
Herr/ daß er dasselbige verwaltet zum besten ihres ehestandes und haußhal-
tung/ da sie so wol als er nur nutzen davon geniesset/ es ist ihm aber dasselbige
nicht darzu übergeben/ es ausser der eussersten noth/so sie beyderseits betrifft/
also anzuwenden/ daß es damit verzehret würde/ auffs wenigste ohne dero
einwilligung. Wofern sie aber auch selbs in solche vereusserung gehellen
wolte/ weil er als ihr vormund und verwalter ihrer güter ist/ bringet die
schuldige treue mit sich/ sie weißlich und zum besten der eigenthümer zu ver-
walten/ dem allerdings entgegen stehet/ wo er sie mercklich verringern oder
gar verthun wolte/ so ich wider sein amt zu seyn davor halte/ als darzu sie
ihm nicht anvertrauet sind/ und ihm also kein recht solches zu thun darüber
zukommet.

In solcher bewandnüß/ da es nicht darauff ankommet/ ob er den armen
nach vermögen gutes thun solle/ welche pflicht der liebe und Christi gebot allezeit stehen bleibet/sondern ob mit solcher wohlthat an armen die ihm anvertraute auff das künfftige gewiß arm gemacht/ und in mangel gesetzt/ daher jene diesen in der gutthätigkeit vorgezogen werden sollen/ achte ich allerdings
den regeln der christlichen billichkeit gemäß/ daß ein solcher ehemann von dem
genuß der unter händen habenden güter und seinem verdienst allemal an ar-
me/ wie ihm der HErr dieselbe auffstossen läßt/ oder seine liebe solche selbs
aussuchet/ so viel anwende/ als es einerseits von nöthen ist (dann wo es nicht
solche noth ist/ mag er auch hievon mit gutem gewissen beylegen) anderseits
seine und der seinigen ehrliche und gnugsame unterhaltung/welche vorgehet/
zugeben kan. Wo er dieses thut/ verbindet ihn die ordenliche liebe nicht zu
der hingebung des übrigen ausser dem zuerst angedeuteten fall einer eusserst
allgemeinen einbrechenden noth/welche über die gemeine regeln noch ein mehreres erforderte. Der HErr mache uns aber allezeit selbs in unsern seelen
durch seinen Geist gewiß/ was in jedem sein heiliger wille an uns seye/ und
gebe uns gnade demselben zu gehorsamen um Christi willen. Amen. 1695.

## SECTIO XIII.

# Von erstattung des durch spielen gewonnenen.

Ob wo man sich an dem nechsten ihm unwissend versündiget/
solches ihm zu bekennen schuldig.　Ob man in kosten/ die man in anderer nahmen zu verrechnen/　vortheil brauchen dörffe? Was eine
christliche weibs-person an orten zu thun/ da der pracht überhand genommen.　Ob man gut geld gold-und sil-
ber-schmieden zu verarbeiten geben dörffe?

## Die erste Frage.

Ob das durch spielen in der jugend gewonnene geld bey aufwachen-
dem gewissen wiederum zu erstatten seye?

JCh achte noth zu seyn/ die antwort in unterschiedliche numeros einzu-
theilen/ und die gantze sache/ so in der furcht des HErren erwogen/ in
ordnung zu bringen.

1. Setze ich dieses als etwas ausgemachtes bereits zum voraus/ daß
das eigenlich so genannte gewinnsüchtige spielen wahrhafftig sünde seye/
so hie nicht zu erweisen nöthig ist: ich traue aber dabey nicht auff mich zu neh-
men/ das übrige spielen/ so um geld oder sonsten mit würffel/ karten und dergleichen geschihet/ zu vertheidigen/ oder denenjenigen anständig zu glauben/
welche ihr Christenthum sich angelegen wollen seyn lassen. Es ist einmal unsre zeit viel zu edel/ und der dinge/ die wir darinnen zu unsrer seelen besten/ zu
unsers leibes nothdurfft/ und zu unsers nechsten dienst/ sonderlich aber zu
GOttes ehren/ zu verrichten haben/ viel zu viele/ als daß wir einige stunden/
welche zu anderem dienlich angewendet werden könten/ mit spielen verspielen dörfften: jetzo nicht zu sagen von der vielen gelegenheit zu andern sünden/
die dabey vorkommet/ und selten vermeidet wird. Auffs wenigste weil insgemein bey dem spielen allerley vorgehet/ so dem Christenthum eben nicht
gemäß/ hingegen nichts daraus zu erwarten/ so nicht eben so wol oder besser
auff andere weise zu erlangen wäre/ ob auch sonsten eine solche idea von dem
spielen gemacht werden kan/ daß es eben nicht so verwerflich wäre/ achtete
ich/ solten sich Christen schlechterdings alles spielens eben deswegen entschlagen; wie auch sonsten offt eine sache/ die zwahr an sich selbs eben nicht allerdings böse/ aber auch nicht nothwendig ist/ wegen starck eingerissenen mißbrauchs pfleget gantz abgeschafft zu werden/ auch solches billich geschehen
solle.

2. Wir haben solches gewinn-spielen in gewisser maaß im gewissen an-
zuse-

zusehen als ein furtum oder diebstahl / wie dieser alle diejenige arten in sich
begreiffet / wie man den nechsten um das seinige und solches an sich bringet/
und also findet sich solches in dem spielen / wegen des dem nechsten thuenden
schadens und seiner unbilligen bereicherung. Ob wol sonsten in andern umständen ein grosser unterscheid unter solcher und andern arten des auch in der
welt davor erkanten diebstahls / nicht zu leugnen stehet; wie dann bey dem
spielen unter denen/ die da spielen/ eine gewisse convention ist/ daß jeder sein
geld gegen den andern in gefahr auffzusetzen sich erklähret/ dergleichen hingegen sich bey andern arten des diebstahls nicht findet; anderer umstände und
unterschiede jetzt zu geschweigen.

3. Insgemein bey dem diebstahl ist die schuldige buß-pflicht/ daß man
das mit unrecht entzogene dem nechsten wiederum zuwende/ so aus doppelter
ursach kommet: einmal weil der nöthigen reue über seine sünde dasjenige entgegen ist / wo man behalten wolte/ was man mit der sünde / die man hassen
muß/ an sich gebracht hat; so dann weil auch die liebe des nechsten und der gerechtigkeit die der buß unabsonderl. frucht ist / nothwendig mit sich bringet/
daß man seinem nechsten erstattung dessen thue / worinnen man ihm mit unrecht schaden gethan hat. Daher weil dieses alles so genau mit der buß verknü-
pfet ist/ der alte spruch in übung gekommen und stäts gebraucht wird: Non remittitur peccatum, nisi restituatur ablatum. Wie wir auch in der schrifft se-
hen/ daß/ welche anderen schaden gethan/ zu der erstattung / und meistens mit
zusatz/ angewiesen/ auch die exempel solcher bußfertigen angeführet werden.

4. Indessen hat auch diese regel gleich wie andere ihre ausnahm auff
vielerley art/ nicht nur wo das eusserste unvermögen nunmehr ist/ und die erstattung wahrhafftig unmüglich/ diese unmüglichkeit aber deswegen die buß
nicht unkräfftig macht; item, wo wir sonsten auff andere weise durch dinge/
die ausser uns/ als obrigkeitliches verbot und dergleichen / abgehalten wer-
den/ sondern auch mögen andere ursachen seyn/ welche uns solcher schuldigkeit
entledigen.

5. Diese aber gehet nicht so wol das eine stück an/ das behalten des mit
unrecht an sich gebrachten / als vielmehr das erstatten an denjenigen/ von
dem mans bekommen. In jenem sehe ich nicht leicht/ wie einer sich auswi-
ckeln könte/ daß er das unrecht erworbene behielte/ und aus seiner sünde vortheil hätte/ welches die reue gerad entgegen stünde: aber in dem andern/ weil
die liebe gleichwol auch die gerechtigkeit neben sich hat / so mags exempel ge-
ben/ daß man solche erstattung an denjenigen/ welchem schade geschehen ist/ zu
thun nicht verbunden wäre.

6. In dem spielen halte ich/ daß dieses exempel ein liecht gebe. Daselbs
gewinnet der eine mit unrecht / und hat also nicht fug / solches zu behalten:

dem

dem andern aber geschihet nicht unrecht/ da ihm dieser abgewinnet/ indem er
sich zu solchem schaden mit willen dargestellet/ und sich nicht über unrecht beschwehren darff/ daß ihm dasjenige geschihet/was er/ so viel an ihm gewesen
wäre/ dem andern auch thun wollen.　　Wie er nun sich eben so wol in dem
spielen als der gewinnende verschuldet/ hat er nicht nur vor der welt/ so diese
art etwas an sich zu bringen durch die gewohnheit autorisirt hat/nicht macht
solches zu fordern/ sondern auch vor GOtt kommt ihm solches recht nicht zu ;
alldieweil er wahrhafftig durch sein willkührliches spielen/ obwol auff sündliche art/ das verspielte so verlohren hat/ als er etwas verlöhre/ was er ver-
schencket/ oder sonsten verwarloset hat/ und es nicht mehr/ auch gewissens
halben zu fordern befugt ist.Ja man mag sagē/er habe sich durch solches sündliche verspielen unwürdig gemacht/daß ihm sein verlohrnes wiederum erstattet würde/ und solte also auch die gerechte straff seiner schuld seyn/ daß er desjenigen mangle/ was er auff solche weise mit sünden und des andern gefahr/
der eben so leicht verliehren können/ ohn worden ist.　　Wie dann nun dieser
mit recht nichts fordern kan/ so verbindet jenen die gerechtigkeit und liebe des
nechsten/ so fern diese auff der gerechtigkeit beruhet/ auch nicht zu der restitution an ihn.

7. Jedoch möchte dieses noch auch seine exceptiones haben.　　Zum e-
xempel/ wo einer sich bewust wäre/ den andern in dem spiel betrogen/ und
damit abgewonnen zu haben/ wo die erstattungs-schuldigkeit nicht zu leugnen wäre : oder da man den andern sonderlich zu dem spielen verleitet/ da also wie dieses sünde geringer wäre/ich demselben erstattung zu geschehen nicht
unbillich achtete : oder da derjenige/ so verlohren/ des geldes nicht Herr ge-
wesen/ da er also es dem rechten Herren nicht verliehren hat können/ sondern
ihm für denjenigen/ dem es gehöret/ die erstattung gebühret : aus welchem
grund auffs wenigste der christlichen billigkeit erachte/ wo einige ihren weibern und kindern dasjenige/ so sie zu dero unterhalt schuldig wären/ verspie-
len/ daß diesen die restitution dessen/ wozu sie nach dem gewissen recht haben/
von dem gewinner geschehe : nebens welchen fällen ich nicht zweifle/ daß in
dem nachsinnen sich etwa noch mehr finden mögen/ wo das gewissen zu der erstattung verbindet.

8. Hiezu setze ich noch dieses/ wo derjenige/ welchem ich abgewonnen/
nunmehr in zimlichem mangel steckte/ dazu seine spiel-sucht vieles geholffen/
ich aber auch mit dazu contribuiret ( ob wol mit seiner eigenen schuld) daß er
darein gerathen/ so will die liebe sonderlich hierinnen fordern/ weil ich ihn in
dergleichen mangel führen helffen/ daß ich mich auch aus einer sonderbaren
pflicht mit erstattung dessen/so ich von ihm gewonnen/obwol mit fleißiger erinnerung beyderseits sünde/ seiner noth annehme.

9. Auß

9. Auſſer dieſen und dergleichen fällen/ achte ich nicht/ daß der/ ſo verſpielet hat/ etwas zu fordern in dem gewiſſen recht habe/ noch mans ihm zuzuwenden verbunden ſeye. Weil aber gleichwol der andere gewinnende auch nicht macht hat/ das gewonnene zu behalten/ ſo gehöret dann ſolches billich dahin/ daß es dem HErrn in ſeinen armen/ ſo zu reden wie ein ſchuld-opffer/ von beyden überlaſſen und zugeſtellet werde.

10. Was nun ferner dieſe reſtitution anlangt/hielte ich/daß ſolche nicht zu æſtimiren wäre/ nach demjenigen/ was etwa ſingulis vicibus gewonnen oder verſpielt worden wäre/ ſondern nachdem alles zuſammen gerechnet würde/ ſo viel man über andermaligen verluſt noch gewonnen hätte. Dann weil die ratio der reſtitution eigenlich iſt/ daß der gewinner von ſeinem ſündlichen ſpielen keinen vortheil oder nutzen behalten ſolle/ obliget ſolche anders nicht/ als wann derſelbe wahrhafftig einen nutzen davon hätte/ derjenige aber hat je keinen nutzen/ welcher/ob er einige mal von dieſem und jenem gewonnen/zu andern malen deſtomehr verlohren/und alſo von dem geſamten ſpielen allein ſchaden hat. Da dann ein ſolcher ſich zwahr vor GOtt hertzlich zu demüthigen hat/ den er mit ſündlicher und liederlicher verthuung des ſeinigen/ welches er treulicher zu GOttes ehren anwenden ſollen/ und mit verleitung zur ſünde anderer/ oder doch mitwirckung mit ihrer ſünde/ beleidigt hat/ wozu auch alles übrige/ was die buß ſonſten erfordert/gehöret/aber einige reſtitutionſehe ich nicht nöthig/ dann wo er das ſeinige unterſucht/ hat er von dem ſpielen keinen vortheil.

11. Jedoch wo ſich dieſer fall begebe/ bey einem der ſonſten von mehrern mitteln wäre/ wolte demſelben rathen/ daß er eine ſolche ſumme/ welche derjenigen gemäß wäre/ ſo viel er jemal gewonnen zu haben ſich erinnerte/ ohnabgezogen andermaligen verluſtes/ dem HErrn heiligte/ und wie er vorhin geſündiget/ mit in dem gewiſſen unrechtmäßiger an ſich bringung durch das ſpielen einiges geldes/ein andermal aber mit ſündlichem verſpielen/alſo ihm ſelbs gleichſam dieſe ſtraff und buß aufflegte/ daß er alles dem HErrn erſtattete/was er einigerley maſſen unrecht bekommen/und hingegen den andermaligen verluſt nicht zum abzug jenes gewinnes rechnete/ ſondern eben ſo wol als ſündlich anſehe/ weswegen er nun lieber ſo viel an GOtt.gefällige ausgabe anwenden wolle/ als er vorher liederlich zu verthun kein bedenckens gehabt.

12. Wo es aber eine perſon wäre/ welche nicht viel übrig hätte/ und das zarte gewiſſen ſich mit gedachter compenſation doch nicht zu frieden geben wolte/ wie hierinnen GOttes/ ſo unſer hertz und gewiſſen in ſeinen händen hat/ regierung wunderbar und unterſchiedlich iſt/ alſo daß dasjenige/ was zu einem mal einem das hertz völlig zu frieden geſtellt/ein andermal bey einem

X x                                                                    an-

andern keine ruhe zuwege bringen kan/ so wolte ich es also ansehen/ daß Gott
einen solchen menschen dahin wiese/daß er ihm selbs mit erstattung alles durch
die erinnerung befundenen wehe thue/ und auff solche art endlichen das hertz
befriedige.　Daher er dann auch sich dessen nicht zubeschwehren/ sondern
solches mittel nicht zu theuer zu achten hätte/ seinem gewissen einige ruhe zu
schaffen.

## Die andere Frage.

Ob die bekäntnüß der sünden/ so wider den nechsten begangen/ bey
allen fällen schlechterdings nöthig/ auch sonder dieselbe der nechste (der von solcher sünde nichts weiß/ weil sie heimlich wider ihn
mit worten begangen) vor unversöhnt zu halten/ und daher der
beleidiger/ so lange er solche dem læso nicht geoffenbaret und ab-
gebeten/ deren keine vergebung bey GOtt sich zu getrösten habe?
AUf diese frage ist bereits solcher gründliche entscheid in dem überschickten
befindlich/ daß kaum sehe/ was dazu zu thun nöthig wäre/ sonderlich da
sie/ wie zuletzt geschihet/ noch deutlicher eingeschrencket wird; da es also lautet: Ob ein Christ/ der sich erinnert/ daß er ehemals/ bevorab in seiner ju-
gend/ ein und andern fehler seines nechsten/ andern im vertrauen/ oder aus
unbesonnenheit/ entdecket/ seine verbrechen und mängel durchgezogen/ von
seinem thun unzeitig und unbefohlen geurtheilet/ oder auff andere weise und
wege in worten seinen nechsten betreffend sich verlauffen/ da solches dem læso
unwissend/ und dieser also keinen groll oder feindschafft deshalben heget/ das
factum (die verleumbdung/ verspottung/ verkleinerung/ oder wie es nahmen haben mag) auch selbs denen/ so es zu ohren getragen/ oder die es anges
höret/ wol längst vergessen/ ob sage ich solcher bey seiner busse nöthig habe/
solche seine sünden dem nechsten/ wider den sie begangen worden/ zu entde-
cken/ und sie ihme abzubitten? oder ob zu wahrer buß und vergebung solcher
heimlichen sünde gnug/ daß er sie GOtt dem HErrn beichte/ und in wahrem
glauben abbitte/ auch sich bemühe/ partis læsæ famam sonsten bey aller gelegenheit zu vertheidigen/ und da er erfahren solte/ daß seiner ehemals geführ-
ter worte halben dessen guter nahme angefochten werden wolte/ so dann über
sein voriges factum ernstliches mißfallen bezeuge/ und also das gegebene ärgernüß bey denen es erreget/ mit allem fleiß auffzuheben trachte/ und ob er
factis his animoque firmiter destinatis sein gewissen befriedigen könne/ und
da ihm ferner hierüber gedancken zusetzen wolten/ solche ausschlagen/ und ihnen nicht gehör geben solle? In welcher frage formirung bereits die nöthige limitationes, oder was gleich wol der schuldige zu thun verbunden seye/ dabey
stehen/ die sonsten bemercken hätte wollen/ wie nemlich gleichwol die busse gegen

gen GOtt und die schadloßhaltung des nechsten wegen der wider ihn begangenen heimlichen sünde erfordert werde. Bey solchen umständen nun / kan ohne sorge einen solchen von der schuldigkeit der bekäntnüß auch loßzehlen / indem nirgend in der schrifft dergleichen erfordert / oder wir dazu angewiesen / noch eine solche schuldigkeit aus derselben dargethan werden kan / ausser dero aber uns nicht frey stehet den gewissen fernere (und also von GOtt ihnen nicht aufferlegte) lasten auffzubürden.

Ich will aber die pro negativa angeführte rationes nur wiederhohlen / und etwa wie starck ich jegliche halte / beyfügen. So ist nun der ort Matth. 5/ 23. 24. von unser hypothesi frembd / und redet deutlich von dem fall / da einer innen wird / daß sein bruder etwas wider ihn habe / das ist: daß er nicht mit ihm zu frieden seye / sondern klage über ihn führe / daher er dasjenige wissen muß / worüber die klage ist. Wie wir sehen Offenbahr. 2/ 4. 14. 20. daß der Geist zu etlichen Engeln sagt: Ich habe ein kleines wider dich / wo er dasjenige wuste / was die sache seye : ist also einerley / wie Coloss. 3/ 13. stehet / so jemand klage wider den andern hat. Welche erklährung auch daraus mehr erhellet / weil außtrücklich einer versöhnung meldung geschihet / welche aber niemals nöthig ist / wo die gemüther freundlich gegen einander stehen. So wird unter beyden partheyen eine der andern ἀντίδικος und gerichtlicher widersacher genennet / welches abermal nicht platz hat / wo nicht beyderseits die gemüther von und wider einander zerfallen sind. Daher solcher ort zum erweiß der gegenmeinung so gar nicht gebraucht werden kan / daß vielmehr darauß abzunehmen ist / in welchem fall eine versöhnung nöthig seye / nemlich allein / wo eine wirckliche klage und mißhelligkeit unter einander ist / und also nicht bey der einen parthey verborgen gebliebener sünde.

2. Von dem ort Jac. 5/ 16. ist wol bemercket / daß derselbe allzugemein gehe / und dieser besondere casus noch nicht daraus könne decidiret werden. Haben wir also zwahr darinnen den befehl der bekäntnüß gegen den nechsten / aber was ihm bekant werden müsse / ist nicht gleichermassen ausgetruckt / und muß also anderwertlich her gelernet werden / welche sünden dahin gehören / nemlich deren bekäntnüß entweder der trost / welchen man für das beunruhigte gewissen von dem nechsten bedarff / oder seine versöhnung / damit durch seinen unwillen gegen uns / wo er weiß / daß wir ihn beleidiget / sein gebet für uns nicht gehindert werde (wie wir dann ohne zorn und zweiffel die hände auffzuheben angewiesen werden 1. Tim. 2/ 8.) erfordert.

3. Von der angeführten gewohnheit der Juden ist wol bemercket / daß sie uns keine regel geben / oder zu unsers gewissens last werden möge.

4. Daß Christus weder die ehebrecherin noch grosse sünderin Luc. 7.

zur besondern bekäntnüß gegen alle diejenige/ an welchen sie gesündiget/ ver-
bindet/ und der liebe Apostel Paulus auch bey seiner bekehrung solche ihm
nicht nöthig zu seyn geachtet/ zeiget gnugsam/ daß keine unbedingte nothwendigkeit eben vorhanden seye. Doch liesse sich die folge nicht zu weit aus-
dehnen/gegen diejenige/ die sonsten den bußfertigen aus der art der buß selbs
obligen/ und eben an solchen orten nicht ausgetrucket werden.

    5. Aus 4. Mos. 5/ 6. kan mehr nicht gefolgert werden/ als daß die be-
beleidigung an dem nechsten auch zugleich gegen GOtt gehe/ und also freylich die versöhnung/ wo eine nöthig ist/ beysammen seyn müsse: daher solcher
ort am kräfftigsten gebraucht würde gegen diejenige/ welche mit der versöhnung des nechsten gnug zu seyn meinen/ und von GOtt dieselbe nicht eben so
wol suchen wolten/ daß sie nemlich/ weil sie durch den nechsten sich an GOtt
vergriffen/ unnachläßig auch bey dem HErren die vergebung zu suchen ha-
ben/ weswegen auch über die restitution dessen/ womit man dem nechsten ge-
schadet/ der widder der versöhnung gebracht werden muste.    Ich will zwahr
auch nicht in abrede seyn/ daß auch auff der andern seite die beyde arten der
versöhnungen beysammen seyn müssen/ wo eigenlich eine wahrhafftige/ und
daher auff der andern seiten zu gemüth gezogene/folglich bekante beleidigung
vorgegangen ist/ daß deswegen derjenige/ welcher dermassen weiß/ seinen
nechsten betrübt zu haben/ von GOtt vergeblich die erlassung der schuld ver-
langte/ wo er den nechsten nicht auch versöhnete/ und ihm also satisfaction
leistete: wie dann der ort ausdrücklich von dem exempel der erstattung redet/
folglich einen fall setzet/ da dem nechsten schaden geschehen/ und eine erstattung solches zugefügten schadens platz hat/ massen auch gestanden worden/
daß derjenige/ so mit seinen worten die ehre des nechsten verletzet/ daß er
wircklich in schaden dadurch gerathen und darinnen stehet/ solche ersetzung
auff alle mügliche und füglichste weise thun müsse.    Wo aber dem nechsten
heimlich zuwider gethan worden/ doch kein schade geschehen/ oder derselbe
selbs wiederum verschwunden/ und von dem beleidiger abgewendet und ein-
gebracht worden/ also daß nichts mehr übrig ist/ womit dem nechsten eine eigenliche erstattung geschehen könte/ ferner sein gemüth als des vorgegange-
nen unwissend/ gegen ihn ohne widrigkeit gesinnet/ also auch keiner eigenlichen versöhnung nöthig ist/ da bleibet nur allein die nothwendigkeit der versöhnung mit GOtt/ dem unser unrecht bekant und deswegen seine gerechtigkeit gegen uns gereitzet ist: wo dieser versöhnet/ so ist die sünde/ nicht nur wie
sie gegen GOtt/ sondern auch wie sie gegen den neben-menschen geschehen ist/
vergeben: ja dieser/ so offt er vor GOtt sein vater unser gebetet/ und sich er-
boten seinen schuldigern zu vergeben/ hat auch diese schuld/ die ihm unbekant
gewesen/ vor GOttes angesicht ihm vergeben: daß aber solche vergebung
                                                             nicht

nicht austrücklich geschehen / mag das gewissen noch nicht verunruhigen/
weil es eine vergebung ist / die der art der sünde gemäß/ da nun diese dem andern unbekant / und GOtt sie nur gesehen/ so ist gnug/ daß auch jene vor
GOtt geschehe/ ob wol der sie thut/ die particular application nicht weiß/ indessen wo er ein rechtschaffener Christ ist / wahrhafftig von grund der seelen
alle schulden seinem nechsten erlassen hat / oder da er jenes nicht ist / erlassen
hat sollen/ welches GOtt auch also annimmet / daß es sich so weit erstrecke/
als er sihet/die schulden zu gehen/davon jener auch nicht wissenschafft gehabt
hat / nothwendig aber immer in der gemüths-bewandnüß hat seyn müssen/
daß wo er auch jegliche particularien gewust / er sie auch / wie er vor GOtt
insgemein bezeuget/zu vergeben willig gewesen wäre.

6. Ist wol erinnert / daß die bekäntnüß gegen den nechsten in dem beschriebenen casu so gar nicht nöthig / daß sie vielmehr meistens unnütz oder
wol schädlich seyn möchte. Träffe man an demselben einen harten mann an/
so ist zu sorgen / daß wahrhafftig erst rechte offension, zorn und rach erreget/
daher zu sünden mehr anlaß gegeben würde/so wir doch vielmehr zu verhüten/
und darinnen klugheit zu gebrauchen haben. Wäre aber der andere von
christlichem gemüth / so sind doch unter solchen leuten die meiste noch so
schwach/ daß sie dergleichen nicht ohne regung eines unwillens anhören können;kommen wol in sorge/daß ihnen solche nachrede noch vieles schaden möge/
obs wol nicht ist/ werden damit sehr in ihrem hertzen verunruhiget/ auffs wenigste betrübt. Weil wir nun in allen stücken / worinnen wir es mit dem
nechsten zu thun/ auf die liebe zu sehen / und solche vor die allgemeine regel zu
achten haben/ so ist ja dieser am gemäßesten/daß man des nechsten auch in diesem stück schohne/ wo die bekäntnüß ihm keinen nutzen bringen/ aber leichtlich
schaden/auffs wenigste unruhe und betrübnüß ohne noth machen würde.Wie
ich auch davor halte/ wo man uns fragen würde / ob wir wünscheten/ daß wir
alle solche dinge/ die jemal von uns geredet worden / ohne daß uns zu unserer
rettung und fernern verhaltung solches nöthig wäre / wissen möchten / wir
würden/ wo wir die sach christlich und vernünfftig überlegen/ lieber wünschen/
daß es nicht geschehe/und man uns in ruhe lasse. Was wir nun wollen/oder
christ-klüglich wollen solten/daß gegen uns geschehe/haben wir nach der allgemeinen regel des HErrn auch zu thun. Zwahr bekenne ich / wo wir solche
Christen hätten / von denen man sich versehen könte / daß sie ohne verunruhi-
gung/unwillen und betrübnüß alles solches anhören/und nur zum lobe GOttes / der die bußfertige erkäntnüß in dem andern gewürcket / zu so viel hertzlicher liebe des bruders/den der HErr angenommen/ und inbrünstiger fürbitte
für denselbigen / auffgemuntert werden würden / und also davon nutzen bekä-
men / wolte ich solche bekäntnüß nicht mißrathen ; ja da man dessen gantz ver-

sichert

sichert wäre / ihm zu solchem guten anlaß zu geben/nöthig achten. Ich sorge aber/wir werden dergleichen Christen wenig finden/fast aber durch und durch solche / bey denen die bekäntnüß ihnen mehr ungemach als vortheil schaffte ; daher in gegenwärtigem zustand unserer zeit dazu nicht leicht rathete. Wie insgesamt und offt bemercke/ daß selbs unterschiedliche der austrücklichen befehl unsers Heylands / worinnen wir es mit dem nechsten zu thun haben/ wie es jetzt in der welt stehet / und die leute bewandt sind / nicht zwahr für abgeschafft oder wir frey davon geachtet werden können/ indessen daß dannoch in übung derselben viele christliche weißheit gebraucht zu werden nöthig sehe/ wie in diesen und jenen umständen sie so und so geübet werden sollen/daß man nicht allemal so gerade durchgehen / und ohne fernern bedacht in die übung bringen dörffe / was man bey anders bewandten zeiten / und besserer beschaffenheit des gemeinen Christenthums / mit einer grössern einfalt verrichten könte. Dann weil die liebe das haupt-und königliche gebot / daher auch die regel aller befehl unsers Heylands von den pflichten gegen den nechsten anzusehen ist/solche aber stets den mehrern nutzen des nechsten zum zweck hat/so erfordert zuweilen die erkäntnüß des schadens / den der nechste aus einer sache/ so zu seinem besten gemeinet/leiden würde / daß solches unterlassen / und vielmehr der zweck des allgemeinen gebots/ als wo demselben dißmal die übung des particular-gebots zu wider sehn würde / dieses angesehen und demselben nachgelebet werde. Welche bemerckung vielleicht in vielem/ zum exempel in der materie von der bestraffung des nechsten/ihren nutzen haben kan.

7. Nehme auch gern diese erinnerung an/ daß die bekäntnüß gegen diejenige / bey denen man wider den nechsten geredet / meistentheils dem læso mehr schädlich als nützlich sehe ( allezeit ausgenommen den fall / wo bey jenen noch etwas von dem ausgesagten zu dieses præjudiz beklieben wäre/ wo schon ausgemacht/ daß die besserung dessen nothwendig ) indem alle dinge wieder erneuert würden/zu niemands nutzen/ besorglich aber einigem schaden. Daher abermal solche mehr mißrathen als erfordert wird. Jedoch nehme ich dieses dabey aus / daß aus einer andern ursach solche bekäntnüß mag nöthig werden/wo man wüßte/daß jene leute sich der sachen noch erinnerten/ und da sie der falschheit dessen/was man gegen sie geredet / erfahrung haben / sich an dem ärgerten / der ihnen solche gesagt / und sie ihn in unbußfertigkeit fortzufahren gedächten: welches ärgernüß gleichwol jeglicher nach vermögen zu verhüten trachten solle.

8. Gegen die blosserdings erforderende bekäntnüß können auch die argumenta wol gebraucht werden/die bey n. 9. stehen/ daß niemand die bekäntnüß der sündlichen gedancken oder eigene angebung bey der Obrigkeit über die begangene mißhandlungen erfordere : Welcherley gleichwol auch nöthig sehn wür-

würde / dafern ohne einige ausnahm keine sünde ohne die bekántnúß gegen diejenige/ gegen welche sie begangen/von GOTT vergebung erlangen könte.

9. Das argument von gleichförmigkeit des verbrechens und der ersetzung ist auch wol abgeleinet / daß es nemlich nicht zu weit gezogen werde/ nemlich wo man sich mit worten gegen den nechsten/ und daß ihm solches wissend/ auch er daher eine klage gegen uns führet / versündigt hat / daß auch die erstattung wiederum mit worten geschehe : Da es aber gegen einen tertium geschehen / und entweder derselbe daraus ärgernúß gefasset / oder der nechste bey ihm dadurch in übelem vernehmen stehet / so wird auch eine wörtliche erstattung aber allein gegen ihn erfordert.

Auf die autoritates einiger autorum zu antworten / wird nicht nöthig seyn/ da wir in gewissen fällen wissen/ daß keine menschliche urtheil demselben gnug thun/sondern göttliches wort/ und daraus geführte bündige rationes,das einige fundament sind/darauf jenes sicher ruhet/ hingegen niemand weder unser gewissen eigenmächtig binden / noch solches von deme / was der HErr befohlen hat/gültig lösen oder dispensiren kan.

Dieses einige setze ich noch endlich hinzu / wie bey der ersten frag gleichfals geschehen/wo das gewissen auf alle solche remonstrationes sich noch nicht zu frieden geben wolte / und immerfort der scrupul übrig bliebe/ daß alsdann was sonsten an sich nicht nöthig ist/nöthig werden würde/nemlich die bekántnúß lieber zu thun/als mit steter unruhe sich zu martern ; nur würde alsdenn auch fleißige sorge zu tragen seyn/ daß solche ins werck gestellet würde / mit vermeidung als viel müglich ist/der oben bey n.6.und 7. angeregter difficultäten / und sonsten bey dem læso besorgender offensæ , wo treuer rath eines christlichen seelsorgers viel anleitung geben könte.

## Die dritte Frage.

Ob derjenige / so ein convivium publicum anzustellen / von dem weinhändler/ von dem er den wein dazu erkaufft / annehmen dörffe / daß derselbe ihm zum profit denselben wolfeiler lasse / als er ihn sonsten zu verkauffen pfleget / damit dieser den gemeinen preiß in seine rechnung bringe?

HIerauf traue nicht wol anders als mit nein zu antworten. 1. Ist wider die auffrichtigkeit / einen andern als den wahrhafftigen preiß / wie viel nemlich bezahlet worden / in die rechnung zu bringen.

2. Ist der käuffer / so sein honorarium vor die ausrichtung und bemühung hat/ schuldig/ derjenigen / für welche das convivium gehöret / vortheil nach allem vermögen zu suchen / und also / wo der wein unter dem sonsten gewöhn

wöhnlichen pretio gelassen werden kan/ so thanen profit denselben zukommen
zu lassen.

3. Obwol der verkäuffer über das seinige macht hat / und dem käuffer
aus freyem willen etwas nachlassen und schencken darff / muß doch in annehmung desselben auch aller böse schein und exempel gemeidet werden.   Nun
ist ein böser schein/ ja gar ein böser anfang/ wo man anfängt/ die käuffer/ so in
anderer nahmen zu kauffen haben/ mit verehrung an sich zu locken/ und anderen solches anzunehmen ; indem wo solches böse exempel einmal anfängt / es
geschwind überhand nehmen kan/ und zu sorgen ist/ daß in kurtzem solches eine
gemeine / aber schädliche/ gewohnheit werde/ die auch andere/ so dergleichen
nicht gern thun / oder etwa nicht ohne schaden thun könten / mit gewalt nach
sich zöge / daß sie dergleichen thun / oder allen zugang denen / die es thun kön-
nen/ und sich wenig gewissen machen/ mit ihrer nachsetzung überlassen müsten/
so alles beydes unbillich ist.   Es würde auch daraus zu sorgen seyn/ daß dergleichen noch weiter greiffe/ und sich bald die meiste/ so in Herren-diensten stehen / und wegen derselben rechnungen zu führen haben / auf allerhand weise
dergleichen nachmachen / und viele ungerechtigkeit begehen würden.   Wo
nun aus einer sache / die noch in gewissen umständen paßiret werden könte/
dergleichen böses zu sorgen/ ist solche auch zu unterlassen ; wer es aber thut/ ladet in gewisser maaß die schuld auch derjenigen sünden auf sich / die dadurch
veranlasset werden.   Wie um solcher ursach willen von richtern auch diejenige geschencke vermeidet werden sollen / die sonsten noch in gewissen umständen möchten nicht gantz verworffen werden/ weil alles auffs wenigste einen
bösen schein hat/ und das exempel darnach immer weiter gehet / als inner der
schrancken und umstände/ wie es angefangen hat.

4. Sorge ich auch/ das gewissen des fragenden fühle bereits einen scrupul deswegen/ dessen billich so zu schohnen ist / daß es nicht nur in dem gegenwärtigen etlicher massen zu ruhe komme / sondern auch auf künfftige zeit / da
sich wiederum anfechtungen einfinden möchten/ sicher gesetzet werde/ daß wo
auch der andere theil mit zimlich probablen rationibus könte bestätiget wer-
den/ bey solchen gewissen allezeit tutior sententia zu erwehlen ist.

## Die vierdte Frage.

Ob ein gewisses collegium, so bey einigen publicis promotionibus
seine verrichtungen hat / dafür auch ein gewisses zu fordern
und zu geniessen pfleget / ohne verletzung der liebe den vorher gewöhnlichen sumtibus etwas beysetzen dörffe / oder da
solches geschehen / ob eine restitutio denjenigen zu thun / so
damit graviret worden/ auch wie solche anzustellen?

1. Lässet

1. Läſſet ſich auf das erſte nicht wol gewiß antworten / ohn betrachtung/ wie weit insgeſamt die macht des collegii ſich erſtrecke. Iſt ein collegium, welches unter einem andern ſtehet / ſo ſehe ich nicht / daß daſſelbe von ſelbigen ihm ſeine intraden mit anderer laſt erhöhen dörffte / ſondern ſolches hätte bey demjenigen ſchlechterdings zu bleiben/was lege definirt/oder durch lange gewohnheit autoriſirt worden. Wo es aber ein collegium, das keine ſondere dependenz von einem andern hat / ſondern auch in andern dingen freyer diſponiret/wolte ich nicht davor halten/daß demſelben verboten wäre/ je nachdem die zeiten anders werden / oder gewiſſe dinge in eine theurung gerathen/die ſumtus deſſen / was ſie zu conferiren haben / in gewiſſer maaß zu vergröſſern:es wäre dann ſache/daß auch demſelben von der hohen Obrigkeit allerdings gewiſſe ordnungen vorgeſchrieben ſind / dadurch ihre macht auch reſtringiret wird.

2. Wo ein collegium einige freyere macht hat/ ſo hat es auch die rationes, warum man etwas desjenigen / was ſeine mühe betrifft / mit mehrern ſumtibus beſchwehren will/fleißig zu examiniren/ ob ſie chriſtlicher billichkeit gemäß/welche allezeit dieſe regel hat 2. Cor. 8. daß nicht einige r uhe/ die andere trübſaal haben / das iſt / daß keine parthey zur ungebühr beſchwehret werde / und weder der einigen bemühung allzugering recompenſiret / noch auch den andern ſolche zu hoch angerechnet werde. Worauf aber ſolche billichkeit in ſpecie in jeder ſache zu gründen/läſſet ſich nicht ſo eigentlich austrucken/ſondern kan vielerley in conſideration kommen: unter andern halte nicht gantz unbillich / daß zuweilen zu denen vor mehrern jahren / ſonderlich von einem ſeculo her / determinirt geweſten ſummen heut zu tage etwas weiter geſetzt werde/nachdem faſt die pretia aller dinge geſtiegen/und daher die maaß der beſoldungen und anderer zugänge/ wo ſie bleibet wie ſie geweſen/ in vergleichung des übrigen zuſtands in dem gemeinen leben bey weitem nicht mehr dasjenige zur vergnüglichkeit derer/die es genieſſen ſollen/austrägt/was damal damit auszurichten war. Wo deswegen aus dieſer conſideration auch in ſolchen ſumtibus etwas zur ergötzlichkeit derjenigen / die damit bemühet ſind/ beygeſetzt wird/ kans nicht vor eine unbillichkeit geachtet werden.

3. Wo nun ſolche erhöhungen der ſumtuum mit recht geſchehen / ſo fället die frage von der reſtitution; wann aber dieſelben von einem collegio, ſo dazu die gnugſame macht nicht hätte / geſchehen wäre / wolte ich einen unterſcheid unter denjenigen machen/welche ſolche ſteigerung introducirt/und welche dieſelbe eingeführt gefunden / dieſe da ſie bona fide, als etwas ihnen aus der gewohnheit gebührendes/angenommen/hielte zu der reſtitution nicht gehalten; wol aber daß ſie/was das künfftige anlangt/ ſich bey den Superioribus anmelden/und deroſelben verordnung verlangen/auch nachmal dabey bleiben:

Was

Was aber diejenige betrifft / so eigenmächtig ihnen mehr accidentia gema-
chet/ traue von der restitution nicht loßzusprechen.

4. Die art der restitution belangend/ glaube ich keinen weiter verbun-
den/als nach seinem quanto, was er empfangen/daß er aber das augmentum
vorgeschlagen/vergrössert zwahr seine sünde/ jedoch sehr nicht/daß es ihm die
last der völligen restitution auffbürde/ sondern nur/ daß er/ wie er andere so
viel an ihm war/ zur einführung einer unbilligkeit verleitet/ also auch nunmehr nechst seiner bußfertigen demüthigung vor GOTT ihnen sein und ihr
unrecht zeige/ und so viel an ihm ist/ sie zu gleicher restitution zu disponiren
suche: Wollen sie dann nicht folgen/so bleibet solches auf ihre verantwortung.
Ferner wenn die personen/ von welchen ein mehrers gefordert worden/ zer-
streuet/ und deroselben erkundigung gar schwehr werden wolte/ und das
quantum, so von denselben genommen worden/ so bewandt/ daß nach allen
vernünfftigen vermuthungen sie ein solches geringes wenig achten/ noch sich
durch dessen mangel incommodirt finden würden/ wolte glauben/ daß nach
mediocri diligentia, so zu ihrer erkundigung angewendet würde/ dasjenige/
was man den übrigen gewünschet hätte/ und sie nicht wol erfahren kan/ am
rathsamsten an andere nothdürfftige treulich gewendet würde/ je nach der ge-
legenheit/ die GOTT selbsten zeiget/ jedoch ohne davon das ansehen/ daß
mans aus eigenem thue/zu haben. Wo aber dem eigenthums-herrn selbs
die restitution geschihet/ meine eben nicht nothwendig zu seyn/ daß er person
und ursach wisse/ sondern allein das seinige quavis via wiederum bekomme/
als welches einige hierinnen dem gewissen gnug thun mag.

## Die fünffte Frage.

Wie sich eine christliche weibs-person an orten/ da der kleider-
pracht groß/ zu verhalten habe?

1. WEgen der kleider selbs haben wir insgemein in acht zu nehmen/ daß
eigenlich darinnen keine sünde oder tugend bestehe/ dann sie sind etwas ausser uns/und können uns nicht verunreinigen/und möchte man darinnen die wort Christi brauchen Matth. 15/11. Was zum munde eingehet
(so vielmehr was gar ausser uns und unserm leibe bleibet) das verunreiniget den menschen nicht/ sondern was zum munde ausgehet (und also
aus dem hertzen kömmt/ oder wie die seele gegen jegliches ding gesinnet ist)
das verunreiniget den menschen. Also ist in allem solchem/ was auch die
kleider anlangt/ am meisten auf das hertz und die seele zu sehen/ an dero bewandnüß ligets/ wie an den kleidern sünde oder tugend geübet werden kan.
Indessen wie die seele sich auch des eusserlichen recht-oder mißbrauchen kan/
so mag freylich auch an den kleidern sünde begangen werden.

2. Wie

2. Wie bey jeglicher sache die ursach und der zweck derselben zum förderften muß beobachtet werden / also auch kan sich die seele bey den kleidern nicht recht bezeugen / sie verstehe dann recht den zweck derselben / und gebrauche sich also derselben diesem gemäß. So wissen wir nun/ daß der ursprung der kleider von der sünde kommet / indem die erste eltern in dem paradiß keiner kleider bedorfft haben / nun aber da unser und anderer leiber mit sündlichen lüsten angefüllet/ auch schwach worden sind/ daß ihnen von der lufft und anderm eusserlichen leicht schaden zugefüget werden kan / bedörffen wir der kleider zum schuß unsrer leiber/ zur decke unsrer schande/ und zu schohnung der schwachheit unsers nechsten / ja sie sind mit der daran hafftenden vielen beschwehrde eine gewisse art einer uns auffgelegten straffe. Dieses sind die haupt-und gemeine absichten der kleidung / dazu nachmal ferner kommet der unterscheid der geschlechte/des männlichen und weiblichen/so dann um eusserlicher und der policey dienlicher ordnung willen/ gewisser stände und darinnen lebenden personen. Wo also eine seele auf diese zwecke recht acht gibet/ sie neben einander wol ordnet/und der kleider sich also gebrauchet/wie es denselben gemäß ist / so dann die allgemeine / daher alle theil des menschlichen lebens durchgehende / regel der christlichen selbs-verleugnung / demuth/ bescheidenheit und einfalt wahrnimmet/ so verfähret sie recht.

3. Wo hingegen der mensch in den kleidern dasjenige thut / oder sie also gebrauchet/nicht wie es jener erkäntnuß des zwecks der kleider gemäß ist/sondern demselben wol gar entgegen streitet/so dann die gemeine reglen verletzet/ so werden die kleider ihm zur sünde/ wegen des mißbrauchs / und verunreiniget also die sünde in dem hertzen dasjenige/ was sonsten ein mittel-ding wäre.

4. Die vornehmste sünden bey den kleidern nun finde ich / so viel mich so bald erinnern kan / diese. 1. Die kostbarkeit an sich selbs / wo ich nemlich an kleider mehr unkosten anwende/als es die noth erfordert. Wo zwahr die noth nicht so præcise zu nehmen ist für die eusserste nothwendigkeit / sondern was nach gelegenheit/zeit und ort auch von christlichen/verständigen und der eitelkeit nicht ergebenen gemüthern für nöthig geachtet wird / daß man seinem nechsten eben auch nicht durch verdacht einer unziemlichen filtzigkeit oder sonderlichkeit unnöthigen anstoß mache. Was nun über dieses angewendet würde / hätte diese sünde bereits in sich/ daß ich mit demjenigen/ was mir GOTT beschehret / oder vielmehr zu meiner verwaltung anvertrauet hat/nicht gebührlich umgehe/indem ich dasselbe allein zu seinen ehren/ meines neben-menschen nutzen und meiner redlichen nothdurfft / anzuwenden/ oder das übrige zu solchem gebrauch zu verwahren habe / und also wo ich es unnützlich verschwende/ GOTT seine güter in gewisser maaß umbringe.

5. Nechst diesem 2. kan auch gesündiget werden mit überflüßiger mü-

he und arbeit/ so daran gewendet wird/ sonderlich mit versäumnuß anderer nöthiger geschäffte/ wie etwa sonn-und feyertags die frühestund/ an statt der vorbereitung zu dem Gottesdienst mit mühesamen putzen und anthun übel durchgebracht/ und insgesamt sonsten manche zu etwas bessers billich gewidmete zeit mit kleider-sorge verdorben werden kan. Nun sind wir Christen unserm GOtt vor den gebrauch der zeit rechenschafft zu geben schuldig/ und haben sie nicht macht unnützlich zuzubringen/ sondern solle alle dieselbe zu GOttes ehre/ unsers nechsten geistlichen oder leiblichen nutzen/ unsrer eigene n nothdurfft oder wahrem nutzen/ in geistlichem oder leiblichem angewendet werden/ was ausser diesem zugebracht wird/ paßiret in GOttes rechnung nicht/ und weiset eine seele/ die ihrem GOtt darinnen nicht treu ist/ noch vor seinem angesicht stets wandlet.

6. Es mag 3. auch gesündiget werden mit **ärgernuß** / welches sonderlich platz hat bey den weibs-personen/ da dieselbe etwas ihres leibes mehr als jedes orts längst gewohnet gewesen/ und daher niemand ärgert/ entblösset tragen/ woran nicht nur ohne das unzüchtige gemüther mehr gereitzet werden/ die an solchem nachmal ihre verbotene lust haben/ und sich damit kützeln/ ja wol zu würcklichen actibus der unzucht offt verleitet werden/ sondern auch offtmals wird sonsten christlichen leuten/ die dannoch das fleisch noch an sich tragen/ und mit betrübnuß dessen lüste in sich fühlen müssen/ zu einigen unzüchtigen gedancken und gelüsten wider ihren willen anlaß gegeben. Welcher sünde schuld auf diejenige fället/ die dergleichen mit einiger weiterer entblößung veranlasset/ und entweder damit die eigne leichtfertigkeit/ ihren leib mit willen zu anderer unkeuschheit objecto darzustellen/ damit verräth/ oder wo es nicht mit fleiß geschihet / alles mügliche mit vorsichtigkeit und mehrer bedeckung hätte verhüten sollen.

7. Sonderlich aber wird 4. gesündiget mit **innerlicher hoffart** / die darinnen bestehet/ wo der mensch an seiner kleidung/ die wir doch gehöret haben ein schanddeckel und schutz unsrer schwachheit / und in gewisser maaß straffe der sünden/ zu seyn/ gefallen träget/ in dero kostbarkeit oder mode und zierlichkeit ihm selbs beliebet/ seinen madensack damit ziehret/ und andern zu ihrem mehrern wolgefallen/ verwunderung/ und verehrung darinnen vorstellet/ andern es vorzuthun trachtet/ eine freude darinnen suchet/ und sein hertz daran einigerley massen hänget. Dann alles dieses ist gleichwie der absicht der kleidung also der selbs-verleugnung und christlicher demuth schnurstracks entgegen: und nachdem den Christen verboten/ an ihnen selbs gefallen zu haben/ oder mit einigen der güter/ die ihnen GOtt verliehen hat/ und gleichwol wahrhafftige güter sind/ zu prangen/ wie vielmehr ists unrecht/ wo sie an sich gefallen tragen/ und sich ostentiren in dingen/ die in einer eitelkeit bestehen/

hen/

hen/und keine wahre ehre in sich haben; wo neben dem hochmuth des hertzens
auch grosse thorheit sich offenbahret/daß eine solche seele nicht verstehet/was
die wahre güter sind/ und eine herrlichkeit oder ehre suchet in einer eiteln ein-
bildung:Welcherley gemüther sich offenbahren/daß sie die wahre güter/wor-
innen eine rechte ehr ist/ nicht verstehen/ und also die an diesem eusserlichen
schmuck ein vergnügen finden/ von dem wahren schmuck allerdings nichts
wissen. Wie nicht weniger diejenige/so nach der mode sich offt ändern/eben-
fals damit die eitelkeit ihres hertzens/ und daß sie ein sonderliches in der art
und façon der kleider zu stehen achten/verrathen : Welcherley abermal den
Christen unanständig ist.

8. Voraus gesetzt nun dessen/ so komme endlich auff die hypothesin
selbs/ und halte davor/daß an einem ort/da insgemein die kleider der weibs-
personen gegen andere ort geachtet/prächtiger im gebrauch sind/ eine christliche weibs-person/ die wahrhafftig in ihrer seelen die allergeringste tracht
solches orts üblich zu seyn wünschet/nach redlicher prüfung des hertzens (so
uns sonsten gar leicht betriegen kan/deßwegen in der untersuchung nicht oben-
hin gefahren werden muß) sich vor GOtt rein befindet/ daß sie nichts dessen
mit belieben ihres hertzens thue/ sondern stäts vor dessen augen sich bey den
kleidern ihrer sünden erinnere/ und in sich demüthige/ daher allen schmuck als
ein unreines tuch achte/ und also in einer ungeheuchelten demuth stehet/ mit
verlangen aller dieser noch übriger dienstbarkeit/ dero sie wider willen noch
unterworffen leben muß/ gantz befreyet zu werden/nicht sündige/ da sie nach
der daselbs üblichen tracht in ihrem stande gehet/ und in demselben noch allezeit bey dem geringsten zu bleiben sich mit fleiß bestrebet. Dann wie eine solche seele in ihrem inwendigen vor GOtt rechtschaffen stehet/ also ist der gebrauch ihrer kleider ihr nicht sündlich ; alldieweil unser Heyland/ wie eigenlich jegliche kleider gestaltet seyn sollen/ uns nicht vorgeschrieben hat/ derowegen alles frey bleibet/ was nicht gegen die allgemeine regeln streitet ; wie
dann auch hie dasjenige præsupponiret wird/ daß die vorhin angedeutete
sünden vermieden werden.

9. Indessen damit sich ja eine seele/ die sonsten dem HErrn hertzlich dienen will/ hierinnen nicht verstosse/ noch dem fleisch bey sich zu einem betrug
der sünden platz gebe/ muß fleißig auff die bereits angedeutete limitationes
acht gegeben werden. Sonderlich daß man sich nicht in prüfung seines hertzens betriege (welches nicht ungemein ist) sondern daß wahrhafftig dasselbe
in der rechten demuth stehe. Zu solcher versicherung/ und damit auch andere dessen proben an uns sehen/gehöret/ daß wahrhafftig eine solche person in
ihrer tracht immerdar das geringste erwehle/ was ohne mit zimlichem schein
geschehende üble nachrede kan erwehlet werden/ daß sie ob zwahr nicht
allzuweit sich von allen andern entferne/ und damit sich zu einem son-

dern

dem Spectaculo andern darstelle / doch immer noch unter andern ihres gleichen / als viel geschehen kan / bleibe / sonderlich aller nebens-zierathen / die am
wenigsten nöthig / sich enthaltend / nachdem man mit beybehaltung desjenigen / was das vornehmste in der art der tracht ist / gezeiget / daß man sich nicht
in allem absondere / und mit gewalt anderer zungen gegen sich reitzen wolle.
Es gehöret ferner dazu / daß eine solche person gern bey gelegenheit klage über
die dienstbarkeit / darinn die verderbnüß der zeiten uns gesetzt habe / und auf
solche art / daß man sehen könne / wie es ein ernst seye / bezeuge / wie gern man /
wo es blosser dings bey uns stünde / und man anderer schwachheit zu schohnen
nicht aus liebe der allgemeinen art und gewohnheit sich accommodiren müs-
ste / sehr vieles noch von überflüßiger tracht ablegen wolte / daher gern abbre-
che so viel man könne : Auf daß also andere welt-hertzen sich an ihrem exempel
nicht ärgern / und sie bey etwas gleicher tracht auch gleiches sinnes achten / daher dadurch in ihrer hoffart gestärcket / so dann auch gottselige von dem wie sie
gesinnet seyen versichert / und nicht auf der andern seite üblen verdacht auf
sie zu schöpffen veranlasset werden. Solte es auch seyn / daß eine solche person hoffen möchte / daß durch ihr und anderer / die sie dazu bewegte / exempel zu
ablegung einiges überflusses etwas gutes oder doch guter anfang gemacht
werden könne / wäre sie auch zu solchem vor sich verbunden / und folget gewiß /
wo sie selbs an nichts dergleichen lust / sondern vielmehr mißfallen hat / daß
man sich jeglicher gelegenheit freuen wird / auffs wenigste etwas seiner last
abzulegen. Also auch gehöret dahin / wo dasjenige / was die art eines prachts
hat / wie insgemein geschihet / in den kleidern bestehet / die man ausser hause /
oder auch nur bey gewissen gelegenheiten träget / daß man weder diese letztere
sonderlich suche / vielmehr zeige sie deswegen eher zu meiden / noch auch insgesamt gern ohne noth solcher ursach halben ausgehe / in dem hause aber / wo
man mehr sein eigen und weniger anderer gleichstellung unterworffen ist / so
viel schlechter sich auffführe als andere; zum zeugnüß was man auch in anderem bey völliger freyheit am liebsten thäte. In summa / es muß in allem gesuchet werden / daß jederman sehe / was man über dasjenige trägt / was die
blosse nothdurfft ist / werde getragen bloß anderer schwachheit zu schohnen /
damit man andern nicht ursach gebe / sich mit ungleichem urtheil und nachreden zu versündigen. Dann gleichwie wir zwahr um übeln nachredens willen dasjenige nicht unterlassen sollen / was schlechterdings GOTT erfordert /
noch auch dasjenige thun dörffen / was ausdrücklich sünde und von GOTT
verboten ist / so sind wir doch schuldig / in denjenigen dingen / die allein aus gewissen umständen und nach der bewandnüß des hertzens zur sünde werden
können / sonsten aber an sich mittel-dinge sind / worunter diese und jene art der
kleider gehöret / uns also anzuschicken / daß wir andern uns nicht zum anstoß

setzen /

setzen/ die wir billich sorgen müssen/ daß sie sich an uns/ weil sie die sache wie
sie ist zu fassen nicht geschickt sind/ mit bösem urtheil versündigen würden; so
dann daß wir uns nicht durch eine unnöthige sonderlichkeit in den stand
setzen/da wir alsdenn mit erinnern oder exempel an andern wenig mehr nutzen
schaffen könten.

10. Alles dieses ist von demjenigen fall geredet/ wo die art der kleidung
an einem ort insgesamt prächtiger als an andern orten ist/ da eine christliche
person mit gantzer entziehung von demjenigen/was allgemein ist/sich zur eule
unter die vögel stellen würde: Wo aber solche art zwahr die gemeinste ist/aber
doch auch andere exempel christlicher personen sich finden/ welche in geringe-
rem habit einhergehen/ so achte ich die pflicht derjenigen/ welchen angelegen
ist/ihr gewissen rein zu bewahren/daß sie vielmehr dem exempel der wenigen/
so ihre demuth auch eusserlich hervorleuchten lassen/ folgen/ als die andere
parthey stärcken/an denen der schein der hoffart sich findet.

11. Was endlich die besondere frage von gold/perlen und edelgestein
anlangt/ ob dieselbe schlechterdings und absolute christlichen personen verboten geachtet werden sollen aus 1. Tim. 2/ 9. und 1. Petr. 3/3. wolte ich
nicht davor halten/ daß mit ja darauf zu antworten. Indem wir wissen/
daß gold/perlen und edelgestein gute creaturen GOttes sind/deren gebrauch
göttlicher ordnung nicht entgegen ist/ vielmehr der HErr alles zu der menschen gebrauch erschaffen hat/ und ihnen denselben in gewisser ordnung gern
gönnet. So wird Hos. 2/8. 13. gesagt/ daß der HErr seye/ der Israel
silber und gold/ stirn-spangen und halsband gegeben habe/darinnen sie
also einhergehen dorfften/ und wird nur geklagt/ daß sie solche dem Baal zu
ehren angewandt. Ezech. 16/ 11. 12. 13. wird von GOtt auch gemeldet/
daß er seine geliebte Jerusalem geziehret mit kleinodien/ und ihr geschmei-
de an die arm und kettlein an den halß gelegt/ er habe ihr haarband an
die stirne gegeben/ und ohren-ringe an die ohren/ und eine schöne krone
auf das haupt/ er habe sie geziehret mit eitel gold und silber/ u. s. f.
Nicht weniger wird von des Königs tochter gesagt Ps. 45/ 14. sie ist mit
güldenen stücken gekleidet.Nun bin ich zwahr nicht in abrede/daß an solche
orten figürlich geredet werde von grossen geistlichen wolthaten/ damit der
HErr sein volck und kirche herrlich gemacht habe:Ich achte aber nicht/daß der
H. Geist die gleichnüssen davon genommen solte haben/woran der HErr da
es nach dem buchstaben sich fände/ einen greuel hätte. So sehen wir auch/
wie der theure freund GOttes Abraham/so dessen willen verstanden/ und so
herrliche zeugnüssen seines glaubens und seines gehorsams von sich sehen las-
sen/ durch seinen knecht die braut seines sohns Rebeccam 1. Mos. 24/ 53. mit

silbern

silbern und güldenen kleinodien / item mit spangen an stirn und arm-
ringe an die hände beschencken lassen. Woraus sich abzunehmen ist / daß
solcherley tragen dem HErrn an sich selbs nicht eben zu wider seyn könne. Daher ich die wort der Apostel vielmehr allein dahin annehme / nicht was Christen zu tragen erlaubt seyn solle/ wo einige andere weltliche ursachen es erfordern ( wie ich dann die gesamte kleider-trachten vor ein stück des weltlichen
wesens und reichs achte / deme das Christenthum nicht entgegen ist / sondern
nur desselben arten mit einigen regeln in gewissen schrancken behält/ daß wider
seine allgemeine pflichten nichts geschehe ) sondern worinnen christliche weiber ihren schmuck suchen sollen. Also ist einer solchen verboten/ daß sie in sil-
ber/gold/perlen/ edelgesteinen ihre zierde suche / darinnen ihre hertzens freude
habe/ sich darinnen schön düncke zu seyn/ und darinnen prange/ als welche von
viel besserem wissen muß / worinnen der wahre schmuck bestehe / darinnen sie
GOTT gefalle / dem aber zu gefallen ihre einige sorge seyn solle. Daher
setzet Petrus solchem eusserlichen schmuck entgegen den verborgenen menschen des hertzens/ daß also die meinung ist/ sie solten nichts vor ihren wahren schmuck halten / als diese innerliche zierde. Welcher innerliche mensch
gleichwol auch nicht nur den güldenen kleinodien und köstlichem gewand/ sondern eben so wol allen kleidern entgegen gesetzt wird / ohne die wir dannoch
weder seyn können/ noch der Apostel solches begehret: Daraus aber zu sehen/
daß nicht so wol die worte desselben dahin die absicht haben / was man anha-
ben dörffe/ als nur worinnen man seine zierde suchen und erkennen solle. Wo
also jemand gold / perlen und dergleichen träget aus innerlichem hochmuth/
gefället sich selbs darinnen / und trachtet andern zu gefallen / und was vor
fleischliche absichten dabey seyn mögen/ da wird wider der Apostel verbote ge-
sündigt/ und solches ist dem innern menschen entgegen/ und kan neben demselben nicht stehen. Wo aber der verborgene mensch des hertzens unverrückt
mit sanfftem und stillem geist sich findet / und die person darinnen allein ihr
vergnügen suchet / ob dann schon aus der weltlichen ordnung der stände und
solchen ursachen / welche jenem nicht entgegen sind / der eusserliche mensch in
einem dergleichen schmuck (so in seinen augen ihm selbs kein schmuck / sondern
wie alle kleider selbs und dero nothwendigkeit eine last ist ) einhergehet / so
wird nichts wider der theuren Apostel meinung gethan/ sondern ist der zweck/
den sie allein in allem suchen/ erhalten. Wäre aber jemand/ welcher dergleichen nicht ohne anhängigkeit des hertzens tragen könte / sondern bey sich fühlete / wie sich sein hochmüthiges fleisch damit kützelte / und sichs doch immer
wolgefallen liesse/ oder könte sein gewissen mit dieser erklährung der Apostolischen meinung nicht beruhigen/ als welchem der eusserliche hall der wort / und
wie sie bey dem ersten ansehen ohne tieffere untersuchung in den verstand fal-
len/

len/ zu starck einleuchtete/ dem würde dasjenige aus diesen ursachen zur sün-
de/ und darff derselbe bey seiner schwachheit sich der freyheit nicht gebrau-
chen/ welche den stärckern zukommet.

## Die sechste Frage.

Ob man wider die recessus imperii gute geld-sorten den gold-und
silber-arbeitern zu verschmeltzen überlassen könne?

1. ES dependiret diese frage von einer andern/ nemlich ob ein obrigkeitliches gebot/ so nicht expresse auffgehaben/ aber gantz öffentlich in abgang gekommen/ die gewissen der unterthanen weiter mehr verbinde? welche ich aber mit nein zu beantworten achte. Die krafft des gesetzes bestehet
in dem willen des gesetzgebers / wie er es will von den unterthanen gehalten haben/ und sie dazu verbindet. Wie nun derselbe/
nachdem etwa die zeiten sich ändern/ auch geändert werden kan/
daß er nemlich dasjenige auch öffentlich abrogire, was er vorhin verordnet/
welche art des gesetzgebers und der unterthanen gewissen am besten rathet/ so
kan er eben so wol als geändert erkant werden/ da der gesetzgeber oder die Ob-
brigkeit nicht mehr darüber hält/ und ohne einige andung oder widersetzung
öffentlich vor dero augen dagegen thun lässet/ deswegen auch solches gesetz
nicht weiter mehr wiederhohlet. Dann dieses der Obrigkeit verhalten zeiget ihren willen an/ daß sie dergleichen geschehen lassen wolle/ da sie es wohl
hindern könte/ aber doch nicht thut oder thun will; nemlich es seye derselbe/
daß dergleichen geschehen möge. Ob nun wol sicherer wäre/ daß sie durch
öffentliche abschaffung des vorigen gesetzes den gewissen rath schaffte/ so können doch zuweilen einige deroselben bekante ursachen seyn/ warum sie dasselbe allerdings auffzuheben bedenckens träget/ sondern dessen verbindung nur
auff eine zeitlang gleichsam suspendiret/biß sie wiederum rathsam finde/die-
selbe zu erneuren; wo nemlich etwa die vorige rationes cessiren/ welche sie be-
wegen/ eine zeitlang nicht darüber zu halten. Ist also der Obrigkeit conni-
venz in solcher sache/ da sie öffentlich und eine gute zeit gewähret/ als ein ta-
citus consensus, und nicht von weniger krafft/ als wo sie ausdrücklich gegen
ein gesetz dispensiret/ und also dessen verbindung in einer gewissen hypothesi
auffhebet/ da man sich alsdenn kein gewissen mehr über den gebrauch derselben machet.

2. Vorausgesetzt dessen/ so bejahe die vorgelegte frage / und glaube
nicht/ daß derjenige/ welcher dergleichen sorten an die/ so sie verarbeiten wol-
len/ verkaufft/ sein gewissen verletze. Dann 1. obwol die reichs-abschiede vor
augen ligen/ und ihre gute ursachen haben/ so sind sie doch wo nicht abrogirt
jedoch suspendiret durch die schon lang gewährte observanz: welche 2. öf-
fent-

fentlich und vor den augen der Obrigkeit geschyhet / die nicht nur die in den
recessibus imperii dazegen gesetzte pœnen nicht exsequiret / sondern mit
nichts / als viel mir bekant ist/ ihr mißfallen dagegen bezeuget. Daher 3.
die contraria praxis nicht etwa nur an einem oder andern ort sich findet / so
einem zarten gewissen eher einen scrupul machen würde/ sondern als viel mich
erkundigt habe/ durch und durch in dem Reich im schwang gehet. Also gar 4.
daß den wenigsten gold-und silber-arbeitern das gesetz bekant ist/ sondern die
meiste ihr lebtag davon nichts gehöret haben/ es auch ihren ordnungen/ welche sonsten an vielen orten ihnen vorgeschrieben sind/und sie darauf verpflichtet werden/ nicht einverleibet ist. Deswegen 5. fast nunmehr als ein ihnen
nicht publicirtes gesetz geachtet werden kan/welches sie demnach nicht verbindet.　So vielmehr weil 6. gestanden wird/ daß sie ausser diesem fall fast kein
silber haben können/ worinnen also auch eine vernünfftige ursach sich finden
liesse/ warum etwa die Obrigkeit tacito consensu das gesetz so lange suspendiret haben mag.　Alles solches aber mag dazu gnug seyn/ daß die gold-und
silber-schmiede sich mit solchem schmeltzen nicht versündigen.

　　3. Daraus folget/daß auch andere mit gutem gewissen denselben etwas
zu verschmeltzen überlassen können/ indeme diese nicht anders sündigten / als
daß sie zu jener sünde vorschub thäten.　Ja es haben diese so vielweniger
sorge zu tragen/ weil die reichs-abschiede und müntz-ordnungen nicht so wol
gegen andere als gegen diejenige selbs gerichtet seyn/ welche die gute
geld-sorten zubrechen und zuschmeltzen: Wo dann die krafft der gesetze gegen
diese nicht mehr gehet / so betrifft sie so vielweniger andere/ so nur indirecte
bey der sache concurriren.

　　Der HErr HErr / dessen gnade allein unsre hertzen fest machen kan/
gebe in seines Geistes liecht uns seinen willen in allen fällen zu erkennen/
daß wir verstehen / was ihme gefällig seye / unser gewissen bewahren / und
es weder mit unnöthigen scrupuln ängsten/ noch wider seinen spruch handlen/
in allen stücken aber treulich thun mögen was ihm gefällig ist.　Amen.

　　Dessen güte ruffe ich nochmal hertzlich an / daß sie der person/
welche sie/ wie aus dem übersandten vergnüglich zu sehen/ kräfftig zu
einem hertzlichen ernst ihres Christenthums zu ziehen angefangen/
mit der gnade des Heil. Geistes beystehen/ und was in diesem meinem
responso göttlichem willen gemäß/ wie ich es zwahr nach meinem begriff alles demselben gemäß hoffe/ und zu dero gewissens bewahrung
das vorträglichste ist / in ihrer seelen versiglen/ so dann insgesamt zu
dem frieden in Christo JEsu/ indem wir allein ruhe haben/ in erkäntnüß seiner väterlichen gnade gegen die seines willens begierigen kin-

der /

der / und mit wegräumung aller noch daran hinderlich gewesenen
scrupul / seliglichen bringen / in wachsamkeit über ihre seele und in-
brünstigem gebet immerdar erhalten / und sein gutes werck in ihr biß
an den tag JEsu Christi vollführen wolle.    Ach er der treue Vater
lasse uns alle je mehr und mehr reich werden in allerley erkäntnüß und
erfahrung / daß wir prüfen mögen / was das beste seye / auf daß wir
seyen lauter und unanstößig biß auf den tag Christi / erfüllet mit
früchten der gerechtigkeit / die durch JEsum Christum geschehen / in
uns zu ehre und lobe GOttes.  1686.

## SECTIO XIV.

# Wie viel man an arme anzuwenden habe / an eine vornehme stands-person.

ES lässet sich in der materie von der gutthätigkeit gegen die arme
nichts gewisses determiniren / sondern es muß die liebe die antreiberin
seyn / und die noth die meiste maaß geben.    Was jedem GOTT nach
seiner güte bescheret / darvon ist er wol befugt / was zu sein und der seinigen
nothdurfft erfordert wird / zuerst anzuwenden.    Es kan auch solche nothdurfft nicht gantz genau bestimmt werden / wie weit sie sich erstrecken solle / sondern man mag auch dieselbe zu einer zeit etwas weiter extendiren / als zu
einer andern / da was die liebe für anderer noch tringendere nothdurfft fordert / der eigenen zuweilen abgebrochen / oder dieselbe genauer eingeschrencket
haben will.    Indem die beyderseits nöthige ausgaben aus der absonderlichen liebe der unsrigen und aus der allgemeinen unsres bedörffenden neben-
menschen also neben einander stehen sollen / daß diese jene nicht auffheben
dörffen / sie aber wo die noth dieser seits zu starck antritt / wol in mehrere enge
zu bringen hat.    Also kan eins orts die noth so groß werden / daß man / wo sonsten der hülffbedürfftigen elend nicht anders gerathen werden könte / so wol
dasjenige / was man ordenlicher weise sonsten auffzuhalten wol befugt wäre /
anzugreiffen hätte / als auch was man sonsten für sich anzuwenden gewohnt
gewesen / enger einziehen müste / also daß man nicht nur von seinem überfluß /
und da mans gleichsam nicht empfindet / sondern auch von demjenigen / was
man zu andern malen ohne sünde für sich selbs gebraucht hätte / nothwendig
geben muß.    Was eigne kinder anlangt / da deroselben bedürffnüß der andern bedürffnüß zimlich gleich kommet / wird jene billich vorgezogen / die vor
andern gemeinen nechsten uns noch näher angehören / und zu absonderlicher
fürsorge von dem himmlischen Vater uns anbefohlen sind / wo aber dieser

Zz 2                                          letzteren

letzteren noth groß/ so überwieget die schuldige liebe und erbarmen der nothleidenden die sonsten obgelegene leibliche versorgung der upsrigen/ und müssen diese um der andern willen entrathen/ nicht eben/ was sie selbs in schwehren mangel setzte/ aber was ihnen doch auch zubehalten/ sonsten wol kommen/
ja bey gewissen fällen künfftig auch nöthig werden möchte/ indem die liebe in
vergleichung des gegenwärtigen und künfftigen allezeit jenes vorzuziehen
pfleget. Was herrlichen geschmuck anlangt/ wie ohne das dessen gebrauch
der eitelkeit am nechsten ist/ und selten ohne dieselbige geschihet/ also werden
auch leute/ die gerne alles das ihre nach der liebe GOttes und des nechsten
einrichten/ am wenigsten lust haben/ an dergleichen etwas anzuwenden/ darvon niemand wahren nutzen hat/ und ein grosses capital ohne einige frucht
daran hänget/ deswegen auch wo die liebe zu GOttes ehr oder der armen
nothdurfft ein mehreres von uns fordern/ als unser darzu sonsten gewidme-
tes austragen mag/ ist wol der geschmuck das erste/ das man anzugreiffen/
und da es sonsten als todt gelegen/ zu wahrem nutzen zu bringen hat. Dieses
wären die reglen/ die mir in christlicher überlegung vorgekommen sind/ und
aus welchen sich nachmal die application auf die fälle unschwehr machen lässet. Der HErr aber gebe selbs so christliche klugheit/ das anvertraute nach
seinem willen am weißlichsten anzuwenden/ als brünstige liebe gegen alle/ die
unsrer hülffe bedörfftig sind: Er nehme auch in gnaden auf/ und lasse ihm wol-
gefallen/ was in gläubiger liebe zum opffer auch dieser art ihm von seinen kindern einfältiglich gebracht wird. 1694.

## SECTIO XV.

### Ob assecurations-contracte wider das Chri-
stenthum? Ob es erlaubt/ menschliche cörper zu
anatomiren?

MAs die assecurationes anlangt/ vermeine ich/ daß ein Theologus nicht
bloß dahin davon/ als einer weltlichen sache/ urtheilen könne. Meinen gedancken nach wird alles darauf beruhen/ ob solche assecurationes entweder ein dem publico nützliches und dem flor der kauffmannschafft
nöthiges mittel/ oder nur ein erfindung so geitziger als vermessener leute/ die
grossen vortheil suchten/ oder als ein spiel alles wagen wolten/ seyn/ das publicum aber ohne verlust derselben wol entrathen könte. Wäre dieses letz-
tere/ so würden sie allerdings zu verwerffen seyn/ als die ohne das auffs wenigste nicht den besten schein haben. Das erste aber justificirte sie allerdings. So will mir auch fast vorkommen/ als wann das erste eher platz haben solte: nemlich daß an einem ort/ da grosse handlungen sind/ und nach dero
erhal-

erhaltung getrachtet wird / dieselbe sehr befordern möge / wo leute / die von
grossem capital sind/ sich finden/ an welche andere handels-leute/ dero gantzer
ruin an einem oder anderem verlust hängen / und wo dero nach einander mehrere zu grunde giengen / solches der kauffmannschafft einen stoß thun würde/
sich adressiren / und damit aus der gefahr des verderbens sich retten mögen.
Indem daraus geschehen wird / daß die meiste grosse verlust alsdann nicht so
wol solche treffen/welche so bald ruiniret würden/wo sie anders ihnen prospi-
ciren haben wollen / als solche die bey grösserem vermögen einige stösse auszu-
halten vermögen. Aus dieser ursach kommet mirs vor/daß die assecurationes ein mittel des flors der handlung seyen/ob ich wol bekenne/daß als ich der
handlung nicht kundig bin / nicht wisse/ ob mich vielleicht in solchen gedancken
betriegen möchte. Solte es aber also bewandt seyn / so will ich nicht zweifflen / daß dieselbe so wol als andere weltliche und politische ordnungen dem
Christenthum nicht zu wider seyen. Dann was die gemeine leibliche wolfahrt und die mittel derselben/unter denen die handlung ein nicht geringes ist/
erhält und befordert / ist der liebe gemäß / die hingegen die seele ist der übung
des Christenthums nach der andern taffel: ferner was der liebe gemäß ist/ ist
auch dem Christenthum selbs nicht zu wider. Was dagegen eingewendet
werden könte/meine ich nicht so wichtig zu seyn/daß das gegentheil geschlossen
werden solte. Es gehet aber solches theils diejenige an/so das ihrige assecu-
riren lassen/theils die assecuranten. Was jene anlangt/hat es den schein eines mißtrauens gegen GOTT. Aber es ist allein der schein / und schliesset
das christliche vertrauen die menschliche klugheit / so lang sie sich dergleichen
mittel gebraucht/die sonst GOTT nicht zu wider sind/nicht aus. Wann es
also GOTT und dem schuldigen vertrauen auf ihn nicht zu wider ist / daß
man in einer gefahr ein theil seines vermögens auf künfftige fälle zurück behalte / und nicht eben alles auf einmal in die schantz schlage / wie Jacob
1. Mos. 32/ 7. 8. sein heer in solcher absicht abtheilte / so ists auch nicht entge-
gen/wann ich einen andern in die gemeinschafft der gefahr nehme/damit mich
nicht dieselbe allerdings zu boden stosse. Was die assecuranten anlangt/
möchte denselben dreyerley entgegen gehalten werden / einmal daß es nicht
christlich wäre / das seinige dermassen in gefahr und hazard zu setzen / da mans
so leicht verliehren könte / weil man ja mit dem/was göttliche güte einem jeglichen beschert hat/ also umzugehen habe / daß man ihr auch davor rechenschafft geben könne: aber es wird dieser einwurff bald widerleget / durch so
viele exempel / daran niemand zweifflen kan / daß die sache erlaubt seye/ der
fälle / da man das seinige in grosse gefahr hingibet. Ja wo es wider das
Christenthum wäre/ sein leibliches vermögen in gefahr verlusts zu geben / so
würde alle seefahrt unrecht seyn / neben so vielen andern lebens-arten/ da das

brodt

brodt mit vieler gefahr erworben werden muß/ und deren doch das menschliche geschlecht nicht wol entrathen kan. Das andere/ das entgegen gehalten
werden möchte/ wäre daß der assecurant ohne seine arbeit etwas gewinnen
wolle. Es wird aber auch die schwachheit dieses einwurffs daraus erhellen/
wann wir bedencken/ daß zwahr jeglicher Christ seine zeit nicht mit müßiggang zu bringen/sondern etwas redliches arbeiten solle/ darinnen er GOTT
und dem nechsten diene/ welches gebot die assecuranten so wol angehet/ als
andere Christen/ jedoch daß dieses nicht nothwendig folge/ daß jedem seine
nahrung und was dazu gehöret/aus seiner eigenen arbeit kommen müsse:
sondern es kan einer mit gutem gewissen von den mitteln leben/ die er durch
anderer arbeit erwirbet/ dabey er aber seine zeit zu andern christlichen und
nützlichen verrichtungen/daß er nicht müßig seye/ anzuwenden verbunden ist.
So wird niemand leicht daran zweifflen/daß wider diese christliche regel nicht
gesündigt werde/ wo zwey eine compagnie machen/ da der eine die mittel dazu schöße/ob er wol nicht mitarbeiten kan/der andere hingegen seine arbeit dabey leistete: da gleichwol jenem durch dieses arbeit von seinen mitteln gewinn
kommet. Das schwehrste 3. möchte seyn/ daß der gewinn enorm und nicht
nach den reichs-satzungen/ wie viel man von ausgelehntem geld zu nehmen
habe/eingerichtet seye. Nun ists nicht ohne/daß es einen schein einer grossen
unbillichkeit habe. Wann aber hingegen dieses vorausgesetzt wird/ daß die
assecurationes dem gemeinen besten in beförderung der kauffmannschafft/
welche nachmal so viele menschen erhalten muß/nöthig/ und also den gesetzen
nicht zu wider seyen/daher auch die regenten dieselbe billigen/ so wird damit
alles dasjenige/ was darzu nöthig ist/ es wäre dann offenbarlich GOttes
wort zu wider (dieses aber definiret nirgend die proportion des gewinns/
sondern überläßt solches den regenten/ wie sie dieselbe nach bewandnüß zeit/
ort und geschäffte der gerechtigkeit und billichkeit gemäß befinden) zugleich
mit gut geheissen und erlaubt gemacht. Nun wird leicht begreifflich seyn/
daß ohne dergleichen grossen und gegen andere arten der handlung übermäßi-
gen vortheil nicht allein schwehrlich jemand zu der assecuration sich verstehen/
sondern auch niemand lang dabey bestehen könte. Indeme menschlicher weise nicht wol müglich ist/daß ein assecurant nicht dann und wann unglück habe:
Da würde aber ein auch offtmaliger sonst gewöhnlicher gewinn von vielen
schiffen/die mit glück überkämen/etwa kaum in mehrern jahren einen einigen
verlust wiederum ersetzen können/ sondern ein mann fast nothwendig/ GOtt
bewahre dann das seinige auf fast ausserordenliche und im gemeinen leben
kaum gewöhnliche weise/ in kurtzem ruiniret seyn müssen. Deme aber auch
dadurch vorgekommen werden muß/daß ob GOTT auch einige unglückliche
fahrten geschehen liesse/ wo nur etzliche andere durch dessen gnade geriethen/

derselbe

derselbe noch immer in dem stand bleiben könte/ daß er dem nechsten und darinnen dem publico ferner zu dienen vermöchte/ indem die gröffere öfftere gewinne den einmaligen schaden wiederum erfetzen. Indeffen wird ein solcher
affecurant, im fall er wahrhafftig chriftlich ift/ gleichwol aus trieb seines ge-
wiffens seinen gewinn auch also zu moderiren wiffen/ daß die liebe nicht verletzet werde: Nemlich dafern ihm GOTT meiftens glück gibet/ und also sein
reichthum ungemein zunehme/ daß er durch den starcken gewinn nicht leicht
andern schaden wieder zu ergäntzen hätte/ daß er so wol sonften defto mehr gelegenheit suche/ an nothdürfftigen die werck der liebe so viel reichlicher zu er-
weisen/ (als wohin aller überfluß/ den GOTT gibet/ meiftens von ihm gemeint ift/ als auch da er unter denjenigen/ welchen er mit seiner affecuration
gedienet/ und von ihnen ein ehrliches bekommen/ einige finden solte/ die das-
ienige/ was sie ihm ex pacto haben geben müffen/ schwehr truckte/ er auch als-
dem etwas seines rechts sich begebe/ und wie man bey benöthigten schulden
der penfion oder zinsen wegen zu thun schuldig ift/ ihnen wieder von demjenigen zuwende/ was ihm sonften das recht an sich selbs unzweiffenlich zusprache:
In welcher bewandnüß die liebe allezeit billich meifterin bleiben solle. Der
HErr aber gebe selbs seinen willen in allen stücken zu erkennen/ und erfülle die
hertzen mit liebe/ so muß alles nothwendig wol und ihm gefällig gehen.

Was die frage des anatomirens wegen anlangt/ wäre meine meinung
diese. 1. Dem menschlichen leib/ als welcher ein tempel des H. Geiftes ge-
wesen/ oder doch hat seyn können/ gebühret seine ehre noch in gewiffer maaß
nach dem todt/ daß er also nicht als ein aaß des viehes anzusehen und zu tractiren ift. 2. Daher wo man mit todten cörpern schimpfflich und mit einer
eigentlichen grausamkeit umgehen wolte/ ich auch solches nicht könte billigen/
sondern sehe es an/ daß es zu beschimpffung des schöpffers gereichen würde.
3. Wo aber solche zerschneidungen und durchwühlungen der menschlichen
cörper wahrhafftig zu diesem ende geschehen/ die innerliche bewandnüß derselben zu erlernen/ und in der erkäntnüß derselben zuzunehmen/ damit man
durch dieselbe nachmal so viel tüchtiger werde/ zu der lebendigen leiber gesundheit so viel gewiffer zu rathen: So halte ich alle diejenige mittel/ die zu einem
solchen an sich selbs nöthigen und nützlichen zweck nothwendig sind/ auch göttlichem willen/ der diesen will/ nicht entgegen/ und deßwegen mit gutem gewiff-
sen zu practiciren. 4. Also bleibet mir dieses argument, was dem todten
cörper nicht schadet/ nicht nur weil er nichts fühlet/ sondern ohne das der verwesung zuerkant ift/ und also demselben nichts dran gelegen ift/ ob er in seiner
geftalt mit an einander hängenden gliedern oder zerftücket in dieselbe einge-
het/ hingegen vielen lebendigen leibern nützlich seyn kan/ solches ift nicht nur
an sich nicht unrecht/ sondern auch nicht zu mißrathen. 5. Daher wo ich selbs

zum

zum exempel nach GOttes willen einigen schaden oder kranckheit bekommen
solte / welche entweder ungemein oder doch vermuthung wäre/ daß nach dem
todt die inspection meines cörpers solte andern/ sonderlich medicis, zu ihrem
unterricht/ davon künfftig auch andere in curen nutzen haben könten/ diensam
erachtet werden / würde ich die öffnung eher selbs befehlen als verbieten/ und
solte mir lieb seyn/ nachdem ich nach meinem todt sonst mit meinem leibe niemand nutzen kan/ wo auffs wenigste dessen untersuchung dem nechsten nutzete.
Daß ich also davor halte / wie den todten cörpern an sich selbs damit nichts
unrechts oder schaden geschihet/ daß auch die lebende/ wo sie wissen solten/ daß
mit ihren leibern etwas dergleichen vor wäre/ sich dessen mit gutem fug nicht
zu beschwehren: Worinnen ich niemand nichts auffbürde/ welches ich nicht
auch eben so wol selbs an mir zu geschehen zu frieden wäre: Welcherley zumu-
thungen am allerwenigsten verdächtig zu achten sind.    6. Wie es also zwahr
einen schein einer grausamkeit hat / auch noch dazu nicht ohne grosse schmertzen abgehet / daß man einem lebenden einen arm / schenckel oder dergleichen
glied ablöset/ wo es schneidens und brennens gibet/ so aber alles gerechtfertiget wird durch die erhaltung des lebens bey demjenigen/ dem solches abgelö-
set wird: Also wird auch aller schein der grausamkeit / so sich bey dem zerflei-
schen der todten und unempfindlichen cörper findet/ meines erachtens gnugsam damit purgiret/ weil die erhaltung der gesundheit bey mehrern lebenden/
die dardurch gesucht wird / dessen wol würdig ist.    7. Indessen sollen doch
diejenige / so damit umgehen/ auch sich so darbey bezeugen/ daß sie gedencken/
es seyen cörper ihrer art / kein gespött darmit treiben / und insgesamt nichts
anders darinnen suchen / als was der wahre zweck ist.    Welchen vor augen
habende sie so gar auch bey solchem werck zu unterschiedlichen guten betrachtungen gelegenheit finden können / und sie nicht zu versäumen haben.    Dieses wären meine gedancken über diese fragen.    Der HErr aber mache uns
selbs in allem seines willens gewiß. 1691.

## SECTIO XVI.
## Uber das pactum eines Advocati mit seinem
### Clienten wegen seiner belohnung.

IN der sache Sempronii, so Lucio in einer zweiffelhafftigen rechts-sa-
che gedienet/ und noch mehr als Lucii hoffnung gewesen/ erhalten hat/
ist unterschiedliches zu mercken:

1. Das erste pactum, so mit Lucio, welcher denselben dazu bewogen/
für seine bemühung eine gewisse summa von jeglichem tausend/ so er erhalten würde/ sich versprechen zu lassen/ gemacht worden / ist unrecht und dem
gewissen zuwider gewesen; weil es ein pactum de quota litis, welcherley in
den

den Käyserlichen rechten aus vernünfftigen und billigen ursachen ernstlich verboten/ auch solches Sempronio bekant gewesen ist/daher ihn billich abhalten sollen/ zu dergleichen pacto sich nicht disponiren zu lassen: so vielmehr weil dergleichen obrigkeitliche gesetze in solcherley dingen/ welche unter der weltlichen gewalt stehen/ und diese also dieselbe/ wie sie es zu dem gemeinen besten am vorträglichsten erkennet/ zu ordnen von GOtt macht hat/ auch die gewissen selbs verbinden/ daher es heisset Rom. 13. daß wir aus noth unterthan seyn sollen/ nicht nur um der straffe/ sondern auch um des gewissens willen. Wo also dergleichen gesetze wissentlich übertreten werden/ so wird damit auch das göttliche gebot/ so uns derselben gehorsam anbefiehlet/ nicht weniger überschritten/ und daher sünde begangen.

Dem mag nun mit bestand nicht entgegen gehalten werden 1. daß es nicht ein pactum de quota litis, sondern de quota certæ ejus partis gewesen. Denn auch dieses ist de quota litis, und gleich wie unter der ratione legis, also auch unter derselben selbs mit begriffen/ folglich verboten. 2. Daß der andere theil solches nicht nur anerboten/sondern Sempronium so viel als dazu genöthiget habe/ da derselbe sonsten lieber ein ander Salarium determinirt zu werden verlangt hätte/ zu dem/ daß Lucius auch ihm selber damit besser prospiciret/ und seines vortheils wegen auff solches pactum gedrungen/ dahero davon nichts wieder fordern könne. Dann (1. dergleichen pacta unter privatis'gelten nicht/ da lex publica dieselbe ausdrücklich verbeut/ sondern dieses hat den privatis aus ansehung des Boni publici diese macht benommẽ/ daß ob wol sonsten einer mit dem seinigen nach belieben umzugehen macht hat/ ihm in diesem fall die hände gebunden sind: wohin die gantze krafft des gesetzes gehet/ hingegen keiner dasselbe auffheben oder begebẽ kan: dann ihrer zwey möchten sich) wol etwas begeben/ das sonsten lege publica verordnet wäre/ wo dasselbe das commodum privatorum selbs angienge/ da jeder theil auff das commodum renunciiren mag/ so er sonsten davon zu erwarten gehabt hätte/ aber wo lex publica zum grund das allgemeine interesse der reipublicæ hat/ kan niemand sich dessen verbindlichkeit entziehen. (2. Sempronius hätte vielmehr auff seiner ersten verweigerung beharren/ und Lucium zu einer andern Satisfaction disponiren/ als wider die gesetze zu einem solchen pacto sich endlich verstehen sollen. (3. Ob wol wenn das pactum wäre exequirt worden/ Lucius nichts wieder zu fordern macht gehabt haben möchte/ als der sich selbs dazu verstanden/ und Sempronium dazu vermocht hat/ so bleibet dennoch das unrecht/ da an dem publico gesündiget worden/ und hätte derselbe Satisfaction zu suchen gehabt. Ferner mag auch nicht 3. die sache damit entschuldiget werden 1. weil die ratio legis est, ne occasio

casio præbeatur calumniose litigandi variisq; artibus ac strophis veritatem
oppugnandi, hie keinen platz habe/ da alles ohne verletzung der gerechtigkeit
in dem gantzen geschäfft und handel geführet worden: denn ob wol ratio legis
verursacht hat/ daß dasselbe gegeben worden/ verbindet doch lex auch als-
denn/ wo auch die ratio cessirt/ ja wir mögen sagen/ratio legis habe auch noch
hie platz/ denn die ratio legis bestehet nicht darinnen/ daß allezeit bey solchem
pacto auch gewiß andere unrechtmäßige proceduren sich finden: sondern
darinnen/ daß auffs wenigste dergleichen offt geschehen mag und zu geschehen vermuthlich ist: solcherley incommodis aber kan das gesetz nicht anders
kräfftig begegnen/ als wo es dasjenige/woraus sie entstehen könten/absolutè
verbeut/ wie hie geschehen ist/ und also solche sanction beyderseits gewissen
verbunden hat.

2. Nachdem aber als die sache zu ende gebracht/ ein neuer vergleich ge-
macht/ und mit einem nachlaß von der summa/ die aus dem ersten pacto bezahlet werden sollen/ alles auff eine donationem remuneratoriam gesetzt
worden/ gibet es von solcher zeit dem geschäfft eine gantz andre gestalt/ indem
solcherley donationes nichts unrechtes oder verbotenes in sich haben/ auch
Lucius so wol damals als auch nach der zeit immer mit demjenigen/ was er
zugesagt und gegeben hat/ wohl zu frieden gewest. Daher Sempronius auch
das empfangene als etwas verdienliches (sonderlich nachdem auch nach diesem vergleich ein neuer nachlaß/ bey dem es endlich geblieben/ gemacht worden) mit recht ordenlicher weise behalten kan: Ob dann auch solche remune-
ration gegen das sonsten gewöhnliche möchte allzuhoch scheinen zu kommen/
so stunde doch Lucio frey/ auch etwas von dem seinigen zu verschencken/ und
kommet dabey in Consideration, daß Sempronius eine gute zeit ohne einiges
entgeld/ ja wol mit eigenen kosten/ Lucio hat dienen/ auch stäts in zweiffel
seyn müssen/ ob er etwas/ oder doch der arbeit gemässes/ bekommen würde/
als welches ja allerdings/ auff den fall nichts zu erhalten gewesen wäre/
würde zurück geblieben/ und Sempronii mühe/die er angewendet/unbelohnt/
nicht vergolten worden seyn: daher ihm auch zu gönnen ist/ daß die summa
höher gekommen/ als etwa insgemein für advocaten gebühren gegeben zu
werden pfleget/ da diese allezeit ihrer belohnung gewiß sind/ es gehe die sache
ab wie sie wolle. Wozu auch kommt/ daß er durch die empfangene summa
sich hat dazu verbinden lassen/ was noch weiter an solchem geschäfft erfordert
würde/ ohne ferner entgeld auszumachen/ woraus müglich war/ daß noch
viel mühe hätte gemacht werden können/ ob wol dergleichen eben nicht erfolget ist. Wie dann diejenige/ so gewisse jahrs-bestallungen haben/ solche ohn
bedencken und mit gutem gewissen nehmen/wo sie schon des jahrs über an solchen wenig verdienet haben/ dazu sie gleichwol allezeit bereit gewesen waren/
also

also mag auch Sempronio zu statten kommen/ daß wo jene summa vor das
verdiente solte zu starck gewesen seyn/ ein theil desselben für eine besoldung
auff das künfftige zu nehmen gewesen/ die er also wol gewissen können/ ob die
sache wol nicht erfordert hat/ viele mühe deßwegen anzuwenden/ dazu er
gleichwol gefast hätte seyn müssen.

3. Ob nun wol nach jetzt angeführtem Sempronius das gereichte titulo
non injusto hat/ so bleiben gleichwol noch einige wichtige bedencken dabey:
1. daß gleichwol das erste pactum vitiosum und sündlich gewesen. 2. In dem
vergleich zwahr nachmals der terminus donationis remuneratoriæ gesetzt
worden/ aber von Sempronio solches möchte scheinen allein deßwegen/ sich von
dem in jure verbotenen pacto mit solchem andern nahmen loßzumachen/ geändert seyn zu werden. Da 3. indessen in der that das vorige pactum de quota litis reipsa noch darinnen gestecket/ ob es wol vor der welt einen andern titul bekommen/ welches sonderlich die summa 1333. fl. so die sextam partem
der erhaltenen summe ausmachet/ anzeigen möchte/ da vorher der fünffte
theil wird accordirt seyn worden/ endlich ists auff den siebenden kommen/
also ist allezeit noch eine reflexion gleichsam auff eine quotam gemacht/ dero
quantum zwahr immer verringert/ die natur aber des ersten pacti vitiosi in
gewisser maaß behalten worden: welches gleichwol dem gewissen einigen
scrupul machen kan. Dazu 4. kommt/ daß als Sempronius von GOtt sonsten angegriffen/ und seines gewissens/ wie es um solche zeit zu geschehen pfle-
get/ erinnert worden/ dieses so bald auff diese eine gute zeit vorher vorgegan-
gene sache gefallen ist: daraus abzunehmen/ daß entweder dasselbe bereits
als die sache vorgegangen/ einige erinnerung gethan haben werde/ und wider dessen warnung die sache geschehen wäre: oder sehe ich dergleichen rührung über dinge/ die eine zimliche weile vorhergegangen sind/ insgemein
nicht vergebens zu geschehen an/ sondern erkenne darinne lieber einen finger
GOttes/ so uns das verborgene unsers hertzens zu unserm besten vorstellet.
5. Wo auch das quantum selbs angesehen wird/ verstehe ich mich nicht dar-
auff/ wie nach gerechtigkeit und billigkeit die advocaten-gebühren zu æstimiren seyen/ und also wie fern die summa der 1000. fl. dasjenige/ was sonsten
gebräuchlich/ übertreffe oder nicht. Ich erinnere mich aber allezeit billich
der allgemeinen regel unsers Christenthums/ und der darinnen gebotenen
liebe/ daß niemand seine arbeit zu hoch anschlagen oder sich bezahlt machen
solle/ indem sonsten/ ob er wol eusserlich ein solches justo titulo und ohne vorwurff hat/ dannoch das gewissen vor GOtt damit nicht beruhiget ist: nachdem die uns allen angebotene regel/ daß wir dem nechsten dasjenige schuldig
seyen/ was wir von demselben auch uns verlangen/ so bald weiset/ daß jeder
von dem nechsten verlange/ ihm seine arbeit nicht zu hoch anzuschreiben/ son-

dern

dern die billichkeit zu beobachten/ daher er sich so bald auch gleicher schuldigkeit billich erinnert.

4. Alle diese vorgestellte bedencken bewegen mich dahin/ ob wol was
bey N. 2. gemeldet worden/ zeiget/daß vernünfftige ursachen angeführet werden mögen/so Sempronio das empfangene dermassen zu erkennen/daß er zu keiner restitution schuldig wäre/ daß ich dannoch das gewissen nicht so gar ohne
sorge dabey finde/ sondern mehr zu rathen suchte/ wie in andern zweiffelhafftigen gewissens-fällen offtmal zu thun ist/ nicht so wol partem probabilio-
rem als tutiorem zu wehlen. Diese partem tutiorem und sichersten weg
hielte nun zu seyn/ daß Sempronius nochmal in der furcht des HErrn über-
legte/ was er wol für seine außlagen und verdienst/ und alle mühe/ die er so
wircklich verrichtet/ als sich darzu bereit halten müssen/ zu rechnen befugt
seye/ so als sein eigen gewissen bezeugen wird/ gerecht und billich zu seyn. Dabey ich gern zulasse/ daß er solchen verdienst so hoch setze/ als sich noch auch in
der welt von dieser dinge verständigen und die billichkeit liebenden personen/
bey den oben erwogenen umständen/ verantworten lasse/ mit ståter erwe-
gung/ wie er etwa/ wo er an des andern stelle gewesen wäre/ urtheilen würde. Findet er nun die billige æstimation auff solche summe endlich zu steigen/
so hielte davor/ daß er sein gewissen ferner allerdings beruhigen und zu frieden geben könte/ nur aber nöthig habe/ sich vor GOtt desjenigen wegen/ so
bey der ersten convention unordenlich vorgegangen/ zu demüthigen. Solte
es sich aber nach angestellter überlegung befinden/ daß die 1000. fl. dasjeni-
ge/ so er für seine mühe prætendiren können/ nach dem urtheil des eignen gewissens etwa weit übersteigen/ so sehe ich nicht/ wie man sich einiger restitution, ohne dem gewissen eine ståte ursach einer anklage zu lassen/ entbrechen
könte. Es wäre aber solche restitution nicht Lucio zu thun/ der durch seine
Convention sich seines rechts begeben/ und also nichts fordern kan/ sondern
weil die ursach derselben herkommet aus verletzung des gewissens in solchen
stücken/daraus in der welt keine forderung gemacht werden könte/aber GOtt
uns deßwegen schuldiget/ geschihet sie am billichsten an GOtt/ und also an
dessen statt an die arme. Wäre also dem gewissen auff alle künfftige fälle am
gewissesten gerathen/ daß Sempronius eine solche summe/ die der übermaß/
so in dem gewissen befunden worden/ gleich kommet/ an arme kommen liesse/
und sich damit aller sorge entladete. Da es heissen möchte Luc. 11/ 41. doch
gebet allmosen/ von dem das da ist/ sihe so ists euch alles rein. Es wäre auch zu rathen/ daß sonderlich die wohlthat an solche arme geschehe/ die
kinder GOttes sind/ welcherley wohlthaten allezeit wir vor andern doppelte verheissungen haben/ also gewißlich die krafft haben werden/ von GOtt
der seelen eine so viel beständigere ruhe zu erlangen.

Der

Der HErr zeige aber auch hierinnen selbs seinen willen/ mache das hertz durch seine gnade gewiß/ und reinige das gewissen von allem / das demselben jetzt anstößig ist/ oder doch künfftig werden möchte/ um alsdenn einer so viel beständigern und vergnüglichern ruhe zu geniessen. Amen. 1688.

## SECTIO XVII.

### An einen gewesten Socinianer/ der zu der Evangelischen religion getreten / ob und wie fern er seinen Patronis, die ihn studiren lassen/ verbunden seye.

ICh dancke billich dem Vater der barmhertzigkeit/ welcher gleichwie mein armes gebet an denselben / so für ihn und bißherige seine mitbrüder stets dahin gegangen/ damit er durch das liecht seines Heil. Geistes ihnen sonderlich seines eingebohrnen Sohnes ewige Gottheit und theure gnugthuung in der wahrheit zu erkennen geben wolle/ gnädiglich erhöret/ und sein liecht in seiner seelen weiter auffgehen hat lassen. Also zeiget er/ daß seine wahrheit noch die krafft behalte / die hertzen derer/ welche sein wort in schuldiger gelassenheit und mit auffmercksamkeit untersuchen/ zu ihrer erkäntnüß kräfftig zu rühren : Dafür wir ihn billich zu preisen haben werden in zeit und ewigkeit. Er wolle auch nicht nur allein denjenigen sämtlich/ welche auf gleichen irrwegen/ davon er seine liebe person jetzo auf die rechte strasse führet/ annoch einhergehen / sein liecht kräfftig mehr und mehr zu vertreibung aller finsternüß lassen auffgehen/ sondern vornemlich nunmehr in ihm das angefangene gute werck weiter lassen zunehmen und vollführet werden auf den tag JEsu Christi/ damit er in die lebendige göttliche erkäntnüß stets tieffer eintringe/ mit früchten der gerechtigkeit reichlich erfüllet/ und so wol ein angenehmes glied als löbliche zierde unserer Evangelischen Kirchen werden möge. Ja er erfülle auch an ihm seine verheissung/ wie er ein vergelter derer seyn wolle/ die um seiner wahrheit willen etwas von zeitlichen bequemlichkeiten willig hindansetzen: Wie ich auch nicht zweiffle/ daß er solches an ihm thun/ und derjenigen/ zu welchen er kommet/ hertzen mit liebe zu ihm neigen werde. Was die beyde mir vorgelegte fragen anlanget/ und zwahr die erste/ ob der Herr schuldig seye/ auf der Patronorum und Curatorum , welche denselben mit mitteln in der frembde verlegt/ abforderung sich nunmehr in Siebenbürgen zu stellen / oder auch das auf ihn gewandte zu restituiren? erkläre meine meinung dahin: Daß nicht ohne sey/ daß derselbe seinen Patronis in gewisser maaß verbunden bleibe/ indem die änderung der religion andere verbindlichkeiten in dem menschlichen leben nicht auffhebet; jedoch kan solches verbinden nicht anders / als so fern das gewissen dabey ohnverletzt blei-

Aaa 3                                       bet/

bet/verstanden werden.    Achtete ich also davor/ daß derselbe seinen Patronis
und Curatoribus auffs förderlichste wissen zu machen habe/ was GOtt vor
eine änderung mit demselben vorgenommen/ und ihn zu einer bessern erkänt=
nüß gelangen habe lassen/  mit anzeige/ daß wie sie GOtt in die herrschafft
der gewissen nicht eingreiffen werden wollen/ er nicht sehe/ daß nunmehr seine
hineinkunfft jetzo oder künfftig nach ihrem wunsch seyn würde.    Zwahr/ wo
sie ohnerachtet dessen ihm gleichwol die zugemuthete professionem Logices
und Ethices aufftragen/ und ihm dabey versicherung thun wolten/ ihn nach
seinem gewissen lehren und leben zu lassen/  wolte er seiner obligation nach=
kommen/ und sich zu antretung der angetragenen stelle verstehen (wie ich denn
in solchem fall selbs denselben dazu verbunden gläubte/ und die sache also an=
sähe/ daß GOtt etwas mehres gutes/ als wir voran abmercken könten/ mit
ihm vorhaben müste/ weßwegen auch die etwa dabey sorgende gefahr nicht ge=
scheuet werden dörffte.)    Wenn er aber billich zu sorgen habe/ daß sie ihm in
dieser seiner bewandnüß solchen dienst nicht anvertrauen würdē/ er hingegen
auch wider sein gewissen nicht thun/ oder auf gleiche weise/ als ihre bekäntnüß
erforderte/ künfftig lehren/ oder ihm jemand dergleichen zumuthen könte/ so
würde vermuthlich ihnen selbs etwa angenehmer oder rathsamer seyn/ da er in
diesen landen hieraussen verbliebe/ und seiner gewissens=freyheit ruhig genös=
se.    Was die vorgeschossene mittel anlangt/ nachdem dieselbe zu seinen Stu=
diis gewidmet/ er sie auch treulich dazu angewendet/ nicht weniger bereit seye/
ihnen damit an der schule/ wozu sie ihn bestimmet/ so fern zu dienen/ als er sei=
nem gewissen ein gnüge zu thun gelassen würde/ hoffte er/ sie würden ihm selbs
dieselbe willig erlassen/  nachdem es nicht sein eigener wille/  sondern seines
GOttes gnade gewesen/  die ihn in den stand setze/  daß er nach ihrem willen
und absicht/ wie er sonsten gethan haben würde/ nun nicht mehr weiter ihnen
zu dienen vermöchte.    So wäre auch denselben dessen jetziges zeitliches un=
vermögen dermassen bekant/ daß sie wüsten/ die refusion diesesmal blosser=
dinges unmüglich zu seyn.    Solte es aber geschehen/ daß ihn GOtt nach
seiner gütigen fügung künfftig so weit in dem leiblichen segnete/ daß er ohne
abbruch seiner nothdurfft nach und nach ihnen etwas abtragen könte/ wolte
derselbe/ dafern sie ihm nicht willig solches erliessen/ sich auch dazu verstehen/
damit er ihnen nicht einiges ärgernüß gebe.    Auf diese weise hielte ich davor/
daß hinein zu schreiben wäre/  und glaube/ daß damit die gerechtigkeit und
christliche liebe nicht verletzet werde.    Indessen aber hielte ich wolgethan/ daß
derselbe nicht eben in Breßlau der antwort lang erwartete/  sondern mit an=
zeige an die Patronos, wo er anzutreffen seyn werde/ sich hieher verfügte. Da
ich versichere/ daß man ihm mit liebe begegnen/ und auf fernere versorgung
nach möglichkeit bedacht seyn werde.    Wohin ich denn auch die andre frage/
was

was ins künfftige vorzunehmen / verschieben will / als davon ich nicht so wol
dißmal schreiben kan/sondern zu dero gründlicher beantwortung unterschied=
liches wird überlegt werden müssen / welches nicht wol anders als in gegen=
wart geschehen kan. Daher es dißmal hierbey beruhen lasse/und nechst hertz=
licher wiederhohlung obigen christlichen wunsches ihn insgesamt der himmli=
schen gnaden-regierung und kräfftigen würckung des Heiligen Geistes über=
lasse. 1687.

## SECTIO XVIII.

### Vom bösen gebrauch bey dem Schneider=hand=
werck / da die gesellen als ein recht prætendiren / von der zu
verarbeiten gegebenen seide vor sich einen theil zum verkauff zu be=
halten / und die meister / die solches nicht zulassen wollen/
deswegen verlassen.

Uf das vor mir ausgeschüttete anliegen zu kommen / ist auch dieses ein
zeugnüß unsers eussersten verderbens / daß neben den allgemeinen hin=
dernüssen jegliche absonderliche profession auch ihre besondere steine
des anstosses hat/die denjenigen/welche gern ihr Christenthum nach der regel
GOttes führen wollen/dasselbe schwehr machen/ daß sie dieselbe zu überwin=
den kaum müglich finden / und manch tausend seufftzen deswegen zu GOTT
schicken. Darzu noch kommet / daß jeglicher seinen stand vor allen andern
vor den verderbtesten und gefährlichsten achtet / weil er nemlich dessen gefahr
vor allen andern am meisten einsihet / da ihm hingegen nicht gleicher massen
bekant ist / wo auch andere der schuh trucke / und ihnen nicht weniger angst
verursache. Daß ich aber so bald zur sache selbs schreite / so fasse ich meine
meinung in etliche sätze. 1. Aller eigenliche diebstahl ist einem Christen ver=
boten/ und kan mit unverletztem gewissen nicht begangen werden: Es heisset
aber diebstahl alles/wo ich dem andern etwas des seinigen entziehe/entweder
mit gewalt/oder heimlich un dn wermerckt/ unter welche art denn eben dieses
gehöret / wo man bey dem schneider=handwerck zu den kleidern mehr seiden
und anders fordert / anrechnet / und sich bezahlen lässet/ als man wircklich be=
darff und verbrauchet. Daher ein solches zu thun allerdings unrecht ist.
2. Wie nun meister und gesellen / die dergleichen thun/ sich allerdings hieran
versündigen/ so wird jenes schuld in so fern grösser/ daß er diesen zu ihrer boß=
heit wissentlich hilfft. 3. Also kan dergleichen zu thun nicht recht oder er=
laubt werden/es wäre dann/daß diejenige/mit denen man es zu thun hat/auf
vorstellung der sachen bewandnüß sich selbs darzu disponiren liessen/ drein zu
willigen/daß etwas mehreres auffgenommen würde. 4. Ausser dem wäre
kein

kein ander rath nicht/als einmal sich dahin zu bestreben/daß man gottsfürchtig gesind bekomme/und dieselbe auff christliche weise durch verstattung mehrer freyheit zu ihren geistlichen übungen an sich ziehe: da ich ja nicht hoffen will/ daß unter einer grossen zahl schneider-gesellen nicht auffs wenigste einige sich finden solten/ denen es mit ihrem Christenthum ein ernst/ und also bey einem auch christlichen meister/ ob er schon dergleichen böse gewohnheit ihnen nicht verstattete/ vor andern zu arbeiten ein angenehmer dienst wäre. Wie mich erinnere/ daß als in N. lebte/ etliche schneider-gesellen mich gesprochen/ aus dero gespräch gute hoffnung geschöpffet/ daß sie gern ein unverletzt gewissen behalten wolten. Wo nun solch gesinde vorhanden / zweifle nicht/ daß es sich auch in diesem stück seines Christenthums wohl bescheiden werde: da es hingegen auch um länger zu bleiben mit aller liebe und freundlicher begängnüß vermacht werden solle. 5. Wäre aber solches nicht zu erlangen/ sondern man muß gesinde nehmen/ wie mans haben kan/ so muß denselben ihr lohn vergrössert/ oder bey jeder arbeit dasjenige/ so viel ihre böse gewohnheit ihnen nunmehr von der seide zueignet/ auff ihre verantwortung vergütet werden. So könte nachmal hinwieder auff den macherlohn etwas geschlagen/ und den leuten/ wo sie sich beschwehreten/ freundlich gezeiget werden/ daß wo andere dem ansehen nach wolfeiler arbeiteten/sie hingegen in anderm/ da sie mehr seiden fordern/ solches einbrächten/ da man hingegen in solchen stücken redlich mit den leuten verführe/ indessen wegen solcher auffrichtigkeit/ nicht in schaden zu lassen seyn. Da ich das vertrauen habe/was verständige und billige leute seyen/ werden alsdenn einige groschen nicht ansehen/ daß durch sie den verlust von etwa noch so vielem/ nur daß sie sonst desselben nicht so gewahr werden/ vermeiden. 6. Solte man auch auff diese weise/ das an die gesellen mehr gebende nicht wieder erstattet bekommen/sondern selbs tragen müssen/ hat man solches leiden/ indem man weniger vor sich bringt/ als man sonst gepfleget/ als ein leiden des HErrn auffzunehmen/ und mit gedult zu tragen/ ja aber sich dessen zu entschütten/ nicht zu den verbotenen mitteln zu schreiten/ mit stäter vorstellung/ wie kein verlust so groß seyn könne/ daß wir unsre seele darüber zu verliehren in gefahr zu setzen ursach hätten/ so dann/ daß derjenige wahrhafftige GOtt/ welcher den seinigen zugesagt hat/ daß er sie nicht verlassen noch versäumen wolle/ Hebr. 13. noch so reich seye/ auff ihm bekante art/dasjenige/ was wir um seinet willen weil wir mit unrecht wider seinen willen unsers vortheils halber nicht thun wollen/ hindan setzen/ wiederum zu erstatten/ und uns unsre nothdurfft zu beschehren: da es ihm hingegen auch an macht nicht manglet/ dasjenige was mit bösen stücken/ sonderlich da uns unser gewissen wircklich darüber bestraffet hat/ vor uns gebracht/ auff allerley art wieder zu verstäuben/ daß wir dessen doch nicht

nicht froh werden solten. Wie dann dergleichen sünde so bald bey einem menschen schwehrer zu werden anfängt / als er von GOtt zur mehrern erkäntnüß
gebracht wird.　7. Will aber eine ehegattin solches nicht begreiffen / ist ihr
christlich und beweglich die gantze sache / und wie kein segen bey diesem vermeinten vortheil seyn könne / vorzustellen / um sie damit auch zur ruhe zu
bringen: allenfals aber / wo sie sich dadurch nicht bedeuten liesse / solches dem
HErrn / der die hertzen allein lencken kan / wie er will / zu befehlen / und auch
in solchem ungemach gedult zu üben.　Dieses ist / wie ich die sache vor GOtt
ansehe / welches alles in dessen furcht zu überlegen bitte / um alsdenn zu
schliessen / was das gewissen haben will.　Der HErr mache uns selbs seines
willens gewiß / so allein durch gnade geschehen kan / und gebe uns getrosten
muth / dem erkanten willen auch wircklich zu gehorsamen um Christi willen
Amen. 1698.

## SECTIO XIX.
# Von den Conversis aus dem Papstum.

WIe ich mich schuldig erkenne / also thue ich denen conversis gern gutes
und mügliche treue.　Ich halte aber diejenige vor keine conversos,
welche zwahr mit dem munde zu unserer Lutherischen religion sich
bekennen / aber nicht würdiglich wandeln dem beruff dazu sie beruffen sind;
und wünschete ich lieber / daß manche / welche zu uns aus dem Papstum
kommen / darinnen blieben / wo sie mit ärgernüß unsere kirche nur beflecken
und schaden thun / ihrer seelen wegen aber auch keinen nutzen davon haben.
Dann das ist weit gefehlt / wo sie meinen / der Lutherische glaube / das ist / wo
sie zu solcher religion sich bekennen / und davon unterrichtet sind / werde sie
bey allem bösen leben selig machen.　Ich weiß nur einen glauben der selig machet / welchen unser selige Lutherus in der vorred der Epistel an die Römer
und anderswo herrlich beschreibet / wie er nicht eine menschliche meinung /
sondern göttliche krafft in dem hertzen seye / so einen gantz andern menschen
machet / und ihn nicht im bösen leben ligen lässet. Wo ich diesen glauben nicht
finde / so halte ich keinen vor einen wahren conversum, ob er auch gleich mit
tausend eyden / die Lutherische religion beschworen hätte / und dabey zu leben
und zu sterben sich erklährte / ja ich bin versichert / daß einen solchen menschen / der dabey ein übel leben führet / die erkäntnüß der göttlichen wahrheit
aus unserer wahren Lutherischen religion nur so viel schwehrer verdammt /
als wo er in dem päpstischen finsternüß geblieben wäre.　Es ist aber alles
solches nachmal bey dergleichen menschen allein eine menschliche meinung
von der göttlichen wahrheit / und nicht der rechte glaube / welcher ohne den
H. Geist nicht ist / dieser aber bey einem boßhafftigen menschen nicht wohnen

kan. So hertzlich ich dann die wahre conversos liebe/ da ich sehe/ daß denselben die göttliche wahrheit angelegen ist/und sie also eines gantz exemplari-
schen unsträfflichen wandels sich befleissen/ Gott vor seine erleuchtung danckbar zu seyn/ (dergleichen ich aber bekenne etwas seltzames zu seyn) so gering
achte ich hingegen diejenige/ welche die conversion nur in information des
verstands/ nicht aber auch in änderung des willens und gantzen menschen su-
chen/ von denselben sorge billig/ daß sie zu uns nur gekommen aus liebe eines
freyen lebens: gerade als ob unsere Lutherische religion dem fleisch mehrern
zaum schiessen liesse. Da doch gleich wie unsere lehr vor die geängstete und
göttlichen zorn fürchtende gewissen dergleichen trost hat/davon das Papstum
wenig weiß/ sie gleichwol den in sünden fortfahrenden/ viel ernstlichere regeln vorschreibet/ als immermehr die Papisten von sich rühmen mögen/ daß
die ihrige thue. Indem bey diesen das opus operatum der haltenden messen und einiger eusserlicher wercke dem vorgeben nach vieles zur seligkeit
thun mag: da wir hingegen zur seligkeit schlechterdings den wahren glauben requiriren/ denselben aber bey keinem zu seyn erkennen/als der mit allem
eiffer und ernst ein gottseliges leben ihm lässet angelegen seyn. Gleich wie
ich nun dieses mit recht erfordere von allen denen/ die sich Evangelisch und
glieder unserer kirchen ausgeben/ also habe ichs noch mit so viel mehrerm
recht zu fordern/ von denjenigen/ welche von andern religionen zu uns kom-
men/ und so wol GOtt als unserer kirchen schuldig sind; gegen jenen ihre
danckbarkeit vor die grosse gnade der erleuchtung zu erweisen/ diese aber/
welche dieselbe auffgenommen/ mit ärgernuß nicht zu beschwehren/ sondern
mit gutem exempel zu erbauen/ die dieses nicht thun wollen/ die blieben besser
von uns. Was N. N. trohet/ er werde müssen thun/was er nicht gern thue/
und also etwa wieder zu dem Papstum kehren/ schrecket mich nicht/ dann
hält er die liebe der erkanten wahrheit nicht so hoch/ daß er auch das grösste
elend um derselben willen zu leiden/ und wo es nöthig wäre/auch mit genaue-
stem behelff und eigner arbeit sein leben durchzubringen/ja alles unrecht eher
darüber auszustehen/ bereit wäre/ als in die vorige finsternuß zu den fleisch-
töpffen Egypti zu kehren/ so ist er solcher erkäntnuß nicht werth: sie ist auch
mehr eine menschliche persuasion, als göttliche erkäntnuß bey ihm. Dann
wo diese ist / so ist so bald das propositum, Christo sein creutz williglich aller
orten nachzutragen/ welches ich allezeit den proselytis ernstlich einbinde. Ich
wünsche von hertzen/ daß der grundgütige GOtt ihn mit seinem Geist erleuchten wolle/ zu erkennen/ wie bißhero sein leben (wo nur das wenigste/ so
von ihm berichtet/ und durch die obrigkeitliche straff bekräfftigt worden/
wahr ist) der Evangelischen profession nicht gemäß gewesen/ und also er erst
einer rechten conversion, ein wahrer Lutherischer Christ zu werden/ bedörff-
te/

te/ so dann daß er solches Geistes wirckungen bey sich platz gebe/ hinkünfftig sich anders anzuschicken/ daß GOttes nahme nicht seinetwegen gelästert/ sondern gepriesen/ der nechste erbauet/ und er selbs erhalten werde. Größere liebe weiß vor dißmal ihm nicht zu thun/ als mit solchem eiffrigem gebet.

## ARTICULUS IV.

### Pflichten eines Christen gegen sich selbs und seinen beruff.

#### SECTIO

1. DAß man die befindung seiner unvollkommenheit sich nicht niederschlagen lassen solle. Examina catechetica. Ob man etwas übrig haben könne? Wie weit sich das maaß der gutthätigkeit erstrecken solle?

2. Von der art des glaubens/ sonderlich aus welchem alle wercke herkommen müssen: Ob man simuliren oder dissimuliren dürffe? Ob man einen beruff anzunehmen/ dazu man sich untüchtig achtet? Vom innern beruff/ und insgesamt/ woran man den göttlichen beruff zu erkennen habe.

3. Verleugnung sein selbs und der welt: besuchung andrer religion kirchen/ und gebet darinnen. Transplantation der kranckheiten. Jacob Böhme. D. Carpzov.

4. Bereitung des hertzens zu williger verleugnung alles zeitlichen/ aus gelegenheit der übergab der stadt Straßburg.

5. Verlangen nach dem himmlischen vaterland.

6. JEsus den Christen alles. Art des rechten verlangens nach der aufflösung. Heiliger saame unter hohem stand. Geistliche stiffter.

7. An eine hohe standes-person über gefühlte ungemeine geistliche freude/ wie man sich darein zu schicken.

8. Schuldige danckbarkeit einer aus leib-und geistlicher noth befreyter standes-person.

9. Einsamkeit und stille ein gutes hülffsmittel zur heiligung. An eine vornehme Adeliche Fräulin.

10. Hertzens-angst. Verlangen nach stillem leben.

11. Einige lebens-regeln von den beruffs-wercken; sanfftmuth gegen böse; enthaltung des richtens.

12. Uber das verlangen eines politici die welt-geschäffte mit ruhigerem leben zu verwechseln.

13. Gefahr unser zeiten.    Regeln eines christlichen kauffmanns: absonderlich wegen zoll und accise.

14. Antwort auff einige scrupul betreffend die kauffmannschafft.

15. Von dem vornehmen die kauffmannschafft zu verlassen.

16. Ob man die handlung/ um sich der welt loßzureissen/ bey noch habenden schulden/ verlassen könne.

17. Von dem vorhaben eine vornehme mit rechts-sachen umgehende stelle mit einer andern lebens-art zu verwechseln.    Von der vereinigung der religionen.

18. Uber den casum, da jemand sein weltliches amt verlassen/ und um stilleres lebens willen sich in sein vaterland begeben hat.

19. Was ein soldat sich zu erinnern habe.

20. Wie man zuweilen etwas gutes/ so aber nicht nothwendig/ um der mehrern gefahr willen zu unterlassen habe. Von dem so genanten H. Christ/ und den gaben/ die man den kindern gibet.

21. Ob man etwas gutes zu unterlassen/ woraus man sorget böses zu entstehen.

22. Ob man sein Christenthum ohne anstoß der welt führen könne/ oder ihr weichen solle.

23. Wie man sich in getrucktem zustand zu verhalten.

24. Von dem fasten.

25. Von dem fleiß/ eine feine gestalt zu erhalten.

26. Von den perruquen, ob dero tragen ein mittelding?

27. Noch ein anders von tragen der perruquen, so sich auff das vorige beziehet.

28. Von der phrasi, Tres Creatores.    Von gesundheit trincken.

29. Was vom tantzen zu halten seye/ und ob es mit dem Christenthum übereinkomme.

30. Vom tantzen und der dazu brauchenden Music.

31. Von tantzen-lernen hoher standes-personen.

## SECTIO I.

# Daß man die befindung seiner unvollkommenheit

sich nicht niederschlagen lassen solle.    Examina Catechetica.
     Ob man etwas übriges haben könne.    Wie weit sich das
maaß der gutthätigkeit erstrecken solle?

**A**Ls ich auf sein liebes schreiben näher komme/ ists freylich an deme/ daß Derjenigen unter uns/ denen doch solches vor andern obliget/ wenige seyen/

seyen / die es mit der ehre Christi recht und lauter meinen / ja daß nicht
auch dann und wann andere absichten bey denen / die im übrigen rechtschaffen
sind / mit untergemischet werden. Wann nun mein geliebter Bruder sich
darüber ängstliche sorge machet / weil er auch manchmal in den besten wercken
gewahr werde/wie sich das fleisch mit einmische/ und die absichten verunreini-
ge:So bitte denselben/ daß er zwahr freylich solche prüfung nicht unterlassen/
sondern sich so offt er etwas dieser unart an sich findet / vor dem HErrn deshalben hertzlich demüthigen wolle / aber dabey sich nicht niederschlagen / noch
seine freudigkeit in seinem amt sich nehmen lasse / womit er sonsten ihm / und
der in ihn gelegten gabe / mehr schaden thun würde. Wir haben hierinnen
billich einen grossen unterscheid zu machen unter denen / welcher eigentliche
absicht nach demjenigen/was in ihrem hertzen den vornehmsten platz hat/nicht
rein auf GOTT gehet / sondern bey ihnen die suchung eigener ehr / nutzens
und lust / entweder auf eine gantz grobe art der absicht auf GOTT vorgezogen wird/ oder dannoch so viel in dem hertzen hat/ daß sie in der wahrheit und
mit unserem willen demjenigen an die seite gesetzt wird/ worinnen wir GOtt
suchen sollen; diese sind miedlinge und untreue diener vor GOTT: So dann
unter denen / welche nach dem eigenlichen und wahrhafftigen vorsatz ihrer
seelen nichts anders verlangen / als göttliche ehre auf alle mügliche weise zu
befordern / und sich auch darnach bestreben / ob sie wol nachmal noch bey sich
finden / daß auch das fleisch sie zu seinen absichten reitze / und unvermerckt etwas deroselben mit einmische / dem sie aber / so bald sie solches gewahr wor-
den/ ernstlich widersprechen/ und es ihnen lassen leid seyn/ was nur einigerley
massen ihre auffrichtige intention verunreiniget. Diese letztere bleiben dabey wahre Christen und treue diener GOttes/und können versichert seyn/ es
gehören diese von dem fleisch einwerffende reitzungen / und was sich davon in
etwas hertzlich gut gemeintes einmischet/ unter die dinge / welche ihr gutes
zwahr so fern verunreinigen / daß es vor den heiligen augen GOttes nicht
als vollkommen gut angesehen werden kan / nicht aber daß der HErr solches
gantz verwerffe/als der ihre schwachheit kennet/damit gedult hat/ und um ihres mittlers willen ihm gefallen lässet/ was an sich noch unrein ist / aber stets
mit dem blut JEsu und wahrhafftigen glauben an dasselbe vor seinem gericht
gereiniget wird. Wie dann unsre geistliche opffer GOTT nicht anders
angenehm sind/ als durch JEsum Christum 1. Petr. 2/ 5. und also in
der krafft seiner versöhnung und reinigenden blutes. Es ist dieses der stand/
davon es heisset Rom. 7/ 19. 20. das gute das ich will/das thue ich nicht/
das ist dasjenige / was ich thue / wo ich es recht examinire. ist nicht eigenlich
dasjenige / was ich habe thun wollen / dann ich wolte gern etwas gantz voll-
kommenes und ohn einigen flecken bleibendes thun/ so finde ich hingegen an
Bbb 3 mei-

meinem auch besten viel unreines: Hingegen was ich nicht will/ nemlich et=
was ausser meinem GOTT zu suchen/das thue ich/und schleichet sich solches
mir unwissend und wider meinen ernstlichen willen in das werck: Aber dar=
aus erhellet/daß ich es nicht bin/ der ich es thue/weil stets ein wahrhafftiger
wille anders zu seyn und zu thun/ und ein gründlicher widerspruch in dem
hertzen gegen solches unreines wesen/ sich bey mir findet: sondern die sünde
thut es/ die in mir wohnet/ und dero ich zwahr die herrschafft nicht lasse/
daher immer/ wo ich kan/ derselben wehre/ aber nicht hindern kan/ daß sie mir
bald da bald dort etwas meines guten verderbe. Es ist auch was Paulus
lehret Gal. 5/ 17. daß aus dem streit des fleisches und geistes folge/ daß sie
nicht thun/ nemlich in der reinigkeit und vollkommenheit/was sie wollen:
Indessen stehet so bald der trost dabey/ wo sie sich gleichwol den Geist GOt=
tes regieren lassen/und dessen trieb gern folgen/ob sie es wol nicht ausrichten
können was sie wollen/ und noch täglich gleichsam in allen ihren wercken et=
was von dem fleisch finden/ das sie zu creutzigen haben/ so seyen sie doch
nicht unter dem gesetz noch dessen fluch/ sondern unter der gnade/ und also
handle der himmlische Vater mit ihnen wahrhafftig nach dem Evangelio/
und gedencke ihrer schulden nicht. Mein werther Bruder seye versichert/es
lige an dieser sache ein sehr grosses/ daß wir uns dieses sehr tieff in die hertzen
durch des H. Geistes krafft aus dem wort eintrucken lassen/ damit es uns
stets darinnen seye/und wir lernen niemal auf unsere wercke sehen/daß nicht
immer zugleich auch dieser gnaden=bund vor uns stehe. Dann wie gefähr=
lich es ist/wo man sein wesen untersuchet/und alles/ was nur einen schein des
guten hat/ vor köstliches werck bey uns ansihet/ wodurch die bußfertige de=
müthigung vor GOTT und viel anders bey uns gehindert/ hingegen eine
gefährliche sicherheit verursachet würde/ so gefährlich ists hingegen/ wo wir
dabey stehen blieben/ allein das unreine an unsern wercken wahrzunehmen/
und anderseits des gleichwol wahrhafftig dabey und aus des Geistes trieb
gethanen guten/so dann der gnade unsers JEsu/die unsere flecken reiniget/zu
vergessen. Indeme durch solches nicht nur GOTT um das schuldige
danckbare lob vor das gute/was er gleichwol in und durch uns gewürcket/ ge=
bracht/ sondern auch das gemüth so niedergeschlagen wird/ daß es zu dem
meisten guten/so mit und in einer freudigkeit am besten geschihet/fast untüch=
tig oder doch sehr träge wird. Daher wir den HErrn hertzlich anzuruffen/
daß er uns auch solches uns anklebende unreine also erkennen und einsehen
lassen wolle/ damit solche erkäntnüß uns vielmehr förderlich als hinderlich
werde/ und uns die güte GOttes in beurtheilung unserer wercke mehr zu
dero fleißiger übung antreibe/als die forcht der fehler dabey abschrecke. Kön=

nen

nen wir dann/ wo wir in den wegen des HErrn lauffen/ nicht anders als mit
hincken solches zu werck richten/ so lasset uns doch lieber also fortfahren/ als
aus schahm der unform des hinckens uns gar niedersetzen/ dann in jenem fall
kommen wir gleichwol weiter/ wo wir nur auf der rechten strasse bleiben/ und
nicht ausweichen.    Ferner freuet mich meines werthen Bruders fleiß an die
jugend gewendet hertzlich/ und versichere denselben/ daß dieser saame in die
zarte hertzen ausgestreuet die grösseste hoffnung einer gesegneten ernde gebe.
Was aber anlanget das anligen/ wie mit der jugend am besten zu verfahren/
daß sie alles in rechter ordnung begriffen/ und nachmal in die übung brächten/
seye er gewiß/ daß es auch das meinige ist/ und wolte ich lieber von andern/ die
der HErr weiter geführet/ hierinnen das nöthige noch anhören/ als mir ein=
bilden/ daß ich andern die beste weise zeigen könte.    Sonderlich was das letz=
te anlangt/ da mir mein lebenlang nicht aus den gedancken kommet/ was ein=
mal ein verständiger mann/ da ihm die hiesige manier der kinder-lehr wol ge=
fiel/ und er solches gegen mich bezeugte/ ferner zu mir sagte: Wie bringen
wir aber den kopff (oder das darein gefaßte) in das hertz? und sehe ich lei=
der selbs bey den meisten/ welche zu einer zimlich reichen buchstäblichen er=
käntnüß gekommen sind/ daß ihre hertzen noch wenig gerühret sind.    Indes=
sen lasse ich mich doch solches von der fortsetzung der examinum nach der gna=
de/ die der HErr beschehret/ nicht abschrecken/ thue gemeiniglich nach den fra=
gen zuletzt einige vermahnung/ wie man die materie zur erbauung sich zu nutz
zu machen habe/ ohne welches sonsten das wissen vergebens seyn würde/ ne=
bens dem vermahne sie zu hertzlichem gebet/ damit was ich ihnen sage/ auch in
das hertz kommen möge: über dieses weiß nichts weiters zu thun/ als daß
selbs den HErrn um seinen seegen anruffe/ und der zeit erwarte/ wann er sol=
chen sehen wolle lassen. Wie ich dann versichert bin/ daß manche erkäntnüß
oder wissenschafft erstlich eine lange zeit nichts/ als eine blosse buchstäbliche
erkäntnüß bey einem menschen ist/ und wie ein todtes körnlein in dem staub
liget/ ohne einige frucht: aber zu seiner zeit/ da GOtt einen seegen und neue
krafft in das hertz gibet/ gleichsam erst lebendig wird/ und in seine frucht ge=
het.    Wie auch die liebe Jünger/ da der HErr bey ihnen war/ vieles von ihm
hörten/ das sie nicht einmal buchstäblich recht verstunden/ und doch wars
nicht vergebens/ sondern es kam zu seiner zeit der H. Geist dazu/ und machte
lebendig/ was gleichsam todt war.    Dieses ist einer meiner vornehmsten
trost-gründen/ was das amt anlangt/ bey alten und jungen.    Der HErr
wird einmal sein wort und unser in seinem nahmen verrichtendes werck nicht
ungesegnet lassen/ solte auch der seegen spath kommen/ und der HErr uns
nützlicher finden/ eine weil denselben uns zu verbergen.    Daß mein büchlein
von dem gebrauch und mißbrauch der klagen denselben gestärcket/ sage ich
mei=

meinem GOTT für seine gnade demüthigsten danck. Er gebe uns allen je länger je mehr die bewandnüß unsrer zeiten / und was nun in denselben sein wille an uns seye / also zu erkennen / daß wir ihn getrost thun / arbeiten was durch seine gnad uns vorkommet / und ihm endlich allen ausgang mit kindlicher gelassenheit empfehlen / so dann unaufhörlich bitten / daß er die zeiten seines gerichts bald wolle lassen vorbey seyn / und mit reicherem maaß seine gnade der kirche erscheinen lassen.   Ich komme endlich auf die frage / ob ein Christ mit gutem gewissen etwas übriges / und also auf einen noch nicht bewusten nothfall ligen haben könne? Mich deucht aber / die entscheidung solcher frage seye so übrig schwehr nicht/wo der status controversiæ wol in acht genommen wird.   Dann die frage ist nicht davon/ob wegen eines noch nicht erscheinenden nothfalls denjenigen wercken der liebe / welche mir GOTT vorkommen lässet / und mich durch solche gelegenheit und regung meines gewissens dazu beruffet/abgebrochen/und sie darum unterlassen werden sollen/welches ich bekenne nicht recht zu seyn/sondern es muß die liebe des nechsten desselben noth mir so mit eigen machen / als mir meine eigene ist / wie ich nun meiner mittel / dero ich wahrhafftig in dem gegenwärtigen bedarff / und sonsten schaden leiden würde / nicht wegen des künfftigen falles schohne/ sondern sie anwende / wie meine jetzige noth mit sich bringet / also muß mich ebenfals die noth des nechsten / damit der HErr meine liebe versucht / bewegen / daß ich das gegenwärtige dem künfftigen vorziehe / und die sorge dessen dem HErrn überlasse.   Wann aber sonsten weiter gefragt wird / ob ausser dem fall einer solchen redlichen und zur hülffe mich verbindenden noth des nechsten/ich einige mittel/dero ich eben dieses mal nicht bedarff/ behalten und verwahren möge / traue ich ohne bedencken mit ja zu antworten.   Dann wir finden dessen nirgend einiges verbot / vielmehr gibt Paulus 1. Tim. 6. den reichen dieser welt/das ist/die an weltlichen gütern reich sind/ihre reglen der gutthätigkeit nicht aber die weglegung alles ihres reichthums / welches er doch thun müssen/ dafern alles übrige blosserdings verboten wäre.   So achtet Christus den reichthum zwahr gefährlich ( wie wir auch allen vornehmen stand vor gefährlich achten mögen) nicht aber vor sündlich/und stehet die meinung des HErrn sonderlich erklähret Marc. 10/ 24. daß der HErr sehe auf diejenige / welche ihr vertrauen auf den reichthum setzen / welches sich zwahr etwa meistentheils bey den reichen findet/ jedoch von dem reichthum nicht unabsonderlich ist.   Des orts 1. Tim. 5/ 8. wer die seinige nicht versorget / mißbrauchen sich zwahr ihrer viel / dähnen ihn zu weit aus / und bemänteln damit allen ihren geitz/indessen wird doch die betrachtung des textes zeigen / daß an solchem ort gleichwol auch nicht allein geredet werde von der

geist-

geiſtlichen verſorgung in einer chriſtlichen aufferziehung / ſondern daß das
euſſerliche ſo fern mit begriffen werde / daß jeglicher die ſeinige / nemlich mit
ſorgfältiger arbeit und welches vor ſich ſelbs bekant ohne abbrechung der nöthigen werck der liebe / alſo zu verſorgen habe / daß als viel an ihm iſt ſeine
wittwen und kinder (wiewol des textes abſicht mehr auf die eltern gehet)nicht
mögen andern und der gemeinde zur laſt werden/ wie auch v. 16. einige anzeige
davon zuſehen. Wird alſo eine mäßige fürſorge auch vor das künfftige/nicht
in einem ängſtlichen ſuchen und ſorgen/dawider Matth. 6/ 31. geredet wird/
ſondern in einer ſpärlichen verwahrung ſeines übrigen in dem wort προνοειν
anbefohlen / nicht aus einem mißtrauen gegen GOtt / noch liebe des irrdi-
ſchen/ſondern aus liebe gleichwie der ſeinigen/alſo auch der gemeinde/welcher
man durch der ſeinigen von ſich verurſachte dürfftigkeit keine laſt muthwillig
zu machen / ſondern derſelben vielmehr nach vermögen durch eigenen fleiß zu
ſchohnen hat. Gegen dieſe meine meinung ſehe ich nicht / wie vieles möchte
gebracht werden können/ſo in dem gewiſſen einen anſtoß machen könte. Was
aber die maaß der gutthätigkeit anlanget/ſolte es wol gröſſere difficultäten
ſetzen/wie man darinnen zu verfahren habe. Zwahr wo wir unter meiſtens
rechten Chriſten lebeten / würde es ſo viel anſtand und bedenckens nicht ha-
ben/ſondern wir dieſe liebes-pflicht/gleichwie andere des brüderlichen beſtraf-
fens und dergleichen/in aller einfalt gegen alle ohne viele ſorge üben können/
ſo jetzt offt nicht gleichermaſſen geſchehen kan/und man an ſtatt des guten offt
mehr ſünde und übels zu veranlaſſen ſorgen muß. Wie dann die betrachtung der bey andern ſo erloſchener liebe / wo man bey brüdern diejenige hülffe
nicht wiederum hoffen kan / die ſonſten der HErr ſo wol von andern als von
uns erfordert/und durch dieſelbe uns helffen wolte/ſo dann der menſchen boß-
heit/die ſich frommer hertzen gutthätigkeit mißbrauchen/nicht aus der acht zu
laſſen/und uns in übung der mildigkeit behutſam machen dörffen. Alſo will
ich nicht zweiffeln / daß wo es die noth eines rechtſchaffenen kindes GOttes
erfordert / und bey ermanglung anderer beyhülffe auf mich alles ankommen
ſolte/ daß ich mich nicht nur meines übrigen begeben / ſondern auch an meiner
eignen nothdurfft mich angreiffen muß. Sinds aber andere / gegen welche
wir allein die gemeine liebe zu üben haben/und kan auch von andern und mehrern die laſt getragen werden / ſo habe ich zwahr jenen die liebes-thaten auch
nicht zu verſagen / bedarff mich aber auch nicht ihrentwegen allzuviel zu ent-
blöſſen/noch das jenige an ſolche allein zu wenden/deſſen nicht nur die meinige/
ſondern auch andere würdigere brüder annoch von mir nöthig haben werden/
ſo bin auch in dem letzten fall nicht eben ſchuldig / die laſt auf mich allein wel-
tzen zu laſſen; dann es bleibt insgeſamt auch dieſe liebes-regel 2. Cor. 8/ 13.
daß nicht andere ruhe haben und ihr trübſaal. Aus beſagtem hoffe/

mein werther Bruder werde zur gnüge / was meine gedancken von dieser sach
seyen / vernehmen / und sie ferner in der forcht des HErrn überlegen.　Der
HErr gebe uns in allem gewißheit und seinen willen so zu erkennen / als auch
willig zu thun / dazu uns die liebe zu ihm und seiner ehr die beste handleiterin
ist / wie er wol erinnert.　Lasset uns nur unabläßig jeglicher für sich und andere mitbrüder desto eiffriger zu dem HErrn seufftzen / daß er uns würdig mache / in unserem dienst und sonsten seine ehr rechtschaffen zu befördern / und gebe
zu dem von ihm gewirckten wollen auch ein kräfftiges vollbringen.　Es ist
ja alles / womit wir umgehen / sein werck / er forderts von uns / er kennet unser
unvermögen / und da wirs nicht würdig sind / ist doch sein ehre werth / von allen
seinen geschöpffen befördert zu werden / bereits jetzt so viel es die gegenwärtige
zeiten des gerichts zugeben / biß sie in der zeit der besserung noch siegreicher
und herrlicher völlig durchbreche.　1686.

## SECTIO II.

### Von der art des glaubens / sonderlich aus welchem alle wercke herkommen müssen : Ob man simuliren oder dissimuliren dörffe ? Ob man einen beruf anzunehmen / dazu man sich untüchtig achtet ? Vom innern beruf / und insgesamt / woran man den göttlichen beruf zu erkennen habe.

### Erste Frage.

QVænam sit formalissima ratio fidei.　Oder / welcher seye der
nothwendigste gedancken oder concept des glaubens im hertzen : Dabey ein mensch bey der von Paulo erforderten prüffung 2. Cor. 13/ 5. versichert seyn kan / daß sein thun und lassen aus
glauben gehe.　Da ich dann gern zugebe / daß dieses formale nicht bestehe
(a) in der empfindlichkeit / dann GOttes unsichtbares wesen fühlender weise
zu finden / halte ich mehr für eine eigenschafft der aus dem Heydenthum erst
ausgehenden Ap. Gesch. 17/ 27. als in dem wachsthum des glaubens stehenden Christen.　Auch nicht (b) in der plerophoria noch dergleichen con-
comitantibus & subsequentibus fidei , welche citra fidei interitum esse vel
abesse possunt : Aber da stehe ich an / ob nicht derjenige / der seiner meinung
gewiß seyn will / daß sein werck aus dem glauben geschehe / nothwendig müsse
eine hypostasin und zuversicht des hertzens bey sich verspühren nach
Hebr. 11/ 1.　In ermanglung dessen aber / alles eusserlichen respects / muth-
massung und meinung anderer ungeachtet / lieber das werck / woran sonderlich
vieler menschen heil und seligkeit hanget / unterlassen solte / weil ja ein jeder
seines

seines eigenen glaubens leben muß.    Oder so ich hierinnen das rechte formale nicht treffe / möchte ich gern informiret seyn / welches es dann seye / gewißlich kan ich es nicht anders / als eine geistliche illusion halten / wann man
die über ihren glauben angefochtene beredet / daß sie den glauben haben / darum weil sie ein verlangen nach demselben tragen.

## Antwort.

1.  ES scheinet / es werde in dieser frage zweyerley glaube / oder zweyerley
absicht des glaubens / mit einander confundiret / auffs wenigste solle
zum grunde des übrigen / was wir hievon zu reden haben / eine distinction
nothwendig gemacht werden / unter dem seligmachenden glauben / als fern
derselbe seligmachend ist/und unter dem glauben/wie er das principium unserer werck ist. An sich selbs ists wol ein glaube / oder einerley liecht in der sache
selbs / jedoch finden sich auch gewisse unterscheid unter diesen beyden conside-
rationen:Der seligmachende glaube kan wol bey einem menschen wahrhafftig
und also derselbe in göttlicher gnade seyn/ da hingegen es ihm in gewissen stücken und handlungen / wegen beywohnender scrupel und zweiffel / an demjenigen glauben manglet/ aus welchem er etwas thun solte.

2.  Scheinet es / es werde vornemlich von der letzten art oder consideration des glaubens gefraget / als worauf die meiste wort gerichtet sind/ indessen glaube ich doch / daß auch insgesamt die frage die versicherung des seligmachenden glaubens mit meine/und verlanget werde/worinnen man sich dessen am gewissesten versichern könne / daher wir auf denselben eben so wol unsere reflexiones diesesmal machen wollen.

3. Wo ich nun von dem hindersten oder letzten in der frage anfange/weil
solches zu dem seligmachenden glauben gehöret / so kan ich nicht dafür halten/
daß es eine geistliche illusion seye/wo man die angefochtene auf das verlangen
des glaubens weiset / welches ich nicht nur allein mehrmal gethan zu haben /
sondern meine gewöhnliche art zu seyn/ gern bekenne.    Jedoch muß es nicht
so crudè angenommen werden/daß man jedes verlangen des glaubens stracks
vor einen glauben halte : Welches sonder zweiffel falsch seyn würde / und also
gewiß ist / daß ein verlangen des glaubens seyn kan / ja bey vielen sichern hertzen / die nach dem glauben auch verlangen tragen / ob sie wol weder dessen
früchte würcklich haben/noch auch sich resolviren können/dasjenige abzulegen/
was dem H. Geist / von dessen wirckung der glaube herkommen muß / bekantlich entgegen ist / sich würcklich befindet / die doch sehr fern von dem glauben
seynd und bleiben. Wo aber geredet wird von solchen hertzen / 1. die bekantlich in wahrer buß stehen / ihre sünden erkennen und von grund der seelen has-
sen/auch wol offt schwehre ängsten und traurigkeit darüber ausstehen. 2.Bey

denen auch sich nicht nur die früchten der buß in einer hertzlichen begierde/son-
dern wircklichem eiffer und anfang eines solchen lebens / darinnen man einig
und allein GOTT in allen dingen zu gefallen trachtet / antreffen lassen.  3.
Die auch die gnade GOttes / ob sie wol derselben nicht theilhafftig zu seyn
ängstiglich sorgen / hochschätzen / darinnen die seligkeit zu bestehen erkennen/
und ein sehnliches verlangen darnach tragen / ja wann es möglich wäre / mit
vergiessung ihres bluts derselben genuß gern erkauffen wolten (welcherley ich
manche angefochtene angetroffen/ ja es vor die rechte characteres der kinder
GOttes halte/die er in diesem probier-offen übet) so getraue ich kecklich zu sagen / daß bey solchen lieben seelen der wahre glaube wahrhafftig seyn muß/
und annoch in solchem verlangen / als welches unter allen übrigen dingen/ die
sich ihnen finden / dem glauben am nechsten kommet / bestehe.  Der liebe
Arnd führet uns dahin W. Christenth. 2/ 52. Es zeucht sich alle krafft des
glaubens in einen punct und in ein unaussprechlich seufftzen/darinnen
noch der glaube ihnen unwissend verborgen ist.  Und dieser verborgene glaube ist also dann sein unglaube / und ist sein hölle und marter:
Und nachmal: Aber gleichwol lässet sich GOTT noch in dem verborgenen unaussprechlichen seufftzen gleich als von ferne sehen/und dadurch
wird der mensch erhalten.  Es sind aber solche unaussprechliche seufftzen
nichts anders als solches brünstige verlangen.

    4. Daß aber solches verlangen von dem glauben ausgegeben / oder viel-
mehr als ein zeugnüß des verborgenen glaubens angezeiget wird / geschihet
nicht ohne grund.  Es sind einmal dergleichen leute / wie sie n. 3. beschrieben
sind/wahrhafftig wiedergebohrne leute:Als die nun gantz anders geartet und
gesinnet sind / als sonsten menschen von natur zu seyn pflegen / und sie etwa
auch von sich selbs vor dem gewesen zu seyn/sich erinnern/welche änderung zu
dem guten / und zwahr eine veränderung der gantzen natur/ des menschen und
seiner haupt-inclination, wie sie nicht aus der alten geburt herkommt/ vielmehr deroselben art entgegen ist / so muß sie aus einer andern und neuen geburt nothwendig herkommen / diese aber kan wiederum nicht anders als vom
H. Geist seyn/ dessen ohnzweiffelicher trieb derjenige ist / aus dem solche leute
gutes thun.  Wo aber der Heilige Geist ist / und einen neuen menschen gemacht hat / da ist unfehlbar bey demselben auch der glaube / als gleichsam die
seele des neuen menschen.  Daher wahrhafftig nichts anders einem solchen
menschen mangelt / als die blosse empfindlichkeit / da doch die frage selbs / daß
diese nicht eben bey dem glauben seyn müsse/gestehet.  So zeugen ja die früchten des glaubens ohnfehlbarlich von gegenwart der wurtzel / aus welcher dieselbe wachsen müssen.

                                                5. We

5. Wo wir sagen/ daß bey dem glauben nicht eben nothwendig der sensus und empfindlichkeit seyn müsse/ so redet man nicht eben allein von der empfindlichkeit/ davon Ap.Gesch. 17/27. stehet/ da man aus den creaturen auff einigerley massen GOtt fühle/ und so durch die sinne zu seiner erkäntnüß sich erheben möge/ als welches etwa den Heyden/ und welche göttliche offenbahrung nicht haben/ mehr möchte eigen geachtet werden: sondern es heisset diese empfindlichkeit/ die reflexion, daß der mensch dasjenige bey sich finde/ was er suchet/ und wie der leib seine schmertzen oder wohlseyn empfindet/ also auch die seel auff ihre art in sich. Zum exempel/ davon wir hie reden/ den glauben bey sich gewahr werden/ daß sie unmittelbar in sich solchen zu seyn erkennen/ und nicht erst aus gewissen rationibus schliessen muß/ daß solches in ihr seye. Wie in dem leib einige dinge empfindlich sind/ die ich fühle/ andere dinge/ die ich durch gute gründe schliessen kan/ so und so müsse es mit diesem oder jenem bey mir beschaffen seyn/ ob ichs wol nicht unmittelbar fühle. Wo wir also sagen/ es möge der glaube wohl vorhanden seyn/ ohne sein gefühl/ so ist so viel gesagt/ es könne der glaube da seyn/ da derjenige/ welcher glaubet/ sich nichteben erinnert/ oder daran gedencket/ daß er glaube/ wie bey kleinen kindern/ schlaffenden/ verirrten und dergleichen geschihet/ sondern auch da der mensch daran gedencket/ und sich prüfen will/ daß er solches nicht bey sich unmittelbar erkennen kan/ sondern bedarff durch andere gründe erst zu schliessen und zu colligiren/ daß es bey ihm seye. Ich achte auch die ursach dessen seye etlicher massen zu begreiffen aus demjenigen/ was unser liebe Lutherus sagt T.I. Alt. f. 758.b. wie in dem menschen leib seel und geist seyen/ nicht daß geist und seel zwey sonderbare wesen seyen/ sondern daß die höchste krafft der seelen/ oder die seel in ihrer höchsten verrichtung/ da sie es mit göttlichen und ewigen dingen zu thun hat/ der geist heisse/ in andern dingen aber den nahmen der seelen allein trage. Da sagt er/ jenes seye das hauß darinnen der glaube und GOttes wort innen wohnet: er nennets auch sanctum sanctorum, GOttes wohnung im finstern glauben ohne liecht/ dann er glaubet/ das er nicht sihet noch fühlet/ noch begreiffet. Zwahr gehen eigentlich diese letzte wort auff die unbegreiflichkeit des objecti, mit dem es der glaube zu thun hat. Aber die bewandnüß solcher obersten krafft der seelen/ meine ich/ auch in dem stück also bewandt zu seyn/ daß unsere gedancken damit wir uns untersuchen/ die mehr zu den untern kräfften gehören/ nicht allemal in solchem sancto sanctorum alles erkennen können/ was gutes GOtt darinnen gewircket habe/ sondern es bleibet ihnen verborgen/ was dannoch wahrhafftig da ist. Also übertrifft der friede GOTTes/ und also diese wirckung GOttes in der seele/ alle vernunfft

Phil.

Phil. 4/ 7. daß die vernunfft nicht begreifft/ was und wie es in der seele
hergehe : dahin ich auch die unaussprechliche seufftzen Rom. 8/ 26.
rechne. Welches uns/ nachdem der glaube und dergleichen göttliche wirckungen aus einem höhern principio und nicht einer art mit den habitibus
oder wirckungen in der seele/ welche sie selbs in sich zuwege bringt/ zu achten
sind/ so viel weniger wunder nehmen darff/ daß etwas dergleichen bey uns
seye/ das wir doch nicht zu erkennen vermögen/ weil wir ja einige dinge zuweilen wissen/und doch nach langem nachsinnen/ uns derselben nicht erinnern
können/ Da sie hingegen ein andermal ohngesucht von selbsten wiederum ein-
fallen. Kan nun einige verfinsterung der gedächtnüß/ in solchen gantz natürlichen dingen/ und die wir auff eine natürliche weise gefasset/ dasjenige
uns verbergen/ was doch wahrhafftig in der seele noch ist/ warum solte nicht
in solchen wirckungen/ die gantz einer höheren und unterschiedenen art sind/
etwas in uns seyn können/ so wir nicht finden/ und wie wirs zu nennen pfle-
gen/ empfinden könten? daher damit zu frieden seyn sollen/ daß dessen da-
seyn durch andere gewisse kantbare zeugnüssen erwiesen werden kan. Dieser
observation fleißige betrachtung/ hoffe ich/ solle in ein und andern stücken
zimliche difficultät auffheben.

6. Wo aber gleich von des seligmachenden glaubens art/ und was
nothwendig dabey seyn müsse/ gefraget wird/ so kan ich nicht anders sagen/
als was insgemein von allen Evangelischen bekant wird/nemlich daß zu dem
glauben drey stück (man möchte sie partes oder actus oder gradus nennen/
würde mir nicht viel daran gelegen seyn) gehören/ erkäntnüß/ beyfall und
vertrauen. Also ist unmüglich/ daß der glaube seye ohne erkäntnüß/
wohl aber daß solche erkäntnüß gering und schwach seye/item daß der mensch
nicht wircklich daran gedencket/ und also die idea gleichsam ihm allezeit vor
augen stehe/ jedoch muß solches liecht/ obwol etwa in einem schwächern grad/
in der seele seyn. 2. Muß auch ein beyfall da seyn/ ob wol solcher abermal
schwach seyn/ und von allerhand scrupeln und zweiffeln verunruhiget werden kan : Es ist aber gleichwol ein beyfall/als lang ich mich von solchen zweiffeln nicht überwinden lasse/ sondern mich mit fleiß auff solche seite neige/
und nicht mehr verlange/ als daß ich ohne widrige gedancken möchte dabey
acquiesciren können. Es gehöret auch 3. dazu eine zuversicht/ welche in
sich fasset/ so wol/ daß man die güter des heils/ die wir aus göttlichem wort
erkant/ in ihrem gebührenden hohen wehrt achte/ daß sie das einige fundament, aller unserer begierde/ verlangen/ hoffnung und vertrauens seyn sol-
len/ in welchem allein wir uns glückselig schätzen/ und welche zu haben und zu
behalten wir leib und leben und alles was wir haben/nicht zu theuer schätzen/

son-

sondern lieber alles verliehren als deroselben missen wolten (welches alles die art der zuversicht ist) als auch die gewisse versicherung/ daß wir solche güter haben und geniessen sollen. Ohne jenes erste/ ist nimmer kein glaube/ und kan also derselbe mit dem gegentheil/ da der mensch sein datum, seine begierde und vertrauen auff das vergängliche setzet/ und in diesem sein wohlseyn suchet/ nicht bestehen: Was aber das andere anlangt/ so ist die empfindung desselben nicht allemal bey dem glauben/sondern findet sich an statt derselben allein eine empfindung eines brünstigen verlangens/ davon wir oben geredet/ und stecket doch in derseben der krafft nach solche zuversicht/ die nur durch die auffsteigende zweiffel unempfindlich gemacht wird. Es sind aber solche zweiffel nicht eigenlich unsere wirckungen. Dann solche angefochtene müssen sie wider willen leiden/ und wolten offt mit verlust alles was sie haben sich davon loßkauffen/sondern sie sind theils suggestiones und eingebungen des teuffels/ als die zu dessen feurigen pfeilen Ephes. 6. gehören/theils versuchungen des sündlichen und von natur unglaubigen fleisches/ deme wir selbsten feind sind: Daher dasjenige/ was dieselbe bestreiten/ nemlich die versicherung auff unsere eigene person/vielmehr in dem hertzen obwol verborgen/ vorhanden seyn muß. Wie auch alles/was in solcher unempfindlichkeit und angst geschihet/ das ängstliche seufftzen nach der gnade/ die sorgfältige vermeidung alles dessen/ was dieselbe wegstossen könte und dergleichen/ ein zeugnüß solcher zuversicht ist; dann wo diese gantz weg wäre/ so würde solches von selbsten auch hinfallen: als bey denen geschähe/ die wircklich an göttlicher gnade verzweiflen. Wie nun die verzweiflung eigenlich das oppositum des glaubens und dessen zuversicht ist/ so kan noch so lang als jene nicht überhand nimmet/ eine schwache zuversicht vorhanden seyn/ dero fühlung durch den kampff der zweiffel auffgehalten wird.

7. Wo wir aber davon reden/wie der glaube das principium seyn müsse/ daraus alle unsere wercke entspringen sollen/ und ausser demselben sünde seyn/ Rom. 14/ 23. so hat das obenbesagte meistens auch in dieser consideration platz. Sonderlich weil auch wahrhafftig eben der seligmachende glaube zu einer christlichen handlung gehöret/ solle sie nicht zur sünde werden. Dann weil alle unsere auch beste wercke vor GOttes strengem gericht ihrer unvollkommenheit wegen nicht bestehen könten/ so gehöret sichs bey allen/ daß was wir thun/ wir es auch so fern in Christi nahmen thun/ das ist in hertzlichem vertrauen/ daß GOtt alles solches so wir in einfalt unserer hertzen zu seinen ehren vornehmen/ um Christi willen in gnaden annehmen/ und sich wohlgefallen lassen werde (das sind die geistliche opffer/ die GOtt angenehm sind durch JEsum Christum 1. Pet. 2/ 5.) sonsten wo es nicht auff diese weise sondern mit einbildung eigener vollkommenheit geschihet/ wür-

würde es GOtt nicht gefällig seyn. Ferner muß auch alles aus dem glau-
ben/ nemlich aus dem seligmachenden glauben geschehen/ das ist/ aus einem
solchen hertzen und von einem solchen menschen/ der wahrhafftig durch den
glauben mit GOtt versöhnet ist/und also den Heiligen Geist in sich wohnend
hat/ welcher ihn regieret und durch ihn wircket. Dann was wercke sind der
natur allein/ und nicht aus der gnade/ folglich aus dem glauben entspringen
(von dero kennzeichen neulich etwas ausführlicher gehandlet worden/ und
nach belieben communicirt werden kan) sind GOtt nicht angenehm/ als der
allein seine werck in uns liebet/ und dermaleins kröhnen wird.

8. Uber diese betrachtungen/ wie insgemein der glaube bey allen Gott-
gefälligen seyn solle/so wird noch ferner der glaube in denselben in diesem verstand erfordert/daß er ist eine versicherung des hertzens/daß dieses und jenes
werck/ was wir thun sollen oder wollen/ GOtt gefällig/ von ihm geboten o-
der sein wille seye. Da weiß ich nun dieser art des glaubens oder dem glauben in solcher consideration kein ander formale zu geben/ als eben solche versicherung: Jedoch ist dabey ein und anderes ferner zu erwegen. 1. Muß
das gewissen des menschen versichert seyn/ von der sache insgemein/ daß dieselbe göttlichem wort und gebote gemäß seye. Diese versicherung kommet
her aus fleißiger betrachtung göttlichen worts/ und hat also alle diejenige
mittel/ welche sonsten zum verstand der schrifft nöthig sind: wie man dann
aus derselben mit solchen gründen/ welche dem gewissen ein genüge thun/ eine sache/ die verboten oder geboten seyn solle/ erweisen kan: wie man auch etwa in glaubens-articuln zu thun pfleget/ und zu thun hat. Solte aber ein
gewissen die sache nicht genug fassen können/ und hätte noch seine scrupel da-
bey/ so müste die sache unterlassen werden/indem derselbige scrupel und sorge
unrecht zu thun/ dem glauben entgegen stehet. Also wer nicht fassen kan/ daß
die eydschwüre nicht an sich selbs verboten seyen/ könte ohne sünde keinen
thun/ dann es ginge nicht aus glauben.

9. Wie nun dieses/ wo es quæstiones in thesi sind/ nicht so gar schwehr
ist/ zu einer gewißheit zu kommen/ so gehets hingegen 2. schwehr her/ wo in
hypothesi nunmehr die frage ist/ ob eine sache von mir/ mit diesen und jenen
umständen/ zu thun oder zu unterlassen seye/ in denjenigen dingen die nicht
absolute böß oder schlechterdings nothwendig sind. Da bekenne ich selbs/
daß es offt nicht ohne vielen kampff hergehe zu einer gewißheit zu kommen.
Ja dieses ist dasjenige/ was mir offt das allermeiste anligen und unruhe
machet/ göttlichen willens in dieser und jener sache/ da die umstände/ so viele
bedencken machen/ob dieser oder jener fall unter diese regel gehöre/ versichert
zu werden. Ich finde auch nicht wie die sache anders anzugreiffen/ als auff
folgende art. 1. Daß man GOtt inbrünstig und eine gute zeit hertzlich an-
ruf-

ruffe/ daß er uns seinen H. Geist und die gnade geben wolle/ die allein das
hertz fest machet. Hebr. 13. und wie wir von grund der seelen begierig seyen/
seinen willen zu thun/ wir auch in erkäntnüß desselben nicht fehlen möchten:
sonderlich daß er auch andere wolle dermassen regieren/ daß was sie in solcher
sache thun/ und mit uns vorhaben/ dahin endlich gereichen möge/ daß sein
wille in uns und von uns vollenbracht würde. 2. Daß man nechst dem die
gantze sache auffs reiflichste aus GOttes wort und den gründen unsers Chri-
stenthums/ die wir aus demselben gefasset/ überlege/ sehe ob man dergleichen
regeln finde/ welche sich recht appliciren liessen/ und unterlasse also nichts/
was von unserm fleiß erfordert werden möchte. 3. Daß man auch andere
christliche hertzen zu rath ziehe/ und nechst ihrer fürbitte ihre meinung suche/
wie dann manchmal GOTT unsere brüder zum werckzeuge nicht nur guten
trosts sondern auch raths gebraucht: nicht zwahr auff ihre autorität den
glauben zu gründen/ sondern zu versuchen/ ob GOtt ihnen ein liecht gegeben
hätte/ davon sie uns mit rath und zuspruch etwas mittheilen könten. Kommt
man auff solchem wege zu einer versicherung des hertzens/ daß dasselbe nunmehr bey sich eine überzeugung befindet/ dieses und jenes seye recht oder nicht
recht/ so ist die sache richtig/ und wissen wir was wir thun sollen/ dann da gehets alsdann aus dem glauben. Bleibet aber die sache noch in starckem zweif-
fel/ so ist 4. zu erwegen/ ob nöthig seye/ eine resolution zu fassen oder nicht.
Ists ein geschäfft/ das gar auffgehoben werden kan/ und nicht nothwendig
auff eine oder andere seite resolviret werden muß/ so ist solcher auffschub als-
bald zu erwehlen/ dazu dienlich/ daß wir nach der zeit möchten gewisser wer-
den/ was zu thun. Wo aber 5. nothwendig etwas resolvirt werden muß/
so müssen wir endlich dasjenige erwehlen/ was dem gewissen am sichersten ist.
Solches aber zu untersuchen bedarff wiederum seine vorsichtigkeit. 1. Zuweilen sinds einige dinge/ da eigenlich nur auff einer seiten eine sünde zu sorgen wäre/ auff der andern seiten aber nicht/ oder doch keine andere als die in
unterlassung eines guten/ von dessen nothwendigkeit und göttlichem willen
darüber/ wir keine versicherung haben finden können/ bestünde. Da ist getrost solche seite und die unterlassung einer solchen sache zu erwehlen/ und ist
keine sünde/ dann wer gutes zu thun weiß/ (nemlich mit gehöriger versicherung) und thuts nicht/ dem allein ists sünde. Jac. 4/17. 2. Zuweilen
scheinets wohl beyderseits sünden-gefahr zu seyn/ wo da nothwendig etwas
gethan werden muß (als wo nemlich die unterlassung selbs scheinbarlich eine
sünde in sich fassete) da ist alsdann diejenige seite zu erwehlen/ worinnen weniger gefahr der sünden ist/ worinnen weniger nachtheil göttlicher ehre und
des nechsten wahren bestens zu sorgen ist. 3. Zuweilen sind die beyderley

rationes sehr ungleich / die eine offenbar und zimlich starck / auff der andern
seiten aber ist allein ein scrupel / der jenem nicht gleich kommet / ob wol das gemüth doch verunruhiget wird / wo dann nothwendig etwas zu thun / so folget
man billich den stärcksten ursachen. 4. Wolte ich auch nicht unrathsam achten /
wer sich selbs hierinnen nicht trauet / und fürchtet / er möchte aus eigener liebe / vermessenheit / unrechter absicht / zaghafftigkeit / oder ander seiner schwachheit in der erwegung der sache und endlichen wahl / leichter fehlen / und sein
fleisch ihm unvermercklich einige unzimliche fleischliche consideration bey-
bringen / die ihn an erkäntnuß der wahrheit in solcher sache hinderten / wie
das hertz sehr betrüglich ist; daß man nach hertzlicher anruffung GOTtes /
und bekäntnuß seiner eigenen schwachheit / die sache einigen christlichen freunden übergebe / alle momenta und unsers hertzens bewandnuß dabey offenhertzig ihnen vorlegte / und also den mund des HErren in ihnen fragte / was
man alsdann von ihnen höret / als desselben willen und befehl anzunehmen.
Hat man einige Superiores , so ist solches so viel lieber zu practisirn / indem
uns GOtt ohnedas an dieselbe und ihren rath und willen (wo er seinem willen nicht entgegen ist) weiset. Allen diesen vorschlägen solte scheinen entgegen zu stehn / daß ja in solchen dingen keine versicherung des hertzens / und also kein glaube seye / sondern es geschehe ja mit stetem zweiffel / und könne das
gewissen nicht auff einer probabilität beruhen. Hierauff dienet zur antwort:
daß man zu diesen vorschlägen nicht kommen solle / man habe dann alle mögli-
che mittel gebraucht zu eigener versicherung / so dann wo wir in die enge kommen / daß beyderseits sünden-gefahr ist / und thun und unterlassen / deren
gleichwol eines seyn muß / sein starckes bedencken hat. 2. Wann also uns
GOtt in solche nothwendigkeit nach seinem heiligen willen gerathen lässet /
daß es keine vermessenheit ist / was wir resolvirn / so haben wir zwahr so fern
unser sündliches elend auch darinnen zu erkennen / daß wir aus unserer verderbnuß den göttlichen willen nicht klahr mehr erkennen / ja uns vor GOtt zu
demütigen / daß wir etwa auch biß dahin mit nachläßiger verrichtung seines
willens / den wir etwa klahr genug erkant / oder andern sünden / verschuldet
haben / daß er uns seinen willen hierinnen nicht so deutlich offenbare / wie
nach mehrer abziehung von der gleichstellung der welt und fleißiger verneuerung unsers sinnes würde geschehen seyn (sihe Rom. 12/2.) ja ihn
um vergebung solcher unserer schuld zu beten / aber nachmal dieses kindliche
vertrauen zu dem HErrn zu schöpffen / weil er ja sehe / daß wir seinen väterlichen willen hertzlich gern erkennen und erfüllen wollen / daß dann dasjenige /
was wir endlich resolvirn werden / wahrhafftig sein wille seyn / und von uns
gethan / hingegen zur sünde nicht zugerechnet werden solle. Welches fundament auff göttlicher güte und treue bestehet / und also dem gewissen eine

sicher-

ſicherheit geben kan. 3. Alſo iſt gleichwol eine verſicherung des hertzens alsdann vorhanden / welches zwahr ſonſten in genere nicht ſagen könte / ob dieſes oder jenes der göttliche wille mehr wäre / aber weiß ſich in ſpecie verſichert / der göttliche wille ſeye gleichwol / dasjenige dißmal zu thun / was endlich in kindlicher einfalt nach eigner überlegung oder übergebung an andere / am ſicherſten reſolviret worden.

10. So verbleibet alſo allezeit das formale ſolches glaubens / die verſicherung des hertzens / daß eine ſache recht oder GOttes wille ſeye / aber woraus ſolche verſicherung herkomme / iſt nicht allezeit einerley. Indem zuweilen der menſch aus principiis göttlichen worts / da er eigenlich ohne zweiffel die ſubſumtion auf ſich und ſeinen fall machen kan / gerade zu ſeine verſicherung bekommet: Zuweilen kans auf die weiſe nicht erlanget werden / ſondern muß man etwa dieſelbe in obigen vorſchlägen / oder anderes dergleichen ſuchen: Welche in dem grad der vorigen verſicherung nicht gleich kommet / aber doch dem gewiſſen gnug ſeyn kan / weil denen auffſteigenden ſcrupulen allezeit die väterliche treue unſers GOttes gegen ſeine kinder (unſere rede iſt aber auch allein von denjenigen / ſo aus andern zeugnüſſen ihrer kindſchafft verſichert ſind /) der ſie nach allem angewandten fleiß nicht in der ſünden-gefahr verlaſſen würde / kräfftig entgegen geſetzet werden darff. Alſo ob wir ſchon ſolten auf andere und dero urtheil gegangen ſeyn / ſo ruhete doch der glaube nicht auf ihnen / weil freylich jeglicher ſeines glaubens leben muß / ſondern auf GOttes in ſeinem wort uns gerühmter treue.

## Die andere Frage.

OB und wie fern ein Chriſt um ſeinen guten zweck und abſicht zu erhalten / wol ſimuliren oder gar eine nothlügen begehen möge / das iſt / mit worten / gebärden und wercken ſich anders ſtellen als es ihm ums hertz iſt.

## Antwort.

JCh mache hie einen unterſcheid unter dem diſſimuliren und eigenlich ſo genanten ſimuliren oder auch eigenlichen lügen. Was anlangt die lügen und das eigenliche ſimuliren / kan ich nicht glauben / daß ſolches jemalen erlaubet ſeye / ſondern ſtehet mir immer entgegen das urtheil Pauli Rom. 3 / 8. daß nichts böſes zu thun / daß gutes draus entſtehe. Die diſſimulation aber / wie ſie von der ſimulatione poſitiva unterſchieden iſt / und die verſchweigung der wahrheit / iſt nicht allemal unrecht. Alſo etwas das allerdings nicht wahr iſt / und wo alſo meine wort meinem conceptu von der ſache / und wol gar auch der ſache ſelbs / entgegen ſind / zu reden iſt unrecht /

　　　　　　　　　　　　　　　　　　　　　　　recht /

recht/und offenbarlich dem zweck der rede/wozu sie GOTT dem menschen ge=
geben hat / entgegen / daher nicht ohne sünde.　Wo aber etwas an sich selbs
wahr/obschon dabey so bewandt ist/ daß müglich ist/daß der andere/der es hö=
ret / es in anderm verstand nehmen kan / ja vermuthlich in anderm verstande
nehmen wird/so ist eine solche rede nicht anders sünde/als so fern ich dem nech=
sten / die völlige wahrheit und dero verstand zu eröffnen schuldig gewesen bin/
und hingegen er von verhaltung derselben schaden hätte leiden müssen / nicht
aber alsdann / wo ihm solches zu wissen möchte eher schädlich gewesen / oder
doch nichts daran gelegen / ja daher andern ein nachtheil zu besorgen seyn.
Also mit einer æquivocation antworten/ist nicht allezeit unrecht/ sondern al=
lein alsdann / wo man dem nechsten schuldig gewesen / die sache also zu entde=
cken / daß er deroselben gründliche beschaffenheit fassen könte/ und ihm solches
nöthig gewesen.　Nicht weniger mag man nur einen theil der wahrheit sa=
gen / das andere aber ob wol wichtigste daneben verschweigen / in gleichem fall
und aus gleicher ursach.　Wir haben das exempel dorten am Samuel
1. Sam. 16. der die wichtigste ursach / warum er gen Bethlehem gekommen/
verschwiege / und allein eine nebens=ursach anzeigte : Da jene zu wissen dem
werck des HErrn hinderlich würde gewesen seyn.　Dergleichen ist mehr zu
sehen 1. Sam. 10/ 16. Esth. 5/ 8. 2.König. 2/ 2. Jerem. 38/ 2. welche
exempel alle sollten scheinen simulationem in sich zu haben oder mendacia of=
ficiosa, sie sind aber nichts anders als eine verhählung eines theils der wahr=
heit/ dadurch zwar der ander in andere gedancken gebracht wird / daß er wol
folgends meinen mag / man habe ihn betrogen/ ist aber auch in der wahrheit
kein betrug/ als welcher nicht anders seyn kan / als wo einem dasjenige vor=
enthalten oder entzogen wird / was man ihm schuldig gewesen.　Also auch
eine zugestossene betrübnüß verhählen/daß mans nicht am gesicht oder gebär=
den sehe / oder sich in dem eusserlichen ein und anderes nicht mercken lassen/
was in dem hertzen / aber dem andern zu offenbahren weder nöthig noch nütz=
lich ist/ ist eine dissimulation,welche nicht eben verboten.　Dann der mir ver=
boten nichts falsches zu reden / noch mit eusserlichem verstellen dem nechsten
unrecht zu thun / hat mich nicht zugleich verbunden / alles mein hertz zu jeder
zeit und gegen jederman / zu eröffnen / als welches in dem menschlichen leben
mehr schaden als nutzen bringen solte / der die liebe vielmehr zu verhindern
schuldig ist.　Wolte man sagen / in solcher dissimulation stecke allemal auch
eine simulatio contrarii , so kan ichs nicht gar in abrede seyn / aber eo sensu
wolte auch nicht alle simulationem verboten achten/ sondern allein diejenige/
da etwas mehreres mit würcklicher verstellung geschiehet zu des nechsten nach=
theil.　Wiewol das wort simulatio auch allgemeiner gebraucht wird/ da ich
mich auch eben nicht wolte widersetzen / daß es also geschehen möchte / wie der

S. D

S. D. Dannh. das wort auch gebraucht: Der insgesamt die sache sehr gründlich ausführet/ Colleg. Decalog. Disp. 6, §. 4. p. 438. seq. daß mich lieber auf
ihn beziehen/ als selbs mit mehrerem davon handlen will.

## Die dritte Frage.

OB dann ein Christ bey solcher unsimulirten prüffung des glaubens schuldig seye/ da es ihm in beruffung zum predig-amt zugemuthet wird/ mehr zu unternehmen/ als sein vermögen/ und die von
GOtt verliehene gaben (so von langen jahren genugsam exploriret)
sich erstrecken: ja ob derselbige nicht vielmehr bey nicht erfolgetem un-
möglichen success zur verzweifflung an GOttes güte und allmacht/
ja zu allem andern darauf erfolgten unrath/ und boßhafftiger zunö-
thigung der welt ursach gibet/ der aller demonstration ungeachtet/
um fleischlicher absicht willen die sache dannoch in solche wege richtet/
daß es einem göttlichen und ordenlichen beruff ähnlich sehen muß.
Wozu dann heutiges tages man desto leichter kommen kan/ weilen unter den
gelehrten vom göttlichen beruff der Prediger/ wie von dem verlohrnen
Urim und Thummim des priesterlichen amts-schüldleins/ nach eines jeden
fühlen ehe zweiffelhafft disputiret/ von etlichen aber interna vocatio nicht
einmal berühret wird/ der praxeos jetzo nicht zu gedencken. Der gemeine
mann aber/ so nur auffs eusserliche des beruffs gaffet/ schleußt flugs/ das müsse
gewiß was göttliches seyn/ wann einer um einen dienst/ dem gemeinen brauch
nach/ nicht lauffet/ kauffet/ freyet/ sondern fast genöthiget wird/ weiß aber
nicht allemal warum?

## Antwort.

ES werden wiederum in dieser frage unterschiedliche stücke zusammen ge-
zogen/ die aber füglicher in sonderbare fragen abzutheilen. Deren die 1.
seye. Ob ein Christ/ so nach angestellter prüffung seines ver mögens
in beruffs-sachen sein unvermöglichkeit findet/ nichts desto weniger
gehalten wäre/ solchen beruff anzunehmen? Hiebey achte ich. 1. Daß
die prüffung erstlich recht anzustellen seye/ daß man versichert seye/ sich nicht
eben selbsten zu betriegen. Wie dann gleichwie durch vermessenheit/ da man
seinen kräfften ein mehreres trauet/ leicht kan sünde begangen werden/ also ist
eben so wol müglich/ daß durch zagheit und forchtsamkeit/ dazu einige tempe-
ramenta mehr geneigt seynd/ gesündiget und göttlichem rath widerstrebet
werde. 2. Damit nun solche prüffung recht angestellet werde/ gehöret nicht
nur dazu ein eiffriges gebet zu GOTT/ der uns seinen willen zu erkennen geben wolle/ sondern auch eine solche untersuchung unserer kräfften/ da wir im-

mer

mer mit einem auge auf GOttes gnade / mit dem andern aber auf dasjenige/ was er uns vertrauet hat/sehen. Findet sich nun eine blosse natürliche un- möglichkeit und ein offenbarer mangel / daß auch andere die unmöglichkeit sehen/so haben wir uns einer sachen nicht zu unternehmen/die uns von GOtt nicht kan anbefohlen seyn / als der keine tüchtigkeit dazu gegeben hat ; indem wir auf eine miraculose ersetzung solches mangels ohne versuchung GOttes nicht warten dörffen / er hätte uns dann durch eine gleiche wundersame art seines beruffs versichert : Also möchte kein blinder / kein stummer / keiner der nichts von göttlichen dingen verstünde / sich von andern überreden lassen/ daß er sachen übernehme/dazu gesichte/sprach/studia erfordert werden. Finden wir aber ein solches unvermögen/ daß uns nur gewisse umstände einer sachen unmüglich / und uns unsere kräfften dazu zu schwach vorkommen / als zum exempel / nicht das predig-amt selbs / oder einige dessen functionen / sondern deren menge und vielfältigkeit / und anders dergleichen : So haben wir die sache desto ernstlicher zu überlegen / ob nicht eine natürliche forchtsamkeit / ob nicht ein mißtrauen gegen GOTT / mit darunter verborgen stecke ; ob wir/ als wir vermeinet zu versuchen/ was unsere kräfften vermöchten / den rechten fleiß angewendet / nicht eine trägheit bey uns einnisten lassen / oder durch die furcht der unmüglichkeit uns die sache wahrhafftig unmüglich gemachet ; ob wir mit der probe eine weile angehalten / oder gleich nachgelassen / und was mehr dergleichen seyn mag : Indem allerley also geschehen kan und mehrmal geschihet/ja ich etwa selbs von den meisten exempeln/ daß geschehen ist/ wissen möchte. Es findet sich in der that bey einigen eine forchtsamkeit/daß sie ihnen niemal nichts zutrauen/sondern meinen/es seye ihnen alles unmöglich/ wo sie aber dazu gleichsam genöthiget werden / so gehets so von statten / daß sie sich über sich selbs verwundern / woher ihnen solches vermögen gekommen seye : Hingegen weiß ich / daß einige tüchtigkeit gnug zu einer sache gehabt / so sich durch proben gezeigt / wo sie aber durch einigen zufall auf die impression der unmöglichkeit gekommen / so haben sie es nachmal wahrhafftig nicht mehr ge- könt/ und ist die dadurch verursachte forcht eine stäte hindernüß gewesen/daß sie nicht mehr vermocht dasjenige zu thun / was sie zu andern malen gekont. So gibts exempel / daß einige im mißtrauen gegen GOTT sich auch dinge unmüglich gehalten/ zum exempel dieses und jenes gute zu thun/ oder gewisse sündliche gewohnheiten zu lassen/versuchungen zu überwinden/u.s.f. die nach- mal/wobey ihnen ein vertrauen gegen GOttes verheissung erwecket worden/ und sie in dem glauben die sache angegangen / die müglichkeit/ ja daß es ihnen leicht worden/erfahren haben. Es ist müglich und geschihet/daß bey ein und andermaligem versuch einer sache unmüglich uns vorkommet und damal ist/ aber wo wir anhalten/ so thut die gewohnheit ein grosses/und ersetzet den uns

ange-

angeschienenen mangel.  So ists nichts seltzames/daß durch eine natürliche
trägheit uns eine sache unmöglich wird.  Weilen dann offenbar, daß so vielerley ursachen seyn können / daß sich der mensch betriege/ und sich zu gewissen
dingen unvermöglich halte/ dazu ers nicht ist / so ist wol werth/ sich genau zu
untersuchen.  3. Hielte vor nützlich/ allemal ihm nicht allein zu trauen/ sondern christlicher und verständiger freunde rath mit zuzuziehen / die uns kennen / und etwa unpartheyischer von uns als wir selbs urtheilen mögen.  4.
Finden wir nun/ daß unsere prüffung so ist/ daß wir zwahr eine sorge des un-
vermögens bey uns spühren/aber wahrhafftig nicht versichert desselben sind/
sondern wir sehen auffs wenigste etwas eine müglichkeit / so wolte ich jene
sorge vor eine versuchung des fleisches und frucht entweder einer natürlichen
forchtsamkeit oder mißtrauens lieber achten / und trachten mit vorstellung
göttlichen verheissenen beystandes/in einer solchen sach/ die sonsten ohne das
gut/ und ich / daß sie göttlicher wille dißmal nicht seye/ keinen wichtigern erweiß als sothane meine sorge hätte/ mich bestreben/ mein hertz zu einem vertrauen auf GOTT zu disponiren / und in dessen nahmen die sache übernehmen: Bevorab wo andere christliche freunde/ von dero fleischlichen absichten
ich keine billige ursach zu argwohnen habe/ solches selbs davor hielten.  5.So
viel eher wäre solches in einem beruff zum predig-amt zu thun/ das ist/ derselbe anzunehmen/ weil die gefahr desselben zwahr freylich groß/aber solches
nicht so wol aus unserem unvermögen/als andern ursachen kommet/die mehr
in dem willen stecken/und was die treue betrifft: So sehe ich auch nicht/ wann
es/zum exempel/solte betreffen stücke einer eusserlichen tüchtigkeit/ob man diese und jene arbeit zu verrichten kräfften leibes und gemüths habe / und was
dergleichen mehr seyn mag/warum man so groß bedencken haben möchte/weil
es zwahr etwa nicht so gar gemein/jedoch nicht eben ärgerlich seyn würde/ wo
einer eine solche stelle/mit sorge/aber auch ausdrücklicher dero bezeugung vor
der gemeinde/ antrete/ zu versuchen/ wie viel ihm GOTT gnade dazu geben
wolte/ und wo ja endlich nach solchem eine zeit lang continuirtem versuch sich
wahrhafftig hervor thäte/ daß man das vermögen dazu nicht hätte/ solches
amt wieder in der gemeinde hand resignirete/ und eines anderwärtigen beruffs zu einem solchen/da wir uns tüchtiger finden/zu erwarten.  Man würde etwa einige urtheil und verachtung deswegen über sich ergehen müssen
lassen/ aber ich hoffte/ es solte ein seinem GOTT gelassenes gemüth solches
leicht überwinden / und als eine demüthigung von dessen seiner hand gehorsam annehmen: Zu geschweigen daß was wahrhafftig christliche hertzen sind/
diese nicht übel davon halten/ sondern an einer solchen person mehr zu loben
als zu schelten finden würden.  So kan man demnach nicht sagen / daß die
sache zu wichtig und zu grosser schad zu sorgen / daher ein dergleichen beruff
nicht

nicht eher zu übernehmen wäre / als wo man seiner tüchtigkeit gantz gewiß.
Solte aber 6. nach aller solcher prüffung und versuch unser hertz darzu zu disponiren ein stäter und unüberwindlicher widerspruch des hertzens sich finden / und dasselbe auf seiner sorgenden unvermöglichkeit verbleiben / so ists
freylich wahr / daß ein solcher mensch in solcher gemüths-beschaffenheit einen
beruff nicht annehmen könte.   Dann was uns schlechterdings unmöglich
wäre / und GOtt uns zu geben nicht zusaget / können wir uns nicht auffladen lassen / solches aber hält ein solcher mensch vor gewiß / darff also wider sein/
obwol aus einer irrigen hypothesi widersprechendes/gewissen nicht thun/als
welches werck nicht aus dem glauben gehen würde /  welcher etwa anderer
freunde gutem urtheil (aus bewust seiner eigenen forchtsamkeit) über sich de-
feriret / und sich nachmal auf göttliche treue verlässet.   Ich wolte auch alsdann davor halten / daß göttlicher rath sich eben hierinnen offenbahre/ der einen solchen menschen nicht müsse darzu bestimmet / sondern einiges zu dessen
versuchung vorgehen lassen/weil er bey ihm allerdings/nachdem alles mügliche in seiner ordnung treulich probiret worden /  keine anzeigung seiner würckung wiederfahren lassen.   Wie wir dann freylich glauben müssen/ daß göttliche gedancken manchmal auch von unsern besten gedancken differiren können: Und also nicht allemal dasjenige wahrhafftig sein wille über uns gewesen / was wir oder andere scheinbarlich davor gehalten haben.

2. Was von denjenigen zu halten/die einen solchen bey sich zweiffelhafftigen menschen dazu fast nöthigen /  daraus er nachmal unterschiedliche incommoda leiden muß /  und welche aus fleischlichen ursachen und absichten es dahin richten/daß es einem göttlichen beruff ähnlich sehe/was ihre anstalt effectuiret hätte? Dieses wäre die andere frage /  so in der dritten general-frage stecket.   Meine gedancken gehen dahin.
1. Wer aus fleischlichen absichten von sich oder andern einen beruf practiciret/
versündiget sich sehr schwehrlich/sonderlich an einem solchen / den er damit in
gewissens-zweiffel oder andere ungemach stürtzet / ob er auch wol solches eben
nicht intendiret hätte ;  dann da wir in einer an sich selbs unrechten sache ste-
hen/kommet auf unsere verantwortung alles dasjenige/ was einigerley massen daraus übels entstehet. Ob aber dieser oder jener einen beruff aus fleischlichen ursachen erpracticiret habe /  solte nachmal in discussione einer sache
meines erachtens sehr schwehr werden / und hielte auffs wenigste davor /  daß
mit solchem verdacht aus zweiffelhafften/ obwol scheinbaren/ vermuthungen
niemand beschwehret werden müste / sondern solche beschuldigung gantz deut-
liche und das gewissen zur gnüge überzeugende gründe haben müste.   3. Hingegen kan es wol geschehen /  daß christliche/ gewissenhaffte und verständige
leute in hoc puncto vocationis von einander differirende meinungen haben

können/

können/ und also/ daß ein solcher mann/ dem etwa einer gemeinde zustand bekant ist / welcher auch eine person seiner meinung nach wol kennet / und dadurch in die vermuthung kommet/er schicke sich an einen solchen ort/ und würde der gemeinde mit ihm gedienet seyn / alsdann mit vorschlag oder recom-
mendation und rath eine gelegenheit mache / aus dero darnach eine wahl
und vocation erfolget. Wo nun dergleichen geschehe / so könte zwahr seyn/
daß ein solcher sich in seinem urtheil von der person betrogen hätte / auch daß
nicht eben alles divina vocatio wäre / was auch die beste menschliche consilia
davor gehalten / und in der absicht befördert / so dann daß ein solcher mann
aus der habenden meinung / daß göttlicher finger mit in dem werck zu erkennen seye/an eine solche person starck setze/und sie einigerley massen nöthige. Ich
würde aber aus dergleichen bewegnüß noch nicht davor halten / daß es aus
fleischlichen absichten geschehe/dann die liebe allezeit viel besseres hoffet; noch
könte sagen / daß ein solcher mann darinnen sündigte/ indem wir nicht allemal
voran (wie wir an David und Nathans exempel 2. Sam. 7. sehen) was der
eigenliche wille GOttes über den success jeder sache seye / zu wissen gehalten
sind/und also mit gutem gewissen/ was wir zu beförderung eines an sich selbs
guten wercks unserm besten verstand nach dienlich zu seyn erkennen / fleißig
treiben/und so viel an uns ist/ zu werck zu richten trachten mögen/ so lang und
viel/biß uns GOTT/daß er ein anders beschlossen/deutlicher zeiget/alsdann
freylich von der sache abzustehen ist. Wie dann darinnen fast allein in dergleichen sache gesündiget werden könte / wo sich ein solcher mann eine herrschafft über des andern gewissen nehmen/ und weiter gehen wolte / als daß er
seine meinung nach bestem gewissen dem andern vorlegt/ und mit vorstellung
der motiven ihn des göttlichen beruffs wegen/so gut er es erkennet/zu persua-
diren suchet/ damit er nicht unrecht thäte; wol aber da er seine meinung ohn-
geprüffet als ein oraculum angenommen haben/ oder auch/ nachdem in dem
success der sache der göttliche wille sich deutlicher hervor gethan/ noch immer
auf seinem kopff bestehen wolte. 4. Weil nun in obbeschriebenen terminis
ein solcher mann nicht sündigte/ obwol zufälliger weise aus seinen consiliis
dem andern einiges ungemach entstünde/ hielte ich nicht davor / daß solche
schuld jenem zuzumessen wäre/ sondern als eine andere verhängnüß GOttes/
der dazu seine heilige ursachen habe/ angesehen werden solte. Wie wir dann
in dingen / die an sich selbs gut/ und darinnen wir nach bestem unserem gewissen gehandlet / vor keine andere eventus rechenschafft zu geben schuldig sind/
als welche von selbsten daraus folgen / und vernünfftig haben vorgesehen
werden können. Es stecket endlich 3. diese allgemeine frage mit darinnen/
worinnen eine gewißheit des göttlichen beruffs insgemein zu finden/
und woran sie zu erkennen seye. Da leugne ich nicht / daß es eine solche

frage/ sonderlich wo es zu der application und hypothesi jedesmal kommet/
die ihre zimliche difficultäten hat/ uñ nicht eben alles so leicht ausgemacht ist/
wie diejenige zuweilen vermuthen mbchten/welche die sachen nicht tieffer ein-
sehen/ indessen ists keine unmügliche sache/ auch hierinnen zu seines gewissens
beruhigung eine versicherung zu erlangen. Die materie völlig auszuführen
ist allzuweitläufftig/und bekenne auch/ daß sie lieber von andern lesen/ als sie
selbs übernehmen wolte. Auffs kürtzeste meine gedancken zu fassen/so meine
ich/die vocation seye ein werck/dero göttliche gültigkeit aus zusammen gesetz-
ten mehrern umständen geschlossen werden muß/ nemlich wo dieselbe insgesamt richtig sind:Als nemlich wo 1. bey dem vocante kein mangel/sondern derselbe das recht dazu hat. 2. Da in der art kein fehler/ nichts erkaufft oder
sonst auf unziemliche weise erpracticiret ist. 3. Da an dem vocando sich das
nöthige findet. 1. Daß er eine freye und andern nicht mehr verbundene per-
son/ oder doch von solchem bande auf rechtmäßige weise loß gemacht worden.
2. Daß so wol insgemein die tüchtigkeit zu dem heiligen amt sich bey ihm fin-
de/ als absonderlich nichts an ihm zu sehen/ daß etwa derjenigen stelle/ davon
geredet wird/ besonders unanständig seye. Diese requisita achte gantz nöthig
seyn/ und wüste nicht/ ob über dieselbe wol andere nöthig wären. Was die
internam vocationem anlangt/ so fern dieselbe heissen solle einen empfindlichen trieb in seinem hertzen/ und eine freudigkeit solches amt anzunehmen/
traute ich mir nicht dieselbe als ein nothwendiges requisitum zu erfordern:
Bey Mose/ Jeremia und Jona/ war an statt desselben triebes und freudig-
keit/vielmehr eine widrigkeit dagegen/und doch war der beruff unzweiffentlich
göttlich. Wiewol wo solcher trieb vorhanden ist/ ich aus demselben/ da die
andere requisita auch da sind/ auf die göttlichkeit des beruffs ein starckes argument gezogen zu werden nicht leugne: Aber also daß deßwegen der mangel
desselben das contrarium noch nicht mit sich brächte. Wo wir aber ja wollen eine internam vocationem erfordern/ so ich nicht widerstreiten will/ ge-
dächte ich/ wir hätten sie in nichts anders zu suchen/ als in der endlichen überzeugung des gewissens aus denjenigen andern gründen/ daraus die richtigkeit des beruffs geschlossen wird/ und dasselbe nichts wichtiges und erhebliches dagegen auffzubringen weiß/ daß GOttes willen und werck seye/ was
mit uns vorgegangen/ neben der allgemeinen inclination und neigung unsers hertzens/ daß wir/ wie uns GOTT aus so eigener wahl als etwa der
unsrigen ordenlichen anleitung zu seinem dienst einmal gewidmet/ wir auch
noch unser pfund zu seiner kirchen besten gern anwenden wolten; dann diese
zuneigung achtete ich gleichwol nöthig/ und wolte nicht gern einen nöthigen/
der immerfort wahrhafftig einen widerwillen und aversion gegen den dienst
des worts bey sich hätte und bezeugete/ biß er durch GOttes gnade sein hertz
änderte.

änderte.    Aber wo gleichwol die allgemeine zuneigung zu dem dienst GOttes sich findet / und in hypothesi einer gewissen vocation das gewissen so fern
überzeuget ist/ daß es nichts entgegen halten kan / als daß man keinen solchen
innerlichen trieb bey sich fühle/hielte ich solches genugsam zu seyn zu einer innerlichen vocation.    Weil aber unter den vorigen requisitis vielleicht der
grösseste scrupel ist wegen der tüchtigkeit des vocandi und art zu dero gewißheit zu kommen/ so scheinet solches fast füglicher zu der nechsten frag zu refe-
riren seyn.

## Die vierdte Frage.

WEil aber ut plurimum vorgeworffen wird/ man müsse seiner vernunfft nicht trauen/ sondern dem gehorsam des glaubens unter-
werffen/ so möchte ich gern von dieser materia etwas gewisses/ daß man
der sache weder zu viel noch zu wenig thue/lesen.    Dann wie der ei-
gendünckel ist der weg zu allerhand irrthuin/ also die leichtglaubig-
keit zu der verführung.

## Antwort.

MAn kan freylich auf beyden seiten fehlen.    Eines theils wo man seiner
vernunfft (wodurch ich achte/ daß hie gemeinet werde/ sein eigen urtheil
von sich selbs) trauen will.    Indem so bald vermessenheit und eigene einbil-
dung/ als ander seits forchtsamkeit und zagheit/verursachen können/ daß wir
uns zu viel oder zu wenig zutrauen / und also nachmalen aus einem falschen
præsupposito nicht anders als irrig schliessen können: Andern theils wo man
unter der unterwerffung der vernunfft unter den gehorsam des glaubens
verstehen wolte/eine blinde annehmung jeglichen dings/was uns ein anderer
unter dem vorwand göttlichen willens ohne dessen vergnügliche erweißthüme
vorsagen wolte/indem die prüffung unser selbs göttlicher ordnung gemäß ist.
Daher achte ich/daß man das mittel und temperament treffe. 1. Sich fleißig
mit hertzlicher anruffung GOttes und mit anwendung aller in einer solchen
wichtigen sache nöthiger sorgfalt selbs prüffe/nach demjenigen talent, was in
uns geleget. 2. Finden wir die capacität selbs etlicher massen/auffs wenigste daß wir nicht die untüchtigkeit starck gewahr werden / so können wir in
GOttes nahmen und mit fernerem vertrauen auf seinen beystand eine gute
resolution fassen.    3. Deucht uns aber / wir finden die untüchtigkeit sehr
scheinbar / so achte ich/ sonderlich bey den gemüthern/ die ohne das auch etwa
aus einem natürlichen temperamento etwas angsthaffter oder schüchtern
sind/ durchaus noch nicht dabey zu beruhen/und eine sache auszuschlagen zu
seyn: sondern daß anderer christliches gutachten darüber gehöret werde.    4.
Können diese uns die sache so deutlich vorstellen/ daß uns unser scrupel be-

nommen wird/so ist es abermal gut und dem gewissen schon gerathen. 5. Können aber dieselbe uns noch nicht genüge thun noch befriedigen/so ist die unterlassung der sache/als hie der übernehmung eines solchen beruffs entweder also
bewandt / daß von deroselben niemand schaden zu sorgen hat ( zum exempel
daß eine stelle so wol oder besser durch andere zu ersetzen / daß die vocantes
sich über die ableinung nicht ärgern / sondern unschwehr acquiesciren werden
und dergleichen ) oder wir sehen / daß solche unterlassung sünde oder schaden
leicht nach sich ziehen möchte.　　In dem ersten fall/wolte ich die sache in GOttes nahmen unterlassen / indem solcher theil das sicherste ist / aber in dem andern fall/finde ich endlichen keinen andern rath/als das gantze werck/nicht nur
wie vormal guter freunde rath/sondern allerdings deroselben/welche wir etwa in der forcht GOttes dazu am tüchtigsten finden möchten / (dahin sonderlich die Superiores aus eigenem recht gehören ) ausspruch zu überlassen/ und
also in denselben den mund des HErrn zu fragen/und seine antwort zu erwarten.　　Welches ein weg ist / der aus oben angeführten gründen mir der sicherste in entstehung anderer gewißheit / vorkommet / und von unterschiedlichen
christlichen hertzen zu ihrer vergnüglichen beruhigung gebraucht worden ist.
Mir ist ein neues exempel bekant eines gottseligen und berühmten Theologi,
welcher an einen andern ort beruffen/ da auf beyden seiten die allerwichtigste
momenta zu bleiben oder zu ändern sich befunden haben/sich nicht aus denselben finden/oder etwas gewisses ohne verletzung seines gewissens/welches von
beyderley rationibus sehr bestrickt war / wehlen können ; daher er 3. unterschiedliche Theologos an unterschiedlichen orten/zu dero gewissenhaffter und
gottseliger überlegung er ein sonderbar vertrauen hatte/mit vorstellung aller
beyderseits gewichte anlangte / und deroselben antwort begehrte / mit der
resolution , denselben oder den majoribus unter ihnen zu folgen : Da nun
zwey auf eine seite/der dritte aber/obwol mit einigen reservatis,auf die andere
ging/so kam er jener ausspruch nach/und fande sich in seinem gewissen beruhiget.　　Wo ich auch mein eigen exempel bey einem guten freunde darff anfüh-
ren/ habe ich bey meiner hiesigen vocation einen nicht gar ungleichen weg erwehlet.　　Ich sahe starcke rationes, warum ich die vocation vor göttlich solte
erkennen/die mir ohne meine gedancken angetragen worden/und sich viele umstände dabey zeigten / die ich wahrhafftig vor sonderbar achtete : Auf der andern seiten waren nicht geringere rationes , die mich an derselben zweiffelen
und sie als eine tentationem divinam ansehen machten / sonderlich daß mich
zu dergleichen einem amt/dazu viele erfahrung und praxis gehörte/da doch biß
dahin wenig an diese gedacht / untüchtig sorgte. Ich wußte mir nicht zu
helffen : Bey mir selbs war kein rath/ wie ich insgemein in meinen eigenen sachen sehr schwehr zu einer resolution zu kommen weiß/und immer zu viel oder

zu wenig zu thun sorge. Guter freunde rath sorgte auch nicht genug zu seyn/
weil ich so viel erfahren/daß derselben rath aus fleischlichen absichten eines
theils geschähe: Da ergriff ich dieses mittel / und gabe die sach gantz aus hän-
den/ daß beyderseits Obrigkeit/ die Straßburgische (sonderlich weil mich
diese besser/ wozu ich geschickt oder nicht geschickt / als ich mich selbs/ kennete/)
und Franckfurtische sich meinetwegen vergliche/ wozu sie mich am bequemsten achteten/und also welche mich bey ihrer gemeinde haben solte; da ich meiner damaligen dieses zutrauete/ sie würde sich auch der Theologischen Facul-
tät raths darüber gebrauchen: So auch geschehen/ und also da ich mich bloß
passive hielte/ der schluß erfolget ist/ daß ich nach Franckfurt solte: Welche
antwort durch diejenige/ die meine vorgesetzte waren/ mir angezeiget ich als
göttliches decret gehorsam angenommen/ mich bißher darauf gesteifft/ und
michs niemal reuen habe lassen / sonderlich da auch vieles erfolgete mich solcher göttlichen leitung versicherte. Welches mittel ich nun aus eigener erfahrung nützlich befunden/ recommendire ich andern auch so viel lieber: und
bin versichert/ daß göttliche treue nicht lassen kan/ denen jenigen/ welche gern
den göttlichen ihnen zu wissen nöthigen willen erkennen möchten/als welchen
sie auch gern erfüllen wolten/ solchen zu offenbaren; daher sie/ wo sie bey sich
selbs die versicherung noch zu finden nicht vermögen/ sicher glauben dürffen/
daß der HErr andere ordenliche mittel/deren ich nicht wol andere sehe/als die
vorgeschlagene/ so gewiß segnen werde/ daß ihr glaube sich darauf lassen könne. Wo es nun sonsten von dem looß heisset/ daß dasselbe in den schooß geworffen werde/ aber falle wie der HErr wolle/ so will ich zwahr zu keinem
looß rathen/ damit wir nicht den HErrn versuchen/ aber solche rathfragung
der brüder und überlassung unsers anligens an dieselbige/ ist mir an statt
eines loosses/ so mir das gewissen genug beruhiget.

Der HErr gebe uns in allem in dem liecht seines Geistes die wahrheit zu
erkennen/ und seinen willen freudig zu thun um unsers JEsu willen. Amen.

## SECTIO III.

# Verleugnung sein selbs und der welt. Besuchung
### andrer religion kirchen / und gebet darinnen.
Transplantation der kranckheiten. Jacob Böhme. D. Carpzov.

VOn voriger post ist mir dessen freundliches wohl zu handen gekommen/
und hat mich nicht wenig erfreuet/ theils wegen bezeugung christlichen
vertrauens gegen mich/ theils aber und vornemlich/ weil aus demselben verstanden habe/ daß der gütigste Vater seine seele kräfftig gerühret/ so

wol

wol zu erkennen die nichtigkeit des vertrauens derjenigen/ die auff dem brei=
ten welt=wege gleichwol zu dem himmel zu kommen sich einbilden/ als hinge=
gen in wahrer buß auff den rechten weg einzutreten/ auff welchem man sein
heil allein durch den glauben an Christum JEsum ergr.iffet/ und aus dem=
selben in thätiger liebe und gehorsam der göttlichen gebote eiffrig fortzufah=
ren. Für welche demselben erzeigte gnade billich mit ihm dem Vater des
liechts/ von dem alle gute und alle vollkommene gaben herkommen/ demü=
thigst dancke/ mit Paulo über seine Philipper in guter zuversicht/ daß der in
ihm angefangen hat das gute werck/ es auch vollführen werde biß an den tag
JESU CHRISTI: aber auch des Apostels bitte wiederholen will/ daß
er je mehr und mehr reich werde in allerley erkäntnüß und erfah=
rung/ daß er prüfen möge/ was das beste seye/ auff daß er seye lauter
und unanstößig biß auff den tag Christi/ erfüllet mit früchten der ge=
rechtigkeit/ die durch JEsum Christum geschehen in ihm zur ehre
und lobe GOttes. Amen. Daß die verleugnung der welt und seiner selbs
ihn am schwehrsten ankomme/wundre mich nicht/ sondern bin versichert/daß
es die klage seye aller derer/ die noch in dem fleisch leben müssen. Ja alles
was uns in den übrigen pflichten schwehr wird/ hat seine schwehrigkeit dar=
aus/ so viel der selbs=verleugnung drein fliessen muß. Dann weil die unor=
denliche selbs=liebe recht das innerste hertz des alten Adams ist/ und wo es
uns an der liebe GOttes und des nechsten manglet/ solcher mangel aus der
selbs=liebe herkommet/ so bleibet unser kampff gegen die selbs=liebe unauff=
hörlich/ und so viel vermögen wir GOtt und den nechsten zu lieben/ als wir
diese selbs=liebe ablegen. Wie dann die selbs=verleugnung nichts anders
ist/ als solcher selbs=liebe ablegung oder vielmehr tödtung. Welches töd=
ten allerdings mit schmertzen geschihet/ nicht nur wo man das selbs in seinen
gröbern stücken/ sondern auch in den subtilern/ die uns nicht weniger fest an=
kleben/ angreiffen muß. Also muß der anfang der selbs=verleugnung bereits
einiger massen in dem anfang der buß geschehen/ aber so lange in der erneue=
rung fortgesetzt werden/ biß das selbs mit uns sterbe/ daß wir es der christli=
chen übung/ was das thun anlangt/ A. und O. nennen mögen. Doch ist die=
ses der trost/ den redlichen vor= und ansatz an solchem werck lasse der himmli=
sche Vater nicht stecken/ sondern gebe denjenigen/ die seine darzu ertheilte
gnade treulich brauchen/ immer ein so viel reichlicher maaß/ daß sie durch je=
den sieg wider solches selbs zu noch weitern/ mehr kräfften bekommen/ und
in dem kampff nicht erligen sollen. Was die vorgelegte fragen anlangt/ ant=
worte darauff/ als viel dieses mal die zeit zugibet.

I. So ist nun die erste: ob ich meinem nechsten zu liebe/ so er das=
selbe

selbe von mir verlangt/ in seine kirche anderer religion gehen kan?
und ob ich in derselben eben so wol als in meiner von GOtt kan erhöret werden. Hierauff antworte nun 1. daß nicht an sich selbs sündlich seye/ in eine
versammlung auch der irrenden zu kommen. Aber 2. dasselbe wird unrecht
und zur sünde: wo es geschihet (1. mit versäumnüß und verachtung der rechtglaubigen gemeinden/ da man sie haben kan. (2. Bey begehung eines solchen ausgebenden Gottesdiensts/ wobey etwas abgöttisches vorgehet: wie
zum exempel/ eine päpstische predigt hören ist an sich selbs nicht sündlich (ob
es wol dergleichen auch werden kan) wol aber ist es sündlich der abgöttischen
meß beyzuwohnen/ und sich durch seine gegenwart/ da man sein mißfallen
nicht bezeugen darff/ dero!greuel theilhafftig zu machen. (3. Wo es geschihet mit gefahr entweder der seelen/ als wann nicht gnug gegründete/ der irr-
glaubigen predigten hören/ dadurch sie leicht verführet werden mögen/ oder
des leibes/ bey den widrigen/ welche gewalt haben/ diejenige/ so sich nicht allem accommodiren/ zu verletzen oder niederzuschlagen/ welcherley leiden
bey dergleichen personen kein Gottgefälliges martyrium wäre/ indem sie
GOTT versucht mit muthwilliger begebung in gefahr. (4. Wo es geschihet mit ärgernüß entweder der widrigen/ die sich dadurch stärcken/ daß wir
ihren Gottesdienst nicht verwerffen könten/ oder der glaubens-genossen/ die
unsre freyheit nicht begreiffen können/ und sich wol dadurch zu einer ihnen
sündlichen nachfolge verleiten lassen mögen/ dero sünde auff einen solchen
menschen ankommet. (5. Mit einer mündlichen oder thätigen billigung des-
sen/ was unrechtes in einer solchen versammlung vorgehet/ oder auch daß
man solche versammlung eben zu dem ende besuchet/ sie damit davor zu erken-
nen/ als eine solche/ wo der HErr mit seiner wahrheit wohne. Da doch irr-
glaubige versammlungen/ ob wol GOtt unter den gliedern derselbigen/ so
lang sein wort noch da bleibet/ seinen heiligen saamen erhält/ und bey denselben ist/ sich gleiches recht mit den rechtglaubigen gemeinden nicht anmassen können/ oder von uns ihnen beygeleget werden darff. Diese stücke fallen
mir jetzt bey (mögen aber etwa auch mehr seyn) um welcher willen solche besuchung andrer kirchen kan unrecht werden/ ja meistens unrecht wird: und
daher darinnen nichts anders als mit grossem bedacht und prüfung seines
hertzens vor GOtt vorgenommen/ sonderlich verhütet werden muß/ daß e-
ben derjenige/ auff dessen bitte wir in seine kirche gehen/ es nicht als eine billigung seiner religion annehmen könne oder annehme. Daher es etwa ein
seltener fall werden/ und nur zuweilen gewisse umstände solchen mit sich bringen möchten/ da man es ohne verletzung des gewissens thun könte. 3. Was das
gebet anlangt/ weil wir aller orten heilige hände zu GOtt auffheben 1.
Tim. 2/8. uñ ihn im geist uñ wahrheit anbeten Joh. 4/24. dörffen/ so gefället
ihm

ihm alles unser glaubiges andächtiges gebet wol / es geschehe wo es wolle: und solte einer gebunden in einen heidnischen götzen=tempel geführet werden/ mag/ ja solle er/ zu seinem wahren GOtt um hülffe schreyen/ und sich der er=hörung versichern. Es kan aber solches gebet GOtt mißfällig werden/ wo 1.) aus einiger obiger ursache/ die besuchung solcher versammlung unrecht gewesen/ dann so kan das gebet auch nicht rein seyn. 2.) Wo zu dem gebet austrücklich solche kirchen gesucht werden/ aus dem aberglauben/ gleich ob GOtt an solchem ort das gebet kräfftiger als zu hause erhörte: da doch alle ort seinem thron gleich angenehm und gleich nahe sind: das gebet hingegen in der kirchen keinen andern vorzug vor dem andern hat/als wo es durch die mit einstimmung einer glaubigen gemeinde bestärcket wird: sonderlich würde es unrecht seyn/ wo man widrige und irrende damit stärckete/ ihre kirchen um daselbs zu beten zu besuchen. Insgesamt haben wir den HErrn anzuruf=fen/ so in diesem als andern stücken aus seiner gnade zu erkennen/ was sein wille an uns seye/ und alsdenn demselbigen zu folgen.

II. Was die andre frage anlangt; ob ich meinem nechsten/ der mir was abborgen will/ dasselbe mit gutem gewissen abschlagen kan; oder so ich ihm geld oder sonst was darreiche/ ich dafür einiges interesse oder un=terpfand nehmen kan? So ist solche materie zu weitläufftig in diesem brieff/ und bey meiner wenigen zeit auszuführen. Ich habe aber das meiste davon erwogen in meinen Evangel. lebens=pflichten auff den Sonntag Septuag.p. 289.290. Kurtz sind zwo regeln/ die fast die gräntz=steine sind: daß wir 1.lie=be bey aller gelegenheit zu üben bereit und von grund der seelen willig seyen. 2. daß die übung derselben also eingerichtet werde/ damit nicht nach den wor=ten 2. Cor. 8/ 13. ein theil trübsaal/das andre ruhe habe/sondern daß es gleich seye. Daher alles/ was von der gantzen sache gesaget werden kan/ aus diesen reglen fliessen muß. Was aber die dritte frage betrifft: ob man eine kranckheit von einem menschen per curationem sympatheticam in eine andere creatur als einen hund transplantiren dörffe? so hänget dieselbe an einer vorhergehenden frag/ nemlich ob dergleichen trans=plantation allerdings wahrhafftig natürlich hergehe/ und nichts abergläu=bisches damit vorgenommen werden dörffe: ist jenes richtig/ und ob gleich das διότι nicht so offenbahr an dem ὅτι dannoch kein zweiffel wäre/ welches ich den physicis und medicis überlassen muß/ so ist die frage auch so bald mit ja beantwortet. Es ist uns das viehe und andre thiere also zu Dienst übergeben/ daß sie uns auch mit ihrem tod dienen müssen/wie niemand es sündlich achtet/ daß so viel tausend thier wol gar täglich zu der menschen speise geschlachtet werden: Es zweiffelt niemand dran/ daß man dörffe zum

exem=

exempel saugegel dem menschen appliciren/ das böse geblüt aus seinem leibe auszusaugen/ daran sie sterben/ daß man tauben in hitzigen schwachheiten aufflege/die hitze zu des menschen erleichterung und ihrem tode an sich zu ziehen und s. f. So hats dann gleiche bewandnüß/ wo auff natürliche weise/es seye nun auff grobe greifliche art/ oder auff einen verborgenen weg der sympathie, das übel davon die kranckheit entstehet/auff ein ander thier deriviret/ und der mensch dadurch befreyet/oder doch seine noth erleichtert wird. Was endlich Jacob Böhmen anlangt/kan ich dessen fehler nicht zeigen/als der so offt auch öffentlich mich erkläret/ daß ihn niemal als incidenter da und dort ein stücklein/ und einmal in einem tractat etwa die helffte/ gelesen habe. So finde auch weder zeit denselben zu lesen (als worzu eine weil eine freymachung des gemüths von allen andern arbeiten/nur mit rechtem nachsinnen über ihm zu seyn/ erfordert würde) noch gnugsam frucht/ weil ich bekenne/ das was gelesen nicht verstanden/ und also auch wo schon mehr fleiß anwendete/ihn zu verstehen kein vertrauen habe. So viel bleibet/ wo das jenige in Böhmen und von ihm also gemeinet ist/ was aus ihm ausgezogen mir unterschiedlich mal bereits vorgehalten worden ist/ und wie die dermassen bloßstehende wort den verstand mit sich bringen/müste er viel und schwehre irrthum haben. Wann aber ein unbekanter liebhaber der wahrheit bey 2.jahren her zu zwey malen die erste 20.von Herr D. Hinckelmann aus Böhmen vorgelegte fragen also beantwortet/ daß die ihm zugemessene irrthume von ihm abgeleinet/ und seine wort mit unsrer orthodoxie in der sache selbs conciliiret worden/ welches ich zu thun mir nicht zugetrauet hätte/ so stehe ich noch so vielmehr an/ und mag hoffen/ daß etwa auch die übrige stellen/ so irrig scheinen/ nicht weniger von irrthum liberirt werden möchten. Also muß ich immer dabey bleiben/ daß den mann ungerichtet lasse/ und ihn weder vor einen irrgeist noch rechten lehrer erklähre: dabey GOtt bitte/ daß er auff seiner weißheit gemässe art noch zeigen wolle/ was richtig oder unrichtig in ihm seyn müsse. Von Herr D. Carpzovii disputation habe gehöret/ sie auch gesehen. Muß mit dem mann gedult tragen/ dem seine affecten nicht zulassen/ in solcher sache die wahrheit zu erkennen: dero macht aber wider allen seinen und anderer danck doch zu seiner zeit in GOTTes krafft durchbrechen muß. Der HErr sehe ihn und andre widersprecher in gnaden an/ sie zu andern leuten zu machen/ oder ihnen die hände um nicht ferner zu schaden zu binden/damit nicht sein gericht endlich über sie schwehrer fallen und sie untertrucken möge. Davon jenes in täglichem gebet vor Gott für sie suche. Schließlich aber zu vorhabender reise nicht allein zu dero sicherheit und abwendung aller gefahr das geleit und schutz der H. Engel/ sondern insgesamt GOttes gnade und seines Geistes beystand in reichlicher maaß anwünsche/ damit

der=

Fff

derselbe von solchem besten regirer sich auch zu hause / und wo ihn göttliche
providenz ferner hinführen mag / aller orten also leiten lasse / mit jederman
unstr.sflich / christlich und vorsichtig umzugehen / und so wol im fall er bereits
sein pfund auch zu der crancken cur anwenden solle / solches im segen zu thun /
als auch was er in dem geistlichen von der himmlischen güte empfangen / gele-
genlich zu seinen ehren / anderer auffmunterung und eigenem wachsthum anzuwenden / damit er nicht ohne frucht bleibe.   1696.

## SECTIO IV.

# Bereitung des hertzens zu williger verleugnung
### alles zeitlichen / aus gelegenheit der übergab der
### stadt Straßburg.

ES ist mir das neuliche recht angenehm und erfreulich gewesen / gleichwie in andern stücken / also vornemlich / weil ich daraus ersehen / wie derselbe sich so christlich in göttliche ordnung und willen schicke.   Ach daß
wir solches alle und zu allen zeiten thun mögen! dann dieses ist gewißlich die
allerbeste weise eine last zu tragen / daß wir solche mit willen auffnehmen / und
an den gütigen weisen rath desjenigen gedencken / der uns nichts als mit hertzlicher liebe auffleget / wie er es uns nützlich befindet zu seyn.   Da hingegen /
wo wir ungern an die sache kommen / sie uns nur desto schwehrer / ja gar un-
träglich wird; wo wir nicht stets die gedancken und augen auf diejenige hand
wenden / ohne die uns nichts begegnen oder auffgelegt werden mag / und die es
in allem so gut meinet.   Was sie unter der neuen regirung ins künfftige zu
erwarten haben / ob man suchen werde / die stadt in flor zu bringen und zu erhalten / oder sie mit fleiß zu trücken; ob ihre freyheit / so viel davon noch übrig
ist / gelassen / oder mehr eingeschrencket werde werden; ob in dem geistlichen es
in dem gegenwärtigen stande bleiben / oder die widrige genannte geistlichen
ein mehrers gegen uns auswürcken werden; so dann was die liebe posterität
auf die künfftige zeit sich zu versehen habe / will mir nicht ziehmen / muthmaß-
lich zu untersuchen / und dieses oder jenes vorzusagen / da offt auf beyderley
seit starcke rationes stehen möchten: Sondern mir stehet vielmehr zu / zu wünschen und zu ermahnen / daß wir trachten / in den stand des gemüths zu kommen / daß uns alles solches endlich einerley seye / und daß wir jedes von solchem
zu unserem nutzen lernen anwenden: Daß wir zwahr in kindlicher demuth den
HErrn um abwendung desjenigen / was uns auch in dem leidtlichen beschwehrlich fället / anruffen / aber allemal diß dabey ausnehmen / wo es sein
heiliger will also seyn werde / alsdann bereit / den unsrigen gern zu verleugnen /
da derselbige dem seinigen entgegen stehen solle.   Auf die weise wird uns
nun-

nunmehr alles zimlich indifferent werden / wie es uns gehe / da wir nun der
göttlichen gnade / die uns vergnüget / versichert seyn / werden auch nicht vielmehr um das künfftige uns sorglich ängsten / weil es in keines menschen sondern allein in des gütigsten Vaters hand stehet. Ach daß wir recht solche
kindliche gelassenheit begreiffen lernen / so werden wir uns in derselben / da wir
ihre krafft einmal recht geschmeckt / viel seliger preisen / als alle eusserlich glück-
seligst gepriesene seyn mögen. Es ist auch dieses ein stück der wolthat und
erlösung / die uns von unserem liebsten Erlöser wiederfahren ist / daß er diejenige erlösete / so durch furcht des todes im gantzen leben und also in allerhand
leiden / gefahr künfftiger trübsaalen / knechte / und also elend und miserabel
seyn müssen. Nun hat uns unser liebe Heyland alle auf solche art erlöset /
oder uns das recht darzu verdienet / aber in dem glauben werden wir allein
desselben guten theilhafftig / und kommen zu solcher ruhe thätlich. Dann
weil alle unruhe / forcht / und dahero entstehende unglückseligkeit daraus ihren
ursprung her gewinnet / weil wir uns selbs lieben / und zwahr in solchen dingen / darinnen nicht wahrhafftig unser wolstand bestehet / sondern worinnen
unsers fleisches sinn sein vergnügen findet / so kan unserem unglück nicht besser
gerathen werden / als wo wir von unserer eigenen liebe abgewendet / oder vielmehr dieselbige gemäßiget / oder auf diejenige wahre güter gerichtet werde /
worinnen wahrhafftig uns wol seyn mag. Wie es dann unmöglich ist / die
seele von der liebe der eusserlichen dingen / dero hochhaltung unserer verderbten natur nunmehr angebohren ist / abzuziehen / es seye dann / daß man uns etwas besseres und vortrefflichers zeige und gebe. Wie ich einen armen aber
geitzigen bauren nicht anders darzu bringen würde / daß er mit freuden all sein
gütlein / welches er hat / seine etzliche heller / hauß / stroh-hüttlein dahin geben
möchte / als wo ich ihm ein vortrefflichers gut / hauß / in summa dergleichen
schätze zeigen würde / worinnen er alles verlassene hundertfältig wieder haben
würde / wo er erst seine armuth verlassen wolle: Wo ich ihm aber dieses zeigte
und ihn dessen versicherte / also daß ers auch glaubte / solches seye nunmehr alles sein / so ist kein zweiffel / er wird mit grosser freude das vorige zurück lassen.
Diese kunst brauchet GOTT gegen uns / daß er uns / damit er uns von der
thörichten selbs-liebe / worinnen wir mehr unser verderben als uns selbs
wahrhafftig lieben / abbringe / in dem geistlichen alles tausendfältig zeiget /
was wir in den wahren gütern / in der wahren ehr seiner kindschafft / und vor
seinen augen geachtet zu seyn / in denjenigen seelen-schätzen / darinn wir nebens
allen andern gütern / so die seele recht reich machen können / ihn selbs besitzen
mögen / in der innerlichen freude des H. Geistes und empfindung des himmlischen trosts / zeiget und anbietet; damit wir um dieser willen / welche unsere
seele recht beruhigen können / und darinnen wir zu unserem ersten ursprung

und

und art/wozu wir erschaffen gewesen/wiederum kommen/die andere/dardurch
wir nur mehr verderbt werden/willig fahren lassen. Wo wir also darzu kom-
men/daß wir in dem wahren und lebendigen glauben/ nicht nur in einer einbildung / die sich der mensch aus eigener krafft und seiner vernunfft macht/ solche
rechte wahre güter / die gerechtigkeit unsers Heylandes/ den innerlichen frieden und freude des H. Geistes / und dessen kräfftige würckung in wiederan-
richtung des göttlichen bildes in uns/wahrhafftig besitzē/als welches die rechte früchten sind der erlösung unsers liebsten Heylandes/so zeigt uns die lebendige und wahre erkäntnuß deroselben den grossen unterscheid solches unsers
wahren heils/worinnen uns wol ist/ und der andern schein-güter dero begier-
de/ liebe und anhängigkeit uns so offt verunruhiget hat/ daß wir nun diese je
länger je weniger mehr achten / und sie wahrhafftig also ansehen/ als dinge/
darinnen unser wolseyn nicht stehet / wol aber die mit unordenlicher liebe be-
sessen / dasselbe mächtig hindern mögen.    Haben wir dann einmal dieselbe
recht erkennen gelernet/so haben wir auch ihre liebe zimlich überwunden/ und
dörffen nun nicht mehr aus furcht des todes oder deroselben verlust mehr
knechte seyn: Sondern hat uns GOTT etwas gegeben vom ehren-stand/gü-
tern/und gemächlichkeit dieses lebens/so brauchen wir es mit danck/aber auch
grosser behutsamkeit/so lang ers uns lässet; wir gehen damit um/als mit koh-
len/ daran man leicht die finger verbrennen kan.    Gewinnets das ansehen/
daß uns GOTT solche dinge wolle lassen entzogen werden / da sonsten wir
von natur nichts anders als mit forcht und bangigkeit dessen erwarten kön-
nen/und uns die forcht vorher wol so viel leides thut/als darnach der verlust
an sich selbs/ so stehet eine seele/ die ihren schatz in sich weiß und besitzet/in einer hertzlichen ruhe/ oder wo sie ja die erste verunruhigung des fleisches auch
förchten muß/beruhiget sie sich gleichwol bald selbs wiederum/ und überlässet
dasjenige/ was sie verliehren soll/ mit kindlicher gelassenheit ihrem Vater/
von dessen weißheit sie sich versihet/ daß sie erkennen müsse/ daß der besitz solcher güter ihr nicht mehr werde nützlich seyn/ und mit dancksagung/ daß er sie
ihr so lang gelassen/und doch das hertz darvor bewahret habe/nicht davon ein-
genommē zu werden/so dann gebet um vergebung aller sünden/damit sie sich
an denselben möchte versündigt haben.    In solcher bewandnüß ist der seelen
wol/förchtet sich also vor der gefahr nicht/als welche ihr nichts anders würcklich nehmen kan/als was sie schon mit kindlicher resolution ihr längst überlassen hatte.    Da sehen wir recht den unterscheid derjenigen / die noch in forcht
des todes und unglücks ihr lebtag knechte / daher immer wegen solcher sorge
bey ihrer vermeinten glückseligkeit unglückselig sind/ und den andern/ welche
von jener forcht sich durch göttliche krafft loßgemacht/ und in ruhe und friede
ihre seelen besitzen / welche recht in der that dieses stücks der erlösung Christi
geniessen.

genieſſen. Nun der HErr/der uns alle dazu erlöſet/verleihe uns die gnade/
daß wir auch ſothaner erlöſung in ſolcher krafft mögen theilhafftig werden.
Dazu ich aber kein beſſer mittel weiß nechſt dem lieben gebet/als die ohnab=
läßige betrachtung der geiſtlichen wolthaten GOttes/die wir in Chriſto ha=
ben; damit ſolche/da ſie ſtets in dem ſinn und gedancken ſchweben/durch des
H. Geiſtes krafft deſto tieffer in das hertz getruckt mögen werden: Ohne wel=
ches ſonſten alle reſolution ſich in die beſchwehrliche zeiten und allerhand
verluſt willig zu geben entweder eine lügenhaffte großſprecherey/da es dem
hertzen inwendig viel anders zumuth;oder eine tumme verzweifflung iſt/oder
doch/wo es zum treffen kommt/bald dahin fället/und die kleinmuth ſich nur
deſto ſtärcker weiſet. Aber weiß ich wahrhafftig/was/wie reich und wie ſelig
ich in Chriſto bin/und glaube ſolches in meiner ſeelen/nicht nur/daß ich wort
davon mache/ſo iſts leicht begreifflich/daß mich das andere wenig afficire/ja
ſo wenig als etwa einen reichen mann/der viele millionen hätte/der verluſt
etlicher pfennige/den er nicht achtet. Ach daß wir in dieſer ſchul ſolche lection
wol lernen/ſo wirds uns in ewigkeit nicht gereuen/auch fein täglich uns drü=
ber examiniren/wie wir ein und anderes gefaßt/wie weit wir gekommen/und
was uns noch mangle/damit wir recht zuzunehmen trachten. Es iſt auch die
kunſt/welche in gewiſſer maaß durch die erfahrung ſelbs endlichen von einigen
gelernet werden muß/und auch bey denſelben ein nutzen der folgenden trüb=
ſaalen ſeyn wird/wie es aber alsdann ſo viel ſchwehrer eingehet/und das ler=
nen ſaurer wird/ſo haben wirs lieber vorher zu faſſen/da uns GOTT dazu
friſt gibet. 1681.

## SECTIO V.

# Verlangen nach dem himmliſchen Vaterland.

DAß das verlangen nach dem himmliſchen vaterland bey demſelben
groß und gröſſer ſeye/als das verlangen nach dem irrdiſchen/höre hertz=
lich gern. Der HErr laſſe ſolches verlangen durch die gnade ſeines
heiligen Geiſtes darzu kräfftig ſeyn/ ſo vielmehr allem demjenigen/ was
dieſes irrdiſchen iſt/abzuſterben/ und hingegen ſich alſo in dem gantzen leben
anzuſchicken/wie es ſo wol die pflicht als die art derjenigen iſt/ denen ſolches
himmliſche vaterland ſtets vor augen und in dem hertzen ſchwebet. Wie es
nicht wol anders ſeyn kan/als daß ſolche uns in dem gantzen lebe redlich vor=
ſtellende regel ein nachtrücklicher antrieb ſeye/ willig hie in dieſer walfahrt
alles dasjenige zu verleugnen und abzulegen/was uns nur einigerley maſ=
ſen an der eiffrigen nachſtrebung ſolches kleinods/ welches uns vorhält die
himmliſche beruffung/hindern möchte/hingegen aber in einem heiligen wan=
del unſers GOttes nahmen zu preiſen. Dann ob wirs wol in dieſem leben

       das

dahin nicht bringen/ daß wir nicht das böse an uns haben und deſſen reitzung fühlen müſſen/ welches jenes verlangen ſo viel brünſtiger macht/ ſo iſt doch die gnade bey denjenigen/ die ſich ihrer gehorſamlich und danckbarlich ge= brauchen/dahin kräfftig/ daß wir uns ſo wol ernſtlich reſolviren/ als ſotha= ner reſolution in der that eiffrig nachſetzen/ uns aller gleichformigkeit dieſer welt thätlich zu entſchlagen/ und in nichts wiſſentlich zu vollbringung der ſünden einzuwilligen/ noch auch anderer ſünden uns theilhafftig zu machen. Vielmehr/ ob wir auch mitten unter dem verkehrten und unſ ſchlachtigen ge= ſchlecht leben müſſen/zu ſeyn ohne tadel und lauter/ und als GOttes kinder/ unſträflich/ auff daß wir unter ihnen ſeyn mögen als die liechter in der welt. Als welches alsdann uns und andern eine gewiſſe probe iſt/ daß das verlan= gen nach dem ewigen bey uns aufrichtig und recht tieff in dem hertzen gegrün= det ſeye: wo wir dann auch allen euſſerlichen Gottesdienſt nicht als einen grund unſers vertrauens/ auff deſſen leiſtung/ ſondern als ein kräfftiges mittel/dadurch GOtt in uns das innerliche/ glaube/ hoffnung/ liebe/ und übrige früchte des glaubens/ worinnen der gröſſeſte gottesdienſt beſtehet/ würcken/ und unſer hertz dermaſſen reinigen will/ daß auch der übrige geſam= te wandel von der welt unbefleckt bleibe. Welches dann in unſerm gantzen Chriſtenthum/ und täglicher deſſen prüfung unſre einige abſicht ſeyn/ und dieſem zweck immer näher zu kommen/ mit eiffrigem gebet/ immer mehr und mehr göttliche gnade erbeten werden muß. Welche auch zu geſegne= ter verrichtung der vorhabenden liebes=wercke als übriger nöthiger ſtär= ckung anwünſche.

## SECTIO VI.

### Jeſus den Chriſten alles. Art des rechten verlan= gens nach der aufflöſung. Heiliger ſaamen unter ho= hem ſtand. Geiſtliche ſtiffter.

ES iſt freylich alſo: JEſus ſoll uns alles ſeyn/ JEſus was durchs ohre bricht/ JEſus was das auge ſicht/ JEſus was die zunge ſchmeckt/ und wornach die hand ſich ſtreckt. So ſolle hertz/ ge= müth/ gedancken/ wort und that voller JEſu ſeyn: Nicht mit eiteler wieder= holung der bloſſen buchſtaben ſolches himmliſchen nahmens/ ſondern daß er ſelbs bey ſeinem nahmen ſeye: Daß wir nichts gedencken dann JEſum/nem= lich was er iſt und was er uns iſt/ unſere weißheit/ gerechtigkeit/ heiligung und erlöſung; wie alles was wir gutes haben/ nicht nur ſein geſchöpff und geſchenck/ſondern zeugnüß ſeiner krafft/ herrligkeit und gütigkeit ſeye/ hin= gegen uns immer von ſich ab auff ihn ſelbs weiſe; alſo beruhet unſer verſtand

und

und willen auff nichts/ sondern ob er dieses und jenes erkennet und liebet/ so gehet er hiedurch auff denjenigen/ davon alles ist/ durch den wir alles genießsen/ und der sich also in allem uns vorstellet/ mittelbar oder unmittelbar uns alles zu seyn. Also reden wir nichts als JEsum/ nicht wo wir solches wort allein sprechen/ sondern wo wir alles begehren zu seinen ehren zu richten/ was wir reden/ und also daß unsere wort uns und anderen ein finger seyen/ die uns zeigen auff JEsum/ oder auff dasjenige was unsers JEsu ist. Und dahin weiset uns der liebe Apostel. Alles was ihr thut mit worten oder mit wercken/ das thut alles in dem nahmen des HErren JEsu/ und dancket GOtt und dem Vater durch ihn. Col. 3/ 17. So ists auch recht/ eine brünstige begierde zu haben/ zu ihm zu kommen/ und mit ihm vollkömlich vereinigt zu werden/ so wohl wann es ihm gefällig seyn wird/ uns von diesem irrdischen und aus der leimern hütten in den ort seiner herrlichkeit einzuführen/ wo wir erst denjenigen recht sehen werden/ wie er ist/ den unsere seele vorher geliebet/ ehe sie ihn gesehen hat/ als auch als lang er uns hier lassen will/ und doch täglich sich in dem glauben mit uns vereinbaret/ oder uns dero vereinigung früchten zu geniessen gibet. Wie wir dann hierauff mit sorgsamen fleiß acht zu geben haben/ daß unsere begierde auffgelöset zu werden sich nicht mit einiger eigenliebe und eigengesuch verunreinige/ sondern aus einer blossen lauteren liebe unsers Heylands/ dem wir gern mit gäntzlicher ausziehung des befleckten rocks des fleisches und alles dessen/ was ihm noch an uns eckeln möchte/ vollkommen gefallen/ und in ihn uns gantz versencken möchten/ entspringen. Wie wir dann in solcher sache so wohl als in allen andern genau auff uns selbs und auff unser von natur betrügliches hertz acht zu geben haben/ daß sich nicht an statt solcher reinen liebe/ eine zärtlichkeit und flucht derer beschwehrden dieses lebens bey uns einschleiche/ und sich heimlich verberge/ und damit unser verlangen nach dem vaterland beflecke. Lasset die liebe JEsu vor allem gehen/ und ihn also selbs mehr als uns und unsern genuß an ihm lieben: Geschihet dieses/ so wird uns nicht weniger hertzlich freuen/ ob uns auch der HErr noch eine lange zeit unter der trübsaalen last und in dem leibe dieses todes lassen/ als ob er uns zeitlich in seine ruhe zu der freyheit seiner kinder befoderen wolte. Dann ob dieses uns selbs vor unser eigen vergnügen das allerliebste wäre/ da die wahl bey uns stünde/ so werden wir doch aus dem/ da der HErr uns noch länger hie lässet/ abnehmen können/ daß er noch länger an unserm leben und leiden wolle gepriesen werden/ da alsdann eine ihn liebende seele die ehre solches ihres Heylands/ weil derselbige mehr proben ihres glaubens/ gedult und hoffnung/ und dadurch seine ehre zu befordern/ von ihro fordert/ willig ihrer eigenen seligkeit

vor

vorziehet/ als die ihn mehr als sich selbs und ihre freude liebet.　Und so mag
es seyn/ daß ein der welt leiden und jener erwartender freuden aus dem vorschmack wohl erfahrner Paulus/ dannoch sich auch freuet und deßwegen anderer Christen für sich thuendes gebet liebet/　da ihn GOtt noch länger in
dem kampff lassen will/ damit er an seinem fleisch erstatte/ was noch mangelt an dem leiden und trübsaalen in Christo / Col. 1/24. so dann auch
mit verschiebung seiner seligkeit an andern frucht schaffe: Philip. 1/ 22.
Ob wol/ da ihm der HErr zeiget/ daß die stunde seines abschieds vorhanden/
und er geopffert werden solle/ er solche post vor sich selbs die allererfreulichste
achtet und dem HErren dancket.　In solcher gemüths-bewandnüß lasset
uns trachten allezeit zu seyn/　und unsers leibes erlösung mit getroster hoffnung erwarten/ das verlangen aber nach derselben mit ansehung dessen/ worinnen der HErr noch allhie von uns will bedienet seyn/ mäßigen.　So gehets
alles in göttlicher ordnung :　und so wollen wir mit nicht weniger angelegenheit den trost unsers Heylands/ welchen er uns bereits hie geben will/ trachten zu schmecken/　und eben so willig an der heiligung und reinigung unserer
seelen allhier arbeiten/　als nach demjenigen eilen/　was uns dorten versprochen ist. Der christlichen Fürstinne Durchl. und den gottseligen Princeßinnen
sage ich unterthänigsten danck für dero gnädigstes angedencken. Wie hertzlich
erfreuet mich/ wo ich höre/ daß in der allgemeinen verderbnüß aller stände/ der
HErr HErr ihm dennoch auch in demjenigen einen heiligen saamen erhält/
der in der welt eitelkeit so vielmehr geflochten zu werden/　vor andern anlaß
hat.　Ihm seye preiß vor seine heilige gerichte und wunderbare regierung/
der durch des weiblichen geschlechts auffrichtige und eiffrige gottseligkeit der
männer trägheit zu dem guten/ ja durch derer in dem so genannten weltlichen
stande und in hohen würden stehender/ heiligen eiffer und liebes-exempel unsers so genannten geistlichen aber meistens in dem tieffsten verderben stecken-
den standes laulicgkeit oder gar ungeistlichkeit beschämet.　Nun der HErr
erbarme sich auch über uns/ und reinige die kinder Levi von ihrer unreinig-
keit/　ja läutere sie wie gold und silber zu ihrem alten glantz/　wie in der ersten
kirchen: Er lasse aber auch ausser solchem unserem stande die liebe exempel der-
jenigen/ so wir billich auffmuntern solten/ immer mehr gesegnet werden/ uns
zu einem heiligen eiffer zu reitzen.　Sonderlich giesse er noch ferner über solche
gesamte Fürstlich- und nicht nur in der welt hoch- sondern auch aus ihme ge-
bohrne seelen mildiglich aus den Geist der gnaden und des gebets samt allem
segen/ der ihnen nothwendig ist/ damit sie liechter werden zu erleuchten mit ihrem glantz der gottseligkeit viele andere/ und der himmlische Vater an ihnen
je mehr und mehr herrlich gepriesen werde.　Wie hertzlich solte mich freuen/
wo jemal jemanden deroselben ansichtig werden solte/　und dem HErrn für
die

die selbs an denselben wahrgenommene gnade danck zu sagen ursach finden.
Doch setze alles auch in diesem stück in den willen des Allerhöchsten. Der
christlichen Princeßin N. N. bin sonderlichst verbunden für die so angenehme
zeilen von dero gnädigsten hand. Bitte vor diesesmal zuvoran meinen demüthigen danck abzustatten / biß die gelegenheit aussehe / wo die erlaubnüß
deßen haben solle / selbs wieder mit einigem blättlein unterthänigst auffzu-
warten. Was Fürstliche stiffte anlangt / weiß in Ober-Teutschland nicht
ein einziges von unserer religion: Wo aber auch einige wären/ so wüßte nicht/
ob ich einigen GOTT in auffrichtiger wahrheit suchenden seelen rathen wolte / sich in dergleichen zu begeben / wann auch schon sich einige solche finden
würden / die den ledigen stand dem ehlichen leben vorziehen wolten. Mir ist
zimlich viel bekant worden / was es vor eine bewandnüß bey allen solchen
stifftern insgemein hat / und wie die weltliche eitelkeit so starck gemeiniglich
solcher orten regiret / als an einigen andern höfen. Daher ich zu rath gezo-
gen/ vor deme einigen Gräflichen Fräulein/ welche aus begierde ungehinderter andacht auch in dergleichen stiffte sich zu reteriren verlangen trugen/ vielmehr gerathen/ ein solches leben/ als sie sich einbildeten an solchem ort geführet werden zu können/ und dergleichen zu verlangen bezeugten/ an ihres Herrn
Vatern hofe (der im wittwen-stand lebte) oder mit dessen erlaubnüß in seinem lande / wo er ihnen einigen platz assigniren möchte / zu führen / und ohne
sonderbar gebäu/ ohne sondere ceremonien/ ohne sondere kleidung/ reglen und
dergleichen sich ein Closter zu machen: Da sie die freyheit hätte/ gleichgesinne-
te Gottliebende seelen für auffwarterinne und gehülffen sich zu wehlen / und
mit denselben alle diejenige übungen in der stille und ohne vielen apparat oder
weitläufftiges wesen anzustellen / die sie in einem wolbestellten stifft sonsten
hoffen und wünschen möchte : Wo sie auffs wenigste niemal die wahl haben
derjenigen/ mit welchen sie sich zusammen thun/ sondern allemal diejenige um
sich haben müssen / die sie finden / oder nach und nach zu sich bekommen / da so
leicht solche angetroffen werden / die die einmalige gefaßte christliche intention trefflich hindern als dieselbe fördern mögen. Welches alles sich nicht
sorgen lässet / wo einige ohne vieler menschen auffsehen sich zusammen thun/
wo es auch wäre/ und so vielweniger hindernüß des wahrhafftigen guten (da
das reich GOttes nicht mit eusserlichen gebärden kommet ) finden werden/
als weniger weitläufftigkeit man machet/ und sich seine freyheit am wenigsten
binden lässet / welches stracks geschihet / wo man sich in solche anstalten / wie
die stiffter sind/ hinein begibet. Dieses war damal mein rath/ dem auch solche
christliche Fräulein würde gefolget haben / da sie nicht der HErr gantz kurtz
nach solchem frühzeitig von hie abgefordert hätte. In solcher meinung stehe ich noch / und meine deßen gute ursach zu haben. Die gütigste weißheit
des

Ggg

des himmlischen Vaters / zeige hierinnen auch seine treue fürsorge für diese
auserwehlte Princeßinnen so wol als lange sie beysammen sind / ihren christlichen wandel mit täglichem wachsthum weißlich fortzusetzen / als auch einer
jeglichen / wozu er sie beruffen habe / daß etwa viele häuser von ihrer gottseligkeit auffgemuntert / und sie geheilige kohlen andere zu entzünden werden mögen.    Solt er aber eintze deroselben in ledigem stande behalten wollen / so
zeige er gleichfals ort und gelegenheit / wo sie am füglichsten sorgen mögen /
was dem HErrn angehöre / ihm ohne hinderuuß zu dienen.  1682.

<h2>SECTIO VII.</h2>

## An eine hohe standes-person über gefühlte unge-
## meine geistliche freude / wie man sich darein zu
## schicken.

JCh habe mich aus ihrem schreiben der christlichen resolution zu erfreuen
gehabt / daß dieselbe sich entschlossen bey ihren unterthanen alles nach
müglichkeit mit güte zu versuchen / ob sie damit endlich gewonnen / und
zu villiger beobachtung ihrer schuldigkeit gebracht werden möchten : Auch
wol gar in zweiffelhafften fällen lieber anderwerts her entscheid zu holen / als
nach eigenem gutdüncken gegen dieselbe zu verfahren; nicht allein dadurch
allen verdacht der partheylichkeit von sich abzuwenden / sondern auch sich selbs
zu verwahren / damit eigne liebe in eigner sache nicht unwissend das gemüth
übervortheile.   Zu diesem gottseligen entschluß gebe der himmlische Vater
seine gnad / und erfülle dero hertz allezeit wie mit liebe / also auch mit erkäntnüß
seines willens / was in allen fällen demselben am gemäßesten seye / um an derselben eine richtschnur alles thuns zu finden.   Er lasse aber auch solche liebreiche begegnuß in den hertzen der unterthanen von solcher krafft seyn / daß sie
vielmehr auch zur billigkeit und gehorsam gelencket / und also beyderseits seelen mit desto festerer liebe und vertrauen gegen einander verbunden / eben damit aber auch das leben leichter gemacht / und so viel mehrerem segen / welcher
bey liebe und frieden sich findet / platz gegeben werde.   Dieses ist dasjenige /
was noch immer fort mit meinem armen gebet von dem himmlischen Vater
zu erbitten mir angelegen seyn lassen werde.   Unsern lieben N. N. anlangend /
so freue ich mich so wol / daß der HErr seinen umgang nicht ungesegnet lässet /
als ist mir sehr lieb / daß allerseits gebührende vorsichtigkeit gebraucht werde /
die GOTT noch ferner geben / hingegen alles dasjenige kräfftig abwenden
wolle / wodurch / welche der gottseligkeit nicht eben hold sind / etwas von derselben zu lästern anlaß nehmen könten.   Wie nun dieses zur antwort des an
mich gethanen dienet / so habe nun ferner zu bezeugen / die innigliche freude /
welche ich über dasjenige schreiben / so mir N. N. in freundlichem vertrauen

com-

communiciret/ gefaſſet habe/ da ich geſehen/ mit was ungemeiner bewegung
der HErr HErr deroſelben ſeele nechſtmal bey dem heiligen Abendmahl gerühret / und eines dergleichen empfindlichen geſchmacks ſeiner ſüßigkeit gewürdiget hat. Gelobet ſeye der gütigſte Vater / der ob er uns übrige nicht
alle mit gleichem geſchmack erfüllet/ (wie ich mich leider dergleichen nicht rühmen kan/ aber vielleicht mich vielmehr ſelbs darüber anzuklagen/ als über ſeine güte zu beſchwehren habe) dannoch einige unſerer brüder und ſchweſtern
mit derſelbigen beſeliget: Darüber wir uns inniglich zu erfreuen haben/nicht
allein aus liebe zu denſelben / und weil wir wegen der gemeinſchafft des Geiſtes alles gute andern mitgliedern geſchehen als uns ſelbs wiederfahren anzuſehen haben/ ſondern auch weil es uns ſtärcket in dem glauben/ da wir ſehen/
wie ſich der HErr gegen unterſchiedliche auch in dieſem ſtück nicht unbezeugt
laſſe/ ſondern ſich denſelben empfindlich offenbare; ja auch da wir daraus die
hoffnung ſchöpffen/ daß uns derſelbe auch etwa zu ſeiner zeit / wo es zu ſeiner
ehre und unſrer ſeelen heil dienlich ſeyn werde/ etwas von ſolchem geſchmack
zu koſten geben werde. Wie ich mich darüber/ ſonderlich aber auch über dero
wertheſten Fräulein ſchweſter kräfftigen zug/ inniglich erfreue/ und den geber alles guten inbrünſtig anruffe/ daß er ſeine gnade auch in dieſem ſtück des
friedens und der freude in dem H. Geiſt / durch fortſetzung ſolcher empfindlichkeit / da es ſeinem rath gefällig / noch lange ſeliglich fortſetzen/ auch weißheit verleihen wolle/ derſelben als lang ſie währet / zu eigner und anderer
kräfftiger erbauung und auffmunterung ſich beyderſeits treulich zu gebrau-
chen/ und alſo ihrem GOTT die frucht ſeiner gabe zu bringen: Alſo habe dabey auch freundlich erinnern wollen/ ſich an ihres himmliſchen Vaters weiſe
nicht zu ſtoſſen/ wenn derſelbe bald ſolche freude und ſüſſen geſchmack wiederum zurücke ziehen/ ja wol gar an ſtatt jener genoſſenen güter und liechts / fin-
ſternüß/ dürre des geiſtes und mehrere unempfindlichkeit/ eine gute zeitlang
fühlen und erfahren laſſen wolte. Denn ob ich wol nicht widerſprechen will/
daß er nach ſeinem willen und weißheit einige ſeelen die meiſte zeit in freudiger empfindlichkeit führen mag/ ſo iſt doch das mehr gewöhnliche/daß dieſelbe
nicht immer währet / ſondern offt allein die bereitung einer ſeelen werden
muß/ die der HErr nachmals in ſchwehrere ſichtung/ anfechtung und verlaſſung will geführet / und ſie darinn mehr geläutert werden laſſen: Ja es iſt zuweilen ein zucker/damit er die ſeinen zu ſeiner liebe locket/ aber ſolche/nachdem
er ſie zu ſich gezogen / wieder weggenimmt / und ſie folgend mit hartem und faſt
ſchwartzem brodt zu ſpeiſen anfängt: Welches aber eine ſeele / da ſie an jenem
geſchenck ſo hertzlich vergnügen empfunden/ zu begreiffen ſehr ſchwehr ankom-
met/ und offtmal viele klagen verurſachet / in der that aber gewißlich der väterlichen weißheit allerdings gemäß iſt. Alſo iſts ſehr nützlich/ daß man ſich

die sache voran bereits nicht frembde seyn lässet / noch die beständigkeit der
freude/so man einmal geschmecket/einbildet/ sondern glaubet/ daß man solche
leicht wiederum verliehren könne / und vermuthlich an desto schwehreren
kampff geführet werde werden. Wo man also gedencket/so bereitet man sich
auch so viel hertzlicher auf das künfftige/ ärgert sich nicht / wenn man dessen
wiederum entbehren muß was man als ein nur auf eine gewisse zeit gelehntes
gut anzusehen gelernet / und gibet sich zu aller zeit desto williger in die hand
seines Vaters / ihm frey stellende / ob er uns im liecht oder finsternüß führen
wolle/nur daß ers bleibe/ der uns wahrhafftig führe. So führe er uns denn
alle stets nach seinem rath und wolgefallen / daß er uns mit ehren annehme.
1690.

## SECTIO VIII.
# Schuldige danckbarkeit einer aus leib- und geistli-
## chen noth befreyten stands-person.

ICh habe mit freuden vernommen/von der so mercklich an der christlichen
Frau Gräfin nach dero vorigem in dem eusserlichen betrübten zustand
von GOtt gesandten besserung. Dem HErren HErren seye deßwegen
danck / der an ihro ein zeugnüß seiner wunder / seiner macht und güte/ kräfftig erzeiget/ erstlich in dieser prüfung/ daß er das in sie gelegte gute zu vieler
danckfagung herrlich offenbahret/ und ohne zweiffel in einer solchen langwih-
rigen übung stattlich vermehret / andere aber dadurch vielfältig erbauet / in
allen diesen anfechtungen ihr mit genugsamen trost und krafft seines Geistes
beygestanden und stäten sieg gegeben/ nun aber auch in dem leiblichen seine
hülffe zu leisten angefangen hat. Er vollführe auch noch ferner sein gutes
werck in ihr/so wol diese besserung bald lassen vollkommen zu werden/als auch
sie mit der krafft seines Geistes also zu stärcken/ daß das in so scharffem feuer
geprüffte gold nun vor aller augen desto herrlicher glänte/ und sie ihre wieder
erlangte gesundheit dem HErren des lebens so viel geflissener heilige mit
vermeidung aller / auch diesem stand nunmehr aus vieler falscher einbildung
gleichsam nothwendig geachteter/ welt-eitelkeit / und hingegen eifferiger be-
strebung den regeln unsers Heylandes ohne ausnahm mit auffrichtigem hertzen nachzuleben. Es wird hierdurch der grosse GOtt so viel herrlicher gepriesen werden durch das exempel einer person von einem erhobenen stand/
auf welchen andere desto fleißiger sehen/und indem die exempel der wahrhafftig christlichen/ und also nach den regeln unsers Heylands eingerichteten/ tugenden fast rar wollen angesehen werden/ da dieselbe/ wie es kindern GOttes
zustehet/sich ohne tadel/ lauter und unanstößig bezeugen wird/ mitten unter
dem unschlachtigen und verkehrten geschlecht/ unter welchen sie scheinen solle als

le als ein liecht in der welt. Es fordert solches die schuldige danckfagung gegen GOtt den treuen helffer / die nicht so viel in worten bestehet / als in der treuen anwendung zu seinem preiß der neu empfangenen leibes und gemüths kräfften/dero continuation wir uns auch nicht gewisser versichern können/als durch solche heiligung des theuren geschenckes. Wie wir auch gewiß seyn müssen/ der HErr fordere von denen personen/an welchen er sondere zeugnüssen seiner barmhertzigkeit erwiesen hat/ auch noch vor andern allen einen desto eiffrigeren fleiß / nach seinem willen sich in allen stücken einzurichten. In dem Papstum ist man gewohnet/ nach erhaltener errettung aus ungemeiner noth/ in ein kloster zu gehen / oder einige ihren principiis gemässe gelübde GOtt oder den heiligen zu thun. Wir überlassen aber denselben ihre abergläubische dinge/ damit sie GOtt dienen wollen mit solcher lehr und diensten / die nichts als menschen gebot/ ja dem HErren vielmehr ein greuel sind / aber das allgemeine bleibt auch bey uns/wir seyen dem HErren nicht eine nur in worten bestehende/ sondern würckliche danckbarkeit schuldig / daß wir ihm unsere allgemeine gelübde/ daran wir genug haben können/ (weil die absonderliche/obwol nicht allemal / nach betrachtung der umstände / ohne nutzen sind/ doch zuweilen ihre difficultäten haben) zu bezahlen/ uns noch vor andern müssen lassen angelegen seyn. Ja wir müssen glauben / wo uns der HErr andern zum exempel/wie mit sonderem leiden also nachmal kräfftiger hülffe gesetzet hat/daß er uns damit allerdings von der welt wolle abziehen : wozu es eben keines einsperrens in ein kloster bedarff/sondern allein eine absonderung und enthaltung alles dessen/ was nach derjenigen Welt schmecket / welche in fleisches-lust/ augen-lust/ und hoffärtigem leben bestehet / ob auch solches schon durch die verderbliche gewohnheit fast aller orten als mit dem Christenthum wohlstehende solte auctorisiret seyn worden. Ach wohl uns in solcher heiligen resolution, annoch so viel besser aber in der aus seiner krafft / daran es nicht mangeln wird/ folgender deroselben erfüllung. Ich werde auch nicht unterlassen/ für diese gnade dem geber alles guten demüthig zu dancken/ und um die folge dessen was er damit suchet/ zu bitten.

## SECTIO IX.

### Einsamkeit und stille ein gutes hülffs-mittel zur heiligung. An eine vornehme Adeliche Fräulein.

Ich zweifle auch nicht/ aus dero erkanter gottseliger begierde ihr leben wahrhafftig dem himmlischen Vater nach seinem wohlgefallen zu heiligen/ es werde deroselben seele die jetzige entfernung von dem hoff und freyheit von mancher eitelkeit/ welcher derselbe sonderlich winterszeit unter-

worffen ist/ und uns wiederum jetzo vorstehen mag/ hertzlich angenehm seyn/
hingegen solche von dem HErrn HErrn gegönnete mehrere einsamkeit und
stille zu dem geistlichen wachsthum fleißig angewendet werden. Dann wie
das heilige wort GOttes das einige wahre mittel der heiligung unsrer seelen
ist/ so will zu dessen recht fruchtbarer und durchtringender wirckung fast erfordert werden/ daß man in eine mehrere stille des gemüths komme/ als gemeiniglich das leben derjenigen/ welche auch wider ihren willen unterschiedlichem dienst der eitelkeit unterworffen sind/ die das hertz nicht anders als verunruhigen kan/ zugibet. Stehet man dann in einer solchen stille/ so sihet man
je mehr und mehr in dem liecht des göttlichen worts/ das in uns daraus strah-
lende liecht/ und kan aus dem wort des lebens an dem innern menschen und in
dem leben des Geistes treflich gestärcket werden und wachsen. Wie hingegen
eine seele/ die durch die eusserliche zerstreuungen sonderlich allerley welt-eitelkeit zu einer stille zu kommen nicht vermag/ zu dergleichen sich wenig geschickt
befindet/ denn obwol das göttliche wort allezeit seine krafft hat/ und ein feuer
ist/ so die hertzen entzündet/ so kan es doch ein solches unruhiges hertz so wenig
entzünden/ als ein feuer das holtz/ so man nur dann und wann an dasselbe hält/
aber gleich wieder wegthut/ oder um das feuer damit herum führet/ dahingegen einige zeit erfordert würde/ da das holtz stille gehalten/ von dessen krafft
ergriffen werden könte. Ich trage auch das gute vertrauen/ daß meine wer-
theste in dem HErrn so wol diese gelegenheit eines solchen guten sorgfältig
wahrgenommen haben/ und noch ferner wahrnehmen/ als auch in der that
den nutzen davon etwas empfunden haben/ und noch ferner durch GOttes
wirckung empfinden werde: darum ich auch des himmlischen Vaters güte
hertzlich anzuflehen nicht vergessen solle/ welche sie allezeit durch dessen Geist
weißlich führen wolle/ daß sie von den ärgernüssen in der welt befreyet in kindlichem gehorsam seiner gebote stäts erfunden/ auch anderen selbs zu einem
lob- und folg-würdigen exempel werde. Nun er/ der GOtt des friedens/
heilige sie durch und durch/ und ihr geist gantz/ samt der seele und leib müsse
behalten werden unsträflich auff die zukunfft unsers HErrn JEsu Christi.
Getreu ist der/ der sie ruffet/ welcher wirds auch thun. 1690.

## SECTIO X.

## Hertzens-angst.    Verlangen nach stillem leben.

ES erfreuet mich nicht wenig aus ihrem schreiben zu ersehen/ den
zustand ihrer seelen/ daß ob zwahr sie über hertzens-angst und dero fort-
währung zu klagen noch ursach findet/ dieselbe doch ihrem Gott gelassen
still halten will/ und so viel angelegenlicher zu dem GOtt ihrer hülffe seuff-
tzet. Hiemit lasset uns fortfahren/ so werden wir gewißlich in der krafft des
HEr-

HErren/ weit überwinden/und keine gewalt weder des satans noch der welt/
noch die list unsers fleisches mehr uns niederzuwerffen als die gnade des lieb-
reichsten Vaters auff unser inständiges flehen uns kräfftig zu erhalten vermögen. Dann er hat uns heissen ruffen/ und uns weiter mit so vortreflichen
verheissungen noch dazu gereitzet / so kan er das verlangen und gebet seiner
auserwehlten ja nicht verachten/ sondern wird sie erretten in einer kürtze. Daß
eine stillere lebens-art zu beruhigung der seelen/ und in einigen stücken zum
geistlichen wachsthum/ als viel wir vorsehen mögen ihr nützlich seyn dörffte/
halte ich selbs davor/ wolte auch / wo GOtt selbs auff einige art mit seinem
finger eine gelegenheit dazu zeigte/ nicht zweiffeln/ daß wohlgethan seyn wür-
de/ dergleichen zu ergreiffen/ aber göttlicher leitung auch nicht vorzugreiffen/
noch allzuernstlich dasjenige zu suchen/ darinnen wir noch nicht sehen/ ob
der HERR uns befreyen / oder noch länger unsere gedult üben wolte.
Mir fället immer bey solcherley gelegenheit ein/ der spruch Pauli 1. Cor. 7/
21. bistu ein knecht beruffen/ sorge dir nicht/ doch kanstu frey werden/
so brauche das viel lieber. Lasset uns indessen GOtt so viel angelegent-
cher anruffen/ daß er uns seinen rath und willen zu erkennen gebe/ um uns in
denselben allemal gehorsamlich zu schicken. So wird er uns / da wir ihm also die hände reichen/ führen und leiten als ein vater seine kinder. 1681.

## SECTIO XI.

# Einige lebens-regeln von den beruffs-wercken; sanfftmuth gegen böse; enthaltung des richtens.

LAsset uns/ meine Geliebte/ in allem unserm dienst nicht sehen/ so wol auf
die art der wercke selbs/ welche wir thun müssen/ die manchmal gering
und sehr weltlich seynd/ noch auf dasjenige/ wozu sie wol von den welt-
leuten möchten mißbrauchet werden/ so doch ohne unsre schuld geschihet/ als
vielmehr auf den willen unsers HErrn/ der uns nach seiner freyen macht/ welche er über uns und alle creaturen hat/ zu gewissen verrichtungen und diensten
verordnet/ und ihm der gehorsam in den allerverachtesten/ und uns wol selbs
widrigsten verrichtungen so hertzlich gefället/ als er ihm in andern wichtigern/
wo er uns dazu verordnet gehabt/ hätte gefallen werden. Denn er siehet das
hertz an/ und urtheilet alles / was wir thun/ allein nach demselben. Nechst
dem wird uns auch eine nöthige erinnerung seyn/ daß wir lernen die böse tragen mit aller sanfftmuth / nach dem exempel der göttlichen lanmuth gegen
dieselbe. Daher wo ich jemand sehe/ oder um mich haben müste/ den ich allerdings mit boßheit und bittrer galle verknüpffet erkennte/ so habe ich dannoch nicht so wol auf solche boßheit/ mich dadurch zu einem widerwillen und

hefftigkeit bewegen zu lassen/ zu sehen/ als auf des HErrn heilige langmuth/
der solche leute träget/und ihnen noch immerdar auch zu eigner besserung eine
anlaß nach der andern zu verfügen pfleget : Woraus alsdann so wol eine demüthige unterwerffung unter göttliche regierung / der uns zu solchen leuten
führe / als erbarmende liebe gegen diejenige/ die man sonsten des hasses werth
achten solte/entstehen wird/daß man mitleiden mit ihnen trage/ und wo man
noch etwas an ihnen zu bessern hoffen mag / nicht müde werde/ oder wo man
sorgen muß/damit nur mehr böses zu machen/auffs wenigste mit gutem exempel und fürbitte seine liebe fortsetze. Wie wir nun gegen die offenbarlich
böse uns also zu verhalten haben / so ligt uns so wol auch ob / da wir an einem
unserm nechsten dergleichen boßheit meinen anzutreffen / in dem urtheil sich
nicht zu übereilen/da uns ohne das das richten verboten ist/ und uns auf eine
verschlagene art unser fleisch darinn leicht betriegen kan / daß wir unsers un-
rechts/ das wir dem nechsten anthun/ nicht gewahr werden. Daher ich offt
lieber meinen augen kaum glauben/als was ich an dem nechsten sehe/ zu einem
härtern urtheil / sonderlich in sachen / die das innere betreffen / mich bewegen
lassen wolte. Der HErr gebe uns in allen solchen dingen die nöthige weißheit und verstand/ daß wir in allen solchen begebenheiten erkennen/ was sein
wille an uns ist / weder andern ein anstoß zu werden / noch auch von andern
einen anstoß zu nehmen. 1681.

## SECTIO XII.

# Uber das verlangen eines Politici die welt-ge- schäffte mit ruhigerem leben zu verwechseln.

DAs anligen der starcken verwicklung in weitläufftige dieser welt geschäffte / und verlangen nach ruhigerem stande / welches E. Excellenz
bezeuget / könte leicht ohne das mir einbilden/ aus demjenigen/ wie ich
alle diejenige gesinnet zu seyn weiß / welche/worinnen unser wahres wohl bestehe / mit andern als gemeinen augen einzusehen angefangen haben / und sich
von blossem schein nicht bethören lassen : So entsinne mich auch wol / daß bereits mehrmal solche klagen geführet worden. Ob ich nun schon allen/denen
ich billich gutes gönne / hertzlich wünschen möchte / wo nichts anders im weg
stünde / immer in dem stande zu seyn/ wie ihrer seelen eigen bestes und ruhe er-
fordert/so erkenne ich doch auch dabey die nicht nur weise/sondern auch gütige
regierung des grossen GOttes / welcher diejenige / denen er vor andern ein
mehrer pfund anvertrauet hat/gemeiniglich nicht lässet ihnen selbs viel leben/
sondern in diejenige geschäffte meistens ziehet/ welche ein solches maaß erfordern / und sie daher auch zu erkennen haben/ daß eben um derselben willen sie
jenes

jenes empfangen / und deswegen billich auch solches zu dem rechten zweck an-
zuwenden/so zu reden mit demjenigen/worinnen ihnen vor sich besser seyn mö-
gen/zurück zu stehen willig seyn sollen: Weil je immerdar dasjenige/ so vielen
fruchtet / dem eignen und privato, solte es auch in das geistliche einlauffen/
vorgezogen zu werden würdig ist. Daher ich die gute zuversicht habe / E.
Excellenz werde noch ferner mit der gnädigsten disposition GOttes über
sich zu frieden seyn / sich von derselben leiten lassen / wie sie stets gelegenheit
dem publico zu dienen an die hand gibet/dieses wozu sie von dem/welchem ja
aller unser dienst gewidmet ist/selbs jedesmal ohne einige wahl geführet wer-
den/den ihm gefälligsten und dahero auch dem einigen heil nicht nachtheiligen
dienst zu seyn sich versichert halten / ( denn wie kan ich besser dienen / als nach
dem willen dessen/dem ich dienen solle ? ) sich über ermangelung der sonst ange-
nehmen ruhe nicht mit einiger weitern sorge mehr zu verunruhigen ; Indessen
unter allem eusserlichen strepitu , so viel die geschäffte zugeben ( wie sie dann
allezeit etwas zur nothdurfft zugeben werden) der seele zu ihrer stärckung ihre
nothdurfft wiederfahren lassen/und in gelassenheit unter GOttes willen von
demselben selbs erwarten / ob und wenn er sie aus der unruhe ausführen und
mehrere freyheit/ demjenigen / wornach sich das gemüth itzo sehnet / einig ab-
zuwarten/bescheren werde. Welches gewiß zu rechter stunde geschehen wird/
die hoffnung desselben aber bereits zuweilen die verdrüßligkeit der arbeit
versüssen mag. Nun der HErr führe sie auch hierinnen nach seinem rath/ so
wird sichs niemand gereuen lassen sollen. 1687.

## SECTIO XIII.

# Gefahr unsrer zeiten. Regeln eines christlichen kauffmanns: absonderlich wegen zoll und accise.

GOTT erbarme sich seiner kirchen und verwahre sie so wol eusserlich vor
der feinde gewalt / die mit fleiß ihren untergang suchen / als reinige sie
vornemlich innerlich von aller in deroselben befindlichen mehr und
mehr zunehmenden verderbnuß. Ach mein Geliebter / weil wir ja die sache
nicht ändern können / so lasset uns die betrübnuß/welche wir über solches ansehen der ärgernüssen schöpffen/ zu so viel eiffrigerm gebet bewegen / daß wir
dem HErrn seine sache empfehlen/und uns der verheissung unsers Heylands
getrösten. Luc. 18/7. Solte GOTT nicht retten seine auserwehlten/
die zu ihm tag und nacht ruffen / und solte gedult darüber haben? Ich
sage euch / er wird sie erretten in einer kürtze. Diß ist ein wort des
HErrn/und muß also wahr bleiben/ob uns wol solches nach GOttes uhr kur-
tze/ nach der unserigen rechnung ein sehr langes deuchtet. Nechst dem lasset

Hh h

uns

uns so viel fleißiger auf uns acht geben / und über unsere seelen wachen / daß wir uns nicht von dem welt-strom mit hinreissen lassen / der sünden und straffen derselben mit theilhafftig zu werden. Das antigen wegen der kauffmannschafft belangend / ists ja freylich einer sorgfalt hochnöthig. Es ist der kauffmann-stand ( obwol alle stände insgesamt ihre beschwehrden und gefahr haben) einer von denjenigen/welche grosse gefahr der seelen in sich haben/ weil so gar leichte ist/sich darinnen zu versündigen. Und haben also christliche kauffleute zwahr deßwegen ihren beruff nicht zu verlassen / sondern an die wort Pauli zu gedencken/ bistu ein knecht (diese liebe leute waren damal vor die übung ihres Christenthums in einem sehr gefährlichen zustande / und mit vieler gefahr und hindernüß umgeben) beruffen / sorge dir nicht/doch kanstu frey werden/ so brauche des viel lieber: Aber gleichwol auf ihr gewissen genau acht zu geben. Die regeln möchten vornemlich diese zwey seyn aus Syrach 27/ 1. 4. Erstlich/daß er nicht begehre reich zu werden/welche 1. Tim. 6/ 9. von S. Paulo wiederholet wird: Nachmal/daß er sich die forcht GOttes regieren lasse. Die erste gehet auf den zweck seines lebens/ die andere auf die mittel. Solle also nicht bey einem christlichen kauffmann sein eigenlicher zweck seyn / daß er reich werden wolle: Dann stehet dieses erstlich fest/daß der mensch will nothwendig reich seyn/so ists verlohren/und kan diese begierde nimmermehr in den schrancken behalten werden/daß er solchen seinen zweck nur allein auf GOtt-gefällige art suchte zu erhalten. Sondern es solle eines kauffmanns haupt-absicht allemal seyn in seinem allgemeinen Christen-stand zum fordristen seinem GOTT zu dienen / dessen reich und gerechtigkeit zu suchen/ nachmal aber was seinem absonderlichen stand und beruff anlangt / denselben also zu führen / daß er in demselben GOTT / der ihn dazu beruffen habe / mit gehorsam diene / seinem nechsten in dem leiblichen nutzen schaffe / indem man der kauffmannschafft in dem gemeinen leben bedarff / und dieses ohne jene sehr schwehrlich ohne vieles ungemach stehen kan ; so dann seine nothdurfft vor sich und die seinige davon geniesse/also des mittels/dadurch ihm GOTT nach seiner ordnung sein nöthiges stück-brodt bescheren wolle. Wo dieses die rechte absicht ist / so ists bey einem kauffmann halb gewonnen/ und wird er alsdann nicht leicht sein gewissen verletzen / sondern seine vergnüglichkeit wird ein starcker zaum seyn/welcher ihn zurück hält. Damit ists so viel leichter auch die andere regel in acht zu nehmen / die darinnen bestehet/ daß er in der forcht des HErrn bleibe / und also alle seine handlungen in anschlägen/reden/schreiben/ kauffen/ verkauffen u. s f. mit diesen gedancken führe / daß er gedencke / er thue es vor GOTT / und derselbe gebe auf alles acht/ so müsse er auch ihm vor alles solches rechenschafft geben : Seye es demnach

mit

mit dem zeitlichen nicht so bewandt/wie ihrer viel offt gedencken/und sich ver=
lauten lassen / an dem zeitlichen lige nicht so viel / obs dieser oder jener habe/
seye daher keine sache/da man sich vor GOTT grosser sünden zu sorgen habe/
wie man mit den gütern umgehe / sondern da möge / was der welt=brauch
autorisirt hat/obs schon wider GOttes gebet und die liebe streiten solte/ wol
passirt werden. Diesen gedancken / welche sonst so gemein sind / widerstehet
nichts kräfftiger/als die furcht GOttes/und also ist sie diejenige/welche uns/
wie in andern sachen also auch in handlung / regiren und vor allem unrecht
verwahren muß. Zu diesen beyden regeln wolte ich die dritte setzen/so zwahr
mit in der zweyten stecken mag / und freylich mit zu der forcht GOttes gehö=
ret / nemlich die liebe / und deroselben von unserem Heyland gefaßten aus=
spruch/ **was wir wollen / daß uns die leute thun / das sollen wir ihnen
auch thun.** Wo diese tieff in das hertz getruckt / und in allen handlungs=
geschäfften alles wol überlegt wird/ was wir / wo wir in des andern stelle wä=
ren/verlangen würden / das uns geschehen solte / so wird man sich nicht leicht
versündigen / sondern unser gewissen in den meisten stücken unser eigener leh=
rer und richter seyn/ was uns zu thun oblige. Ohne diese allgemeine regeln
weiß ich wenig andere denen handels=leuten zu geben. Ich weiß daß liebe
freunde gesucht absonderlich zu determiniren/was man vor eine regel des ge=
winns wegen zu machen hätte / daß man darinnen nicht sein gewissen verletze.
Aber ich habe nachmal von christlichen handels=leuten gehöret / und deuchtet
mich / sie haben mich überzeugt / daß solche regeln zu machen unmöglich seye/
oder man müste die gantze handelschafft ruiniren: Es lasse sich nicht eine allge=
meine proportion, wie viel man auf eine wahr zu schlagen habe/ setzen/ indem
der nachstand der einen offt durch mehrern gewinn an der andern/soll anders
die handlung bestehen können / ersetzet werden müste. Ja es würde offt ge=
schehen/daß ein und anderes/ so man meinen solte/ das der liebe gemäß wäre/
wo es recht erwogen würde/auf eine andere art der liebe viel gefährlicher ein=
trag thäte. Daß daher davor gehalten habe / und noch in solcher meinung
bestehe / ob zwahr vielleicht einige der kauffmannschafft besser verständige
Theologi, da ich hingegen nichts davon verstehe/ solten mögen etzliche nützli=
che regeln und erinnerungen geben können/ wie diese und jene stücke des an=
stossens des gewissens in gewissen stücken zu bemercken und zu vermeiden
seyen/ daß doch das wenigste sich so eigentlich beschreiben lasse/ daß einer aus
denselben solte allemal so bald seines gewissens genugsame information ha=
ben können/sondern ich wüßte keinen andern rath/als daß bey einem handels=
mann endlich ein gutes Christenthum insgemein gepflantzet / und also in sein
gemüth eine wahre ungefärbte furcht GOttes und auffrichtige liebe des
nechsten/ so dann geringachtung des zeitlichen (welches lauter dinge sind / so

jegli=

jeglichen Christen obligen/und von ihnen erfordert werden) eingetruckt werden müsse: Sind dieselbe wahrhafftig in dem hertzen / so traue ich gewiß/ daß
ein mann / der nachmal seiner handelschafft kündig ist / in jeglichen fällen / die
sich begeben / leicht erkennen wird/ was dißmal die forcht seines GOttes und
liebe des nechsten von ihm erfordere: Und solches viel besser / als mit vorgeschriebenen regeln geschehen könte. Also bedarff es zu einem christlichen
kauffmann nicht vielmehr / als daß er erstlich ein wahrhaffter Christ seye / so
wird sich nachmal die applicirung seiner christlichen regeln auf die handels-
fälle leicht von selbsten ergeben / wo man sonderlich welches hochnöthig ist/
GOTT um seinen H. Geist und dessen regierung in erkäntnüß seines heiligen willens hertzlich anruffet. Weil mich aber deucht / daß mein geliebter
Herr sonderlich ein bedencken und scrupel bekommen über zoll und accis / wo
die einnehmer solche nicht genau observiren/ob man nemlich/ weil diese durch
die finger sehen / dörffte auch einigen vortheil gebrauchen / indem es scheinet/
ob wolte die Obrigkeit selbs darinnen die sache nicht so scharff gehalten ha-
ben/ wie etwa die worte der edicten mit sich bringen: So habe gleichwol auch
hierinnen meine meinung dahin zu erklähren / daß aller solcher vortheil / ver-
schweigung und dergleichen nicht ohne sünde geschehen könte/ sondern ist eine
untreu gegen die Obrigkeit / welche über dieses eusserliche zu disponiren hat/
dero disposition aber uns wahrhafftig verbindet: So gar wo auch die aufla-
gen solten zu hart und unbillich seyn/versündigt sich zwahr die Obrigkeit/und
muß ihrer sünde wegen / da sie die unterthanen aussauget / vor GOTT
schwehre rechnung geben / aber die unterthanen sind gebunden/ und wo sie die
Obrigkeit betriegen/werden sie ihre schuld trägen/als die ihre pflicht nicht abstatten / mit ihrem exempel andere ärgern / damit / wo es gemeiner wird / zu
mehrer schärffe die Obrigkeit reitzen/auch die einnehmer mit sich in sünde führen: Daher alle diese sünde / ohne die übrige ungnade GOttes / auch in dem
zeitlichen manchen fluch über eine handlung ziehen/und den vortheil zehenfach
wieder wegnehmen kan. Der HErr erfülle uns alle mit seiner forcht und
liebe / so wirds wol seyn. 1682.

## SECTIO XIV.

## Antwort auff einige scrupul betreffend die kauffmannschafft.

JEdancke mich förderst des freundlichen vertrauens/uñ wünsche hertzlich/
daß GOtt meine gedancken und feder also regieren wolle/ daß solches/
was jetzo schreibe / des unbekanten guten freundes gewissen beruhigen
möge. Ich bin mir sonsten meiner wenigkeit und schwachheit wol bewust/ jedoch

doch segnet der HErr auch der einfältigen worte/ so sie zu ihres nechsten erbauung aus hertzlicher liebe in seiner furcht thun. Die angelegenheit aber selbs belangend/ ist mir erstlich dieses ein liebes und gewisses zeugnüß einer auffrichtigen seele und rechtschaffener meinung bey diesem lieben freund/ daß er in sich selbs gehet/ auff sein thun und lassen/ auch die beschaffenheit seines hertzens/ dabey fleißig acht gibet/ da leider die wenigste nur dahin gebracht werden können/ auff sich selbs zu achten/ und wie ihrer seele bey jeglicher verrichtung zu muth seye/ vorzunehmen/ am wenigsten aber zu zweiflen/ ob etwas auch vor GOtt gültig seye/ was in der welt gäng und gebe ist. So gar daß die welt und in derselben auch so viele/ welche doch den nahmen guter Christen tragen wollen/ wo sie von dergleichen scrupuln höreten/einen solchen freund vor einen simpel oder thoren halten würden. Und gleichwol ist solche allgemeine unachtsamkeit recht der grund alles verderbens und ein unfehlbar zeugnüß unseres so schrecklichen verfalles. Mir ist lieb/ daß ich sehe/ daß der liebe freund/ was die kauffmannschafft selbs anlanget/ keinen scrupul hat/ sondern sie vor eine lebens-art erkennet/ wie sie auch ist/ damit dem menschlichen geschlecht vieles genutzet/ und also nach GOttes willen die liebe geübet werde. Ich sehe aber seine scrupul vornemlich über zweyerley dinge. 1. wegen der allzuvielen geschäfften und sorgen/ so dem gemüth niemal die rechte ruhe/ so es in GOtt haben solte/vergönnten. 2. wegen der waaren/ mit denen er umzugehen habe/ so aber mehr zur sünde als GOttes ehre gebrauchet würden. Was den ersten scrupul anlangt/ist solcher erheblich. Indem ja freylich/ so wenig als unser leib seiner leiblichen speise und ruhe entrathen kan/sondern uns zeit muß gegönnet werden/desselben nach nothdurfft zu pflegen/ so wenig können wir unsre seele versorgen/ daß nicht auch sie ihre nahrung in GOtt und seinem wort suche/ wozu aber einige freyheit des gemüths nöthig ist. Wer also findet/ daß er mit so viel geschäfften beladen/welche stätig das gemüth mit sorgen erfüllen/ dem will ich rathen/ daß er nicht nur zum fordristen den lieben sonntag einig und allein dahin anwende/ daß er von seinem thun lasse ab/ damit GOtt sein werck in ihm hab; wie wir dann den sabbath als eine göttliche wolthat anzusehen haben/ daß da wir sonsten zur straff unseres falles zu der arbeit/ die auch eine beängstigung und verunruhigung des gemüths/ so wol als bemühung des leibes ist/ verdammet sind/ der gütigste Vater einen tag aus der woche ausgenommen/ da wir von solchem urtheil frey seyn/ das ist/ das recht haben solten/ daß wir nicht eben arbeiten/ sondern unserer seele die ruhe in ihm gönnen solten: worbey wir stattlichen geistlichen segen zu hoffen haben. Sondern daß er auch suche sich mit gewalt des tages einige zeit von seinen übrigen sorgen abzureissen/ und an seine seele zu gedencken. Worzu sonderlich dienlich/ wo man etwan morgens eine halbe stunde

seiner

seiner sonst gewöhnlichen ruhe abbricht/ und solche zeit/die man damit gewin-
net/und da das gemüth noch nicht in die sorgen vertieffet ist/seinem GOtt heiliget: Im übrigen die andere hindernüssen/ so uns abhalten/ daß wir nicht
mehr unsere seelen zur ruhe bringen können/ also ansihet/ als an denen wir
nicht wegen des nutzens/ so wir davon haben/ groß gefallen tragen/ sondern
ihrer/ wo es GOttes wille wäre/ lieber frey seyn wolten/ aber nachdem wir
mit der übrigen creatur auch in diesem stück zu gewisser maaß der eitelkeit unterworffen sind/ wider unsern willen/ GOtt in solchem stande gedultig still
halten/ und seinem rath uns gehorsam untergeben/ allein trachtende/ wie wir
ihm treulich dienen möchten in dem stand und auff die art/ wie es dißmal geschehen kan. Gewißlich wer in solchem recht auff sich acht geben/ und den göttlichen rath über sich wahrnehmen wird/ der wird erfahren/ daß dasjenige/ so
gantz unserm geistlichen wachsthum solte scheinen entgegen zu seyn/zu demselben in ertödtung des eigenen willens diensam seyn mag. Solte aber der liebe freund finden/ daß die geschäfften das gemüth wegen dero menge allzusehr einnehmen/ daß einige ruhe nicht zu erlangen/ so wolte rathen/ daß er einen guten freund zu sich ziehe/ oder einen diener weiter annehme/ mit deme er
ein stück seiner last theilen/ und einige ruhe seiner seelen gewinnen möchte: da
der unkosten/ so auff solche anstalten gehet/ sich mit dem geistlichen vortheil
gnugsam ersetzen wird. So weiß ich auch einige gute leut/ so sich bey solchem
mittel sehr wol befunden. Was aber anlangt den andern scrupul/ ist derselbe nicht weniger erheblich/ und fast schwehr zu beantworten. Ich verstehe
die art der handlung nicht/ sonsten wo es practicabel wäre/ weil der gute
freund einen anstoß in seinem gewissen hat/ wolte ich rathen/ ob er etwa seine
commissiones restringiren könte/ daß sie allein in waaren bestünden/die er ohne dessen versetzung und unruhe behandelte. Möchte zwahr etwas eine schwächung der handlung nach sich ziehen/ aber vielleicht also/ daß man noch dabey
bestehen könte. Als wie gemeldt/ ob solches müglich oder nicht müglich/ verstehe ich nicht. Im übrigen ists freylich schwehr/ mit dergleichen waaren um-
zugehen/ deren aller gebrauch im mißbrauch bestehet. Daher ich gern geste-
he/ daß würffel und karten/ deren ich nicht wol einigen rechten gebrauch sehe/
nicht gern verhandeln wolte. Was aber lampen/ rauchfässer/ und weihe-
kessel anlangt/ so ists zwahr an dem/ daß dieselbe zu einem solchen dienst in
dem Papstum gebraucht werden/ bey deme viel abgöttisches vorgehet/ aber
solche stücke meine ich doch nicht/ daß sie selbs ein stück der abgötterey sind/ als
die theils auch in der noch zimlich reinen alten kirchen gebraucht worden/
obwol ohne die jetzige dabey befindliche aberglauben. Daher ich hoffe/ daß
ein frommes hertz/ so im jetzigen verwirreten stand seinen dienst muß darley-
hen/ zu der herbeyschaffung desjenigen/ was die andere nachmal mit aber-
glau-

glauben beflecken werden/ jedoch an sich selbs nichts unrechtes ist/ sondern zu einigen indifferenten zierathen des gottesdienst gehöret/ dessen vor GOtt nicht schuld tragen werde/ so wenig als dem Naaman solte schädlich seyn/ daß er seinem Herren seinen dienst leisten müsse/ wo er in das abgöttische hauß Rimmon ginge. Ein anders würde es seyn/ mit eigenlichen götzen-bildern/ so selbs verehret und angebetet werden/ wo ich nicht sehe/ daß ein seinen Gott hertzlich förchtender Christ damit einige gemeinschafft haben möchte. Was die grosse trinck-gläser anlangt/ ists freylich leyder auch also/ daß ich wenig nutzen davon sehe/ indem sie/ wo sie noch am besten gebraucht werden/ ein stück des weltlichen pomps und prachtes sind/ meistens aber der völlerey. Wann aber jenes erste noch ein stück von dem reich dieser welt ist/ welches GOtt annoch stehen lässet/ so wol als etwa andere zierathen/ geschmuck und dergleichen/ so thun wir zwahr unsern dienst dabey so fern mit betrübnüß/ da wir lieber mit dingen/ so zu der ehre GOttes und des nechsten nutzen mehreres fruchteten/ umgingen/ indessen uns damit nicht beflecken/ was andere erst mit ihrem mißbrauch beflecken. Wir sehen ja/ wie auch in andern stücken dergleichen geschehe: Es bauet der bauer sein korn/ weitzen/ wein und dergleichen/ er ziehet sein viehe/ geflügel u. s. f. versündigt sich nicht/ ob ers wol verkaufft den jenigen/ die er weiß/ daß sie es mehr zu völlerey/ zu überfluß und anderen sünden mißbrauchen/ davon dannoch seine hände frey bleiben. Daher wo man in der furcht GOttes der sache nachdencket/ hoffe ich/ ein christliches gemüth solle dabey sich beruhigen können/ daß ob einer wol lieber mit nützlichern sachen begehrte umzugehen/ er sich benöthiget sihet/ seinen dienst zum theil an solche dinge anzuwenden/ die ihm selbs wegen des mißbrauchs ein eckel sind/ biß ihm GOtt selbs etwa mittel und wege zeige/ wie er etwas nützlichers zu thun bekommen möchte. Massen ich beynebens davor achte/ wo GOtt gelegenheit wiese/ seine handlung auff etwas nützlichers zu wenden/ man solches zu thun verbunden wäre. Indessen hat der gute freund wol acht auf sich zu geben/ ob und wie er mit angedeutetem sein gewissen beruhige/ auff daß er nichts wider das vor wahr haltende zeugnüß seines gewissens thue. Indeme wo etwas auch sonsten nicht unrecht wäre/ geschihet aber wider das gewissen/ so ists sünde/ als das nicht aus dem glauben gehet nach Pauli lehr. Rom. 14/23. Was die erwehlung einer andern lebens-art anlangt/ sehe ich dazu keinen rath oder vorschlag: müste auch sorgen/ daß wir damit GOtt dem HErren/ ohne dessen regierung wir nicht in einen gewissen stand kommen/ aus seiner ordnung schritten/ und indem wir vor sünde uns hüten wolten/ eine schwehrere begingen/ oder in dero gefahr uns stürtzeten. Daher achtete ich diß vor das beste/ dieser liebe freund übe sich förderst in seinem allgemeinen Christen-stand und beruff also/ daß er nach Christi befehl sich lerne

selbs

selbs verleugnen/ in nichts auff seine ehre/ nutzen oder erfüllung des fleisches-
lust zu sehen/ sondern sein hertz von der liebe der welt und des irrdischen aus-
zuführen/ hingegen mit liebe des göttlichen/ mit sanfftmuth/ demuth/ gedult/
nüchterkeit anzufüllen/ und solche tugenden bey aller gelegenheit zu üben/ sonderlich sich aller müglicher liebes-thaten gegen den nechsten zu befleissen. Dabey bete er hertzlich/ und in dem geist/ daß ihn GOtt leite und führe nach seinem wohlgefallen. In seinem beruff handele er auffrichtig und fleißig/ und
sehe ihn doch nicht an/ als dasjenige/ in dessen gewinn oder anders/ womit er
in der welt ein ansehen hat/ er sich verliebte/ sondern als einen gehorsam gegen GOtt/ so ihn darein gesetzet/ eine übung der liebe gegen den nechsten/
und eine dienstbarkeit/ in dero er sein stück brodt gewinnen muß. Wird er
auff diese weise sein hertz reinigen/ und recht vor GOtt stellen/ so wird ihm
dessen güte gewißlich entweder zeigen/ wie er sein hertz auch hierinnen besser
beruhige/ oder einen weg weisen/ auff dem er hinkünfftig mit mehrer freude
ihm diene. Wie ich auch denselben darum hertzlich anruffe/ er wolle ihm und
uns allen mehr und mehr in allen stücken zu erkennen geben/ was er von uns
gethan haben wolle/ und ihm gefällig seye. Bitte diese meine einfältige meinung solchem christl. freunde samt diesem hertzlichen wunsch zu hinterbringen
und anzudeuten/ daß mirs eine hertzliche freude seyn würde/ wo ich in gegenwart dermaleins demselben annehmlichkeit erzeigen solte können.

## SECTIO XV.

## Von dem vorhaben die kauffmannschafft zu verlassen.

Ich komme so bald auff die sache selbs/ da ich dem himmlischen Vater
zum allerförderesten demüthigsten danck sage/ welcher den guten trieb/ so
er in desselben seele zu verleugnung des welt-wesens und hingegen führung eines recht gottseligen lebens einmal erwecket/ biß daher beständig erhalten und vermehret hat/ den auch hertzlich anruffe/ daß er das angefangene werck vollführen wolle auff den tag JESU CHRISTI. Den vorschlag
die handlung gantz zu verlassen anlangend/ so 1. versichere mich gern aus
erkäntnuß seines christlichen gemüths/ daß solches vorhaben aus keinen andern fleischlichen ursachen/ sondern aus zartigkeit des gewissens herkomme/
und es ihm mit ernst angelegen seye/ seinem GOtt also zu dienen/ wie es ihm
am gefälligsten wäre: da es nicht ohne ist/ daß die handlung vor vielen andern
Professionen gefährlich/ und es schwehr ist in derselbigen sich vor sünden zu bewahren: also daß der liebe Sirach aus der wahrheit geschrieben hat. c. 27. v.
28. u. f. Ein kauffmann kan sich schwehrlich hüten vor unrecht/ und
ein

ein krämer vor sünden: uñ wie ein nagel in der maure zwischen zweyen
steinen stecket/ also stecket auch sünde zwischen käuffer und verkäuffer.
Daher wer zuerst einen stand zu wehlen hätte/ wohl mehrer bedencken bey
der wahl sich machen könte. So ist mir also der scrupel/ welcher demselben
bey dieser sache vorkommet ein gutes zeichen und zeugnüß/ daß der Herr auch
willig seye/ etwas seiner sonst in der welt hoffenden fortun gern hindan zu se-
tzen/ ehe er seine seele in gefahr geben wolte. Daher ich auch nicht zweiffle/
daß dieser vorsatz/ ob er wol aus wichtigen bedencken nicht zu werck gerichtet
werden mag/ weil er dannoch aus gutem hertzen und sorgfalt/ in weniger gefahr der sünden GOtt so viel williger und unanstößiger zu dienen/ hergekom-
men/ dem himmlischen Vater nicht werde mißfällig seyn; Gleich wie 2. Sam.
7. GOtt sich des Davids vorsatz/ den er aus guter meinung/ GOtt ein hauß
zu bauen/ gefasset hatte/ nicht hat lassen mißfallen/ ob er ihm wol dabey sagen liesse/ daß er derjenige nicht seye/ durch welchen er solches hauß bauen
lassen wolte/ hingegen ihm andere herrlichere verheissungen gab. Also versehe mich zu seiner güte/ obwol der Herr nunmehr ursachen/ dergleichen vorsatz nicht werckstellig zu machen/ finden/ und vielmehr den göttlichen finger/
bey seiner einmaligen profession stehen zu bleiben/ wahrnehmen möchte/ daß
sie dannoch auch jene gute meinung vergelten/ und da er bey der kauffmannschafft aus gehorsam gegen seine ordnung bleiben mag/ in deroselben ohne
anstoß zu leben/ desto kräfftigere gnade ertheilen werde.

2. Bin ich auch nicht eben in der meinung/ als wann in keinem fall erlaubt wäre/ seine profession zu ändern/ oder zu einer andern zu schreiten: sondern es kan solches geschehen/ nicht allein wo man in einer lebens-art gestan-
den/ die gantz keinen göttlichen grund hat/ als da sind gauckler/ seiltäntzer/
comödianten und dergleichen/ wo man von solchem fürwitz treiben. 2. Thess.
2/ 11. nothwendig sich zu einer redlichen arbeit wenden muß/ sondern auch
wo man aus noth eine lebens-art zu verlassen getrungen/ oder durch einen
kantlichen winck zu einem andern beruff sich zu begeben eingeladen wird: und
insgesamt da man von solcher änderung kein ärgernüß zu sorgen hat oder
vorsihet.

3. Hingegen bekenne/ daß ich diese änderung zu bewerckstelligen weder
nothwendig halte/ noch rathen könte. Dessen ich die folgende gründe habe/
welche ich in der furcht des HErrn zu erwegen bitte. 1. Es ist die handlung
zwahr ein gefährlicher/ aber dennoch nicht an sich selbs GOtt mißfälliger/
noch von der sünde unabsonderlicher stand: So bedarff das menschliche leben allerdings der handlung/ daß sie daher eine göttliche ordnung/ so wohl
als alle übrige zu des menschlichen geschlechts bestem abzielende lebens-ar-

J i i        ten.

ten/ zu erkennen ist. Daher liget auch daran/ daß dann ebenfals die profession nicht gleichsam an lauter solche leute überlassen werde/ welche des gewissens nicht achten/ sondern es müssen auch solche leute in derselben leben/
die in wahrem gehorsam gegen GOtt und in auffrichtiger liebe des nechsten
dieselbe führen. Würde es also nicht ohne schaden geschehen/wo dieser stand
von allen/ bey denen noch die gottseligkeit ist/ verlassen/ und hingegen anderer boßheit und geitz desto mehr platz gegeben würde.

Ob es denn wohl schwehr ist in solchem stand sich der sünden zu enthal-
ten/ ist es doch nicht unmüglich/und zeiget Sirach an gedachtem ort das doppelte mittel: wenn er spricht v. 1. **um geldes willen thun viele unrecht/
und die reich werden wollen/ wenden die augen ab.** So dann v.4.**Hält
er sich nicht mit fleiß in der furcht des HErren/ so wird sein hauß bald
zerstöhret werden.** Da sehen wir 1. das allgemeine mittel ist die furcht
des HErren: Es muß nemlich ein kauffmann/ wo er seine handlung GOtt
gefällig führen solle/ zum allererst ein guter Christ seyn/ GOtt hertzlich
fürchten/ und also/ was er so wol in seiner handlung als übrigem leben vor-
nimmt/ trachten nach der regel dessen gebote einzurichten/ und sich stets vor-
stellen/ wie er von seiner handlung und allem dem geringsten/ was er in derselben vornimmt/ GOtt dem HErrn eine genaue rechnung werde thun müssen. Diese furcht des HErrn wird ihn verwahren/ daß er nicht nur keine
offenbahre grobe laster in seiner handlung begehe/ sondern sich auch von anderer welt-hertzen bösem exempel nicht verführen lasse zu dergleichen griffen
und practiquen/ welche wider die gerechtigkeit und liebe streiten/ ob sie wohl
in der welt als stücke der nöthigen handlungs-klugheit insgemein paßiret
werden/ also daß nichts als die furcht GOttes einen davon abhalten kan.
Weil aber die begierde reich zu werden nicht allein auch sonsten der gefährlichste fallstrick ist/ welcher so viele menschen in das verderben hinreisset. 1.
Timoth. 6/ 9. sondern vornemlich die grösseste gefahr derselben sich bey der
handelschafft findet/ also daß einige vor das grösseste absurdum halten wer-
den/ wo man nur sagen will/ daß eines kauffmanns eigentliche absicht nicht
solle seyn reich zu werden/ so wird von Sirach 2. auch das absonderliche mittel gezeiget/ daß nemlich ein kauffmann/ die begierde reich zu werden ablegen
müsse. Also muß es freylich seyn/ wer ein christlicher handelsmann seyn und
heissen will/ der muß sich zum zweck allein setzen/ seinem himmlischen Vater/
der ihn durch seine fürsorge zu solcher lebens-art beruffen habe/gehorsamlich
darinnen zu dienen/ das gemeine beste und des nechsten wohlfahrt nach vermögen zu befordern/ und seine nothdurfft davon aus dem segen GOttes zu
erwarten: nicht aber grosse schätze für sich und die seinige zu sammlen/ denn

es

es ist ihm so wol/ als andern Christen gesagt/ 1. Tim. 6/ 8. wenn wir nahrung und kleider haben/ so lasset uns begnügen.     Daher wird er allezeit
diejenige billigkeit in acht nehmen/ daß er diejenige/ mit welchen er umzugehen hat/ nicht übersetze noch vervortheile 1. Thess. 4/ 6. hingegen allein mit
den seinigen nothdürfftig leben möge. Wirfft ihm denn GOtt durch sonderbahres glück mehreren segen zu/ wird er auch denselben zu GOttes ehren
und wercken der liebe gern reichlicher anwenden// um auch an guten wercken
reich zu werden. Wann also bey einem kauffmann diese beyde stücke die furcht
GOttes und verleugnung der liebe des reichthums/ sich finden/ so wird ihm
seine handlung nicht zur sünde werden.     Und gilt nicht sagen/ auff diese weise könte kein kauffmann fortkommen/ noch sein stück brodt haben: dann ich
wolte das gegentheil nicht allein mit exempeln solcher handels-leute erweisen können/ die sich darneben ihr Christenthum zu anderer gutem exempel haben lassen angelegen seyn/ sondern ich traue es also zu zeigen/ daß niemand
widersprechen könne.     Die meiste sünden der handels-leute bestehen wohl in
ungerechtigkeit/ falschheit/ übersetzung des preises und unrechten vortheilen/
da ich nun nicht leugne/ wer sich dero befleisset/ wo ers heimlich thut/ da man
nicht gewahr wird/ und da andere an ihn gebunden sind/ kan wol (es seye denn
daß Gottes fluch auch da entgegen stehet) zu so grossen mitteln bälder komen/
als diejenige ordenlicher weise nicht hoffen können/ die sich aller solcher pra-
ctiquen entschlagen.     Es ist aber bereits von einem christlichen kauffmann
dieses erfordert worden/ daß er nicht solle begehren reich zu werden/ sondern
allein seine nothdurfft zu erwerben.     Da gedencke ein jeder/ wenn in der
handlung unchristliche leute durch ungerechtigkeit so viel gewinnen/ da sie
doch manchmal unfleißig gnug sind/ daß sie grossen reichthum zusammen
bringen/ und köstlich sich dabey halten/ ob es begreiflich seye/ daß ein ander/
der die sache auch recht verstehet/ und in dem beruff fleißig ist/ so dann sich gewehnet hat/ nicht stattlich sich auffzuführen/ sondern sparsam haußzuhal-
ten/ mit seiner handlung nicht solte so viel erwerben/ als er zur nothdurfft haben muß/ so vielmehr/ da es ja nach diesem weniger als jenem an göttlichem
segen mangeln kan. Also sehe man die handels-leute an/ so von religion Meni-
sten oder auch Quacker sind/ bey dero handlung sich alles in zimlichem grad
findet/ was das Christenthum von einem gewissenhafften kauffmann erfor-
dert/ ob ihnen dasjenige/ daß sie sich der ungerechtigkeit in der handlung nicht
wollen nach anderer exempel theilhafftig machen/ hinderlich daran seye/ daß
sie nicht davon leben könten/ da gleichwol manchen unter ihnen ein grosser segen zufleußt. Man bedencke auch/ ob nicht/ wo von einem handelsmann
allgemach bekant wird/ daß er gewissenhafft in allem verfahre/ daß er keine

waaren verfälsche / übersetze oder andere unzimliche vortheil gebrauche / solches ihm viel eher vor andern einen zugang zuwege bringen solte/als daß ihm
sein Christenthum darinnen hinderlich wäre.　Denn die auch selbs nicht gern
wollen Christen zu seyn resolviren / haben es doch gemeiniglich mit rechten
Christen am liebsten zu thun / als von denen sie sich keines schadens besorgen
dörffen.　Wo aber möchte eingewendet werden / daß ein handelsmann / so
seine eigene handlung führet / wohl möchte mit gutem gewissen solches thun/
nachdem er alles selbs nach seinem gewissen einrichten kan. Aber ein handels-
diener seye übel dran/ und werde sein dienst zur sünde mißbraucht/daher man
mit gutem gewissen darinnen nicht stehen könne.　So achte ich aber auch dieses noch nicht gnugsam / daß man deswegen die lebens-art ändern müste:
nicht allein weil es nicht wol müglich solte scheinen zu seyn / daß ein gottseliger kauff-diener unter den vielen handels-herren nicht solte endlich auch einen gottseligen / oder auffs wenigste einen so fern moral frommen Herrn an-
treffen/ der das gewissen des dieners nicht beschwehrte.　Fände sich dergleichen nicht unter den reichsten / so wäre es etwa bey mittelmäßigen / wäre es
nicht in den grössesten handels-städten / so möchte es in den kleinern seyn.　Da
aber einem christlichen diener gnug ist / wo er nur so viel lernen und erfahren
möge als ihm nöthig ist / biß ihm GOtt zu eigenem heerd die gelegenheit gebe: Wäre aber einer bey einem ungerechten Herzen/und könte nicht anders un-
terkommen/ so ists wohl ein betrübtes thun / aber doch auch müglich dem gewissen zu rathen/ wo man wahrnimmet/daß nicht allezeit derjenige sündiget/
dessen dienst ein anderer zur sünde mißbraucht.　Daher darff kein bedienter
auch auff ungerechter herrschafft befehl etwas / das an sich selbs und offenbahr böses ist / thun.　Zum exempel / er darff die waaren nicht verfälschen/
mit maaß und gewicht keinen betrug brauchen/ nicht lügen/ falsch schwehren
und dergleichen / denn da ist allezeit das böse sein eigen werck / und macht er
sich dessen theilhafftig.　Hingegen kan er sich wohl in dingen seines dienstes
gebrauchen lassen/ in denen er selbs nicht sündiget/ wohl aber der / welcher es
durch ihn thut. Er gibt etwa die waaren theurer als gerechtigkeit und billigkeit erforderte / wie ihm aber sein Herr solchen tax vorschreibet.　Da geschi-
hets/ daß dieser sich mit solcher übersetzung versündiget/ als der weiß/wie ers
geben könne / und diesesmal nach der regel der gerechtigkeit und liebe solle/
und doch dagegen thut: der diener aber versündiget sich nicht/ ob er auch schon
den preiß des einkauffs und anders/davon sonsten das maaß des preisses des
verkauffs dependiret / weiß / wann er alsdenn nach seines Herren befehl
alles verkauffet: Nachdem gleichwol müglich ist/daß zuweilen ursachen seyn
können / die einem handels-mann etwas über das sonsten billige höher an-
zuschlagen auch im gewissen erlaubt machen/ die der diener nicht weiß/ daher

sich

sich insgesamt des urtheils über seinen herrn in solchen sachen nothwendig
enthalten muß.　Also meine ich/ sind unzehlige dinge/ da sich ein diener ohne
der schuld theilhafftig zu werden/ zu einem werckzeug einer sünde seines herrn
muß machen lassen: Nur daß er sich alles dessen enthalte/ wo in der sache selbs
die sünde stecket/ und die nie als böse seyn kan; denn in solchen kan er sich mit
des herrn befehl nicht entschuldigen; wol aber in denen/ die erst aus gewissen
umständen und ursachen zur sünde werden.　Man gedencke daran / wie es
denen Christen gegangen/ so in der ersten zeit bey heydnischen herren knechte
waren/ welche die Apostel gleichwol stets zum gehorsam gegen sie vermahne-
ten/ und sie also versicherten/ daß sie in solchem dienst GOTT gefielen/ ja
ihm selbs darinne dienen könten: Nun aber waren nicht allein die herren alle
abgöttisch/ sondern meistens geitzige/ ehrgeitzige/ wollüstige leute/ die sich also
ihrer knechte dienstes werden zur ungerechtigkeit/ hegung ihres geitzes und
hochmuths/ pracht/ schwelgen/ und andern dergleichen mißbrauchet haben.
Wenn aber die knechte selbs sich der abgötterey/ und anderer sünden vor ihre
person enthielten/ wurde ihnen der mißbrauch ihres dienstes und arbeit von
GOTT nicht zugerechnet.　Indem sonsten unmüglich ein christlicher knecht
in eines heydnischen herrn dienst lang hätte stehen können.　Zwahr ists wol
an dem/ daß solche bediente/ welche sich über dergleichen/ worinnen sie denen
herrschafften zu ihrem geitz/ pracht und wollust müssen behülfflich seyn/ ein gewissen machen/ eben dardurch/ wo sie es dannoch thun/ sündigen. Sie haben a-
ber ihnen billich diesen scrupel benehmen zu lassen / und sich zu versichern/
daß Gott bey ihnen nicht ansehe / worzu die ungewißhaffte herrschafften sie
mißbrauchen/ sondern was sie selbs thun (so ich nochmal præsupponire/ daß
es nichts an sich selbs böses seyn müsse) und mit was vor einem hertzen sie es
thun.　Ich kan zwahr hiebey auch leicht erachten/ daß es einem frommen gemüth sehr wehe thue / wo es sehen muß/ daß seine mühe und arbeit anderer
sünden dienen solle/ und also so fern vergebens ist/ daher ich einem solchen auch
nicht verdencke/ wo er sich auf gezihmliche art loßmachen/ und in einen andern
dienst treten kan/ daß er solches thut: Ist aber dieses nicht müglich/ und er kan
keine herrschafft finden / da er auch mehrere wahre frucht seiner mühe sehen
oder hoffen könte/ (so mir fast unmüglich scheinet) so träget er sein leiden mit
gedult/ wie die creatur Rom. 8/ 20. die wider ihren willen der eitelkeit
unterworffen ist/ und mit seuffzen ihren dienst mißbrauchen lassen muß/ sich
aber nach der erlösung sehnet/ und ist dabey versichert/ seine auch von andern
zur sünde mißbrauchte arbeit mit einfältigem hertzen und aus gehorsam gegen GOTT gethan/ verliehre bey diesem nicht allen lohn : Ja diese verleugnung des eigenen/ obwol auch sonsten an sich guten/ willens/ dero übung in
dergleichen diensten stets währet/ könne zu dem innern wachsthum vieles

　　　　　　　　　　　　thun/

thun / ſonderlich aber werde GOTT ſelbs eine ſolche offt beängſtigte ſeele zu
rechter ſtund nach ihrer gedult=zeit in freyheit ſetzen.    Alſo meine ich gründ=
lich gnug gezeiget zu haben/daß ſo wol handels=leute ſelbs/ als ihre diener/ih=
ren ſtand ohne verletzung ihres gewiſſens behalten und führen können/obwol
bey beyden viele vorſichtigkeit und wachſamkeit/ſich auf dem gefährlichen weg
nicht zuſtoſſen/nöthig iſt / ſo dann auch viele gedult erfordert wird: Alſo fäl=
let das haupt=fundament dahin/ſo zu der nothwendigen verlaſſung der handz=
lung wollen geleget werden.

2.  Hierzu ſetze billich / daß es zu dieſen zeiten nicht allein ſchwehr werde
aus einer profeſſion zu einer andern überzugehen / und gute gelegenheit zu
finden:Wie ich bekenne/da auch der ſchluß zu ändern feſt bliebe/daß ich zu einer
dergleichen verſorgung / wie etwa gehoffet und verlanget würde / keinen rath
zu geben wüſte/nachdem alle biß auf die geringſte dienſte ſo bewandt ſind/daß
immer deren/die darauf warten/ſich eine ſolche anzahl findet/daß die wenigſte
darvon ihren zweck erreichen / und zwahr nicht allezeit die frömmeſte denen
andern vorgezogen werden.    Sondern wir ſehen die lebens=arten alle an/
wie wir wollen / ſo iſt keine einige/ die nicht eben ſo wol ihre beſchwehrden ha=
be / und das gewiſſen dabey ſeine ſtricke ſehe / vor denen es ſich nicht eben alle=
mal gnug vorzuſehen weiß.    Alſo daß keine einige noch weniger anſtöſſe
und gelegenheit zu ſünden haben/als die bloß dahin in euſſerlichen hand=arbei=
ten beſtehen / wiewol ſie doch auch nicht gar ohne gefahr ſind.    Was ſonder=
lich anlanget die dienſte / ſo kan nimmermehr die handlung mehr klippen ha=
ben / daran man ſich ſtoſſen kan / als die meiſte dienſte; theils wann meiſtens
die beſoldungen ſo bewandt / daß der auch vergnüglichſte davon nicht nach
nothdurfft leben kan / die accidentia aber gemeiniglich die gefährlichſte ſtricke
ſind ; theils daß ſo offt geſchihet / daß ſolche leute anderer ungerechtigkeit
werckzeuge werden müſſen/ mit mehrerer beängſtigung der gewiſſen als kein
handels=diener bey einem auch geitzigen und ungerechten herrn.    Da ſtecken
eben ſo wol ſolche gute leute in der klemme/ wenn ihnen befehl kommen/ wor=
nach ſie ſich achten müſſen/ und hingegen das gewiſſen einige in der ſache vor=
gehende ungerechtigkeit oder unbarmhertzigkeit zeiget / die man doch exequi=
ren ſolle.    In ſumma jeder ſihet wol die beſchwehrde und gefahr ſeines ſtan=
des / als die er aus der erfahrung einſihet / es bleiben ihm aber die beſchwehr=
den und laſten anderer ſtände groſſen theils verborgen: Und würden manche/
wo ſie die andere auch eben alſo einſähen / ſich gern bey den ihrigen gedulden/
oder wieder lieber auffs neue nach denſelben greiffen.    Das macht / das ver=
derben iſt ſo allgemein worden / und hat alle lebens=arten durchgetrungen/
daß eigen=liebe/ungerechtigkeit und insgeſamt was Johannes 1. **Joh. 2/ 16.**
welt nennet / überall / nur in einem ſtand gröber und offenbarer / in dem an=
dern

dern subtiler und geheimer/ aber nicht weniger gefährlich/ herrschen/ und also keine art gantz frey von dem feind gelassen worden ist / darinn er nicht etwas des verderbens mit eingesäet hätte: So sehe ich es menschlicher weise unmüglich/ solche stände völlig zu reinigen/ biß der HErr selbs kommen/ und mit seiner allmächtigen krafft/ was uns unmüglich ist/ ausrichten wird; daher muß jeder allein trachten/ seine person und wercke in jedem stand recht zu reinigen/ und das übrige GOTT befehlen. Es sind aber diejenige noch am glückseligsten / die ausser eigentlichen diensten oder mit zu vielen ordnungen unschränckten professionen leben/ daß sie auffs wenigste vor sich/ was sie thun/ nach ihrem gewissen einrichten dörffen/ vor denenjenigen / welcher ämter und dienste ihnen offt solche regeln vorschreiben/ die ihnen in der seelen manche unruhe machen.

3. Ich erkenne auch dieses vor ein wichtiges moment, so in dem vorhaben einer änderung wol in acht zu nehmen/ daß dergleichen lebens-arten/ darzu ein mensch in seiner jugend von eltern / oder die an eltern statt sind/ angewiesen worden/ oder auch zu dero man selbs einen trieb gehabt/ auch dasjenige/ was darzu gehöret / durch göttliche gnade also erlernet hat/ daß man darmit dem nechsten dienen kan/ weil wir wissen / daß alle unsere dinge unter der göttlichen gütigen providenz und verordnung stehen/ auch in gewisser maaß (wo nemlich sonst nichts wichtiges entgegen stehet) als göttlichen billich angesehen werden ; daher man aus denselben ohne wichtigste ursach oder noth nicht auszuschreiten hat/ und sonsten aus dem göttlichen gehorsam zu gehen / das ansehen gewinnen würde. Wie ich nun weiß / daß derselbe von den geliebten eltern / die auch auf seine fähigkeit und zuneigung gesehen haben werden/ zu der handlung gethan worden/ und er sich in deroselben/ wie ich nicht zweiffele/ eine rühmliche und nützliche erfahrung wird bereits zu wege gebracht haben / nechstdem auch sehr anstehe/ ob den lieben eltern dergleichen änderung würde angenehm seyn/ so traue ich/ an dessen stelle stehende/ nicht dieselbige vorzunehmen/ als lange sie GOTT nicht auf eine offenbarere art seinem rath gemäß zu seyn zeigen würde.

4. Hiezu kommet / daß leider die übung der wahren gottseligkeit unter dem nahmen des Pietismi zu einer sonderbaren secte gemachet werden will/ und denenjenigen/ so sich jener befleißigen/ allerley unerfindliche irrthume/ unter andern / daß sie allerley stände und göttliche ordnungen verwürffen/ auffgedichtet werden. Weil nun der Herr / nachdem er durch die führung Gottes sich auch sein Christenthum vor einigen jahren ernstlicher als vor deme hat angelegen seyn lassen / nicht weniger mag unter die Pietisten gezehlet worden seyn/ trage ich billich sorge / da derselbe seine erlernte handlung gantz angeben/ und eine andere lebens-art ohne noth/ mit beruffung auf das gewissen/

sen/erwehlen wolte/daß auch dieses exempel mit einem zimlichen schein möchte angeführet werden/ daß auch dieses ein irrthum der Pietisten wäre/ daß sie
die kauffmannschafft verwürffen/ und meineten/ man könte nicht mit gutem
gewissen in solchem stande leben; So auffs neue wiederum einen lermen ma-
chen/mehreren haß gegen unschuldige erwecken/ dem lästerer aber gelegenheit
zu neuen fabeln geben würde. Nun weiß ich zwahr wol/ daß wir mit auch
dem vorsichtigsten wandel es nicht gnug werden hindern können/ daß nicht
der lügen-geist immer etwas neues auf die bahn bringe/ aber ich meine doch/
wir seyen verbunden/so viel müglich ist/daß wir ihm keine scheinbare gelegenheit selbs geben/ als auf die sonsten nachmal ein stück der schuld und verantwortung vor GOTT fallen/und andere schwache gewissen desto mehr anstoß
leiden möchten/ welches zu vermeiden gleichwol eine pflicht der christlichen
klugheit und liebe ist.

    Aus diesen ursachen sihet mein werther Herr/ daß ich zu dieser ände-
rung/nachdem wie ich die sache vor GOTT ansehe/nicht rathen könte. Daher hielte ich dem gewissen am sichersten/ derselbe setzte entweder seine dienste
in gegenwärtiger condition, wo es seyn kan/ ferner fort/ oder bewürbe sich
bey andern christlichen handels-leuten um gelegenheit/ biß ihm der gütigste
Vater etwa selbs eine stelle anwiese/ da er sein eigen thun anrichten/ und in
der stille sein Christenthum ungehinderter treiben möchte: Indessen wären
diejenige anstösse/ welche dem gewissen in diesem stande wollen unruhe ma-
chen/ mit besserer dessen unterrichtung/ was unrecht oder nicht seye/ mit ge-
dult/ mit vorsichtigkeit und mit unabläßigem gebet um die regierung des H.
Geistes/auch glaubiger hoffnung künfftiger besserung/zu überwinden/wie ich
denn auch an göttlichem beystand dazu nicht zweiffeln will. Dieses sind also meine christliche gedancken/über das mir vorgetragene anligen/so ich in der
forcht des HErrn habe überschreiben wollen/dabey freundlich bitte/ dieselbe
auch mit anruffung GOttes zu überlegen/ ob er sich auch zu gleichem überzeuget befinden werde/ und alsdann das vorgeschlagene annehmen könte.
Wie ich denn mit meiner meinung keines gewissen binden/ noch jemand weiter dran weisen will/ als so fern er selbs sich durch die angeführte gründe vor
GOTT bewogen fühlet: sondern überlasse nachmal/ wo meine gedancken
vorgestellet/ einen jeglichen der regierung dessen/ der allein der gewissen
HErr ist. 1692.

## SECTIO XVI.

# Ob man die handlung/ um sich der welt loßzu-
reissen/ bey noch habenden schulden/ verlassen könne.

Antonius

ANtonius ein kauff=und welt=mann erlanget die gnade von GOtt/ daß er die eitelkeit der welt als auch der seelen gefährlichkeit erkennende/ ihm aus grund seines hertzens sich vornimmt/ alles weltliche hinten an zu setzen/und einen ort zu suchen/wo er etliche recht fromme und wahre Christen meinet zu finden oder zum wenigsten gelegenheit/ unverhindert von weltlichen geschäfften in ruhe und GOTT alleine gelassen/ihm die übrige zeit seines lebens zu dienen. Daß aber Antonius zu diesem verlangten Gottesdienst nicht kommen kan/scheinet ihm im wege zu stehen/ weil er in fortbringung seines lebens und wandels von witwen/ wäysen und anderen leuten ansehnliche gelder auffgenommen/und dieselbe hertzlich gerne bezahlen wolte/auch nicht zweiffelt/ wo er bey den weltlichen geschäfften bliebe/ über kurtz oder lang dazu zu kommen/ allein wie ihn dieses auffhalten wird zu seiner intention zu gelangen/also fürchtet er auch/daß er vom tode übereilet/ GOTT in der welt so nicht gedienet hätte/ wie er gesollt/ welches ihm gar gefährlich ausschlagen möchte!

Fraget sich also/ ob Antonius mit gutem gewissen aus seinem handel treten könne/alles das seinige angeben/ und dazu seine schulden unbezahlt lassen/ und wenn er GOTT an einem andern orte redlich und christ=möglich dienet/ sich keine beschwehrnüß zu machen habe/ daß er um in gottesfurcht zu leben/und dazu zu gelangen/seinem nechsten das seinige nicht wiedergegeben.

Worüber als einer sachen/ an dem jemand das allerhöchste gelegen/ bittet man ein Christ=Theologisches consilium & decisum.

## Antwort.

WO man die vorgelegte frage oben hin ansihet/ solte dem ersten ansehen nach es scheinen/ daß man ohne viel bedencken/ die affirmativam schliessen und Antonio zu seiner intention rathen solte/ angesehen 1. dem göttlichen nichts vorzuziehen ist/ und der dienst der ersten taffel der pflicht der andern also gar vorgehet/daß wo diese jenen hindern wolte/man das einig=nothwendige allem andern vorziehen solte. 2. Scheinet es eine ungleiche comparation zu seyn/ zwischen einerseits einem zeitlichen verlust/welchen seine creditores an ihm leiden würden/und der ewigen gefahr/ in welcher Antonius sich befindet/ da aber allezeit die grössere gefahr/ und was dieselbe erfordert/ der geringern vorzuziehen ist. 3. Solte man gedencken/ wo die creditores christlich sind/daß sie selbs den verlust des ihrigen der besorgenden schwehren

gefahr der verdammnüß ihres debitoris nachsetzen / und wo er die resolution
faßte/ihm solche schuld selbs nachlassen/ und also sein gewissen ferner entladen
solten.　Sonderlich 4. weil sein Antonii leben gleichwol ungewiß / und sie
nicht sicher sind / daß er / ob er wol in seinem handel bleibet / und ihnen
satisfaction zu thun sich bemühet/so lang leben bleiben / oder aber von GOttes gericht eher hingeraffet werden möchte/und also ihnen die erstattung doch
nicht geschehen/hingegen von GOTT einiger fluch auf sie fallen möchte/wel-
che oder doch ihre consideration den mann von seinen heiligen vorsätzen abgehalten hätten.　Daher 5. solche intention als ein göttlicher finger und beruff
anzusehen wäre / dem er deswegen ohngesäumet / als der stimme des HErrn
zu folgen hätte.

Diese und andere dergleichen dubia mögen vorkommen / welche die be-
werckstelligung der intention rathen und nöthig machen möchten.　Wo aber
gleichwol die sache in der forcht des HErrn reifflich erwogen wird/so zweiffle
ich nicht / daß der ausschlag endlich auf die negativam ausfallen müste / und
also Antonio sein vornehmen nicht gerathen werden kan.　Dessen wir folgende gründe anführen.

1. Weil die verbindung/damit ein debitor seinem creditori verhafft ist/
nicht nur aus weltlichen rechten herkommet/welche gleichwol auch das gewissen verbinden / sondern sie ist selbs göttlichen rechts.　Dann weil GOTT
die zeitliche güter nach seinem willen unter die menschen ausgetheilet/und jeden über das ihme zugeworffene theil zum haußhalter bestellet hat/so kan ihnen wider seinen willen niemand mit recht das seinige entziehen / oder dieser
versündiget sich damit an göttlicher ordnung / welche einem jeden das seine
vor des andern gewalt oder betrug mit dem siebenden gebot als gleichsam
einem zaun verwahret/und ernstlich verboten hat/daß keiner dem andern ent-
ziehe / was GOTT demselben anvertrauet.　Daher es mit schwehrer verletzung des gewissens geschihet / wo einer dem andern hierinnen eintrag thut/
ihm das seinige zu nehmen/oder welches eben so viel ist/vorzuenthalten.　Es
heissen vor GOtt gottlose / welche borgen und nicht bezahlen Psalm 37.
so vielmehr / weil in solchem fall auch der mit mund und etwa hand gethane
verspruch/so bey auffnehmung des gelds geschehen/gebrochen/und neben dem
siebenden das achte gebot zugleich übertreten wird: Wäre aber ob gleich nicht
ein förmlicher eid / doch welches gleichwol öffters zu geschehen pfleget/andere
betheurung bey GOttes nahmen dazu gekommen / würde solches die sünde
noch so viel schwehrer machen.　Wird etwa noch hinzu gethan die betrübnüß
der wittwen und wäysen / welche GOtt sonsten vor andern jederman zur
versorgung und schutz anbefohlen/ deroselben damit auspressende seufftzen/ so
demjenigen/ der sie mit unrecht verursachet/sehr schwehr werden; allerhand
elend/

elend / in welches dieselbe / wo sie darinnen all ihr vermögen oder ein grosses theil dessen gehabt haben mögen/dadurch gestürtzet/ ja auch/ zu allerhand sünden gebracht werden mögen/und was sonsten noch anders aus solcher defraudation entstehen könte:So aggraviren alle solche stücke die sünde so vielmehr. Und mag von demjenigen / deme die umstände der person bekant / etwa noch vielerley gefunden werden/ welches die schwehre der sünden zeigte.

2. Wo dann nun solches ausgemacht / daß aus unterschiedlichen considerationen diese gefährung der creditorum in sich selbs unrecht ist / so stehet die regel Pauli Rom. 3/8. fest/ daß wir nicht böses thun dörffen / daß gutes daraus kommen solle.   Welcherley leute verdammnüß er gantz recht achtet.   Kan also nimmermehr ein GOtt-gefälliges werck seyn / zu welchem man sich mit vorsetzlicher sünde den weg gemachet. Und hasset GOtt räuberische brand-opffer Esa. 61/8. so mag ihm auch der dienst nicht angenehm seyn / welcher mit solcher beraubung unschuldiger / und vielleicht bedörfftiger personen / geschihet.   Man kan auch sich keines göttlichen segens und kräfftiger wirckung / ohne welche sothane intention ohne das vergebens/ nicht dabey getrösten / noch bey ankommender anfechtung das unruhige gewissen alsdann zu frieden geben / deme die wissentlich und vorsetzlich begangene sünde stätig vor augen stehen wird.

3. Scheinet diese intention dasjenige principium zu præsupponiren/ daß dem menschen schlechter dings frey stehe/in allen dingen diejenige art des lebens zu erwehlen / welche ihm am füglichsten zu seines GOttes dienst vorkommet.   Nun ists zwahr an dem / daß dergleichen angehet / bey denenjenigen / welche frey sind / und nicht ohne das schon von GOTT zu einem gewissen stand gesetzet und beruffen/nicht aber gilt es denjenigen/ wo es nicht mehr um die wahl zu thun ist / was man selbs wehlen solle / sondern von der aufflösung eines bereits gemachten bundes gehandelt wird.   In jenem fall ist dieses freylich die fürnehmste consideration, woraus ich diese oder jene lebensart zu wehlen habe / wie ich nach hertzlicher anruffung GOttes und in seiner forcht geschehener erwegung aller umstände finde / daß ich GOTT am besten dienen kan.   Ob wol das exempel Pauli 1. Cor. 7/38. zu lehren scheint/daß auch in solchem fall wir einen noch nicht also anstrengen können / daß wir ihn schlechter dings verbinden wolten / nothwendig diejenige lebens-art zu ergreiffen / die er insgemein vor dienlicher zu göttlichem dienst achtet / sondern ihm annoch die freyheit dabey gelassen ist/zu erwegen/ob eben diesem zu dieser zeit dergleichen auch dienlicher seye.   Wo aber bereits ein göttlicher beruff vorgegangen / und wir also mit gewissen stricken verbunden sind / so gewinnet die sache eine gantz andere bewandnüß/ und stehets damit nicht mehr in freyer wahl / oder ist aus solcher consideration allein zu decidiren / so lange das vo-

rige band wåhret / und nicht auffgelöset ist. Zum exempel / es ist nicht zu zweifflen / daß einer christlichen person / wo sie in ihrem gewissen sich sonsten zwahr zu einem heyrath resolvirt hat / oblige / allein in einen solchen heyrath zu gehelln / in dem sie mit weniger verhindernüß GOTT dienen möge / und also mit einem glaubens-genossen : Hingegen würde es nicht ohne unver-antwortliche sünde und versuchung GOttes geschehen / wo sich eine an eine unglaubige oder auch sonsten gottlose person / verheyrathen wolte / da sie so of-fenbare hinderungen aller übung der gottseligkeit erkennete. Indessen / wo der mensch in solchem ehelichen bande stehet / so lässet ihm Paulus nicht zu / daß er mehr das sonsten an sich bessere und zu dem gottesdienst dienlichere mittel der freyheit ergreiffe / sondern wofern der unglaubige nicht selbsten weichet und die trennung machet / will der Apostel 1. Cor. 7 / 12. 13. daß der glaubige bleibe / ob wol in einem solchen stand / da man leicht erachten kan / wie sonder-lich zu solcher zeit / denselben lieben leuten ihre übungen der gottseligkeit von den unglaubigen ehegatten so schwehr gemachet worden. Aber das zwischen ihnen befindliche band / so ohne sünde nicht getrennet werden kan / ist hievor-zuziehen demjenigen / was man sonst vor sich selbs wehlen würde / und weh-len solte. Nun erkenne ich zwahr gern / daß es einen nicht geringen unter-scheid habe / unter dem ehestand / dessen band von Gottes wegen unaufflöß-lich gesetzet wird / und einer dergleichen lebens-art / die ohne solche sünde wie-derum geändert werden kan. Indessen aber ist nicht nur gewiesen / daß also das zum grunde ligende principium, wo es ohne fernere consideration oder restriction angenommen wird / so gewiß nicht seye / vielmehr seine excepti-ones leide / sondern es stehet hie ein anderes band der schulden / damit Anto-nius seinem nechsten also verbunden ist / daß er sich nicht / weil es mit sünden geschähe / davon loßreissen darff / oder solche loßreissung mit dem schaden der andern verletzete sein gewissen / und hält ihn deswegen so lang in der that verbunden / als er jene nicht nach vermögen befriediget.

4. Daraus abzunehmen / daß also nicht unser eigen belieben / sondern einig und allein göttlicher beruff in solchem fall die regel seye / nach welcher wir uns zu richten haben / und solches nicht allein in ehe-sachen / sondern wie Paulus deutlich in folgenden worten zeiget / auch in andern weltlichen obli-gationen / da nicht so viel heiliges und göttliches erkant wird / als in dem ehe-stand. Indem er auch von den knechten saget / daß sie bleiben sollen / wie sie beruffen seyen. Nun die arten / wie sie knechte wurden / waren vielerley / und nicht eben alle GOtt gefällig / indem nicht nur einige in solchem stande gebohren wurden / sondern andere durch krieg und ander unglück in selbigen gerathen sind / wo man denselben nicht anders vor einen göttlichen beruff bey ihnen halten könte / als wie GOtt solches über sie verhänget hatte. So

waren

waren solche knechte als leibeigne sclaven/ nicht nur allein sonsten in sehr miserablem zustand/sondern vornemlich was das geistliche anlanget/könte man sich kaum eine gröffere hindernüß aller übungen der gottseeligkeit und gottesdienstes vorstellen/ als der zustand solcher leibeignen war. Indessen sagt Paulus nicht zu solchen armen leuten/ sie solten/ damit sie in der freyheit ihrem GOtt so viel ungehinderter dienen könten/ davon lauffen/ und ihre Herren verlassen/ sondern sie solten in ihrem beruff bleiben/ es wäre dann sache/ daß sie/ nemlich mit ihrer Herren willen/ frey werden könten/ so solten sie sich dessen lieber gebrauchen. Wo wir klahr sehen/ daß die grosse hinderungen die sie bey ihrer condition hatten/ GOtt rechtschaffen zu dienen/ Paulo noch keine gnugsame ursachen gewesen/ daß er ihnen erlauben wollen/ ihrer Herren diensten sich zu entziehen/ sondern er will/ sie sollen bleiben/ und GOTT also dienen/ wie sothaner ihr zustand solches zuliesse. Ob nun wol Antonius nicht ein knecht ist/ so ist er doch denjenigen deren gelder er auffgenommen/ mit eben dergleichen verbindlichkeit zugethan/ daß er gleichsam als ihr diener in verwaltung ihrer gelder und zu conservirung derselben ihnen alsolang verpflichtet ist/ biß sie abgeleget sind. Daher mag er so wenig sich ihnen entziehen/ und sie in dem schaden stecken lassen/ als solches den alten knechten nicht zugestanden ward.

5. Scheinet fast diese intention diejenige meinung zu involviren/ gleich ob könte GOtt nicht anders rechtschaffen und gefällig gedienet werden/ als mit gäntzlicher ablegung aller weltlichen geschäfften und verrichtungen. Welche meinung gleichwol gantz irrig wäre; dann obwol es erwünschlich/ mit weltlichen geschäfften weniger beladen zu seyn/ und mit so viel weniger unruhe dem HErren auch nach der ersten taffel zu dienen. So wissen wir doch/ daß GOtt eben so wol auch die zweyte taffel vorgeschrieben/ und den dienst/ der ihm in den weltlichen geschäfften mit absicht auff seine ehre geleistet wird/ als einen ihme geschehenen ansiehet: wie unser theure Lutherus zum öfftern herrlich erinnert/ daß wir/ was heilig und göttlich nicht bloß aus der sache selbs/ sondern dem beruff und göttlicher ordnung zu achten haben. Daher welchen GOtt zu einem Fürsten und Regenten/ zu einem hauß-vater/ zu einem knecht gesetzet und berüffen/ wo derselbe solches seines beruffes geschäffte verrichtet/ mit der absicht auff GOttes ehre/ und aus trieb der liebe gegen seinen GOtt und seinen neben-menschen/ so werden solche an sich weltlichst scheinende geschäfften wahrhafftig ein heiliger und geistlicher gottesdienst/ nicht anders als wo ein Prediger solte studiren/ predigen und sein amt verrichten. Daher wer GOtt dienen will/ nicht weit da oder dorthin sich verfügen darff/ sondern er findet einen dienst seines GOttes in allem/ was er in seinen geschäfften zu thun hat/ wo er ein gottliebendes hertz dazu bringet

6. Wozu

6. Wozu auch kommet/daß absonderlich der kauff-handel/ obwol wie zu sehen Sirach c. 27. und 28. viele gelegenheit zu sündigen dabey ist/ die nicht wenig gefahr nach sich ziehen/ an sich selbs gleichwol recht/ erlaubt/und gut ist: als eine sache/ die dem menschlichen geschlecht gantz nützlich und in gewisser maaß nothwendig ist. Daher was vor fehler demselben anhangen/solche nicht desselben/ sondern der menschen schuld ist.   Daher Antonius, da er sich GOtt zu dienen hertzlich entschlossen/  es eben so wol in gegenwärtigem seinem stande zu thun vermag/ und ihm nöthig ist.  Und die gnade/ welche ihn zu dem guten antreibet/ wird ihn so wol in führung seines kauff-handels also regieren/ daß er sein gewissen mit willen nicht beschwehre/ als er von ihr erwartete/ daß sie in solchem intendirenden secessu ihn zu dem rechten zweck führete.

7. Aus allem solchen sehe ich noch nicht/  was Antonius zu sehen vermeint/ daß ihn GOtt von bißheriger lebens-art ab/  zu einer ruhigern und stillern führen wolle: sondern ich erkenne vielmehr seinen weisesten finger/daß derselbe ihn bey seinem kauff-handel noch haben und wissen wolle/  da er ihm alle wege/ durch die er derselben sich entbrechen möchte/verleget. Woraus er aber versichert ist/ weil es GOtt also haben wolle/ in solchem stand zu bleiben/  daß er dann auch in demselben alle verrichtungen dermassen werde segnen/ daß wo er sich GOttes hand leiten lässet/ er in solchem stande sein heil wol wircken möge.  Und lässet sich hiemit gar unschwehr antworten auff die erst movirte scrupulos.  Indeme 1. wir gern gestehen/  daß dem göttlichen alles nachgesetzet werden/  und dem gottesdienst das zeitliche weichen müsse. Dann was hülffe es wo der mensch die gantze welt gewinne/ und litte schaden an seiner seele/ oder was könt er geben/ wann er seine einmal verlohrne seele löse. Matth. 16/ 26.    Aber es lässet sich auff gegenwärtigen casum nicht appliciren/dann seine weltliche profession gantz angeben/und nur allein nach der ersten taffel vornemlich GOtt dienen wollen/ ist nicht das einige nothwendige/ vielweniger ein göttlicher dienst zu achten; wo man betrachtet/daß er die von Gott so hoch gebotene liebe des nechsten/wo er denselben um einiger seiner bessern ruhe und bequemlichkeit willen in grossen schaden und verlust auch etwa dadurch fernere gefahr stürtzen wolte/verletzte. Also bleibet es freylich wahr/ daß man lieber alles hindan setzen/ als muthwillig sündigen wolte/ ja daß/ wo wir finden solten/ daß unsere geschäffte uns unvermeidlich in sünde führen würden/ wir sie lieber abschaffeten/ als daß wir durch dieselbe nach grossem gut und reichthum in der welt trachten wolten/ welches ohne das dem Christenthum unanständig: da heißt es recht/ das göttliche/ worinnen wir allein unser heil erhalten mögen/ und hingegen mit der sünde gewiß verschertzeten/ dem weltlichen vorziehen/ welches nothwendig ist: in jenem

exem-

exempel würde es heiſſen / das wahrhafftig göttliche / nemlich nach erforderung der liebe des nechſten leben / und mit mehrerer ſorgfalt auff der hut ſeines heiles ſtehen müſſen / einem eingebildeten göttlichen / nemlich einer ſolchen lebens-art / zu dero uns GOtt nicht beruffen / unbeſonnener weiſe nachſetzen wollen.

2. Was das andere anlanget / ſo iſt freylich eine ungleichſe comparation zwiſchen dem verluſt des zeitlichen und einer ſeelen verluſt / aber es ſtringiret ſolches in gegenwärtigem fall nicht anders / als wo wir præſupponirten / daß Antonio an ſolcher änderung bloſſer ding ſein heil gelegen wäre: da aber das gegentheil gewieſen zu haben getraue / und mehr den verluſt deſſelbigen als beförderung aus ſolchem entſchluß ſorgen müſte. Womit auch das dritte fället / daß die creditores lieber ihr recht fahren laſſen ſolten / als Antonium in ſolcher gefahr ſtecken laſſen. Dann ſolches alsdann platz haben möchte / wo Antonii ſeele nicht anders gerettet werden könte / welches ſich aber anders hält. Daher auch was ſie wollen / vielmehr aus deme / was ſie ſich ſelbs erklähren / abzunehmen / als bloß dahin aus deme / ſo uns deuchtet von ihnen rühmlicher zu ſeyn / zu vermuthen iſt.

4. Ob wol Antonii leben / und alſo ob er die erſtattung würcklich leiſten werde / ungewiß iſt / ſo mag ſolches ſein gewiſſen nicht beſchwehren (es wäre dann ſache / daß er mit ſolchen geldern unverſtändig / unbedachtſam oder liederlicher weiſe umgegangen / und ſich alſo verſtecket / daß es aus ſeiner ſchuld geſchehe / daß wo er bald von GOtt weggenommen würde / ſeine creditores nicht bezahlet würden / in welchem fall er ſeine ſünde inniglich zu erkennen / und GOtt und denjenigen / welche er beleidiget / hertzlich abzubeten hat / als in einer ſach / die er anders zu beſſern nicht vermag ) aber das würde ſein gewiſſen beſchwehren / wo er aus eigner willkühr ſich auſſer dem ſtande ſetzen wolte / in dem er menſchlicher hoffnung nach ſeinen creditorn ſatisfaction zu thun vermöchte. Dann ihm ligt bloſſer dings ob / nicht ſo wohl ohnfehlbar ſeine glaubiger zu bezahlen / welches durch allerhand unglück ohne ſeine ſchuld ihm unmüglich werden mag / als euſſerſten fleiß anzuwenden / daß er ſolches zu thun vermöge / und alſo / als viel an ihm iſt / es würcklich thue. Und haben deswegen die creditores ſich keines fluchs zu beſorgen / welche Antonium nicht von ſeinem heil / ſondern einer gewiſſen lebens-art / welche dazu nicht bloß nöthig / abgehalten. Daraus dann 5. zu ſehen / daß ſolche gedancken Antonii zwahr wohlgemeint ſeyn mögen / auch eine anzeige ſeines guten gemüthes geben / aber nicht vor einen göttlichen beruff / dazu einige bewegung des hertzens nicht eben gnug iſt / geachtet werden mögen. Wie wir an dem berühmten exempel Davids ſehen / der zwahr auch ſich guter meinung vorgenommen / dem HErren ſeinem GOtt aus danckbarkeit ein hauß zu bauen /

wel-

welches einen solchen guten schein hatte/ daß der gute Nathan/ ehe er absonderliche göttliche offenbahrung hierüber bekam/ solchen vorsatz selbs billigte/
auch kein zweiffel ist/ daß GOtt die gute meinung nicht mißfallen habe/ indessen war es doch von GOtt verordnet/ daß ein anderer/ nemlich sein sohn
solches thun solte/ er aber muste von seinem vornehmen abstehen. Wie nun
dorten dem David durch Nathan göttlicher entgegen stehender wille angedeutet wurde/ also haben wir hie denselben aus denen seinem wort gemässen
oben angedeuteten gründen abzunehmen.

Auf solches alles würde mein christlicher rath seyn / 1. Antonius stelle
eine genaue untersuchung seines lebens/ wie es bißher geführet worden/ an/
prüffe sich/ wie weit er in seinem Christenthum gekommen/ oder wo er noch
stehe; was er bißher in solchem unterlassen und zurücke geblieben; mit was gemüth er in die handlung getreten ; wie er solche biß daher geführet ; und in
summa / was es vor eine bewandnüß mit seinem gantzen thun und lassen gehabt; nicht anders ob solte er solche stunde dem strengen richter seines lebens
rechenschafft geben/ und solches ohne schmeicheley/ die ihm nichts nutzet/ und er
wol weiß/ GOTT sehe noch tieffer in sein hertz als er dasselbe erforschet/ daß
also so viel weniger ihm das wenigste verhälet/ oder anders als es in der that
ist / vorgestellet werden mag. Er stelle sich ferner vor / was er vor göttliche gnade zeit lebens empfangen / sonderlich wo ihm etwa die stimme des HERRN geruffen habe/ und er solcher nicht gehör gegeben / die gefahr worinnen er etwa gestanden / die gnade der göttlichen langmuth / so ihm die frist bißher erlängert; um durch alle
solche betrachtung vermittels göttlicher würckung und mit dero anruffung eine rechte göttliche traurigkeit bey sich zu erwecken / und das hertz in
wahrer buß zu fernerm neuen gehorsam zu disponiren. 2. Worinnen er
findet / daß er biß dahin an seiner christlichen pflicht es ermangeln gelassen/
oder des teuffels/ der welt und eignen fleisches verführung/ gefolget/ so mache
er den festen bund / gegen solche sünde sich so vielmehr in göttlicher krafft zu
wapnen / und sich zu ersetzen voriger säumigkeit zu ermuntern. Und da sehe er die bey ihm erweckte bewegung seines hertzens dahin an / daß obwol dasselbige auf ein mittel gefallen / so sich dißmal noch nicht thun lasse / gleichwol
göttlicher finger so fern dabey seye / daß GOTT ein ander leben von ihm er-
fordere/ deswegen er demselben darinnen nicht ungehorsam seyn müßte/ wolte
er anders nicht eine schwehre verantwortung auf sich laden. 3. Findet er/
wie ers vielleicht finden wird / daß die heutige handlungs-art dermassen bewandt seye/ daß es sehr schwehr/ ja wie Christus dorthin von den reichen re-
det/ unmüglich seye bey den menschen Matth. 19/ 26. in solcher sein gewissen
unverletzt zu erhalten / so untersuche er vornemlich/ aus was intention er in
　　　　　　　　　　　　　　　　　　　　　　　　　　　solche

solche lebens-art getreten / ob nicht solches allein aus fleischlichen sündlichen absichten zeitlichen reichthums / und in der welt ansehnlichen Lebens / geschehen seye / auch er vielleicht mit solchem gemüth sich in der handlung bißher also vertieffet / daß er jetzo so schwehr sich heraus wickeln kan. Uberzeuget ihn hierinnen sein gewissen / daß er solche schuld bey sich habe / so sehe er solchen seinen stand / als eine dienstbarkeit und gefängnüß an / in welches er sich selbs geschlossen / nicht anders ob hätte er sich in eine muthwillige türckische und andere sclaverey begeben / und ihm damit die sorge seines heils schwehrer gemacht. Solches verbindet ihn aber / daß er dann die beschwehrligkeit / welche er darüber ausstehen muß / so viel gedultiger trage / und daß er nicht mit weniger unruhe seinem heil abwarten könne / nicht wider GOtt / sondern sich selbs murre. 4. Auff solches hat er die handlung selbs genau zu untersuchen / worinn er findet / in derselben einiges zu seyn / das an sich selbs in dem gewissen nicht verantwortlich und christlicher liebe entgegen wäre. Dann der sonsten die resolution gefaßt / die handlung gar anzugeben / ist so vielmehr verbunden / weil er dazu nicht gelangen kan / in derselben alles abzuschaffen / was in dem gewissen nicht verantwortlich ist / solte auch in demselben dem ansehen nach der meiste profit bestehen. Dann wie ihm sein zustand die handlung zu verlassen um anderer willen nicht zulässet / also vergönnet ihm hingegen keine ursach dieselbe anders als nach göttlicher und der liebe regel zu führen. Zwahr ist kein zweiffel / es werde ihm solches viel schwehrer werden / als das werck allerdings zu quittiren / wo er eine viel mehrere ruhe finden möchte; er muß aber dabey gedencken / es stehe jetzo nicht mehr in freyer wahl / was er wünschete / sondern müsse es dabey bleiben lassen / wie es stehet / und etwa wie oben gemeldet / daß er selbs dessen einige schuld bey sich antreffen mag : oder wo er solche nicht findet / sich der göttlichen gnade und beystandes so viel ohnzweiffenlich versehen darff. 5. Weil er ohne zweiffel bey sich befindet / daß nicht nur andere dinge ihm die handlung schwehr machen / sondern die viele dabey habende sorgen und mühe das gemüth also embarassiren / und die zeit wegnehmen / daß er wenig zeit dazu übrig findet / die er zu seines Gottes dienst / und seiner seelen erbauung anwenden mag / welches wol etwa die haupt-ursach seyn mag / so ihm die handlung verleidet / so gedencke er freylich / daß nachdem er um anderer ursach willen / gleichwol sich solcher stricke nicht befreyen / oder sie mit macht loßreissen kan / er doch schuldig seye / nach allem vermögen / sie allgemach auffzulösen : daß er nemlich genau achtung gebe / worinnen er ohne verletzung der pflicht / damit er andern verbunden / seine handlung einziehen möge ; worinnen er etwa andere treue leute annehmen / und denselben ein theil der last aufflegen / und ihm mehrere zeit mit abbrechung an seiner leiblichen ruhe / gewöhnlicher ergötzlichkeit und andern zeit-

ver-

verluſt/ ſo ſonſten bey gewiſſen kauffleuten ſehr gemein/ gewinnen könne/ da=
mit an ſolchen erſetzet werde/ was er an andern nicht völlig abziehen darff. Es
laſſen ſich auch vielleicht die koſten/ ſo auff diejenige gewandt werden müſſen/
die er zu gehülffen gebraucht/ an haußhaltung/ tractamenten/ kleidung und
anderm dergleichen erſparn.     Was er dann nun vor zeit erobern kan/ die er
noch zu dem gottesdienſt und ſeiner ſeelen erbauung anwenden mag/ wozu er
ſonderlich ſeinen ſonntag ohn abbruch heiligen wolle/ ſolches iſt er mit ſo viel
mehrerm fleiß dahin zu verwenden gehalten; wie wir allezeit ſpar=
ſamer mit demjenigen umgehen/ deſſen wir nicht viel übrig wiſſen. 6.
Solte ihn GOtt auff dieſe weiſe bald ſegnen/ daß er ſeinen creditoribus ſa=
tisfaction thäte/ und annoch finden würde/ daß die handlung ihm zu ſchwehr
fiele/ und ſein gemüth nicht capabel wäre/ ſolchen ſorgen alſo abzuwarten/
daß er auch ſeiner ſeelen recht abwartete/ ſo iſts alsdenn zeit/ daß er das werck
nochmal mit GOtt in eiffrigem gebet und etwa mit chriſtlichen gemüthern/
welche ſonderlich ſeiner perſon und thuns particular kundſchafft haben/ (in=
dem manchmal in ein und anderm umſtand ein groſſes ligt/ welches derjenige
dem die perſon und übriges nicht bekant/ nicht alſo vorſehen oder errathen/
und alſo in ſeinem rath attendiren kan) überlege/ ob alsdann die reſolution
zu faſſen/ die ſorgen/ denen man ſich nicht gewachſen befindet/ gäntzlich abzu=
legen/ und folglich nicht zwahr in müßiggang/ ſondern dergleichen arbeit/ die
das gemüth ruhiger lieſſen/ ſeine übrige tage mit weniger gefahr zuzubrin=
gen.     Wo ich nach befindung der umſtände ein ſolches thunlich ſeyn zu kön=
nen/ nicht in abrede ſeyn will. Da heißt es aldenn/ **kanſtu aber frey werden/**
**nemlich ohne ſünde/ ſo gebrauche dich deſſen viel lieber.** 7. Endlich iſt
das vornehmſte/ daß er eiffrig und ſtündlich ſeinen Gott um ſeines H. Geiſtes
leitung anruffen muß: Daß derſelbe ihn in ſo gefährlichem leben/ als er es et=
wa erkennet/ und tauſend verſuchungen/ denen er noch nicht entfliehen könne/
erhalten und geben wolle/ daß er/ wie er mit furcht und zittern ſein heil wir=
cket/ es davon tragen möge: der gewiſſen zuverſicht/ der ſeye getreu/ der ihm
ruffet/ der werde es auch thun/ 1. Theſſ. 5/ 24.
    Er der anfänger und vollender unſers heils/ gebe ſolchem ſeines heils
begierigen den weg zu erkennen/ den er wandlen ſolle/ führe ihn bey ſeiner
rechten hand/ und letzlich laſſe er ihn in der that erkennen/ wie wunderbar=
lich zwahr/ aber auch weißlich/ ſeine leitung ſeye/ daß er
ihm ewig dafür dancke. Amen! 167--

SECTIO

## SECTIO XVII.

# Von dem vorhaben eine mit rechts=sachen umge= hende stelle mit einer andern lebens=art zu verwechseln.

### Von der vereinigung der religionen.

Je mir entdeckte gedancken und vorhaben E. Excellenz sich nach einer solchen lebens=art umzusehen/ da neben den juridicis, darinnen sie GOTT und dem nechsten noch zu ehren und nutzen das anvertraute pfund anzuwenden sich nicht wegern/ die Theologica und sonderlich practica das vornehmste und eigenliche ἔργον wären/ kan ich an sich selbs mir nicht anders als gefallen lassen. Denn wie das geistliche und ewige wahrhafftig der einige hauptzweck ist/ warum wir alle in dieser welt sind/ daher auch was dahin ausgerichtet wird/ das vornehmste operæ pretium unsers gantzen le= bens bleibet/ so kan die begierde nicht unrecht seyn/ welche nach einer solchen lebens=art sich strecket/ worinnen man mehr unmittelbar mit solchen dingen umzugehen hat. Wie aber auch eben dieses eine der ersten haupt=regeln un= sers Christenthums ist/ mit auffrichtigem hertzen allezeit den willen unsers himmlischen Vaters zu lieben/ und wo wir denselben erkennen/ ihn unsern auch bestgemeinten gedancken vorzuziehen/ vornehmlich aber unsre gantze le= bens=art insgemein/ an dero bestimmung nachmal alle übrige verrichtungen hangen/ nicht so wol selbs wehlen/ als wohin uns göttlicher finger weise/ sorgfältig acht geben/ als versichert/ unserm GOtt gefallen keine werck mehr und hertzlicher/ als diejenigen/ welche wir uns nicht so wol selbs vorgenom= men/ als von seiner regierung auffgetragen bekommen haben/und er nach sei= ner weißheit verstehe besser/wo/ wann und in was vor dingen das uns anver= traute zu seiner ehr/ des nechsten nutzen und unserm eignenen heil/ am besten angewendet werde (worinnen manchmal seine gedancken von den unsrigen zimlich entfernet seyn können/und also viel höher sind)also trage ich das gute vertrauen/ daß solches E. Excellenz meinung seye/ nemlich bey sich selbs ei= ne dergleichen lebens=art eben deßwegen/ weil die seele damit immer näher mit göttlichen dingen umzugehen gelegenheit hätte/zu lieben/ verlangen dar= nach zu tragen/ solches verlangen auch nicht heimlich zu halten/ und nechst hertzlichem gebet/darinnen die gantze sache der väterlichen disposition Got= tes lediglich zu überlassen ist/ auf göttlichen winck genaue acht zu geben/nicht aber sich eigenmächtig auff einigerley weise von gegenwärtigen banden selbs loßzumachen. Denn wie eine person/ welche noch zu einer gewissen lebens= art von GOTT nicht beruffen ist/ in deroselben wahl eine zimliche freyheit hat/ zu dieser oder jener/ welche in vorschein kommen/ zu greiffen/ in dero er

seine gaben am besten getrauet anzuwenden/ also ist hingegen bey einem
mann/ welchem der HErr bereits seinen willen über ihn durch erkanten und
angenommenen beruff gezeiget hat/ solche freyheit zimlicher massen einge-
schrencket/ und er nicht befugt/ die angewiesene poste auch aus gutscheinen-
den ursachen zu verlassen/ es seyen dann diese so bewandt/ daß aus denselben
zu einer überzeugung des gewissens der geänderte göttliche wille erkant werden könne/ in welchem werck ich weiß und selbs erfahren habe/ wie schwehr es
mit gedachter erkäntnüß zugehe/ hingegen auch nicht wol ein sicherer mittel
verstehe/ oder durch die erfahrung befunden habe/ als sich allerdings mehr
passive zu halten/ und sich von GOtt mehr anders wohin ziehen zu lassen/ als
einigerley massen vorzulauffen. Wo also E. Exc. meine einfältige meinung
in gantzem solchem geschäfft zu vernehmen sich nicht zuwider seyn lassen/ bestünde sie darinnen: daß dieselbe/ wofern GOtt selbs dergleichen eine gelegenheit zeigen und anweisen solte/ die der gefaßten idéæ in einer mehrern abziehung von dem zeitlichen die übrige jahr (die der HErr des lebens noch vermehren wolle) zuzubringen gemäß wäre/ alsdann dieselbe/ wann nicht um
solche zeit andere umstände solchen willen GOttes zweiffelhafftig machen/
mit freudigem gemüth anzunehmen/ und die befreyung von dem strepitu fo-
rensi, als eine göttliche wolthat anzusehen: indessen aber sich um solche nicht
angelegenlich zu bemühen/ sondern in gegenwärtiger function mit derjenigen treue und sorgfalt/ biß auff obgedachte art der HErr HErr selbs davon
abruffet/ fortzufahren/ als ob gewiß die gantze lebens-zeit dabey zugebracht
werden müste. Dieses halte das sicherste zu seyn/ daß also das gemüth in einer stäten gelassenheit unter GOttes willen bleiber/ und sich allein angelegen seyn lässet in dem gegenwärtigen mit gehorsam demjenigen abzuwarten/
von dem man an göttlichem willen nicht zweiffeln darff/ und dennoch auch bereit ist/ auff jeden winck von oben das mit angelegenheit so lang getriebene
mit demjenigen zu verwechseln/ was man in eigner willkühr stehende längsten gerne ergriffen/ und seine freude davon gemacht hätte. GOtt aber/ in
dessen hand unser thun und lassen stehet/ führe sie selbs nach seinem weisen
und gütigsten rath/ so wirds in allem wohl seyn/ wie auch ferner darum denselben anzuruffen nicht ermangeln werde. Was in dem übrigen in den gedancken lang sovirte geistliche verein- oder friedens-werck anlanget/ kan ich
davon nicht sagen/ nachdem mir/ auff was vor zulängliche mittel die absicht
gerichtet seye!/ nicht bekant ist. Insgemein bin ich biß daher allezeit
in der meinung gestanden/ die ich auch/ wie hertzlich ich selbs den
frieden liebe/ so gar/ daß auch meine natürliche gemüths-beschaffenheit mehr dahin geneigt ist/ als zu etwas anders/ noch zu ändern nicht
vermag. 1. Mit dem Papstum seye absolute keine vereinigung zu hoffen/ ja
nicht

nicht einmal ein versuch dessen zu thun / als der niemal ohne præjudiz unsrer kirchen geschihet. So ist bey mir dieses gewiß vorausgesetzt / Babel muß nach GOttes wort in dessen gericht fallen/ nicht aber mit uns vereiniget werden/ als die wir immer lieber weiter aus demselben ausgehen./ als uns ihm nähern solten. 2. Mit den Reformirten und Arminianern wäre die sache nicht absolutè und in sich unmüglich: Aber betrachtet die bewandnüß der gemüther aller seiten / sonderlich des so genannten geistlichen standes bey den partheyen / und wie dieselbe gegen einander stehen / so halte ich sie gleichfals moraliter unmöglich. Ja ich stehe in billiger sorge / wo mit einigem ernst das werck angegriffen werden solte/entweder GOTT gleichsam ein wunderwerck thun müsse /oder wir solten / zum exempel von uns und den Reformirten zu reden/ viel eher an statt der 2. partheyen/ in die wir jetzt getheilet sind/ drey oder viere bekommen / und also der riß nur ärger werden / als daß eine wahre vereinigung werckstellig gemacht werden dörffte. Daher mir das gantze werck über menschliches vermögen zu seyn vorkommet / weil solche hindernüssen im weg stehen/welche wegzuräumen jenes zu schwach ist/und möchte deßwegen bloß demjenigen überlassen werden müssen / der unmögliche dinge zum zeugnüß seiner allmacht möglich machen kan. Ich förchte aber / er habe in seinem rath gar andre dinge über unsre kirche beschlossen / die wir nach nicht so langer zeit erfahren dörfften: Und werde wol endlich eine einigkeit stifften/aber daß alle theile erstlich in ein scharffes feuer werden müssen/da diejenige gleichsam werden zusammen geschmoltzen werden/ die sich nicht zusammen haben löten lassen. Es wird aber auch dafür allein derjenige sorgen/ dessen ehre und sache es hauptsächlich betrifft. 1689.

## SECTIO XVIII.

### Uber einen casum, da jemand sein weltliches amt verlassen / und um stilleres lebens willen sich in sein vaterland begeben hat.

VOn dessen mutation, daß er seinen dienst in N. verlassen/ und in sein vaterland wieder gezogen seye /zu urtheilen / wolte mir nicht geziehmen; wann aber mein werther Herr selbs meine gedancken davon erfordert/ und seine scrupulos mir vorleget / erkühne gleichwol meine einfältige meinung offenhertzig hinwieder vorzustellen/ als der ich mich versichere/ daß auch solche in liebe werde auffgenommen werden. 1. Finde ich wegen der veränderung nicht wenig bedencken / (1. stunde derselbe in N. in einer ordenlichen und solchen vocation , da er gleichwol zu GOttes ehren bey dem gemeinen wesen etwas auszurichten vermochte/ wie dann (2. die oppositiones der übelgesinneten zwahr einen christlichen mann sehr betrüben/ und viele gute vorhaben sehr verhindern/ nimmermehr aber ausrichten können/ daß was in der furcht des HErrn und mit redlicher absicht auf seine ehre vorgenommen/ und mit einer beständigkeit und gedult fortgesetzet wird/ gantz ohne frucht abgehen solte/ da vielmehr göttliche treue mit sich bringet/ daß sie treugemeinte arbeit nie gantz ohne segen lässet. Weßwegen (3. ob wir auch meineten/ daß keine früchten erlanget würden/ wol seyn kan/ daß sie GOTT uns verbirget (dazu er seine heilige ursachen haben kan) oder daß noch die zeit nicht vorhanden ist/ daß sie ausbrechen/ wie nicht allemal ein jedes gesäetes korn stracks auffgehet/ daher von unserem nicht-sehen/ sich nicht gewiß auf das nicht-seyn schliessen lässet. Folglich (4. göttliche ordnung etwa mehr solte erfordert haben/ in gedult der zeit zu erwarten/ die der HErr bestimmet haben möchte/ nach gnugsamer prüffung unsrer gedult uns mehrern segen und sieg wiederfahren zu lassen/ als müde zu werden/ und den widerwärtigen/ so das gute gerne hindern wollen/ eben durch weichen ihren willen zu erfüllen: Da hingegen der liebe Paulus 1. Cor. 16/ 9. es für eine ursach seines bleibens anführet/ weil viel widerwärtige da seyen. Sonderlich (5. weil als viel ich sehe/ kein absonderlicher beruff denselben aus solchem amt zu einem andern weggezogen/ worinnen man sich des göttlichen ruffs eher versichern könte/ sondern allein ein hauß-leben nach eigener wahl vorgenommen worden: Darinnen (6. nicht wol menschlicher weise zu hoffen/ daß so viel/ als in jenem amt/ gutes auszurichten möglich. Denn ob wol zu der eignen seelen-erbauung in solcher stilligkeit mehr gelegenheit gehoffet werden mag/ so sehe ich doch nicht so viel hoffnung zu anderes guten ausrichtung. Nun wissen wir/ daß zwahr die sorge für unsre seele unsre haupt-sorge ist/ aber daß gleichwol wir dem nechsten so wol als uns verbunden/ und von GOTT je nicht darzu gesetzet sind/ allein mit versäumung anderer/ unser heil zu schaffen/ sondern dasjenige in liebe zu thun und unserm nechsten zu helffen/ was und wie uns der HErr durch seine verordnung gesetzet hat: Also daß wir auch aus liebe des nechsten und gehorsam gegen GOTT eher etwas der sonsten müglichen mehrern vollkommenheit unsrer seelen nachzulassen/ oder vielmehr zu glauben haben/ es werde damit auch an uns nichts versäumet/ da unsere arbeit im gehorsam gegen GOtt und liebe des nechsten geschihet/ da wir sonsten meinten/ nützlicher zu seyn/ allein an uns selbs zu arbeiten. (7. So vielmehr weil auch unser hertz sich leichtlich selbs betriegen kan/ wo es uns die begierde unsrer eignen mehrern erbauung vorstellet/ und es doch möglich ist/ daß ohne unser wahrnehmen/ die eigenliche ursach vielmehr ein verdruß der widerwärtigkeit und mißvergnügen gegen göttlichen willen gewesen wäre/ welche die resolution am meisten durchgetrieben/ so uns doch aus der andern ursach gefasset zu seyn vorkommet.

met. Hierzu möchte auch (8. aus betrachtung gegenwärtiger zeit setzen/ daß ich diejenige vor so viel glücklicher schätze / welche GOtt weiter gegen Norden gesetzet hat/als grösser unsre gefahr ist/ die den Päbstlichen ländern näher sind/und besorglich die ersten seyn werden/die der HErr in die gewalt Babels fallen möchte lassen/ da ich hingegen hoffe / daß diese nicht so weit gegen Mitternacht reichen / oder je langsamer die wuth dahin erstrecken werde. Weßwegen es vielmehr vor eine göttliche wolthat geachtet werden mögen / eine stelle GOtt zu dienen an solchen orten gefunden zu haben. Daher (9. die verunruhigung des gemüths das ansehen gewinnen mag / ein zeugnüß zu seyn / daß solche änderung nicht eben so eigentlich aus göttlichem willen geschehen.

Indessen 2. kan ich noch nicht mit einer versicherung den entschluß solcher änderung und dieselbe selbsten straffen/ oder die obige ursachen vor gnug darzu achten / indem GOttes wege wunderbarlich und unerforschlich sind: Daher er offt die seinige so führet/daß es andere schier nicht wol ohne anstoß ansehen können/ und gleichwol ist ers wahrhafftig/ der sie also geführet hat. Ja er führet uns offt widersinnisch / zu übung unsrer gedult und glaubens: Er führet uns an ort / da er uns in dem künfftigen gewisse arbeit bestimmet hat/ die weder wir noch andre lang vorsehen können/ und die dennoch unsern gehorsam wol belohnen wird / ja manchmal diejenige weit übertreffen solle/ die wir vorher verlassen:Er führet uns unwissend aus einer gefahr/die einem ort nach seiner allwissenheit bevorstehet / und er aber unser schonen will/ oder in eine gefahr / in dero er durch unsre gedult und beständigkeit will gepriesen werden:Und was dergleichen unzehliche arten der göttlichen weisen und gütigen regierung bemercket werden mögen. Weil ich nun meinen werthen HErrn als ein rechtschaffen kind GOttes ansehe/so diese änderung nicht ohne hertzliche anruffung GOttes um seine regierung wird angetreten / und also zum forderst en den mund GOttes rathgefraget haben/so dann/daß er auch werde alles reifflich überleget/ und zum grund der resolution solche ursachen geleget haben/welche in dem gewissen unanstößig/so stehe ich in dem guten vertrauen/ es werde diese änderung nicht so wol ein fleischlicher rath / als eine regierung GOttes seyn. Auffs wenigste bin ich dessen gewiß/ der HErr habe wahrhafftig/ daß dieses endlich geschehen und erfolgen solle/ beschlossen.

Indessen 3. wird es zu meines werthen freundes eigner pruffung vornemlich stehen/wie er die sache anzusehen/und wie er sich darinne zu beschuldigen oder zu entschuldigen habe. Solche prüffung aber gehet vornemlich dahin/ sein hertz vor GOtt nach dem eigentlichen grunde zu untersuchen/was die eigentliche motiva des abzugs und veränderung gewesen/ob es eine solche/ welche vor dem angesicht GOttes wahrhafftig bestehen mag / und die nicht

nach

nach dem fleisch schmecke / oder wie viel fleischliches in derselben die redliche
untersuchung entdecken und antreffen werde. Wäre nun das erste/ wie ichs
von hertzen wünschen mag / so sihet man göttliche regierung mit so viel vergnüglicher freude / danckfagung und verehrung an / fasset auch diese getroste
zuverficht / der HErr könne nicht anders/ als dasjenige kräfftig segnen/ was
wir aus seinem gehorsam lauterlich gethan zu haben in redlicher forschung
finden/ und erwartet alles künfftige ohne die geringste furcht. Solte es aber
sache seyn/ daß nach fleißiger untersuchung des gewissens/ dieses vor GOTT
fleischliche absichten / es seye nun / was das haupt-werck betrifft / oder in den
nebens-motiven/ anträffe / so wird erfordert 1.) solches hertzlich vor GOTT
zu erkennen/ und sich/ daß man ihm entfliehen wollen/ vor ihm zu demüthigen/
mit redlicher und bußfertiger erkäntnüß und abbitte unsers fehlers / und allem demjenigen/ was über unsere sünden in der buß erfordert wird. 2.) Nachdem solcher fehler nicht wieder zurecht gebracht werden kan / oder sich nicht
wieder also zurückgehen läßet/ daß man das vorige wieder einbringe/ so gehört
ferner dazu/ daß man die gegenwärtige lebens-art/ darein uns GOTT durch
unsern willen / ob zwahr unter seiner regierung/ kommen lassen / ihme desto
sorgfältiger heilige / und in derselbigen/ oder was uns der HErr sonsten vor
gelegenheit vorkommen liesse/ so viel treulicher dienende/ die andere versäumnüß nach vermögen ersetze: Und zwahr 3.) wo die ursach/ so uns unser hertz als
die wahre ursach vorgestellet / und uns damit überredet/ gewesen ist/ die hoffnung unsrer mehrern erbauung / soll denn zwahr diese deßwegen nicht unterlassen oder verabsäumet werden: Wir haben aber dabey/ so viel uns möglich/
auch nach gelegenheit zu trachten/ wie wir so vielmehr gelegenheit finden mögen / dem nechsten auch nachdrücklich zu dienen/ wo wir uns durch die änderung vieler solcher gelegenheiten verlustig gemacht hätten: Auf daß unserm
fleisch sein wille nicht gelassen werde / wo dasselbe in seiner bestgeschienenen
intention uns betrogen/ und wir uns also nicht begehren dem nechsten zu entziehen / wo etwa dergleichen in der änderung das ansehen gewinnet / dahero
eher mit mehrerm fleiß gelegenheiten/ zu des nechsten nutzen etwas zu thun/ zu
suchen/ als die wenigste zu versäumen seyn würden. 3.) Solte GOTT einiges leiden oder widerwärtigkeit begegnen lassen / wäre dasselbe mit so viel
hertzlicherer gedult und gelassenheit zu ertragen/ als wodurch uns der HErr
unsers fehlers wegen erinnern und zu unserm besten züchtigen wolte ; liesse
ers aber über wunsch oder vermuthen glücklicher gerathen/ gäbe es abermal
eine ursach / die unaussprechliche güte des himmlischen Vaters mit verwundern zu preisen/ welcher aus schohnender liebe seiner kinder fehler zuweilen an
statt der verschuldeten züchtigung mit wolthaten ansihet / und sie auf diese
gütigste art suchet zurecht zu bringen. 4.) Endlich wo GOTT einige ge-
legen-

legenheit zeigte / oder wir mit fleiß einige solche finden könten / denjenigen/ welchen wir unsern dienst entzogen / auch in abwesen nicht nur mit gebet / sondern auch mit rath und auf andere weise / liebe und wolthaten zu erweisen/ wäre abermal eine sonderbare schuldigkeit / auch dieselbe nicht zu versäumen. Wo dieses geschihet / wie ich versichert bin / daß der himmlische Vater einen mißtritt seinen kindern auf dero erkäntnuß um Christi willen gnädig vergibet / also versehe mich auch gewiß/ daß sich das gewissen zu ruhe geben / und wo einige zweiffelhafftige gedancken zuweilen auffsteigen wolten / denselben zu begegnen gnade finden werde. Den HErrn ruffe ich dabey hertzlich an/ daß er meinen werthen freund seines willens in allem völlig versichern / und die augen also öffnen wolle / die sache / wie sie vor seinen heiligsten augen ist/ gründlich einzusehen / und entweder bey befundener völliger reinigkeit des hertzens ihm für seine theure gnade / so ihn vor allem anstoß bewahret / desto geflissener zu dancken / oder bey erkanter schwachheit sich vor seinen augen zu demüthigen / und seiner gnade auffs neue zu versichern / in beyderley aber/ was endlichen erfolget ist / als seinen rath zu erkennen / und sich demselben künfftig ohn alles murren gehorsam zu unterwerffen. Er segne auch den jetzigen zustand und stilleres leben zu vieler frucht seiner eignen seelen/ mit bescherung vieler gelegenheit auch an dem nechsten die liebe zu üben / und je länger je mehr die verborgene weißheit GOttes in solcher leitung einzusehen. Er wolle auch insgesamt sein gutes werck in ihm künfftig stärcken / beständig erhalten und seliglich vollführen biß auf den tag JEsu Christi/ daß er an demselben erfüllet mit vielen früchten der gerechtigkeit erscheinen möge. 1686.

## SECTIO XIX.

# Was ein soldat sich zu erinnern habe.

CHRstl. hat er zu bedencken/ob er auch in rechtmäßigem beruff stehe? Nun ist zwahr der soldaten-stand nicht vor sich selbs böse/ sondern es kan ein Christ mit gutem gewissen in demselben leben. Aber weil es ein ausserordenlicher und nothstand ist/ der zu dem gebrauch des schwerdts/ welches GOtt der Obrigkeit anbefohlen hat/ gehöret/ so hat jeglicher so viel fleißiger sich zu prüffen/ob er rechtmäßigen beruff darzu habe. Das ist gewiß/ weil Rom. 13. der Obrigkeit das schwerdt befohlen ist / welches sie brauchen solle/ nicht nur die eintzele übelthäter abzustraffen / sondern auch damit die ihr von GOtt anbefohlne unterthanen wider unrechtmäßigen gewalt zu schützen/ und also diejenige abzuhalten/welche denselben gewalt thun wollen/ so kan sie also mit gutem gewissen krieg führen zu ihrem schutz und handhabung der gerechtigkeit/ so müssen dann auch diejenige/ die ihr dazu bedient sind/ nemlich

die

die kriegs-leut / mit gutem gewissen solchen dienst leisten können / welches gewiß folget.　Wann dann eine Obrigkeit ihre unterthanen auffbietet / und
zum kriegs-wesen berufft / so haben sie darinnen so wol einen rechtmäßigen
beruff/als sie in einigem andern stand haben mögen.　Weil aber in dem krieg
so vieles vorgehet/mit tödten/rauben/verderben des landes/und anderem dergleichen / welches sonst verboten / und wider die christliche liebe ist / so kan kein
anderer / als welcher den beruff von GOTT dazu hat / der ihm alsdann die
erlaubnüß dazu gibet / sich in kriegs-diensten gebrauchen lassen : Vornemlich
weil / ob ein krieg auf einer oder der andern seiten rechtmäßig oder nicht ist/
nicht wol von einem privat-menschen judicirt werden kan.　Ob dann nun
schon ein unterthan / der nach göttlicher ordnung seiner Obrigkeit gehorchen
muß / wo dieselbe ihn zu dem krieg auffbietet / ihr folgen muß / und alsdann
nicht vor die ursach des krieges rechenschafft geben darff / weil er in dem von
GOTT gebotenen gehorsam einhergehet/ und die ursach auf der verantwortung seiner Obrigkeit ligen lässet / es seye dann sache / daß die ursach gantz offentlich unrecht/und wider GOTT wäre/wo auch kein unterthan wissentlich
alsdann seiner Obrigkeit dörffte mit kriegs-dienst in unrechter sache an die
hand gehen.　Hingegen wer aus freyem willen sich werben lässet von demje-
nigen/dem er nicht von GOttes wegen zu gehorchen schuldig ist/ der muß vor
GOTT rechenschafft geben / für die ursache des krieges; ist solche unrecht/wie
sie meistens ist / so ist alles / was er aus kriegs-erlaubnüß meinet dörffen zu
thun/vor GOTT lauter sünde/unrechtmäßiger mord und diebstahl/und stehet ein solcher mensch vor GOTT in verdammlichem stand.　Daher insgemein zu mercken / daß alle diejenige / welche sich von frembden herrschafften/
ohne daß sie die gerechtigkeit der sache ohnfehlbar verstehen können / werben
lassen / nur damit sie ihre fortun machen / reichthum oder ehre erwerben mö-
gen/ vor GOTT in verdammlichem stand und ausser seiner gnade stehen/ sie
halten sich auch wie sie wollen ; dann gleichwie die Obrigkeit allein zu verthä-
digung der gerechtigkeit/nicht aber um ehre willen/oder ihr land zu erweitern/
mit gutem gewissen krieg führen kan/also hat auch keiner rechtmäßigen beruff,
dazu / als welchen der gehorsam / dazu er seiner Obrigkeit verbunden ist / und
die liebe der gerechtigkeit/dieselbe helffen zu vertheidigen/dazu treibet.　Die
aber aus solchen ursachen in dem krieg sind / dieselbe stehen in einem GOTT
nicht mißfälligen stande.

　　Zum andern sollen sie aber gedencken / ob sie auch solchen stand also füh-
ren/daß sie GOTT gefallen können:Indem es nicht gnug ist/einen rechtmäß-
sigen beruff zu haben / sondern man muß auch in demselbigen nach der regel
GOttes leben.　Da müssen soldaten sich erstlich derjenigen regel Luc.3/14.
die Johannes den kriegs-leuten gab / erinnern / daß sie niemand unrecht
　　　　　　　　　　　　　　　　　　　　　　　　　　　　　thun/

thun / ſondern ſich an ihrem ſold genügen laſſen. Sie müſſen wiſſen/ ſie ſeyen ſchuldig/ſo wol als andere menſchen/daß ſie alle ihre neben-menſchen lieben ſollen: Dann der krieg hebet die zehen gebot nicht auf. Und alſo/weil ſie auch diejenige / wider welche als feinde ſie angeführet werden / zu lieben/ uñ zwahr hertzlich zu lieben ſchuldig ſind/ ſo müſſen ſie zwahr/wo ſie von ihren Obern gegen dieſelbe zum angriff ausgeſchickt werden / denſelben ſchaden thun/aber daß es ihnen ſelbs leid ſeye/und ſie es lieber anders wolten. Eben wie ein barbirer einem einen ſchenckel / arm oder dergleichen ablöſen/und ihm damit ſchmertzen machen muß/ nicht daß er ihm feind wäre / ſondern weil es ſein ſchaden ſo erfordert/um den übrigen leib zu erhalten; ja er kommt ungern dran / und unterlieſſe es lieber / wo es müglich wäre. Alſo auch wünſchte ich lieber / daß diejenige feinde / wider welche mein vorgeſetzter ſich ſchützen / und ich ihm darinnen meine kriegs-dienſt leiſten muß/ dergleichen böſes nicht an-gefangen hätten/oder noch nachlieſſen und ſich ergeben. Da aber ſolches nicht geſchicht/und alſo meine Obrigkeit ſie deswegen ſtraffen und abhalten zu laſ-ſen getrungen iſt/ ſo thue ich ſolches mit betrübnüß / was ich gegen ſie thun muß/nicht daß mirs wolgefiel/ ſie zu tödten/ zu berauben/ ſondern weil es die ſicherheit meines vaterlands erfordert/ daß ſo zu reden dieſe ſchädliche glie-der von dem gantzen leib des menſchlichen geſchlechts abgeſondert werden. Weil ich aber allein wegen ſchutzes der gerechtigkeit ihnen ſchaden thun darf/ und hingegen im übrigen ſie lieben muß: So muß ich in allen ſtücken ihrer noch ſo viel ſchohnen / als es müglich iſt: Und läſſet hie das Chriſtenthum einem ſoldaten nicht ſo viel freyheit gegen ſeinen feind / als die gemeine kriegs-gewohnheit; dann was ich dem feind mehr ſchade / als die noth erfor-dert/ſolches iſt ſchon ſünde. Wie nun gegen den feind ſolche liebe und daraus flieſſendes ſchohnen muß gebraucht werden/ alſo vielmehr gegen andere / bey welchen man im quartier liget / erfordert die allen ſchuldige liebe/ daß ihnen im geringſten kein ſchade geſchehe: Dann da will das ſiebende gebot von mir ſo wol als von andern/daß ich jeglichem ſuche ſein gut zu beſſern und behalten/ als von andern auſſer dem krieg. Thue ich aber jemand ſchaden / ſo bin ich bey verluſt meiner ſeligkeit ſolchen nach müglichkeit wieder zu erſetzen ſchul-dig/dann es iſt vor GOTT nicht weniger ein diebſtal als auſſer dem krieg.

Zum 3. wie ſoldaten ſich deſſen wol zu beſinnen haben/ daß ſie nichts wi-der die liebe des nechſten / ſo fern dieſelbe gegen feinde und freunde gehet/ thun: Alſo ſollen ſie auch immerfort gedencken/ wie in gefährlichem ſtand ſie ſtehen / nicht nur leiblicher weiſe / ſondern auch in dem geiſtlichen/ wie ſie vor andern ſo viel gelegenheit haben zu ſündigen / und alſo um ihre ſeligkeit zu kommen; daher hoch vonnöthen iſt/GOTT täglich ernſtlich darum anzuruf-fen / daß er ſie nicht nur wolle in leiblicher gefahr leiblich erhalten / ſondern

vor-

vornemlich daß er sie wolle mit seinem H. Geist regieren/damit sie in so vieler anreitzung zu sündigen / sich aus seiner gnade also verhalten möchten / daß sie nicht mit der welt mitmachen/ und ihr heil verschertzen möchten. Wo dieses gebet täglich eiffrig gethan/und der hertzliche vorsatz immer wiederholet wird/ wissentlich nichts wider GOTT zu sündigen / so wird gewiß GOTT eine solche fromme seel/die auch in dem krieg ihm begehret zu dienen/also erhalten/ daß sie in den gewöhnlichen ärgernüssen/nicht auch mit hingerissen werde/sondern dabey selig leben und sterben könne. Kan mans haben/ so gehöret auch dazu fleißige besuchung des gottesdiensts. So dann wie Paulus 1. Cor. 7/ 21. zu den knechten sagt / kanstu frey werden / so brauche des viel lieber/ soll billich jeglicher soldat/so vielmehr er gefahr der seelen bey dem insgemein heut zu tag ärgerlichen soldaten=leben sihet/ wünschen und verlangen tragen/ aus solchem leben zu kommen / und also / wo er ohne verletzung eydes und seinem obren schuldigen gehorsams/wider die er ohne sünde nicht austreten kan/ mag von kriegs=diensten loß werden/soll er solche gelegenheit gern annehmen/ und seinem GOTT dancken/ daß er auf andere sichere weise in anderem stande ihm dienen könne.

## SECTIO XX.

# Wie man zuweilen etwas gutes/ so aber nicht nothwendig / um der mehrern gefahr willen zu unterlassen habe.

### Von dem so genanten H. Christ/ und den gaben/ die man den kindern gibet.

JCh versichere/daß mir alle seine brieffe eine sonderbare freude erwecket/ daß sagen kan / von keinem ort eine zeitlang dergleichen bekommen zu haben/die mich so hertzlich erquicket/als von ihrer gesegneten stadt.Dem HErrn HErrn seye danck/der uns auch auf diese art hertzlich stärcket/und unter mancherley dingen/so da menschlicher weise niederschlagen solten/auffrichtet/ indem er zeiget/ ob aus seinem gericht durch der menschen boßheit oder säumigkeit an den meisten orten seinem wort/ wo es mit krafft durchbrechen will/riegel vorgeschoben werden/ und sein lauff würcklich gehemmet wird/daß es doch der fürst dieser welt nicht an allen orten dahin bringen solle/ sondern er noch da und dort / so viel die zeiten seines gerichts solches noch zugeben/ mehrmal zeiget/ daß er noch HErr bleibe / und dem menschlichen muthwillen mit seiner krafft zu widerstehen vermöge.Ich bleibe deswegen auch zu freundlichem danck verbunden vor die offtmalige communication dergleichen erfreulichen nachrichts/so mir und andern vertrauten freunden/die den fortgang des reiches GOttes lieben / allezeit freude erwecket haben. Ich versichere auch/

auch/ daß ich derjenigen/ welcher nahmen mir bekant gemacht worden/ oder
auffs wenigste der allermeisten/ gedencke/ mich also in dem geist/ als viel an
mir ist/ mit ihren seelen vereinige/ und sie mehrmal vor Gott bringe. Ach daß
die zahl so groß werden möchte/ daß sie keine gedächtnüß mehr fassen könte!
wann ich aber nun vernehme von der gefahr/ so sich nach dessen brieff und auch
anderer nachricht bey ihnen gegen das biß daher nach wunsch von statten gegangene gute erhebet/ wundere mich über die sache nicht/ dann ich
wohl weiß/ wo mit krafft durchgedrungen wird/ daß der fürst dieser welt seine gantze natur umkehren müste/ oder man hat sich widerstands gewiß von
ihm zu versehen/ nur daß der HERR einiger orten längere ruhe
davor gönnet/ an andern aber die proben der gedult eher fordert.
Ich sehe auch die gefahr vor menschlichen augen groß/ sonderlich wo man von
Römischer seiten im geringsten gewahr werden solte/ daß einigem ihrer gemeinde wäre auch etwas beygebracht worden: und ist je bey ihnen die widrigkeit so groß gegen die praxin des rechtschaffenen Christenthums/ als sie immermehr bey uns seyn kan/ ( wiewol sie ihnen auch besser als uns anstehet/
und ihren als den unsrigen principiis gemäser ist) wie nicht allein das exempel des Molinos gezeigt hat/ sondern zwey brüder und Canonici in N. N. so
noch beyde leben werden/ dessen zeugnüß seyn können/ als welche von ihren
leuten/ um des christlichen eiffers willen vieles/ ja gefängnüß leiden müssen/
also daß ich nechst hörte/ daß sie als nichts ausrichtende sich fast bloß zu einem meisten stillen leben nunmehr begeben.     Daher ich mir von N. nicht viel
gutes versehen kan: aber G. B. thut wohl/ daß er sein vertrauen allein auff
den HErrn HErrn setzet/ dessen die sache ist: und hat mich sonderlich erfreu-
et/ als sahe/ daß er seinen trost aus dem 46. Pf. nimmet/ welchen auch ich
auff nechsten Neuenjahrs tag offenlich den gottseligen seelen zum grunde ihrer hoffnung auff die mehr und mehr einbrechende gerichte gegeben oder angewiesen habe.     Also haben wir uns gewiß zu versichern/ daß wir an ihm einen solchen HErrn haben/ dessen macht nichts unmüglich/ dessen güte über-
schwenglich/ und dessen wahrheit uns unbetrüglich ist.     Indessen wird derselbe nicht anders als in liebe auffnehmen/ daß ich aus liebreicher fürsorge
für denselben und die beforderung des durch ihn von GOTT angefangenen
guten freundlich erinnere/ in allen dingen nach müglicher vorsichtigkeit also
zu gehen/ daß nicht dermaleins das gewissen einen vorwurff machen/ und
dadurch angst erwecken möchte/ wo man sehen müste/ daß eine selbs gemachte hoffnung mehrers auszurichten/ dasjenige gute/ dessen man mit mehr
freyheit länger geniessen können/ wo man jener zu starck inhærirte/ allerdings
niederschlüge/ oder uns mit gewalt aller freyheit entsetzte.     Wie nicht in abrede bin/ daß in allen dingen die christliche erbauung angehende/ einen unter-

schied mache unter denjenigen/ welche bloß nothwendig und die nicht nothwendig sind/ aber diese in gewisser maaß nützlich geachtet würden. Wie uns
nun zu keiner zeit erlaubt ist/ etwas an sich selbsten böses zu thun/ also auch
nicht/ das blosser dings nothwendige zu unterlassen/ sondern ehe man sich
hiezu resolvirte/ müste man eher alles dran setzen. Was aber die dinge an-
langet/ die an sich selbs betracht/ sehr nützlich/ aber nicht bloß nothwendig
sind/ wie ich davor halte/ daß man in denselben/ wo uns nichts im weg stehet/
welches mehr schaden sonsten dem guten thun würde/ eben so wol verbunden
seye/ alle gelegenheit/ und zwahr wie sie nach allen umständen am nützlichsten
anzestellt werden kan/ zu ergreiffen/ um mit willen nichts gutes zu versäumen: also kan doch hinwieder nicht anders als glauben/ daß in dem fall/ wo
wir zu solchen zeiten und an solchen orten leben/ da dem guten mit grosser hefftigkeit widerstanden werden wird/ so wir aus betrachtung der personen und
anderer umstände etwa leicht vorsehen können/ die regel der christlichen klug-
heit/ wie sie auff die liebe GOttes und des nechsten gegründet ist/ mit sich
bringe/ daß wir alle anstalten einrichten/ nicht so wol wie sie sonsten/ wo man
gantz frey wäre/ am nützlichsten und erbaulichsten scheinen möchten/ als wie
man hoffnung haben kan/ dieselbe länger und mit wenigerem widerstand zu
continuiren/ und also allgemach und successu temporis ungehindert dasjenige auszurichten/ was man lieber bald ausrichten möchte/ aber sich dessen
unterstehende leicht gar um die gelegenheit fernerer erbauung bringen würde. Indem wo wir durch unsren an sich guten eiffer/ der ohne fernere erwegung alle gelegenheit des guten/ auch auff die nachtrücklichste art/ ergreiffen
wolte/ uns und andere in den stand setzten/ wo wir alsdann weder diesen mehr
mit unsrem pfund dienen/ noch sie unser geniessen könten/ göttliche ehr und
des nechsten heil/ dero beforderung wir uns gleichwol zum zweck vorgesetzt
hatten/ mehr dadurch gehindert/ am kräfftigsten aber also befordert würden/
wo wir in allen dingen/ wie fern mit auszulangen/ in der furcht GOttes reifflich überlegen/ und alsdann alles also anstellen/ daß dem ansehen nach zwahr
etwas zuweilen versäumet schiene/ so wir aber auff andere art und gleichsam
durch einen umschweiff wieder einzubringen suchen: und also den widersa-
chern/ da sie von der macht sind/ uns die hände gar zu binden/ so lange wei-
chen/ biß sie uns auch das bloß nothwendige zu unterlassen oder böses zu thun
nöthigen wolten: Dann wann es dahin kommet/ so ists zeit/ daß wir den
HErrn auch mit unsrem leiden preisen. G. B. wird dieses alles nicht so an-
sehen/ oder auffnehmen/ als beschuldigte seine bißherige actiones, so ich auch
nicht thun kan/ als deme die umstände alles dessen/ was bißher von demselben vorgenommen worden/ wenig weiter/ als derselbe selbs mir nachricht ge-
geben/ bekant sind/ daher ohne vermessenheit solche nicht beurtheilen könte/

son-

sondern ich melde dieses allein aus liebreicher fürsorge und erfahrung/ wie es denen zu muth zu seyn pflege/ bey denen der HErr einen hertzlichen eiffer erwecket hat/ daß nemlich derselbige sich sehr schwehr halten lasse/ um die sache in der furcht des HErrn desto fleißiger zu überlegen/ was zu thun seyn möchte/ je nachdem von NN. etwas kommen solte/ auch nach demselben das bißherige zu überdencken. Er aber der die weißheit selbsten ist/ gebe die weißheit/ die vor ihm ist/ in allem solchen stäts seinen willen an uns/ und die uns anvertraute also einzusehen/ daß wir weder zur rechten noch zur lincken davon abgehen. Nechst dem treibet mich auch eben solches brüderliche vertrauen dahin/ daß wegen des sogenanten H. Christs meine meinung zu ferner gottseliger prüfung vorstelle. So bin nun mit demselben allerdings einig/ daß es unzimlich und dem Christenthum so schimpfflich als schädlich seye/ was mit dem vermumten Christkindlein vor spiel getrieben/ und dadurch den kindern (zugeschweigen der abgötterey/ da die arme kinder einen solchen götzen und offt liederlichen gesellen den sie aber vor Christum halten sollen/ anbeten/ und mißbrauchs göttlichen worts) gantz ungleiche und auff viele zeit schädliche gedancken von Christo gemacht werden: daher ich so hier als in Franckfurt fast jährlich dawider geprediget habe/ daß auch unterschiedliche solches unterlassen: wo aber G. B. alle die den kindern um solche zeit gebende leibliche gaben bloß dahin verwerffen wolte/ könte ich nicht beypflichten: indem nicht allein in solcher sache an sich nichts böses ist/ sondern junge kinder vermittels der leiblichen freude auch zu der geistlichen freude zu leiten/ dessen eltern auch nicht vergessen sollen/ vielmehr der art GOttes/ wie er mit uns handelt/ gemäß/ als zuwider zu seyn erkant werden wird/ wann wir sonderlich bedencken/ wie derselbe mit den Juden in dem A. T. die er als noch weniger verständige kinder hielte/ umgegangen ist/ und sie immer durch leibliche gaben zu was höhers geführet hat. Auffs wenigste würde/ wo man ja einiges ungemach dabey finde/ die sache lieber mit solcher vorstellung zu mißrathen/ als bloß dahin vor eine schwehre sünde zu verdammen seyn. Hingegen wo einige sache/ dero sündlichkeit man nachmal nicht gnugsam zu überführung der gewissen erweisen kan/ allzuhoch getrieben wird/ ist nicht zu sagen/ wie viel solches auch bey noch guten gemüthern verderbe und niederschlage. Lasset uns aber in allem solchem unauffhörlich zu dem liebsten Vater seufftzen/ daß er uns durch seinen Geist in allen stücken der lehre und des lebens regiere. Ach er thue es doch um seiner ehre willen. 1691.

SECTIO

## SECTIO XXI.

### Ob man alles gute zu unterlassen/ woraus man sorget böses zu entstehen?

Ich erklähre meine gedancken dahin.  1. Wo wir von einer an sich selbs guten sache gewiß vorsehen/ daß entweder nichts anders als gelegenheit des bösen/ oder doch das böse al ö/ daß es den vortheil des guten/so wir intendiren/ übertrifft/ daraus entstehen werde/ so haben wir solche zu unterlassen / als die wir darinnen keinerley massen unsern wahren zweck erlangen würden.  2. Wo wir aber sehen / daß das gute/ so an und vor sich selbs aus der sache entstehen kan / und als viel christliche fürsichtigkeit zu erkennen vermag/ erfolgen wird/ dabey aber gewahr werden/ daß zufälliger weise auch einiges ungleiches und mißfälliges daraus entstehen mag/ und sich vermuthlich anhängen wird/ aber doch jenes das andere an wichtigkeit und nutzen übertrifft / so hat man um dessen willen dasjenige/ was uns sonsten in beförderung des guten obliget/ nicht zu unterlassen.  So viel mehr 3. wo das gute offenbar und gewiß/ das böse aber ungewiß/ und sonderlich desselben erfolge auff ein und andere art verhoffentlich vorgebeuget werden kan.  Dieses deuchten mich die sätze zu seyn/ Dero application nachmal auff jedes geschäfft gemacht werden müste.  So halte ich dieselbe/ sonderlich die beyde letztere/darauff etwa die frage meistens gehet/ vor gantz gewiß.  Dann 1. wo wir nichts zu thun macht hätten/ wovon wir sorgen müsten/ daß sich auch einiges böse mit anhängen/ und daraus entstehen möchte/ so dörfften wir gleichsam gar nichts thun/ indem auch aus den besten dingen/ ungleiche folgen entstehen/ und davon auch des weisesten GOttes so wohl als seiner kinder fürsichtig thuende wercke zum öfteren/ja fast allezeit/ auch zu einigem bösen gelegenheiten und anlaß geben: also daß auch des friedens=fürsten zukunfft in die welt schwerdt und zwietracht mitbringet/ Matth. 10/ 34. 35. das wort des lebens vielen ein geruch des todes zum tode wird/2.Cor.2/ 16. durch das Evangelium viel unruhe/ lästerung/ verfolgungen und also grausame sünden veranlasset werden: und zwahr also/ daß wir allezeit vorher wissen können/ daß solches gewiß erfolgen werde/ und in gegenwärtiger beschaffenheit der welt und der menschen nichts anders zu hoffen stehet. Da uns aber alles solches so wenig von demjenigen guten/ was wir vorhaben/ abschrecken muß/ als wenig GOtt um des schändlichen mißbrauchs willen des weins/ golds/ silbers/ edelgestein und übriger seiner creaturen(die alle in der menschen sünde einem dienst der eitelkeit wider ihren willen unterworffen sind Rom. 8.) von dero erhaltung und hervorbringung sich abhalten läßt;o=

der

oder seinem willen gemäß wäre / daß alle arbeit der menschen an solchen geschöpffen unterlassen würde. Daher 2. wo wir in redlicher intention das gute / so wir vernünfftig vor augen sehen / bewerckstelligen können / wir gewiß seyn / daß der HErr / so ohnedas auff das hertz sihet / unsere auffrichtigkeit in gnaden ansihet / und sich gefallen lässet / auch entweder / da das übel / welches wir besorget / schwehrer möchte seyn / als wir vorsehen können / selbs auff ihm bekante weise das werck wieder zurücke treibet / und uns doch nicht anders / als ob es zu werck völlig gerichtet worden wäre / zuschreibet; oder solches besorgte böse ( darum wir ihn sonderlich zu bitten haben ) durch seine kräfftige hand / daß es nicht oder doch vielweniger folgen muß (da er sonderlich unsere christliche vorsichtigkeit / worinnen wir getrachtet zu verwehren / was unzimliches besorgt werden möge) zurück hält / das gute aber mit gutem success segnet / insgesamt nichts der schuld uns / vielmehr allein denenjenigen / welche unseres guten mißbrauchet haben / und da sie so gesinnet sind / leicht in allen dingen etwas zu mißbrauchen / ob nicht allemal in einem doch in anderem stück / finden werden / zurechnet. Daher auch / wo wider unser verhoffen der mißbrauch grösser folgte / wir alsdann zwahr über die sünde derer / die als spinnen aus guten blumen gifft saugen / (wie über andere sünden)uns allezeit zu betrüben haben / aber deswegen die sache selbs / die in einfalt des hertzens / doch auch mit vorsichtigkeit / gethan / uns nicht gereuen lassen dörffen : als die wir nicht nur allein wissen / daß auch in solchem fall unser obwol bey anderen übel gerathenes gutes vor dem HErren seinen gnaden-lohn habe / sondern GOtt dem HErrn frey stehe / nach seiner unerforschlichen regierung so wohl unsere wercke als sonsten etwa anders in der welt denjenigen zum anstoß werden zu lassen / die sich seiner regierung entziehen : welche betrachtung / wo dieselbe reislich angestellet wird / unser gewissen alsdann trefflich beruhigen / und uns hingegen vorher freudig machen kan / dasjenige zu thun / was unser christliches gewissen in beforderung des guten von uns fordert / nachmal aber mit ruhigem hertzen allen ausgang / auch in diesem stück / wie es von andern wohl oder nicht gebraucht werde werden / dem HErren HErren zu überlassen. Dessen güte ruffe auch hertzlich an / daß sie derselben gemüth auch in dieser sache recht beruhige / dem geschäfft den fortgang gebe / welchen sie allen / so damit zu thun / vorträglich erkennet / und endlich dasjenige daraus folgen lasse / wofür man sie noch künfftig ja gar ewig zu preisen ursach habe. 1686.

## SECTIO XXII.
# Ob man sein Christenthum ohne anstoß der welt führen könne / oder ihr weichen solle.

Nn n        Ich

Ch hätte auff den erſten brieff bald antworten ſollen / nachdem einiges mein bedencken und rath in demſelben von mir verlanget worden. Ich habe aber davor gehalten / es ſeye eine ſolche materie / darinnen dieſelbe mit andern guten freunden ſich leicht ſelbs werde helffen können. Damit aber ja mit einigem wenigen meine gedancken / dieſelbe etwa in ihrem vorſatz zu ſtärcken / mittheilen möge / beſtehen ſie darinnen / daß 1. unmüglich ſeye / ſein Chriſtenthum alſo zu führen / daß nicht die welt eckel dran finden ſolte: denn ihr iſt die ſache ſelbs zuwider / ob ſie ſich wol ſolches zu bekennen ſcheuet / und deswegen ſich ſtellet / als fünde ſie nur an denen umſtänden mangel: hingegen wo man ſchon ſolche änderte / würde ſie doch immer wieder etwas hervor ſuchen. 2. Daher dörffen wir ihr nicht zuwillen werden / dasjenige um ihres verlangens willen zu unterlaſſen / was ſie gern unterlaſſen ſehe / dafern es etwa dinge ſind / die bloſſer dings zu GOttes ehre / und unſerer erbauung nöthig / oder von ſolchem nutzen / daß anderer beſorgender anſtoß demſelben nicht gleich zu achten wäre. Wie alſo Daniel c. 6. ſein gebet um des verboths willen nicht unterlaſſen wolte / ſondern lieber alle gefahr drüber ausſtehet. 3. Wo es aber ſolche dinge ſind / da ſich einige an uns zu ſtoſſen vorgeben / welche nicht bloſſer dings nothwendig ſind / noch dero unterlaſſung uns einen nachtheil an der ſeelen bringt / vielmehr die beharrung dabey entweder einen ſchein einer bloſſen hartnäckigkeit gewinnen / oder denenjenigen / ſo dem guten zuwider ſind / einige anlaß zur läſterung geben möchten / halte ich davor / allerdings billig zu ſeyn / daß wir aus liebe uns auch unſerer freyheit in etwas begeben / als welches die liebe erfordert / und zwahr die liebe gegen GOtt / nach müglichkeit alle gelegenheit der läſterung ſeines nahmens abzuſchneiden / die liebe gegen den nechſten / ihn zur ſünde nicht zu veranlaſſen / und hingegen mit liebreichem weichen zu erbauen / und die liebe gegen uns ſelbs / uns nicht ohne noth / unruhe / nachrede und widerwillen zu verurſachen / wie dann / da wir die eigentliche leyden um des HErrn willen nicht zu fliehen / oder uns derſelben zu beſchwehren haben / hingegen diejenige leyden / dero wir ohne verletzung der göttlichen ehre und wahrheit überhoben bleiben können / ſolchen nahmen mit recht nicht tragen. 4. Wie nun dieſe reguln zu allen zeiten uns verbinden / und unter unſere gemeine Chriſten-pflichten gehören / alſo ſind wir zu dieſer gegenwärtigen zeit deſtomehr daran verbunden / weil nun die welt ſich mehr als zu andern malen an allem / was diejenige thun / welche ſich nicht öffenlich zu ihr bekennen / ärgern will / und was ſie an denen ihrigen nicht nur duldet / ſondern zuweilen gar lobet / an andern auff das hefftigſte richtet / ja auch bey einer perſon nicht bleibet / ſondern es zugleich allen übrigen / welche ſie in gleicher gemeinſchafft zu ſtehen davor hält / auffs gehäßigſte zumiſſet / und alle darüber verurtheilet. Welches verhängnüß / ſo der

HErr

HErr nach seinem heiligen rath der welt nun gibet/ ob es wohl nicht wenig leyden uns mehr und mehr verursachen wird/ dennoch darinnen uns heilsam seyn kan/ daß es uns zu so vielmehr vorsichtigkeit und behutsamkeit bringen solle/daß uns stets die worte des Apostels vor den ohren schallen/ 1.Cor.10/ 23.24. Ich habe es zwahr alles macht/ aber es bessert nicht alles; ich habe es alles macht/ aber es frommet nicht alles: Niemand suche was sein ist/ sondern ein jeglicher was des andern ist. Dieses sind meine gedancken von der gantzen sache. Ob ich nun wohl die application auf das absonderlich angefragte nicht wohl machen kan/nachdem an einem einigen umstand viel gelegen seyn/ und derselbe das urtheil ändern mag/ bin ich doch versichert/daß meine werthe Fr.selbs aus diesen regeln die application machen/und was meine meinung sey/daraus werde erkennen können: der HErr aber/ohne dessen hertzliche anruffung sie nichts zu thun sich gewehnet haben wird/ gebe selbs liecht und weißheit in allen stücken seinen willen recht einzusehen und ihn zu vollbringen. Im übrigen stehe auch in dem guten vertrauen/wie sie zwahr ohne zweifel von allen orten hören wird/ wie diejenige/ so sich der ernstlichen gottseligkeit befleissen/ von andern theils bereits hart tractiret werden/ und manches haben leyden müssen/ oder noch leyden/ theils dasselbe vor augen und ihnen immer näher kommend sehen/ daß sie sich solches nicht werde befrembden/ oder in dem angefangenen lauff müde machen lassen. Wir wissen/ wir leyden nicht als ketzer/ die wir uns allein an das unbetrügliche wort der wahrheit halten/ und auch von der erkäntnüß/ welche unsere kirche aus demselben bißher geschöpffet/ im geringsten nicht abgewichen sind/ noch abzuweichen gedencken. So leyden wir auch nicht um missethaten willen/ sondern ob wir wol unserer schwachheit uns bewust sind/auch mit seufftzen bekennen/wie weit wir noch von der vollkommenheit zurücke bleiben/ gibet uns doch unser gewissen zeugnüß/ daß wir mit redlichem hertzen trachten/ uns täglich zu reinigen von aller befleckung des fleisches und des geistes/ und in der heiligung fortzufahren; daher uns von der welt (obwol nicht dero eusserlichen gemeinschafft/ doch enthaltung aller ihrer eitelkeit) mehr und mehr loßzumachen suchen. Ob sie dann ihres hasses und widrigkeit andere ursache verwendet/ so ist doch gewiß dieß die wahre ursach/ daß wir nicht in das unordige leben mit fortlauffen wollen. 1.Petr. 4/4.dafür uns ja der liebste Heyland behüte. Also haben wir uns des leydens nicht zu schämen/sondern unsere seelen dem treuen Schöpffer in guten wercken zu empfehlen;er wird den seinen helffen/uñ sie retten/wo mans am wenigsten gedencken wird. Es heist einmal: Darum spricht GOTT/ ich muß auf seyn/ die arme sind zerstöhret/

ihr

ihr seufftzen tringt zu mir herein / ich hab ihr klag erhöret: Mein heilsam wort soll auf dem plan/ getrost und frisch sie greiffen an/ und seyn
das heil der armen.     Amen: Es wird geschehen! rc.  1692.

## SECTIO XXIII.

## Wie man sich in getrucktem zustand zu ver-
### halten?

DEssen geliebtes ist mir zurecht worden/und hat mich dessen inhalt theils
erfreuet/theils betrübet; jenes/wenn ich daraus die demselben und andern christlichen mitbrüdern erzeigte gnade erkant/dieses/wo ich erwe-
ge/wie es auch ihres orts nicht an leuten mangele / welche/ als viel an ihnen
ist / das gute lieber hindern oder untertrucken als fördern.   Ich preise also
billich den himmlischen Vater mit demüthigstem danck / der sein wort durch
meinen als seines armen knechtes mund an demselbigen (wie die bekäntnüß
lautet/da ich von denen übrigen guten freunden gleiches vermuthe) darzu ge-
segnet/daß ob wol nicht erst das gute in demselben angefangen/jedoch der funcken / welchen ich nicht zweiffele lange bey ihm / aber etwa mit vieler asche der
sicherheit und vertrauen auf das eusserliche zimlich überzogen / gewesen zu
seyn/recht angeblasen/und bey ihm eine hertzliche begierde erwecket/seiner seelen zustand fleißiger zu untersuchen / und sich so wol nach göttlichem wort in
allem zu prüffen / als selbiges zu der einigen regel seines glaubens und lebens
zu setzen.    Welches allein der rechte grund ist/welcher durch keine anfechtung
kan umgestossen werden.    Ich erkenne hiebey meine so unwürdigkeit / als
auch daß alle krafft / wo etwas ausgerichtet worden / nicht meine / sondern
bloß des himmlischen Vaters und seines Geistes seye: Jedoch dancke ich auch
dessen väterlicher güte/welche mich/da mir offt die anfechtung kommet/ob ich
nicht gar unfruchtbar in meinem amte bleibe / so dann andere mich zum ketzer
und verwirrer der kirchen machen wollen / zuweilen durch dergleichen zeugnüssen einiger seelen / daß der HErr meinen geringen dienst an ihnen gesegnet
habe/ getröstet und auffgerichtet werden lässet;auch weiset/ daß sein wort/ob
es wol ohne prächtige anführung vieler gelehrtheit getrieben wird / seine
krafft in den jetzigen zeiten des gerichts noch nicht verlohren habe.   Ach! er
lasse es auch aller orten mit solchem nachtruck getrieben werden / daß immer
viele seelen zu der lebendigen erkäntnüß und genuß ihres heils kommen / und
aus dem gemeinen verderben gerissen werden mögen.    Sonderlich in ihrer
lieben stadt/rüste er/ob je einige Prediger sich mit fleischlichen affecten einnehmen liessen / und dadurch der krafft ihres amts nicht wenig hindernüß selbs
machten / immer andere mit besto mehr liecht und geist aus/sein wort nicht in
die

die ohren/sondern in die hertzen zu predigen. Er erfülle aber auch alle seelen/ denen ihr heil noch angelegen ist / mit heiliger sorgfalt in dem guten zuzunehmen/mit vorsichtigkeit ohne anstoß zu bleiben/und mit eiffer das wort GOttes unter sich und in sich reichlich wohnen zu lassen / mit aller weißheit/ damit sie würdig seyn mögen/ lehrer zu haben nach GOttes hertzen / oder wo es jemal an diesen mangeln möchte / daß er selbst der unbetrüglichste lehrer ihrer hertzen werde und seye. Was nun dessen und anderer christlicher hertzen vorforderung anlanget / sehe und verehre ich darinnen sonderlich GOttes seine heilige fügung/ der alles/ auch derjenigen/ die sich dem guten widersetzen wollen/dahingerichtete anschläge zu seiner wahrheit mehrern offenbahrung wider ihre eigene gedancken richtet. Von der harten gehaltenen predigt habe ich auch gehöret/ und bedaure hertzlich den eiffer/ der mit mehr nutzen auf anders gerichtet werden könte / sonderlich wenn ich einiger voriger jahr gedencke /. da wol die worte Davids wiederholen möchte aus Ps. 55/ 14. 15. Der HERR wolle das hertz zu rechter zeit rühren/wie ich zu geschehen hoffen will/ daß man erkenne/ was man gethan/ und selbs künfftig noch baue / was man jetzt am liebsten verstörete. Wie es aber darmit nicht wol gemeinet gewesen / so erkennen wir doch gedachter massen die wunderbare regierung des weisesten Vaters/die durch diese predigt eine dergleichen inquisition veranlasset/welche nur zu desto mehrerer offenbahrung der wahrheit / und ob man geliebten freunden damit einen schimpff zuzufügen gedacht / zu dero mehrern ehren gerichtet hat. Zwahr zweiffle ich nicht / ihre vorforderung wird sie bey vielen unverständigen in einigen schimpff gesetzet / und ihnen also einiges leides zugefüget haben/ so sie aber um des HErrn willen willig zu leyden seyn werden. Aber es wird alles dasselbe gnugsam ersetzt durch das zeugnüß ihrer unschuld/ welches um so viel herrlicher hervor leuchtet/ nachdem auch durch obrigkeitliche untersuchung nichts ungeschicktes von ihnen begangen zu seyn gefunden worden/da sonsten noch lange allerhand verdacht auf ihnen ligen können/und die lästerungen mehr würden fortgesetzet seyn worden. Dem regierer der hertzen hat man auch zu dancken/ der wie dorten GOTT dem Laban 1. Mos. 31/24.29. auch diesen HErrn/ vor welchen sie zu erscheinen gehabt/gesagt haben wird/ daß sie mit Jacob nicht anders als freundlich reden solten; ja nunmehr auch Prediger rühret/ offentlich dasjenige zu treiben / und dazu zu vermahnen/ was dannoch die erste haupt-ursache alles erregten lermens gewesen/daß christliche seelen sich unter einander dörffen erbauen. Also sehen wir zu stattlicher stärckung unsers glaubens/ wie GOtt sein werck noch allezeit nach seiner alten weißheit/macht und güte führe/ und der seinigen unschuld an den tag zu bringen/ die widrige aber/ wo sie nicht finden/ was sie gesucht/zu schanden zu machen vermöge. Lasset uns so viel hertzlicher ihm vertrauen/

trauen/

trauen/ und in allen stücken nicht so wol auf uns oder menschen/ als auf ihn sehen/ nachdem er uns immer mit neuen exempeln/ wie er alles wol mache/ zeiget. Daher mein hertzliches verlangen an denselben/ wie auch alle mitbenahmte vier christliche freunde/ ja auch alle übrige/ mit welchen sie etwa in einer sondern liebe und freundschafft stehen/ und auch meine bitte ist/ 1. daß sie feste bleiben allein an dem wort des HErrn/ so sie in der schrifft finden/ und daher dieselbe nach dem ihnen gegebenen maaß immer fleißig zu forschen fortfahren: Sich von keinem menschen etwas lassen auffbürden/ zu glauben/ was sie nicht in solchem wort finden/ hingegen wessen sie aus demselben überzeuget sind/ um keines menschen willen verleugnen. Gründen sie nun ihren glauben und leben auf diesen grund/ so kan ihnen weder der teuffel noch einiger irrgeist oder anderer verführer denselben umstossen. 2. Was sie von mir mögen gehöret haben/ oder etwa lesen/ nehmen sie nicht um meinetwillen an/ sondern prüffen alles nach GOttes wort/ wie ich sie auch dahin allezeit verwiesen/ und pflichten alsdenn bey/ oder lassen es an seinem ort beruhen/ je nachdem sie finden/ daß sie solches auch in der schrifft zu eigener überzeugung antreffen. Also beruffen sie sich nicht auf mich anders/ als daß ich dasjenige auch bezeuge/ was sie in der schrifft (bey dero ich nach bestem gewissen zu bleiben versichert bin) finden: Denn ich begehre mir keine jünger zu machen/ sondern meinem Heyland Christo. Mit unnöthiger vertheidigung meiner person machen sie ihnen keinen haß/ sondern wo gegen mich gesprochen wird/ mögen sie wol/ was sie bessers von mir wissen/ bescheidenlich bezeugen/ aber mir ferner die verantwortung dessen/ was ich thäte/ überlassen. 3. Was die Prediger anlangt/ wann auch/ das doch GOtt immer in gnaden verhüte/ einige sich der wahrheit und lehre der gottseligkeit oder dero übung entweder in predigten oder sonsten widersetzten/ oder auch so ihnen als andern gleichgesinnten allerley leiden anthäten/ lassen sie sich ja gegen sie zu keiner bitterkeit/ vielweniger ihr amt zu verachten/ bewegen; sondern brauchen sich deren/ die ihnen der HErr angewiesen hat/ hören sie/ nehmen von ihnen an/ was sie Gottes wort zu seyn befinden/ was sie aber aus menschlichen affecten herzukommen sorgen müssen/ überlassen sie zur verantwortung ihnen selbs/ machen keine deutungen über die predigten/ worauf mit diesem oder jenem gestochen werde/ die sache lige denn klahr vor augen; wo sie also selbs geschmähet werden solten/ tragen sie es mit gedult/ hüten sich vornemlich vor allem richten über sie/ und insgesamt beten sie ja tag und nacht/ daß sie der HErr aufrichtigen wegen erhalten/ und mit seinem liecht und geist regieren/ hingegen dem satan/ der welt und ihrem fleisch keine herrschafft über sie/ sie zu ihren werckzeugen zu gebrauchen/ lassen wolle. Also ehren sie das amt mit gehorsam/ und tragen die persone/ wo es nöthig ist/ mit gedult. 4. An ihren regenten/ von dem

höchsten

höchſten biß auf die übrige/ verehren ſie das ihnen angehengte göttliche bild/
von grund der ſeelen/ und hören auch nicht auf für ſie zu flehen und zu ſeuff-
tzen/ ſehen auch nicht ſo wol ihr leben/ als ihre von GOtt verliehene würde
an/ und hüten ſich vor allen ſo ungehorſam als verachtung. Wo ſelbige auch
ſolten durch andere einbläſer ſich bewegen laſſen/ (davor ſie zwahr der aller-
höchſte bewahre) ihnen oder andern chriſtl. hertzen unrecht zuthun/ ſo tragen
ſie auch ſolches mit groſſer gedult/ und meſſen es nicht ihnen/ ſondern denen/
welche ſich ihrer gewalt gern gegen die ihnen verhaßte mißbrauchen/ und dieſe gleichſam ihrem gericht überantworten/ zu/ oder vielmehr ſehen ſie in allem allein auf den Vater/ohne deſſen verhängnüß ihnen nichts wiederfahren
könne/ und der es gut mit ihnen meinet: Laſſen ſich aber ja nie reitzen/ wider dieſelbe/ ſondern vielmehr für ſie/ zu beten. 5. Ihre häuſer trachten ſie
gottſeelig zu regieren/ und alſo die ihrige mit ſich zu GOtt zu führen/ damit
ſie andern gutes exempel geben/ uñ ja nicht dem läſterer in ſein gericht fallen/
wie ſie ſich dann auch um ſolcher urſache willen/da ſo viele augen auf ſie lau-
ren/ in allen ſtücken ihres lebens vor andern vorſichtiglich zu halten/ und allen ſchein des böſen zu verhüten haben. 6. Sie haben auch die erbauung unter einander/ ( wie vernehme/ daß ſie ſolche biß dahin angeſtellet haben/) ſo
dann wo auch noch andere gleichgeſinnete ſich mit ihnen in chriſtliche freundſchafft einlieſſen/ mit denſelbigen ferner fort zuſetzen/ aber ſo viel müglich iſt/
mit dem wenigſten auffſehen/ um die widrige nicht gleichſam mit fleiß zu rei-
tzen/ da es den ſchein eines trotzes gewinnen möchte. 7. In dem umgang
mit andern/an denen ſie klahr ſehen/daß ſie noch der welt gantz anhänge/ halten ſie ſich vorſichtig/ daß ſie ſich weder ihrer ſünden mit theilhafftig machen/
noch etwas von chriſtlicher pflicht verſäumen; ſie müſſen aber ſie trachten
vielmehr mit gutem exempel und freundlichem zuſpruch zu beſſern/ als mit
beſtraffung/ welche je ſeltzamer ſie heut zu tage worden iſt/ ſo viel ſchwehrer
wird ſie angenommen/ und hat man einen böſen menſchen ohne euſerſte noth
zu beſtraffen ſo vielmehr bedencken zu haben/ daß man nicht wider die regel
CHriſti Matth. 7/ 6. dieſes heiligthum und perle der beſtraffung den
thieren gebe/ die ſie zutreten/ und ſich wenden und uns zu reißen. Dabey
man zwahr den himmliſchen Vater hertzlich um ſeine weißheit anzuruffen
hat/ auch in dieſem ſtück allemal zu erkennen/was ſeines willens ſeye/ daß
man auf keiner ſeite zu viel oder zu wenig thue; nach dieſen regeln hoffe ich
zu leben/ werde ihnen insgeſamt ſonderlich zu dieſer zeit das vorträglichſte
ſeyn. Alſo laſſet uns leben in allen ſtücken als ſolche/die nu der welt mehr
und mehr begehren abzuſterben/und unſerm Herrn der uns erkauffet/ uns
gantz zu eigen zu geben entſchloſſen ſind; wir wiſſen ja/ er iſt es werth/ und
wir ſinds ſchuldig/ auch haben wir eine groſſe herrlichkeit annoch von ihm zu
ge-

gewarten: Ob dann nun uns noch schwehre trübsaalen zu erst vorstehen/die
wir uns nicht schrecken lassen sollen/ so wissen wir doch/ der HErr wird uns
beystehen/ und seine hülffe ist uns villeicht näher/ als wir ietzt noch geden-
cken/ daß sein reich mit macht durchbreche/ so uns trosts gnug ist. ꝛc.

## SECTIO XXIV.

## Von dem fasten.

DAs fasten betreffend/ halte ich es bey den meisten naturen vor eine
sehr nützliche übung/ bey einigen mag es zu weilen gar nöthig seyn: Jedoch nicht als ein Gottesdienst an sich selbst/ dann GOtt dem HErrn
weder an essen noch fasten liget/ daher in diesem keine besondere heiligkeit
stecket/ sondern als ein beförderungs-mittel der betrachtung/ gebets/ zäh-
mung seines eigenen fleisches und dessen begierden. Deßwegen auch jeglicher seine natur hierinnen am fleißigsten zu prüfen hat/ wie fern ihm diese ü-
bung zu vorgesetztem zweck/ mehr oder weniger dienlich und nöthig seye/ daraus zu schließen/ wie fern er sich derselben zu gebrauchen habe oder nicht. Es
werden sich einige naturen finden/ welchen das fasten nicht nur, in dem leiblichen schädlich/ (wie mich ein gelehrter Medicus, so meine natur fleißig er-
forschet/ überreden wollen/ daß ich fast mein gantzes temperament damit in
unordnung gebracht/ und mich beschädigt hätte/ als einmal in meinen stu-
dir jahren ein jahr durch wochentlich einen tag mit übergehung der mittags-
mahlzeit gefastet/ dadurch aber der magen aus mangel dessen/ was er con-
sumirte/ alle natürliche feuchtigkeit der innern viscerum an sich gezogen/ und
diese ausgetrocknet hätte.) sondern auch in dem geistlichen nicht vorträglich
ist: Maßen sie durch das fasten zu gebet und andacht nicht geschickter/ sondern wegen der aus nüchterem magen auffsteigender dünste und übelkeit un-
tüchtiger und in den gedancken mehr zerstreuet werden. Jedoch insgemein/
ists freylich eine nützliche sache/ un kan bey den meisten naturen dadurch grosse beförderung geschehen/ ja auch die gewohnheit eine natur offt mehr dazu
geschickt machen. Hat man also das fasten meines erachtens anzusehen :
Alß 1. eine nicht bloßer dings oder allezeit nöthige sache. Sihe Matth. 9/
15. wie es auch nirgends ausdrücklich befohlen ist. 2. gehörcts hingegen unter die mittel-dinge/ welche einige eußerliche beförderungs-mittel seyn können. 3. Bey diesen aber hat man zeit/ ort/ und die natürliche eines jeglichen bewandnüß/ wohl zu erwegen/ wann/ wo/ wem dieselbige dienlich seynd.
4. Wo man dero nothwendigkeit oder nutzen erkennet/ so sollen wir uns deroselben gern gebrauchen/ als die wir dazu verbunden sind/ in allen stücken
**das**

das werck des HErrn in uns nicht nur allein nicht zu hindern / sondern nach
vermögen zu befördern.   5. In der untersuchung müssen wir uns selbs nicht
schmeicheln / und etwa aus jeglicher natürlichen beschwehrde so bald eine dergleichen ursach machen / daß wir uns des nutzens / den wir aus dieser übung
haben könten/beraubten.   6. Welcher zu einer zeit sich zu dieser übung nicht
geschickt befindet / mags zu andernmalen besser thun können.   Wie auch an
meinem eigenen exempel erfahren / daß zu andernmalen auf unsere fast-und
bet-tage mir das fasten nichts gethan/ aber mich einmal ohn mein vermuthen
so angegriffen / daß ich nachmittag in verrichtung der kinder-lehr (obs wol zu
ende des Augusti war) mit einem solchen frost befallen worden / daß mich
deuchte / ich fühlte das marck in meinen beinen frieren/ und gleich / als von einem fieber angegriffen/mich zu bette legen mußte/ damit es aber auch vorbey
gieng: Hingegen zu andernmalen habe nichts dergleichen gefühlet.   7. Insgesamt muß kein aberglauben damit getrieben / sondern es zu dem zweck gerichtet werden / warum es eigenlich zu thun ist.   So mag und wird es ein
herrlich und nützliches mittel / welches so gar nicht vor papistisch zu achten/
daß vielmehr zu bejammern/ daß es nicht öffter und fleißiger von uns practiciret wird: Wiewol ich dessen gegen meine zuhörer unterschiedlich publice gedencke. So gedencket ja auch unser gemeine Catechismus Lutheri des fastens
als einer feinen eusserlichen zucht.   Auch hat unser liebe Lutherus viel schöne ort von solcher materie.   Indessen ist es zu bejammern / daß es damit ergangen wie mit andern dingen in dem Papstum/daß mit dem mißbrauch auch
der rechte gebrauch bey uns insgemein auffgehoben / damit aber nicht wenig
ärgernüß gegeben worden.   GOtt lehre uns auch darinnen jeglichen seines orts an sich selbs erkennen / was ihm zu seiner aufferbauung vor hülffs-
mittel und übungen am dienlichsten seyen / und dieselbe klüglich und mit seinem segen zu gebrauchen.   1681.

## SECTIO XXV.

# Von dem fleiß/ eine feine gestalt zu erhalten.

ICh komme so bald auf die vorgelegte fragen: Da ich insgemein voraus
setze/ daß ein Christ mit allen eusserlichen und leiblichen dingen also umgehen / und dagegen gesinnet seyn müsse / daß er weder einerseits dieselbige versäume / verachte / verderbe/ noch anderseits auf einige weise einen abgott draus mache / oder sie mißbrauche.   Wann nun die eusserliche leibes-
gestalt eine eusserliche und leibliche / gleichwol gute/ gabe GOttes ist / zwahr
nicht von solchem werth oder nothwendigkeit als die gesundheit / dannoch
auch zur ehre des Schöpffers gegeben/(daher der H. Geist auch einiger perso-

Ooo                                                                    nen

nen schöne gestalt zu rühmen würdiget / als Sara 1. Mof. 12/ 11. Rebecca
1. Mof. 26/ 7. Rahel/ 1. Mof. 29/ 27. Josephs. 1. Mof. 39/ 6. Sauls.
1. Sam. 9/ 2. Esther. c. 2/ 7. Jobs töchter. c. 42/ 15.) so bleiben die allgemeine regeln / daß man also auch dieselbe an sich selbs durch natürliche mittel erhalten/bewahren/was zu solcher behaltung dienet/gebrauchen/und dieses geschöpff des HErrn zu seinen ehren richten möge : Hingegen sich hüten
müsse / weder sich selbs darinn zum kützel des hochmuths wol zu gefallen (wie
solches wolgefallen auch in andern irrdischen gütern unrecht ist) noch andere
deßwegen zu verachten / noch allzuviel sorge an dasselbige zu wenden / noch etwas anders (massen die schönheit unter den leiblichen gaben die allergeringste
achte / weswegen sie auch den letzten rang behalten muß) um derselben willen
zu versäumen oder hindanzusetzen/ noch vielweniger anderer augen zu unzim-
lichem zweck auf sich zu ziehen. Als welche stücke alle unter die mißbräuche
dieser gabe GOttes gehören : Wo nun das hertz also gesinnet ist gegen seine
schönheit/und auf solche art damit umgehet/ so wird alle daran wendende sorge zur sünde. Hingegen tragen christliche seelen / was ihnen der HErr ihr
Schöpffer auch in leiblicher schönheit gegeben / in wahrer demuth an sich / zu
seinem preiß/ wie er in aller schönheit der creaturen die seinige erkant und geehret zu werden begehret / dancken ihm dafür / und sind willig / welche stunde/
und auf was art/er dieselbige durch kranckheit/alter/ zufälle/ und dergleichen/
wiederum von ihnen nehmen wolte/ sie ihm ohne murren und so willig als sie
sie vorhin getragen / wiederum zu überlassen : Welcherley sinn allerdings in
einer seelen seyn muß / da sie ohne sünde so dieses als andere leibliche güter besitzen und gebrauchen sollen / nachdem GOTT allerdings erfordert/ daß das
hertz an keinem derselben hange oder beruhe. Vorausgesetzt dessen/ wird die
antwort auf die 3. absonderliche fragen gar leicht von selbsten folgen.

### I.

Ob ein Christ / wenn er in seinem gesicht etwas bekommet / als flecken / es sey nun von der sonnen oder andern zufällen oder aus-
fahren / mit gutem gewissen etwas gebrauchen kan / selbiges
wieder zu vertreiben?

Hierauf dienet nun / daß wo ein Christ also in seinem gemüth gesinnet
ist/wie bereits zum grunde voraus gesetzet worden/er dergleichen/was sein gesicht ausser der natürlichen gestalt/die es haben solle/ die an andern sich zeiget/
und bey ihm vorher gewesen ist / setzet / mit gutem gewissen durch natürliche
mittel vertreiben könne. Indem er darinn nichts anders thut / als daß er
das geschöpF GOttes von demjenigen befreyet/ was ihm ausser der ordnung
zu zestossen war. So wenig also unrecht ist / eine zustossende unpäßlichkeit/
oder

oder da einem glied etwas wiederführe/ dadurch dessen gebrauch etlicher massen gehindert würde / solchem durch artzney zu begegnen / und wieder nach der
natürlichen ordnung zu trachten/ so wenig ists auch unrecht/ dasjenige zu ver-
treiben/ was ob es der glieder gebrauch nicht hindert/ gleichwol einen mißstand
in der gestalt gibet/ gegen dem als diese sonst von GOTT gebildet war.

### 2.

**Ob man etwas / das man zwahr mit auf die welt bracht / doch aber
nicht zu der natürlichen gestalt des menschen gehöret / sondern
mehr verstellet / als mutter=mahl und dergleichen / mit gutem
gewissen vertreiben könne?**

Auch diese frage beantwortet sich gleich der vorigen mit ja aus gleichen
gründen.   Denn was den einwurff anlangt/ den man machen könte/ und auf
den wol vielleicht gesehen werden mag: Weil GOTT in der natur einem
menschen solche zeichen habe lassen eingetrucket werden / so müste sein wille
seyn / daß er dieselbe auch stets an sich behielte: Ist solches falsch/ oder folget
nicht.   Wie ja hoffentlich niemand leugnen wird/ wo ein kind eine kranckheit
mit auf die welt brächte / oder auch ein solches gewächs / so ihm an dem leben
könte schädlich seyn / oder seiner glieder natürlichen gebrauch hemmete / daß
man durch menschliche hände / rath und hülffe solchem gebrechen wol helffen
dürffe / und damit nicht wider GOttes willen thue.   So ist denn gleiches
von andern gebrechen zu sagen/ welche ob wol nicht der glieder wercke hindern/
dannoch eine mißstellung / der natürlichen ordnung entgegen / verursachen.
So sind alle schwehrere oder geringere gebrechen und abweichungen von der
natürlichen ordnung nicht als eigene wercke göttlicher schöpffung/ sondern als
folgen der in dem menschlichen geschlecht eingeführten sünden / dadurch alles
in unordnung gerathen ist/ und einigen fluch leiden muß/ anzusehen: Darvon
wir uns aber durch GOTT nicht widrige mittel nach müglichkeit zu befreyen
wol befugt sind.

### 3.

**Ob ein Christ / dem GOTT eine gute gestalt gegeben / zu selbiger
mit gutem gewissen etwas brauchen könne / das ohne anstrei-
chen und schmincke ist / sondern nur die haut glatt und sauber
erhält?**

Was das schmincken anlangt / hat es in der schrifft einen bösen nahmen / und wird hürischen gemüthern allein zugeschrieben/ als Ezech. 23/ 40.
Jerem. 4/ 30. 2. Kön. 9/ 30. wiewol es in dem leiblichen und in der natur
so bald seine straffe hat / daß es die haut mehr verderbet / und endlich an statt
der schönheit nur so viel garstiger ansehen verursachet.   Es bestehet aber

das schmincken darinn / der haut ein ander ansehen zu machen als sie selbs hat/ daß man nicht so wol dieselbe selbs als eine auffgestrichene frembde farb sehe. Wo aber die frage von dergleichen redet / was gebrauchet wür-de / der menschlichen haut natürliche glätte und reinigkeit allein zu erhalten / und derselben nicht eine frembde gestalt und glantz zu geben / sondern den eigenen zu stärcken / welches auch durch das täg-liche waschen und reinigen geschihet/ sehe ich nicht/ wie solches einer seele/ die in dem übrigen in dem oben erforderten sinne stehet / und keine unrechte ab-sicht hat/ sünde werden könne. Gleichwol ist zum beschluß zu mercken/ daß in allen diesen und gleicher art dingen eine seele/ dero es ein redlicher ernst vor GOTT ist / nicht allein auff dasjenige sehe / was an sich selbs und nach der schärffe examiniret/ nicht eben verboten zu seyn gezeiget werden kan/ sondern bey allen mitteldingen stets erwege/ was ihro selbs und andern das vorträglichste/ folglich der ehre GOttes am gemässesten seye. Daher sie insgemein lieber einige schritte gleichsam zurücke von dem/ was noch er-laubt werden könte / bleibet / als daß sie sich auch nur in die gefahr zu viel zu thun begäbe: sie meidet gerne bösen schein / in dem zweifelhafften wehlet sie lieber das sicherste; wo sie sorgen muß/ daß einige sonsten sich dran stossen/ und aus vertrauen auff solches exempel (sonderlich da sie weiß/ daß um eini-ges guten willen andere ihre augen viel auff sie gerichtet haben) ihre freyheit noch weiter ziehen/ und darüber sicher werden möchten/ braucht sie sich lieber ihrer freyheit am wenigsten; und wo sie auch ihres hertzens tücke wahrnim-met/ daß dasselbe an seiner schönheit ein sündliches und eiteles wohlgefallen zu haben/ und sich dero zu überheben beginnet/ unterlässet sie am liebsten/ was an sich nicht unrecht seyende/ ihr doch aus einer dieser ursachen sündlich werden würde. Daher rufft sie auch GOtt stets hertzlich an/ der ihr seinen willen nicht allein insgemein/ sondern was er auch über sie und dieses ihr ver-halten seye/ zu erkennen geben wolle/ und lässet sich alsdenn davon leiten. Wie auch mit diesem wunsch schliesse/ daß der HErr alle seine kinder durch seine gnade gewiß mache/ zu erkennen/ wie sie ihm allezeit am besten gefallen/ und sie in allem anligen durch seinen Geist regiere um unsers JEsu willen. A-men. 1696.

## SECTIO XXVI.

## Von den Perruquen, ob dero tragen ein mit-telding.

Die frage: Ob die perruquen ein freyes mittelding / und worin-nen solches zu erkennen? beantworte ich zwahr mit einem blossen ja/ jedoch

jedoch achte zu der sache besserem verstand unterschiedliches zu bemercken
nöthig. 1. Es kan mit perruquen auch sündlicher pracht getrieben werden/wie
mit allen andern stücken/ die zu des menschen kleidung und habit gehören/ so
wol durch dero kostbarkeit als unzimlichen fleiß und sorgfalt/ so man daran
wendet/ so dann eigenem wohlgefallen/ das man daran hat/ und seinem alten Adam/ der gern pranget/ damit krauet. Es ist aber alsdenn nicht die
perruque an sich selbs schuldig/ sondern die sünde stecket in dem hertzen/ kan
auch nicht weniger mit eigenen haaren begangen werden; ja wo das eigne
wohlgefallen in dem hertzen stecket/ und man bey andern gesehen seyn will/kan
im gegentheil gleichwie ein abgeschaben münchs-kleid in der opinion der
mehrern heiligkeit/ also auch die aus gleicher ursach herkommende nachläßig-
keit in den haaren zum sündlichen pracht werden. 2. An sich selbs a-
ber sind perruquen, sofern sie nichts anders sind/ als gebrauch frembder an
statt eigner haar/ zu dem ende/ dazu uns die haare natürlich gegeben sind/ eigenliche freye mitteldinge/ indem sie von GOtt nirgends verboten sind. Aus
dem A. T. kan nicht das geringste dagegen angeführet werden/da doch sonsten
Gott den Israeliten in eusserlichen dingen allerhand ordnungen vorgeschrie-
ben/ also gewiß nichts auszutrucken vergessen hat/ was ihm im eusserlichen
schlechterdings zuwider wäre. So vielweniger kan es dann in dem N. T.
verboten seyn/da wir ohne das von allen eusserlichen satzungen befreyet/ nunmehr kein ander gesetz haben/ als das gesetz der liebe: also gar daß uns nichts
verboten ist/ was nicht der liebe (nemlich GOttes/ des nechsten und unser
selbs) entgegen stehet: dahingegen mit keinem zimlichen schein gezeiget werden kan/wie die perruquen einiger art der liebe entgegen wären: ja zu erhaltung der gesundheit/ kommen sie vielmehr bey denen/ welche ihr bedörffen/
mit der liebe seiner selbs überein/ und werden von derselben erfordert. 3. Dem
möchte allein entgegen gehalten werden/ was 1. Cor. 11/ 14. 15. stehet/ daß
auch die natur lehre/ daß es einem mann eine unehr seye/ so er lange
haar zeuge/ dem weib aber eine ehre/ wo sie dergleichen zeuge. Es
folget aber nichts mehr daraus/ als daß die natur und natürliche beschaffenheit beyderley geschlechter/da das weibliche ordenlich nach seiner natur mehr
und längere haar hat/ anzeige/ daß jegliches geschlecht in seiner ordnung/ dazu es GOtt geschaffen hat/ bleiben/ und demselben sich gern bequemen solle:
Dahingegen wo manns-personen auff weibische art ihre haar lang wachsen
lassen/ und darinnen prangen wollen/ solches den schein gibet/ daß sie sich des
vorzugs aus der natur wider göttliche ordnung begeben wolten: hingegen
welches weib die haar verschneidet/ und die zierde ihrer natur ableget/ einem
mann gleich zu werden/ schämet sich göttlicher ordnung/ als die mit ihrem geschlecht nicht zu frieden ist. Dieses aber gehet die perruquen, welche der na-

Ooo 3                                                türli-

türlichen gestalt der männlichen haare gleich kommen / und keine weibische
zierde vorstellen/ nicht an. 4. Weil dann gedachter massen perruquen an sich
selbs mitteldinge sind / so werden sie gut oder sündlich aus dem hertzen derjeni-
nigen/ die sie anlegen / und den ursachen/ warum sie angenommen werden.
Unter allen solchen ursachen aber sehe ich keine unsträflicher als diejenige/wo
man sie aus offenbahrer nothdurfft der gesundheit träget/da nemlich entweder das haupt allerdings der haare entblösset ist/ oder doch dessen beschaffenheit eine mehrere decke/ als das natürliche haar gibet/ erfordert. In solchem
fall halte ich dieselbe nicht nur vor erlaubt / sondern daß sie ohne andere
gleichwichtige hindernüssen nicht unterlassen werden könten.  5. Wie nun/
was uns gesund oder nicht seye/ vornemlich von den Medicis solle verstanden
werden/ achte ich davor/ daß derjenige seinem gewissen auch am sichersten ra-
the/ der deroselben ausspruch/ob ihm eine perruque nöthig/wo er nicht andere wichtige ursachen hat/ daß er derselben rath nicht beypflichten kan/ folget.
Ich meines orts bekenne/ daß ob mir wol von mehrern jahren einige Medici
einer perruque meldung gethan haben/daß mich doch darzu nicht entschliessen
können / aus der ursach/ weil ich das gegentheil sorge/ nemlich daß dieselbe
meinem kopff mehr schädlich als dienlich seyn möchte : indem meine gesundheit meines ermessens sonderlich in der stäten transspiration des gantzen lei-
bes/ so an dem haupt sonderlich durch die haar geschihet/ bestehet/ die ich gehemmet zu werden fürchte / wo eine perruque auffsetzte; dessen grund daher
nehme / weil die haar unter der perruque bald grau werden / und gleichsam
absterben/ da ich alsdann glaube/die transspiration dadurch nicht mehr so bequem zu geschehen. Also suche ich die erhaltung meines haupts darinne/ ohne perruque zu bleiben/ dabey mich bißher durch GOttes gnade wohl befunden habe/ und mich vor änderung förchte. Wie mich auch entsinne/ daß es
einige gereuet/ perruquen zugelegt zu haben/ und davor gehalten/ sie seyen
darnach den flüssen mehr unterworffen worden. Also wolle mein werther
Herr GOtt hertzlich anruffen/ seinem Medico und ihm wohl zu erkennen zu
geben / ob ihm dergleichen gesund seye oder nicht / so ich auch selbs denselben
wünsche/ dessen gewißheit zu haben : Ist aber solche frage richtig/ bedarffs
nicht/ sich weiter gewissen zu machen eine solche auffzusetzen.  Der HErr a-
ber seye selbs dessen artzt und leben/ und erhalte so wol als stärcke seine leibs-
kräfften/ die ich weiß/daß er willig seye/mit aller treue zum dienst seinesGot-
tes anzuwenden. 1696.

## SECTIO XXVII.

### Noch ein anders von tragen der Perruquen, so sich
### auff das vorige beziehet.

Weil

Eil beliebet / einer vornehmen Adl. person und hohen Ministri anli=
gen wegen gebrauch einer perruquen an mich mit gelangen zu laſſen/
als habe meiner ſchuldigkeit erachtet / ſo bald die zeit gewinnen kön=
nen / meine gedancken über daſſelbe hiemit in der furcht des HErrn zu über=
ſchreiben / und zwahr 1. ſende hiebey mein vor einem jahr bereits an andern
ort geſtelltes bedencken / wo von den perruquen, ob man ſie in abſicht der ge=
ſundheit zu tragen befugt ſeye/gehandlet worden : weil die Momenta der ſa=
chen ſelbs/ſo viel ich davon begreiffe/allerdings mit darinnen enthalten ſind;
und bleiben insgemein die beyden ſätze feſt/einstheils/daß die perruquen ei=
ne an ſich ſelbs unſträffliche decke/ſo wol als mützen/calotten, hüte und der=
gleichen/ zuachten/ daher allein aus andern umſtänden/und ſonderlich aus
der antreibenden urſach des gebrauchs/ſündlich oder unſündlich werden (wie
faſt zwahr insgemein die moralität einer handlung meiſtens an dem gemüth
des menſchen/ der ſie thut/hänget / und das eußerliche darnach geurtheilet
wird) andern theils aber/ daß auch im tragen derſelben könne/ ja pflege/ offt
geſündigt zu werden : maßen die meiſten urſachen / welche andere auch an
ſich ſelbs unſträfflichekleidung ſündlich machen/ auch dergleichen ſchuld auf
die perruquen bringen mögen. Ich ſehe aber / daß die perſon ohne das
hiermit einig iſt. 2. Alſo kommet es hier vornemlich darauf an/ ob das=
jenige wegen der umſtände des hoff=lebens vor recht gehalten werden kön=
te/ was aus urſachen der geſundheit ohne widerſpruch unſträfflich iſt. Da
ich es denn zu bejahen keinen zweiffel nicht habe/ nicht allein weil die ur=
ſach der geſundheit mit darinnen ſtecket/und nachdem ſolche leute bey hoff al=
lezeit ohne andere decke ſeyn müßen/ der mangel der perruque , wegen des
ſtets bloſſen hauptes/ natürlich der geſundheit ſchaden bringen würde / ſon=
dern auch weil gleichwie bey den kleidern/ ob dieſe oder jene mode, was das
eußerliche anlangt/ ( es ſeye denn ſache/ daß eine leichtfertigkeit/ als bey ent=
blößung der weibs= perſonen geſchehen kan / allzugroße koſtbarkeit oder
dergleichen etwan / ſie ſelbs verwerfflich machte )erlaubt oder nicht erlaubt/
löblich oder ſträfflich ſeye/ daran hanget/ was zeit und landes=ſitte mit ſich
bringet/ alſo gleiches auch bey den perruquen gilt/ die dem kopff dasjenige
ſind/ was anderes gewand bey dem übrigen leib zu thun hat. Daher/wie ich
demjenigen das wort nicht reden wolte/ welcher zu erſt/ ſo ſchwehrlich ohne
ſündliche vanität mag geſchehen ſeyn/ die perruquen in ſolchen allgemeinen
ſchwang gebracht / daß auch andern damit faſt eine dienſtbarkeit aufge=
bürdet worden iſt/ ſo iſt hingegen derjenige ohne ſchuld/ der ſich nun
durch die/ ſo fern was die höfe und vornehmer perſonen con=
dition anlangt/ eingeführte allgemeine gewohnheit mit nachziehen läſſet/
und was nunmehr νόμος und χώρα mitbringet/ nachahmet. Wie dann irs
ge=

gemein die einführung neuer moden sündlich ist/ und derjenigen / die sie anfangen und leicht nachfolgen/ gewißen auf unterschiedliche art beschwehret/
hingegen aber wo dieselbe nunmehr gantz allgemein und lange verjähret /
denjenigen etzlichen/ welche nunmehr also allein bey der ältisten der großvä-
ter tracht bleiben wolten/ und also mit so großem unterschied von allen andern ihrer zeit/ ohne dessen sonderbahre und wichtigste ursachen/ aufgezogen
andern zum schauspiel einhergiengen/ dasselbig mehr zum eigensinn als tu-
gend/ auch von verständigen Christen angerechnet werden würde. Weil denn
hier außsetze/ daß dergleichen perruqven an den höfen / sonderlich bey dergleichen Standes personen / allgemein/ und ob ein solcher vornehmer mini-
ster an seinem hoff durch seine autorität sich also zu schützen wüßte/ daß ihm/
daß er sich dem gemeinen lauff nicht bequemete/ ohnschädlich wäre/ aufs wenigste bey verschickung an andere hohe ort/ ihm und seinen verrichtungen die
gedachte entziehung nachtheilig seyn würde / so finde nicht allein den gebrauch der perruqven, demjenigen/ dessen hertz dabey in rechter ordnung
vor GOtt stehet/ erlaubt/ sondern daß er ihm allerdings zu rathen seye. In
dem aller der vortheil/ den man von der enthaltung hoffen möchte/ dem daraus entstehenden ungemach nicht gleich zusetzen wäre. Dahingegen in solchen dingen/ welche an sich selbs frey sind/ der dabey befindliche nutze oder
schade/ auff diese oder jene seite das stärckste gewicht geben müßen. 3. Was
den scrupel der zöpffe anlangt/ als welche allein eine zierde gehalten würde/
und deßwegen einem Christen verboten geachtet werden solten/ bekenne gern
meine unwissenheit/ daß ich nicht wisse/ ob denn solche lange zöpffe bey allen
hoff-perruquen gewöhnlich/ oder nur allein von denjenigen gebraucht wür-
den/ welche vor andern sich mehr galant auf zuführen profession machen.
Wäre dieses letztere/ so könnte ich einem/ dem es ein ernst/ sein Christenthum
unsträfflich zu führen/ und niemand zu einem ziemlichen scrupel über ihn ursach zu geben/ nimmer rathen/ daß er denjenigen / welche vor andern der
welt zu gefallen sich lassen angelegen seyn/ nachäffe/ sondern vielmehr/ da er
von dem allgemeinen gebrauch eigensinnig sich nicht entziehet/ daß er hingegen anderer stöltzlinge sonderligkeit / in dem er ihnen nicht nachgefolget/ mit
solchem seinem zurückbleiben lieber bestraffe. Wie ich mich entsinne/ daß
große und angesehene hoffleute/ sonderlich/ da sie von jahren gewesen/ sich in
ihrer autorität mehr befestiget/ als diese dadurch verletzet/ wenn sie zwahr
der hoffmode sich nicht gantz entzogen/ aber in allen stücken/ auch perruquen,
von anderer jüngerer leute eitelkeit und übermaß zurück gehalten haben.
Solten aber solche zöpffe nun ein gleichsam wesentliches stück der hoff-perruquen seyn/ so gilt von jenen auch/ nach dem sie die gewohnheit autorisiret /
dasjenige/ was, für die perruquen insgemein gesprochen worden: Und hindert

dert nicht/ daß sie eine bloße zierde seyn sollen ; denn obwol insgemein die
kleider nicht zur zierde/ sondern erinnerung unser schande/ gegeben/ bringet
solches nicht mit sich/ daß nicht einige zierlichkeit dabey in acht genommen
werden dürffte: Vielmehr enthält sich S. Paulus 1. Tim. 2/ 9. dessen nicht
eines zierlichen kleides zu gedencken : Ja ich zweifele/ ob leicht einige kleidung so gar biß auf die bauren/ sich finden werde/ da alles an dem gantzen
kleid zur bloßen nothdurfft gerichtet/ und nicht auch etwas daran sich finde/
wie gering es auch seyn möchte/ das nur auf zierde/ oder wohlstand/ wie
mans nennet/ angesehen wäre : Da gleichwol auch solche Christen/ die gern
auf alles genau acht geben/ sich kein gewißen darüber machen werden. Daher
auch diese ursache der zierlichkeit die zöpffe der perruquen, dafern sonst nicht
übermaaß getrieben wird/ nicht an sich selbs verwerfflich machen kan.  4.
Den locum des lieben Pauli anlangend 1. Cor. 11. habe davon meine gedancken in dem mitgesandten vorgestellet : So meldet der Apostel ausdrück-
lich/ daß er von demjenigen mithandele/ nicht allein was eigenlich zu dem
göttlichen geboth gehöret/ wohin zu ziehen derjenige unterscheid der beyden
geschlechte/ daß sich in allem des mannes vorzug und des weibes untertha-
nigkeit an den tag lege/ sondern auch was die natur lehre/ (worvon wir die
unter menschen und gewißen völckern eingeführte gebräuche/ so doch alle in
der natürlichen vernunfft einigen grund haben/ und zu der natur im gegensatz göttlicher offenbahrung gezogen werden/ nicht ausschliessen dürffen.)
Daher die Apostolische absicht so fern in diesem stück uns nicht weiter weiset/
als daß auch in dem gottesdienst nichts wider die natürliche und nach jeden
orts davor geachtete ehrbarkeit oder πρέπον, daran sich deßwegen andere sonst
stoßen würden/ vorgehen möge.  Sind denn nun in solchen stücken die sitten der menschen und völcker unterschieden/ ja wohl einander gar entgegen/
(wie dann allerdings einige die langen haare auch vor männliche zierden gehalten haben/ denen zwahr die meiste sich nicht bequemet ) so bleibet die regel des Apostels an sich einerley/ aber dero anwendung richtet sich nach zeit
und ort/ daß nicht einerley schluß folget.  Wo man aber sonderlich darauf
sehen wolte/ daß Paulus verbiete/ mit bedecktem haupt zu beten/ würde solches doch nicht kräfftig gegen die perruquen getrieben werden : Denn wie
solches nicht gehet gegen eines mannes natürliche haardecke/ so halte auch
nicht/ daß es gegen die angenommene haardecke gezogen werden könne;  wie
denn auch nach unsern sitten derjenige mit bloßem haupt bey geist- und weltlichen actibus zuerscheinen gehalten wird/ der ohne hut oder andere decke in
bloßer perruque erscheinet.  5. Ich komme endlich auch auf die anfrage wegen des söhnleins : Wo es eine bald ausgemachte sache wäre/ wenn die er-
P p ₂
hal-

haltung der gesundheit dieses mittel erforderte/ daß man zu derselben ohne
bedencken gleich zu schreiten hätte: Wie aber darvon zu urtheilen vielmehr
Medicis zukommt/ bekenne doch meines orts/ daß ich der jugend die perruquen zur gesundheit nicht zuträglich glaube/sondern daß ihren häuptern viel
beßer seye der freyen lufft/ der man in dem gantzen leben viel exponirt ist /
bald zu gewohnen; dahero auch wol hohe personen die ihrige nicht nur ohne
perruque, sondern gar bloßes haupts in freyer lufft offt stehen laſſen/ und
dadurch dero gesundheit nicht zu verderben/ sondern sie zu stärcken achten.
Auffs wenigſte kan ich mir nimmer einbilden/ daß es sonderlich in jungen
jahren erſprießlich ſeye/ die haare/ durch welche vieles aus dem kopff evapo-
riren solle / mit einer perruque gleichsam zu erſticken/ und solche transſpirati-
on, wo nicht gar zu verſtopffen/ doch sehr zu hindern. Wäre es aber / daß
dem söhnlein der gesundheit wegen die perruque nicht nöthig/ würde auch
sonſten keine gnugsame ursach seyn/ die darzu nöthigte/ vielmehr solle die sor-
ge/ daß nicht das gemüthe allzufrühe zur beluſtigung an der eitelkeit/und sich
gern sehen zu laſſen/dadurch gereitzet/oder vielmehr die dazu bey allen natürlich befindliche luſt geſtärcket werde/ die eltern von dergleichen vorhaben abhalten: darzu auch nicht wenig dienet/ wo diese offt in der kinder gegenwart
über die beschwehrliche dienſtbarkeit dergleichen frembdes haar aus noth zu
tragen sich beklagen/ damit denselben zeitlich ein eckel dran gemacht werde/
um sie auch dermaleins nicht anders als aus noth zu tragen/ dadurch vielem
sündlichen wesen auff das künfftige vorgebeuget werden kan. Dieses iſts/
wie ich die gantze sache angesehen/und solche meine gedancken hiemit auff verlangen zu eigner der vornehmen person chriſtlicher prüfung vorſtellen wol-
len/ aus denselben alsdenn dasjenige zu wehlen/ oder zu folgen/ wovon sich
das gewiſſen nach gottseliger überlegung und andächtigem gebet überzeuget
finden wird. Der himmlische Vater mache uns selbs in allen ſtücken seines
willens gewiß/ und laſſe diejenige/ welche denselben zu erkennen begierig
sind/ daran nicht fehlen/er wolle auch sein gutes werck(davon die sorgfalt der
anfrag über diese materie zeugnüß gibet) in der mir unbekanten person fort
setzen/vermehren und vollenden auff den tag JEſu Chriſti. 1697.

## SECTIO XXVIII.

## Von der phraſi, tres creatores. Von ge-
sundheit trincken.

WAs anlanget die Controverſiam mit D. Sempronio, iſt mir leyd/ daß
geliebter bruder mit darein gewickelt worden/ so vielleicht unterblie-
ben zu seyn beſſer geweſen wäre. Was das erſte anlanget: an dici
poſ-

poßit, eſſe tres creatores? wüſte ich nicht/ ob gantz ſimpliciter mit ja oder **nein**
ſich antworten laſſe. Ich wolte die phraſin nicht gebrauchen; indeſſen kan ſie
doch auch von jemanden in ſolchem verſtand gebraucht werdē/ der nicht irrig/
daß es alſo an dem verſtand gelegen iſt: werden tres creatores gemeinet/ tres
eſſentiæ creatrices ſo iſts gewiß falſch: heiſſen ſie aber tres perſonæ creantes
wie tres teſtes, ſo wird der Orthodoxiæ nicht zu nahe getreten. Indeſſen wie
gedacht/ wolte ich nicht ſo reden/ ſondern mich einer phraſeos ſaltem ambiguæ
lieber enthalten/ wie auch ſolches den worten des Symboli Athanaſiani ge=
mäſſer kommet.   Wo aber D. Sempronius ſich nicht ſonſten verdächtig ge=
macht hat/ oder in der Explicatione phraſeos weiter gegangen iſt/ wolte lie=
ber geſehen haben/ daß mit ihme nicht wäre angebunden worden; wie wir
verlangen/ daß jeder auch unſere redens arten am gütigſten und nach dem be=
ſten verſtand annehme/ ſo thun wir billig auch gegen andere/ und was ſich
commode expliciren läſſet/ nehmen wir auch alſo auff.   Was die frage:
**Ob ein Chriſt ohne verletz des gewiſſens könne auff eines geſundheit**
**trincken?** betrifft/ leugne nicht/ daß ich auch mir darüber kein gewiſſen ma=
che/ ob wol hoffe/ nicht eben in verdacht zu ſeyn/ daß ich den trunck liebe. Ich
habe vor etwa 2. jahren oder drüber einmal eines ſonſten chriſtlichen Juri=
ſten ausführung dieſer frage auch in partem **negativam** geſehen: bekenne a=
ber/ daß ich mich dadurch nicht convinciret finde.   1. Allen überflüßigen/
und entweder den leib oder das gemüth beſchwehrenden trunck halte ich vor
ſündlich und zwahr nicht mit der welt vor ein geringes peccatillum/ ſondern
vor eine haupt=ſünde/ welche ſowol als einige andere aus der gnade Gottes
ſetzet.   Dahero 2. mit geſundheit zu trincken einen zu ſolchem überfluß nö=
thigen/ oder bereden/ ſo denn ſelbſt mit dem beſcheid thun überladen/ iſt frey=
lich ſünde/ und hat keiner macht/ um der gewohnheit willen/ daß man eine ge=
ſundheit ohne unhöfflichkeit nicht abſchlagen dörffe/ mehr als ſich geziehmet/
zu ſich zunehmen.   Ich hoffe auch/ daß exempel zeigen könne/ wo ich mei=
ne portion, die ich mir ſetzt/ getruncken/ und meinen durſt geſtillet hatte/ daß
nicht nur fürſtlicher/ ſondern gekröhnter häupter geſundheiten mit modeſter
entſchuldigung decliniret habe; bereit wo man in mich ſetzen hätte wollen/
eher alles darüber zu leyden.   Ich leugne 3. nicht/ daß das geſundheit trin=
cken manchmal eine gelegenheit werde zu übrigem trincken; daher es auch
an einem bekanten chriſtlichen hof abgeſtellet worden; möchte deßwegen
wol leyden/ daß es ſuperiori autoritate verboten würde/ wie denn die obere
nicht nur dinge/ ſo an ſich böſe ſind/ ſondern auch andere indifferente ſachen/
ſo aber leicht gelegenheit zu böſem geben/ zu verbieten macht/ ja offt wichtige
urſachen haben · in welchem fall es mit gutem gewiſſen nicht mehr geſchehen

**kön=**

könnte.  Indeſſen 4. wie es in der ſchrifft nirgend verboten iſt/ ſo habe auch
noch keine einige urſache angeführt geſehen/ welche das gewiſſen convincir-
te/ daß man ſolche ceremonie ſelbſt vor unrecht halten müſte; ſondern wie
einen guten wunſch zuthun/ zu allen zeiten und bey jeder gelegenheit / nicht
unrecht iſt/ ſo achte auch dieſe von langem gewährte gewohnheit/ daß ſolches
bey einem trunck geſchehe/ vor unſündlich/ und traute mir keinen darüber zu
beſtraffen/ noch machte mir ein gewiſſen/ einen mir noch dißmal nöthigen trunck auf eine geſundheit/ ohne andere darbey vorgehende eitel-
keit/ zu mir zunehmen?  Ich ſorgte auch/ wo ich das gegentheil behaupten
wolte/ ich nehme mir eine nicht zuſtehende macht / etwas zur ſünde zu ma-
chen/ welches Gottes wort nicht darzu macht/ und würffe dem gewißen einen ſtrick ohne noth an.  Nun wie es unverantwortlich iſt/ in einem dinge/
wo GOtt etwas verbeut/ ſich die macht der diſpenſation zu nehmen/ nicht
nur in groben ſachen/ ſondern auch in denjenigen/ die die welt vor wohl erlaubet hält/ ſo halte hingegen auch nicht nützlich/ die göttliche befehl und gebote weiter/ als ſie GOtt ſelbſt gegeben/ zu extendiren.  Verſichere auch/
daß eher anſtoß als erbauung daraus entſtehet.  In dem wo einige von uns
ſolche dinge bloß verboten zu werden ſehen/ deren ſündligkeit wir nicht zur
gnüge/ und mit überzeugung des gewiſſens erweiſen können/ ſie daraus gelegenheit nehmē/ gleiches von allen andern zu urtheilen/ die auch mit mehrerem
grund wahrhafftig ſündlich zu ſeyn erwieſen werden könen. Dieſes wäre meine meinung in dieſer ſache/ die ich hoffe/ dem gewißen nicht anſtößig zu ſeyn/
will aber gerne vernehmen/ was dagegen gebracht werden könte.  Der HErr
HErr mache durch ſeine gnade unſere hertzen in allen dingen gewiß.  Hatte
ſonſt bey dieſer gelegenheit freundlich zu bitten/ weil ohne das mein werther
bruder vielen ein dorn in den augen iſt/ und deroſelben hand wider ſich ſehen
muß / daß er zwahr in der ſache GOttes nicht weiche/ welches wir auch nie
macht haben/ in deſſen gleichwol ſich mit aller ſorgfalt vorſehe/ in keinen unnöthigen zwiſt zu gerathen.

## SECTIO XXIX.

### Was von dem tantzen zu halten ſeye und ob es mit dem Chriſtenthum überein komme?

WO man von dem tantzen in abſtracto, und gleichſam als in einer idea
redet/ ſo kan man von demſelben nicht ſagen/ daß es an ſich ſelbs und
bloß dahin verboten ſey/ indem an ſich eine bewegung des leibes/
nach einer gewiſſen melodie oder numeris nicht vor ſündlich geachtet werden
kan/ ſondern bleibet vor ſich eine indifferente ſache.  So war es nicht ſünd-
lich/

lich / wenn 2. Sam. 6/ 14. David mit aller macht vor der lade des HErrn hertantzete: Und Salomo Pred. 3/ 4. gibt dem tantzen seine zeit.  Also bekennet unter den Reformirten / welche sonsten vor andern einen greuel an dem tantzen allezeit bezeuget. Aretius L. 169. p. 961. per se non esse damnabiles saltationes jam diximus, nam Davidem, Mariam, mulieres apud Samuelem non reprehendimus: Wiederum Perkins. L. 3. cas. consc. Diximus quidem saltare per se non esse peccatum. Und Danæus Eth. Christ. L. 2. f. 222. Non omnis saltatio damnata est.

Weil wir aber nicht bloß von jeglicher sache / wie dieselbe etwa in abstracto consideriret werden könte /  sondern wie wir sie in praxi finden /  das urtheil abfassen müssen / so achte ich / daß nun in dieser materia es nicht so wol zu thun seye um die theoriam und die ideam einer sache / die wir in dem gebrauch nicht finden sondern um dasjenige / was wir antreffen / und insgemein zu geschehen sehen / auch nicht wol hoffen können / daß sich die leute werden so leicht in den schrancken halten lassen: Wenn denn nun geredet wird von den tantzen / wie sie insgemein zu unserer zeit gebräuchlich sind /  so finde ich nicht /  wie sie wol entschuldiget werden können / sondern sehe sie vielmehr an / als eine sache / da viel sündliches meistens mit unterlauffe.

I. Sind sie gemeiniglich gelegenheiten zu allerhand leichtfertigkeit / und anderer üppigkeit :  Und lässet sich etwa in den gedancken dieselbe einigerley massen von den tántzen wol absondern / in der praxi aber wirds schwehr werden / diese dermassen einzuschrencken / daß alle solche unfugen vermieden bleiben ;  ja es kan nicht geleugnet werden /  daß dergleichen sehr offters darbey vorgehe / worüber geklaget wird / und es also nicht eine zweiffelhafftige sorge ist / desjenigen / was etwa geschehen möchte / sondern ein kräfftiges argument von dem / was insgemein geschihet.    Einer von den alten Franckfurtischen Evangelischen Predigern M. Melch. Ambach hat 1543. von dem tantzen sein urtheil trucken lassen /  aus dem wir allein einige stücke hieher setzen: Lieber warum tantzet die welt / jung und alt ? des fleisches lust und kützel zu büssen /  und zu erfüllen /  einer dem andern nach dem fleisch zu dienen /  die augen (wo es ja nicht mehr seyn mag ) an andern leuten auffs böse zu ersättigen.   Wo beweiset man grössern pracht mit kleidern /  unmäßigem leichtfertigem geschmuck / denn eben am tantz? Lieber was ist doch tantzen anders /  denn eine bewegung zur geilheit / gefallens der laster / bewegung zur unkeuschheit / und ein spiel / das allen frommen übel anstehet.   Wie offt hat ein frommes weib / (spricht Franc. Petrarcha) ihr lang behaltene ehr am tantz verlohren? die jungfrau erlernet / daß ihr besser / sie hätte es nie erfahren.   Wie viel guter

ter leumden und scham ist am tantz umkommen? Wie viel gehen vom
tantz unzüchtiger und wanckelmüthiger? keine aber keuscher. Durch
tantzen ist scham und keuschheit offtmals bestritten/ gestürmet und gestürtzet worden. Und wer kan alles übel/ das augen und ohren bey
dem tantz schöpffen/ unzüchtig gespräch und greiffen mit sich bringen/
erzehlen? Leichtfertige hurische gebärden übet man nach süssem saiten-
spiel und unkeuschen liedern. Da begreifft man frauen und jung-
fern mit unkeuschen händen; man küsset einander mit hurischem um-
fahen: Und die glieder/ welche die natur verborgen/ und scham bedecket hat/ entblösset offtmals geilheit/ und unter dem mäntlein einer
kurtzweile und spieles wird schand und laster bedecket. Wo beschieht
mehr übermuth/ trutzes/ mordens/ verachtung anderer/ erhebung
und fürtragung seiner selbs/ denn eben am tantz? Wie kan nun dieses
ein guter baum seyn/ der solche schändliche/ ärgerliche/ ehrlose und höl-
lische früchte/ träget. Zeig mir aber einen welt-tantz je beschehen/ der
nicht diese früchte zum theil/ oder alle mit sich bringet. So nun nie
keine gute frucht aus der welt tantzen entsprossen ist/ sondern allewege
böses erwächset/ kan ja der baum nicht gut seyn/ und deßhalben auch
nicht aus GOTT. Er gehet nachmal noch weiter/ cap. 2. Alle werck/
darinnen man GOttes ordnung/ wort und befehl nicht hat/ sind sünde und böß. Tantzen hat nicht GOttes ordnung/ wort noch befehl/
darum ist tantzen böß und sünde. Es soll ja aller Christen thun und
leben aus GOttes ordnung und wort herfliessen/ und also aus glauben gehn/ sonsten ists alles sünde/ was wir leben und thun. Nun
zeige mir einen buchstaben aus GOttes wort/ daß tantzen GOttes
ordnung/ wort und befehl habe. Denn die gründe aus der H. schrifft
mit den haaren gezogen/ damit tantzen/ daß es nicht sünde seye/ vermeinet wird zu erhalten/ helffen nicht/ werden auch nicht nach dem
sinn und meinung des Geistes GOttes/ sondern fleischlich und gar
nicht mit wahrer auslegung angezogen und vorgetragen. Biß hieher M. Ambach/ dessen worte/ so ferne sie auf die praxin des bey uns üblichen
tantzens gezogen werden/ nicht aber das tantzen abstrahirt von aller dieser
begleitenden und folgenden unordnung gemeinet wird/ wol paßiren mögen.

　　II. Stehet das herumlauffen und springen/ (welches/ wo es einer von
weitem sihet/ der etwa das spielen nicht höret/ sondern allein das untereinan-
der-lauffen und übrige gestus gewahr wird/ nicht wol anders ansehen kan/ als

ob die leute nicht bey gutem verstand wären) derjenigen ehrbarkeit/und gra-
vität/ die den Christen insgesamt anständig ist/ nicht wol an. Daher auch
einige unser christlichen Theologen die täntze auf die jugend restringiren/hin-
gegen alten und erwachsenen leuten vor unanständig achten. Also schreibet
Herr D. Dannhauer Hodom. Calv. ph. 6. p. 1296. Si viri adulti ac matronæ
saltando tripudient,perinde absurdum videtur,ac si equis ligneis inter pue-
ros inequitent:Habet quævis ætas sua ήθη κ, πάθη. Juvenes decet verecundia, juvat saltatio honesta: quæ viros senesque dedecent. Wie er dergleichen auch geprediget und geschrieben Catech. Milch. P. 2. p. 450. Geistlichen
personen/ alten leuten/ und die sonsten in autorität und ehren-stand
schweben/stehen solche jugend-freuden eben so wenig wol an/als wenn
sie unter den kindern auf dem stecken herum reiten wolten. Nun wird
nicht nur dieses bey unsern täntzen nicht observiret/ als darinnen alte und
junge mit einander herum springen/ sondern man solte lieber sagen/ unser
Christenthum insgesamt/solle alle Christen nicht weniger von dem gewöhnlichen tantzen abhalten/ als die ihrem alter vor anständig geachtete gravität
die etwas ältere davon ab solle halten: Und wüste ich nicht/ob diejenige/wel-
che in allen stücken den regeln ihres heiligen beruffs nachleben wollen/ finden
werden/ daß ihnen dieselbige mehrere freyheit lassen/ als die absonderliche
conditionen gewisser stände oder alter/die man vor gnugsam hält/das tantzen
ihnen zu verwehren. Weil einmal alle Christen/als derer stand der würdig-
ste ist/ eine gravität an sich haben sollen/ mit deren solche eitelkeit nicht überein kommt. Worbey auch der worte D. Meisneri mich erinnere bey Dedek.
Consil. volum. 2. p. 372. Da er bekennet. Diffiteri non possumus, istas cir-
cumagitationes pedumque motiones levitatis cujusdam & non virilis gra-
vitatis esse indicium, si suscipiantur à personis provectioris ætatis.

III. Wir wissen/daß uns Christen durchaus oblige/auf unser thun und
lassen/reden/gebärden und wercke/ also acht zu geben/ daß wir gedencken/wir
müssen vor alles rechenschafft dem strengen richter geben; dahero wir nichts
thun sollen/wir sehen dann/ daß es zu GOttes ehren dienlich/ oder dem nechsten im geist- oder leiblichen nützlich/ oder uns selbs nöthig/ oder zu unsrem
scheinbaren nutzen vorträglich seye. Was nicht einige dergleichen bewegen-
de ursachen hat/mag vor GOttes gericht nicht bestehen. Nun weiß ich nicht/
wie das tantzen unter einige derer rubricquen referiret werden möge/sondern
ist eine bloß vergebliche/ und weder in leiblichem noch geistlichem nützliche sa-
che/ damit alleine einer eitelkeit des sinnes und fleisches wollust nachgehenget
wird. Welcherley dinge/ mit der den Christen so ernstlich anbefohlenen
selbs-verleugnung nicht übereinkommen. Ja wo nur von der unnützen zeit-
verderbnüß solte gedacht werden/möchte auch dieselbe ein nicht geringes mo-

men-

mentum zu der verwerffung der sache geben; indem ja der HErr von jeglicher zeit und stunde rechenschafft fordern wird/ wie wir sie entweder in dem geistlichen/ zu seinem dienst/ des nechsten oder unserer eigenen erbauung/ oder in dem leiblichen/ abermal zu des nechsten hülff und dienst/ oder unserer nothdurfft/ leibes gesundheit und dero nöthiger pflege angewendet haben. Ich weiß zwar/ daß in diesem examine nicht nur allein das tantzen zimlich noth leidet/ sondern auch manche andere in der welt vor erlaubet geachtete ergetzlichkeiten nicht wol bestehen können: Indessen bin ich versichert/ die regel sey gewiß. So reden wir auch nicht von dem alamode-Christenthum/ indem sich die regeln Christi/ nunmehro nach unserm wolgefallen/ und der welt gebräuchen/ beugen lassen sollen/ sondern was ein Christ/ der wahrhafftig seinem GOTT sein leben heiligen will/ in seinem gewissen werde verantworten können oder nicht: Worzu ferner kommt/ weil auffs wenigste die meisten täntze/ wie sie insgemein getrieben werden/ viel üppiges und sträffliches an sich haben/ und ein grosser theil sind der üppigen freude der welt/ daß rechtschaffenen Christen anstehen welle/ sich auch der welt nicht gleich zu stellen/ in demjenigen/ worinn sie so sehr excediret/ und obs wol auf einige art restringiret werden könte (so doch schwehr gnug fallen möchte/ daß nicht eben andere sünden das tantzen selbs/ so freylich sonsten an sich ein mittel-ding ist/ begleiteten/ oder aus demselben entsprüngen) sie/ die welt/ von diesem exempel sich in ihrem übrigen welt-wesen sehr besteiffet. Wir sehen sonst/ wie etwa dinge/ welche mittel-dinge gewesen/ und auch noch ihren zimlichen nutzen gehabt haben/ wo sie haben angefangen sehr mißbrauchet zu werden/ sind gar abgestellet worden/ da man entweder gesorget/ man werde es nicht zu dem rechten gebrauch bringen/ oder doch dem mißbrauch nicht so kräfftig widerstehen/ wenn derselbe noch immer einige exempel vor sich anziehen könne. Wie viel mehr haben wir solche dinge/ die gar nichts von sonderbahrem nutzen haben/ hingegen gar leicht zu allerhand übel gelegenheit geben/ in solchem stande auch um der ursach willen zu unterlassen/ damit wir uns denenjenigen nicht gleich stellen/ die eine solche sache durch den mißbrauch gleichsam ihnen zu eigen gemacht haben/ und sich darnach in ihrer üppigkeit bestärcken/ wenn sie die sache selbs bey denjenigen noch sehen/ die den nahmen guter Christen tragen/ damit sich nachmalen auch das ihrige als mit einem deckmantel zu zimlichem schein muß behaupten lassen/ dadurch aber andere schwache gar leicht zur nachahmung jener üppigkeit verführet werden/ so doch allerdings zu verhüten ist.

IV. Daher wir sehen/ daß von anfang der christlichen kirchen zu allen zeiten diejenige/ welche über ein gottseliges leben geeiffert/ auch von dem tantzen schlecht gehalten haben. In dem so alten und in dem dritten Seculo gehaltenen Concilio zu Laodicea lautet der 53. canon, ὅτι ᴕ δᾶ χϱιϛιανᴕς εἰς γάμᴕς ἐπ ιϱχομένυς βαλλίζειν ἤ ὀϱχεῖαϑαι, ἀλλὰ σεμνῶς διαπνεῖν ἤ ἀϱιϛᾶν, ὡς πϱέπει χϱιϛιανοῖς. Welches von Isidoro Mercatore also gegeben wird: non oportet Chriſtianos ad nuptias euntes vel ballare vel ſaltare ſed caſte cœnare, vel prandere, ſicuti competit Chriſtianis. Welche faſt gantz gleiche worte aus dem Concilio Ilerdenſi angezogen werden; finden ſich aber in den heuti=gen Canonibus nicht mehr alſo. Wie hart die Patres gegen das tantzen ſchrei=ben/liget vor dem tag/und ſind die worte Arnolii, Ambroſii, Auguſtini, Chry=ſoſtomi hin und wieder zu leſen. Wolte man aber ſagen/ ſie rebeten von dem mißbrauch/oder dem damal üblichen heydniſchen tantzen/ſo ſind gleichwol ih=re reden dermaſſen abgefaſſet / daß ſie keines beſſern gebrauchs darbey geben=cken; und mögen wir alſo wol ſagen/wie wir jetzd von den täntzen reden/nicht wie ſie etwa ſeyn könten / ſondern wie ſie in praxi ſeyn/ alſo haben ſolche liebe leute gegen ſolche greuel geeiffert / und daher die gantze ſache den leuten ver=leiden wollen/von dero ſo ſchwehrlich ein rechter gebrauch zu finden iſt. Denn daß ſie allein von demjeuigen tantzen / da etwas der heydniſchen abgötterey dabey geweſen (wie auch ſolche unter den Heyden ſich gefunden haben) gere=det ſolten haben / wird ſich mit nichts erweiſen laſſen / ſondern wider die un=eingeſchrenckte generalität ihrer worte ſtreiten. So war zu den zeiten Am=broſii, Auguſtini, und Chryſoſtomi der zuſtand ſchon alſo/ daß die euſſerliche macht des Chriſtenthums die euſſerliche abgötterey abgeſchaffet/und nicht ſo wol von denſelbigen als andern ärgernüſſen / die ſonſten freylich auch aus dem Heydenthum hergekommen ſind/ in ihren klagen und ſtraffen muß ge=redet ſeyn. Nach ſolcher zeit auch unter den Chriſten haben ſich allezeit leu=te gefunden/die gegen dieſe eitelkeit geeiffert. Was das verbot an die Geiſt=liche anlanget / ſo finden ſich davon unterſchiedliche conſtitutiones. Aber auch haben mehrmal andere chriſtliche männer insgeſamt diejenige / welche GOTT recht dienen wolten/von dem tantzen abgemahnet. Ludov. Vives, ein mann/ der zu ſeiner zeit ein zimlich liecht vor andern gehabt/hält ſehr nütz=lich libr. de inſtit. fœmin. Chriſt. Ut virgo ad ſaltationes non aſſuefiat. Unter den unſrigen ſchreibet Joh. Brent. in cap. 3. Luc. hom. 30. f. 215. Ubi citius dediſcitur atque amittitur verecundia,quam in publicis ſaltationibus & inverecundis choreis? quare honeſtæ puellæ intereſt, ut inverecundas ac promiſcuas illas chorearum ſaltationes non aliter quam ſcholam invere-cundiæ & impudicitiæ fugiat; und wiederum: Cui enim arrident indeco-ræ , fractæ ac molles chorearum ſaltationes , mirum ſi non ei arrideat ipſa mollities & turpitudo: Wiederum: Quantum igitur peccant ſaltatrices ſuis mollibus geſtibus , tantum peccant ſpectatores approbando & concupi-ſcendo. Und obwol unſere mehrere Theologi,wo ſie von der frage handeln gegen Reformirte / diejenige theſin behaupten / daß das tantzen nicht an und

Qq q        vor

vor sich selbs sünde seye/so setzen sie doch dergleichen limitationes darzu/die es gena i einschrencken / und wo es sich nicht also einschrencken lassen wolle (wie wir dergleichen von der heut zu tage gantz ausgelassenen boßheit der jungen leute nicht wol hoffen können) verlangen sie lieber dessen abstellung. Der S. D. Dannhauer Catech. Milch. P. 2. f. 449. saget also : Wir wollen deß-wegen gewisse conditiones, maaß und weise vorgeschrieben haben/und im fall dieselbe nicht erscheinen / oder nicht zu erhalten wären / wolten wir auch lieber/das tantzen bliebe gantz unterwegen : Darinnen er auch dem alten rechtschaffenen Theologo Sarcerio zu folgen gestehet P. 3. vom heiligen ehestand p. 113. So zigen sie auch fast insgemein/daß es ihnen nicht so wol darum hoch zu thun sey / daß die praxis viel geübet werde/ die so leicht böses nach sich zihet / als daß die christliche freyheit nicht mit dem allgemeinen satz/ob wäre alles tantzen an sich selbs sünde und verboten/geschwächet werde. Stellet man aber das tantzen wie andere mittel-dinge/ die man nicht nützlich/sondern so bewandt findet / daß man leicht darinnen anstösset/aus solchen ursachen ab/ so mögen sie es wol geschehen lassen / und werden es etwa lieber rathen. Also schreibet der Dänische berühmte Bischoff D. Brochmann. System. T. 2. art. 18. p, 62. nachdem er zwo assertiones erstlich gesetzet hatte. 1. Quæ-vis choreæ improbari non possunt. 2. Choreas hodiernas nihil habere commune cum priscis sanctorum choreis notius est, quam ut probatione sit opus : So schliesset er mit dieser tertia thesi : quanquam res indifferens sit saltatio , ut quæ natura sua nec bona nec mala sit: quanquam etiam cujus-que loci conditioni plusculum dandum sit : quanquam denique omnes choreæ non sint æque periculosæ , sed quædam sua simplicitate se commen-dent, ut nostratium : tamen quia choreæ, in quibus viri fœminis mixti salti-tant, non faciunt quicquam ad salutarem ædificationem, tutius omittuntur quam fervidius exercentur : tum quia hujusmodi choreæ à gentibus ortum duxere : tum quia rarius nisi à potis & bene pastis aguntur, tum denique ab ejusmodi choreis non parum absterrere nos debet monitio prophetæ Esaiæ, ita nos alloquentis cap. 5, 11. 12. addatur Amos 6, 5. 6. So ist ohne das die-ses eine allgemeine / und wie in der schrifft uns vorgestabte/ also von allen Theologis erkante regel / daß in allen dingen nicht nur absolute, ob etwas in sich erlaubet sey/gesehen werden solle/sondern was vor nutzen oder schaden da-von zu erwarten seye. 1. Cor. 10/ 23. Ich habe es zwahr alles macht/aber es frommet nicht alles / ich habe es alles macht / aber es bessert nicht alles.

V. Es kömmt auch heut zu tage billich in consideration die bewandnüß unserer zeit/ und zeiget/ wo auch sonsten das tantzen zu anderer zeit wol paßi-

ret möchte werden/so gewinne es nun ein ander ansehen. Der bereits etlich e
mal angezogene Straßburgische Theologus D. Dannhauer Catech. Milch.
l. c. schreibet deutlich also: Sonderlich sind verboten insgemein alle tän=
tze/wann offentliche land=straffen/krieg/pestilentz/und hungers=noth
graßiren:wenn dem bräutigam aus seiner kammer/der braut aus ih=
rem gemach zugehengeboten ist/wenn die christliche kirche ihren Char=
freytag hält/und das haupt Johannis des Täuffers im blut schwimet.
Wenn Ninive den buß=sack anzihen/ und fasten begehen/ wenn man
um den schaden Josephs sich bekümmern solle/ und demnach ists ein=
mal unrecht/wenn zu gegenwärtigen zeiten/da Teutschland und die
Christenheit im blut badet/ täntz angestellet/ und erlaubet werden.
Was sonst ein mittel=ding ist/ das wird von dem umstand der zeit in
sünd und unrecht verwandelt. Tantzen hat seine zeit/sagt Salomon.
Daraus folget/daß das tantzen nicht allezeit erlaubet seye. Darauf er
sich auf die schreckliche trau=wort bey dem Amos 6/3.bezeucht. Derglei=
chen lehrt auch der gleichfals berühmte Ulmische Doctor Dietrich über Eccl.
3. p. 428. Da er sonsten das tantzen vertheidiget und erlaubet: Aber wenn
es nicht zu klag=zeiten geschihet/zu solcher zeit/wenn etwa gemeine stadt=und
land betrübnuß vorgehe/ oder der eine oder der andere sein hauß leid oder
klage hat in seinem hauß oder in seinem geschlecht/unter seinen nechsten bluts=
freunden oder verwandten. Denn da soll der bräutigam aus seiner kammer
gehen/ und die braut aus ihrem gemach Joel 2/16. Denn weil ohne das
der tantz eine anzeigung ist/nicht allein der frölichkeit/ sondern auch dieselbige
erwecket/ so ist es ja eine grosse schande/ und ein unchristlich wesen/ daß einer
alsdann/ wenn er klagen/ leide tragen und trauren soll/ tantzen und frölich
seyn wolle. Denn das klagen und weinen hat seine zeit/ und mit den
weinenden soll man weinen/ mit den traurigen soll man traurig seyn
Rom. 12/15. Andere führen wir nicht weiter an. Wo wir aber die ge=
genwärtige zeit ansehen/so bedarff es kaum halbes auffthun der augen/ zu er=
kennen/ daß wir wahrhafftig in einer schwehren trauer=zeit stehen. Sehen
wir das geistliche an/ so hat nicht nur allein (die innere bewandnuß unsers
kirchen wesens betreffend) der feind in dem heiligthum so gar alles verderbet/
daß der mißbrauch und ärgernuß dermassen überhand genommen/ daß uns
kaum etwas anders zum ruhm überbleibet/als die einige reinigkeit der lehre/
und wir/ ob wir schon die göttliche gerichte noch nicht vor augen sehen/ uns
versichern können/ es müssen dieselbe bald ausbrechen/ und sein heiligthum
(ach daß es nicht mit einer schwehren verstöhrung geschehe!) reinigen. Da=
her

her welche mit erleuchteten augen die sache ansehen / zur traurigkeit / jammer
und klag ursach gnug antreffen. Sondern auch das in die augen eusserlich
fallende belangend / so stehen die gerichte GOttes vor der thür / und schweben
uns über den häuptern. Wie unsere glaubens-brüder in Ungarn biß daher
tractiret worden / und wie lange nunmehro viele derselben ihrer Prediger und
exercitii religionis entrathen müssen / wissen wir alle. In Schlesien sehen
sie ein nicht viel geringer wetter allgemach herbey nahen. Was den Reformirten in Franckreich begegnet / ist ein spiegel dessen / was uns vorstehet /
die wir obwol in andern stücken von denselben unterschieden / zu Rom
dennoch in gleicher verdammnüß sind: Zu dem die lieben leute
die meiste nicht wegen der articul / darinnen sie irren / sondern
wegen der noch mit uns bekennender wahrheit / leiden müssen.
Und insgesamt sehen wir / daß der trotz und die gewalt des
Römischen Babels also zunimmt / daß wir nicht wol anders dencken können /
als GOtt habe demselben die macht gegeben / seinen letzten grimm gegen uns
auszuüben / und das verdorbene Jerusalem zu verstöhren / ehe sein gericht
folge / und ihm selbs auff den halß falle. In dem weltlichen sehen wir ja auch
das grösseste elend theils auff uns ligen / theils noch bevorstehen; zu geschweigen der leidigen seuche die anderwertlich unsere glaubens-brüder jetzo so hef-
tig trucket / und wir nicht wissen / wie weit die von GOtt bestimmete reige
sich noch erstrecken werde / sondern uns alle auff solche auch gefaßt machen
müssen. Nun in solchem stand will sich gar nicht ziemen / dergleichen offentlichen freuden-bezeugungen nachzuhengen / sondern vielmehr im sack und in der
aschen busse zu thun / und uns zu bereiten zu dem bevorstehenden.

Aus allem obbesagten achte ich von selbs zu fliessen / weil das tantzen
auffs wenigste (wie niemand sich auch nur zu sagen unterstehen wird) von
GOtt nicht geboten ist / nechst dem keinen nutzen in dem geistlichen hat / der
vorgebende nutze in dem weltlichen auch ja gering oder gar wol nichts ist: der
schade / der daraus entstehen kan / und gemeiniglich entstehet / wichtig ist / und
viel ärgernüß nach sich ziehet: wo einigerley massen solches solte erlaubet
seyn / so viele restrictionen dabey seyn solten / die kaum erhalten werden können / und bey denen die täntzer selbs der so eingeschrenckten lust kaum mehr
begehren werden: die zeiten auch uns zur traur nicht aber zur freude anweisen:

I. Daß denn / was christliche hertzen sind / die verstehen / warum sie in
der welt leben / daher nichts begehren zu thun / als wodurch die ehre GOttes
und des nechsten bestes / so dann ihr eigen heil / befordert werden mag / und davon sie dermaleinst rechenschafft geben müssen / hingegen gedencken / daß ihnen
alles sünde seye / was nicht aus dem glauben / und also aus der versicherung
ihres

ihres gewissens/ daß es GOtt gefalle/ herkommet / sich auch mehr und mehr
gewehnen/ die liebe dieser welt/ darunter 1.Joh.2/16. augen-lust / fleisches-
lust und hoffärtiges leben (welcherley sich in dem tantzen insgemein zeiget)
gehöret/ samt allem deme/ worinnen solche vornemlich geübet / und der böse
natürliche zunder leicht angesteckt und geheget wird/ abzulegen und sich zu
verwahren/ so denn in allen stücken nicht nur anzusehen/ ob etwas bloß dahin
erlaubet/ sondern auch ob es ihnen selbs und andern nütze und besser : daß sage ich/ alle solche/ wo sie die sache recht erwegen/ so sie allezeit thun sollen/ von
selbsten an dieser in der welt gebräuchlichen eitelkeit einen eckel fassen/ und aus
eigenem trieb davon abstehen werden.    Welches bey uns Predigern so viel
nöthiger ist/ als uns geziemet/ andern mit guten exempeln vorzugehen/ auch
unser exempel in gutem und bösem viel nachtruck hat ; daher ich dafür halte/
ein Prediger thue seinem amt und unserem gantzen Ordini einen schimpff an/
welcher sich jemal dieser welt-eitelkeit theilhafftig macht / wie schon oben ge-
höret/ daß so gar bey allen denenjenigen/ von welchen einige gravität erfordert wird/ das tantzen durch und durch vor unanständig anzusehen seye. Daher auch bey wolbestellten Ministeriis man meister orten nichts dergleichen
hören wird/ nur gleichsam tentiret zu werden : So vielmehr/ weil uns noch
vor andern geziemen will/ von allem bösen schein zurücke zu bleiben.

II. Daß auch christliche Obrigkeiten/ welche wissen/ daß ihnen oblige/
nach vermögen den sünden und dero gelegenheit zu steuren/ wollen sie nicht
ein stück der verantwortung derselben ihnen selbs auffladen/ ursach gnug ha-
ben/ ihren unterthanen/ sonderlich in dieser betrübten zeit / dieses zu verbieten.     Damit also diejenige/ welche aus eigenem trieb des gewissens sich dessen gern enthalten/ aber nicht starck gnug sind/ die deswegen ihnen zustossende anfechtungen/ widerrede und schimpff zu überwinden/ in sicherheit gesetzet werden/ daß sie nicht etwa aus schwachheit sich nachmal wider ihr gewissen lassen verführen : Ferner daß andere gute gemüther/ die es noch nicht also begreiffen/ wie viel unzimliches in dem tantz vorgehe/ und in unwissenheit
sich offt mit versündigen/ durch das obrigkeitliche gebot abgehalten werden :
endlich daß auch das freche und böse volck/ die doch nichts besser werden wer-
den/ auffs wenigste nicht nur von dem tantzen selbs/ sondern fürnemlich denen übrigen üppigkeiten/ die an sich selbs sünde sind/ und die bey ihnen un-
ausbleiblich daraus folgen/ und von dem ärgernüß/ welches sie andern ge-
ben/ mit gewalt und straffe abgehalten werden/ wie dergleichen auch insgemein practiciret zu werden pflegt : Sihe Bened.Carpzov.Jurispr.Consist. L.
2. Defin. 159. und 262.      Ich schliesse billig mit demjenigen/ womit der liebe
Gerhardus seine Tractation beschleust/ nemlich mit den worten des alten vaters Ambrosii, welcher/ damit wir uns nicht beschwehren mögen/ daß uns

mit

mit dem tantze alle fröligkeit benommen werde/ uns auff ein geiſtlich tantzen
verweiſet L. 6. in Luc. c.7. Docuit nos ſcriptura ſaltare ſapienter, dicente
Domino ad Ezech. cap. 21. *Plaude manu & percute pede.* Neque enim hiſtri-
nicos fluxu corporis motus Deus morum cenſor exigeret, aut indecoros
ſtrepitus viris plauſusque fœmineos imperaret, ut tantum prophetam de-
duceret ad ludibria ſcenicorum, & mollia fœminarum. Non congruunt
reſurrectionis revelata myſteria & opprobria ſaltationis exacta. Eſt ho-
neſta quædam ſaltatio, qua tripudiat animus & bonis corpus operibus re-
velatur, quando in ſalicibus organa noſtra ſuſpendimus. Jubetur ergo
propheta plaudere manu & percutere pede, jubetur pſallere, quia ſponſi
nuptias jam videbat, in quibus deſponſatur eccleſia, Chriſtus adamatur. Et
bonæ nuptiæ, quando verbo anima ſpiritui caro nubit. &c. Quemadmo-
dum ab ebrietate corporali ad ſpiritualem nos revocat Eph. 5, 18. ita a ſal-
tatione illa corporali ad ſpiritualem exultationem à virgine Deipara. Luc.
1, 17. nos revocari ſtatuamus. So dann mit den worten unſers alten M.
Melch. Ambachii geweſenen Predigers hie in Franckfurt am Mayn vom
tantzen c. 3. welche/ weil das tractätlein rar iſt/ gerne hieher abſchreibe:
Nun wolan/wolte GOtt die feinde Chriſti und ſeines volcks bekeh-
ten ſich zu Chriſto/ oder erſoffen mit denen Egyptiern im rothen
meer/ wir wolten alle mit Miriam paucken/pfeiffen/ ſpringen und
tantzen: aber nicht bloß und ſchlecht mit einander/ſondern Miriam
mit den Frauen und Jungfrauen etc. O daß GOtt den kaſten ſeines heiligen worts/ welche die Philiſter und Antichriſtiſche hauffe
lange zeit gefangen halten/ und neben ihren Dagon ſtellen/ ſeinem
armen volck wieder zugeſtellet/und gen Jeruſalem unter ſeine gantze chriſtliche gemeine kommen lieſſe. O wie wolten wir mit David
hüpffen/ ſpringen und tantzen/ paucken/ pfeiffen und allerley ſei-
ten-ſpiel herfür ſuchen/ GOttes güte und barmhertzigkeit mit geiſt/
leib und ſeele groß zu machen? Wie ſollen wir aber in ſolchem zwang
und elend jetzt vorhanden/ unſer fleiſch am tantz umher führen und
ſeinen kützel büſſen/ das uns ohne das in alle wege von GOTT und
ſeinem worte auff ſich ſelbs und zu allem böſen abführet? Wie kan
ein Chriſt tantzen/ ſo ihn täglich die welt von Chriſto abſchrecket/der
teuffel wie ein brüllender löwe mit aller macht und boßheit ohne
unterlaß anlaufft/ſtürmet und ſtürtzt? Wie möcht ein Chriſt/ dieweil er noch in der feinde hände iſt/ tantzen? Miriam tantzet nicht/

alldie-

alldieweil Jsrael noch in Egypten war / sondern da ihre feinde im
rothen Meer ersoffen waren.　Dawid auch nicht/ alldieweil die lade GOttes unter den feinden und nicht an ihrem gebräuchlichen orte war.　Auch hat Dawid nicht eine schöne Venus (wie die welt-tän-
tzer) an der hand geführet; so hat auch fein Adonis oder Cupido Miriam vorgetantzet；　Wie solte ein Christ tantzen/ dieweil Pharao
und Egyptus/ die feinde des Evangelii Christi/ das volck GOttes je
länger und härter beträngen und ängstigen? Ja daß die Ebreer/ das
ist/ die Christen/ den Propheten GOttes nicht glauben noch folgen/
und daß die / so jetzt aus Egypten geführet / wieder zurück nach den
Egyptischen fleisch-häfen sehen.　Darzu die jetzt des verheissenen
landes güter geschmeckt / und an den gräntzen, hinein zu kommen
wohneten / mit den abgöttischen Moabitern und mit der hüpschen
huren Casbi eingehen/ heyrath machen und huren.　Ja jetzt ist die
zeit zu klagen und weinen/ nicht zu tantzen.　Wenn aber GOTT
wird wiederbringen/ daß er sein volck aus gefängnüß (des antichristischen reichs) führet.　Denn sich Jsrael erfreuen wird/und Jacob
sich erspringen.　Denn wird das volck GOttes frölich paucken/und
heraus gehen/an der reigen/denn wird sich der bräutigam Christus
freuen mit seiner gesponß der christlichen gemeine: Die aber diesen
spruch Esaiä Cap.62. auff das welt-tantzen ziehen/solten vor gelernet haben/daß der Prophet Jesaias vom 40. cap. biß ans ende/dar-
zu auch Jeremias von Christo/ seiner gemein und reich (welches
nicht von dieser welt/ sondern frommkeit/ fried/ freud in dem Heil.
Geist/nicht im fleisch ist) weissagende.　Man wolte denn der Jüden
und Chiliasten fleischlich und falsche Opinion annehmen. Denn diese sprüche der Propheten / also auff das fleischlich/ unzüchtig/ leicht-
fertig und epicurisch tantzen anziehen/ reimet sich gar nichts / ob sie
schon auch von dieser zeit freude (welche GOtt seinen kindern auch
etwa gibet) geredet hätten/ würden sie dennoch der jetzigen welt-üp-
pigs/ sardanapalisch tantzen in keinen weg billigen? Wie möcht
der Geist aller Heiligkeit des fleisches geilheit und kützel/ das er tödtet und ihm gehorsam macht/ billigen? Nun der HErr gebe uns in allem seinen willen und die heiligkeit unsers beruffs also einzusehen/ daß wir
darinn nach seines Geistes trieb wandeln/ und in die freude unsers HErrn
zu seiner zeit eingehen. Amen. 1680.

SECTIO

## SECTIO XXX.

### Von tantzen und der darzu brauchenden music.

Gleich wie derselbige sich noch wohl zueriñern weiß/ als wegen des NN Vice-Capellmeisters mit mir geredet wurde/ daß ich demselben/seine über das tantzen und den gebrauch der music dabeyauffgestiegene scrupel/welche ich vor gute regungen des Heil. Geistes erkenne / ihm nicht be: nehmen könte/ sondern ihn vielmehr darinnen bestärcken müste/ also ist mir lieb gewesen/ daß mein hochgeehrter Herr kürtzlich mir mit vorzeigung des christlichen mannes eigener brieffe/ seine gedancken und meynung deutli= cher zu erkennen geben wollen/ wie ich denn nicht in abrede bin/ aus denselben eine hertzliche freude über die gottseelige resolution, und eine liebe gegen dessen wehrte person/ gefasset zu haben. So kan auch numehr so viel gründ= licher auff alles antworten/ welches ich dann in der furcht des HErrn in das folgende zusammen fasse 1. Wo ein scrupul des tantzens wegen in ein ge= müth kommet/ so ist ein solcher mensch bald gewissens halber verbunden/ sich dessen zu enthalten/ ob auch schon das tantzen an sich nicht sünde wäre. Dann dieses ist die krafft des gewißens/ wann es auch schon irret/ daß ein jeder / wer dagegen thut/ sich damit versündiget/ dann er thuts mit zweiffel/ Rom. 14/ 23. und weil er thut/ was er GOTT zu wider zu seyn glaubet / so ist schon bereits dieses sünde/ wider Gottes willen thun wollen. 2. In dessen sehe ich diesen scrupul nicht an/ als eine schwachheit eines irrenden ge= wissens/ sondern der eckel/ welchen der ehrliche mann an dem tantzen hat/ ist gegründet auff den allgemeinen regeln des rechtschaffenen Christenthums/ deren nothwendige folgen/ unter welche diese auch gehöret/leyder viel weni= ger menschen/ die sich doch mit dem munde zu jenen bekennen/ recht einsehen oder denselben folgen/ daher ich GOtt hertzlich dancke/ wo er einige tieffer in solche materie eintringen läßet/ und ihre hertzen zu allem haß der welt=liebe rühret. Doch bin ich nicht in abrede/ daß ich zu der zeit dieser verderbnüß nicht eben allen diesen scrupel mache/ bey denen er sich nicht selbs findet/ son= dern vielmehr auf diejenige principia und grund=lehren der verleugnung sein selbs/ der ablegung der weltliebe/ der absagung aller eitelkeit/ der nach= folge CHristi/ und dergleichen/ treibe/ welche in der krafft schon dasjenige in sich fassen/ das uns das tantzen verbietet/ und wo jene recht ins hertze trin= gen/ dieses von selbs fallen muß. Die ursach ist diese/ einestheils weil die unterlassung des tantzens/ wo sonsten das hertz mit liebe der welt und dero citelen wesens annoch erfüllet bleibet/ wenig zum wahren Christenthum/ o= der GOtt zugefallen/ thun möchte. Wie also ein medicus bey einem gantz

ver=

verdorbnen leib nicht gern die eußerliche schäden/ grätze oder dergleichen/an=
greifft/ sondern nur gnug hat/ daß dieselbe nicht eben allzugefährlich über=
hand nehmen/ und allzu arg werden/ indessen seine hauptsorge darauff ge=
het/ innerlich den leib zu reinigen von allen verdorbnen und ungesunden
feuchtigkeiten/ als versichert/ wann dieses geschehen/ daß jene eußerliche un=
reinigkeit an der haut/ geschwähre und dergleichen selbs wegfallen und von
innen geheilet werden werden; so achte ich auch das rathsamste und beste zu
seyn/ daß wir die liebe der welt und dero geprängs aus dem hertzen innerlich
ausfegen/ hingegen eine heilige liebe GOttes und der geistlichen güter in
dieselbe pflantzen/ als den anfang davon machen/ den leuten allein etliche eu=
serliche ausbrüche der weltliebe mit zwang zuverbiethen / welche von sich
selbst fallen werden/ wann es innen erstlich recht stehet: andern theils weil ich
die wenigste noch in diesem stande finde/ auff einer seyt des tantzens unrecht/
weil es eben in der schrifft nicht austrücklich verboten stehet/ zu erkennen/ an=
dern theils/ wo sie es erkenneten/ mit der rechtschaffenen resolution durchzu=
brechen/ und der welt schmach darüber nicht zu achten: Bey welchen also mit
mehrerer verbietung des tantzens dannoch nichts anders ausgerichtet wür=
de/ als daß sie künfftig nur desto schwehrer sich versündigten/ da sie/ was sie
jetzt in mehrer unwissenheit und also mit weniger sünde thun/ nachmal we=
gen stärckeren widerspruchs des gewissens mit mehrer schuld thun würden.
Daher mache ich solchen leuten von freyem keine unruhe ins gewissen / son=
dern fahre stäts fort/ offentlich und absonderlich bey begebender gelegenheit
dasjenige zu treiben / was die allgemeine pflichten unsers Christenthums
seyen/ und wie eine seele/ so wiedergebohren ist/ und GOtt gefallen solle/ ge=
sinnet seyn müsse: welche pflichten alle/ wie sie dem buchstaben nach in der
schrifft stehen/ von niemand widersprochen werden können: hingegen wo
sie nicht ins hertz kommen/ obgedachter massen eine eußerliche enthaltung ge=
wisser dinge wenig nutzte/ daher mit diesen/ biß jenes folge/ gedult getragen
werden muß/ wo sie aber die seele lebendig rühren/ so bald einen solchen eckel
dergleichen einer übung der eitelkeit würcken werden / daß es nicht weniger
gewalt gebrauchte/ sie zum tantzen zubringen/ als man vorhin nöthig ge=
habt hätte/ sie davon abzuhalten. Doch unterlasse ich nicht/ mehrmal un=
ser heutiges tantzen auch in offentlichen predigten unter die dinge/ die zu der
weltliebe gehören/ zu referiren/ denen die acht geben/ zu mehrerem nachden=
cken anleitung zu geben. Wo mich aber jemand fragt/ erfordert Christen=
thum und amt/ meine meynung offenhertzig zu sagen / und es eines solchen
gewißen ferner zu überlassen. Also nicht weniger/ wo mich jemand der sei=
nigen wegen rath fraget/ rathe ich nach meinem gewißen/ und schmeichele kei=

nem. So viel mehr aber kommet mir dann zu/ daß ich diejenige seelen/ die der HErr selbs gerühret/ nicht sicher machen solle/ sondern vielmehr zeigen/ wie recht sie daran sind/ solcher weltförmigkeit sich abzuthun/ und sie also in den vermeinten scrupuln stärcken: wie ich mich hingegen eines schwehren gerichts Gottes schuldig achtete/ wo ich ein kind GOttes/ so des Vaters Geist einiger bande der eitelkeit zu befreyen angefangen hat/ auffs neue wiederum mit denselben zu bestricken helffen wolte. 3. Die frage selbs anlangend/ so formiret sie NN. also/ was zu halten seye von dem heutigen ordinari tantzen/ da ein mannsbild mit einer weibs-person auff hochzeiten oder sonst nach dem schall und klang der instrumenten oder geschrey/ so toll und dämisch herum springt/ oder da man mit poßirlichen verkleidungen und seltzamen geberden in balletten sich so zieret/ und den leib verstellet/ und dabey die edle music/ so zu GOttes ehre gewidmet/ mißbrauchet. Woraus also zu sehen/ daß nicht von dem tantzen in abstracto, und wie man sich eine gewisse ideam davon formiren könte/ sondern von demselben/ wie es in der gemeinen praxi üblich/ und wo es fast am besten hergehet/ nicht leicht ohne dergleichen dinge bleibet/ welche auch diejenige vor mißbräuche achten/ die es sonsten in seinem allgemeinen concept vor erlaubet halten/ gehandelt werde. Nun auff diese frage getraue ich mit getrostem hertzen zu sprechen/ daß solches tantzen eine weltliche eitelkeit/ sündlich und daher rechtschaffenen kindern GOtt es unanständig seye. Weil ich aber vor mehrern jahren ungefehr anno 1680 oder 1681. diese materie in einem responso gehandlet/ so habe ich lieber dasselbe von wort zu wort mitschicken/ als ein neues machen wollen/ zum zeugnüß daß ich solche sache so bedächtig überleget/ daß im geringsten nicht ursach finde davon zu weichen: meyne auch es seye dieser mein ausspruch mit solchen gründen des Christenthums befestiget/ daß einer seele/ dero es ein ernst ist/ ihres GOttes willen recht zu erkennen/ genug darinnen geschehe/ desselben überzeuget zu werden/ ob wol welt-hertzen niemal und mit nichts genug geschehen kan/ denen es allein darum zu thun ist/ nicht mit gehorsam den willen des Vaters zu lernen/ sondern seine lüste/ von denen man niemal zu lassen sich fest vorgesetzt/ mit allerhand vorwand zu bemänteln und zu vertheidigen. 4. Ich bin zwahr nicht in abrede/ daß auch christliche lehrer unsrer kirchen von solcher frage zuweilen anders geredet haben/ so wenig aber meine meinung jemand auffzutringen verlange/ oder begehre/ daß sie weiter angenommen werde/ als sich das gewissen durch die krafft der gründe göttlichen worts überzeuget finde/ so wenig werden auch andere christliche lehrer (indem es wider die art unserer religion/ die nicht auf menschen autori-

tät

tåt beſtehet/ ſtreiten würde) verlanget haben/ daß ihre meinung anderer gewiſſen eine regel bleibe; zumalen auch dero antworten gemeiniglich alſo lau-
ten/ daß man ſie vielmehr auff das tantzen in ſeinem general concept gerichtet annehmen muß/ und keiner ein dergleichen tantzen/ wie es mit etlichen
epithetis oben characteriſirt worden/ zu billigen ſich unterſtehen wird. Was
die ſprüche aus der ſchrifft anlanget/ handeln ſie durchaus von einem dergleichen tantzen/ davon die frage lautet/ nicht/ und erweiſen alſo mehr nicht/ als
daß einiges gewiſſes tantzen könne erlaubt gehalten werden/ davon keine frage nicht iſt. Wann auch theils einige aus voreingenommenem gemüth/theils
andere vielleicht aus boßheit/ allerley zu behauptung oder entſchuldigung
des in frag gezogenen tantzens vorbringen/ ſo achte ich/ man dörffe nur dieſe
reglen in acht nehmen/ ſo werde ſich bald antwort auff alles geben.  1. Ein
Chriſt darff nichts thun/ das nicht aus glauben gehet Rom. 14/23. und alſo davon er in ſeiner ſeele eine gewiſſe überzeugung hat/daß es GOtt gefalle.
2. Ein Chriſt darff nichts thun/ davon er nicht ſagen kan/ daß ers thue
zu GOttes ehre 1. Cor. 10/31. So dann 3. in dem nahmen JEſu Chriſti Col. 3/17. Daher 4. wird ein Chriſt nichts zu thun macht haben/da nicht
der zweck ſeye/ entweder die ehre GOttes unmittelbar und nach der erſten
taffel/ oder das wahre beſte des nechſten im geiſtlichen oder leiblichen/ oder
unſere geiſtliche oder leibliche nothdurfft: wie ich dann auſſer dieſen ſtücken
nichts weiter dem zweck/ warum uns GOtt in die welt geſetzet hat/ gemäß
finde.  5. Er iſt auch verbunden/ alle ſeine zeit alſo anzuwenden/ daß er
GOtt davor rechenſchafft zu geben wiſſe/ und alſo keine ſtunden liederlich
mit willen zuzubringen.  6. So dann ſich vor allem/ auch ſchein des böſen
zu hüten/ und 7. ſein leben zu einer ſtätigen übung zu machen der beſtreitung
der liebe der welt/ die in augen-luſt/ fleiſches-luſt/ und hoffärtigem leben beſtehet. 1. Joh. 2/15.16.  Wie mir nun dieſe reglen feſt ſtehen/ ſo
wirds ſchwehr werden/ daß einer/ bey dem noch einige ſcham vor GOtt iſt/
ſich zu ſagen unterſtehe/ daß er aus verſichertem glauben/ zu GOttes ehre
und in dem nahmen JESU CHRISTI tantze.  Es wird ſchwehr werden zu zeigen/ wie göttlicher dienſt/ des nechſten wahrer nutze/ und auch unſer geiſtlich oder leibliches wahre beſte durch das tantzen befordert werde. Es
wird ſchwehr werden/ den zeit-verluſt abzuleinen/ oder GOtt vor ſolche verderbnüß rechenſchafft zu geben.  Will man davor halten/ der leib bedörffe
zu ſeiner geſundheit eine bewegung/ das gemüth eine erfriſchung/ welches
ich nicht leugnen will/ ſo erfordert abermal die regel/ daß ſolche geſucht werden in dergleichen dingen/ da der wenigſte ſchein des böſen iſt/ da hingegen

der-

derselbe bey dem tantzen am allerstärckesten ist/ auffs wenigste/ weil auch die stärckste verfechter des tantzens nicht leugnen können/ daß die allermeiste täntze voller sündlichen üppigkeit stecken/ welches dem gesamten tantzen bey rechtschaffenen seelen einen üblen nachruhm gibet/ daher man ja lieber die bewegung des leibes und erquickung des gemüthes in andern dingen suchen solle/ welche mit solchem bösem schein nicht dermassen erfüllet sind. Und letzlich/ wer traut sich wol zu widersprechen/daß nicht/was der Apostel der liebe der welt zu schreibet/ bey unserm tantzen sich allezeit finde/ ja gleichsam gantz unabsonderlich davon seye? dann bey den gemeinsten täntzen und gröbsten volck ist die fleisches=lust grob genug zu sehen: wo es ehrbarer hergehet/ regieret auffs wenigste augen=lust und hoffart: Ja was ist fast das künstlichste tantzen anders/ als die aufführung eines götzen/ der sich selbs in seinen zierlichen prächtigen bewegungen wohlgefället/ und anderer augen zur verwunderung und belieben darstellet/ auch solches recht zum zweck setzet? da wissen wir aber/ daß es längst geheissen/ wo die liebe der welt seye/ da habe die liebe des Vaters nicht statt. Wobey es wol bleiben wird. Wo also die obgedachte reglen wohl in acht genommen werden/ bin ich versichert/ daß eine gottsfürchtige seele so wol einen eckel an dem tantzen fassen/ als auch materie genug finden werde/ aus denselben auf alles zu antworten/ was zum behuff der tantz-lust angeführet werden möchte. 5. Wann es nun mit dem tantzen eine solche bewandnüß/ wie ich mich dann dessen gewiß versichert halte/ so folget von selbsten gantz leicht die antwort auff die andre frage: Ob ein rechtschaffener christlicher Musicus, dem seiner seelen seligkeit ein rechtschaffener ernst ist/ sich mit gutem gewissen bey dergleichen könne gebrauchen lassen/ oder auch mit verlust seiner zeitlichen wohlfahrt/ um GOTT nicht zu beleidigen und sein gewissen nicht zu beschweren/ dasselbe zu meiden habe? Nemlich daß das erste verneinet/das andere bejahet werde. Indem es eine in dem Christenthum ausgemachte sache ist/daß man nicht nur das böse nicht selbs thun/ sondern auch sich anderer sünde nicht theilhafftig machen/und dazu behülflich seyn dörffe. Weil dann die täntzer bekantlich sündigen/und unsre täntze übungen einer weltlichen üppigkeit sind/ so kan keiner ohne verletzung seines gewissens dazu helffen: sondern muß es auch auff alle gefahr von ungunst/ haß und hindernüß seines eusserlichen glücks ankommen lassen. Daher ich mich über die christliche resolution NN. von grund der seelen erfreue/ und ihn nicht anders als zur beständigkeit darinnen stärcken kan. Zwahr so viel man menschlicher weise vorsehen kan/ solte man sagen/ daß eben nicht sondere gefahr davon zu erwarten habe: in dem nicht allein der Hochlöbliche König und die gottselige Königin/ (so ich nunmehr von dem würdigen

Cron=

Cron-Printzen auch verstanden zu haben mich freue/)von sich selbs zu dieser und anderer weltlichen eitelkeit keinen lust nicht haben/sondern auch viel zu christlich sind / als daß zu sorgen wäre/ daß sie eine person / so ihrem gewissen nach eine sache zu thun nicht vermag/ deßwegen ungnädig ansehen solten.  Daher ich mich versichere / da er in dem nahmen des HERRN nicht nur sich aller solcher gemeinschafft des tantzes entschlagen wird/sondern auch gar so viel er könte sein mißfallen daran gegen andere bezeugte/oder wol gar seine bitte/der music mit dem auffwartē bey den täntzen zuschonen/ damit nicht diejenige / welche etwa morgens mit ihren stimmen und instrumenten den Gottesdienst ziehren sollen/ mit eben denselben abends solcher dem Herrn mißfäligen eitelkeit aufwarten dörff= ten/ an die Königliche Majest. richtete/ daß solches nicht ohne frucht abge= hen würde.  Dann entweder wird GOtt/ so die hertzen in seinen händen hat/ so viel seegen geben/ daß das theure königliche hertz so vielmehr von dem unrecht des tantzens überzeuget/und vielleicht bewogen werde/ an dem hoff und sonsten solches üppige wesen gar abzustellen/ oder doch ja in die enge zu spannen. ( was solte nun dieses dem christlichen mann vor eine freude seyn/ wann der Allerhöchste seine gute intention zu abwendung so vieles bösen kräfftig segnete/ und wie viel seegen würde solches auf ihn ziehen!)oder auffs wenigste wird derselbe unfehlbar vor seine person und hoffentlich auch ande= re/deren gemüther der Herr auch rühren möchte/eine mehrere und autorisirte freyheit/ wider sein gewissen zu nichts angestrenget zu werden/ erhalten. Zwahr muß er sich gewiß dieses dabey vorbil!den/ daß es der böse feind/ dem er in solcher sache keinen guten dienst leistet/ ihm nicht schencken/ sondern er desselben zorn wider sich fühlen müssen werde.  Dann ob ich ihn wol in al= lem fall der königlichen ungnade frey zusprechen getraue/so wirds doch nicht an solchen leuten manglen/welche entweder selbs an dieser eitelkeit wolge= fallen haben/ oder dero interesse darunter stecket/ die deßwegen ihn neiden/ anfeinden/ und wo sie ihm schaden können  an ihrem bösen willen es nicht manglen werden lassen.  Indessen weiß derselbe/ daß diese ohne den willen des himmlischen vaters und desselben verhängnüß nichts vermögen / er sich hingegen dessen gnädigen beystandes/ so dann daß es seelig seye/um des gu= ten willen zu leyden/ zu getrösten hat.  Der HERR bekräfftige ihn immer mehr und mehr/ gebe ihm seinen willen mit vollkommener überzeugung zuer= kennen/ verleyhe weißheit alles klüglich zu beforderung des guten anzu= greiffen/ und regiere die hertzen aller hohen zu treuer anwendung ihrer ge= walt in bestreitung der welt-eitelkeit/ und insgesamt richte er die gantze sache dahin/ daß seine ehre dardurch befordert/ manchem bösen gewehret/ und in

vie=

vielen seelen destomehr eckel gegen die üppigkeit erwecket werde. Dieses wäre dasjenige/ so ich in der forcht des HERRN auff das vorgestellte anligen zu antworten nöthig gefunden/ so ich NN. zu communiciren/ und
ihn/ daß seines lieben nahmens und intention vor GOTT zu gedencken nicht säumig seyn werde/ in meinem nahmen freundlich zuversichern
bitte. 1690.

## SECTIO XXXI.

# Vom tantzen-lernen hoher Standes-personen.

DIe frage betreffend wegen des lernen des tantzens bey vornehmen
Standes-personen/ ist meine meinung.  1. Das tantzen an sich selbs/
so fern es eine bewegung des leibes nach/ einer gewissen regel und tact
ist/kan nicht sündlich seyn/sondern bleibet unter den mittel-dingen.  2. Hingegen was das tantzen/wie es insgemein jetzo practiciret wird/anlangt/halte
ich solches / theils wegen der demselben nunmehr fast unabsonderlich anhen-
gender üppigkeit und eitelkeit/ theils des daher entstehenden ärgernüsses/ allerdings vor sündlich/und einem Christen zu vermeiden.  Wie solches zu Go-
tha in einer doppelten schrifft/darzu Herr Prof. Franck eine vorrede gemacht/
gnug erwiesen worden.  3. Wie die manierlichkeit in gebärden / gang und
stellung des leibes an sich nicht sündlich/sondern einem menschen vielmehr an-
ständlich ist / als hingegen eine bäurische anstellung eine hindernüß machen
kan / also kan auch das tantzen-lernen/ welches allein zu jenem zweck gerichtet
ist/den leib gelenck und geschickt zu machen/an sich nicht unrecht seyn.  4. Doch
ist dabey wol zubemercken/daß man hingegē die jugend auch von der eitelkeit/
die insgemein in dem tantzen geübet wird/treulich abwarne/und es ihnen ausser obgedachtem nutzen/mehr verleide/ als/wozu sie sonsten ohne das geneigt/
die lust darzu bey ihnen dadurch vermehre: Indem sonderlich bey dem frauen-
zimmer die lust zum tantzen sonsten/ wo nicht gewehret wird/ gar leicht dermassen überhand nimmet/ daß sie die thür aller andern eitelkeit am weitsten
öffnet/ und die gemüther in ein wildes wesen versetzt/ hingegen zu aller stilligkeit und wahren andacht unbequem machet :  wie mir dergleichen exempel bekant sind.   Also muß ihnen viel eingebunden werden/ daß sie ja die absicht des lernens nicht weiter ausdähnen/ sonderlich daß sie durch die geschicklichkeit in demselben nicht sich gut zu düncken/ und an sich selbs gefallen zu ha-
ben/verleiten lassen.  5. Wolte man aber daraus schliessen / daß mans denn
zu vermeidung solches mißbrauchs gar nicht lernen solte/ bekenne/ daß ich die
folge nicht sehe : Indem die lust zum tantzen / und allerley unordnung dabey/
sich nicht weniger auch bey denjenigen findet/die nie tantzen gelernet/ welches

sich

ſich an bauren-knechten und mägden/und dero wie unordenlichem alſo nur deſto üppigerm herumſpringen / gnugſam an tag leget: Daher wo der jugend durch die rechtſchaffene gründe des Chriſtenthums ein eckel an aller üppigen welt-freude gemacht und ſtets unterhalten wird/ſo wird ihnen das lernen des tantzens/ſo weit es ihnen zur zierlichkeit der gebärden dienlich/nichts ſchaden/ ſondern gleich ſeyn dem lernen anderer dinge/ die ſie aus noth lernen.    Wird aber dieſer allen von natur anklebenden luſt nicht durch die wahre furcht GOttes geſteuret / und ſie aus dem hertzen gebracht / ſo wird ſie ſich bey jeder gelegenheit des tantzens und ſonſten heraus laſſen / man habe es nun aus der kunſt gelernet/oder ſpringe ohne kunſt herum.    Der HErr aber reinige ſelbs alle hertzen derer/die ſich noch reinigen laſſen wollen/von aller welt-liebe/ die mit der ſeinigen nicht ſtehen kan.

1698.